本书是国家社会科学基金项目教育学一般课题"学术市场驱动下的大学教师流动和评价研究"(课题批准号 BIA160118)的研究成果

学术市场驱动下的大学教师流动和评价研究

宋旭红 马彩凤 高源 著

中国社会科学出版社

图书在版编目（CIP）数据

学术市场驱动下的大学教师流动和评价研究 / 宋旭红等著. —北京：中国社会科学出版社，2021.6
ISBN 978 - 7 - 5203 - 8329 - 5

Ⅰ.①学… Ⅱ.①宋… Ⅲ.①高等学校—教师—人才流动—研究—中国②高等学校—教师评价—研究—中国 Ⅳ.①G645.1

中国版本图书馆 CIP 数据核字（2021）第 073583 号

出 版 人	赵剑英
责任编辑	张 湉
责任校对	姜志菊
责任印制	李寡寡

出　　版	中国社会科学出版社
社　　址	北京鼓楼西大街甲 158 号
邮　　编	100720
网　　址	http://www.csspw.cn
发 行 部	010 - 84083685
门 市 部	010 - 84029450
经　　销	新华书店及其他书店
印刷装订	三河弘翰印务有限公司
版　　次	2021 年 6 月第 1 版
印　　次	2021 年 6 月第 1 次印刷
开　　本	710×1000　1/16
印　　张	34.25
插　　页	2
字　　数	560 千字
定　　价	168.00 元

凡购买中国社会科学出版社图书，如有质量问题请与本社营销中心联系调换
电话：010 - 84083683
版权所有　侵权必究

目　　录

第一章　绪论 …………………………………………………………（1）

第一编　比较与借鉴

第二章　美国大学教师晋升与终身教职评价标准及运行
　　　　模式 ………………………………………………………（35）
　　第一节　伦斯勒理工大学晋升与终身教职评价案例 ……………（36）
　　第二节　纽约大学文理学院晋升与终身教职评价案例 …………（54）
　　第三节　东北大学晋升与终身教职评价案例 ……………………（64）
第三章　美国大学教师薪酬制度 …………………………………（83）
　　第一节　美国大学教师薪酬制度模式 ……………………………（84）
　　第二节　美国大学教师薪酬制度影响因素 ………………………（93）
　　第三节　美国大学教师薪酬压缩现象 ……………………………（112）
第四章　美国大学教师晋升与终身教职申诉制度Ⅰ ……………（116）
　　第一节　美国大学教师晋升与终身教职申诉概述 ………………（117）
　　第二节　美国大学教师晋升及终身教职校内申诉及其
　　　　　　规定依据 …………………………………………………（119）
　　第三节　美国大学教师校外申诉及其法律依据 …………………（131）
第五章　美国大学教师晋升与终身教职申诉制度Ⅱ ……………（181）
　　第一节　美国大学教师校外申诉类型及案例 ……………………（181）
　　第二节　美国大学教师校外胜诉案例分析 ………………………（232）

第二编 现状与问题

第六章 我国大学教师预聘长聘制度案例研究 …………（247）
　第一节　我国大学教师预聘长聘制度概述及案例选择 ………（247）
　第二节　我国大学教师预聘长聘制度的实施 …………………（249）
　第三节　我国大学教师预聘长聘制度的审视 …………………（253）
　第四节　我国大学教师预聘长聘制度的建议 …………………（258）

第七章 J大学教师聘任制改革个案研究 ……………………（261）
　第一节　2008—2018年，校内教师岗位聘任的十年历程 ……（262）
　第二节　J大学教师职称评聘变迁 ……………………………（276）
　第三节　教师评聘双轨制运行模式 ……………………………（280）
　第四节　办学理念与J大学教师聘任制度变迁 ………………（284）

第八章 我国现阶段内部学术劳动力市场的特征 ……………（291）
　第一节　我国现阶段内部学术劳动力市场的构成要素 ………（291）
　第二节　我国高端人才及其流动特征 …………………………（297）
　第三节　我国现阶段内部学术劳动力市场要素特征 …………（300）
　第四节　过度竞争和绩效问责之殇 ……………………………（305）

第九章 大学教师评价：问题审视与成因诊断 ………………（310）
　第一节　当前大学教师评价的问题呈现 ………………………（311）
　第二节　当前大学教师评价的原因探究 ………………………（322）
　第三节　大学教师评价的总结与反思 …………………………（336）

第三编 实证研究

第十章 大学教师流动与评价的调查研究设计 ………………（343）
　第一节　问卷设计 ………………………………………………（343）
　第二节　变量测度 ………………………………………………（344）
　第三节　研究方法描述 …………………………………………（351）
　第四节　小样本测试 ……………………………………………（353）

第十一章　大学教师流动与评价的实证分析 (377)

第一节　研究数据的收集与描述 (377)

第二节　数据质量评估 (396)

第三节　层次回归分析 (411)

第四节　实证结果分析 (453)

第四编　模式与机制

第十二章　多元动态平衡下大学教师综合评价模型构建 (459)

第一节　我国大学教师聘任中的岗位分类 (459)

第二节　多维动态大学教师角色评价模型建构 (469)

第三节　构建"第三方+小同行+代表性成果"大学教师评价的运行模式 (475)

第十三章　通向学术评价结果公正的制度设计 (481)

第一节　学术评价具有不完善的程序正义的特征 (482)

第二节　基于学术评价最终公正的制度设计 (485)

第三节　具体改进策略 (491)

第十四章　高校学生评教管理功能的价值回归 (495)

第一节　回归立德树人 (496)

第二节　回归教学相长 (497)

第三节　回归尊师重教 (499)

第四节　回归教育本真 (500)

附录1　正式调研问卷变量的测量题项 (503)

附录2　题项的描述性统计 (507)

附录3　调查问卷 (511)

参考文献 (522)

后　记 (541)

第一章

绪　　论

一　研究的问题及其意义

（一）问题的提出

1993年11月，党的十四届三中全会通过《中共中央关于建立社会主义市场经济体制若干问题的决定》，提出"改革劳动制度，逐步形成劳动力市场"，由高尚全提出的用"劳动力市场"取代"劳动就业市场"意见被采纳，劳动力市场一词正式在我国政策文件中出现。2020年3月中共中央国务院颁布《关于构建更加完善的要素市场化配置体制机制的意见》，第一次对推进要素市场化配置改革进行总体部署，要素市场化配置改革进一步深化。将经济要素引入市场，发挥资源配置市场运行中的主导作用，是改革开放以来我国经济体制改革的重大成就，对于加快完善社会主义市场经济体制具有重大意义。

现代大学以学术组织属性为根基，同时呈现了科层组织的属性。大学作为学术性组织，具有人力资本密集型生产组织的明显特性，而大学教师则是大学组织人力资本最密集、最根本的部分。当人力资源以竞争为核心、以市场为主导进行配置时，大学教师则成为大学最重要的资源，处于大学竞争的核心，是内部学术劳动力市场的绝对主体。

在长期的计划经济作用下，我国大学教师的薪酬与晋升构成了一个单一的二维矩阵，两者增长同步更多的是形成一一对应的刚性联结。随着市场机制在资源配置和经济社会生活中调节作用的增大和高校教师聘用制改革的深化，大学教师的薪酬与晋升的二维矩阵和刚性联结必将"松动"，大学教师的流动必将更加频繁，竞争机制进一步强化。已经习惯了在计划经济生存与发展的我国学术职业，在学术市场由不成熟到成熟的发展过程中，大学教师流动和评价必然也会伴随着局部和暂时的无序，如整个学术流动的层级变得不再稳定；最具学术潜力和创造力的青年教师尤其是新入职教师面临着更加剧烈的竞争和更为不利的生存、发展境地；由竞争产生的压力，在促进部分青年教师脱颖而出的同时，也会驱使部分教师产生急功近利、学术不端、恶性竞争或是放弃竞争等行为。

教育评价事关教育发展方向。近几年来，大学教师评价越来越受到高等教育界乃至全社会的关注，但高校在职称评聘、职务考核、激励奖励、资源分配等方面依然在不同程度上存在着唯帽子、唯文凭、唯科研（论文、课题、成果、经费、奖项）以及"重科研轻教学"等问题。自2013年以来，教育行政部门不断加大和深化高等教育体制的改革力度，持续推动高校建立健全教师考核评价、高层次人才发展、科技分类评价等体系，相继出台了《教育部关于深化高等学校科技评价改革的意见》（教技〔2013〕3号）、《教育部关于深化高校教师考核评价制度改革的指导意见》（教师〔2016〕7号）、《中共教育部党组关于加快直属高校高层次人才发展的指导意见》（教党〔2017〕40号）。2018年，教育部会同人力资源和社会保障部、科技部等部门制定了《关于分类推进人才评价机制改革的指导意见》（中办发〔2018〕6号）、《关于深化项目评审、人才评价、机构评估改革的若干意见》（中办发〔2018〕37号）等文件。2020年6月30日，中央全面深化改革委员会第十四次会议审议通过了《深化新时代教育评价改革总体方案》，首次提出了"改进结果评价，强化过程评价，探索增值评价，健全综合评价"。深化大学教师流动与评价改革是建立科学的、符合时代要求的教育评价制度和机制的一个关键举措，其地位和意义举足轻重。

（二）研究的意义

1. 将我国大学教师流动置于市场和竞争的社会背景下，形成我国大学教师流动和评价的理论体系

随着我国高校收入分配制度改革和国家分类推进事业单位改革，高校被划为了可部分由市场配置资源的类型，大学教师流动被置于市场和竞争的社会背景下。研究将在市场与流动、流动与评价的文献搜集和综述中，构建大学教师流动与评价的要素—动力—路径的EMP理论模型；通过分析国内大学教师的评价与流动研究现状，借助调查研究，发现在学术市场作用下我国大学教师流动存在的问题。借鉴美国学术市场下的大学教师流动

与评价的成熟机制，探讨学术市场作用下影响教师流动的关键要素和差异因素，构建多元动态平衡下大学教师综合评价模型，形成学术市场驱动下我国大学教师流动与评价的理论体系。

2. 有助于促进我国大学教师的流动和竞争从无序走向有序

大学教师的质量决定着大学的声誉和地位，完善教师考核评价制度是当前和今后一段时期深化高等教育综合改革的紧迫任务。从学术劳动力市场的特征来说，自主有序的教师流动是优化资源配置、打破学术近亲繁殖，激发教师的学术创造力和竞争活力，促进学术创新的需要。教师考核评价是大学教师选聘、任用、薪酬、奖惩等人事管理的基础和依据；考核评价政策是调动教师工作积极性、主动性的"指挥棒"，对于新时期高校教学、科研、社会服务等职能的更好发挥具有全局性和基础性影响。科学合理的评价体系是建立流动开放、竞争有序学术劳动力市场体系的基本前提，一方面，改善教师的薪酬和学术环境，留住优秀的教师；另一方面，鼓励教师追求卓越，实现优胜劣汰，从而增强学术职业的吸引力和竞争力。在知识经济、市场体制、竞争国际化的社会背景下，构建合理畅通有序的大学教师流动机制与评价体系，既是大学教师发展的质量保障，也是打破计划经济下高校发展固守壁垒、深化高等教育领域综合改革、赢得竞争优势的必然选择，更是推动学术劳动力市场要素配置依据市场规则、市场价格、市场竞争实现效益最大化和效率最优化的必由之路。研究突出了本土化的社会情境，将理论阐述与国外经验的整合转化为对中国现实的变革借鉴，将通过多维矩阵的我国大学教师流动—评价模式的环境适应性分析，建立大学教师良性发展的运行机制，通过个人价值与组织价值的契合，促进大学教师流动和竞争从无序走向有序。

二　相关概念及研究范围界定

（一）学术

研究以 1990 年博耶在《学术水平反思——教授工作的重点领域》中所提出学术范式为基础，认为学术是大学教师以一定的专业知识为基础进行的创新性的、并超出个体意义的智力活动，及其由此所表现出来的学术水平和学术成就。学术是通过同行评价形式被认可或获得声誉，其内涵涵盖发现的学术、综合的学术、运用的学术、教学的学术四个彼此联系、相互依赖的方面,其结果能被交流和广为传播,并对学术领域产生积极的影响或促进社会发展,使同行和公众受益。

(二) 劳动力市场

按经济学划分,市场分为产品市场和要素市场。作为重要的要素市场之一,劳动力市场是指劳动力的供给方和劳动力的需求方通过市场竞争,自主达成劳动契约关系。

劳动力市场分为外部劳动力市场和内部劳动力市场。20世纪四五十年代,莱斯特和雷诺兹(R. A. Lester & L. G. Reynolds)在研究劳动力市场结构与工资的关系时,指出了传统理论在解释相关现象时的局限性。1971年,美国经济学家多林格与皮奥雷(P. B. Doeringer & M. J. Piore)基于以往研究成果,发表《国际劳动力市场与人力资源分析》(*International Labor Markets and Manpower Analysis*),首次明确提出并系统阐述了内部劳动力市场的定义、起源、运行机制与基本特征等一系列重要问题,指出内部劳动力市场是相对外部劳动力市场而言的,是组织内劳动力市场的简称,是根据组织的规章制度、惯例或组织与组织内雇员所达成的协议运行的,组织内雇员由录用、提升、调动、暂时解雇、解除或终止劳动合同等构成的运动系统。内部劳动力市场运行模式,国外学者主要集中在对美国、日本及一些发达国家企业的内部劳动力市场的研究。[①]

如果说,外部劳动力市场针对的是宏观的劳动力资源的配置,研究的是劳动力资源的区域流动、迁移等;那么,内部劳动力市场研究的则是组织内部基于一系列长期承诺和规则来指导和约束组织的雇用关系,进行的一系列人力资源选拔与配置、保持与激励以及培育与开发的制度设计,形成的劳动合约和就业关系的制度总和。与外部劳动力市场相比,内部劳动力市场同样存在着供求机制、竞争机制和价格(薪酬)决定机制,并具有三个核心要素:组织内部持续雇用的长期契约关系、体现等级性工作阶梯的职位晋升和资历工资制度、基于竞争的激励和保障机制,其实质是保障组织内部市场机制运作的人力资源管理制度体系。

(三) 学术劳动力市场

学术劳动力市场是劳动力市场的一个重要有机组成部分,同样可分为

---

① 麻艳如:《内部劳动力市场视角下的高校教师激励机制研究》,首都经济贸易大学2018年博士学位论文。

外部学术劳动力市场和内部学术劳动力市场。学术劳动力市场的首次提出是源于1958年美国T.卡普娄、R.麦吉（Theodore Caplow & Reece J. McGee）出版的《学术市场》（*The Academic Marketplace*）一书，书中用实证的方法考察了大学教师流动因素，认为大学教师流动是由市场规律来调节的，成熟的学术劳动力市场和完全的竞争可以导致大学教师流动的加快；成熟度不高的学术劳动力市场，则导致教师流动的缺乏；重点研究了大学教师的流动、聘任、工作评估，以及这些过程所显示的学术目标和价值，对很多教授长期疑惑的"学术市场上的竞争和商业领域的竞争一样严峻"的现象从学理上给予了认可，而"神秘而无形的声望"是学术市场提供的基本商品。①

《学术市场》书中提出的"开放封闭的雇用系统"成为一个高等教育学术界持续深入讨论的主题。开放的雇用系统无疑指向了大学教师地理位置上的移动，是外部学术劳动力市场的研究主题；封闭的雇用系统则指向了大学组织内部的教师聘任、学术晋升和薪酬制度等；横跨开放封闭雇用系统的还有由大学层级与类型、学科、性别、种族、人种等形成的学术劳动力市场分割等。学术劳动力市场从其概念产生那一天起就有机融合了大学组织属性和学术职业特性，由大学教师群体及其他们所从事的学术工作所构成的学术职业从开始就成为学术劳动力市场研究的绝对主体。

学术劳动力市场有时又称为"学术市场"，学术界一方面开始用学术市场或者学术劳动力市场的概念来研究学术流动（Academic Mobility）和教师流动（Faculty Mobility），其中学术流动包含了学生流动和教师流动；另一方面，学术市场研究包含了学术声望、教师晋升、终身教职、等级性薪酬等领域的研究。本研究中的内部学术劳动力市场是指在学术力量与市场力量相互结合和相互作用中，大学与大学教师作为内部市场的供需双方，在聘用与被聘用、评价与被评价之间构成学术劳动力市场环境，与岗位薪酬和竞争制度共同构成了内部劳动力市场的组成要素和运行机制。

（四）大学教师流动

学术劳动力市场视角下的大学教师流动，包括大学教师的纵向流动和

---

① Theodore Caplow and Reece J. McGee, *The Academic Marketplace*, New York: Basic Books Inc., 1958.

横向流动。横向流动为大学教师在不同高校之间的流动和高校与教育系统外的组织之间的流动,体现外部学术劳动力市场特征。纵向流动包括大学教师从入职—专业技术职务晋升至离职所有类型和形式的学术层级流动,体现的是内部学术劳动力市场的特征。

高等教育系统中的大学教师构成内部学术劳动力市场的主体。内部学术劳动力市场驱动下的大学教师流动虽置于外部学术市场环境和竞争机制之中,但主要指向大学教师的纵向流动。由于外部学术劳动力市场环境的设计直接决定了内部劳动力市场的运行方式和效率,在大学教师流动过程中,在学术职业入口以及教师横向流动中校际间和校际外身份转变的交接点上,形成了学术劳动力市场中的外部市场和内部市场的一个交汇和融合地带,这一地带同时受到外部劳动力市场供求状况和要素价格水平的影响,以及内部学术劳动力市场的制度设计和保障机制的作用。入口地带是从外部学术市场向内部学术劳动力市场转换的一个交汇和融合点,并将外部学术市场的竞争因素引入了内部学术劳动力市场竞争的起点;机构间身份的转变地带是从内部学术劳动力市场向外部学术市场转换的一个交汇和融合点,将内部学术劳动力市场的竞争结果与外部学术市场的竞争因素进行价值比较和选择,从而实现了学术市场中的优胜劣汰或学术职业身份的转变。

由于外部学术劳动力市场环境的设计直接决定内部劳动力市场的运行方式和效率,且教师入职评价主要受到外部劳动力市场供求状况和要素价格水平的影响,研究以我国普通本科高校全日制教师的纵向流动为研究的主线和主体,横向流动为研究的补充和延伸,所涉及的外部劳动力市场研究主要是关注内外部学术市场交汇和融合的两个地带,将内部学术劳动力市场驱动下的教师入职、晋升、终身职位、分层分级等流动与评价置于外部学术劳动力市场环境和竞争机制之中。通过合理的教师流动机制的建立,促使学术市场自我运行,提高学术生产力水平,实现学术劳动力的最优配置,使教师个体价值与大学组织价值达到契合。

(五) 大学教师评价

大学教师评价是指评价主体以教育评价理论为指导,确定相应评价标准,运用科学可行的方法对教师工作的劳动过程、劳动要素和劳动效果等进行价值判断的过程。本研究主要包括入职评价、学术职务升降评价和绩效评价。入职评价是指学术后备人才首次进入大学所进行的相关评价,学术职务升降评价是指在教师专业技术职务晋升与聘用中涉及的教学、科研、社会服务等评价；绩效评价是对教师的工作表现、行为、质量进行评定。

（六）学术型—应用型普通本科院校

在二元劳动力市场理论中，内部劳动力市场属于一级市场，其内部规则及其运行方式恰似一级市场入口处的屏障，屏蔽了二级市场从业人员的流入。根据国内外学术劳动力市场分割的相关研究结果，我国学术劳动力市场由于高校资源配置及其教师流动与评价的历史原因和现实矛盾，存在比较明显的高校类型分割特征和学术生命周期分割特征，不同类型高校的教师之间、不同学术生涯阶段的教师之间在个人特征、工作特征等方面存在显著差异。研究按照是否具有学术博士学位授予权作为我国普通本科院校的分类标准，把普通本科院校分为学术型高校和应用型高校两类，其中具有学术博士学位授权高校界定为学术型高校，其他为应用型高校。①

三 国内外相关研究的学术史梳理

（一）学术劳动力市场与大学教师流动

最初的学术劳动力市场研究主要是针对大学教师的校际流动、国际流动和高等学校系统内外的流动。在我国最早研究学术劳动力市场的是阎凤桥教授，运用学术劳动力的视角将学术劳动力市场与大学教师聘用制度结合研究。②

刘进、沈红认为，在当前世界范围内大学教师流动的研究中，可以划分为欧洲和美国两大语系。欧洲研究者大多使用"教师流动"一词，认为教师流动并非源于市场作用而是美国强大的学术中心吸引力；美国主要以"学术市场"或者"学术劳动力市场"为主研究大学教师流动。③ 美国高等教育系统相互之间的运行几乎完全处于一种自由竞争的市场之中，学术劳动力市场对于大学教师流动起着主导性调节的作用。

---

① 宋旭红：《学术型—应用型：我国普通本科高校分类之论》，《山东师范大学学报》（人文社会科学版）2019年第5期。
② 阎凤桥：《学术劳动力市场的特性与研究型大学的教师聘用制度》，《北京大学教育评论》2005年第3期。
③ 刘进、沈红：《大学教师流动影响因素研究的文献述评——语义、历史与当代考察》，《现代大学教育》2015年第3期。

研究将大学教师流动置于学术劳动力市场背景下，主要关注了以下两个问题的研究，一是大学教师流动的基本界定；二是影响大学教师流动的主要因素。

1. 大学教师流动的基本界定研究

社会学上的流动主要是"指个体或团体从一定的等级或一系列等级的一定地位，到同一等级或同一系列等级的另一地位的运动。"① 对于大学教师流动，由于研究者的研究内容和研究视角不同，对于大学教师流动的界定也有明显不同，如层级流动、校际流动、国别流动等。杨茂庆通过对美国研究型大学教师流动类型划分，认为：按流动方向划分，可以划分为横向流动与纵向流动，纵向流动是指大学教师在讲师、助理教授、副教授、教授四类职务之间进行流动，即大学教师职务的晋升或下降；按流动方式划分，可以划分为刚性流动和柔性流动；按学术与非学术标准可划分为学术型流动与非学术型流动等。② 李志峰、易静认为美国学术职业流动可分为横向流动和纵向流动，横向流动指学术职业的流入，纵向流动指教师学术职务的升降而产生的流动。③ 刘进则特指教师流动为"学术职业从业者从属的学术机构身份的转变"，一是职业内流动，主要指大学之间、大学—科研院所间的流动；二是职业间流动，主要指学术职业与非学术职业间的流动。④

2. 影响大学教师流动的主要因素

索文蒙（Lewis C. Solmon）认为大学教师流动的影响因素，一是经济因素，二是学术追求，其中学术追求促使大学教师流动的可能性更大。⑤ 埃伦贝格（Ehrenberg）等认为通过提高助理教授和副教授的工资与福利待遇将会大大降低大学教师流动率。⑥ 周和沃尔克温（Zhou & Volkwein）通过研究内在推力因素和外在拉力因素对大学教师流动行为的影响，认为在

---

① [英]厄尔·霍珀:《工业社会中教育与社会成层、社会流动的关系》，载张人杰《国外教育社会学基本文选》，华东师范大学出版社1989年版，第89页。
② 杨茂庆:《美国研究型大学的教师流动研究》，西南大学2011年博士学位论文。
③ 李志峰、易静:《美国学术职业流动的类型与特征》，《比较教育研究》2009年第2期。
④ 刘进:《大学教师流动与学术劳动力市场》，商务印书馆2015年版，第3页。
⑤ Lewis C. Solmon, "Grant Elements in Faculty Mobility: Some Initial Interpretation", *The American Economies Association Meeting*, New York: December 28, 1978, pp. 1 – 27.
⑥ R. G. Ehrenberg, H. Kasper & D. I. Rees, "Faculty Turnover in American College and Universities", *Economics of Education Review*, Vol. 10, No. 2, 1991.

组织内部，资历、工作保障满意度和薪资满意度是影响高校教师流动的前三因素；在组织外部的拉力因素中，教师终身教职、晋升的机会、薪资、福利、工作保障对流动行为有着显著且直接的影响。[1] 刘进认为，学术劳动力市场外围向中心的流动，根本原因在于人才定价的出现，一旦教师意识到自身价格被低估，就会到学术市场寻求交易。[2] 谷志远利用2006年"学术职业变革"国际调查的中国大陆数据进行回归分析，发现教师人口统计学、职称、学历、学科等个体水平特征以及工作满意度对教师流动倾向具有显著影响。[3] 由由通过实证研究，得出我国高校教师对工作环境（目标与领导、学术工作条件、技术服务支持、管理与沟通）的感知会影响其工作满意度并进一步影响其工作流动意向。[4] 刘进调查发现，个人长期发展、配偶和家庭、学术机构的地理位置和声望是中国研究型大学教师进行流动决策时关注的核心要素，将个人长期发展置于流动的首位，认为比金钱更重要。[5]

（二）大学教师流动与评价

教师聘用及晋升的标准对于保持大学的活力至关重要。劳埃德·S.伍德伯恩（Lloyd S. Woodburne）指出，对教职工服务的评估始于一种制度，可以通过对教师任命、任期和工资实现对教师的评价。[6] 沈红认为，理想的大学教师评价必须明确两个理论基点，即"学术"大于"科研"，"发展"大于"发表"，以教师个人发展、学科学术发展、大学组织发展的"三合一"为评价目的。[7] 牛风蕊认为，教师评价的结果及其运用直接关系着聘任、晋升、考核和薪酬等教师的切身利益。[8]

---

[1] Ying Zhou, James Fredericks Volkwein, "Examining the Influences on Faculty Departure Intentions: A Comparison of Tenured Versus Nontenured Faculty at Research Universities Using NSOPF: 99", *Research in Higher Education*, Vol. 45, No. 2, 2004.

[2] 刘进：《大学教师流动与学术劳动力市场》，商务印书馆2015年版，第216页。

[3] 谷志远：《我国学术职业流动影响因素的实证研究——基于"学术职业的变革—中国大陆"问卷调查》，《清华大学教育研究》2010年第3期。

[4] 由由：《高校教师流动意向的实证研究：工作环境感知与工作满意的视角》，《北大教育评论》2014年第2期。

[5] 刘进：《大学教师流动与学术劳动力市场》，商务印书馆2015年版，第145页。

[6] Lloyd S. Woodburne, "The Evaluation of Faculty Services", *The Accounting Review*, Vol. 32, No. 2, 2004.

[7] 沈红：《论大学教师评价的目的》，《高等教育研究》2012年第11期。

[8] 牛风蕊：《大学教师评价的内在逻辑、现实冲突及其调适》，《现代教育管理》2015年第7期。

1. 教师聘用与晋升评价

1991年美国加州大学在《卡尔·皮斯特报告》影响下对教师评价政策进行了实质性改革,如在对医学、建筑、工程、法律等一些实践性专业的学术成果进行考核时,主要考查教师运用知识而不是发现知识的"专业能力",如医学方面的临床实践能力,建筑方面的设计能力,法律方面的执业能力等;在教师聘任的弹性和灵活性方面,如一些分校教师申请在本聘期中将主要精力放在教学上,一般情况下都会得到同意,并在聘期考评时,只要出示教学成果的证明即可。① 阿雷奥拉(R. A. Arreola)在实证研究中发现,美国费里斯州立大学是一所采用终身教职制度评价教师的典型的教学型大学,主要从教师教学、研究、指导学生和社会服务四个方面进行评价。② 桑妮·海恩(Sunny Hyon)遴选了美国8所大学的11位教师95封RPT评估信件,从中挑选出具有肯定性的评估词汇。评估信撰写人员从出勤情况、专业技能、责任心与敬业精神、学界影响力、学术声誉、独特性、学术研究能力七个核心维度对教师的工作进行了评估审核,同时以不同的方式将这七个维度在教学、研究、服务三方面进行集中,从而更加全面客观地考察评估教师的工作。③

2. 教师绩效评价

理查德·I. 米勒(Richard I. Miller)等指出,美国大学构建了一套完整而严谨的教师绩效评价体系以确保大学的质量。所谓教师绩效评价是为了工作质量对教师工作表现、教师行为进行的评定。按照卡内基委员会对高校的分类,从教学、科研和社会服务三方面来论述教师的绩效评价。其一,对教学质量评价采用较为普遍的有系主任评价、同行评价、系统的学生评价,也有一些使用课堂教学录像、学生的长期跟踪、校友评价等。其二,科研方面主要采取量化评价法和引用分析法来评价教师的科研绩效。其三,社会服务评价,要求每位教师应列出社会服务的详细情况,并加入

---

① 潘金林:《〈卡尔·皮斯特报告〉及其对加州大学教师评价政策的影响》,《高等教育研究》2014年第7期。

② R. A. Arreola, *Developing a Comprehensive Faculty Evaluation System: A Guide to Designing, Building, and Operating Large-Scale Faculty Evaluation Systems*, Bolton, MA: Anker, 2007, p. 25.

③ S. Hyon, "Evaluation in Tenure and Promotion Letters: Constructing Faculty as Communicators, Stars, and Workers", *Applied Linguistics*, Vol. 32, No. 4, 2011.

社会团体或公司对服务评价。①

(三) 大学教师流动、评价与薪酬

无论是一岗一薪、岗变薪变，还是绩效工资对教师业绩与贡献的认可和激励，薪酬与大学教师的流动与评价息息相关。研究大学教师的流动与评价，就不得不面对大学教师薪酬体系改革及其动态调整机制、不得不面对薪酬制度对大学教师流动与评价的保障和激励作用。国内学者沈红、熊俊峰对全国11个省份68所高校3612名教师的实证研究发现：体现在高校教师知识积累、学术视野、技能、经验与素养上的人力资本积累对其薪酬具有显著作用。②

美国学术界对大学教师薪酬的研究兴起于20世纪二三十年代，八十年代达到高峰。有众多学者对影响大学教师薪酬的因素进行了不同角度的研究。如科恩（Cohn）利用回归方程研究了全国知名学者数量、毕业后读研学生比例、师生比、美国大学教授协会分类、1970—1971学年录取学生、正教授百分比等13种变量对薪酬的影响；③姆克西克林和斯马特（McLaughlin & Smart）等对24461名各个学科教师进行了调查，研究了39种变量对薪酬的直接和间接影响，39种变量分为8个大类，是卡内基分类标准下的学校特点，地理特点，其他特点，个人特点（包括年龄，学位，学科，工作年限），工作成果（研究或者出版成果），认可度（学衔，是否终身制等），工作量（教授学生的数量和类别），时间分配（用在管理、教学和研究上的时间）；④巴巴拉·H. 塔克曼和霍华德·P. 塔克曼（Barbara H. Tuckman & Howard P. Tuckman）利用回归方程研究了美国大学教师的薪酬结构，发现拥有出版物教师的薪酬高于专心教学的教师，且不同学科专业差距较大；⑤诺伊曼（Neumann）研究了科研成果和年资对化学、物理、政治学和社会学四个学科教师薪酬的影响，发现影响最大的是

---

① Richard I. Miller, Chareles Finley and Candace Shedd Vancko, *Evaluating, Improving and Judging Faculty Performance in Two year Colleges*, Westport, CT: Greenwood Publishing Group Inc, 2000, p. 54.

② 沈红、熊俊峰：《高校教师薪酬差异的人力资本解释》，《高等教育研究》2013年第9期。

③ Elchanan Cohn, "Factors Affecting Variations in Faculty Salaries and Compensation in Institutions of Higher Education", *The Journal of Higher Education*, Vol. 44, No. 2, 1973.

④ Gerald W. McLaughlin, John C. Smart and James R. Montgomery, "Factors Which Comprise Salary", *Research in Higher Education*, Vol. 8, No. 1, 1978.

⑤ Barbara H. Tuckman and Howard P. Tuckman, "The Structure of Salaries at American Universities", *The Journal of Higher Education*, Vol. 47, No. 1, 1976.

年资;① 布朗和特里什赫曼（Browne & Trieschmann）研究了美国研究型大学教师的薪酬和福利结构，发现教师福利水平高低的决定因素是教师数量、薪酬水平、税收和生活成本。②

1. 性别、种族和家庭差异的影响

戈登和莫顿（Gordon & Morton）等对一所大学 1000—2000 名教师进行研究后发现，在特定的专业确实存在着基于性别的收入差距，比如社会科学领域女性收入要高，而在教育学领域男性收入相对要高;③ 考克斯和奥斯汀（Cox & Austin）认为，在给定的学校内无法通过消除性别歧视来提高女教师的薪酬，要实现这个目的，一则要到薪酬更高的学校任职，二则要提高女教师的晋升比例;④ 赫希和利佩尔（Hirsch & Leppel）对一所传统女子大学的研究结果发现男女老师之间的薪酬差异是断崖式的，差别最大的出现在商科和经济学领域为 23%。⑤ 巴尔贝扎特（Barbezat）通过对两所大学数据的分析，发现在这两所大学从 1968 年到 1977 年基于性别差异的收入差距有了实质性的减少。⑥ 贝拉斯（Bellas）研究了婚姻状况和女方的雇用状态对男性薪酬的影响，发现结了婚且女方有工作的男方比那些从来没有结婚的男性薪酬要高，结了婚但是女方没有工作的男方薪酬最高。可见，薪酬与婚姻状况、女方雇用状态存在着直接关系。⑦

2. 教学、研究等因素的影响

科赫（Koch）对伊利诺伊州立大学文理学院的 16 个系 229 名教授的研究发现，教学能力是决定薪酬增量最重要的因素，其次是学术活动和社

---

① Yoram Neumann, "Determinants of Faculty Salary in Prestigious versus Less - Prestigious Departments: A Comparative Study of Academic Disciplines", *Research in Higher Education*, Vol. 10, No. 3, 1979.

② Mark J. Browne and James S. Trieschmann, "Salary and Benefit Compensation at American Research Universities", *The Journal of Risk and Insurance*, Vol. 58, No. 3, 1991.

③ Nancy M. Gordon and Thomas E. Morton, "The Staff Salary Structure of a Large Urban University", *The Journal of Human Resources*, Vol. 11, No. 3, 1976.

④ Marci Cox and Alexander W. Astin, "Sex Differentials in Faculty Salaries", *Research in Higher Education*, Vol. 7, No. 4, 1977.

⑤ Barry T. Hirsch and Karen Leppel, "Sex Discrimination in Faculty Salaries: Evidence from a Historically Women's University", *The American Economic Review*, Vol. 72, No. 4, 1982.

⑥ Debra A. Barbezat, "Salary Differentials or Sex Discrimination? Evidence from the Academic Labor Market", *Population Research and Policy Review*, Vol. 6, No. 1, 1987.

⑦ Marcia L. Bellas, "The Effects of Marital Status and Wives´ Employment on the Salaries of Faculty Men: The (House) Wife Bonus", *Gender and Society*, Vol. 6, No. 4, 1992.

会服务;① 西格弗里德和怀特（Siegfried & White）对威斯康星—麦迪逊大学经济系 45 名教师的研究发现，在公立大学教学出色可以带来经济回报，但是幅度远小于科学研究和管理经验带来的经济回报;② 西格弗里德和怀特的研究结果是，教学能力对教师薪酬是有正面和统计上的重要意义的，但是这种关系是非线性的;③ 德洛尔梅和希尔（DeLorme & Hill）等在 1970—1974 年对佐治亚大学工商管理学院教工薪酬的决定因素进行了定量研究，发现经验和获取博士学位的院校是决定薪酬的重要因素，在近 20 年的时间里出版和发表的学术成果对教师的薪酬有影响；在前两年，教学对薪酬来说是消极因素，第三年处于中立地位，直到第四年教学对薪酬才是比较积极的因素。④

3. 学科或某一领域的影响

巴巴拉·H. 塔克曼和霍华德·P. 塔克曼对几所美国大学的经济系和教育系教师在 1972—1973 学年的薪酬进行了研究，发现在这两个专业有出版物的教师比没有出版物教师的薪酬要高，经济学比教育学的教师因为出版所获得的奖励要高。⑤ 蒂尔马尼（Thilmany）利用数据和比较说明了农业经济领域的两个重要问题：教师的工作期望会对绩效测评和薪酬产生影响；在性别与薪酬问题上，同工同酬必须要等到同等经验的女性们获得同等职称。⑥ 金瑟和海斯（Ginther & Hayes）使用了"博士学位获得者调查"的数据来评估人文领域教师在薪酬和晋升方面的性别差异。⑦

---

① James V. Koch and John F. Chizmar, "The Influence of Teaching and Other Factors upon Absolute Salaries and Salary Increments at Illinois State University", *The Journal of Economic Education*, Vol. 5, No. 1, 1973.

② John J. Siegfried and Kenneth J. White, "Teaching and Publishing as Determinants of Academic Salaries", *The Journal of Economic Education*, Vol. 4, No. 2, 1973.

③ John J. Siegfried and Kenneth J. White, "Teaching Ability as a Determinant of Faculty Salaries", *The Journal of Economic Education*, Vol. 9, No. 2, 1978.

④ Charles D. DeLorme Jr., R. Carter Hill and Norman J. Wood, "Analysis of a Quantitative Method of Determining Faculty Salaries", *The Journal of Economic Education*, Vol. 11, No. 1, 1979.

⑤ Barbara H. Tuckman & Howard P. Tuckman, "The Structure of Salaries at American Universities", *The Journal of Higher Education*, Vol. 47, No. 1, 1976.

⑥ Dawn Thilmany, "Gender Based Differences of Performance and Pay among Agricultural Economics Faculty", *Review of Agricultural Economics*, Vol. 22, No. 1, 2000.

⑦ Donna K. Ginther & Kathy J. Hayes, "Gender Differences in Salary and Promotion for Faculty in the Humanities 1977 – 95", *The Journal of Human Resources*, Vol. 38, No. 1, 2003.

4. 全新设计教师薪酬和晋升体系研究

最有代表性的是加利福尼亚大学的层级制度，对每个学术层级晋升都规定了年限、标准及其对应的薪酬。这个制度体系为了应对市场变化、招募优秀新教师和留住本校教师，还设立了"制度外工资"。[①]

四 理论基础

（一）内部学术劳动力市场的特性

内部学术劳动力市场是大学组织内部学术劳动力在不同职位中的配置方式与规则，是学术职业在大学组织内流动的体现，其构成要素既受市场机制影响，也受学术活动自身特点的作用。在大学组织内部由大学教师在聘用与晋升、考核与评价、职级与薪酬之间所形成内部学术劳动力市场运行环境，与大学教师岗位管理、人事管理、薪酬体系等系列制度相互交集，同时形成了基于竞争的激励和保障机制，共同彰显了内部学术劳动力市场构成要素及其鲜明特征。

1. 内部学术劳动力市场的构成要素

（1）长期聘用的契约

学术职业进入需要长久时间的知识、技能、态度和学术职业行为方式的训练和储备；需要全身心的长久投入，包括受教育的费用和学术储备阶段失去收入的机会成本、选择这种生存方式的情感投入等；需要经过从学士到硕士再到博士生涯的层层筛选和淘汰，学术生涯晋升过程中严格的层层选择和审核，从而使得没有经过这种训练、投入和筛选的人难以转入这一职业，更使一旦选择这一职业的人很少离开去从事与学术职业完全无关的职业。长期聘用的契约基本体现于学术终身聘任制度的保障中，如美国大学的终身教职制度、欧洲的许多国家大学教师的公务员身份等。长期的聘任契约赋予了学术职业独立和安全的权利，有效地保障了学术人在学术探索道路上的独立和安全，为知识创新与探索活动免受各种不合理干扰和限制提供了屏障。长期聘任契约有利于大学教师增强对大学和学科组织的忠诚度，从事学术职业的安全感有利于增强大学教师个体价值与大学组织的价值契合度。

---

① Alfred Manaster, "The California 'Step System'", *Academe*, Vol. 71, No. 4, Jul. – Aug. 1985.

(2) 以学术成果和学术奖励为核心的学术晋升制度和学术等级制度

世界各国家大学都有体现自己不同民族文化和学术特色的职位等级结构和晋升方式，大学教师随着学术声望和学术成就的不断积累而进行着学术职位由低向高的层级流动，并且这种层级一旦拥有基本上就会终生占有。概括起来主要包括两个序列。

第一个序列是以人才培养、科学研究、社会服务为核心的学术晋升制度。不同国家的学术职业在由低向高的层级攀升过程中形成了专业技术职务晋升等级，如德国大学传统意义上以讲座制维持的助理教授、编外讲师和教授等严格等级晋升；英国的讲师、高级讲师、准教授、教授的等级晋升；我国、俄罗斯和日本等国家大学中的助教、讲师、副教授、教授的等级晋升；而美国大学教师的学术晋升既包括终身教职轨道上的讲师、助理教授、副教授、教授等级晋升，也包括从非终身制的职位到终身制的职位晋升；如此等等。

第二个序列是由学术权威为权力轴心、由学术精英统治并垄断着的等级制度。这一等级制度是由学术共同体通过学术优先权承认和奖励、有声望的职位和知名度来构筑的学术王国中的社会分层，其中，最具盛名的学术权威处于层级的最顶端，具有至高无上的地位和权力。默顿曾以命名——其他形式的荣誉回报——他人引用自己的成果来描述这一学术等级，其中根据科学家的贡献大小命名又形成四个明显的等级次序：以科学家的名字命名的时代，科学家获得了一门新的科学或一个新的科学分支之父的美誉，定律、理论、定理、假说、仪器、常数和贡献的命名[1]。哈里德·朱克曼把美国科学家从高到低分为以下层级：诺贝尔奖获得者、美国科学院院士、获有博士学位的科学家、收入《美国男女科学家》一书的科学家、登记进《全国科技人员登记册》的科学家、美国科学家全集等[2]。科尔兄弟以精英阶层—非精英阶层来描述科学界（其实是美国物理学界）的等级体系：精英阶层的顶端是科学新范式的创始人；其次是赢得最令人羡慕科学荣誉的卓越科学家，如获得诺贝尔奖、被选入各种国家科学院，占据制订科学政策最高层的科学管理者。在非精英的顶端是在大学里不太著名的、

---

[1] [美] R. K. 默顿：《科学社会学》，鲁旭东等译，商务印书馆2003年版，第402—404页。

[2] [美] 哈里特·朱克曼：《科学界的精英——美国诺贝尔奖金获得者》，周叶谦等译，商务印书馆1979年版，第14页。

影响较小的科学家,底端是大量的大学科学教师。[1] 社会共同体内部社会分层是以竞争和激励为主导、在国际、国别、区域之间等不同的学术共同体范围内所自发自主形成,或在此基础上与学科分布产生分层矩阵。这一等级体系看似无形,但却无比真实地存在于学术共同体内,并得到广泛和总体一致的认可。

(3) 基于学术层级发展的薪酬制度体系

成熟的学术劳动力市场,大学教师的薪酬制度体系是建立在市场竞争和市场调节中的。一是外部学术劳动力市场用看不见的手通过市场定价调节着教师对自身学术价值的定位和认知、调节着大学对教师学术价值的定位和认知,决定着大学教师进入学术职业的起点薪酬价位以及大学教师横向流入新的学术机构的薪酬等级和价位。二是大学教师的薪酬等级与学术职业的学术等级、优先权的承认与奖励相互呼应,随着职位等级和学术层级由低向高逐级而升;其薪酬激励部分,体现了大学组织内部对于大学教师以教学、科研为主体的学术成就和学术成果的奖励。三是通过增加有竞争力的薪酬吸引和留住优秀人才,如美国大学签约薪酬制度中讨价还价(Count Offer)模式[2],同时兼顾大学组织内部公平和外部竞争性,一方面为优秀人才提供合理的流动空间,另一方面通过留住优秀人才,防止人才流失,确保大学核心竞争力不会受到致命伤害。

2. 内部学术劳动力市场要素特性

内部学术劳动力市场是在内部劳动力市场的核心要素和基本特性的基础之上,有机地融合了大学学术组织特性、文化传统,学术职业发展逻辑,及其由此形成的大学组织内部制度体系和运行机制。与非学术内部劳动力市场相比,其自身特性如下。

(1) 学术优先权的竞争是学术职业发展的动力机制

学术声望的产生、形成乃至聚集由学术职业拥有的财富和学术层级决定,是学术职业竞争发展的结果。而学术职业是凭借着学术优先权取得财

---

[1] [美]乔纳森·科尔、斯蒂芬·科尔:《科学界的社会分层》,赵佳苓等译,华夏出版社1989年版,第44—47页。

[2] 如果获得终身教职的教授不满自己的年薪,提升薪酬的一种方式就是流动到另外一所大学,根据当下的教学和科研能力重新签约,获得新的年薪。如果原大学系主任觉得这位教授表现突出,为留住这位教授,就会拿着另外一所大学提供的 offer 向学院提出申请,经学院同意后,会重新给予这位教授新大学签约的年薪。

富、赢得奖励、获得学术声望的。早在1957年默顿发表《科学发现的优先权》一文中首次引入了科学奖励系统的概念，将独创性研究成果和由此获得的对优先权的承认与科学奖励联系在一起。一方面，学术职业的财富多寡和层级高低不是由金钱的数量决定，对独创性研究成果优先权的承认才是学术王国中名副其实的硬通货币，大学教师通过学术成就获得社会资本，是对独创性学术成果最高褒奖，是学术职业所追求和所拥有的首要财富。与金钱相比，大学教师以高级智力活动为特征所拥有的学术偏好及其在增进和传播高深知识方面所做的贡献更为重要，更能显示其存在的价值和意义。另一方面，学术奖励制度中的学术创新能力、学术独创性成果、学术优先权至上的承认方式共同孕育了学术职业内部的竞争，竞争导致了其学术职业层级发展与学术等级的产生。在成熟的学术市场运行中，人情虽有，但学术至上，很少有人通过人情关系去获得学术层级的晋升和终身职位；竞争无疑是残酷的，但法律和规则却有效地保障了学术职业的有序前行。

（2）学术声望和学术资源的聚集具有马太效应

学术职业分层结构是单向流动的，新的学者在学术层级的晋升中被承认，而一旦拥有某一高级职位或因某项研究成果获得奖励，产生的"荣誉追加"和"荣誉终身"等现象，其早期工作会被追溯并重新评价，所研究的问题或领域更容易更多被引证，新的研究成果更容易进入学术交流系统并引起同行的关注，获得更多的学术声望，拥有更强的学术资源聚集能力。累计起来的承认、声望、荣誉和已占有的学术资源形成的良性循环，形成学术积累优势，能够使学者占有更多的学术资源、获得更多的承认和奖励、拥有更多的机会、取得更大的成功和进步。学术声望和学术资源的聚集进而形成名校名师的聚集优势，名校吸引更多名师，名师更易吸引更优秀、更具学术天赋的学生，更易产出重大研究成果，更易产生重要学术声誉。

（3）学术生命的代际性和周期性

学术生命的代际性主要体现在两个方面。一是学术职业不同的代际学术层级发展的生命节奏同时得到彼此尊重和认可。从本质上说，在不同代际不同学术职位上的两个学术职业群体并不一定存在着学术水平的显著差异，职位本身所展示的只是期待晋升和期待已成为现实且能力已得到证明的两个不同代际的群体，他们都心照不宣地接受那时那刻或此时此刻对某一职位的界定,接受要取得这一职位所需要的学术标准和晋升条件。这种生而固有的内在规则包含着学术晋升等待的耐心、对差异的承认和长者地位的安全。二是学术职业的代际遗传和自身繁衍机制。学术职业通过名校名师优秀学生相互吸引的马太效应,选拔、训练了在学术上更投入、更具天赋的学术候选人;最有前途的学术候选人又云集到最强势学科专业领域;通过师生同构,学术职业在自我繁衍中实现了优胜劣汰,完成了学术优秀品格的代际遗传,如诺贝尔获奖者之间的师生承袭关系。学术生命的周期性以学术创造的生命峰值呈现为特征,将人才创造数量与质量都达到高峰的年龄点与年龄区所构成的"最佳创造年龄",虽随着时代变迁、学科类别不同而有所差异,但集中分布在青年—中年阶段。

(二) 人才流动理论

最早研究人才流动原因的学者是蒂博特(Tiebout),他认为自由流动是以较为丰富的公共物品为前提条件的,居民迁移倾向地区为税收水平合理地区。人才流动理论涉及个体、组织和社会三个层面。[①]

个体层面人才流动,主要涉及8种理论。①舒尔茨的人力资本理论。②需求层次理论。③职业生涯理论,如帕森斯的特质因素理论,霍兰德类型理论,戴维斯与罗圭斯特等人的工作适应论,班图拉的社会学习理论,舒伯的生涯发展理论等。这些从简单到复杂,从静态到动态的职业生涯理论分析了自我了解和个人与工作之间的匹配。④勒温的场论。个人与环境关系公式为:$B = f(p, e)$,一个人能否取得工作成绩,最重要的是要看他周围宏观与微观环境是否有利,其次要看他拥有的能力大小和其他条件的配合。⑤库克曲线,基于对研究生创造力发挥程度的研究提出了创造力曲线,认为,要让研究人员保持适时的流动状态,及时改变他们的工作部门或开辟出新的工作领域与空间,以激发并保持其创造力的持续增长。⑥目标一致理论。由日本学者中松义郎在《人际关系方程式》一书中提出,认为处于群体中的个人,只有在个体目标和群体的目标保持一致的时候,个体才有可能充分发挥出自己的全部能力,群体也才有可能实现整体功能水平的最大化;可以通过个人目标主动向组织目标靠拢以及进行人才交流的办法来达到个体目标符合群体的目标并保持两者的一致性。⑦相对效用

---

① 马彩凤:《区域人才流动的经济效应研究》,人民交通出版社股份有限公司2019年版,第9—18页。

理论,认为人才流动的根本动力在于人才对相对效用的追求。⑧预期收益理论。在伊兰伯格·史密斯的《现代劳动经济学:理论与公共政策》中,把人才的自愿流动当成是一种投资,即劳动者为了在未来一个时间段内获得收益而在流动时承担这种投资的成本;若与流动相联系的预期收益现值超过了与之相联系的货币成本和心理成本的总和,便会发生流动。

组织层面人才流动,主要涉及 6 种理论。①卡兹的组织寿命理论。卡兹曲线是一条组织内信息交流水平与组织寿命间联系的曲线,研究表明,在 1.5 年到 5 年的时间里组织成员间信息交流水平较高,工作效率也较高,要保持组织活力就要通过人才的流动;但这一流动也不应太快,应保持大于 2 年的时间间隔,以顺利完成原有工作项目和适应新的组织环境。②边际效用递增理论。指在知识依赖型经济中,知识与技术要素的投入越多,产出越多,收益递增趋势越明显。但收益的递增不是无限的,它将会受到市场有限性的约束而出现递减,只是递减出现的时间推迟。组织人才的柔性流动中,实质上是通过人才流带动知识流。③鲶鱼效应理论。在组织人才柔性引进的过程中,引进的人才起到的就是鲶鱼的作用,他可以打破组织成员间原有的均衡状态,提高组织成员的警觉性和竞争意识。④马太效应理论。高层次人才间柔性的流动,可改变一流大学高层次人才积聚而地方高校因高层次优秀人才的缺失而步履维艰的现象。⑤传统的流动模型。传统的流动模型有莫布利(Mobly)的中介链模型、普赖斯－慕埃列(Price－Muelle)的变量模型、马奇和西蒙(March & Simon)模型、谢里登－艾贝尔森(Sheridan－Abelson)"尖峰突变"模型等。⑥基于映像理论建立的决策理论模型——李－米切尔(Lee－Mitchell)的展开模型。模型最大的贡献在于突破了传统的流动研究视角,流动的决策可能由"系统震撼"引起,指出一些流动的决策是独立于工作满意度水平的。不足之处是模型没有考虑除工作满意度以外其他主观态度变量(如组织承诺度)对流动的影响。

社会层面人才流动,主要涉及 5 种理论。①推—拉理论。源自于 19 世纪末英国拉文斯坦(E. G. Ravensteinti)提出的"迁移定律";1959 年伯格(D. J. Bogue)提出的人口推拉理论。认为劳动力流动就是原部门之推力与目的部门之拉力相互作用的结果,当推力大于拉力时,劳动力便流出,拉力大于推力便流入。②成本—收益理论。舒尔茨将"个人和家庭为适应于变换就业机会而进行的迁移"视为人力资本投资的五种途径之一。① 迁移成本是指为了进行迁移而支出的各种直接成本和机会成本,迁移收益则是指因迁移到新的工作环境和得到新的工作机会而增加的收入,个人迁移行为决策取决于迁移的净收益(预期)。③配第—克拉克定律。是配第定理和克拉克定理的合称,也称为"三产业划分"理论。由于不同产业之间相对收入上的差异,必然造成劳动力向获得更高收入的部门转移,进而形成了人才资源因收入分配问题而在第一、第二、第三产业间的分布呈现梯次变化的规律。④人才结构调整理论。人才资源总量从理论上可以划分为人才资源存量和人才资源增量,为了适应社会经济发展,把原有的人才资源存量转变为人才资源增量,而达到存量与增量间的相互转化,促进资源的有效配置与结构的协调发展。⑤人才流动效率理论。1932 年英国经济学家希克斯(Hicks)指出,区域间经济利益差异,主要是工资差异,是劳动力迁移的首要动因,在这一思想指引下提出了人才流动效率理论,认为一个组织可以通过边际劳动生产率的变化,对人才的进出做出有根据的决策。

(三)契约理论

研究将经济学的契约理论有效运用到内部学术劳动力市场及其教师纵向流动的研究与分析中,将激励理论中的马斯洛需求层次理论、赫兹伯格的双因素理论、麦克利兰的成就需要理论、弗鲁姆的期望理论、亚当斯的公平理论综合运用到大学教师评价与绩效工资制度设计中。

契约是双方或者多方当事人之间的一种协议、约定。契约理论是用一种契约关系来分析现实生活中各类产品和劳务的交易行为,然后设计一种约束人们行为的机制或制度,以便实现社会福利最大化。完全契约理论和不完全契约理论是契约理论的两个基本架构。完全契约理论认为:企业和市场没有本质区别,都是一种契约;委托人和代理人能够预见到未来所有的或然状况,并制定最优的风险分担和收入转移机制来实现约束条件下的次优效率。不完全契约理论认为,契约是不完全的,当事人的有限理性和资产专用性会导致敲竹杠问题,可以采取产权安排来实现次优效率;当产权形式发生变化时,企业的边界就发生了变化,因此企业和市场是有区别的。完全契约理论为解决个人的道德风险问题、团队生产中的道德风险问

---

① 焦斌龙、焦志明:《中国人力资本存量估算:1978—2007》,《经济学家》2010 年第 9 期。

题和动态条件下的承诺问题提供了有效的解决方案；不完全契约理论为企业内部以及政府和企业之间的敲竹杠问题提供了有效的解决方案。①

随着我国高等学校人事制度和大学教师聘任制度改革的逐步深化，高校与教师之间的契约关系已经建立，教师聘用合同的功能框架日渐充实。这种契约关系的形成，有利于培育平等、开放和竞争的大学教师流动的生态环境、形成以学术水平和学术声誉为核心的大学教师评价体系，是我国内部学术劳动力市场形成和发展的基础和前提。契约理论在内部学术劳动力市场下高校教师流动与评价中的运用，既表现为我国高校普遍建立起来的以教师聘任制为核心的劳动合同制度，高校教师由从身份管理走向岗位契约管理；也表现为在教师聘任制的具体运行过程中所形成的委托代理关系和心理契约关系等。

1. 委托代理理论

是契约理论最重要的发展之一。委托人为了实现自身效用最大化，将其所拥有（控制）资源的某些决策权授予代理人，并要求代理人提供有利于委托人利益的服务或行为。由于代理问题的存在，委托人就必须建立一套有效的制衡机制（契约）来规范、约束并激励代理人的行为，减少代理问题，降低代理成本，提高代理效率，更好地满足自身利益。基本路径是委托人设计——契约代理人根据情况选择接受（或拒绝）——契约代理人提供努力——随机因素决定现状态——委托人根据结果进行支付。建立委托代理关系必须具备参与约束和激励相容约束两个条件。

在大学教师流动与评价中，如果说高校是委托人，那么各级各类评价机构、评价主体就是教师流动评价的代理人。委托代理理论要求建立参与约束和激励相容约束的制衡机制，科学设置评价标准，构建规范、高效、诚信的教师评价体系；完善各类学术组织和学术机构的职责和工作规程，强化各相关评价主体责任担当和自律行为，推进教师评价的程序正当和结果公正；建立评价专家随机、回避、轮换的遴选机制，完善评审专家选取和使用，强化评价专家的责任和信誉担当；尊重同行评价的学术自主判断，发挥学术共同体在学术标准制定和学术评价过程中的作用；建立健全覆盖评价全过程的监督评估机制，完善申报、审核、公示、反馈、申诉、巡查、举报、回溯等制度，维护教师合法权益。

---

① 聂辉华：《契约理论的起源、发展和分歧》，《经济社会体制比较》2017 年第 1 期。

2. 心理契约

"心理契约"最早被用来描述雇用双方间非书面的内隐的契约,是 20 世纪 60 年代由阿基利斯(Argyris)最早提出并把这一术语引入管理领域,后有许多学者对这一概念做了深化和发展研究。"心理契约"的定义虽有分歧和争议,但大致上可认为是:雇用双方对雇用关系中彼此对对方应付出什么同时又应得到什么的一种主观心理约定,约定的核心成份是雇用双方内隐的不成文的相互责任。[①] 在内容研究上,有学者进行了心理契约维度的研究。二维说分为交易心理契约和关系心理契约,前者以经济交换为基础的契约关系,建立在短期回报和利益基础之上,追求经济的、外在需求的满足;后者以情感交换为基础的契约关系,更关注广泛的、长期的、社会情感的交互关系,追求社会情感需求的满足。三维说,则在二维的基础上,增加了团队成员维度,指员工与组织注重人际支持和良好的关系。在心理契约的形成、违背及破坏的研究中,学者们认为,心理契约的产生和维持主要受三个因素影响:雇用前的谈判,工作过程中对心理契约的再定义,保持契约的公平和动态平衡;心理契约破坏是个体对于组织未能完成其在心理契约中应承担的责任的认知评价;而心理契约违背是指个体因组织违背心理契约基础上产生的一种情绪体验,其核心是愤怒和失望,两者存在着密切的因果关系,但前者并非必然导致后者的产生。[②]

高校与教师之间长期雇用的契约在很大程度上是一种心理契约,这种契约关系融合了学术职业发展所需要的衣食无忧的经济保障、身心安宁的治学环境和精神需求、协同创新的团队文化,是大学教师成就和资历的象征;它在大学组织和教师之间建立了学术至上、优胜劣汰的选拔、遴选和淘汰机制,确保最有学术潜力、创造力和竞争力的大学教师进入长期契约的轨道上来,增强大学教师对于大学组织的认同度、忠诚度和献身精神。

(四)理念与制度变迁理论

理念是作为应对复杂环境和不确定问题的对策开始引起新制度主义研究者关注的,概括起来,可分为三种类型:作为项目的理念,作为范式的理念,作为公众情绪的理念。项目型理念是指政策精英所持有的解决政策问题的具体方案;范式是政策精英认知问题和判断解决方案实效性的标

---

① 陈加洲、凌文辁、方俐洛:《组织中的心理契约》,《管理科学学报》2001 年第 2 期。
② 赵鑫、王淑梅:《心理契约理论研究现状及展望》,《科学管理研究》2009 年第 12 期。

准，作为范式的理念指的是提出政策方向的认知及规范框架；作为公众情绪的理念使问题的解决方案具有工具层面的有效性，如果没有得到民众的认可，即不具有合法性，就会降低其被采纳为政策或作为政策执行的可能性。①

新制度主义认为制度变迁的诱因不仅是外部的冲击，还包括制度构成要素的重新排列和组合，而为采用何种组合方式和如何改变制度的问题提供指南的就是理念。一种新的理念并非引进后就立即导致制度的变化，而是通过影响制度构成要素的重新组合最终导致制度变迁。而詹尼斯和斯麦尔认为，政策精英之间获取合法性权威的竞争是促使政策变迁的主要动因；纲领性精英（指共享某种政策理念的精英集团）通过选择、诠释、整合和执行理念来推动政策变迁。②

在新制度主义的理念与制度变迁研究中，可以做以下归纳：一是理念具有不同的类型，不同类型的理念通过不同的方式在共同地发生作用。在理念推动政策变迁的过程中，不是某一类理念在起作用，而是这些不同类型的理念通过协调行为者的期待和行动，共同促进组织成员构建价值共识、共具利害关系，从而达到个体发展与组织发展、个体价值与组织价值的契合。二是理念重要但并不等同于制度，对政策产生影响需要经历政策争论的过程。理念对政策产生影响有三个关键要素在发生作用，一个是纲领性精英合法性权威的形成；一个是这个代表合法性权威的精英群体能够在持有不同理念的众多集团中拥有权力资源和竞争优势，其理念能够在不同政策主体的分歧和争论中获胜；一个是政策精英在制定政策或对其选择的政策进行合法化的过程中需要进行话语互动，因为话语互动具有协调功能和沟通功能，协调功能主要指向政策精英之间达成的价值共识和政策逻辑框架；沟通功能则指向政策的必要性和适当性说服民众的功能。三是理念推动政策变迁需要建构。这其中，如何发现不同政策主体之间利益冲突的关键问题所在、如何把握问题的原因、如何提出解决问题的策略，纲领性精英们要有配套的行动方案，要有能力将问题的解决引向有利于自己理念实施的方向。四是政策理念的扩散和传播并没有同一和固定的模式，是

---

① 河连燮：《制度分析：理论与争议》，李秀峰等译，中国人民大学出版社2014年版，第102—103页。

② 河连燮：《制度分析：理论与争议》，李秀峰等译，中国人民大学出版社2014年版，第107页。

一种有目的的策略。政策理念的诠释和适用受不同组织固有的历史因素和制度脉络的约束，其不同类型的组织因其本身所具有的组织特性不同、制度设计的惯例和规范不同，而导致拥有各自不同的固有制度模式；作为项目的理念和作为范式的理念在形成、变化和传播过程中更受组织固有制度模式的影响，更加强调政策变迁的具体情境。

党委领导下的校长负责制是中国共产党对国家举办的普通高等学校领导的根本制度，是我国高校的领导体制；坚持和完善党委领导下的校长负责制是建立完善中国特色现代大学制度的核心。党委在高校中居于领导核心地位，是一所大学的"纲领性精英"；校长在学校行政等各项工作中发挥关键作用，党委书记和校长是一所大学"纲领性精英"的领导者，他们本身所具有的、能够达成集体共识的、推动政策变迁的办学理念，是一所大学内部重大战略决策成功的先决条件。

（五）大学教师流动与评价的 EMP 理论模型构建

内部学术劳动力市场是否成熟的一个根本标志是大学教师聘任制度、薪酬制度和学术评价制度改革及其完善程度。构建大学教师流动与评价的 EMP 理论模型，是在探寻和明晰内部学术劳动力市场驱动下的大学教师聘任制度、薪酬制度和学术评价制度呈现特征、运行的模式、及其三者的相互关系，促进教师良性流动和有序竞争。

1. 大学教师流动与评价的 EMP 理论模型框架

在学术市场与竞争驱动下，大学教师流动呈现怎样的特征？影响流动的关键要素和差异因素有哪些？大学教师流动与评价的关系如何？怎样的大学教师评价体系与流动机制才能有利于学术职业的有序竞争？这些基本问题的归纳和回答直接关系到研究的创新和突破。构建大学教师流动与评价的要素—动力—路径相互契合的 EMP 理论模型，是回答和解决这些基本问题的基石和前提。

研究认为，学术劳动力市场配置中的关键要素（聘用—晋升—绩效考核—薪酬）、学术劳动力市场分割中的差异因素（不同类型高校、不同类型高校的教师、学术生涯不同阶段的教师）及其不同类别教师的个人特征和工作特征，是大学教师流动要素构成的两大核心维度。

以竞争为核心的内部学术劳动力市场运行机制、以长期聘用契约为核心的内部学术劳动力市场保障机制和激励机制、以学术声望为核心的学术职业发展的内驱动力是大学教师流动与评价动力构成的三大支撑，同时也构建了内部学术劳动力市场的三大主体：市场、高校和教师，形成了以竞争和激励为核心的大学教师流动与评价的三大驱动力：市场驱动力、高校组织驱动力、教师个体内驱力，其中市场驱动以竞争为核心；高校组织驱动以长期契约激励为核心，大学教师内驱力以获得学术声望激励为核心。

以评价主体—评价模式—评价机制为主线的大学教师评价体系的建立是大学教师有序竞争、合理流动的基本路径。

大学教师流动与评价的 EMP 理论模型框架图见图 1-1。

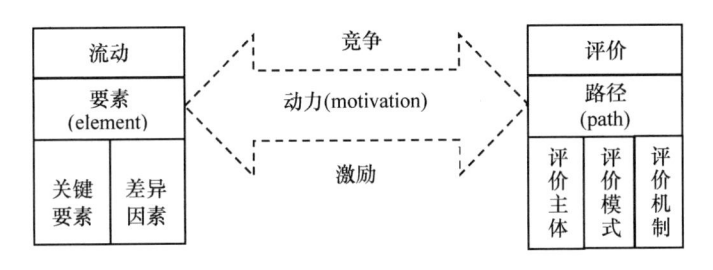

图 1-1　大学教师流动与评价的 EMP 理论模型框架图

2. 构建多元动态平衡下的大学教师综合评价体系

如何对影响教师流动的关键要素和差异因素进行逐一评价，如何在关键要素与评价、差异因素与评价中建立矩阵关系，如何将多元的评价主体、评价方式与大学教师的流动要素有机融合，如何在融合中建立适合不同类型的高校与不同类型教师的评价体系；教师多维矩阵的流动—评价模式是否适应我国学术市场从不成熟走向成熟的现实环境？是否适应大学组织运行的外部环境？能否达到个人价值与组织价值的契合？对于这些问题的探究和回答既是本研究的重点又是本研究的难点。

研究将在教师流动的多维矩阵关系中，以适应不同类型高校、不同类型教师有序流动的学术评价体系构建为主线，以影响教师流动的关键要素（聘用—晋升—绩效—薪酬，学术环境—学术声望）和差异因素（学科—年龄—家庭，教学—科研—社会服务）为主体，构建多元动态平衡下的大学教师综合评价模式和运行机制。缓解占据学术职业最好职位的群体与处于学术创造最旺盛年华的群体之间错位的矛盾及其收入差距，尊重教师专业发展的生命周期，保护教师在不同的学术生涯阶段明确学术发展最好的时光，做自己最应该做的工作，形成个体价值与大学组织价值契合的我国大学教师流动机制。

五 研究内容与方法

（一）研究内容

本书分为五大部分。

第一部分为绪论，共一章。主要从市场与流动、评价与流动、流动—评价与薪酬等三个方面进行文献搜集、文献综述，探寻影响大学教师流动的基本概念、关键要素和差异因素；明晰研究的理论基础，构建大学教师流动（要素）—竞争与激励（动力）—学术评价（路径）相互契合的 EMP 理论模型；概述研究的主要内容与研究方法。

第二部分为比较与借鉴，共计四章。在对美国大学教师流动与评价的演化特征、演化要素、演化动力、演化路径比较分析的基础上，深入分析美国大学教师流动关键要素和差异因素、流动与评价运行模式和机制（聘任制度、评价标准、评价模式及其运行、薪酬体系）等，对美国内部学术劳动力市场制度设计及其运行作整体描述。为探讨我国大学教师在学术市场由不成熟到成熟的发展过程中流动与评价的现状和问题分析提供比较和经验借鉴。

第二章为"美国大学教师晋升与终身教职评价标准及运行模式"。大学教师晋升及终身教职认定有 3 个关键目标：评价过程的公正、及时，评价的专业性、评价标准的一致性；避免利益冲突和不当行为；构建规模合理的晋升评价委员会。本章详细地描述了美国大学晋升和终身教职评价的评价标准、评价委员会构成及其运行，阐释了美国高校教师晋升与终身教职评价制度中目前存在两种不同模式：集中模式、多样化模式，以及两种模式各自优缺点；及其在综合两种模式的优缺点的基础上构建的一种理想模式即混合模式。研究以伦斯勒理工大学、纽约大学、东北大学等 3 所大学为例，分别对这三种模式在教师晋升评价过程中的质量保障和有效性进行了剖析和阐述。晋升及终身教职评价对大学教师的学术生涯及大学的发展来说极其重要，而目前关于教师评价过程的质量和有效性的研究并不多，本章的研究价值正在此。

第三章为"美国大学教师薪酬制度"。首先介绍了美国高校中占主流的两种薪酬制度——签约薪酬制和单一薪酬制的基本情况。随后通过统计数据、案例等阐述了行业因素、地区差异、学校类别、福利因素等外部因素对高校教师薪酬的影响；学科差异、教学和研究因素、性别因素、学位因素等内部因素对高校教师薪酬的影响；以及工会和集体谈判制度对美国高校教师薪酬的影响。最后介绍了在受市场因素影响较大的行业可能出现的薪酬压缩现象，以及出现这种现象的原因。优秀师资队伍的建设很大程度上依赖于学校的人力资源开发和管理战略，其中很重要的一个因素就是薪酬制度的设计。薪酬制度不仅能够传达学校定位和人才理念，而且对于吸引优秀师资，最终提升学校的核心竞争力具有举足轻重的意义。

第四、五章为"美国大学教师晋升与终身教职申诉制度"。大学教师晋升和终身教职评价的重要性、涉及的重大利害关系以及可能的精神冲击，使相关部门的决定成为"学术机构可能经历的最基本和最重要的冲突"。本章选取了耶鲁大学、斯坦福大学、伦斯勒理工大学、纽约大学、东北大学、纽约市立大学曼哈顿社区学院这6所高校作为分析样本，从学校性质、申诉依据及规定、申诉主体、申诉处理程序、申诉时效这5个方面进行了梳理。随后从联邦法院、州法院两个方面分析了美国的法院系统，从高等教育判例法、联邦和州的宪法、法令规定以及州普通法等角度对外部法律进行了概述，讨论了与歧视有关的终身教职诉讼的校外法律依据。在厘清申诉依据及相关法律概念的基础上，总结归纳了美国高校教师晋升及终身教职正式法庭诉讼的十三种类型，以及非正式法庭诉讼中集体谈判和替代性纠纷解决的两种方法。通过对33个正式法庭诉讼中的教师胜诉案例进行分析研究，阐释教师胜诉共性特征，探讨导致联邦和州上诉法院对高等院校作出不利裁决的主要因素。最后从及时、如实告知参评教师绩效表现，建立健全、及时发布职称评审标准和程序，做好应对教师诉讼的预防计划等方面为高校提供了建议。在内部法和外部法的共同影响下，美国高校教师晋升及终身教职申诉制度具有严谨、依法治校、决策程序明确、处理申诉途径灵活等优点。

第三部分为现状及问题，共计四章。主要对我国内部学术劳动力市场驱动下大学教师流动与评价的现状与问题作整体分析和把握。本部分运用案例研究方法，力求通过深入探索和分析不同类型高校教师聘任制改革的不同侧重点、不同路径。

第六章为"我国大学教师预聘长聘制度案例研究"。大学教师预聘长聘制度是近些年被我国许多高校采用的一种教师聘任管理制度。通过对学术型普通本科高校教师预聘长聘制度进行案例研究，比较分析预聘长聘制度设计的目标原则、管理模式、基本特点及存在问题等。大学教师预聘长聘制度对于建设具有国际竞争力的高水平师资队伍、建设高等教育强国、实现世界一流大学办学目标都具有积极意义。大学教师预聘长聘制度更适用于我国学术型普通本科高校尤其是双一流建设高校，从目前看，基本未见应用型本科高校实施这一制度。不同类型的高校要立足于自己的发展历史、文化惯例和办学特色，在借鉴和再发展中构建适应自身发展需要的个性化教师聘任制度。

第七章为"J大学教师聘任制改革个案研究"。J大学是一所地方省级政府和教育部共建的综合性大学、省级重点建设大学，具有学士、硕士、博士学位授予权。J大学自2008年3月开始构建了教师聘任双轨制的运行模式，一轨是教师校级岗位分级聘任，一轨是教师专业技术岗位聘用。本章对于J大学教师聘任既彼此并行又相互交织两种运行模式的形成历史和发展现状进行了全面梳理，认为J大学教师聘任制度改革，一是与国家高校教师岗位设置制度改革、高校教师职称制度改革、国家扩大和落实高校办学自主权等方面密切联系，二是与J大学发展的历史、现状与未来战略选择息息相关；三是大学领导者的办学理念通过影响政策构成要素的重新组合最终导致政策变迁的结果。

第八章为"我国现阶段内部学术劳动力市场的特征"。对我国现阶段内部学术劳动力市场的构成要素及其特征做了整体性勾勒和描述，认为，我国内部学术劳动力市场既呈现了我国高等教育特定发展阶段的时代特征，又呈现出与外部社会主义市场经济体制及其运行基础互构共生的复杂关系。我国内部学术劳动力市场在从不成熟走向成熟的发展过程中，在摆脱和冲破计划经济的惯性运行和探索市场竞争和绩效筛选激励的新路径之间，必然伴随着局部和暂时的无措和无序。

第九章为"大学教师评价：问题审视与成因诊断"。针对当前大学教师评价运行的现实环境，对大学教师评价的问题与成因做了深入探讨与剖析，对未来大学教师评价研究做出展望。其中，评价取向上重"表"轻"里"、评价标准上重"同"轻"异"、评价内容上重"物"轻"人"、评价方法上重"量"轻"质"等是当前大学教师评价的问题表征。同时，研究从实用论、系统论、权变论、结构论的角度对大学教师评价所引发前述后果的原因作了深入剖析。研究认为，功利化、市场化、政绩化和松散化使教师评价偏离了大学的使命担当、杂糅了大学内容的自我生成、阻滞了大学目标的长期践行、削弱了大学发展的内生动力，是当前大学教师评价问题背后的重要原因。

第四部分为实证研究，共计二章。主要包括调查问卷设计和通过问卷获取的数据进行实证分析，探讨大学教师教学、科研、流动等的影响因素，为合理流动和科学评价提供数据支撑。

第十章为"大学教师流动与评价的调查研究设计"。主要对研究变量进行概念定义化、维度识别与量表测量，然后通过问卷设计和小样本测试进行分析，以便净化量表。具体内容安排是：首先，利用现有文献，对研究变量的内涵进行界定；其次，结合变量相关的定量和定性研究，确定变量所应包含的维度，构建变量的维度结构；再次，根据变量及其相关维度，初步设计出调查问卷；最后，通过预调研收集小样本数据，对研究中的各个变量进行探索性因子分析，以便对初始问卷进行净化，进而得到最终正式的调查问卷。

第十一章为"大学教师流动与评价的实证分析"。通过调查问卷获取的实际数据来分析探讨个人教育背景、学校晋升政策、教学工作评价、科研工作评价、学术环境评价、工作环境评价、个人科研与教学、流动原因、满意度之间的关系，对问卷调查所获得的数据，使用SPSS23.0进行描述性统计、信度与效度分析、相关分析、回归分析等，探讨相关内容的内在联系。通过实证分析发现，影响大学教师满意度的主要因素为工作环境、学校的学术氛围、科研评价标准、教学评价标准、学校的晋升政策等；学校声誉、学校的激励措施、家庭因素都对教师流动有比较大的吸引力，教师流动的主要影响因素为和父母及配偶孩子团聚、更好的福利、更高的工资、更好的生活环境、更好的学术环境、学校声誉等。

第五部分为模式和机制。共三章。主要是大学教师流动—评价模式构建和机制研究，在我国大学教师流动和评价的现状分析和实证研究的基础上，以适应不同类型高校、不同类型教师、不同学术生涯阶段教师的有序流动为主线，建立评价主体—评价模式—评价机制多元动态平衡的大学教师综合评价体系，形成学术市场作用下多维矩阵的教师流动与评价模式；构建动态均衡下教师流动与评价的运行机制。

第十二章为"多元动态平衡下大学教师综合评价模型构建"。通过对部分高校教师聘任中的岗位分类、各省市高校教师聘任相关政策中的岗位分类指导性方案进行分析，将教师角色分为四个类型：教学为主型、教学科研型、科研为主型、社会服务型。根据学校人才培养、科学研究和社会服务的三大职能,为每一角色类型分别设置教学、科研和服务参数值,构建动态教师角色模型,最终形成我国大学教师多维动态综合评价模型。该模型对不同角色类型、不同高校类型的教师评价以及不同教师角色类型、不同高校类型的教师奖励性绩效工资制度设计有重要的应用价值。在此基础上,探讨了"第三方+小同行+代表性成果"评价的运行模式。

第十三章为"通向学术评价结果公正的制度设计"。学术评价活动与每一个学术人的切身利益和至高价值追求息息相关。学术评价的本质特征导致了学术评价结果公正的影响因素极为复杂多样。一方面,学术评价具有天然的自由裁量权、社会公众监督的艰难性,以及司法介入学术评价的有限性,因而决定了其本身具有不完善程序正义的典型特征。另一方面,在学术评价程序的"正当过程"中,存在形式主义倾向,差别原则在实际运行中存在纰漏,权力和人情导致学术评价异化,学术评价的公信力受到质疑。在分析学术评价的程序正义表征和学术评价结果公正之现实困境的基础上,探讨了我国学术评价程序正当和结果公正的影响因素,从三个方面进行了基于学术评价最终公正的制度设计并提出了改进策略。

第十四章为"高校学生评教管理功能的价值回归"。高校学生评教结果的应用既是学生评教作用得以实现的重要途径,又是学生评教管理功能有效发挥的基本前提。针对学生评教管理功能的异化现象,提出学生评教管理功能价值回归的四个方面:回归立德树人、回归教学相长、回归尊师重教、回归教学本真。

(二)研究方法

1. 文献研究法

基于文献比较和归纳的理论分析与建构贯穿研究的始终。充分利用大量图书文献、中国知网、EBSCO 等数据库,国内外案例高校的历史文档、政策文本、发展数据等,详细查阅了有关学术劳动力市场、大学教师流动、评价、薪酬、聘任等相关领域的大量中英文文献资料,从市场与流动、评价与流动、流动—评价与薪酬等三个方面进行文献搜集、文献综述。在此基础上,凭借着研究者已有的知识基础、专业背景和素养及其实践经验,归纳并建构大学教师流动与评价的概念和理论,探寻并明晰影响大学教师流动的关键因素和差异因素,构建大学教师流动(要素)—学术市场（动力）—学术评价（路径）相互契合的 EMP 理论模型。

2. 比较研究法

美国大学教师的流动与评价是以学术劳动力市场驱动为主导的，其运行模式具有成熟的经验。研究选取了美国大学教师聘任制评价及运行模式、大学教师薪酬制度、大学教师晋升及终身教职申诉制度三个关键点，主要是对美国大学教师聘任制度和薪酬制度及其改革实践进行比较研究。旨在通过对学术劳动力市场驱动下中美大学教师流动—评价的运行机制在"求同"与"求异"间进行分析比较，借鉴和把握内部学术劳动力市场运行的多样性与统一性。

3. 个案研究法

以我国大学教师聘任制改革为主线，分别选取了两类不同教师聘任制度作个案研究。学术型高校一是选取了五所高校进行教师预聘长聘制度的个案研究；二是选取一所地方本科院校进行教师聘任双轨制的运行模式研究，并对这所高校时任领导人进行了深度访谈，以此挖掘和探寻大学领导人的办学理念对于大学教师聘任制度变迁的影响。研究通过观察、访谈、学校发展数据、档案材料、政策文本等方法收集资料，从制度变迁的内部要素进行剖析和诠释，力图在自然情境中揭示不同类型的高校由于组织特性、历史文化、惯例和规范等方面不同，导致教师聘任制改革的模式及其模式选择的原因和影响因素也不相同，以期从整体上描述我国教师聘任制改革现状，得到带有普遍性的启示。

4. 实证研究法

在文献分析和案例探索的基础上，了解变量之间的关系，借鉴学者们的指标度量方法，设计了调查问卷；采用纸质版问卷、网络平台调研等方式，采取滚雪球的办法，向高校教师大量发放问卷；调查问卷回收获得了足够的样本数据后，采用统计软件 SPSS23.0、AMOS23.0 等对所获得的样本数据进行统计分析，通过因子分析等进行效度信度分析，通过相关性分析获悉各变量间的相关关系；通过层次回归分析个人教育背景、学校晋升政策、教学工作评价、科研工作评价、学术环境评价、工作环境评价、教师个人科研与教学、教师流动原因、教师满意度之间的关系，探讨了这些变量之间的内在联系，为大学教师的合理流动和学校的科学评价政策、薪酬激励政策等提供数据支持。

5. 跨学科研究法

构建我国大学教师合理的流动与评价机制是一个较为复杂的系统工程，研究系统集成教育学、管理学、经济学等多学科交叉团队组建的研究优势，以克服单一领域、单一学科的研究短见和弊端，力争在不同学科交叉和思想碰撞中实现研究创新。

第一编　比较与借鉴

第二章

美国大学教师晋升与终身教职评价标准及运行模式

晋升和终身教职评价（Promotion & Tenure，简称 P&T）是美国大学教师学术生涯中至关重要的一步，对大学来说关乎其发展的可持续性和核心竞争力，意义重大。对大学教师做出晋升的决定和终身教职承诺需要对其学术成就进行全面而系统地审核和评价。目前已经有大量研究聚焦于评价教师学术成果的有效方式。[1] 例如，科研、教学和社会服务到底应在晋升和终身教职评价中扮演怎样的角色；[2] 如何判断学术价值等等。[3] 大学教师晋升评价制度一方面是引导和激励教师根据评价标准实现学术创新、提升大学核心竞争力，另一方面是通过科学合理的评价程序确保将学术成果最优的教师遴选出来，实现优胜劣汰。如果评价过程没有得到正确执行或存在缺陷，即使完善的评价方法也无法达到预期效果，而目前关于教师评价过程的质量和有效性的研究并不多。

在美国大学教师的晋升及终身教职认定过程中，通常需要达到以下几个关键目标：保证评价过程的公正和及时进行；为了保证评价的专业性，需由相关学科专业领域的专家对候选人的学术成果进行评价；评价标准需要保持一致；尽可能地避免职称评审过程存在的利益冲突以及评审主席或晋升评价委员会成员的不当行为；构建规模合理的晋升评价委员会。这几

---

[1] Thomas L. Saaty and Vasudevan Ramanujam, "An Objective Approach to Faculty Promotion and Tenure by the Analytic Hierarchy Process", *Research in Higher Education*, Vol. 18, No. 3, 1983.

[2] R. A. Arreola, *Developing a Comprehensive Faculty Evaluation System: A Handbook for College Faculty and Administrators on Designing and Operating a Comprehensive Faculty Evaluation System*, Second Edition, MA, Bolton: Anker Publishing Company, 2000.

[3] B. A. Rice and T. Stankus, "Publication Quality Indicators for Tenure or Promotion Decisions: What can the Librarian Ethically Report?", *College & Research Libraries*, Vol. 18, No. 2, 1983.

个关键目标的共同指向是：晋升和终身教职评价委员会成员的学科结构、规模构成，评价标准，评价过程的公正、及时，以及通过有效运行模式避免评审过程的利益冲突和不当行为。美国大学晋升和终身教职评价委员会构成及其运行目前主要有两种模式：集中模式、多样化模式。但这两种模式无法有效实现评价的专业性和一致性这两个关键目标，为此有研究在多样化模式、集中模式的基础上构建了一种理想模式即混合模式。研究以伦斯勒理工大学（Rensselaer Polytechnic Institute，简称RPI）、纽约大学（New York University，简称NYU）、东北大学（Northeastern University，简称NEU）等三所大学为例，分别对集中模式、多样化模式和混合模式在教师晋升评价过程中的质量保障和有效性进行剖析和阐述。

第一节　伦斯勒理工大学晋升与终身教职评价案例

伦斯勒理工大学包含5个学院：建筑学院（School of Architecture）：下辖建筑系；人文、艺术及社会科学学院（School of Humanities, Arts and Social Sciences）：下辖艺术系、认知科学系、传媒系、经济系、科学与技术（的人文社会学研究）学系；理学院（School of Science）：下辖生命科学系、化学和生物化学系、计算机科学系、地球与环境科学系、数学系、物理学、应用物理及天文学系；工程学院（School of Engineering）：下辖生物医学工程系、化学与生物工程系、土木和环境工程系、电气、计算机和系统工程系、工业和系统工程系、材料科学与工程系、机械航天与核工程系；拉里管理学院（Lally School of Management）。

一　伦斯勒理工大学晋升及终身教职评价标准

外部评审专家在伦斯勒理工大学晋升和终身教职评价方面发挥着至关重要的作用。外部评审专家的选择方法如下：系部晋升及终身教职评价委员会的成员和候选人应各自向系主任提交一份外部评审专家名单。为了获得独立名单，系主任应首先从候选人那里获得一份简短的名单，然后从系部晋升及终身教职评价委员会获得一份独立名单；系主任应征求并尽力从每个名单中获得相同数量的外部评审专家，然后争取获得相同数量专家的答复；候选人必须有机会在发出邀请函之前审核选定的外部评审专家名单，并以书面形式评论这些外部评审专家对其个人评审的适当性。任何此类书面意见都将永久存档；系主任应准备一份日志并在其中列出外部评审专家的姓名、征集评论信的日期、收到答复的日期以及征集函的样本。关于每位专家的个人信息及其个人与候选人过去和现在关系的简要描述（是否为论文顾问、论文的共同作者、候选人的赞助者等），也将出现在日志中。该日志将永久存档；如果收到的外部评审结果数量少于所要求的6个，则应重复前面所述的步骤，直至收到至少6个。为了使晋升及终身教职的评价结果尽可能可靠，应广泛征求外部评审。在准备选择外部评审专家时，应考虑参考国际资料，参考几所不同的主要大学以及候选人所在领域的知名人士。不同类型的参考权重将根据候选人所在的学科而有所不同，收到的外部评审结果不得从档案中删除。

（一）晋升

终身教职晋升评价的三项主要活动是学术、教育和服务。所有这些对晋升决策都很重要，但不是同等重要。学术成果卓越对伦斯勒理工大学的发展目标至关重要，但是对终身教职教师最重要。学校强调每个晋升案例必须根据具体情况进行判断。下面列出的标准只是一般标准。[①]

1. 助理教授晋升为副教授

国内或国际对学术活动的认可；高质量的教育，重点是教学和学生指导；为系部、伦斯勒理工大学和相应专业的服务。

2. 副教授晋升为教授

一般而言，从副教授到教授的晋升要求候选人按照既定标准证明：国内或国际对学术活动的广泛认可；持续保持高质量的教育，重点不仅仅是教学，还包括学生指导和课程建设；为系部、伦斯勒理工大学提供持续服务，并为相关专业提供重要的外部支撑。

3. 各领域的标准

（1）学术。学术成就通过特定学科的知识进步以及以适当的形式传播知识得以展现。学术成就通常通过以下方式证明：在特定学科中受到广泛认可的期刊、论文、书籍或其他创新作品的质量和数量；持续自我发展、

---

① The Rensselaer Faculty Handbook（http：//www.rpi.edu/dept/provost/facultyhandbook1-06.pdf. 2016-08-15）.

在行业中与他人进行学术互动的证据，能够在特定学科中获得和维持高质量学术项目；特定学科或领域的公认身份；其他因素：例如之前教过学生的专业成就、向非专业人员传播知识。

（2）教育。教育的目的是传播知识、激发学生的智力。教育通常表现为：对学生的长期教育影响；为学生的专业和个人成长做出的持久贡献；课程材料的呈现质量以及以各种方式有效地向学生传播知识的能力；参加所有指导层次的课程和方案制定；通过论文指导进行高级研究；通过教学指导和职业咨询（Career Counseling）与学生进行个人互动的有效性。

（3）服务。服务的目的是教师参与完成伦斯勒理工大学的目标。服务通常通过以下方式证明：为学校提供的服务，包括为学院提供的服务以及学校范围内的委员会活动和行政参与，以及用个人专业能力提供与学校目标相关的社区和公众服务；向系部提供服务，包括服务于系部委员会，教师指导以及系主任定义的其他任务；为专业服务，包括为相关学科的专业协会提供服务。

（二）终身教职评价

终身教职教师的共同责任是在受益于终身教职体系的同时，利用获得的机会来推动伦斯勒理工大学及其服务的社区实现发展目标。这些目标包括学术、教育和服务。终身教职教师有义务在教学中分享最新的研究成果，以便学生可以掌握学术发展的最新动态；有义务通过学术和教育推动前沿知识的进步。这些活动是齐头并进的，因为如果没有交流，学术就会变得徒劳无功。而学生学习热情的最佳推动者是能够帮助他们增加知识储备的人。终身教职提供了一种在学术、教育及服务方面保护学术自由的手段。终身教职由董事会授予并被定义为学术任命和基本工资的保证，除非因退休、辞职、死亡或教师手册中概述的原因而终止。获得终身教职的教师应具有适当的高级学位、杰出的专业成就、在过去的基础上展现出继续为伦斯勒理工大学的目标做出贡献的巨大潜力。终身教职的授予虽然基于一名成熟学者所展示出的潜力，但也取决于其特定研究领域中与伦斯勒理工大学相关的需求和重点事项。通过年度绩效评估，根据学校的发展重点和个人获得终身教职的前景对候选人进行审核。终身教职不适用于行政人员，并且只能授予专职教师。

1. 终身教职聘用的一般标准

评价终身教职教师和非终身教职教师晋升的三个主要标准（学术，教育和服务）以及上面列出的有关于晋升的所有具体标准也适用于终身教职的评价，尽管这些评价指标的相对权重可能因学术部门和学院而异。然而，晋升和终身教职在伦斯勒理工大学代表了截然不同的义务，晋升是对杰出成就的认可；终身教职虽然取决于成就，却是学术自由的保证。终身教职的授予是基于成为成熟学者的潜力，但也取决于伦斯勒理工大学的需求和教师研究领域的重点。伦斯勒理工大学认为每个终身教职评价必须根据教师自身的特点来判断，必须在每个审核级别确定每项评价标准的适当性。而有关于标准和程序的一致性，伦斯勒理工大学学术群体内学科的多样性造成学院层面的晋升和聘用不能使用统一的程序。维持、提高学院水准的主要责任在于学科。伦斯勒理工大学的一个主要目标是聘用、发展和留住每一个杰出的学者。虽然实现此目的的方式可能会有所不同，特别是在一些专业学院，但通常会通过强调学术领导力作为主要标准。学术、教育和服务的相对权重因个案而异，应由各学院决定。

2. 各终身教职职位的评价标准

任期教师包括首席教授（学校首席教授、领域首席教授、职业发展首席教授和讲座教授），终身教职和终身轨教师（教授，副教授和助理教授）。"终身教职教师"是获得了终身教职的成员。"终身轨教师"是指那些尚未获得终身教职的长期聘用员工。"任期教师"一词包括终身轨和终身教职教师。[①]

（1）首席教授职位。所有首席教授都有责任保持与考核标准一致的、一定的学术卓越水平和表现。这一责任的一个组成部分是对学校或捐助人展现出一定水准的绩效和管理水平。除了与特定的讲座教授职位相关的标准之外，首席教授需在学术、教育和服务的所有专业表现上展现出卓越的水平和相应的优势。卓越的成就应该基于国内外的标准，通过过去及未来持续的杰出学术成果和专业表现加以证明。学校首席教授（Institute Chairs）的特点是对学校的广泛倡议负有首要责任并可能承担一些其他机构责任。领域首席教授（Constellation Chairs）的特点是在对学校具有战略重要性的研究领域中发挥领导作用。讲座教授（Endowed Chairs）的特点是在一个特别的学术领域起着领头作用。职业发展首席教授（Career devel-

---

① The Rensselaer Faculty Handbook（http：//www.rpi.edu/dept/provost/facultyhandbook1-06.pdf. 2016-08-15）.

opment Chairs）的特点是具有达到最高水平成就的巨大潜力。一般情况下，大多数教授将由终身教职教师或聘任后成为终身教职的人员担任。但是也可能在未获得终身教职的情况下授予首席教授职位，例如被聘任者之前没有在伦斯勒理工大学或其他大学获得终身教职。

（2）教授。教授通常由副教授的晋升获得，虽然也有可能在教授级别获得聘任。该级别的聘任者应该是学术领袖：拥有国内或国际公认的卓越学术成就，除了教学和学生指导之外的持续高水平的教育活动，并为系部、研究所和专业提供持续的服务。可能在未获得终身教职的情况下进行教授的聘任，例如被聘任者之前没有在伦斯勒理工大学或其他大学获得终身教职。

（3）副教授。副教授通常由助理教授的晋升获得，尽管也可以在副教授级别进行新的聘任。该级别的聘任者应能通过国内或国际声誉，包括教学和学生指导在内的高质量教育活动，以及对系部、研究所和专业的高水平服务证明自己拥有卓越的学术成就。可能在未获得终身教职的情况下进行副教授的聘任，例如被聘任者之前没有在伦斯勒理工大学或其他大学获得终身教职。

（4）助理教授。聘任这个级别需要完成博士学位或适当的高级学位，或在创意艺术或其他专业有相同的经验。这一级别的聘任者应通过一系列成果展示未来在学术和教育方面的潜力。该级别不能获得终身教职。

二　伦斯勒理工大学晋升及终身教职评价的运行模式

（一）伦斯勒理工大学晋升及终身教职评价委员会的人员构成

作为集中模式的代表，伦斯勒理工大学晋升评价委员会主要包含以下三个部分：[1]

1. 系部晋升评价委员会（Department Committee on Promotion and Tenure，简称 DCPT）。委员会成员主要包含：（1）针对教师职称晋升部分，委员会成员至少应为系部全体已获得终身教职（或更高职称）的教师。系主任可自行考量决定是否扩大委员会规模（不管该教师是否已获得终身教职）。（2）针对教师终身教职考核部分，委员会成员至少应为系部全体与

---

[1] The Rensselaer Faculty Handbook（http://www.rpi.edu/dept/provost/facultyhandbook1 - 06. pdf. 2016 - 08 - 15）.

候选人职称一致（或更高）的终身教职教师。系主任可自行考量决定是否扩大委员会规模至所有的终身教职教师（不管其目前的职称水平如何）。系主任将成为当然成员，作为委员会主席，没有投票权。

2. 学院晋升评价委员会（School Committee on Promotion and Tenure，简称 SCPT）。委员会成员主要包含：副院长、系主任、教师代表（由院长决定）。院长将成为当然成员，作为委员会主席，没有投票权。

3. 伦斯勒理工大学负责对教师晋升及终身教职进行评价的校级委员会有 3 个：（1）教师晋升及终身教职评价委员会（Faculty Committee on Promotion and Tenure，简称 FCPT）。委员会作为教师评议会（Faculty Senate）的常务委员会，负责向教师评议会和教务长进行汇报。主要由 8 位已获得终身教职的教授组成，任期为 3 年。其中，每个学院出 1 位成员；在职的终身教职教师选举产生两位成员；由学生每年选举产生 1 位成员，该成员须为已获得终身教职的教授。委员会主席将从委员会成员中选举产生，所有成员均有投票权。（2）院长委员会（Committee of Deans，简称 CD）。成员包含建筑学院院长、工程学院院长、人文学院院长、艺术学院院长、社会科学学院院长、管理学院院长、自然科学学院院长，均有投票权。教务长为当然成员，担任 CD 的主席，没有投票权。（3）晋升及终身教职评价联合委员会（Joint Committee on Promotion and Tenure，简称 JCPT）。该委员会包含教师晋升及终身教职评价委员会的 8 位成员以及每个学院的院长，均有投票权。教务长为当然成员，担任委员会主席，没有投票权。

（二）伦斯勒理工大学晋升及终身教职评价委员会的权力运行

伦斯勒理工大学由系主任制定系部的具体评审标准，院长对标准进行审核，最后要提交教务长批准。系主任每年负责对系部教师的学术成就、教学和社会服务情况做出正式的书面评价。校级委员会负责进行整体的审核和监督。[1]

1. 系部评审

系主任负责组建合适的系部晋升评价委员会，参考候选人材料、外部的同行评审意见、学生评教结果进行评价，以决定候选人能否晋级到下一

---

[1] The Rensselaer Faculty Handbook（http：//www.rpi.edu/dept/provost/facultyhandbook1-06.pdf. 2016-08-15）.

步。系部晋升评价委员会成员和参评教师都需要提交给系主任一份外部评审专家名单以供系主任参考。作为主席，系主任需要召集系部晋升评价委员会召开评审会议进行投票。委员会的评审结果包括委员会对每位候选人的最终投票记录（同意、反对、弃权、缺席），投票结果将永久存档，并以书面形式提交给系主任。在收到委员会的评审意见后，系主任将决定该候选人能否进行到下一阶段的评审。在最终的书面决定中，系主任需要记录系部晋升评价委员会的投票结果；如果最终投票结果未能达成一致，还需记录相关成员的评审意见。系主任的最终决定将通知系部晋升评价委员会并以书面形式存入候选人的档案中。

2. 学院评审

学院晋升评价委员会负责审核决定外部同行的评审意见是否支持本学院系部参与晋升评价的教师。基于委员会的分析结果，院长可要求系主任进一步征求相关系部候选人的外部同行评审意见。最终的书面评价结果将存入候选人档案。如果有额外的附加信息说明，存档的文件必须事先经过学院晋升评价委员会的审核。

院长负责召集学院晋升评价委员会审核所有候选人的资料，根据委员会的评审意见决定该教师能否晋级下一轮的校级审核。学院晋升评价委员会的评审结果将以书面形式提交给院长，其中应包含委员会对每位候选人的最终投票记录（同意、反对、弃权、缺席），该结果将永久存档。院长最终提交给教务长的评审结果必须知会该委员会的所有成员。[①]

3. 学校审核监督

在学校最终和教师签约之前，教师晋升及终身教职评价委员会必须对所有的初次终身教职聘用资料进行审阅。该委员会和院长委员会有权审阅各学院院长提交的教师资料，并有责任向教务长提供针对所有参评教师的评审意见。教师晋升及终身教职评价委员会和院长委员会需提交给教务长一份书面报告，其中应包含一份最终的投票记录（同意、反对、弃权、缺席），该结果将永久存档。

晋升及终身教职评价联合委员会有责任对教师晋升及终身教职评价委

---

① The Rensselaer Faculty Handbook（http：//www.rpi.edu/dept/provost/facultyhandbook1 – 06. pdf. 2016 – 08 – 15）．

员会和院长委员会提交的评审意见及相关原因进行审核，并需要针对参选人的优点以及学院、学校的整体目标向教务长提供一份最终的书面评审结果。其中应包含一份最终的投票记录（同意、反对、弃权、缺席），该结果将永久存档。

教务长将依据晋升及终身教职评价联合委员会的评审结果做出决定并提交给校长。教务长的决定须知会委员会所有成员，如果教务长同委员会的意见相左，需重新召集委员会并知会其原因。校长对教师晋升部分的评审意见需知会校董事会相关信息，而针对教师是否获得终身教职的评审意见需提交校董事会进行最终的裁决。①

4. 晋升及终身教职申诉

参评教师在任何层级得到晋升及终身教职的负面评价，都有权提起申诉。申诉者需要事先从伦斯勒理工大学的终身教职教师中选择一位辩护人，辩护人既可以是申诉者所在系部的教师或系主任，也可以是系部之外的教师。在成为辩护人之前，教师晋升及终身教职评价委员会的主席需要告知其相关的权利及责任，尤其是涉及到保密的责任。辩护人也可以和教务长一起对申诉事项进行审核。

在完成审核与申诉者晋升或终身教职被拒原因相关的书面评价后，辩护人有责任审核申诉者的档案，提出需要改进、补充的建议并做相应的澄清解释。总体说来，申诉者补充的文件应对辩护人发现的遗漏、偏见、程序上的错误以及其他问题做出回应，并有助于澄清解释在原始档案时间范围内发生的情况。在原始档案时间范围外呈交的材料需由申诉者或辩护人以上述方式进行标明并做出解释。辩护人审核后的书面结果需要添加到申诉者的档案。档案的复印材料在删除掉所有的机密信息后，将传送给申诉者。②

申诉流程为：（1）辩护人将重新修改好的档案提交给教务长以供再次审核。学校规定不论评价结果如何，都应附上每一层级的书面评论。（2）辩护人有可能应相关的晋升及终身教职评审委员会及教务长的要求或主动要求出席相关会议。（3）如果教师晋升及终身教职评价委员会的所有

---

① The Rensselaer Faculty Handbook （http：//www.rpi.edu/dept/provost/facultyhandbook1 - 06.pdf. 2016 - 08 - 15）.

② The Rensselaer Faculty Handbook （http：//www.rpi.edu/dept/provost/facultyhandbook1 - 06.pdf. 2016 - 08 - 15）.

成员在申诉过程中全票支持申诉者，而教务长的观点与委员会不一致，教务长要向委员会陈述原因。委员会有权要求教务长聘用一个临时委员会进行重新审核。教师理事会的执行委员会需要提供一个5人候选名单给教务长，教务长最终要从中选择3人在临时委员会任职。临时委员会需要对候选人的档案进行审核，并将评价结果以书面形式提交给教务长。（4）教务长最后形成评价意见，然后提交给校长。

（三）伦斯勒理工大学晋升及终身教职评价程序

1. 晋升

（1）概况

晋升代表着对教师个人学术成就的一种认可。所有晋升必须遵循教师手册中制定的准则。伦斯勒理工大学的晋升通常是从助理教授升到副教授，或从副教授升到教授。晋升涉及候选人、系主任（没有的情况下指院长）或候选人系部的（没有系部的情况下指学院）合适人选（至少拥有候选人晋升后职称的终身教职教师）。晋升可能在候选人个人职业生涯中的任何时间发生。晋升结果与终身教职评价结果应分开，即使有时可以同时考虑。学校建议所有教师保留1份每年更新、可以反映个人成就的档案。该档案将用作晋升评价的基础。

（2）终身教职教师的晋升批准

在针对所有终身教职和终身轨教师的情况下，除了要经过个人所在系部的合适人选（至少拥有候选人晋升后职称的终身教职教师）、系主任（没有的情况下指院长）、相应学院的晋升及终身教职评价委员会、院长、下文所述的3个校级委员会、教务长推荐后，还需经过校长批准。相关评价将考虑选定的内部和外部评审以及学生的意见。终身教职及终身轨教师的晋升程序与下文终身教职的评价程序基本相同。①

2. 终身教职评价

（1）有关于终身教职评价程序的概念界定

①终身教职的期限（Tenure Period）。获得终身教职之前的6年任期（Pre–Tenure Period of Six Years），授予终身教职的程序应在不迟于教师在伦斯勒理工大学服务的第6年结束时完成。

---

① The Rensselaer Faculty Handbook（http：//www.rpi.edu/dept/provost/facultyhandbook1-06.pdf. 2016-08-15）.

②缩短授予终身教职之前的服务期限（Pre-Tenure Reductions）。在其他学术机构中获得学术聘任的教师，在此期间若个人持有相应的博士学位或专业认可的最终学位，可有资格缩短授予终身教职之前的服务期限。此项可以在伦斯勒理工大学获得聘任时以书面形式加以说明。

③获得终身教职之前的限制（Pre-Tenure Limitations）。除非已获得终身教职或签订了终极合同，否则任何个人过了终身教职聘用前最大期限和一年通知期，不得继续担任伦斯勒理工大学的全职教师。

④获得终身教职之前的聘期延长（Pre-Tenure Extensions）。部分服务年限可能来自以下几种情况：在学年期间聘用；对一学年的一部分给予休假；或在学年期间获得相应的博士学位或被认可的最终学位。以上因素可能造成在学年期间达到终身教职聘用前的最大期限。在这种情况下，终身教职聘用前的最大期限应延长到学年结束，在此期间正常的终身教职聘用期限将到期（批准的休假情况除外）。例如在一个学年中期被聘用的教师可将终身教职聘用前最大期限延长到学年结束，在此期间教师6年的服务将得以完成。

⑤聘用期限（Term of Appointment）。聘用期限有三种类型：持续的学期（Ongoing Term）、可延长的开放学期（Open Term）、可更新的固定学期（Fixed Term）。持续的学期聘用适用于终身教职教师，开放学期聘用适用于终身轨教师；此类聘用通常为3年，并可根据第3年的审核情况延长至第二个任期至多3年。固定学期的聘用适用于非终身教职员工；此类聘用通常为1至3年，可以续签新合同。

⑥聘用类型（Appointment Type）。聘用类型分为两类。一类是初聘（Initial Appointments）。初聘包括新员工的外部候选人和新聘任的内部候选人。初聘不意味着能获得再聘和晋升，初聘在选拔具有合格证书和专业知识的候选人基础上启动，该候选人需符合任命标准以及伦斯勒理工大学的目标和需求，超过1年的聘用需要公开竞争。一类是再聘和晋升（Reappointments and Promotions）。再聘和晋升是根据候选人年度绩效评估的质量、相关的聘用标准和伦斯勒理工大学的目标需求而启动。

⑦延期通知（Notice of Extension）。终身轨教师的聘期延长规定如下：服务第1年的人员在第1年结束前收到为期90天的通知；第2年的人员在第2年结束前收到为期6个月的通知；第3年或其他服务年限的人获得一年期的终期合同。通常，3年聘期将在第3年进行审核。除非特别通知延

期，否则以合同中规定的终止日期为准。

⑧服务期限（Term of Service）。教师的服务期限条款分为两类：学年大约36周的聘用主要适用于终身教职教师和主要从事教学工作的临床教师；除非在聘用合同中另有规定，否则12个月的财政年度聘用主要适用于研究型教师和某些行政人员。

⑨辞职或退休（Resignation or Retirement）。教师应至少在辞职或退休前的一个学期进行通知。只有获得董事会批准，退休的教师才能在任何指定的财政年度获聘。

（2）终身教职聘用程序概况

教师的任命从评估开始，学校给出聘用意见，这一环节通常在系部开始。每份聘用意见必须包括一份定义好聘用职位相关参数的聘用提案。然后使用审核流程评估该意见。①

①聘用建议（Appointment Recommendation）。通常情况下教师聘任是在系部一级启动的，但首席教授和行政任命除外（可由院长、教务长或校长发起）。系部的终身教职教师在评估和讨论的基础上启动该过程，其中可能包括来自伦斯勒理工大学其他著名学者的意见。终身教职教师向系主任提供聘用意见。对于那些没有系部的学院，这个过程可以在学院层面开始。

②聘用提案（Appointment Proposal）。系主任与终身教职教师一起创建聘用提案，其中包括一项标准声明。在声明中规定了聘用的职位和职责；聘用评价标准各类别的相对权重，包括已建立的部门特定标准，以及聘用的条款和条件，包括任期状态、再聘的可能性、再聘意图的通知期限，无论该聘用是全职还是兼职，以及适用于哪个校区。由此产生的提案将转发给相应的学术院长审核并提交给教务长批准。

③聘用审核（Appointment Review）。通常所有聘用都要经过三种类型的审核：委员会审核（Committee Review），同行评审（Peer Review）和公开评审（Public Review）。每个类别的审核标准如下：

委员会审核。某些聘用需要由以下一个或多个伦斯勒理工大学晋升和终身教职评价委员会进行审核：系部和学院层面的审核由系部晋升和终身

---

① The Rensselaer Faculty Handbook（http：//www.rpi.edu/dept/provost/facultyhandbook1 - 06.pdf. 2016 - 08 - 15）.

教职评价委员会和学院晋升和终身教职评价委员会负责；学校审核由教师晋升和终身教职评价委员会、院长委员会、联合晋升和终身教职评价委员会负责。

同行评审。以下聘用需要同行评审：外部同行评审意见要在系主任选择的潜在评审人员名单中征求。

公开评审。公开评审通常发生在系部评审之前。例如在大多数情况下，候选人的成果公示以及对所在系部的教师、员工和学生的访谈应该是该过程的一部分。

④聘用的权力（Appointment Authority）。教务长对所有教师有最终任命权。提供给教务长的教师聘用意见应至少包含外部评审意见、简历、有关教师专业经验的信息（包括学术和教育，以及确认相关系部的教师已审核并推荐对其进行聘任）。

⑤聘用的批准（Appointment Approval）。教务长将视具体情况准备一份聘用意见的清单转发给校长进行最终批准或作为参考信息。该清单是校长向董事会提交的最终聘任报告的基础。伦斯勒理工大学的官员无权在未遵循上述聘用程序的情况下限制相关教师的聘用。即使某些资助资金来自于教师监督的研究补助，教师也无权进行学术聘用。任何此类承诺或聘用保证都是非官方的，直到获得最终学校官方的聘用批准。候选人在考虑聘用意见时应充分认真地了解伦斯勒理工大学的教师聘用程序和时间表。

（3）系部的终身教职前期进度审核

终身教职只能在特定校区的系部授予给教师，不能自动转移到其他系部或校区。例如，通过伦斯勒理工大学哈特福德校区的相应系部持有的终身教职或终身轨席位不能转让给哈特福德校区的任何其他系部，也不能转让给伦斯勒理工大学的特洛伊校区。但是根据学校的决定，如果候选人经历了在该系部授予终身教职的正常程序，那么哈特福德校区的教师有可能在特洛伊的某个系部获得终身教职。前期审核需要经历的程序有：

①绩效评估（Performance Evaluation）。系主任有责任每年在学术、教育、服务领域根据既定的部门标准对每位教职员工进行正式的书面绩效评估。

②绩效考核（Performance Appraisal）。作为绩效评估的一部分，系主任还应就教师个人在再聘、晋升及终身教职方面的进展提供一份书面考核。系主任必须向教师征求考核需要的相关信息，教师有责任提供此类

信息。

③个人访谈（Personal Interview）。由系主任签字确认的年度绩效评估和考核副本必须提供给相应教师，教师需要通过签署确认收到评估结果。包含系主任和教师签名的文件应退回至系主任处。系主任有责任在每年的教师个人访谈中对绩效评估结果进行审核。如果教师同意系主任进行的绩效评估和考核，则由双方签署的评估副本要由系主任转发给相应学院的院长进行进一步审核。如果教师不同意书面的绩效评估或考核结果，应该将分歧告知系主任，并可以选择以书面形式对评估结果加以评论。评估结果的副本和教师的书面答复（如果有的话）由系主任转交给院长进一步审查。院长有责任对任何有关绩效评估和考核的意见分歧进行仲裁，并通知系主任，然后由系主任通知相关教师最终的决定。对于没有系部的学院，书面的绩效评估、考核和个人访谈由院长进行，评估结果和书面答复（如果有的话）要转发给教务长，教务长负责仲裁任何绩效评估持续中的分歧。所有与院长意见不一致的评审都由教务长进一步审查，然后教务长将最终决定通知院长和教师。

（4）终身教职正式评审程序

①系部评审

晋升及终身教职评价通常在系部层面（在没有系部的情况下将在学院层面）开始，然后在学院进行评审，最终由伦斯勒理工大学的三个校级委员会进行审核。教师晋升或终身教职评审范围包括：所有已收到系部和学院正面评价、参与晋升或终身教职评审的候选人；所有按照教师手册第5.2部分所述的申诉程序进行申诉的内部候选人；所有已收到系部和学院正面评价、初次聘为副教授或教授的候选人（即将授予终身教职）。出于要授予终身教职的原因，所有作为教师初聘为首席教授或管理人员的候选人档案将接受审核。所有初聘的档案必须在学校签订合同之前进行审查。系部审核所需程序和相关责任如下：①

系主任（没有系部的情况指院长）有以下职责：

1）沟通标准。系主任将定期向每位教师通报当前适用于该系部的晋升和终身教职评价标准。

---

① The Rensselaer Faculty Handbook（http://www.rpi.edu/dept/provost/facultyhandbook1-06.pdf. 2016-08-15）.

2）候选人提名。系主任将创建一份候选人名单，这些候选人已在各个层级的晋升和终身教职评审被提名。系主任必须对所有将在本学年完成终身教职评审前服务年限要求、即将参加本次终身教职评审的教职员工进行提名。

3）为档案提供咨询。系主任将协助所有候选人收集即将呈现在档案中的事实材料。这包括候选人个人档案的更新以及任何能够展示候选人学术、教育和服务成就的其他信息。

4）召集系部的晋升及终身教职评价委员会。系主任将召集相关的系部晋升及终身教职评价委员会来审查所有候选人的档案（不包含外部同行评审意见），并决定哪些候选人应该征求外部同行评审的意见。

5）征求外部评审。如果系部的晋升及终身教职评价委员会的评价是肯定的，或者该候选人正在进行申诉，按照流程将继续征求外部评审意见。考虑到外部评审专家能提供较为独立和客观的意见，系主任将征求、接收和记录不少于6份外部同行评审的结果。

6）征求学生意见。系主任将征求、接收和记录候选人之前教过学生的评价结果和信件（最好是本科生和研究生都包含在内）。本部分的程序与上面列出的外部同行评审程序相同，最少应征集6份。

7）征求内部评价信。系主任将征求内部评价信，这些信件将被视为候选人档案的一部分，目的是澄清说明候选人的学术、教育和服务情况。

8）组建系部的晋升及终身教职评价委员会。系主任将召集相应的系部晋升及终身教职评价委员会以评估外部同行评审和学生评价的意见，并就每个候选人是否应继续进行评审提出建议。该委员会的建议应以书面形式提交给系主任，并应包含委员会投票的简要记录（赞成、反对、弃权或缺席），这将在候选人的档案永久存档。相应的系部晋升及终身教职评价委员会包括：对于晋升，最低会员资格是所有与候选人等级相同或更高级别的终身教职教师。每个系部可自行决定是否将该委员会扩大到包括所有与候选人等级相同或更高级别的教师（不论是否拥有终身教职）；针对终身教职评审，最低会员资格是与候选人等级相同或更高级别的终身教职教师。每个系部可自行决定是否将该委员会扩大到包括所有终身教职教师（不论其学历如何）。系主任应成为每个晋升和终身教职评价委员会的当然成员并担任主席，但是不行使投票权。

9）做出决定。在收到相关系部晋升及终身教职评价委员会的建议后，系主任应决定该候选人的情况是否值得提交给下一层级进行审核。系主任需要做出书面决定，这将在候选人的档案永久存档，并且必须与相应的系部晋升及终身教职评价委员会成员共享。系主任应通知候选人教师委员会的建议和系主任的决定。如果做出负面评价，系主任应书面告知候选人决定的内容、理由以及候选人的申诉权。系主任将把所有受到正面评价候选人的档案转交给学院院长。系主任必须及时向候选人通报每个审查级别的最终投票，直至收到院长的建议。

②学院评审[①]

相应学院的院长有责任确保审核按照以下程序进行。

1）学院晋升及终身教职评审委员会的评估。学院院长将选择并召集学院晋升及终身教职评审委员会来确定是否需要对系部推荐的候选人进行额外的外部同行评审。

2）外部同行评审。学院院长可指示系主任为各系部推荐的候选人征求更多外部同行评审的意见。意见的征集记录应以与系主任类似的方式保存，包括在征求候选人意见之前审核外部评审人员名单，以及给予候选人以书面形式对该名单发表评论的机会。日志和书面评价（如果有的话）必须永久存档。如果添加了其他信件，则该档案应由系部晋升和终身教职评价委员会重新评估。

3）学院晋升及终身教职评审委员会的建议。院长将召集学院晋升及终身教职评审委员会评估所有候选人的档案，并就每个候选人是否应该进入下一层级审查提出建议。委员会的建议应以书面形式提交给院长，并应包含对每位候选人的投票记录（赞成，反对，弃权或缺席）。该书面建议必须在候选人档案永久存档。学院晋升及终身教职评审委员会由以下人员组成：副院长、相应学院的院长和院长决定的学院代表。

4）学院院长的决定。在收到学院晋升和终身教职评价委员会的建议后，院长应决定候选人的评审是否值得提交到下一层级进行审查。院长需要做出书面决定，该决定将永久存档，并且必须与学院晋升及终身教职评审委员会成员共享。如果决定是肯定意见，或者相关评审正在申诉，则流程将进入下一层级审核。如果是否定意见，院长应以书面形式通知候选人

[①] The Rensselaer Faculty Handbook（http：//www.rpi.edu/dept/provost/facultyhandbook1 – 06.pdf. 2016 – 08 – 15）.

决定的内容、理由以及申诉权利。如果候选人选择申诉,院长需要准备一份书面决定,无论该决定是肯定还是否定意见,都会进入下一层级审查。

5)院长将决定提交给教务长。院长将把所有受到正面评价候选人以及所有申诉候选人的档案转发给教务长。在伦斯勒理工大学哈特福德校区的终身教职评审中,院长应将档案转发给副校长,哈特福德的院长将决定是否应将候选人的评审提交到下一层级。该书面决定必须永久存档,并且与学院晋升及终身教职评审委员会成员共享。

6)院长的报告。院长必须及时告知系主任每个评审级别的最终投票,包括院长的建议。

③校级评审(Institute – wide Review)①

1)校级委员会(Institute Committees)。全校范围内有三个校级晋升与终身教职评价委员会负责评估教师的表现。该委员会旨在提供检查和制衡制度以便考虑到有关各方的利益。这些委员会是:教师晋升与终身教职评价委员会、院长委员会、晋升和终身教职评价联合委员会。晋升和终身教职评价联合委员会负责向教务长提供咨询,后者作出决定后提交给校长。伦斯勒理工大学校长的决定将提交给董事会以获得最终批准。校级评审由教务长根据以下程序与校级委员会协调后发起。

2)教务长的职责。教务长负责审查所有档案,以确保符合晋升和终身教职评审程序要求,所有资料已准备完整。如果教务长发现档案不完整或不符合晋升和终身教职评审程序,可以选择对候选人无偏见的情况下,按照行政要求撤回档案。否则应采取如下措施:院长转发的所有档案都可供教师晋升与终身教职评价委员会和院长委员会的成员使用;接收所有进入申诉流程候选人的档案并将其转发给相应系部;如果教师晋升与终身教职评价委员会审议过程中提出要求,则召集该委员会参与其中,并收集他们对具体问题的建议。教师晋升与终身教职评价委员会的建议应以书面形式提交给教务长,其中应包含投票的简要记录(赞成,反对,弃权或缺席)以作为晋升和终身教职评价联合委员会审议的依据;召集院长委员会评估所有候选人的档案,并就每个候选人的情况提出建议。院长委员会的建议应以书面形式提交给教务长,其中应包含投票简要记录(赞成,反

---

① The Rensselaer Faculty Handbook (http://www.rpi.edu/dept/provost/facultyhandbook1 – 06.pdf. 2016 – 08 – 15).

对，弃权或缺席）作为晋升和终身教职评价联合委员会审议的基础；召集并主持晋升和终身教职评价联合委员会审查教师晋升与终身教职评价委员会和院长委员会的建议以及这些建议的原因，并就每个候选人的情况获得最终建议。该建议应包含每位候选人的投票简要记录（赞成，反对，弃权或缺席），并永久存档；在考虑了晋升和终身教职评价联合委员会的建议后，教务长就每个候选人的情况做出决定并且必须与晋升和终身教职评价联合委员会成员分享结果。如果教务长不同意晋升和终身教职评价联合委员会的建议，教务长应重新召集晋升和终身教职评价联合委员会，告知他们决定的理由。如果教务长的决定是负面的，教务长应通知相应的院长，院长应告知相关的候选人教务长的决定、相关原因和候选人拥有的申诉权；教务长需要将肯定的晋升和终身教职评价意见告知校长，将校级委员会的最终投票、校长的意见、董事会的决策及时告知院长。

3）校长采取的行动。在考虑了教务长的建议后，校长应对每个候选人的情况做出决定。校长需要提交晋升的决定供董事会参考，提交终身教职的评价结果供董事会最终批准。如果校长的决定是负面的，校长应通知教务长，教务长应将相关决定、原因和申诉权告知候选人。

（5）其他

初聘时，应向每位新教师提供晋升和终身教职评价标准及程序的书面文件。所有终身教职的聘任均由教务长在校长的批准下完成。除此之外，还要由董事会或其执行委员会根据教师手册规定的任命程序进行。所有获得终身教职的外部候选人要经过与内部候选人相同的终身教职评审程序。

聘任外部候选人担任首席教授职位必须遵循相应的终身教职聘用审核程序：其中包括晋升及终身教职联合评审委员会仅用于授予终身教职的审核，以及由首席教授委员会进行的审核。在终身轨员工的情况下，再聘通常发生在第三年审核之后。这个过程基于对简历、学术成果的审核记录以及系部终身教职教师做出的教学评估。教师手册中使用的"学术"一词适用于科学研究和美学、表演艺术领域的创造性努力。经过审核，终身教职教师可以向系主任进行推荐，系主任可以推荐院长进行进一步审查。系主任负责记录候选人的职业发展建议。学校希望终身教职教师积极参与学术活动的各个方面，其中包括学术、教育和服务。终身教职教师可以担任主要调查员、担任博士委员会主任、为硕士生提供建议、参与晋升和终身教职决策、对课程事宜进行投票并参与教师参议院的事务。

（四）集中模式评述

伦斯勒理工大学晋升及终身教职评价的运行模式属于集中模式。集中模式的主要目标是评审出在相关学科专业领域最优秀的学术人才，确保这部分人才得到学术职位晋升和进入终身教职行列。而对候选人资质进行审核的最佳人选是熟知候选人学科专业的相关领域专家。因此，集中模式下的晋升及终身教职评价主体和重心在于学系和学院，由相关学科专业领域的专家构成晋升评价委员会，委员由相关学科专业的教师选举产生。其人员构成一般有两种方式：由获得终身教职的教授组成；由获得终身教职的副教授和教授组成，且教授的人数要多于副教授。评审委员会主席通常由该学院院长担任，但一般不行使投票权。为避免利益冲突，通常禁止晋升评价委员会成员对来自于自己系部的候选人进行投票，禁止副教授参与副教授晋升至教授的投票。

集中模式的优点是系部和学院一级成立的晋升评价委员会由相关学科专业领域的专家组成，因为熟知专业知识，因此该模式有助于全方位地把握候选人的学术水准、学术规范，能够对候选人做出符合专业水准的客观评价和明智决定。

集中模式最主要的缺陷在于评价过程和评价结果容易受到本位主义的影响。本位主义指每个学院只追求并局限于自己的目标而不关注学校整体发展目标的需要。主要表现为来自本学院的评审专家基于自己的标准为来自于同一学院的教师做出评价，来自于其他学院的教师没有机会参与到最终的评价决策过程中，学院之间缺乏沟通，评价主体缺乏跨单位支持，从而有可能导致评价标准缺乏学校整体的一致性。学院一级的评审委员会可能采用较低的评审标准准许实力较弱的候选人获得晋升及终身教职，即使院长想要努力维持更高的筛选标准，但他的监督角色难以左右评价委员会的投票结果。这种情况下，最终多由教务长、校长做出不受欢迎的决定：拒绝某位实力较弱的候选人获得晋升及终身教职。这一运行模式往往会在教师和管理层之间制造不必要的紧张关系，因此并非是最佳方式。

集中模式存在的另一个问题是：规模较小的大学难以招募到足够的教授来组建学院的晋升评价委员会，学院委员会成员为5个或以下时，评价组织内可能存在权力博弈，进而导致评价客观性的丧失；想要保持合理的评审委员会规模，唯一选择是在评审委员会人选中加入副教授，但这种情况对于从副教授晋升至教授的评审并不理想。[①]

第二节　纽约大学文理学院晋升与终身教职评价案例

历史上，纽约大学以本科教育为主的文理学院分属于大学的两个不同校区：位于布朗克斯高地的大学（文理）学院（和工程学院）、华盛顿广场学院。为了应对财政压力，高地校区于1973年关闭，大学学院与华盛顿广场学院合并成文理学院。该学院主要包含三个分学院（Division）：人文分学院（Humanities Division），下辖学系有非洲研究，美国研究，古代史研究，艺术史，亚洲/太平洋/美洲研究，古典文学，比较文学，文学创作，东亚研究，英语语言文学，法国文学、思想和文化，法国研究，性别研究，德语语言文学，希伯来和犹太研究，希腊研究，历史学，爱尔兰研究，意大利研究，中东和伊斯兰教研究，博物馆学，音乐，近东研究，哲学，宗教学，俄罗斯和斯拉夫研究，社会与文化分析，西班牙语和葡萄牙语语言文学；理学分学院（Science Division），下辖生物系，化学系，神经科学系，物理系，心理系；社会科学分学院（Social Sciences Division），下辖动物研究系，人类学系，经济系，环境研究系，新闻系，语言学系，政治系，社会学系。

一　纽约大学文理学院晋升及终身教职评价标准

纽约大学作为一所研究型大学，教师获得终身教职的先决条件是教学水平的卓越，这也是教师对所在系部、学院及大学做出贡献的有力证明。其次，杰出的学术成就及艺术创作也是必要条件。在评价候选人是否应该获得终身教职时需要考虑的问题是：考虑到系部的发展目标，该候选人在相应的研究领域和其他竞争者比起来，实力是否最强。教授的评审标准基本和终身教职相同，但是教授的候选人必须在完成终身教职要求的学术成就之外，做出里程碑式的重大贡献。正常情况下，新的学术突破或重大贡

[①] Syed A. Rizvi, "Assessing the Effectiveness of the Promotion and Tenure Process", *Journal of Academic Administration in Higher Education*, Vol. 11, No. 2, Fall 2015.

献应在获得终身教职之后并在评审文件中清楚地注明。

(一) 终身轨教职的入职要求

终身轨教职主要指根据纽约大学的终身轨教职评审程序,收到学校授予终身轨教职的确认信,目前没有获得终身教职但是有资格在未来获得永久或持续任期的全职副教授及助理教授。副教授及助理教授的聘期通常为1年,但是根据校董事会规定允许的范围之内,担任全职终身轨教职的时间在终身教职评审时可以计入。除去医学院及其系部、斯特恩商学院及其系部、牙医学院及其系部、罗里迈耶斯护理学院及其系部,其他任何学院及系部的全职终身轨副教授或助理教授在工作期限满7年时,如果未获得终身教职将不会再获得学校的聘用。医学院及其系部、牙医学院及其系部、罗里迈耶斯护理学院及其系部的全职终身轨副教授或助理教授在工作期限满10年时,未获得终身教职将不会再获得学校的聘用。斯特恩商学院及其系部的全职终身轨副教授或助理教授在工作期限满9年时,未获得终身教职将不会再获得学校的聘用。

除去医学院及其系部、斯特恩商学院及其系部、牙医学院及其系部、罗里迈耶斯护理学院及其系部,相关学院的院长及系主任在终身轨副教授或助理教授工作的第6年应知会其相关政策及规定。医学院及其系部、牙医学院及其系部、罗里迈耶斯护理学院及其系部的负责人应在终身轨副教授或助理教授工作的第9年知会其相关政策及规定。斯特恩商学院及其系部的负责人应在终身轨副教授或助理教授工作的第8年知会其相关政策及规定。[①]

1. 助理教授

助理教授的职位应授予那些具备教师基本素质、师德合格、具备一定学术成果的教师。助理教授应在学术或专业实践领域具备一定成就,通常应获得博士学位。助理教授有可能不会获得学校的再次聘用、晋升、永久或持续任期。

2. 副教授

副教授的职位应授予那些已具备助理教授资格,在教学、师德、学术

---

① New York University Promotion and Tenure Guidelines (http://www.nyu.edu/about/policies-guidelines-compliance/policies-and-guidelines/promotion-and-tenure-guidelines.html. 2017-05-01).

成就或其他教育服务做出不凡贡献的教师。首聘或再聘为副教授并不意味着后续会获得晋升。

（二）终身教职评价

终身教职教师指根据纽约大学的终身教职评审程序，在学校规定的试用期结束后，收到学校主管学术的高级官员授予终身教职的确认信，从而获得永久或持续任期的全职副教授及教授。根据校董事会针对终身教职的规定，聘期可以延长或没有时间限制，除非特别规定，副教授及教授的聘期为 1 年。除非退休、财务紧急状况、学院或系部停办，否则不能终止终身教职任期。之前在其他高校的全职教学资历能否获得纽约大学认可需要考虑以下因素：是否在加入美国大学协会的高校任教；是否获得最高学位；是否获得终身教职以及其他条件。其他高校获得的教学资历在试用期不被认可的说明，应在相关教师和院长达成的书面协议中注明，在首聘生效之前应由院长提交给教务长批准。①

1. 副教授

符合以下条件的副教授可能有资格获得永久或连续聘期：作为全职副教授在纽约大学任职的第 6 年；除去医学院及其系部、斯特恩商学院及其系部、牙医学院及其系部、罗里迈耶斯护理学院及其系部，在其他任何学院及系部担任全职副教授或助理教授的第 8 年；在医学院及其系部、牙医学院及其系部、罗里迈耶斯护理学院及其系部担任全职副教授或助理教授的第 11 年；在斯特恩商学院及其系部担任全职副教授或助理教授的第 10 年；除去医学院及其系部、斯特恩商学院及其系部、牙医学院及其系部、罗里迈耶斯护理学院及其系部，在其他任何学院及系部担任全职副教授或助理教授的第 5 年且后续任期超过 3 年，在除纽约大学之外的高校作为全职助理教授、副教授或教授的教学时间不少于 7 个学期；在医学院及其系部、牙医学院及其系部、罗里迈耶斯护理学院及其系部担任全职副教授或助理教授的第 8 年且后续任期超过 3 年，在除纽约大学之外的高校作为全职助理教授、副教授或教授的教学时间不少于 7 个学期；在斯特恩商学院及其系部担任全职副教授或助理教授的第 7 年且后续任期超过 3 年，在除

---

① New York University Promotion and Tenure Guidelines（http：//www.nyu.edu/about/policies－guidelines－compliance/policies－and－guidelines/promotion－and－tenure－guidelines.html. 2017－05－01）.

纽约大学之外的高校作为全职助理教授、副教授或教授的教学时间不少于7个学期。

如果某位全职教师在纽约大学首聘时，正式告知相关院长或校级官员自己已经在另一所与纽约大学终身教职评价政策相似的高校获得了永久或持续任期，离开原校后接受了纽约大学全职副教授的聘用，则可认为其获得了纽约大学的永久或持续任期（除非在书面协议中双方同意试用期不超过4年）。

2. 教授

教授职位应在对候选人的教学、师德、学术成就、所在学科领域的同行声誉、指导学生获得重要成果的能力、在未来学术生涯持续做出重大贡献的能力进行认真斟酌之后授予。符合以下条件的教授再聘时有资格获得永久或连续聘期：作为全职教授在纽约大学任职的第4年；作为全职教授或副教授在纽约大学任职的第6年；除去医学院及其系部、斯特恩商学院及其系部、牙医学院及其系部、罗里迈耶斯护理学院及其系部，在其他任何学院及系部担任全职教授、副教授或助理教授的第8年；在医学院及其系部、牙医学院及其系部、罗里迈耶斯护理学院及其系部担任全职教授、副教授或助理教授的第11年；在斯特恩商学院及其系部担任全职教授、副教授或助理教授的第10年；除去医学院及其系部、斯特恩商学院及其系部、牙医学院及其系部、罗里迈耶斯护理学院及其系部，在其他任何学院及系部担任全职教授、副教授或助理教授的第5年且后续任期超过3年，在除纽约大学之外的高校作为全职助理教授、副教授或教授的教学时间不少于7个学期；在医学院及其系部、牙医学院及其系部、罗里迈耶斯护理学院及其系部担任全职副教授或助理教授的第8年且后续任期超过3年，在除纽约大学之外的高校作为全职助理教授、副教授或教授的教学时间不少于7个学期；在斯特恩商学院及其系部担任全职副教授或助理教授的第7年且后续任期超过3年，在除纽约大学之外的高校作为全职助理教授、副教授或教授的教学时间不少于7个学期。

如果某位全职教师在纽约大学首聘时，正式告知相关院长或校级官员自己已经在另一所与纽约大学终身教职评价政策相似的高校获得了永久或持续任期，离开原校后接受了纽约大学全职教授的聘用，则可认为其获得了纽约大学的永久或持续任期（除非在书面协议中双方同意试用期不超过

3年)。①

二 纽约大学文理学院晋升及终身教职评价的运行模式

(一) 纽约大学文理学院晋升及终身教职评价委员会的人员构成

1. 学系晋升评价委员会 (Departmental Promotion and Tenure Committee)

学系晋升评价委员会负责对每位候选人进行审核,委员会的人选可以由系主任任命,也可以按照学系或学院的传统惯例进行选举。学系可以为每一个晋升评价候选人设立相应的评审委员会,也可以每年设立一个单独的评审委员会对所有候选人进行评价。在任何一种情况下,评审委员会只能由相应级别学系的终身教职教师(至少3名)组成。如果某学系的终身教职教师小于3名,则需要从其他学系聘请终身教职教师参与评审。②

2. 学院晋升评价委员会 (School Promotion and Tenure Committee)

文理学院的晋升评价委员会共12人。作为三个分学院的代表,6人通过选举产生,其余6人由院长进行聘任。③

学院设立教师申诉委员会,委员会的大多数人应为终身教职员工,不应包括系主任、学部主席或其他主要担任行政职务的人员。教师申诉委员会为学院的常设委员会,由教师投票选举产生,负责听取教师申诉事项并向院长做出建议。教师申诉程序 (Faculty Grievance Procedures) 制定的主要目的是为终身教职或预备终身教职教师提供再次解决评价过程中不公平待遇的通道。所有的申诉案例要求在调解员的协助下,通过非正式讨论的方式解决相关各方的争端。

(二) 纽约大学文理学院晋升及终身教职评价委员会的权力运行

1. 学系进行初步评审

学系的晋升评价委员会必须起草一份晋升评价文件以供具备投票资格

---

① New York University Promotion and Tenure Guidelines (http://www.nyu.edu/about/policies - guidelines - compliance/policies - and - guidelines/promotion - and - tenure - guidelines. html. 2017 - 05 - 01).

② New York University Promotion and Tenure Guidelines (http://www.nyu.edu/about/policies - guidelines - compliance/policies - and - guidelines/promotion - and - tenure - guidelines. html. 2017 - 05 - 01).

③ Syed A. Rizvi, "Assessing the Effectiveness of the Promotion and Tenure Process", *Journal of Academic Administration in Higher Education*, Vol. 11, No. 2, Fall 2015.

的教师进行审核，审核通过后将文件提交给院长和教务长。评审委员会有责任收集教师的成果材料并进行仔细审核，将候选人的评价和委员会的投票情况形成书面报告。根据学系或学院的评审规则，晋升评价委员会以书面形式形成的评审报告和评价结果，可提交给学系相当级别的终身教职教师进行投票，或提交给系主任，或直接提交给院长（在没有学系的学院）。如果所有的终身教职教师都具备投票资格，学系必须保证他们收到所有的相关资料并参与了讨论和投票，并由系主任将投票结果汇报、发送给院长，发送内容包括：评审委员会的书面评价结果、投票数、委员会名单及任命办法、各位评审委员的评价意见、学系里具备投票资格的终身教职教师投票数等。①

2. 学院评审

文理学院的院长负责审核学系提交的评审材料并向教务长提交评价结果。院长通常需要征求额外的评价信和由足够数量教授组成的学院晋升评价委员会的意见。如果院长、晋升评价委员会认为系级评审存在立场模糊或是利益冲突并因此导致达不成一致性意见，就会将报告打回重审。

院长在向教务长提交评价意见之前会告知系主任，系主任需立即将院长的评价意见通知教师。如果院长的评价与学系相左，院长需向系主任陈述理由，并在向教务长提交最终评价意见之前为系主任提供发送佐证信息或反驳的机会。

如果出现以下任何一种情况，教师可向院长申诉召集学院或教师的申诉委员会：第一，教师的申诉经非正式讨论未能解决；第二，教师没有申诉，但院长的决定对教师不利。院长应在 15 个工作日内召集申诉委员会，并将委员会对申诉事项做出的决定及原因等相关信息以书面形式通知相关各方。

教师对院长的聘用、再聘、晋升或终身教职评价决定进行申诉只能基于以下事由：第一，院长做出决定的程序不恰当，或是对申诉事项考虑不充分；第二，院长的决定侵犯了相关人员的学术自由，此种情况下举证责任在于相关人员。对以上两种情况的异议只能在申诉人、院长、教务长的

---

① New York University Promotion and Tenure Guidelines（http：//www. nyu. edu/about/policies‐guidelines‐compliance/policies‐and‐guidelines/promotion‐and‐tenure‐guidelines. html. 2017‐05‐01）.

同意下才能达成。①

3. 教务长审核

教务长要对院长提交的每一份晋升评价文件进行审核，审核过程中教务长可以征求额外的信息或评价信，必要时也可组建由终身教职教师组成的咨询委员会征求意见。教务长在最终决定形成之前应告知院长。如果教务长持反对意见，应向院长说明理由并为院长提供发送佐证信息或进行反驳的机会。

如果教师提出申诉，院长应在早期向教务长提交一份申诉事项报告。教务长要征求由不少于3名终身教职教师组成的终身教职或预备终身教职教师理事会申诉委员会的意见。这3名教师由终身教职或预备终身教职教师理事会选举产生，但不一定是该委员会的成员。终身教职或预备终身教职教师理事会申诉委员会应举行听证会完成审议，并在听证会结束30天内将结果通知教务长（最多不应超过60天）。该申诉委员会不对专业价值进行判断，只负责确定程序是否合理公正。如有证据证明院长随意做出决定且没有合理的基础，则可认定为"考虑不充分"。委员会应针对案例实际决定的相关程序，必要时为了公平修改某些要求：比如听证会记录、证人的审查、会议时间表及公开性等。申诉人自己决定是否需要法律顾问的帮助。收到终身教职或预备终身教职教师理事会申诉委员会的建议后，校长、负责学术事务的副校长应对申诉事项做出决定并通知申诉人、院长、申诉委员会主席。如果申诉委员会的建议未被采纳，应在报告中说明原因。如果院长的决定对教师有利因此教师未提出申诉，校长和负责学术事务的副校长推翻了决定但未按规定向申诉委员会寻求建议，教师也可以提起申诉。②

（三）纽约大学晋升及终身教职评价程序③

1. 系部晋升评价

（1）候选人的正式晋升材料

作为证明，职称评审文件中需要包含：个人简历；候选人的个人陈述

---

① New York University Promotion and Tenure Guidelines（http：//www.nyu.edu/about/policies－guidelines－compliance/policies－and－guidelines/promotion－and－tenure－guidelines.html.2017－05－01）.

② New York University Faculty Handbook（http：//www.nyu.edu/content/dam/nyu/provost/documents Handbook/5.15.18_ Faculty_ HandbookCLEAN.pdf.2018－05－15）.

③ New York University Promotion and Tenure Guidelines（http：//www.nyu.edu/about/policies－guidelines－compliance/policies－and－guidelines/promotion－and－tenure－guidelines.html.2017－05－01）.

（建议附上，但此项为非必选项）；候选人学术作品的复印件（合适的情况下，参加展览的作品提供作品的描述）；学术质量及创作质量的证明，比如：学术书评、读者对未出版书籍的评论、引用情况分析；对制作或表演的评论（已发表）；视频录像、已出版的艺术作品、剧本等；对候选人学术研究或艺术作品的审核；对候选人教学的评价（学术成果或艺术作品）；候选人第三年考核结果的复印件；评估专家名单（附专家的学术资质及选择该专家的原因）；至少 5 份来自高水平外部专家的评价。这 5 份外部专家评价必须来自于和候选人无密切关联的学者（排除论文指导者、共同作者或其他至交），同时密切相关的学者也不能出现在候选人推荐的评审专家名单上。如果系部在后期得知外部评审专家和候选人关系密切，这一点必须在系部的评价报告里清楚地加以注明，系部也可以选择附上候选人推荐的外部专家（论文指导者或共同作者）的评价。纽约大学关于外部评价及其他终身教职评审材料的保密政策可以在教师手册《教师法律保护声明》中找到。

(2) 系部评审的主体：晋升评价委员会的组建

系部的晋升评价委员会负责对每位候选人进行审核。该委员会的人选可以由系主任任命，也可以按照系部或学院的传统惯例进行选举。系部可以为每一个晋升评价候选人设立相应的评审委员会，也可以每年设立一个单独的评审委员会对所有候选人进行评价。在任何一种情况下，评审委员会只能由相应级别的系部终身教职教师（至少 3 名）组成。如果某系部的终身教职教师少于 3 名，则需要从其他系部聘请终身教职教师参与评审。

终身教职教师的最高职责是参与教师的晋升评价。系部评审高度依赖其评价过程的彻底性、公正性及严谨度。向院长提供立场模糊的建议或拖延评审过程的做法是对同行评审及教师自治等责任的颠覆和放弃。如果院长、晋升评价咨询委员会认为系部评审存在此类的问题，会将报告打回重审。

(3) 系部晋升评价的正式程序

系部的晋升评价委员会必须起草一份晋升评价文件供具备投票资格的教师进行审核，审核通过后将文件提交给院长和教务长。晋升评价文件的开头必须为晋升先决条件的审查：在研究型大学的背景下为候选人的教学表现及教学潜力。支持的证据和文件可包括：候选人对教学理念的陈述；课程大纲；学生评教；同行的评审报告（包含正式的教学效果评估）；指导的学生名单（本科生和研究生）；博士论文指导；MS/MA/MFA 论文指导；博士委员会；候选人的服务记录及对系部、大学及学术团体的贡献。

一旦候选人达到教学方面的先决条件，终身教职的认定和授予将基于学术研究和艺术创作方面获得的杰出成就和认可。系部晋升评价委员会的评价不能成为支持性文件。该评价必须致力于对候选人的优势和弱项进行客观公正的审核，并说明形成最终评价结果的原因。

评审委员会有责任收集相关材料并进行仔细审核，将候选人的评价以书面报告的形式提交给系主任。报告中还应包括委员会的投票情况。根据系部或学院的评审规则，晋升评价委员会的评审报告和评价结果可提交给系部相当级别的终身教职教师进行投票，或提交给系主任，或直接提交给院长（在没有系部的学院）。如果所有的终身教职教师都具备投票资格，系部必须保证他们收到所有相关资料并参与了讨论和投票。系主任必须将他们的投票结果汇报给院长。随后系主任必须发送评审委员会的书面评价结果、投票数、委员会名单及任命办法、各位评审委员的评价意见、系部具备投票资格的终身教职教师投票数给院长。

2. 学院晋升评价

学院的院长负责审核系部提交的评审文件并向教务长提交评价结果。院长通常需要征求额外的评价信，咨询由足够数量教授组成的晋升评价咨询委员会的意见。咨询委员会成员可以由院长任命，也可以由学院老师选举产生，也可以是二者的结合。院长在向教务长提交评价意见之前会告知系主任，系主任需立即将院长的评价意见通知教师。如果院长的评价与系部相左，院长需向系主任陈述理由，在向教务长提交最终的评价意见之前给系主任提供发送佐证信息或反驳的机会。院长需及时向教务长提交最终决定性的评价意见。同时一并提交的还有候选人的评审材料、系部评价、学院晋升评价咨询委员会的意见。

3. 学校晋升评价

教务长要对院长提交的每一份晋升评价文件进行审核。在审核过程中教务长可以征求额外的信息或评价信。特殊情况下教务长可以聘用一个由终身教职教师组成的特设咨询委员会以寻求进一步的建议。教务长在最终决定形成之前应告知院长。如果教务长持反对意见，应向院长说明理由并给院长提供发送佐证信息或进行反驳的机会。最后决定形成后应通知院长，必要时应附上反对理由。院长在收到教务长的决定后应通知系主任和相关教师。

（四）多样化模式评述

纽约大学文理学院晋升及终身教职评价的运行模式属于多样化模式。多样化模式主要目标是实现整体评估标准的一致性。多样化模式的预期目标是基于以下假设：由不同学科专业组成的多元化团队能够提供客观的教师评价，将本位主义的不利影响降到最低，并在大学组织系统内保持整体一致的评价标准。为了有效地达到预期效果，来自于互不相关学科的系部主任应成为"积极的参与者"而非"观察者"。两者的区别在于："积极的参与者"要对候选人的学术成果文件进行审核，并对候选人的学术资质提出客观评价；"观察者"则可能不需要对候选人的学术成果文件进行审核，可以在评审过程当场提出问题，并参考"积极的参与者"的意见作出最终决定。但是，如果一个组织过于多样化，其内部"观察者"就有可能变多，从而导致集体决策受到团体迷思现象（Group Thinking Syndrome）的影响。[1]

多样化模式在实然运行中出现两种不同形式的代表性高校。一种形式的主要代表是纽约市立大学（City University of New York，简称CUNY）。该校的晋升及终身教职评价标准由学校制定，并在校董事会（The Board of Trustees）1975年通过的文件第五条有详细规定。系主任作为各系部教师及学校各个不同学科的代表，成为校级晋升评价委员会的组成部分（在纽约市立大学系统将其称之为人事及预算委员会，Personnel and Budget Committee or P&B Committee），需要为校长和校人事预算委员会提供有关候选人教学、学术、社会服务的初步评价。另一种形式的主要代表是纽约大学文理学院，文理学院有3个分学院共包含41个系部和学科，学科跨度较大，共用一套由学院制定的评价标准。纽约大学的晋升评价准则规定：学院根据自己的情况和文化制定详细的晋升及终身教职评价准则，但是学院标准必须符合学校的总体准则要求，且要提交给教务长批准。如果学院评价准则与学校不一致，将以学校为准。[2]

---

[1] Syed A. Rizvi, "Assessing the Effectiveness of the Promotion and Tenure Process", *Journal of Academic Administration in Higher Education*, Vol. 11, No. 2, Fall 2015.

[2] New York University Promotion and Tenure Guidelines（http：//www.nyu.edu/about/policies－guidelines－compliance/policies－and－guidelines/promotion－and－tenure－guidelines.html.2017－05－01）.

多样化模式的优点是单一而多元化的晋升评价委员会能减少本位主义的影响,有助于进行全面的质量控制。由互不相干学科的评审专家组成单一的评审委员会,一是能够确保将统一的标准应用于各个学科的候选人;二是评审过程需要参与评价的教职工人数大大减少,从而使得组建一个仅由全职教授组成的评审委员会变得更加可行;三是尽管教务长和校长工作繁忙,还是可能有机会参加评审会议并参与相关讨论。

多样化模式的缺点在于单一、大型的评审委员会在评审过程中,会产生两种惰化现象。一是容易受到社会性惰化(Social Loafing)的影响,拉塔内(Latane)等人用这个术语来描述人们在团队中工作比独立工作付出的要少。[①] 由于更多的评审委员会成员来自和候选人不相关的学科,如果部分人对审议的兴趣不大,没有积极参与,就会选择社会性惰化。二是容易受到团体迷思现象的左右,某些成员会动摇或控制整个评审委员会的意见,并最终影响投票结果。[②]

第三节 东北大学晋升与终身教职评价案例

一 东北大学教师晋升及终身教职评价标准

东北大学位于波士顿市,紧邻哈佛大学和麻省理工学院。目前该校有9个本科学院:健康科学学院,艺术学院,媒体与设计学院,计算机与信息科学学院,工程学院,理学院,社会科学及人文学院,商学院,教育学院。东北大学目前是晋升委员会与终身教职评价委员会两套系统分开运行。晋升及终身教职的评价都以系部为主体,评价标准均由系部制定,总体的运行模式基本属于集中模式。

(一)教师的晋升标准

教师在学术级别的晋升取决于学校对其杰出专业成就的认可,以及对其未来水平得以保持或提高的预测。评估学术成就的首要考虑因素是该成就能提高学校学术质量的程度。评估相关成就的两个最重要标准是教学效

---

① B. Latané, K. Williams & S. Harkins, "Many Hands Make Light the Work: The Causes and Consequences of Social Loafing", *Journal of Personality and Social Psychology*, Vol. 37, No. 6, 1979.

② Syed A. Rizvi, "Assessing the Effectiveness of the Promotion and Tenure Process", *Journal of Academic Administration in Higher Education*, Vol. 11, No. 2, Fall 2015.

果、学术或创新成果。①

1. 良好的教学

包含教师对学生和学科领域的贡献，并包括（适用于大学和部门）以下教学效果的指标：明确说明的课程目标；能有效证明教师在帮助学生达到课程目标时采用了适当的教学、学习方法；在课堂或其他学习环境中的高质量授课，包括有效沟通和根据特定学科领域和学生特点调整教学方法；教学主题、研究方法和评估方法的适当性；课程或计划辅导给学生带来有意义的学习体验；未包含在上述指标以内的优秀教学证明；在所在单位认可的情况下，创造性地开发和使用标准学术课程或合作、体验教育领域的课程或计划；创造性地应用新技术以改善教学效果或吸引新的受众。

2. 学术成果证明

包括：原创研究或学术评论，无论是出版还是传播；创作小说、戏剧、诗歌、绘画、音乐作品、展览和表演；在教师学术领域获得认可，包括在适当的时候，通过同行评审获得奖励、赞助或合同；临床或专业的技术、程序或实践创新。支持性的标准例如有效的专业活动以及大学和社区服务。这些活动对教育和社区政策、计划有实质性的贡献，提高了个人的专业地位或提高了学校在社区中的地位。专业活动包括：参加与学校教育过程和个人学术兴趣相关的专业组织、研讨会和座谈会；在公认的专业组织中担任领导职务（担任有效职务，包括担任委员会主席）。

3. 大学服务

包括：行政职责（作为教师正式工作计划的一部分）；委员会工作；研究和介绍与大学职能相关的新想法；为学生和学生社团提供建议。社区服务包括：为董事会和委员会、选举产生的机构、慈善组织提供服务；以及教师利用专业技能做出的其他贡献。

每个教师都通过所在的学术领域、专业的学术兴趣、各种专业机会以及教学、实验室、实地工作和研究做出与上述标准相关的成绩。因此，在判断教师的总绩效时，应根据相应期间的主要任务对标准进行加权。只要有可能，最好通过相互之间的协议确定具体标准。

---

① Northeastern University Faculty Handbook（https：//faculty. northeastern. edu/handbook/# Faculty%20Handbook &_ ga = 2. 32980542. 184446848. 1560132070 − 388580467. 1559524029. 2014 − 06 − 06）.

(二) 终身教职的评价标准

担任助理教授、副教授和教授的教师是东北大学终身轨和终身教职人员。东北大学期望终身轨教师在职业生涯中既关注有效的教学,同时能够建立成熟的、迈向终身教职的发展计划。学校对终身教职或接近终身教职教师的期望通常会比终身轨教师要高,获得终身教职的过程还伴随着对大学的更大责任,即不仅要适应所在部门的需求,而且要适应大学的发展需要。在东北大学的特定使命中塑造自己的职业生涯,终身教职教师有更大的自由和责任。除了继续专注于将知识应用于教学和研究,学校期望终身教职教师能为职称较低的同事提供支持和指导,并且越来越多地参与大学的治理过程。这意味着他们要提供更多的服务,并指导终身轨教师在各自的领域和寻求终身教职方面取得成功。

除非大学与教师之间的任何个人合同中另有明确规定,否则大学的终身教职意味着在年度合同生效后教师有权如"教师手册"中所规定的那样,在学年基础上持续获得与就业条件相符的年度雇用合同。此外,大学有权因合理的事由:财务紧急、课程或教学计划终止而解除教师的终身教职。只有获得教授、副教授和助理教授职称的教师才有资格获得终身教职。已获助理教授职称的候选人可申请终身教职,同时也可以建议其晋升至副教授。在法学院,已获副教授职称的候选人可建议其申请终身教职,同时也可以建议其晋升至教授。[①]

终身教职的评价标准分为两种。

1. 基本评价标准

在授予终身教职时,学校认可教师作为大学社区和学者社区成员所作出的卓越专业成就和贡献。学校期望教师作为法律完全赋权的公民继续得以发展。在做出终身教职决定时,学校将考虑候选人在教学、学术(包括研究和创造活动)和服务方面的表现。绩效标准是进行评价的基础。此外从学校使命的角度,还将考虑候选人的表现在多大程度上提高了所在部门的发展水平。由于授予终身教职赋予了教师继续获得年度合同的权利,学校还将考虑候选人对未来职业发展的承诺以及其所在部门、学院和大学的

---

① Northeastern University Faculty Handbook (https://faculty.northeastern.edu/handbook/#Faculty%20Handbook &_ga=2.32980542.184446848.1560132070-388580467.1559524029.2014-06-06).

长期需求，以及教师在多大程度上能为学校的学术影响力做出贡献。

2. 年度评审标准

所有的终身教职和终身轨员工每年将在三个领域接受评估：学术（包括研究和创新）、教学和社会服务。此外，根据东北大学的使命，还要对教职员工为所在部门、学院和大学所作的贡献进行质量和效果评估。每个教师都通过所在的学术领域、专业的学术兴趣、各种专业机会以及教学、实验室和实践工作做出与上述标准相关的成绩。虽然相对权重可能会有所不同，但随着时间的推移，所有教职员工都将在这三个领域中做出成果。每个单位的晋升及终身教职评价标准及政策都要经过相应学院院长和教务长的审查和批准。这些文件应向教师明确说明所在部门的终身教职评审和晋升标准。

（1）教学方面

教师应传授知识、加深学生的理解、拓展学生的视野，并培养学生的批判性思维和独立思考能力。教师应保持传授并反映学科的最新知识发展，并帮助学生理解课程的内容。良好的教学包括以下教学效果指标：课堂或其他学习环境中的高质量陈述，包括有效沟通、根据特定学科领域和学生特点调整教学方法；明确陈述课程目标，能够证明在帮助学生完成课程目标时使用了恰当的教学方法；教学主题、研究方法和评估方法的适当性；通过对学生课程或计划的设置、辅导构建有价值有意义的学习环境；未包括在上述内容中的优秀教学证明，例如多样化、相互独立的评估教学表现机制，其中至少有一项包含学生的评教意见；如果所在部门认可，在标准学术计划或合作、体验教育领域开展和实施创新课程或计划，或创造性地应用新技术改善教育成果或吸引新的受众。教学绩效包括教师遵守与学生互动、完成预定、分配义务的政策和要求，包括教学大纲分配、考试安排、成绩提交和学生作业上交。

（2）学术、研究和创新活动方面

学校期望所有教职员工参与与学科有关的学术活动，并在各自的领域中获得杰出成就。各学术单位应根据所在学科和学校的要求制定自己的学术标准。在许多学科中，出版或展示原创研究或学术评论构成了学术成就的评判标准。在艺术和人文学科中，创新成果包括出版的小说、诗歌和戏剧等；多媒体制作或音乐作品的表演或出版；进行公共表演的音乐、戏剧和其他形式；绘画或其他图形作品的展览。教师学术领域的认可包括在适当的情况下，通过同行评审获得奖励、赠款或合同、专利的接收，以上这些代表了对教师研究活动的专业认可。在某些领域，临床或专业领域的技术、程序或实践创新都是学术成果的证明。学术的质量和原创性将由教师所在领域的专家进行评判，这是教师工作最重要的衡量标准。学术绩效标准还包括教师要遵守专业行为标准，例如大学、资助机构的研究政策以及该学科的规范。

（3）社会服务方面

大学的有效运作和发展，很大程度上依赖于教师社会服务做出的贡献。学校希望教职员工在大学内外开展服务活动。内部的教师服务职责可能包括行政职责、委员会工作、为学生社团提供建议，以及参与能为系部、学院和大学做出贡献的其他活动。在大学之外，学校希望教师通过促进各自学科知识发展和交流而为专业发展做出贡献。专业服务活动包括参加与个人学术兴趣或教育过程相关的专业组织、研讨会和座谈会。教师也通过向社区提供学科知识的方式进行服务。服务的绩效标准包括教师对专业标准的遵守。

二 东北大学晋升及终身教职评价的运行模式

（一）东北大学晋升委员会的人员构成及权力运行

1. 人员构成

晋升委员会（Promotion Committee）由来自于候选人系部的副教授或教授组成，一般不超过3人。除非系部决定成员只为教授（尤其是晋升为教授的情况），大部分成员的职称应高于参评教师。委员会的人数和成员资格由系部成员定期投票产生。系主任为当然成员，不具有投票权。委员会成员晋升时不得在委员会中任职。如果系部拥有相应职称的成员少于3人，院长在和系部的终身教职教师进行协商之后，可在联系较为紧密的学科选择必要成员。在此过程中院长要征求候选人的建议，尽管如此，候选人的建议对院长没有约束力。晋升委员会的成员需要经过教务长审核。

还有两种特殊情况：一是东北大学某些学院的系部可能并不符合上述要求，这种情况下可以和两个或更多系部成立一个联合委员会（Joint Committee），前提是双方所在的绝大多数系部成员同意。二是如果上述提到的系部结构不存在，在学院大多数成员投票通过的情况下，学院可以被视为一个经过合并的系部，成立一个单独的学院晋升委员会。①

2. 权力运行

晋升标准及程序由系部制定，晋升标准需要经过教务长批准，晋升评价主要由系部负责。

晋升委员会要对所有的相关证明资料进行评审，其中包括对每位候选人进行资质面试、系主任形成书面评价。委员会需要准备一份大多数成员通过的书面报告提交给候选人，在候选人得到合理的机会进行回复后，将多数成员通过的报告以及少数成员形成的报告一并提交给咨询委员会（Advisory Committee）和院长。晋升委员会能根据相关标准对候选人做出最佳的专业判断。候选人有权将个人回复补充在递交给咨询委员会和院长的文件中。

如果系部的评价结果是否定的，系部有责任为候选人提供下次晋升的准备建议。如果有单独的晋升及终身教职评价委员会（Tenure and Promotion Committee）存在，候选人的晋升及终身教职评价将同时进行，终身教职委员会（Tenure Committee）对晋升及终身教职评价有管辖权，同时还需要注意每一步可能存在不同的评审标准。晋升委员会的评价建议还需要经过系主任、咨询委员会、相关的学院院长、教务长以及校长的认真考虑。每一级的评价结果要以书面形式通知候选人，在评审转到下一层级之前给候选人足够时间进行回复。由教务长传达的最终决定不能晚于3月31日。如果咨询委员会或任何行政官员的决定与晋升委员会冲突，需要以书面形式向晋升委员会主席和候选人做出解释。

晋升委员会在2/3成员投票通过的情况下，可以就与评价结果不同的晋升决定进行申诉。在这种情况下，教务长可以征求一个由与候选人研究领域相同的、校外专家组成的临时委员会的意见。临时委员会成员需经过教务长和晋升委员会同意，人数不能少于3人，不能多于7人。临时委员会的决定对教务长有约束力。候选人认为晋升过程中存在程序上的错误，

---

① Northeastern University Faculty Handbook（https：//faculty. northeastern. edu/handbook/ # Faculty%20Handbook &_ ga = 2. 32980542. 184446848. 1560132070 − 388580467. 1559524029. 2014 − 06 − 06）.

可以根据相应的教师申诉程序提起申诉。①

(二) 东北大学终身教职评价委员会的人员构成及权力运行

1. 人员构成

(1) 系部终身教职评价委员会 (Unit Tenure Committee)

东北大学把整个评价过程的起始点落在最基层学术单元,可能是系部 (Department)、学院 (School/Department), 也可能是项目研究小组 (Group); 在此将这些最基层的学术单元通称为系部终身教职评价委员会。主要包含至少 3 名由候选人所在系部的终身教职教师选举出的终身教职教授。如果系部的终身教职人数不足以构成一个终身教职评审委员会, 院长和教务长负责选出候补的委员会成员并通知候选人。

(2) 学院咨询委员会 (College Advisory Committee)

主要由学院内或跨学院的终身教职教师组成, 人选由院长指定。主要功能是审核基层学术单元终身教职评价委员会的行为, 并向院长及教务长提供建议。②

2. 权力运行

东北大学是学系 (Unit) 负责制定具体的终身教职评价标准。教师绩效标准作为学校终身教职评价的基础, 由各个系部在涉及教师绩效评审、再聘、晋升及终身教职评价政策的文件中作出规定。系部制定的标准需要经过院长和教务长的审核批准。终身教职评审程序包括系部、学院、学校的投票规则以及对整个评审过程的监督。评审程序需要提请教务长进行审核和批准。

终身教职评审过程中, 任何一级评审主体在达成决议之前如果认为某些地方有待澄清或解释, 在形成最终报告之前, 应及时告知参评教师或上一级评审主体。每一层级的评审主体形成最终报告之后, 应通知相关教师做出一份书面回应。报告和回应将继续提交给下一级评审主体进行审核。发布最终报告后, 任何学院不能再进行复议或二次投票。如果某一层级的

---

① Northeastern University Faculty Handbook (https：//faculty. northeastern. edu/handbook/# Faculty%20Handbook &_ga = 2. 32980542. 184446848. 1560132070 − 388580467. 1559524029. 2014 − 06 − 06)。

② Northeastern University Faculty Handbook (https：//faculty. northeastern. edu/handbook/# Faculty%20Handbook &_ga = 2. 32980542. 184446848. 1560132070 − 388580467. 1559524029. 2014 − 06 − 06)。

评审主体认为参评教师的回应很有说服力,以至于能显著改变低一层级评审主体的最终决定,可以给低一层级评价主体进行补充说明的机会。

在决定参评教师能否获得终身教职入门资格之前,系部的终身教职评审委员会有 10 天时间做出决定。此后要基于候选人在教学、研究、学术或创造性活动、社会服务、相关领域的专家评价等成果证明对获得入门资格的教师进行终身教职评审。相关资料,包括系部终身教职评价委员会、系主任、院长的评价,候选人无权查阅。每一层级的终身教职评审必须在即将递交的书面报告中清楚说明:所有程序得到了正确执行,任何程序上的错误在相关资料传递给下一级评审主体之前,已经进行了确认并改正。[1]

(1)系部评审

各系部负责制定符合学科发展目标的学术标准,各学科领域专家负责对教师学术成果的质量及原创性进行评价。系部负责制定评价程序,且要提交给院长和教务长批准。

针对终身教职的年度审核(Annual Review of Progress toward Tenure)主要包含两部分:年度的终身教职进度审核(Annual Progress – towards – Tenure Review),由系部的终身教职教师负责按照审核程序对准备终身教职的教师进行年度的终身教职进度审核。终身教职前期审核(Pre – Tenure Review),在教师进入预备终身教职的第三年或第四年,系部会对教师进行综合评价。评价结果会以书面报告的形式对教师是否再聘给出意见。如果同意再聘,审核必须就教师的强项和弱项进行讨论,并为教师获得终身教职指明努力方向。结果提交给院长后,如果院长不同意系部再聘的意见,那么院长将向审核委员会说明原因。前期审核的最终决定以院长的意见为准。教师可以根据系部政策对外部评审专家数量提供建议,最多可提供 3 名存在利益冲突的评审专家名单。外部评审专家名单由系部评审委员会决定。终身教职的评审过程中,在学院内部,候选人提交的审核材料先由系部的终身教职评审委员会进行审核。审核程序需要经过系部教师及教务长批准。在系部委员会的评审过程中,系主任要向系部的评审委员会及终身教职候选人提交一份针对该候选人的书面评价。系主任有投票权。

---

[1] Northeastern University Faculty Handbook (https：//faculty. northeastern. edu/handbook/# Faculty％20Handbook &_ ga = 2. 32980542. 184446848. 1560132070 – 388580467. 1559524029. 2014 – 06 – 06).

(2) 学院审核

学院的咨询委员会负责对申请终身教职教师的材料及系部评审委员会的报告进行审核。审核程序需要经过学院教师批准并提交给参评教师和系部终身教职评审委员会。来自于参评教师系部的委员会成员不能参与该教师的评审讨论及投票。学院咨询委员会的投票结果和最终报告需要提交给院长。学院咨询委员会可以自发或应参评教师申请决定系部委员会的评审不合理,自行裁量要求系部评审委员会进行重审。院长需要审核候选人的材料及学院咨询委员会的报告,根据每一项终身教职评选标准对候选人作出详细的书面评价,此外还应知会系部的终身教职评审委员会相关信息。院长不参与终身教职讨论或在系部、学院的评审委员会参与评审投票。院长需将自己的评价以及参评教师评审材料的任何变动提交给教务长。

(3) 教务长审核

教务长负责审核院长提交的参评教师材料、各级评价结果,在咨询校长的意见后,决定是否授予该教师终身教职。

教师终身教职申诉委员会(The University Standing Appeals Committee on Tenure)由选举出的 13 名终身教职教师组成。各学院及法学院各出一名代表,其余成员由理事会日程委员会咨询教务长意见后进行聘任。申诉委员会召开会议时到场成员不得少于 7 名。已在系部或学院就申诉教师的终身教职评审进行投票、或在任何级别的终身教职评审委员会或咨询委员会支持申诉教师的委员会成员,不能参与后续针对该申诉教师的讨论及投票。申诉委员会在听取申诉教师和教务长的看法后,如果认为某处评审存在违规、失责、未考虑相关信息、没有公正客观的对材料信息进行评价、存在歧视或违反学术自由等情况,有权将申诉教师的评审材料遣回至相应级别(系部、学院、院长或教务长)进行重审。学校的终身教职申诉委员会如果决定将申诉教师的材料发给教务长重审,教务长应对此进行审议并作出最后决定。如果决定将材料发回至之前的任一层级进行审核,相应的审核主体需要对教师材料进行重新审议并作出决定。申诉委员会最终对是否授予终身教职做出独立评价后需要传达给教务长,如果教务长在咨询校长之后做出的最终决定仍为反对,候选人将没有后续的申诉渠道。终身教职评审结果不能提请仲裁。

(4) 校长及董事会(The Board of Trustees)审核

校长需要提交给董事会建议授予终身教职的教师名单。校董事会基于校长和教务长的建议进行投票,并通知相关教师及学院院长最终决定。

(三) 东北大学教师晋升及终身教职评价程序

1. 教师的晋升程序

每个系部或学术单位应制定教师的晋升评价标准和程序。这些标准应经过教务长或教务长指定人员的批准。系部或单位负责提出晋升建议。晋升委员会由候选人系部或所在单位不少于3名成员组成。会员资格可以由任何具有副教授或以上级别的人员组成。除非系部或单位决定在委员会中只有教授(特别是在副教授晋升为教授的情况下),否则大多数人的级别应高于候选人。委员会的规模和成员资格应由系部成员或类似单位定期投票决定。会员资格可以是一年或两年,由系部或单位确定。在系部的情况下,系主任应是非投票的当然成员。晋升候选人可以在委员会任职,但在考虑其候选资格的特定会议期间应被排除在外。如果一个系部或单位的成员人数少于3人,并选择不成立联合委员会,学院院长应与系部或类似单位的终身教职成员协商,选择必要的、来自联合学科中适当级别的教师。在此过程中,院长应寻求候选人的意见;但是这些意见不应对院长具有约束力。该委员会的成员资格应由教务长审查。可能某些学院的系部划分不符合上述标准,或者上述的系部可能不存在。在前一种情况下,系部可以在参与合并的每个部门大多数成员的批准下组成一个联合委员会。在后一种情况下,经学院或同等单位的多数成员投赞成票后,学院或同等单位可视为合并单一部门。

当教师提出晋升要求时,晋升委员会应对每一位教职员工的情况进行审核。晋升委员会应评估所有相应的证明;包括与每位候选人就其资格进行面谈;系主任的书面评价,该评价将存入候选人档案。委员会应准备一份书面的多数人意见报告,该报告应首先提交给候选人,然后在候选人有合理机会答复后,将其提交给已成立的咨询委员会或将少数人的意见报告一起提交给学院院长。晋升委员会的建议应反映出委员会在排除财务或纯粹的行政因素后,根据已陈述的标准对候选人做出的最佳专业判断。候选人有权在发送给咨询委员会的文件或院长的文件中附上自己的答复。如果系部或类似单位的评审建议是负面的,则该单位有责任为候选人提出适合下次晋升的发展计划。如果存在单独的终身教职和晋升委员会可以就候选人的终身教职和晋升同时做出决定,则该委员会应对终身教职和晋升负有管辖权,并需注意每一项中可能存在的任何不同标准。晋升委员会的建议，无论是对候选人有利还是不利，都应由系主任、已成立的咨询委员会、相应的学院院长、教务长和校长轮流考虑。最终决定应以书面形式通知个别候选人，并在发送到下一级别之前给予候选人合理的时间作出回应。最迟决定由教务长在3月31日之前进行通知。如果晋升委员会的意见，无论肯定还是否定，与咨询委员会或任何管理者的决定相矛盾，后者应以书面形式向晋升委员会主席和候选人做出解释。晋升委员会根据有资格在系部或类似单位晋升委员会任职教员的2/3投票结果，可以对任何违反其建议的晋升决定进行申诉。在这种情况下，教务长必须将该决定提交给由外部院校学者组成的特设委员会进行审核，这些成员需是来自于候选人领域的专家。委员会由教务长和晋升委员会共同商定的不少于3名、不超过7名以上的学者组成。特设委员会的决定将对教务长具有约束力。如果教师认为晋升过程中存在程序违规行为，可以根据当前适用的教师申诉程序提出申诉。[①]

2. 终身教职的评价程序[②]

（1）终身教职正式评审之前的审核程序

①终身教职的年度进度审核（Annual Progress Review）

除了为所有教员工进行的年度绩效评估之外，该部门的终身教职教师将按照部门制定并由教务长批准的程序每年对终身轨员工进行审核。这些年度进展审核必须与绩效审核分开，并将根据学校和教师所在学术单位的终身教职标准进行。按照已建立的程序，该单位的终身教职教师将系统地寻找信息，以帮助他们对候选人为获得终身教职所取得的进展进行评估。

②预备终身教职审核（Pre-Tenure Review）

在教职员工终身轨任期内的第3年或第4年，该单位将根据终身教职标准对教师的表现进行全面审核。每个单位都将制定本次审核的程序，该程序必须得到院长和教务长的批准。审核结果最终将形成书面评估报告，

---

① Northeastern University Faculty Handbook（https：//faculty. northeastern. edu/handbook/#Faculty%20Handbook &_ga = 2. 32980542. 184446848. 1560132070 - 388580467. 1559524029. 2014 - 06 - 06）.

② Northeastern University Faculty Handbook（https：//faculty. northeastern. edu/handbook/#Faculty%20Handbook &_ga = 2. 32980542. 184446848. 1560132070 - 388580467. 1559524029. 2014 - 06 - 06）.

其中对教师是否再聘提出意见并给出原因。如果建议再聘，审核后必须对教师的优点和缺点加以讨论，并确定为获得终身教职需要努力的发展方向。审查结果将呈交给院长，如果院长不同意该单位的评估或再聘建议，院长会向审核委员会传达不同意该结果的理由，院长在这件事上的决定是最终的。相关学术单位负责人将与教师讨论书面评估的结果，并将副本放在教师所在的学术单位档案中。

如果1年的聘期在该年年底到期，学年服务第1年的终身轨员工将在该学年3月1日之前收到不会再聘的通知。如果1年聘期在学年期间结束，相关教师至少在该学年结束前3个月收到通知。如果聘期在该年度结束，或者在该年度结束前至少6个月到期，学年服务第2年的终身轨员工将在该学年12月15日之前收到不会再聘的通知。在聘用第3年或更长时间的终身轨员工将在聘期结束前12个月收到不会再聘的通知，除非该年是他们的终身教职考虑年份，在这种情况下将使用教师手册中规定的终身教职程序和时间表。如果由于疏忽、错误或误解而错过了签发拒绝授予终身教职或终止合同通知的日程，学校将视情况提供相应的合同延期以及适当通知或签发更正后的合同。

③早期的终身教职考虑（Early Tenure Consideration）

在试用期内，终身轨员工可以在聘书中确定的终身教职审核年度之前的一学年内申请终身教职审核。教师必须在希望审核终身教职年度之前那一学年的3月1日之前向所在单位负责人提交此请求。单位负责人将咨询内部的终身教职教师是否批准该教师的早期终身教职审核。在教师要求之日起的一个月内，单位负责人必须以书面形式通知教师是否可以进行早期审核。如果该单位同意提前审核，候选人将根据单位、学院和大学的要求准备一份档案。学术单位同意教师早期终身教职审核继续进行的协议不会被解释为，并且不会被认定为学术单位对其早期终身教职申请给予肯定意见。

如果早期终身教职审核顺利进行并且董事会同意授予终身教职，相关教职员工将收到终身教职的聘用通知。如果在审查候选人的档案后，以下任何一个环节：院长、教务长、校长或董事会提出拒绝授予终身教职的意见，早期终身教职审核将被终止，候选人将及时得到书面形式的通知。然后根据单位、学院和大学程序，在教师的聘书中确定的年份进行终身教职的审核。随后的终身教职档案中包含的所有材料必须及时提交和更新。更新的终身教职档案和审核将既不包括也不会讨论早期终身教职审核里的任何报告、建议、决定或其他处置。早期终身教职审核决定既不可挽回也不可上诉。

（2）终身教职正式评审程序（Tenure Process）

在审查档案和编写报告期间，如果任何评审主体在确定了需要澄清或解释的项目或问题之后才能做出充分知情和平衡的决定，那么它应该公布这些项目或问题，并要求候选人或任何先前的审查机构在报告定稿之前提交解释材料。当评审主体完成包含终身教职建议（以及适当情况下的最终投票）的最终报告后，该报告应提供给候选人以便其有机会对报告作出书面答复。最终报告和候选人的书面答复（如果有的话）应立即转发到下一级审查。在评审主体发布最终报告后，任何学院都不得重新考虑或重新投票。

从终身轨到终身教职（Tenure from the Tenure – Track）。在候选人已提交书面答复的情况下，每个后续审查级别都应仔细审查评审主体的报告和候选人的答复。如果后续审查确定候选人的回复具有足够的说服力并提供了足够信息能显著改变评审主体收到的最终报告，可以为初始的评审主体提供提交补充声明的机会。

准备进入终身教职（Tenure on Entry）。在向一名教师候选人发出可能授予终身教职的通知之前，无论处在一年中的什么时间，主要负责单位的终身教职评审委员会或下属委员会应在发出通知之前10个工作日内就候选人的终身教职聘用提供意见。学校将根据在教学、研究、学术或创新、服务，以及来自候选人领域学者的评价信等成就证明对可能获得终身教职的教师进行终身教职评审。该档案包括候选人所在单位的终身教职评审委员会、系主任和院长的意见，候选人将无权进行审查。每个级别的终身教职评审必须作为转发档案的一部分，以书面形式明确证明所有之前的程序都已得到正确的执行，并且在档案传送到下一级审查之前，任何程序上的违规行为都已得到确认和纠正。

①终身教职评审第一步：申请终身教职

通常在终身轨教师全职工作的第6年进行终身教职考虑。院长将通知候选人有必要在终身教职审查开始之前学年的4月1日之前启动终身教职审核。通知中包含的信函概述如下：终身教职评审程序，包括所在单位、学院和学校的投票规则以及评审过程的概述。这些程序将由教务长审核和批准；候选人提交的材料类型以及候选人必须采取的相关行动；通知候选人在何种程度上可以查阅档案，包括识别被视为机密且候选人无法获得的信息。来自外部审稿人的信件和其他征求意见的信件始终被视为机密信息，终身教职候选人将无法访问这些信件。候选人将以书面形式回复，表明他们是否希望进入终身教职的考虑范围。

学院院长和单位负责人必须在终身教职评审过程开始日历年的5月1日之前收到候选人决定的通知。如果候选人没有回应，则推定候选人希望进入终身教职的考虑范围。如果候选人表明不希望进入终身教职的考虑范围，相关考虑将不再进行，候选人将收到下一年的终期合同。

候选人的提交截止日期为10月1日。候选人可以在档案从终身教职评审委员会过渡到院长之后（不迟于11月30日）向档案中添加任何进一步的信息。但以下情况除外：对终身教职评审委员会、咨询委员会（如果有的话）、院长或教务长的回复，或回应大学终身教职申诉委员会或任何审查实体要求澄清档案材料的请求。但是，可以在终身教职评审委员会的批准下添加更新的材料，该委员会可以附加适当的评论。

②终身教职评审第二步：创建档案

在评估候选人的成就和未来的职业发展前景时，根据终身教职评审标准收集候选人相关表现的证据至关重要。在提交给单位终身教职评审委员会之前，候选人有责任编辑整理除外部评审意见之外的所有信息；该部门的高级职称教师将被指派协助候选人提交有关材料。在编辑整理候选人的材料时，候选人将参照由教务长编写、由教师参议院议程委员会每年审查的终身教职和晋升档案指南里的模板。外部评审专家将由候选人所在单位委员会选出，根据该单位的政策，候选人可为委员会提供多达一半的评审人员名单；候选人还可以最多提供3位不希望成为外部评审专家的姓名名单以及相关的解释。委员会将进行最终选择，相关评审人选建议的原始来源不会在委员会之外透露。未经请求的材料，无论是由候选人还是其他人提交，都不会由任何级别的评估人员进行审阅或包含在档案中。

③终身教职评审第三步：学院审核

在学院内每个连续的评审步骤，候选人将获得与终身教职评审标准相关的详细评估。在评审进入下一环节之前，候选人将有10天时间以书面形式回复每一项评估。由于院长要对候选人档案进行独立审核，院长可能不参加终身教职评审讨论或在候选人所在单位、学院委员会进行投票。除了机密材料外，在候选人所在单位之外对档案的任何补充，候选人和所在单位的终身教职评审委员会都有权查阅。

第一，候选人所在单位的终身教职评审委员会的审查。在学院内，候选人所在单位将首先根据每个单位和学院建立、并在步骤1中提交给候选人的程序对候选人档案进行评估。使用候选人所在单位的教师和教务长批准的程序，终身教职评审委员会将寻找与候选人有关的信息。候选人所在单位的终身教职评审委员会将包括至少3名由该单位终身教职教师选出的终身教授。如果一个单位缺乏足够的终身教职教师组成符合这些要求的委员会，院长和教务长将选择补充委员会成员并通知候选人。除了单位为学院的情况外，单位负责人将在委员会评估的早期阶段，向终身教职评审委员会和候选人提供与终身教职评审标准相关的书面评估。候选人将有10天时间以书面形式做出回复。单位负责人是该单位的投票成员。

第二，咨询委员会的审查（如果有的话）。当这样一个委员会成立时，候选人档案、包括候选人所在单位的终身教职评审委员会报告，应转交给学院的咨询委员会。咨询委员会应按照经过学院教师批准、并已提交给候选人和候选人所在单位终身教职评审委员会的明确程序进行运作。来自候选人单位的任何咨询委员会成员不得参加任何有关该候选人的讨论，并且必须放弃投票。咨询委员会的投票及其审核报告应添加到档案中，并转发给学院院长。咨询委员会可以主动或应候选人的要求，裁定候选人所在单位的终身教职评审委员会未妥善处理该教师的终身教职申请，并可自行决定将其送交候选人所在单位的终身教职评审委员会重新审议。

第三，院长审核。院长将对档案进行审核，其中应包括咨询委员会的报告（如果有的话），并准备有关于每项终身教职评审标准的详细书面评估报告，其中包括是否授予终身教职的评价意见。院长会将评估副本转发给候选人，候选人将有10天时间以书面形式做出回应。院长评估结果的副本也将转发给候选人所在单位的终身教职评审委员会。院长会将评价和任何候选人的回复添加到档案中，然后转发给教务长。

第四，教务长审核。在审查了档案及其随附的建议并与校长协商后，教务长将决定是否授予候选人终身教职。在同意授予终身教职的所有情况下，教务长将以书面形式将决定告知院长和候选人。在教务长决定拒绝授予终身教职的任何情况下，教务长只会以书面形式通知候选人结果及拒绝的理由。如果在教务长书面通知之日起10个工作日内，候选人没有按照规定要求教务长重新考虑或对教务长的决定提出申诉,教务长将把否定意见传达给院长和候选人所在单位的终身教职评审委员会。

(四) 东北大学:模式比较及其选择

晋升评价委员会的规模在职称评审时常常会遭到忽略,随意选定评审委员会人数的现象屡见不鲜。学术界的委员会与商界的团队合作模式并无不同。两者都试图利用集体的努力完成更大规模、更复杂的任务。目前关于如何构建最佳的团队规模已有很多研究。团队规模太小容易受到成员之间权力博弈的影响,团队规模过大容易受到社会性惰化(Social Loafing)的影响。团队规模的重要性在于成员之间的交流渠道增长速度快于团队规模的增长速度。假设团队规模为 N,该团队的交流渠道数目 = $(N(N-1))/2$。从表2-1可以看出团队规模从2增加至12时交流渠道的变化。基于以上因素,晋升评价委员会的合理人数应为7-11人。[1]

表2-1　　晋升评价委员会规模及相应的交流渠道数目

晋升评价委员会规模	相应的交流渠道数目
1	0
2	1
3	3
4	6
5	10
6	15
7	21
8	28
9	36
10	45
11	55
12	66

---

[1] Northeastern University Faculty Handbook (https://faculty.northeastern.edu/handbook/#Faculty%20Handbook&_ga=2.32980542.184446848.1560132070-388580467.1559524029.2014-06-06).

1. 东北大学目前运行的集中模式分析

表 2-2 为东北大学 2014 年该校 5 个学院按职称进行划分的全职教师人数。

表 2-2　　　　　　　2014 年东北大学全职教师人数统计

学院	讲师	助理教授	副教授	教授	总数 全体教师	总数 仅副教授和教授
商学院	4	14	12	7	37	21
教育学院	0	7	13	3	23	16
健康科学学院	6	9	5	6	26	11
人文与社会科学学院	13	56	54	46	169	100
工程学院	12	23	43	42	120	85
总数	35	109	127	103	375	230

从表 2-2 可以看出，仅由教授组成的晋升评价委员会进行评审的集中模式在东北大学行不通，因为几个学院的教授人数不够，这就需要将几个学院已经获得终身教职的副教授纳入到评审委员会中来。集中模式下的评审委员会包含 5 个学院的晋升评价委员会以及 1 个校级的教师晋升申诉委员会。每个学院应提供 9 名已获得终身教职并愿意在委员会任职的副教授或教授。该模式假设由学院院长担任学院晋升评价委员会的主任，负责将独立的评价意见和委员会的评审意见提交给教务长。参评教师可对委员会做出的负面评价向教师申诉委员会进行申诉。集中模式共需要 54 名已获得终身教职的副教授或教授，这个数字占东北大学所有已获终身教职的副教授和教授人数的 23.5%。换句话说，每 4 名副教授或教授中有 1 名需要参与教师晋升评价的过程。过往的经验表明，这对于大多数教师来说责任和负担有些过重，尤其是在科研方面活跃的学术研究人员。

目前已有院长和教务长对该模式下的学院晋升评价委员会进行监督审核，但是两者可能做出的否定评价会在管理层和教师之间制造出一种不友好的对立局面。可以参照伦斯勒理工大学，通过增加一个负责监督审核的校级晋升评价委员会来向教务长提交教师评价决议，从而淡化冲突并减少集中模式的本位主义影响。构建校级的晋升评价委员会还需要在大学范围内挑选 9 名成员，理想化的集中模式共需要 63 名副教授及教授。对于东北大学来说规模过于庞大,实际操作中难度不小。[①]

2. 东北大学运行多样化模式的分析

按照多样化模式运行,东北大学需要一个由各系部代表组成的、规模相当庞大的校级晋升评价委员会,其中包含30名教师代表、5名院长、教务长、校长共计37名。如果再加上由9人构成的教师申诉委员会,那么该模式需要的教师总数将达到39名。这几乎占集中模式所需教师人数的一半。即使可能,在东北大学找出39名教授仍是个不小的挑战。另一方面,一个如此规模的校级委员会学科差异极大,人员构成极为多样化。对于参评教师来说,来自于不相关学科的评审专家人数远高于来自于本学科的专家人数,因此评审过程可能会受到团体迷思及社会性惰化的负面影响。定期对委员会的工作进行审核并对评审专家进行培训可以减少其负面影响并抑制评审标准的下降。[②]

3. 东北大学运行混合模式(Hybrid Model)的分析

混合模式主要目标是对集中模式和多样化模式进行有效的借鉴,将两种模式的优点最大化,在突出专业卓越和保持评估标准的整体一致性之间达成有效而合理的平衡。混合模式是集中模式和多样化模式的有机结合体,既能像集中模式那样对候选人进行有效评估,将本位主义的影响降到最低,同时又能像多样化模式那样在大学层面上保持整体评审的质量标准,因此被称为教师晋升评价的理想模式。

混合模式的晋升及终身职评审委员会同时拥有与候选人相关领域及不相关领域的学科专业专家。混合模式的晋升评价委员会构成与集中模式基本相同,两者的不同在于学院层面的晋升评价委员会成员资格要由评价标准的整体一致性决定。假设某学院的晋升评价委员会总人数为 A,其中有 B 名成员来自于同一学院的相关学科,有 C 名成员来自于该学院外的不相关学科。为了实现理想化的、整体一致的教师评价因子 D,其中 $D = C/B$,$A = B + C$;前提条件是 $0 \leqslant D \leqslant C$;$C \geqslant 0$;$B \geqslant 0$。一致性因子"1"($D = 1$)意味着该校的职称评审标准在突出专业卓越和保持评估标准的整体一致性之间达成了平衡。$D < 1$ 意味着该校的职称评审标准在突出专业卓越和保持

[①] Syed A. Rizvi, "Assessing the Effectiveness of the Promotion and Tenure Process", *Journal of Academic Administration in Higher Education*, Vol. 11, No. 2, Fall 2015.

[②] Syed A. Rizvi, "Assessing the Effectiveness of the Promotion and Tenure Process", *Journal of Academic Administration in Higher Education*, Vol. 11, No. 2, Fall 2015.

评估标准的整体一致性之间更侧重于前者。D>1 意味着该校的职称评审标准在突出专业卓越和保持评估标准的整体一致性之间更侧重于后者。也就是说，当 D>1 时，混合模式就向多样化模式倾斜；当 D=0 时，混合模式就转变成了集中模式；当 D=C 时，混合模式就转变为多样化模式。①

混合模式下，东北大学主要在学院层面尝试构建混合式的晋升评价委员会。假设院级委员会人数为 9 名并使一致性因子尽可能达到 1 的情况下，每个学院的晋升评价委员会将有 5 名教师来自于本学院、4 名教师来自于其他学院。每个学院提供 5 名教授的做法基本可行。如果这 5 名教授同时在其他学院的晋升评价委员会任职，东北大学的 5 个学院仅需要 25 名教授。加上教师申诉委员会的 9 名教授，构建混合模式的晋升评价委员会将一共需要 34 名教授，这对东北大学来说很容易做到。

表 2-3　　　　　　　　　　三种模式的比较

模式	需要的教师人数	易受的影响			质量	
		团体迷思	社会性惰化	本位主义	教师评价	评审标准的一致性
集中模式	63	低	低	高	高	低到中等
多样化模式	39	高	高	低	低到中等	高
混合模式	34	低	低	低	中等到高	中等到高

比较后可以发现，混合模式需要的教授人数最少并能保证在一致性评审标准下对参评教师提供非常集中专业的评价。这不仅提升了评审过程的质量控制水准，而且将评审委员会的作用发挥至最大化。②

综上所论，在美国大学晋升评价委员会构成及运行模式中，无论是集中模式、多样化模式还是混合模式，大学对于某一模式选择乃至以此形成的完整、系统的制度设计，都是根据自身历史传统、文化惯例、学科结构、学院规模等实际，其根本目标在于选聘最优秀的学术人才、提高评价质量和公信力、实现评价科学和公平。

---

① Syed A. Rizvi, "Assessing the Effectiveness of the Promotion and Tenure Process", *Journal of Academic Administration in Higher Education*, Vol. 11, No. 2, Fall 2015.

② Syed A. Rizvi, "Assessing the Effectiveness of the Promotion and Tenure Process", *Journal of Academic Administration in Higher Education*, Vol. 11, No. 2, Fall 2015.

第三章

美国大学教师薪酬制度

　　基于雇用关系，雇员从雇主处获得的报酬的名称有一个变化过程。在20世纪二三十年代之前，它被称作为工资，是指基于劳动量以小时或周为计数单位由雇主支付给雇员的报酬；后来它被称作为薪水，是指雇主在相对固定的时间内一次性支付给员工的劳动报酬；20世纪80年代以后，薪酬的概念才慢慢被雇用双方都接受。当然对于薪酬的定义，学界也是有很多讨论。比如马尔托奇奥认为，薪酬是指雇员因付出劳动后而获得的相应报酬，分为内在报酬和外在报酬。所谓内在报酬是指雇员完成一定工作任务后而获得的积极向上的工作环境、良好的工作团队以及对自身的满足感和成就感，它是非物质性的；所谓外在报酬是雇员在完成一定工作任务后获得的各种奖励，主要是物质性的。[1] 本章中所指薪酬采用美国著名薪酬管理专家米尔科维奇等人的观点，即作为一种交换关系，指员工作为雇用关系中的一方得到的回报，包括以现金形式获得的直接报酬和以福利方式获得的间接报酬。[2] 薪酬的构成除了基本工资以外，还包含奖金和福利等其他成分，其中基本工资和福利部分主要体现的是公平性，而奖金更多的体现的是激励性。照此，高校教师薪酬就是指高校发给教师的工资、奖金和其他福利的总和，是高校对教师劳动力价值的认可，包括货币性的直接报酬和福利性的间接报酬。

　　建设一支优秀的师资队伍，虽然受很多因素的制约与影响，但是很大

---

[1] ［美］赛夫·J. 马尔托奇奥：《战略薪酬管理》，杨东涛等译，社会科学文献出版社2002年版，第23—46页。

[2] ［美］乔治·T. 米尔科维奇、杰里·M. 纽曼：《薪酬管理》，成得礼译，中国人民大学出版社2008年版，第7—8页。

程度上依赖于人力资源开发与管理战略,这其中薪酬制度的设计尤为关键。[1] 教师薪酬对高校留住、吸引优秀师资,提高教师工作积极性和工作效果,传达学校定位和理念,增强学校核心竞争力具有现实的重要意义。目前美国大部分高校的薪酬政策会根据市场竞争和内部公平等因素做出相应改进,虽然不同高校采用不同的薪酬制度,不同层级教师之间的薪酬水平也有比较明显的差异,但是所有的目的都是为了实现教师薪酬的相对公平,以及在相对公平的基础上提升学校的竞争力。

美国是世界上高等教育步入市场化较早的一个国家,其高校的薪酬制度,又称薪酬体系、薪酬模式,是高校制定的各类各级教师的薪酬标准体系。[2] 薪酬分配的原则和标准因为构成要素的指标及权重的不同便形成了不同的薪酬制度模式,不同的薪酬制度模式代表了不同的人力资本管理理念和价值取向。在美国并没有全国通用的薪酬标准,公立院校、私立院校和教会院校教师的薪酬构成各不一样,不同地区高校的教师薪酬构成各不一样,即使在同一个州内不同高校的教师薪酬构成也不一样。综合来看,美国高校薪酬制度的模式主要有三种:签约薪酬制、单一薪酬制和非传统的教师薪酬体系。

第一节　美国大学教师薪酬制度模式

美国哈佛商学院教授特雷燕莎·阿玛贝尔认为,员工的创造力在大多数情况下来自于内在和外在的激励。内在的激励是满足自我发展的需要,可以在较高层次上调动工作积极性,而外在的激励在很大程度上就是取决于薪酬。薪酬制度是高校行政管理的重要组成部分,是高校可持续发展的重要保证。能否做到公平地发放薪酬,是影响教师积极性和工作热情的重要因素,同时教师薪酬水平的高低是决定能否留住优秀教师、能否激励教师或在多大程度上激励教师的重要因素。美国高校教师的薪酬因其构成成分、比例、权重等差异产生了不同的薪酬制度,但是纵观美国的高校,其薪酬制度大约包含以下三种:(1)签约薪酬制,即由每个教师与学校通过

---

[1]　陈乐一、陈洁、魏紫:《薪酬理论及其对完善我国高校教师薪酬制度的启示》,《高教探索》2011年第2期。

[2]　林健:《大学薪酬管理——从实践到理论》,清华大学出版社2010年版,第11页。

谈判确定年薪,又称合同工资制度;(2)单一薪酬制,即根据每个学术级别发放官方指定的薪资,每个级别都对应固定的薪资;(3)非传统的教师薪酬体系,包括除纯粹的签约薪酬制或单一薪酬制之外的任何薪酬体系。[1]

一 签约薪酬制

签约薪酬制以非等级劳动力理论为基础,指教师通过与高校协商,根据教师的学位、从业经验、教学效果、学术活动和社会服务等各方面因素综合考虑以教师的预期年度产出为依据来确定教师薪资水平的制度。[2] 签约薪酬制主要体现的是高校对教师教学工作和科研能力的预期,并以此作为确定其薪酬的主要依据。在这个基本约束前提下,不同的高校会制定不同的标准来确定聘任教师的起始薪酬。[3] 通常,使用签约薪酬制体系的高校会对教师生产力进行度量,对其学术价值性和人才唯一性进行考察。教师生产力包括诸如受教育水平、经验长度、学术活动量以及学术活动质量等内容。如果高校和相关人员能够达成一致,教学效果和专业服务活动也可纳入到教师生产力的范围。一般来说,对于具有较高学术影响力的学者,高校会提供比较优厚的薪酬水平和比较宽松的学术环境,以便发挥人才的最大价值,从而提高高校的影响力和竞争力,实现教师个人发展和学校整体发展的双赢。而对于年轻但是比较具有发展潜力的青年教师,高校一般会根据学术劳动力市场情况合理确定其薪酬水平,并在此基础上合理使用绩效奖励等方式引导其个体发展,最终实现个体发展和组织发展的良性互动。所以,这种谈判定薪的过程是教师学术能力的自我展现及高校对其能力进行评估估价的博弈过程,对于教师来说其议价能力取决于其学术成果反映出的已有学术能力或具备的学术潜质。

例如,耶鲁大学的薪酬理念包括:吸引工作效率高的教师,保证支付与相关的人才市场相比具有竞争性的薪酬,根据责任和义务来确定薪酬,根据贡献和绩效来调整薪酬等;普林斯顿大学的薪酬理念包括:提供有竞

---

[1] Marion S. Beaumont, *Salary Systems in public higher Education*, New York: Praeger Publishers, 1985, p. 23.

[2] Marion Beaumont, *Salary Systems in public higher Education*, New York: Praeger Publishers, 1985, p. 3.

[3] Terry Sutton and Peter Bergerson, "Faculty Compensation Systems Used in Higher Education", *ASHE - ERIC Higher Education Report*, Vol. 28, Issue 2, December 2001.

争力的薪酬吸引多样化的教师,通过成果奖励来激励和保持卓越的人力资源,提供基于绩效的薪酬体系等;康奈尔大学的薪酬理念包括:提供相同环境下具有市场竞争力的薪酬,奖励个人及团队绩效,对外部市场的变化做出反应,吸引、奖励每个层次的高质量教师等;麻省理工学院的薪酬理念包括:在市场竞争中吸引有能力的、高质量的教师,强调持续发展和及时的应变能力,公平公正地支付薪酬等。[1] 综合上述高校的薪酬理念我们不难发现其共同之处:从市场定位来看,都着力提供具有市场竞争力的薪酬,注重教师薪酬水平的外部可比性;从奖励原则来看,都注重个体或团队绩效,鼓励高水平的成果产出;从价值基础来看,都充分重视内部的相对公平性,保持稳定的师资队伍;从增长机制来看,都重视外部劳动力市场的变化可能对高校教师队伍产生的影响。[2] 虽然不同高校在认可其所谓的"绩效"的时候会制定不同的标准,但是无论将什么指标纳入考核体系,签约薪酬制的突出特点是它以成果产出为导向,体现效率、激励特征。

表3-1、3-2、3-3详细列出了1986年鲍尔州立大学所使用的确定教师生产力的标准,分为教学活动、学术生产力和社会服务三个方面,用于评估护理学教授的业绩水平。[3]

表 3-1　　　　　　　　　　　　**教学活动**

必备标准	(1) 教学工作井井有条 (2) 教学工作准备充分 (3) 始终表现出对上课准备的热情和兴趣 (4) 鼓励学生提出意见和分歧 (5) 保持与学生进行公平公正互动的氛围 (6) 展示出色的言语交流技巧,以促进课堂学习 (7) 表现出将理论与实践联系起来的能力

---

[1] 付瑶瑶、吴旦:《美国研究型大学学术人员薪酬管理制度的研究与借鉴》,《复旦教育论坛》2007年第5期。

[2] 付瑶瑶、吴旦:《美国研究型大学学术人员薪酬管理制度的研究与借鉴》,《复旦教育论坛》2007年第5期。

[3] Terry Sutton and Peter Bergerson, "Faculty Compensation Systems Used in Higher Education", *ASHE-ERIC Higher Education Report*, Vol. 28, Issue 2, December 2001.

续表

可选标准（任选两项）	（1）开发和维护创造性的学习材料以增强课堂学习效果 （2）开发或合作开发经批准可用于教学的选修课程 （3）协助课程计划小组 （4）根据课程目标制定和使用评估程序 （5）寻求教学和评估方法的改进 （6）参与或指导荣誉奖学金，论文/学位论文或荣誉项目
证明方式	同行评估、学生评估、行政评估或其他直接证明教学卓越的特定材料

表3-2　　　　　　　　　　　学术生产力

考核标准（符合一项即可）	（1）从事研究项目和/或撰写或参与撰写成果报告 （2）稿件已被接受发表 （3）编写、制作或开发教科书、视听节目、电脑软件等 （4）担任出版社的审稿人 （5）担任专业出版物编辑委员会成员 （6）撰写基金申请 （7）在专业会议上做演讲

表3-3　　　　　　　　　　　社会服务

服务方式	（1）参加国际，国家，地区和/或州的专业会议 （2）定期参加当地的专业会议 （3）以官员、委员会成员、会议代表或其它身份参加专业组织 （4）参加社区活动
服务领域（任选两项）	（1）担任社区机构的定期顾问 （2）担任社区团体的活跃成员 （3）服务于大学委员会 （4）协助大学以外的课程开发（例如，针对公立或私立学校，社区组织，公共服务团体） （5）积极为鲍尔州立大学招募护理专业学生 （6）参与标准化考试命题

资料来源：Terry Sutton and Peter Bergerson，"Faculty Compensation Systems Used in Higher Education"，*ASHE – ERIC Higher Education Report*，Vol. 28，Issue 2，December 2001.

签约薪酬制的优点是对优秀教师进行绩效考核增加薪资，可以产生激励作用，尤其是对于那些高质量人才激励作用非常明显。而且这种激励作用有的时候会起到很好的带动或示范效应，即受到奖励的教师会影响或带动周围其他的教师加入到提高教学质量、参与学术研究的活动中来。签约薪酬制的缺点在于因为教学工作本身的特点，制定考核标准来评定谁的教学质量高或者谁的教学质量低并不容易，因此会造成对教师绩效考核的困难；即使对于科研工作成果的考核可以以论文质量、课题水平、研究经费等为指标，但是制定统一的考核标准也非易事；另外如果因为科研能力较弱而影响薪资水平的话，可能也会影响教师的工作积极性，有的教师也会从而转向其它外部工作来增加收入，这势必造成对本职工作的影响，也可能导致一部分教师的辞职或转行，从而影响整个师资队伍的稳定。

二　单一薪酬制

单一薪酬制是根据教师的工作年限、服务岗位和取得的学位等一些客观标准为教师发放薪酬的制度。与1963年的《平等工资法案》相同，单一薪酬制以同工同酬的公平公正理念为价值追求，根据教师的学位、不同职级和年资为其发放不同的薪酬。这种薪酬制度得到不少高校，特别是公立院校的青睐，根据美国国家教育协会的统计，1982—1983学年间美国有三分之一的高校采用了单一薪酬制[1]，而公立院校采用这个方式的比例更高，到1980年全美采用单一薪酬制的公立高校达到97%[2]。

为了构建单一薪酬制模式，首先，高校必须确定入职教师必备的最低水平的学术训练和经验水平。其次，高校必须决定每级工资的不同金额，而且要注意横向和纵向的工资差距。

单一薪酬制最大的优点就是每个教师的薪酬会随着工作年限、学位提升、职称晋升等有所增加，这些客观标准在一定程度上具有公平性，这种公平性体现了教师工作的长期性，有利于保持师资队伍的长期稳定。但是单一薪酬制虽然在客观上具有一定的公平性，但却忽视了主观上教师的工作表现，认为所有教师的劳动和付出都是一样的，没有任何质和量的差

---

[1] Marison S. Beaumont, *Salary Systems in Public Higher Education—A Microeconomic Analysis*, New York: CBS Educational and Professional Publishing, 1985, p. 195.

[2] Donald K. Sharpes, "Incentive Pay and the Promotion of Teaching Proficiences", *Clearing House*, Vol. 60, No. 9, May 1987.

别，教师对工作的投入和教学效果等对教师的薪酬影响不大，这在一定程度上会影响教师的工作积极性，导致教学效果不能令人满意。不难看出单一薪酬制的突出缺点就是灵活性不足，而这种不足使其不能很好地反映学术劳动力市场和经济社会的变化。就像有学者指出的，对职级相同的教师支付相同的薪酬相当于给不思进取的人提供了借口。为了激励教师更好地完成自己的工作职责，必须制定相应的激励措施。因此许多学校基于这一点对单一薪酬制做出了调整。例如，加州理工大学的单一薪酬制设置了数量较多的等级，给教师提供足够其发展的空间，并根据个人资历和绩效获得相应薪酬或得到晋升。调整后其薪酬体制的突出特点就是最高与最低等级之间工资差距较大，因此对教师的激励作用明显。表3-4就是加州理工大学20世纪70年代使用的单一薪酬工资表，从中可以看出职称级别之间以及同一职称级别的不同层级的收入都适当拉开了距离。

表3-4　　　　　　加州理工大学单一薪酬制工资表　　　　　单位：美元

Rank	Steps				
	1	2	3	4	5
Professor II	65389	68716	72092	75667	79622
Professor I	62211	65389	68716	72092	75667
Associate professor II	51239	53821	56452	59282	62253
Associate professor I	48856	51239	53821	56452	61765
Assistant professor II	40564	42550	44685	46919	49253
Assistant professor I	38578	40564	42550	44685	46919
Instructor II	36791	38578	40564	42550	44685
Instructor I	35003	36791	38578	40564	42550

资料来源：Marison S. Beaumont, *Salary Systems in Public Higher Education*, New York: Praeger Publishers, 1985.

三　非传统的教师薪酬体系

限于上述两种薪酬制度的不足并结合本身的实际情况，有一些高校采取了非传统的薪酬系统，包括：

（一）单一薪酬与奖励相结合

现在许多高校都采用该种组合薪酬制度模式，但是两部分的设置目的不同。其中，单一薪酬部分是给所有表现或者考核合格的教师的，是基本部分，以适应年度生活成本的上涨；而奖励部分是为表彰那些被评估为表现良好以上的教师，算是对其突出业绩的认可。

鲍尔州立大学在20世纪80年代初实施的单一薪酬与奖励组合体系包含两方面内容：由学校层面制定应对生活成本上涨的、适用全体人员的普适性薪酬调整指导政策，以及各个下属部门层面的仅适用于本部门的奖金分配政策。能否获取本部门的奖金取决于教师生产力水平的高低。所谓高水平的教师生产力活动，是被部门定义为教师在高等教育中更具市场价值的任何活动。[1]

加利福尼亚大学在20世纪70年代实施了综合单薪表和绩效制度的组合系统。这种方法使用了14级的薪级表（助理教授4个，副教授3个，全职教授7个）。每一位教师都会被聘为助理教授、副教授或教授系列的某一层级，每一层级都对应着一个固定的薪资水平，这个薪资水平会定期修改，而且在系列内晋升层级需要有业绩。表3-5是加利福尼亚大学1987年7月开始生效的9个月的薪资水平（美国许多大学对专任教师实施年薪制，按9个月学术年或12个月财政年来计算薪酬支付给教师）。从表3-5中可以清楚地看到3个系列14个层级每一个层级的薪酬数目，也能看出晋升到上一层级的工资增长幅度，这个幅度在大约在4%到11%之间。

表3-5　　加利福尼亚大学1987年7月生效的14级薪级表　　单位：美元

Step	Salary	Increase
Assistant 1	23500	
Assistant 2	24500	4.3%
Assistant 3	25900	5.7%
Assistant 4	27600	6.6%
Associate 1	29400	6.5%
Associate 2	31100	5.8%
Associate 3	33000	6.1%
Full 1	36000	9.1%
Full 2	39700	10.3%

---

[1] Terry Sutton and Peter Bergerson, "Faculty Compensation Systems Used in Higher Education", *ASHE - ERIC Higher Education Report*, Vol. 28, Issue 2, December 2001.

续表

Step	Salary	Increase
Full 3	44000	10.8%
Full 4	48100	9.3%
Full 5	52200	8.5%
Full 6	56400	8.0%
Full 7	61600	9.2%

资料来源：Terry Sutton and Peter Bergerson, "Faculty Compensation Systems Used in Higher Education", *ASHE – ERIC Higher Education Report*, Vol. 28, Issue 2, December 2001.

但是法学院、医学院、商业管理和工程学院的教师薪资另有规定办法。表3-6是同期加利福尼亚大学商业管理和工程学院的薪级表，从这个表中不仅可以看出商业管理和工程学院教师每一个层级的薪资数目，而且还可以看到该学院薪资相对于其他学院同层级教师薪资的增加幅度，这个增加幅度在9.6%到34%之间。这些学科的薪资高于其他学科是因为不同学科在劳动力市场与行业中的薪资价格有很大差异。例如，医学、商业经济、工程类专业人员在劳动力市场竞争力相对较强，因此其薪酬水平也相对较高。而其他行业，尤其是从事人文学科的教师，薪酬待遇通常较低。

表3-6　　　　加利福尼亚大学商业管理和工程学院薪级表　　　单位：美元

Step	Salary	Supplement
Assistant 1	29300	24.7%
Assistant 2	32400	32.2%
Assistant 3	34700	34%
Assistant 4	36800	33.3%
Associate 1	38900	32.3%
Associate 2	40400	29.9%
Associate 3	42300	28.2%
Full 1	44300	23.1%
Full 2	46700	17.6%
Full 3	49700	13.0%
Full 4	52700	9.6%

续表

Step	Salary	Supplement
Full 5	57600	10.3%
Full 6	62700	11.2%
Full 7	67800	10.1%

资料来源：Terry Sutton and Peter Bergerson, "Faculty Compensation Systems Used in Higher Education", *ASHE - ERIC Higher Education Report*, Vol. 28, Issue 2, December 2001.

（二）制度外薪酬

有的高校考虑到新教师招募、市场因素和教学服务方面的工作因素，会另有制度外薪酬。制度外薪酬可以用来奖励那些学术成果相对缺乏，因此无法完成正常晋升，但同时教学或服务又做的不错的教师；也可以用来吸引其它高校的优秀教师；或者考虑到市场因素，为了保证某些学科薪酬水平具有市场竞争力以保证这些学科能够招募到想要的新教师或留住已有的优秀人才防止被其他高校"挖墙脚"。[1]

制度外薪酬部分会因各学校而异，也往往会一人一议、一事一议，属于保密内容，除非出于某种原因一方或双方自愿公布，否则外界很难得到具体数据。

（三）合同绩效制度与自愿参与

该办法由东华盛顿大学创立，要求每个希望获得绩效增加奖励的教师在学年开始之前制定计划，决定自己想要达到的绩效水平并且制定达到方式。东华盛顿大学的绩效办法要求每位教师独立决定是否申请增加绩效奖励。如果申请增加绩效奖励，教师在衡量自身水平和条件的前提下自主决定要达到的奖励级别。然后，教师需要将制定的计划提交给部门的绩效薪酬委员会审查备案。在计划指定的学术期结束时，教师根据先前的申请计划向绩效薪酬委员会提交绩效成果报告，薪酬绩效委员会通过审核如果认为教师成功地完成了计划，教师就会获得绩效奖励。[2] 例如在密歇根大学，教师的增加绩效奖励是建立在学术成绩和经验等基础之上的，学期或学年

---

[1] Alfred Manaster, "The California 'Step System'", *Academe*, Vol. 71, No. 4, Jul. – Aug. 1985.
[2] Terry Sutton and Peter Bergerson, "Faculty Compensation Systems Used in Higher Education", *ASHE - ERIC Higher Education Report*, Vol. 28, Issue 2, December 2001.

结束后会由院长、系主任或者院系委员会负责对申请教师的计划进行评估以决定计划里提到的预期目标是否已经完成。

这样的薪酬制度充分遵循了马斯洛的需求理论。马斯洛需求理论中有五个层次，其中第四层次为尊重的需要，即每个人都希望自己拥有稳定的社会地位，希望自己的能力和成就能够得到单位和社会的认可。这种需求在教师队伍当中体现地更为明显，他们希望得到学生、学校和社会对他们价值的认可和尊重。这种价值的外部体现主要反映在薪酬上。在做出努力得到较高报酬的基础上，教师个人受尊重的期望得到满足，就会更加努力地完善和充实自己，提升自己的职业能力。如果学校内部的平均主义现象严重，出现重资历忽视能力的现象，就会挫伤有真才实学的教师的工作积极性，长此以往将不利于学校的发展。这样的绩效奖励办法的实施使教师感受到了尊重，更容易激发他们的工作积极性，提高工作效果，进而给学校的声誉带来提升。

当然了，这种合同绩效奖励的额度会受到学校经费预算的限制。因此，很有可能在合同绩效奖励预算总额相同的情况下会出现"大小年"的情况，即如果有很多教师参加合同绩效奖励申请而且都完成计划的情况下，每位教师的增加绩效奖励的绝对值会比申请人数少或完成任务数量少的年份的绝对值低。

第二节 美国大学教师薪酬制度影响因素

根据林德布鲁姆市场体制的划分理论，学术系统内分为消费者市场、劳动力市场和学校市场三种体制。[①] 高校教师的薪酬水平受劳动力市场影响比较大。根据英国经济学家马歇尔的均衡工资理论，薪酬水平决定于劳动力供给和需求两个因素。跟市场上的其他商品一样，劳动力价格及薪酬水平是由市场上供需双方的状态决定的，即薪酬水平取决于劳动要素的均衡价格。因此，高校教师的薪酬水平应置于市场化竞争的环境中，由市场来主导，让教师的薪酬水平由学术劳动力市场的供需和教师的能力价值来决定。因此，高校教师的薪酬水平会受到诸如劳动力市场状况、当地的生

---

① 谷贤林：《美国研究型大学管理》，教育科学出版社 2008 年版，第 153 页。

活水平、行业之间的竞争、专业差异和自身能力水平差异等多维度、多层次因素的影响。

从研究文献来看，美国高校教师薪酬的影响因素问题研究在20世纪70年代前后达到高峰，近年来的薪酬影响研究主要集中于性别差异等方面。早期研究者如威纳科（Winakor）和阿穆泽加尔（Amuzegar）只是概略地介绍了大学教师薪酬是多少以及与其他行业的简单横向对比，并未涉及薪酬的影响因素问题。

20世纪60年代以来，美国学术界对高校教师的聘任、薪酬制度、职称晋升以及教授终身制等各个方面进行了研究。特别是美国大学教授联合会自成立以来，每年都会对美国高校教师的薪酬情况进行调查分析和报道。该联合会的报告主要包括四个方面的内容：美国高校教师薪酬情况的调查；国家、地区经济发展与政府拨款对高校教师薪酬的影响；高校教师薪酬不平等的影响因素；教师的流动性对教师薪酬的影响分析。

个人研究者对高校教师薪酬的研究自20世纪70年代以来也比较多见。如科恩（Cohn）、麦克劳克林和斯马特（McLaughlin and Smart）等分别研究了13种和39种变量对高校教师薪酬的影响；高顿和莫顿（Gordon and Morton）研究发现如果控制了年龄、教育程度、性别等因素，能够解释高校教师薪酬中70%到90%的差距；布劳内和特里希曼（Browne and Trieschmann）发现教师数量、税收和生活成本等是决定美国研究型大学教师薪酬水平高低的重要因素。

凯瑟琳·摩尔和玛丽莲·艾米（Kathryn Moore and Marilyn Amey）在1993年出版的专著中，详细介绍了高校教师薪酬政策以及这些政策在改善和保护教师和高校中的作用。[1]该著作在关于高校教师薪酬结构的部分探讨了一些关键决策点，涉及到确定适当结构、集体谈判协议以及退休和提前退休等问题。在关于影响薪酬结构因素的部分，提到了学术劳动力市场的问题，比如退休后无人取代的高级教师数量的预期下降等外部因素，以及教师作为独立专业人士的内部问题。该著作核心部分介绍了高校如何利用薪酬来激励教师、奖励生产力、促进教学和研究、确定等级和资历、促进整个职业的生产力的发展以及招聘和留住教师。

---

[1] Kathryn M. Moore and Marilyn J. Amey, *Making Sense of the Dollars: The Costs and Uses of Faculty Compensation*, Washington, DC: ASHE – ERIC Higher Education Report Series—Report Five, 1993, pp. 1 – 55.

本节将从以下几个方面分析美国高校教师薪酬的影响因素：外部竞争、内部因素、工会和集体谈判等。

一 外部竞争

市场在社会资源配置过程中起着决定性作用，在学术劳动力市场这个领域也不例外。所以美国的高校在激烈的市场竞争中要想在吸引校外优秀人才的同时又留住自身的优秀教师的话，只能根据各方面条件综合确定既有吸引力又在自己财政力所能及范围内的薪酬水平，所以学术劳动力市场中竞争对手提供的薪酬会对高校决定自己教师的薪酬水平产生重大影响。对高校教师薪酬水平外部竞争因素的研究包含但不限于以下几个方面。

（一）行业因素

行业因素一方面指对比市场其他行业的薪酬水平，即如果高校想要从劳动力市场吸引劳动者加入到教师的队伍中来，往往需要提供与其他行业雇主相比较而言更有吸引力的薪酬。如普林斯顿大学明确提出："要根据市场工资趋势来调节大学教师收入"。密歇根大学设有人事、薪酬和治理委员会和薪酬办公室，委员会定期对本校教师薪酬水平进行评估，并向学校董事会提供建议，薪酬办公室负责制定薪酬方案，两个机构的共同目标是保持密歇根大学教师的薪酬水平在劳动力市场具有一定的竞争力。根据美国劳工统计局的数据，2015年全美高校教师平均年薪为77480美元，这个数字是22个大类职业总平均年薪的1.6倍，虽然与律师、管理、IT等高收入行业相比还有不少差距，但是整体上高校教师的薪酬水平还是具有相当的竞争力。[1] 当然也有学者认为由于学术职业的特殊性质，无法简单地将其与其他行业进行薪酬对比，因为大学教师具有学术自由、终身教职、更多自主支配的时间、学术休假等无法直接用金钱来衡量的非经济性福利。[2] 但是无论如何，高校提供的薪酬如果低于其他行业提供的薪酬，很难想象会有多少劳动者愿意加入到高校教师的行列。

行业因素更重要的是指高校教师薪酬要跟区域内甚至其他地区高校相应职位教师的薪酬水平相比要有竞争性，只有这样才能留住和吸引人才。

---

[1] 刘军仪、杨春梅：《人力资本视角下中美高校教师薪酬制度的比较研究》，《高教探索》2017年第7期。

[2] Kristine E. Dillon and Herbert W. Marsh, "Faculty Earnings Compared with Those of Nonacademic Professionals", *Journal of Higher Education*, Vol. 52, No. 6, November 2007.

如哈佛大学提出的"提供给教师在波斯顿地区具有竞争力的工资",及加州理工大学提出的"根据同区域内的市场调查结果制定合适工资率"[①]。麻省理工学院设有专门的薪酬办公室,其主要职责就是关注劳动力市场、其他同类机构和行业的薪酬动态,获取行业职位薪酬信息,并根据这些信息来决定是否对现有的教师薪酬水平进行调整或决定调整的幅度,以保持麻省理工学院教师薪酬在市场上的竞争力。根据美国大学教授联合会的调查数据,2013年麻省理工学院教授的平均年薪为178700美元,同年拥有博士学位授予权的公立高校教授的平均年薪为123393美元,拥有博士学位授予权的私立高校教授的平均年薪为167118美元,也就是说麻省理工学院教授的平均年薪不仅高于拥有博士学位授予权的公立高校的教授的平均年薪,也高于拥有博士学位授予权的私立高校;副教授、助理教授、讲师以及全体教师的平均年薪也是呈现出比其他高校高的特点。[②]

再例如在2005—2006学年至2013—2014学年间,密歇根大学教师共计收到1060次加盟其它高校的邀约邀请,但是超过60%的教师选择继续在密歇根大学任教,而同期有775名教师从其它大学转到密歇根大学任教,这60%留任的教师和775名新加盟教师做出这样的决定的很大原因是密歇根大学坚持将薪酬方案作为与兄弟院校和非学术雇主竞争的一种方式,这为留住和吸引优秀人才发挥了重要作用。[③]

(二)地区差异

美国国土面积广袤,各地区之间经济发展水平不够均衡,即使是同一类型、同一水平、同一职称但是不同地区高校教师的薪酬也会存在差异,这种现象多半是因为不同地区的经济发展水平不一样,从而保持相同水平生活质量而支出的生活成本也不一样,因此高校在制定本单位教师薪酬政策的时候一定会受到当地经济水平的制约。反过来,高校教师的薪酬水平某种程度上也可以反映出高校驻在地的经济发展水平。

较早有学者,例如丹尼尔·莫汉蒂(Danell Mohanty)等人对1977年

---

① 柯文进、姜金秋:《世界一流大学的薪酬体系特征及启示——以美国5所一流大学为例》,《中国高教研究》2014年第5期。

② 柯文进、姜金秋:《世界一流大学的薪酬体系特征及启示——以美国5所一流大学为例》,《中国高教研究》2014年第5期。

③ 李婵娟、肖甦:《美国密歇根大学教师薪酬管理影响因素分析——"三角协调模式"的视角》,《比较教育研究》2019年第2期。

到1983年美国东部、南部、中部和西部高校教师的薪酬情况作了统计调查。根据其调查结果，同一时期不同地区教师薪酬情况的差异在1977年并不明显，但是到1983年地区差距便表现得较为明显，东部工资最高，第二位的是南部，尽管南部在1980年以后经历了一个小幅的相对下降，西部在1980年之后也经历了一个相对下降，到1983年落到了四个地区的最低，而中部地区此时的薪酬水平可以跟南部地区相媲美了。①

据统计，2015—2016学年美国威斯康星大学系统大概有6%的教师被吸引到经济发达、环境优越、高校更为密集的东海岸和西海岸地区。②

根据刘爱生的研究，在美国经济发达地区公立研究型大学教师（不包括退休人员）的年离职率约为2%，而欠发达地区的公立研究型大学中，教师年离职率大概为3%到5%。他以威斯康星大学麦迪逊分校为例进行了分析。威斯康星大学麦迪逊分校位于美国中北部地区威斯康星州首府麦迪逊市，这里气候条件一般，冬季漫长严寒，夏季炎热，交通条件也没有东西海岸便利。同时，学校所在地经济活力不足，州政府对高等教育事业的拨款一直处于负增长状态。州政府投入减少、教师薪酬欠佳、废除终身教职以及管理模式弊端等因素叠加导致该校教师收到的"挖墙脚"邀约数在过去的几年里一直居高不下，以2015年为例，这个数字超过140。虽然校方采取了适当提高薪酬、增加科研机会、为配偶提供工作等措施来挽留被"挖墙脚"的教师，但是2015年的挽留率仅为77%。在导致离职所有的因素里，经济水平欠佳影响到教师薪酬应该是最主要的原因。③

根据美国经济分析局2020年3月24日发布的统计数据，在2018—2019年全美人均收入排行榜上康涅狄格州以79087美元位列第一，马萨诸塞州以74967美元位列第二，随后排在前十名的州分别是纽约州、新泽西州、加利福尼亚州、马里兰州、华盛顿州、新罕布什尔州、怀俄明州和阿拉斯加州；以8个地区平均数来看，包含康涅狄格州、缅因州、马萨诸塞州等6个州在内的新英格兰地区以全国人均收入1.25倍位列第一，包含特

---

① Danell Q. Mohanty, Richard D. Dodder and Thomas A. Karman, "Faculty Salary Analyses by Region, Rank, and Discipline from 1977-1978 to 1983-1984", *Research in Higher Education*, Vol. 24, No. 3, 1986.

② 刘爱生：《美国欠发达地区高校出招留人》，《劳动保障世界》2018年第5期。

③ 刘爱生：《美国欠发达地区公立研究型大学教师的"离"与"留"——以威斯康星大学麦迪逊分校为例》，《高校教育管理》2018年第1期。

拉华州、哥伦比亚特区、马里兰州等6个州在内的中东部地区以全国人均收入1.19倍位列第二，包含阿拉斯加州、加利福尼亚州、俄勒冈州等6个州在内的西部地区以全国人均收入1.13倍位列第三，包含科罗拉多州、爱达荷州、蒙大拿州等5个州在内的落基山脉地区以全国人均收入的0.97倍位列第四，包含阿拉巴马州、阿肯色州、密西西比州等12个州在内的东南部地区以全国人均收入0.87倍排名最末。① 根据美国大学教授联合会对全国928所大学2019—2020学年教授的平均收入的统计，包含康涅狄格州、缅因州、马萨诸塞州等6个州在内的新英格兰地区最高，为167894美元；第二是包含阿拉斯加州、加利福尼亚州、俄勒冈州等6个州在内的太平洋地区，为154376美元；第三是包含新泽西州、纽约州和宾夕法尼亚州在内的中大西洋地区，为150454美元；第四是包含阿肯色州、路易斯安娜州、俄克拉荷马州、得克萨斯州在内的中西南地区，为134058美元；排名第八也是最后的是包含爱荷华州、堪萨斯州、明尼苏达州、密苏里州、内布拉斯加州、北达科他州、南达科他州在内的中西北地区，为117860美元。② 从这两份由不同机构发布的统计数据来看，教师薪酬水平的高低与高校所在地人均收入水平紧密相关，人均收入水平高的地方，高校教师薪酬也相对较高，反之亦然。高校教师薪酬水平的地区差异非常明显。

（三）学校类别

美国高校类别的不同也会给教师薪酬带来差异。根据美国大学教授联合会的统计数据，2018—2019学年，拥有博士学位授予权高校教师的平均薪酬为109428美元，拥有硕士学位授予权高校教师的平均薪酬为81160美元，拥有学士学位授予权高校教师的平均薪酬为81195美元，拥有副学士学位授予权高校教师的平均薪酬为72824美元，③ 呈现出的顺序为拥有博士学位授予权高校最高，其次是拥有学士学位授予权高校，再次是拥有硕士学位授予权高校，最后是拥有副学士学位授予权高校。该联合会2019—2020学年的数据表明，拥有博士学位授予权高校教师的平均薪酬为112962

---

① U. S. Bureau of Economic Analysis：Personal Income by State（https：//www. bea. gov/data/income‐saving/personal‐income‐by‐state）.

② American Association of University Professors：2019‐20 Faculty Compensation Survey Results（https：// www. aaup. org/sites/default/files/2019‐20_ survey_ tables_ 2. pdf）.

③ American Association of University Professors：The Annual Report on the Economic Status of the Profession：2018‐19（https：//www. aaup. org/sites/default/files/2018‐19_ ARES_ Final_ 0. pdf）.

美元，拥有硕士学位授予权高校教师的平均薪酬为 82166 美元，拥有学士学位授予权高校教师的平均薪酬为 83830 美元，拥有副学士学位授予权高校教师的平均薪酬为 73578 美元，[1] 呈现出的顺序依然是拥有博士学位授予权高校最高，其次是拥有学士学位授予权高校，再次是拥有硕士学位授予权高校，最后是拥有副学士学位授予权高校。从数字结果来看，这两次统计的排序完全相同。

同样是根据上述两份统计，2018—2019 学年，在拥有博士学位授予权高校里教师平均薪酬最高的是私立高校为 138335 美元，其次是教会高校为 115524 美元，最低是公立高校为 101312 美元；在拥有硕士学位授予权高校里教师平均薪酬最高的是私立高校为 90374 美元，其次是教会高校为 80808 美元，最低是公立高校为 79341 美元；在拥有学士学位授予权高校里教师平均薪酬最高的是私立高校为 95689 美元，其次是公立高校为 73826 美元，最低是教会高校为 71448 美元。也就是说在 2018—2019 学年里，无论是拥有博士学位授予权还是拥有硕士学位授予权高校，亦或是拥有学士学位授予权高校，平均薪酬最高的都是私立高校。2019—2020 学年，在拥有博士学位授予权高校里教师平均薪酬最高的是私立高校为 143458 美元，其次是教会高校为 119477 美元，最低是公立高校为 104560 美元；在拥有硕士学位授予权高校里教师平均薪酬最高的是私立高校为 90804 美元，其次是教会高校为 81471 美元，最低是公立高校为 80494 美元；在拥有学士学位授予权高校里教师平均薪酬最高的是私立高校为 97117 美元，其次是公立高校为 77555 美元，最低是教会高校为 72827 美元。即在 2019—2020 学年里，无论是拥有博士学位授予权高校还是拥有硕士学位授予权高校，亦或是拥有学士学位授予权高校里，平均薪酬最高的都是私立高校，这个结果与 2018—2019 学年一致。

（四）福利因素

福利作为社会保障的最高层次，是在货币化的直接报酬之外的。美国于 1935 年颁布了世界上第一部《社会保障法》，美国社会也普遍重视雇员福利，相应地很多高校非常重视教师的福利。这种间接报酬虽然不像货币报酬那样直接、可视，但是能够让教师或于工作生活细微之处、或于关系

---

[1] American Association of University Professors：2019 - 20 Faculty Compensation Survey Results（https：//www. aaup. org/sites/default/files/2019 - 20_ survey_ tables_ 2. pdf）.

本人及家庭长远计划之处体会到大学对自己的关怀与照顾。因此，福利作为一种软实力可以增强教师的凝聚力、向心力、归属感和集体荣誉感，而且这种软实力往往在很多时候在调动教师的积极性、主动性方面会发挥难以估量的作用。在很多高校的薪酬理念中，没有把教师福利作为一项普通的财务成本来对待，而是作为学校长期发展而必备的柔性投资，从而营造尊重人才、尊重学术劳动的良好氛围。比如，哈佛大学认为福利可以保障教师的财政安全和生活质量。因此，不同高校设置了名目繁多的福利项目，旨在为教师员工提供不同方面、不同层次的保障和便利，这些福利具有制度健全、分类细密、激励得当、与时俱进的特点，但是综合起来，这些福利大多包含医疗保险、养老保险、伤残保险、教育培训、休假等内容。① 在密歇根大学，根据内容不同将福利分为关爱福祉福利、保障未来投资福利和促进平衡福利。关爱福祉福利包含健康计划、牙科计划、眼科计划、安康项目等；保障未来投资福利包含退休计划、长期残疾计划、人寿保险、旅行意外险等；促进平衡福利包含离岗休假、工作生活项目等内容。②

二 内部因素

内部公平性也是高校在设计薪酬体系的时候追求的重要价值目标。所谓公平性指高校内部不同系列但是相似职位教师横向之间或同一系列不同职位人员纵向之间的薪酬水平的相对可比性。③ 公平性的目标原则要求高校根据教师的职位高低、技术水平、能力强弱及劳动价值等公平地支付不同的工资，从而让教师们对薪酬体系有着公平感的认同，进而得到良好的激励。因此很多高校的薪酬目标中都提到要建立公平、公正的薪酬体系，体现不同岗位的相对价值。④ 这是因为教师在付出劳动获得薪酬时，不仅会关注自己获得的薪酬的绝对数量，还会关心自己薪酬的相对数量。在与

---

① 付瑶瑶、吴旦：《美国研究型大学学术人员薪酬管理制度的研究与借鉴》，《复旦教育论坛》2007年第5期。
② 肖甦、李婵娟：《美国密歇根大学教师薪酬管理体系及发展特点》，《现代教育管理》2018年第5期。
③ 柯文进、姜金秋：《世界一流大学的薪酬体系特征及启示——以美国5所一流大学为例》，《中国高教研究》2014年第5期。
④ 柯文进、姜金秋：《世界一流大学的薪酬体系特征及启示——以美国5所一流大学为例》，《中国高教研究》2014年第5期。

横向的类似职称、类似学位、类似岗位、类似投入等基本条件相似的同行比较后,如果薪酬相对数量也是相似的,教师就会认为薪酬是正常的,公平感就会产生,对学校的认同感也会随之产生。反之,就会产生不公平感。虽然这种公平性在薪酬体系中可以降低大部分教师的不满意程度,起着兜底的作用,但是这种兜底作用是第二位的,是附属的。在开放的学术市场竞争环境下,高校要长期存在和发展就必须具有竞争力,这种竞争力归根到底取决于是不是拥有良好的师资力量。要想留住、吸引优秀的教学、研究人才,提高优秀人才的满意度,薪酬体系里起第一位作用的一定是竞争性。正如大卫和斯科特(David and Scott)所指出的,表现尤为优秀的人才为核心人力资源,应给与其稳定且高于市场水平的薪酬以保证他们潜心于重大问题的突破。[①] 所以,在公平性基础上保障了一种机制平衡的同时,大部分高校都结合自身实际在设计薪酬体系时秉持了竞争性优先的原则,其结果就是教师薪酬会因为不同学科、不同学历、不同性别、甚至不同种族而存在差异。

(一)学科差异

美国劳动力市场的供求状况对高校教师薪酬的影响非常直接,几乎所有的高校都会以劳动力市场的变化情况来调整不同学科教师的薪酬水平,这就决定了不同专业领域人才在劳动力市场的收入差距也会反映在高校内部不同学科教师的薪酬上,即学科离市场越近,教师薪酬水平越高。从宏观上,根据美国大学和学院人力资源专业协会2016年的调查,法律、工商管理、工程和计算机领域教师的薪酬要明显高于哲学、教育学和人文社科领域教师的薪酬;从微观上,2016年密歇根大学安娜堡校区教授平均工资最高的是工商管理领域,其次是法律,最低的是音乐,副教授由高到低分别是工商管理、信息、口腔和音乐。所以,在高校内部教师薪酬因为专业背景的不同必然会出现差异,这是因为在上述高薪领域一方面高校必须要拿出具有市场竞争力的薪酬水平才能吸引教师进入学术职业,另一方面高校必须要拿出相对于其他高校更具竞争力的薪酬水平才能吸引教师到自己学校来。而对于那些离市场较远的学科,比如哲学和人文社会科学等领域

[①] David P. Lepak and Scott A. Snell, "The Human Resource Architecture: Toward a Theory of Human Capital Allocation and Development", *The Academy of Management Review*, Vol. 24, No. 1, January 1991.

就不存在这种情况,与教师相比高校处于相对主动的地位。

以下学者的研究也表明学科因素是造成高校教师薪酬差异的重要原因。丹尼尔·莫汉蒂、理查德·多德、托马斯·卡曼(Danell Mohanty, Richard Dodder and Thomas Karman)对1977年至1983年每个学科的教师薪酬变化进行了研究,发现商业和管理学院教师的薪酬最高,而艺术和应用艺术学院教师的薪酬最低。在此期间,商业管理、计算机和信息科学以及工程学等专业的教师薪酬绝对数高,增长率也最高。而艺术和应用艺术学院的教师薪酬一直大大低于其他学科。到1983年,与其他学科相比,商业和管理、计算机和信息科学以及工程学等专业教师的薪酬增长率更高。①

(二)教学和研究因素

有很多学者在研究大学教师薪酬的影响因素时都将教学水平和科研水平考虑在内,但是因为取样对象、研究时间、研究方法等的不同,其研究结果互相并不一致。

有的研究认为高教学水平可以正向促进高校教师的薪资水平,例如:

科赫(Koch)、齐格弗里德和怀特(Siegfried and White, 1973、1978)发现教学出色可以给大学教师带来经济回报,教学能力对教师薪酬有正面和统计上的重要意义。

科赫和奇兹玛(Koch and Chizmar)对伊利诺伊州立大学的研究表明,教学水平是伊利诺伊州立大学教师薪酬水平的一个重要的决定因素。他们对伊利诺伊州立大学文理学院的16个系229名教授的薪酬结构进行研究后发现,教学能力是决定教师薪酬增量最重要的因素,之后才是学术活动和社会服务。②

齐格弗里德和怀特研究发现教学能力对教师薪酬有正面和统计上的重要意义,但是这种关系是非线性的。③

德洛姆和希尔(DeLorme and Hill)等在1970—1974年的研究中发现

---

① Danell Q. Mohanty, Richard D. Dodder and Thomas A. Karman, "Faculty Salary Analyses by Region, Rank, and Discipline from 1977 – 1978 to 1983 – 1984", *Research in Higher Education*, Vol. 24, No. 3, 1986.

② James V. Koch and John F. Chizmar, "The Influence of Teaching and Other Factors Upon Absolute Salaries and Salary Increments at Illinois State University", *The Journal of Economic Education*, Vol. 5, No. 1, 1973.

③ John J. Siegfried and Kenneth J. White, "Teaching and Publishing as Determinants of Academic Salaries", *The Journal of Economic Education*, Vol. 4, No. 2, 1973.

在前两年，教学对教师薪酬来说是消极因素，第三年处于中立地位，直到第四年教学对教师薪酬才是比较积极的因素。[1]

而另外的研究则表明科研水平才是薪酬水平高低的决定因素，例如：

卡兹（Katz）的研究显示，在主要的公立大学当中，研究而不是教学才是教师薪酬水平的一个基本的决定因素。[2]

齐格弗里德和怀特、芭芭拉·H. 塔克曼和霍华德·P. 塔克曼（Barbara H. Tuckman and Howard P. Tuckman）发现拥有论文、著作等出版物教师的薪酬高于专心教学的教师。

齐格弗里德和怀特对威斯康星麦迪逊大学经济系45名教师的薪酬结构进行研究后发现，在公立大学教学出色可以带来经济回报，但是幅度远远低于科学研究和管理经验带来的经济回报，鼓励科研其实是在牺牲教学的基础上实现的。[3]

芭芭拉·H. 塔克曼和霍华德·P. 塔克曼对几所美国大学的经济系和教育系教师在1972—1973学年的薪酬进行了研究，发现在这两个专业有论文、著作等出版物的教师比没有出版物的教师薪酬要高，经济学比教育学的教师因为出版物所获得奖励要高。[4]

马西和威尔格（Massy and Wilger）等的研究发现，在当时所有类型的四年制大学中，如果想要获得晋升和终身教职就必须有较强的学术生产力。[5]

詹姆斯·S. 费尔威瑟（James S. Fairweather）经过调查测试结果表明，在1992—1993学年和1998—1999学年，在教学上花的时间与薪酬增长的关系变得更加负相关。[6]

---

[1] Charles D. DeLorme Jr., R. Carter Hill and Norman J. Wood, "Analysis of a Quantitative Method of Determining Faculty Salaries", *The Journal of Economic Education*, Vol. 11, No. 1, 1979.

[2] David A. Katz, "Faculty Salaries, Promotions, and Productivity at a Large University", *The American Economic Review*, Vol. 63, No. 3, June 1973.

[3] John Siegfried and Kenneth J. White, "Financial Rewards to Research and Teaching: A Case Study of Academic Economists", *American Economic Review*, Vol. 63, No. 2, 1973.

[4] Barbara H. Tuckman and Howard P. Tuckman, "The Structure of Salaries at American Universities", *Journal of Higher Education*, Vol. 47, No. 1, January – February 1976.

[5] William F. Massy and Andrea K. Wilger, "Improving Productivity: What Faculty Think About It—And It's Effect on Quality", *Change*, Vol. 27, No. 4, 1995.

[6] James S. Fairweather, "Beyond the Rhetoric: Trends in the Relative Value of Teaching and Research in Faculty Salaries", *Journal of Higher Education*, Vol. 76, No. 4, 2005.

事实上，在 20 世纪 80 年代末至 90 年代初期的其他研究也一致表明学术生产力是教师薪酬增长的最强相关因素。教学水平的高低通常与教师薪酬的增长无关或是负面因素。这种以科学研究为重的思想主导了整个学术劳动力市场，这在很大程度上影响了本科教学的发展。由此，1990 年，欧内斯特·博耶认为应该提高大学校园的教学可视性，降低对学术出版物的重视，从而提出了教学学术的观点。

（三）性别因素

美国劳工部网站公布的数据显示，从 1979 年到 2017 年综合全社会各个行业来看，女性的平均收入一直比男性的平均收入要低。1979 年是有可比收入数据的第一年，当年全社会女性的平均收入占男性平均收入的 62%，随后虽然短时间内有波动，但总体趋势是一直在稳步上升，且在 20 世纪 80 年代和 90 年代取得了较大的增长幅度，到了 2004 年以后这个比率就一直保持在 80% 到 83% 之间，截止到统计公布的 2017 年这个比率是 82% 左右。[①]

同样，在高等学校也存在这种男女教师薪酬不平等现象。根据美国大学教授联合会对全美 928 所高等院校 38 万名全职教师和 96000 名兼职教师的调查数据显示，2019—2020 学年女性教师的薪酬仅为男性教师薪酬的 81.4%。[②] 关于教师薪酬的性别差异很多学者认为，教师薪酬很大程度上取决于学科、职级和终身教职等情况，而女教师由于家庭因素处于相对劣势地位，另外由于商科、工程等领域本来就属于男性主导的行业[③]，以上原因能够解释女性教师平均薪酬较低的现象。

在此之前也有研究表明，美国高校教师薪酬存在着性别差异。南希·戈登和托马斯·莫顿（Nancy Gordon and Thomas Morton）在对一所大学 1000 多名教师进行研究后发现，在特定的专业确实存在着基于性别的收入差距，比如社会科学领域女性教师平均薪酬要高，而在教育学领域男性教师平均薪酬相对要高。这是一所规模较大的位于城区的大学，研究对其教

---

① US Bureau of Labor Statistics: Current Population Survey (https://www.bls.gov/opub/reports/womens-earnings/2017/home.htm).
② American Association of University Professors: 2019-20 Faculty Compensation Survey Results (https://www.aaup.org/2019-20-faculty-compensation-Survey-results).
③ Kenneth I. Maton and Freeman A. Hrabowski, "Increasing the Number of African American PhDs in the Sciences and Engineering A Strength-based Approcah", *American Psychologist*, Vol. 59, No. 6, October 2004.

师的收入结构进行了分析后发现,在控制了年龄、教育程度、婚姻状况和来校工作时长等因素之后,女性教师的平均薪酬比男性教师平均薪酬要少7%到17%。[1]

戈登和莫顿(Gordon and Morton)等、考克斯和奥斯汀(Cox and Austin)、赫希和利佩尔(Hirsch and Leppel)、巴尔贝扎特、吉约瑟和海耶斯(Ginther and Hayes)的研究结果都表明在美国大学教师的薪酬中存在着基于性别和种族的差异,并且某些专业或领域的差距还不小。黑人、拉美裔和亚裔等少数民族群体相比白人更不容易获得终身教职,如果想要获得终身教职的话花费的年限更长,精力更多。[2]

赫希和利佩尔考察了一所大学的教师薪酬结构,这所大学传统上是女子大学,但现在已经完全是男女同校。研究结果发现在新进教师这一层级,性别差异导致的薪酬差异最小,这是因为大学必须参与竞争并支付平等工资以吸引新入职教师。然而,由于工作流动性随着年龄的增长而减少,男性教师和管理人员更容易在内部人员中歧视女性。男女教师之间的薪酬差异最为悬殊的领域是商科和经济学,差距为23%。[3]

巴尔贝扎特重点关注男性和女性学者之间的薪酬差异,特别是那些在控制生产力、经验、学术领域和就业机构差异后仍然存在的差异,得出的数据表明,男性可以获得相应的薪酬优势。[4]

吉约瑟和海耶斯使用了"博士学位获得者调查"的数据来评估人文领域教师在薪酬和晋升方面的性别差异。研究发现随着时间的增加,薪酬的性别差异可以通过职称等级得到很大程度的解释。在薪酬以及终身教职方面的实质性差距也存在,人文领域教师晋升存在性别差异,这种差异反过来会影响薪酬。[5]

美国大学教授联合会研究主任约翰·W. 柯蒂斯(John W. Curtis)

---

[1] Nancy M. Gordon and Thomas E. Morton, "The Staff Salary Structure of a Large Urban University", *The Journal of Human Resources*, Vol. 11, No. 3, 1976.

[2] 牛风蕊、张紫薇:《美国世界一流大学教师薪酬的制度模式、特征及其协同机制》,《中国高教研究》2017年第6期。

[3] Barry T. Hirsch and Karen Leppel, "Sex Discrimination in Faculty Salaries: Evidence from a Historically Women's University", *American Economic Review*, Vol. 72, No. 4, September 1982.

[4] Debra A. Barbezat, "Salary Differentials or Sex Discrimination? Evidence from the Academic Labor Market", *Population Research and Policy Review*, Vol. 6, No. 1, 1987.

[5] Donna K. Ginther and Kathy J. Hayes, "Gender Differences in Salary and Promotion for Faculty in the Humanities 1977-95", *The Journal of Human Resources*, Vol. 38, No. 1, Winter 2003.

2004年的分析表明，在所有级别和机构类型中，女性教师的薪酬都低于男性教师，女性教师的平均薪酬大约是男性教师的80%；在教授的职位上，女性教师的平均薪酬是男性的88%；在副教授级别，女性教师的平均薪酬是男性教师的93%；在助理教授的职位上，女性教师的平均薪酬是男性教师的92%。约翰·W.柯蒂斯指出，自1975年以来美国大学教授联合会收集的针对性别的数据表明，女性教授的平均薪酬相对于男性而言在这段时间内几乎没有变化，他认为，女性教师薪酬总体数字较低反映了这样一个事实，即女性教师担任高级职位的可能性远远低于男性，并且不太可能在薪酬最高的机构任教。根据2003—2004学年美国大学教授联合会的调查，拥有博士学位授予权的大学中只有大约18%的教授是女性。此外，只有47%的女教师拥有终身教职，而拥有终身教职的男性则为65%。[1] 女性教师和男性教师薪酬之间的差距因机构类型而有所不同，例如，社区学院的性别薪酬分配比其他类型的机构更加公平。[2]

玛莎·S.韦斯特和约翰·W.柯蒂斯（Martha S. West and John W. Curtis）在2006年发表的《美国大学教授联合会教师性别平等指标》中引用了大量数据说明了高校教师队伍中存在的性别不平等的现象。[3] 研究从以下几个方面来说明了问题：（1）雇用情况。尽管女性获得高学位的比例越来越高，但女性融入大学教师队伍却并不顺利。从全国来看，1972年女性教师只占高校教师队伍人口总量的27%，2003年女性教师占到高校教师队伍人口总量的43%，占全职教师人口总量的39%，占兼职教师人口总量的48%。2005—2006年，女性教师占全职教师人口总量的39%，10年以前这个数字是32%，30年以前这个数字是22%。雇用模式并没有显著的变化，因此男女平等也很难实现。（2）终身教职情况。2005—2006年，在终身教职位置上只有31%的教师是女性。从高校类型上来看，在拥有博士学位授予权高校里这个数字是25.8%，在拥有硕士学位授予权高校里这个数字是35%，在拥有学士学位授予权高校里这个数字为36.1%。（3）教授

---

[1] John W. Curtis, "Inequities Persist for Women and Non – Tenure – Track Faculty: Economic Status of the Profession, 2004 – 05", *Academe*, Vol. 91, No. 2, March – April 2005.

[2] John W. Curtis, "Inequities Persist for Women and Non – Tenure – Track Faculty: Economic Status of the Profession, 2004 – 05", *Academe*, Vol. 91, No. 2, March – April 2005.

[3] Martha S. West and John W. Curtis, "*AAUP Faculty Gender Equity Indicators* 2006" (https://www.aaup.org/reports-publications/publications/see-all/aaup-faculty-gender-equity-indicators-2006).

职位情况。从全国范围来看，2005—2006年女性教授只占整个教授人口总量的24%，即使在教授职位上女性占比最高的社区学院这个数字也仅仅为47%，而在拥有博士学位授予权的高校里，这个数字猛降为19%。

1977年，埃克森美孚基金会资助了伊丽莎白·斯科特的高等教育薪酬评估工具包的制作，这种方法可以衡量各种合理因素（如经验和生产率）对男性和女性薪酬的影响。这项技术随后被用于各大高校的教师薪酬研究。加州大学戴维斯分校法学教授玛莎·韦斯特和美国大学教授联合会研究主任约翰·W. 柯蒂斯于2006年对1400多所高校的教师性别平等四项衡量标准数据进行研究后指出，过去三十年来，全体女性教师的薪酬一直保持在男性教师薪酬的80%以上，无论如何，基于性别的差异一直存在。[1]

玛丽·W. 格雷（Mary W. Gray）的研究指出女性教师不仅平均薪酬过低，而且女性教师都集中在较低职称级别上。这掩盖了整个高校范围内工资差异的真实程度，也推迟了反歧视法对教师行业的适用，而薪酬差异的维护者则认为女性在某种程度上不尽如人意。[2]

美国大学教授联合会每年的报告都会对男女教师薪酬的差距进行研究。根据其2017—2018年度报告中关于性别不平等的分布示意图，93%的参与调查的高校都有女性教师薪酬低于同级别男性教师薪酬的现象。[3]

男女教师薪酬差距从何而来？约翰·W. 柯蒂斯提供了一个由阿尔弗雷德·斯隆基金会资助的美国大学教授联合会的研究项目结果。该项目旨在鼓励大学采取政策和程序，使教师能够更有效地平衡其学术职业与家庭责任。在此项目中，约翰·W. 柯蒂斯认为，由于女性教师承担大量的家庭工作，需要全职职业投入而没有任何中断的学术雇用政策就成为提升女性进入高级职称队伍的障碍。[4]

在以上的各方面的不平等，必然带来薪酬的不平等。所以有关薪酬问

---

[1] Martha S. West and John W. Curtis, "AAUP Faculty Gender Equity Indicators 2006" (https://www.aaup.org/reports-publications/publications/see-all/aaup-faculty-gender-equity-indicators-2006)

[2] Mary W. Gray, "The AAUP and Women", *Academe*, Vol. 101, No. 1, January-February 2015.

[3] American Association of University Professors: The Annual Report on the Economic Status of the Profession, 2017-18 (https://www.aaup.org/report/annual-report-economic-status-profession-2017-18).

[4] John W. Curtis, "Inequities Persist for Women and Non-Tenure-Track Faculty: Economic Status of the Profession, 2004-05", *Academe*, Vol. 91, No. 2, March-April 2005.

题的差异，说到底是在雇用状况的各个层面的性别歧视造成的。由此可见，早期形成的男权主义对高校教师薪酬造成的影响一直存在。蒂尔曼尼（Thilmany）则指出薪酬与性别相关联这个问题将一直存在，想要同工同酬，必须要等到同等经验的女性们能够获得同等职称。[①]

作者在进行文献检索过程中发现，关于高校教师薪酬的话题，尤其是女性教师薪酬低于男性教师薪酬的问题在查询到的与性别歧视有关的总文献中占多数。这大概是由于几十年来女权主义的兴起引起了广泛的关注，而高等学校又是高学历者的集中地，付出了相同的努力，却拿不到相同报酬的问题广受诟病。而这些问题又会反过来不仅影响到女性教师个体的工作积极性，也会影响到女性教师整体对教育工作的投入。为尽量减少这种恶果，确保同工同酬，包括美国大学教授联合会在内的很多组织纷纷对薪酬不平等背后的深层次问题进行了深刻的研究分析，以期引起相关部门的关注，来解决这些问题。

（四）学位因素

根据美国劳工部2017年的统计[②]，学位越高，收入越高。拥有博士学位的人每周收入的中位数为1743美元，硕士学位的为1401美元，高中毕业的为712美元，高中以下的为520美元。同时，学位越高，失业率越低。博士和专业硕士学位的失业率仅为1.5%，学士学位2.5%，高中毕业4.6%，高中以下6.5%。

有的学者认为，决定高校教师薪酬的因素中，学位才是决定收入的重要因素。德洛姆和希尔（DeLorme & Hill）等在1970—1974年对佐治亚大学工商管理学院教工薪酬的决定因素进行了定量研究，发现教师之前的经验和在什么地方取得博士学位是决定薪酬的重要因素。[③]

三　工会和集体谈判

20世纪上半叶，美国劳工运动蓬勃发展。与此同时，高校中各类侵犯

[①] Dawn Thilmany, "Gender Based Differences of Performance and Pay Among Agricultural Economics Faculty", *Applied Economic Perspectives and Policy*, Vol. 22, Issue 1, Spring – Summer 2000.

[②] US Bureau of Labor Statistics: Current Population Survey (https://www.bls.gov/careeroutlook/2018/data-on-display/education-pays.htm).

[③] Charles D. DeLorme, Jr., R. Carter Hill and Norman J. Wood, "Analysis of a Quantitative Method of Determining Faculty Salaries", *The Journal of Economic Education*, Vol. 11, No. 1, Autumn 1979.

教师权益的事件时有发生。比如1915年6月，宾夕法尼亚大学校董事会以支持工会，反对托拉斯法和禁止使用童工法为理由拒绝续聘经济学副教授尼尔林。事实上，是因为尼尔林支持社会主义思想，宾夕法尼亚大学对他的见解很是反感，因此找理由通知他在下一年度不会得到聘用。同时，由于教师和教学行政机关事实上的地位不对等，其他侵犯教师权益的事件也频繁发生。为此，成立于1916年的美国教师联盟主张采用集体谈判的方式为教师争取权益，认为教师薪酬是学校和教师在薪酬协商谈判中双方力量交涉抗衡的结果。

美国管理者协会认为集体谈判是教育机构的教师或由其指定的代表与教育董事会或其指定的代表进行谈判的过程，谈判涉及薪酬、工作条件和其他利益。[①] 伊利诺伊州《教育劳动关系法》将集体谈判定位为，教育机构雇主与教师代表之间约定在恰当的时间、以良好的态度就包括薪酬、工作时间等在内的雇用条件进行协商，将达成的协议写入雇用合同并予以执行的过程。[②] 1951年伊利诺伊州出台了授权州立大学与教师工会代表就教师薪酬以及其他雇用条件进行谈判的法律。随后，其他一些州也陆续给予大学教师成立工会和进行集体谈判的权利，以便教师可以通过与校方谈判争取到更好的工作待遇和条件等。

美国学界关于高校中有无工会组织对教师薪酬影响的调查讨论在20世纪七八十年代达到顶峰。但是由于各种条件或者因素的影响，各个研究结果并不相同。有的研究认为工会化（建立工会组织或进行集体谈判）是一种现代治理模式，是教师获取学术权益并参与学校治理的有效方式，是一种良好的沟通渠道，有助于减少教师与行政管理部门之间的冲突，会增加或显著增加教师的薪酬。但是有的研究认为工会化很难在教育机构实施，因为教师与学校管理层之间的对立使得这种协商方式很难平等地展开，双方的分歧是根本的和无法协调的，所以工会化对教师薪酬几乎没有正面影响，甚至会出现负面影响。

其中认为工会化对教师薪酬有积极或者正面影响的有：

伯恩鲍姆（Birnbaum）进行了许多关于工会化对教师薪酬影响的早期研究，得出的结论是在1968—1969学年和1972—1973学年有工会组织的

---

① G. B. Redfern, *Ways and Means of PN: Professional Negotiations and the School Administrator*, Arlington, VA: American Association of School Administrators, 1967, p. 8.

② 顾全：《美国公立研究型大学教师薪酬机制研究》，华东师范大学2017年博士学位论文。

高校中，总薪酬（相当于工资加上附加福利）的增幅明显更大。然而，当将分析扩展到1974—1975学年时发现，工会化与总薪酬之间的关系可能不如最初的那么强，尽管如此，伯恩鲍姆的研究依然表明工会化对教师的总薪酬有正面影响。[1]

摩根和科尔尼（Morgan and Kearney）、莱斯利和胡（Leslie and Hu）的研究也得出了类似的结论。

弗里曼（Freeman）的研究表明，工会化对总薪酬（工资加附加福利）和工资单项都有重大影响，有无工会组织的高校教师薪酬差额在1970—1971学年大约是11%，1976—1977学年大约是5%，对工资单项的影响在1970—1971学年大约是10%，1976—1977学年大约是4%。[2]

巴尔贝扎特表示，根据1977年美国158所大学教师薪酬的调查数据，加入工会的教师薪酬优势通常不到2%。然而，这种差异在很大程度上随着机构的成立时间长短而变化。此外，加入工会会增加资历的回报，但同时会降低其他几项绩效指标的回报。[3]

李娜认为美国关于集体谈判相当多的研究集中于是否给高校教师带来较高的薪酬和较低的教学工作量。过去30年里，从一千多个学区得到的数据表明，加入集体谈判的高校教师的薪酬平均高约5%。看起来集体谈判制度确实能为高校教师带来较高的薪酬，但是相反的观点认为在未获得集体谈判权之前，各州之间的教师薪酬本来就有很大差异，特别是北部和中西部本来就比其他州（尤其是南部）高。获得集体谈判权后，集体谈判大部分都发生在教师薪酬本来就很高的州，所以教师的高薪酬和是否进行集体谈判没有直接联系。[4]

通过大量的实证研究，杰罗姆·斯塔勒（Jerome Staller）为社区大学教师创建了一个薪酬模型，利用1970年大约263所社区学院的数据，他发

---

[1] Robert Birnbaum, "Unionization and Faculty Compensation: Part II", *Educational Record*, Vol. 57, No. 2, Spring 1976.

[2] Richard B. Freeman, "Should We Organize? The Effects of Faculty Unionism on Academic Compensation", *National Bureau of Economic Research*, No. 301, November 1978.

[3] Debra A. Barbezat, "The Effect of Collective Bargaining on Salaries in Higher Education", *Industrial and Labor Relations Review*, Vol. 42, No. 3, April 1989.

[4] 李娜：《美国大学教师集体谈判制度研究》，河南大学2008年硕士学位论文。

现工会化与附加福利和总薪酬都显著正相关。① 后来，奥西耶克尔（Aussieker）、摩根和科尔尼、布朗和斯通（Brown and Stone）、伊藤和梅森纳（Ito and Masoner）等也进行了大量的实证研究，研究结果表明工会化会给大学教师薪酬带来增长。

莱斯利和胡的研究指出在其他因素不变的情况下，1974—1975 学年间有工会的高校教师的平均薪酬比没有工会的高出约 1291 美元。1975—1976 学年，1291 美元的优势缩水至 800 美元。②

最新的研究中，凯因（Cain）对工会和薪酬关系的文献分析表明：与非工会化高校相比，工会化的两年制和四年制高校教师薪酬有所增加。③

其中认为工会化对教师薪酬没有影响或没有正面影响的有：

布朗·威廉和斯通·库特奈（Brown William and Stone Courtenay）对 20 世纪 70 年代有工会的四年制高校的集体谈判对工资、薪酬（工资加附加福利）和教师晋升的影响进行了实证评估。结果表明，教师采用集体谈判并没有获得额外的经济收益。④

马歇尔（Marshall）研究了 1976—1977 学年的数据，结果并未发现有工会和没有工会的机构在加薪方面存在显著差异。⑤

格思里·莫尔斯（Guthrie Morse），莱斯利和胡表示，有工会组织的高校教师薪酬优势在 1974—1975 学年达到顶峰，并在 1976—1977 学年间变为负相关。此外，他们发现一旦根据生活费用的区域差异调整薪酬水平，工会化对 1970—1971 至 1977—1978 学年间每年的薪酬是有负面影响的。⑥

---

① Jerome M. Staller, *The Impact of Collective Bargaining on Faculty at Two-Year Colleges*, Ph. D. Dissertation, Temple University, 1975.

② Larry L. Leslie and Teh-Wei Hu, "The Financial Implications of Collective Bargaining", *Journal of Education Finance*, Vol. 3, No. 1, Sum. 1977.

③ Timothy Reese Cain, "Special Issue: Campus Unions: Organized Faculty and Graduate Students in U. S. Higher Education", *ASHE Higher Education Report*, Vol. 43, No. 3, 2017.

④ William W. Brown and Courtenay C. Stone, "Academic Unions in Higher Education: Impacts on Faculty Salary, Compensation and Promotions", *Economic Inquiry*, Vol. 15, Issue 3, July. 1977.

⑤ Joan L. Marshall, "The Effects of Collective Bargaining on Faculty Salaries in Higher Education", *The Journal of Higher Education*, Vol. 50, No. 3, May-Jun. 1979.

⑥ Barbara Guthrie-Morse, Larry L. Leslie and Teh-Wei Hu, "Assessing the Impact of Faculty Unions: The Financial Implications of Collective Bargaining", *The Journal of Higher Education*, Vol. 52, No. 3, May-Jun. 1981.

约翰·克里格（John Krieg），查尔斯·瓦塞尔和戴维·海德里克（Charles Wassell and David Hedrick）经过对四年制大学的一组教师跟踪调查，发现集体谈判提高了教师对薪酬的满意度，但降低了对核定工作量的满意度。研究结果表明，集体谈判对整体工作满意度或教师对其教学职责决策权的满意度没有统计学上可衡量的意义。[1]

关于集体谈判机制存在的问题及对策问题也有学者研究过。早在 1977 年，詹姆斯·P. 贝尔（James P. Begin）发布的研究报告就已经分析了新泽西州 16 所公立两年制大学的谈判机制的运作情况，并提出了建议。研究涵盖了谈判机制的历史和起源，雇主的谈判结构，教师工资和薪酬分析、谈判范围、谈判管理、合同管理、教师对工作情况的满意度等。研究结果表明，高校在集体谈判中存在很大差异，这种差异并不是由于计划或劳动力市场需求的变化而导致的。[2]

埃林·埃利斯（Herring – Ellis）表示，30 多年来，高等教育中的集体谈判使教师在涉及包括任期、教师任命、工资和教育政策等的决策过程中能够发出声音。然而，在 2011 年，曾经通过集体谈判权利向教师提供帮助的声音受到威胁，威胁试图在几个州的高等教育决策过程中削减或完全消除教师的集体谈判权利。埃林·埃利斯的目的是为了批判性地分析集体谈判在多大程度上影响高校的政策制定，并确定有集体谈判制度和没有集体谈判制度的高校在政策制定中可能存在的差异。研究结果表明，集体谈判的作用和影响有助于塑造高校中的文化和政治生态。[3]

第三节 美国大学教师薪酬压缩现象

美国关于高校教师薪酬的讨论，还有一项重要的内容叫做薪酬压缩。从理论上来说，薪酬理应随着工作资历的增长而有所增加，即假设教师能

---

[1] John M. Krieg, Charles S. Wassell Jr., David W. Hedrick and Steven E. Henson, "Collective Bargaining and Faculty Job Satisfaction", *Industrial Relations: A Journal of Economy and Society*, Vol. 52, Issue 3, 2013.

[2] James P. Begin, *Community College Collective Bargaining in New Jersey*, Rutgers, The State Univ., New Brunswick, NJ. Inst. of Management and Labor Relations, 1977.

[3] Christopher G. Herring – Ellis, *The Effect of Collective Bargaining on Policy Development at Institutions of Higher Education: A Comparative Analysis*, Ph. D. Dissertation, Capella University, 2014.

力从根本上是与职业成熟度相关的,那么教师薪酬数目应该呈现出与职业成熟度(通过职称和年限测定)成正比的增长趋势。但是,许多学校不能及时调整在职教师的薪酬收入,结果容易导致新进教师收入与资历较老教师收入水平之间没有达到理应达到的差距现象的发生,即当薪酬数目与职业成熟度不成比例时,薪酬压缩就出现了。美国大学教授联合会针对这种情况提出了两个概念:薪酬倒置和薪酬压缩。所谓薪酬倒置是指资历相对较浅教师的薪酬高于资历相对较老教师的薪酬的现象;所谓薪酬压缩是指资历相对较浅教师的薪酬跟资历相对较老教师的薪酬相差不大的现象。[1] 本研究中将由非生产因素导致的不同员工群体之间未达到理应达到的收入差距情况统称为薪酬压缩。[2] 这种薪酬压缩的情况通常发生在具有不同工作年限资历的教师之间。当然很多情况下都会导致薪酬压缩情况的出现,有些薪酬压缩也是恰当的,比如那些工作很突出的初级职员收入较高就应该视为合理的。而且由于实行签约薪酬制,新入职教师因为其已有的较高学术影响力或潜在的学术能力从而得到较高水平的薪酬,从而导致薪酬压缩现象的发生也是合理的。

一 薪酬压缩概述

凯文·C. 邓肯(Kevin C. Duncan)等在研究中提到,许多资历较老的教授发现,许多新入职教师的收入非常接近甚至高于他们的薪酬水平。表3-7是一所公立文科院校1998年全职教师薪酬压缩现象的示意图。从数据中可以清晰地看到高收入的助理教授比低收入的教授仅低2300美元,收入最高的助理教授比收入最高的副教授多2000美元。助理教授的平均收入比副教授的平均收入多100美元。[3]

这种薪酬压缩和倒置现象已经受到了关注,许多学校开始出台新的办法来纠正这种薪酬不公。目前采取的办法主要是:第一,留置学校的部分预算来调整薪酬;第二,寻求合适的方法来确认需要进行公平性调整的教

---

[1] American Association of University Professors: Visualizing Change The Annual Report on the Economic Status of the Profession, 2016 – 17 (https://www.aaup.org/sites/default/files/FCS_ 2016 – 17. pdf).

[2] 刘海洋:《劳动关系管理的新视角:关于工资压缩的文献综述》,《人力资源管理》2012年第8期。

[3] Kevin C. Duncan, Lisi Krall, Joel G. Maxcy and Mark J. Prus, "Faculty Productivity, Seniority, and Salary Compression", *Eastern Economic Journal*, Vol. 30, No. 2, Spring 2004.

师。所谓寻求合适的方法一般是指按照资历年限和一些其他特征来确定哪类或哪些教师是需要进行公平性调整的教师。另外，教师学术生产力上的差异是调整教师等级评定的关键因素。例如两个工资水平低于预估线且资历较老的教师，拥有同样的工龄但有不同的教学表现，那他们理应受到不同的对待。①

表3-7　1998年一所公立文科院校全职教师薪酬压缩示意图　　单位：美元

Rank	Average Salary	Average years of seniority	Rank Salary Range (highest or lowest)
Full	51000	20.75	43300 (lowest)
Associate	38900	8	39000 (highest)
Assistant	39000	4.5	41000 (highest)

资料来源：Kevin C. Duncan, Lisi Krall, Joel G. Maxcy and Mark J. Prus, "Faculty Productivity, Seniority, and Salary Compression", *Eastern Economic Journal*, Vol. 30, No. 2, Spring 2004.

二 薪酬压缩问题产生原因

兰索姆（Ransom）研究发现，在所有领域的工作人员都是资历越高薪酬越高，除了高等院校的教授。由于高等院校分布在全国各地，因此享有较好的买方市场，教授们就必须考虑到流动成本（比如要与家人和朋友分离这种移动因素），这样去其他地方寻求更高薪酬的愿望就受到了很大的影响。因此学校管理者意识到这个问题后，就会不情愿付高工资给那些资历较老的老教师去挽留他们，特别是在老教师的学术生产力又相对不是很突出的情况下。②

贝克（Baker）、吉布斯和霍姆斯托尔姆（Gibbs and Holmstrom）的描述性薪酬理论更好地解释了教师薪酬压缩或倒置现象产生的原因。③ 除了与兰索姆相似的观点，认为流动性会降低资历较老教师的薪酬水平以外，另外的重要因素是新进教师在入职时的薪酬会随市场条件变化，因此对新

---

① Kevin C. Duncan, Lisi Krall, Joel G. Maxcy and Mark J. Prus, "Faculty Productivity, Seniority, and Salary Compression", *Eastern Economic Journal*, Vol. 30, No. 2, Spring 2004.

② Michael R. Ransom, "Seniority and Monopsony in the Academic Labor Market", *The American Economic Review*, Vol. 83, No. 1, Mar. 1993.

③ George Baker, Michael Gibbs and Bengt Holmstrom, "The Wage Policy of a Firm", *The Quarterly Journal of Economics*, Vol. 109, Issue 4, November 1994.

进单位的教师群体来说，薪酬往往会更高。在仔细研究了高校的个体样本之后，三位学者发现，不管是绝对还是相对而言，如果某位教师的薪酬水平下降，其晋升的时间就会加长，但是反过来较高的薪酬增长水平则会促进更快的晋升。表现最好的教师就被提升到更高并且有更严格要求任务的职位上。同样，创造力较强的教师就会有较高的收入增长，较早的晋升，薪酬就会得到较快的增长。

在凯文·C.邓肯等的研究中，如表3-7所示的全职教授的平均薪酬为51000美元，但是如果排除那些晋升比较快、晋升时间比平均时间短的教师的话，全职教授的平均薪酬实际上降为49000美元。也就是说晋升比较慢的教授拉低了全体教师的平均薪酬水平。这个结果也就与贝克、吉布斯和霍姆斯托尔姆的理论相符，表现优秀的教师会得到较快的晋升，薪酬增长幅度也较快。

三 薪酬压缩发展态势

近些年来薪酬压缩的现象得到了改观。美国大学教授联合会发布的2016—2017年度报告中指出[1]，与前一年度相比，美国教师的薪酬整体上增长了2.6%，由于生活成本增长速度比上一年度增幅略大，考虑通货膨胀因素，实际增长了0.5%。2016—2017学年具体到职称上，教授的平均薪酬为102402美元，副教授的平均薪酬为79654美元，助理教授的平均薪酬为69206美元。总体来讲，在整个群体中，教授的薪酬水平比上一年度增长的绝对值最大，为2956美元；其次是副教授，为2462美元；最后是助理教授，为2224美元。从增长幅度来看，教授为0.6%，副教授为1.2%，助理教授为1.5%，尽管资历最浅的教师薪酬看起来增长幅度最大，但是这并不意味着存在薪酬压缩或倒置的情况。没有证据显示存在薪资倒置的现象：助理教授的平均薪资，并不比资历比他们老的副教授或教授高；而且也不存在薪资压缩现象：高低级别之间的差距可能略有缩小，但是助理教授在现有薪资水平上要赶超副教授，还需要花费很长的时间。

---

[1] American Association of University Professors: Visualizing Change The Annual Report on the Economic Status of the Profession, 2016-17 (https://www.aaup.org/sites/default/files/FCS_2016-17.pdf).

第四章

美国大学教师晋升与终身教职申诉制度 I

在美国，大学教师学术职位攀升的层级并不多，终其整个职业生涯，最重要的学术晋升层级只有两个关键点：一个是从助理教授晋升为副教授（通常伴随着终身教职决定），一个是从副教授晋升为教授。在漫漫学术生涯中，这两个关键层级的攀升与教师的切身利益和至高价值追求息息相关。晋升和终身教职评价的重要性、涉及的重大利害关系以及可能的精神冲击，使相关部门的决定成为"学术机构可能经历的最基本和最重要的冲突"。[①]

教师晋升及终身教职申诉的成功率虽然不高，但在内部法和外部法的共同影响下，美国高校教师晋升及终身教职评价和申诉一直以来都是高校治理的热点关注问题，晋升、再聘及终身教职在所有教师申诉事项中占比最大。

从20世纪70年代开始，财政预算的紧张和就业市场的恶化导致美国高校教师的晋升和终身教职变得更难，从而导致了教师晋升及终身教职评价申诉数量增加；为了节约人力成本，高校正使用更多兼职和非终身轨教师，终身轨职位的减少加上更严格的终身教职评审同时增加了诉讼的风险。晋升及终身教职申诉不仅会加剧部门内部的紧张气氛，而且可能会带来导致部门和大学社区功能失调的暗流。

---

① James C. Hearn and Melissa S. Anderson, "Conflict in Academic Departments: An Analysis of Disputes Over Faculty Promotion and Tenure", *Research in Higher Education*, Vol. 43, No. 5, 2002.

第一节　美国大学教师晋升与终身教职申诉概述

在美国，高校晋升及终身教职申诉权利的法律保护制度相对完善，宪法是保护高等教育的最重要的法律源泉，是保护高校教师权利的主要法律依据，一般情况下，教育是各州的责任，美国宪法的职责在于通过对涉及宪法问题的高校案件的审理来影响全国高等教育政策。高校教师可以通过调节、仲裁、上诉的方式处理晋升与终身教职评价中的纠纷。高校在处理与教师的学术评价及聘任纠纷时享有充分答辩和维护自身利益的权利，有权申请第三方仲裁；高校教师有权借助工会以及有关部门的力量，以谈判的方式解决问题，若出现谈判无法调和的纠纷可以上诉法院通过司法程序处理。[1] 美国法院对教师晋升与终身教职评价申诉案例的审理主要有两条轴线贯穿始终：共同治理原则和司法尊重原则。通过对教师胜诉的部分案例进行集中分析发现：当高校侵犯了教师的程序性权利和基本人权，对教师存在歧视行为，或违反了与教师签订的合约时法院多判处高校败诉。

作为内部治理体系的基石，美国高校制定了"内部法"来明确高校内设管理部门的权威，并将某些权力下放给各级管理人员。与之相匹配的，内部法规定了校园群体各个成员的权利和责任以及实施这些权利和责任的过程。在高校外部，适用的外部法律是由联邦、州和地方政府制定的。由于两者之间发生冲突时，外部法律优先于高校的内部法，因此高校的内部法必须以适用的外部法律为基础。除参加教师理事会或类似组织外，教师通常直接参与高校各个部门的治理。在美国，高校教师参与治理的程度较高，以至于内部治理通常被称为"共享治理"或"共享机构治理"。[2] 近年来，美国许多大学都在重新考虑改善其治理结构，但这常常面临提高效率和成本效益的压力。

至少在法律理论上，美国的州通常被认为是高等教育的主要外部管理者。州政府是具有基本权力的政府，通常会在州宪法中规定对高等教育机构拥有明确管理权。州政府具有创建、组织、支持和解散公立高等教育机

---

[1] 黄娉婷：《中美高校教师申诉制度的比较研究》，《广东行政学院学报》2018 年第 5 期。
[2] William Tierney & James Minor, *Challenges for Governance: A National Report*, Center for Higher Education Policy Analysis, University of Southern California, 2003, p. 16.

构的全部权力。各州制定了州行政程序、公开会议和公共记录法，以及指导大多数州高等教育机构运营的道德准则。州法院制定并执行普通法，处理构成高等教育机构与其教职员工、学生、管理人员和雇员之间法律关系基础的合同及侵权行为。同内部治理相比，高校的外部公共治理结构和过程呈现了更广泛的多样性，特别是公立大学的治理主要取决于所在州的具体法律。美国各州的高等教育结构因实际情况不同存在差异。美国大多数州都有负责全州公共高等教育事务的州议会（如州高等教育委员会）或州专员。相应的委员会或官员也可能负责整个州的私立高等教育，其他董事会成员或官员可能兼负着相同的责任。如果一个州的高等教育系统超过一个，每个系统也可能存在单独的委员会（例如，加州大学系统和加州州立大学系统）。在所有这些情况中，各州往往更多地参与公立大学的外部治理。

私立大学的外部治理也因学校不同存在差异。例如，大多数高等教育机构隶属于几个（通常是许多）认证机构的管辖。附属机构的认定取决于大学所在地区及其提供的学术和专业课程类型。治理方面是否有外部赞助（特别是宗教赞助机构）也取决于具体的大学以及谈判单位是否有工会。附属机构或基金会对学校治理可能施加的影响取决于学校的具体情况。美国大学教授协会（American Association of University Professors，简称AAUP）则更为稳定，该协会专注于美国所有授予学位的高等教育机构。

与州政府相比，联邦政府是一个权力有限的政府。其宪法权力反映在联邦宪法中，没有包括任何明确的教育管理权。然而，联邦政府通过其他显性或隐性权力，对公立和私立高等教育机构行使实质性的治理权。例如，根据国会筹集和支出资金的明确权力，国会向美国大多数公立和私立高等教育机构提供各种类型的联邦援助；根据其隐含的权力，国会规定了如何支出并计算这些用于学院和大学的资金。国会还基于其隐性权力为私人认证机构提供联邦许可证，而联邦政府在确定大学是否有资格获得联邦认证时，十分依赖这些私人机构出具的证明。联邦政府还利用其消费能力以其他方式直接影响公立和私立高等教育机构的治理过程。此外，联邦政府制定了防止和纠正性别歧视以及性骚扰的程序，负责解决涉及私立学院和大学工会成员的雇用纠纷，以及其他与健康和安全、工资和工作时间、缺勤、失业补偿、退休福利、歧视有关的雇用纠纷。在所有这些领域，联邦法律是州和地方的最高法律，并将取代与之不匹配的州和地方法律。此外，联邦法院是解决联邦教育权力纠纷和为教师、学生、其他团体执行联邦宪法权利的主要场所。因此，联邦法院的决定维护联邦权力或个人宪法权利，有助于以许多重要方式改变、指导和审查高等教育机构，特别是公立大学。

联邦宪法和州宪法权利条款直接适用于公立大学，但这些规定未说明私立大学的责任。学院和雇员之间的关系取决于州和联邦（有时是地方）复杂的法律网络。以州普通法为基础的合同法原则为劳动关系提供了基本的法律依据。然而，对于受集体谈判协议保护的员工，联邦、州法律和劳工委员会的决定在很大程度上取代了普通法合同原则。除了合同法和集体谈判法外，公立大学的雇用关系还受其他联邦和州法规、联邦和州机构条例（包括州公务员条例）、宪法（联邦和州）、行政法（联邦和州）、地方公民权利和健康安全条例的约束。

对于私立大学，除了合同和集体谈判法外，就业法体系包括各种联邦和州法规、地方法规、州宪法（在某些州），以及联邦和州行政法（在一些州案例中）。每当公立或私立大学根据政府采购合同或赠款雇用工人时，任何涉及雇用的合同或授予条款也将生效，联邦或州关于政府合同和赠款的条例也将生效；这些法律来源在修改普通法合同原则时可以使用。此外，州侵权法也影响公立和私立大学的雇用关系，因为高等教育机构和雇员受普通法侵权原则中谨慎义务的约束。然而，与普通法合同原则一样，普通法侵权原则有时也会被成文法修改，《工人赔偿法》就是如此。

第二节　美国大学教师晋升及终身教职校内申诉及其规定依据

在内部法和外部法的共同影响下，美国大学教师晋升及终身教职评价和申诉一直以来都是高校治理的热点关注问题。海德洛夫（Heidloff）对10年间5所密歇根州的高校教师发起的264起申诉进行了分析。[1] 如表4-

---

[1] Theodore Hudson Heidloff, *A Descriptive Analysis of Faculty Grievance at Five Michigan Universities, 1975–1985*, Ph. D. Dissertation, Michigan State University, 1989.

1所示，在173起个人申诉中，晋升、再聘及终身教职申诉占41.6%。如表4-2所示，在91起集体申诉中，晋升、再聘及终身教职申诉占16.5%。在264起申诉中，晋升、再聘及终身教职申诉共有87起，占申诉总数的33.8%，在所有教师申诉事项中占比最大。李函颖对佐治亚大学的教师申诉做过统计，数据显示教师晋升及终身教职申诉的成功率不高，只有三分之一左右。[①]

表4-1　　　　　　　　按申诉事由区分的个人申诉

申诉事由	申诉数量	总占比
晋升、再聘、终身教职	72	41.6%
资历，削减	8	4.6%
教师福利	7	4.0%
附加报酬	13	7.5%
工作条件	43	24.9%
工资	10	5.8%
集体谈判协议下的工会权利	2	1.2%
歧视和骚扰	4	2.3%
解雇和纪律	14	8.1%
总数	173	100%

表4-2　　　　　　　　按申诉事由区分的集体申诉

申诉事由	申诉数量	总占比
晋升、再聘、终身教职	15	16.5%
资历，削减	9	9.9%
教师福利	4	4.4%
附加报酬	4	4.4%
工作条件	33	36.3%
工资	13	14.3%
集体谈判协议下的工会权利	11	12.1%

[①] 李函颖：《美国研究型大学教师晋升评价的正式规则与非正式规则》，山西教育出版社2017年版，第49页。

续表

申诉事由	申诉数量	总占比
歧视和骚扰	1	1.1%
解雇和纪律	1	1.1%
总数	91	100%

本节以美国6所大学的校内晋升及终身教职评价政策为例，对校内申诉的主要规定做了梳理和分析。

一 美国大学教师晋升及终身教职评价校内申诉制度

未能获得再聘、晋升或终身教职的教师可能会因此而感到愤怒或沮丧。如果高校能采取一些措施减轻教师的挫败感，这将有助于减少诉讼的可能性。例如，向候选人解释最终的决定、倾听他们的顾虑和想法，可以减轻晋升或终身教职失败带来的意外打击。在这个过程中，相关教师通常有机会通过既定的申诉程序提出申诉。公立大学受国家行政法规的约束，通常要求原告在诉诸法院之前，通过校内申诉程序用尽所有补救措施。私立学院一般不被视为州的代表，不受州政府法律的约束。即便如此，在向法院提起诉讼之前，法院可能要求私立学院的原告遵循任何可用的学校内部申诉程序。[1]

由申诉人所在部门以外的教师组成的申诉委员会通常作为独立委员会或通过教师参议院达成的集体谈判协议的一部分而设立的。申诉委员会有三个主要职能：一是协助解决教师与学校之间有关教师应否获得终身教职或晋升的争议；二是确定教师评价过程中是否实施了正当程序；三是确保教师的种族、性别、年龄或其他潜在的非法原因不会导致不利于教师的人事决定。申诉委员会可以认可某些证据，例如申请人的学术成就。委员会还可以接受其他有关方面的证词。申诉委员会得到证据后，向首席学术主任提交建议，首席学术主任可选择维持或撤销针对申诉人的人事决定。显然，建立和遵循申诉程序有助于确保没有成功再聘、晋升或获得终身教职的教师有合法的渠道和机会知悉更多信息。此外可以通过帮助申诉人更好

---

[1] William A. Kaplin and Barbara A. Lee, *The Law of Higher Education*, San Francisco, CA: Jossey-Bass, 2006, p.541.

地了解案件情况以减少冲突。

为了更好地进行美国高校教师晋升及终身教职评价校内申诉制度研究，选取了美国耶鲁大学①、斯坦福大学②、伦斯勒理工大学③、纽约大学④、东北大学⑤、纽约市立大学曼哈顿社区学院⑥这6所高校作为分析样本，通过分析相关的材料和学校发布的规定，从学校性质、申诉依据及规定、申诉主体、申诉处理程序、申诉时效这5个方面进行了梳理，具体见表4-3、表4-4、表4-5、表4-6、表4-7。

（一）学校性质

高校名称及其性质见表4-3。

表4-3　　　　　　　　　　学校名称及性质

学校名称	学校性质
耶鲁大学	私立研究型大学
斯坦福大学	私立研究型大学
伦斯勒理工大学	私立研究型大学
纽约大学	私立研究型大学
东北大学	私立研究型大学
纽约市立大学曼哈顿社区学院	公立社区学院

---

① Yale University Faculty Handbook （https：//provost. yale. edu/sites/default/files/Faculty% 20Hand book _ 8 - 22 - 19. pdf）.

② Standford University Faculty Handbook （https：//facultyhandbook. stanford. edu/sites/g/files/sbiybj9611 /f/ handbook_ pdf_ 1_ 06_ 2020. pdf）.

③ The Rensselaer Faculty Handbook （http：//www. rpi. edu/dept/provost/facultyhandbook1 - 06. pdf. 2016 - 08 - 15）.

④ The New York University Faculty Handbook （http：//www. nyu. edu/faculty/governance - policies - and - procedures/ faculty - handbook/the - faculty/policies - applicable - to - tenured - and - tenure - track - faculty/additional - faculty - policies - applicable - to - tenured - and - tenure - tra/faculty - grievance - procedures. html#top）.

⑤ The Northeastern University Faculty Handbook （https：//faculty. northeastern. edu/ handbook /#Faculty% 20 Handbook&_ ga = 2. 32980542. 184446848. 1560132070 - 388580467. 1559524029. 2014 - 06 - 06）.

⑥ Borough of Manhattan Community CollegeFaculty Handbook （https：//www. bmcc. cuny. edu/wp - content/uploads /ported/faculty - affairs/upload/budget - guidelines. pdf）.

(二) 申诉依据及规定

表 4-4　　　　　　　　　　　学校申诉依据及规定

学校名称	申诉依据及规定
耶鲁大学	（1）教师发起的涉及再聘和晋升决定的审核程序适用于任何认为再聘或晋升未正确遵守学校政策的教师 （2）由于某个可能改变最终结果的程序上的错误，个人的再聘或晋升未得到充分或公平的考虑；或因种族、肤色、宗教、年龄、性别、性取向、残疾、民族或族裔、退伍军人身份或性别认同或表达而在再聘或晋升时受到歧视。审核程序不得用于重新评估候选人
斯坦福大学	（1）申诉是一项书面请求，要求审查以官方大学身份行事的个人或群体作出的决定。该决定必须直接影响申诉人作为个人的学术活动。对系部、学院、学校政策或实践的不满不应作为申诉理由。这些申诉程序可由任何教授按照教师手册第1.2.5节的规定进行使用 （2）申诉程序的目的是确定在作出某些类型的学术决定时是否遵循了适当的程序，而不是对决定本身进行重新评估。决定申诉的标准应限于确定是否存在对结果具有重大影响、对申诉人造成损害的程序错误（例如未能提供适当的事实和标准以作出决定，或引入不正当的事实和标准，或存在其他程序缺陷）。在极少数情况下，如果不是决策者一人（或多人）可能做出的合理决定，审核人也可以推翻该决定
伦斯勒理工大学	如果在任何层级得到晋升及终身教职的否定评价，参评教师有权提起申诉
纽约大学	（1）院长做出决定的程序不恰当，或是对申诉事项考虑不充分 （2）院长的决定侵犯了相关人员的学术自由，此种情况下举证责任在于相关人员
东北大学	（1）晋升：晋升委员会在2/3成员投票通过的情况下，可以就与其评价结果不同的晋升决定进行申诉。候选人认为晋升过程中存在程序上的错误，可以根据相应的教师申诉程序提起申诉 （2）终身教职：教务长拒绝授予教师终身教职
纽约市立大学曼哈顿社区学院	系部人事及预算委员会拒绝授予终身教职或晋升

(三) 申诉主体

表 4-5 申诉主体

学校名称	申诉主体
耶鲁大学	(1) 教务长/医学院院长 (2) 教师审核委员会：这是一个常设委员会，每年由教务长与大学董事会协商任命，由大约30名来自文理学院和专业学院的高级教师组成。审核委员会成员必须是终身教职员工，但在音乐学院和戏剧学院可能是实践或兼职教授，在医学院可能是临床教授或研究员。对于任何特定申诉的审查，教务长将从教师审核委员会成员中选出一个由5名教师组成的小组，其中一名被指定为特定评审主席。当正在进行的评审人员或教师评审委员会成员无法参加特定评审时，教务长将向教师评审委员会补充其他终身教职员工。在这种情况下，审理教师申诉的小组将由5名成员组成，其中包括至少两名教师审核委员会成员和不超过3名补充成员。没有直接参与申诉的教员可以作为听取申诉情况的小组成员。如果某个成员因此原因而无法参加，则教务长可指定替代人
斯坦福大学	教务长、咨询委员会、校长
伦斯勒理工大学	(1) 教师晋升及终身教职评价委员会：主要由8位已获得终身教职的教授组成，任期为3年。其中，每个学院出1位成员；在职的终身教职教师选举产生2位成员；由学生每年选举产生1位成员，该成员须为已获终身教职的教授。教师晋升及终身教职评价委员会的主席将从委员会成员中选举产生，所有成员均有投票权；教务长。 (2) 临时委员会：教师理事会的执行委员会需要提供一个5人候选名单给教务长，教务长最终要从中选择3人在临时委员会任职
纽约大学	每个学院应设立一个教师申诉委员会，听取教师申诉事项并向院长做出建议。申诉委员会成员由教师投票选举产生，并将成为学院的常设委员会。委员会的大多数人应为终身教职员工，不应包括系主任、系部主席或其他主要担任行政职务的人员；由终身教职或预备终身教职教师理事会选举产生3名终身教职员工（不一定是该委员会的成员）。该常务委员会将成为终身教职或预备终身教职教师理事会申诉委员会
东北大学	(1) 针对晋升的申诉：在这种情况下，教务长可以征求一个由与候选人研究领域相同的、校外专家组成的临时委员会的意见。临时委员会成员需经过教务长和晋升委员会同意，人数不能少于3人，不能多于7人。临时委员会的决定对教务长有约束力 (2) 针对终身教职的申诉：东北大学终身教职申诉委员会由选举出的13名终身教职教师组成。各学院及法学院各出一名代表，其余成员由理事会日程委员会咨询教务长意见后进行聘任。申诉委员会召开会议时到场成员不得少于7名。已在系部或学院就申诉教师的终身教职评审进行投票、或在任何级别的终身教职评审委员会或咨询委员会支持申诉教师的委员会成员，不能参与后续针对该申诉教师的讨论及投票
纽约市立大学曼哈顿社区学院	学校的人事及预算委员会；申诉教师可以就被学校人事及预算委员会否决的事项向人事审核委员会进行申诉

(四) 申诉处理程序

表 4-6　　　　　　　　　　申诉处理程序

学校名称	申诉处理程序
耶鲁大学	(1) 非正式磋商和解决方案。学校最初鼓励教师通过与负责人直接讨论来寻求公平解决问题的方法。院长或教务长将根据要求推荐一名教职人员或管理人员，任何想要进行申诉的教师可以保密的方式向其进行咨询 (2) 提交给教务长。如果任何非正式协商未能解决问题，申诉人应向教务长提交一封信，解释申诉情况和补偿诉求，并要求进行再次审议。如果教务长大量参与了该争议事项，校长将在这些审查程序中承担教务长的职责。除了医学和护理学院的志愿教师，这些程序适用于所有教学和研究人员。研究人员不能就资助中止或与资助合同不再续约相关的再聘或晋升决定进行申诉。在医学院，申诉人必须首先向院长提交申诉信。教务长，或应教务长、相关院长或其他指定人员的要求，可以对申诉进行初步审查，并在适当情况下尝试非正式地解决问题。如果无法以非正式方式解决问题，教务长将考虑申诉是否属于审核委员会的职权范围以及是否值得审查（例如教务长可能不同意系部或聘用委员会的专业判断而拒绝任何申诉） (3) 教师审核委员会（Faculty Review Committee）程序。教师审核委员会的一个小组将审议教务长提交委员会的申诉。在调查期间，专家组可以审查学校任何与申诉相关的办公室文件，这些文件是在教师进行申诉之前准备的。但是专家组不得审查受法律特权保护的文件（例如精神病患者记录或律师与委托人之间的通信）。学校希望所有成员在调查中与小组充分合作。申诉程序的出发点并非是对抗性的。申诉教师必须与专家组会面，同时可能由顾问陪同。申诉人和被申诉对象将有机会提供相关信息，并建议专家组与相关证人进行面谈。学校允许申诉人和被申诉对象查看专家组认为与特定申诉直接相关的文件或文件的一部分（并非保密文件）。随着调查的进行，专家组可以与申诉人提议的证人、调查对象以及其他任何相关人员进行面谈。无论是否有申诉人及其顾问在场，专家组均可酌情进行调查。只有在申诉人同意的情况下，专家组才可以与顾问单独协商。如果申诉指控基于再聘或晋升中存在的性别歧视或残疾导致的歧视，专家组还将分别与大学的第九章（Title Ⅸ）协调员或平等机会计划办公室主任进行磋商。小组在进行调查后，将在非公开会议上进行审议，并向教务长提交一份书面报告，说明对事实的调查结果以及是否违反学校政策、教师聘任或晋升是否得到充分或公平考虑的结论。在报告的一个单独部分，专家组将陈述其关于补偿的建议（如果有的话），并基于审核过程得到的信息向教务长建议有关政策或程序的任何其他行动或变化（如果有的话）。该小组的报告仅在参与调查的小组成员多数票通过后才能正式通过 (4) 决议。专家组将在合理的时间内提交报告，通常在收到申诉后的 90 天内。教务长将向申诉人和被申诉对象提供专家组对事实和结论的调查结果，但不提供建议。根据申诉人自己对报告的关注，教务长可要求专家组重新审查或澄清调查结果。如有必要，专家组可以向教务长提交修订报告。然后，教务长将接受专家组的事实调查结果。教务长可以接受、修改或拒绝专家组的结论及任何建议。但是，在教务长对专家组的结论或建议有所保留的任何情况下，教务长将在最终决定之前与专家组讨论此事并解释产生分歧的原因。然后，教务长将决定此事并以书面形式将其决定传达给申诉人、专家组、被申诉对象以及相关的聘任委员会。教务长的决定通常应在收到回复后的 14 天内作出。教务长决定相关教师不再聘任或晋升的决定将是最终的。教务长的任何其他决定将根据大学的规则或惯例实施 (5) 时间段。如果在审查过程中由于教师延误可能需要额外的时间，教务长可以延长相应的时间段。延长期限的决定将通知申诉人和被申诉对象

学校名称	申诉处理程序
斯坦福大学	（1）由于申诉程序不是法院的上诉程序，因此必须灵活地在合议的氛围中进行，并且参与者应避免进入法律程序。在开始申诉程序之前，应该努力非正式地解决争端，即使在申诉程序进行之后，这些努力仍可继续 （2）被系部或学院初期拒绝进行再聘或晋升的教员可向教务长提出书面申诉。在对该事项进行初步审查之后，教务长可与合适人选（包括咨询委员会）进行协商，决定是否批准申诉，或将该事项下放到较低的行政级别，或是直接提交给咨询委员会。在对申诉事件采取行动之前，教务长可以指定一名事实调查员调查此事并向自己汇报相关情况。之后教务长可以批准上诉，也可将该事项退回到较低级别，或将其提交咨询委员会。教务长将通知申诉人自己的决定 （3）当咨询委员会收到申诉后将进行初步审查，如果发现申诉没有法律依据，可以拒绝教师的申诉。在初步审查或任何进一步审议中，咨询委员会可以进行任何适当的调查。理事会可以使用教务长指定的事实调查员，或在必要时指定自己的事实调查员。如果在初步审查后，委员会决定审议此案，则会通知申诉人有权进行听证。如果申诉人没有要求举行听证会，咨询委员会将在没有听证会的情况下审议此事，并向教务长提出建议。如果申诉人要求举行听证会，则申诉人和决策者（或决策者代表）均有权出席咨询委员会会议并进行口头或书面陈述。委员会可以为这些口头陈述设定时限（每一方通常不超过30分钟）。委员会还可以决定传唤证人，证人只能由委员会成员进行询问。听证会记录将保存。完成审议后，咨询委员会将向教务长提出建议，然后教务长将选择采取以下任一行动：将此事提交实况调查员进一步调查；进一步咨询或将此事项退还至咨询委员会进行进一步考虑；批准或拒绝申诉或采取教务长认为适当的其他行动。教务长将通知申诉人该决定 （4）收到教务长的最终决定后，申诉人可要求校长进一步审查。校长可以拒绝这一要求。如果校长审核教师的申诉，则可以询问自己认为合适的任何问题。在对案件进行审查后，校长可以批准或拒绝该申诉或采取自己认为适当的任何行动。校长的决定将作为最终决定转达给申诉人 （5）被教务长最初拒绝再聘或晋升的教员可向校长提出书面申诉，校长将履行教师手册第4.1.2（1）节分配给教务长的职能。在该过程结束时，校长的决定将作为最终决定转达给申诉人。在咨询委员会的建议下，被校长拒绝再聘或晋升的教员可向校长提出书面申诉。校长可将此事件退回到低一级的行政级别，或将其转交给适当人员进行审查并将结果报告给校长。校长可以批准或拒绝申诉或采取自己认为适当的任何行动。校长的决定将作为最终决定转达给申诉人

第四章 美国大学教师晋升与终身教职申诉制度 I

续表

学校名称	申诉处理程序
伦斯勒理工大学	（1）申诉者需要事先从伦斯勒理工大学的终身教职教师中选择一位辩护人，在审核完与申诉者晋升或终身教职被拒原因相关的书面评价后，辩护人有责任审核申诉者的档案，为需要做的改进、补充提出建议并做相应的澄清解释。辩护人将重新修改好的档案提交给教务长以供再次审核 （2）如果教师晋升及终身教职评价委员会的所有成员在申诉过程中全票支持申诉者，而教务长的观点与教师晋升及终身教职评价委员会不一致，教务长要向教师晋升及终身教职评价委员会陈述原因。教师晋升及终身教职评价委员会有权要求教务长聘用一个临时的委员会进行重新审核。临时委员会需要对候选人的档案进行审核，并将评价结果以书面形式提交给教务长 （3）教务长最后形成评价意见，然后提交给校长
纽约大学	（1）如果教师提出申诉，院长应在早期向校长和负责学术事务的副校长提交一份申诉事项报告。校长和负责学术事务的副校长要征求由不少于3名终身教职员工组成的常务委员会的意见 （2）终身教职或预备终身教职教师理事会申诉委员会应举行听证会完成审议，并在听证会结束30天内将结果通知校长和负责学术事务的副校长（最多不应超过60天） （3）收到终身教职或预备终身教职教师理事会申诉委员会的建议后，校长、负责学术事务的副校长应对申诉事项做出决定并通知申诉人、院长、申诉委员会主席
东北大学	（1）教师无权就早期的终身教职考虑决定进行申诉 （2）教师就教务长的终身教职评价决定提起申诉后，教务长接下来要向东北大学终身教职申诉委员会提交该教师的申诉请求、拒绝授予终身教职的评价意见、申诉者的个人材料、申诉者补充的任何有关申诉理由的信息。如果教务长撤销了负面评价，同意授予申诉教师终身教职的决定应立即通知校长，并将复印件提交给院长和申诉教师。在教务长收到东北大学终身教职申诉委员会的决定之前，处于申诉阶段的教师评价不能进行传递 （3）在申诉委员会进行评价之前，申诉者和教务长有机会同申诉委员会会面并陈述各自的观点 （4）东北大学终身教职申诉委员会在听取申诉教师和教务长的看法后，如果认为某处评审存在违规、失责、未考虑相关信息、没有公正客观的对材料信息进行评价、存在歧视或违反学术自由，有权将申诉教师的评审材料遣回至相应级别（系部、学院、院长或教务长）进行重审。学校的终身教职申诉委员会如果决定将申诉教师的材料发给教务长重审，教务长应对此进行认真考虑并作出最后决定。如果委员会决定将申诉教师材料发回至之前的任一层级进行审核，相应的审核主体需要对教师材料进行重新审议并作出决定 （5）申诉委员会最终对是否授予终身教职做出独立意见后，需要把结果告知教务长，并交给申诉教师一份复印件。同时还将相关信息知会系部的终身教职审核委员会。如果教务长在咨询校长之后做出的最终决定仍为反对，候选人将没有后续的申诉渠道。终身教职评审不能提请仲裁

学校名称	申诉处理程序
纽约市立大学曼哈顿社区学院	(1) 交给校长的申诉信由学校人事及预算委员会的秘书长进行审阅,此后将由该委员会就是否接受教师的申诉进行投票 (2) 如果学校人事及预算委员会同意就申诉进行听证,申诉者所在系部的主任需要向委员会宣读最近的年度评价。如果有委员会成员提出要求,申诉教师的课堂教学观测、学生评价可以在年度评价后进行宣读。委员会只能根据候选人年度评价、课堂观测以及学生评价里提到的信息进行申诉讨论 (3) 经讨论后,学校委员会将就该教师的晋升或终身教职进行投票

(五) 申诉时效

表 4 – 7　　　　　　　　　　申诉时效

学校名称	申诉时效
耶鲁大学	(1) 申诉人的信必须在提出申诉的45天内交给教务长。教务长会将这封信的副本提供给被申诉对象 (2) 在医学院,申诉人必须首先向院长提交申诉信。如果申诉人认为院长已经大量参与了争议事项,可直接将信件提交给教务长。院长必须在提出申诉后45天内收到该信件。院长可以尝试非正式地解决申诉或命令指定人员或特设医学院教师审查委员会进行审查。院长的审查将在合理的时间内(通常为90天)进行,最后以院长的书面答复结束。如果院长任命了一个审查委员会且申诉人质疑院长审核程序的正当性,则申诉人可在院长书面做出答复之日起14天内向教务长提交书面申诉 (3) 除非教务长认为申诉不在程序权限或没有任何价值,否则在收到申诉后30天内应尽快向审核委员会提交申诉人提出的尚未解决的问题 (4) 如果申诉人或被申诉对象希望提供书面答复,则必须在收到专家组提供的事实和结论的结果后14天内将此答复提交给教务长
斯坦福大学	(1) 申诉人应在收到决定通知后60天内提出申诉。申诉期限的无理拖延可能构成驳回申诉的理由 (2) 收到教务长的最终决定后,申诉人可在30天内要求校长进一步审查
伦斯勒理工大学	在教师手册晋升及终身教职申诉部分未提及
纽约大学	打算提出申诉的教师应在收到院长决定的书面通知后15天内以书面形式告知校长和负责学术事务的副校长。对此情况的异议只能在申诉人、院长、校长和负责学术事务的副校长的同意下才能达成

第四章　美国大学教师晋升与终身教职申诉制度Ⅰ　　129

续表

学校名称	申诉时效
东北大学	从教务长拒绝授予终身教职的书面评价意见书上的日期开始算，10天内相关教师可以书面提交给教务长任何涉及终身教职评审的补充信息，或要求教务长对评价意见进行复议。如果复议后教务长仍然坚持否定意见，教务长需要将结果书面通知该教师。如果该教师要对教务长的决定提起申诉，需在10天内书面通知教务长申诉的意愿和理由
纽约市立大学曼哈顿社区学院	教师应在收到系部委员会的负面评价后10日之内将申诉信交给校长，即学校的人事及预算委员会主席

通过对6所样本高校的晋升及终身教职校内申诉制度分析可以看出，美国高校教师校内申诉的处理主体明确，多由系部、学院的终身教职教师组成，专业性和学术能力较强，申诉处理决定的公平性和公正性较有保障。和我国不同的是，美国高校的教师评价意见，尤其是同行评审材料的保密性在校内申诉程序中有较多的描述。最终申诉处理的决定权在董事会。校内申诉的处理流程一般是系部主任──→院长──→教务长──→校级申诉委员会听证──→校长，校长做出决定后要按规定通知各级管理人员和申诉教师。关于申诉时效，美国高校教师手册对教师提出申诉的时间、管理人员处理申诉的天数都有明确说明。如果管理人员未能在要求的时间范围内及时处理，教师可以此为依据向美国法院提起校外诉讼。

二　美国大学教师校内申诉依据的规定来源

（一）高校规则和条例

至少在成为高校适用惯例的意义上，法院可以将这些决定视为教师与学校合同的一部分。各高校颁布的规章制度也是高等教育法的渊源。这些规则和法规受所有外部法律管辖，并必须符合适用于特定大学和内部法规的所有法律要求。法院可将某些大学的规章制度视为教师和大学之间合同的一部分，在这种情况下，这些规则和条例可以通过法院的合同行为加以执行。公立大学的一些规章制度也可以作为政府机构的行政法规依法执行。即使法院或外部机构无法依法执行此类条例，高等教育机构也可能希望内部执行这些规则，以实现校园社区治理的公平和一致性。高校可以设立具有解释和执行学校规章制度权力的裁决机构。当这些裁决机构在其大学条例的范围内运作时，他们的决定将成为学校内部法律的一部分。法院可以将这些判决视为教师合同的一部分，至少在这种意义上，这些决定已成为高校的惯例。

（二）高校合同

高等教育机构与学院之间有着各种各样的契约关系：雇员、学生、政府机构、建筑公司、供应商、私营公司的研究赞助人和其他各方。这些合同在双方之间建立了有约束力的法律安排，当另一方违约时，任何一方都可以执行这些合同。从这个意义上说，合同是管理特定主题和关系的法律来源。当涉及到与合同所涵盖的主体或关系有关的问题时，咨询的第一个法律来源通常是合同条款。一些大学的规章制度也是合同条款的一部分。合同的解释和执行依据普通法和任何适用的法规或行政规章或法令，也可以参照学术惯例来解释。

（三）学术惯例

迄今为止，高等教育法律和学术实践最无形的来源是特定大学内部的具体惯例和协议。它不同于规章制度，因为它不一定是法律的书面渊源，即使是书面的，也更为非正式。例如，在高等教育机构的演讲、内部备忘录和其他此类文件的政策声明中都可以找到这一点。这部高等教育法的渊源，有时被称为"校园普通法"，在某些高校很重要，因为它有助于确定学术界成员与高校之间的期望。每当一所大学有内部决策过程，如教师申诉过程，校园普通法就可以成为决策的重要指南。

从这个意义上说，大学的普通法并没有取代正式的制度规则，而是在规则和条例不明确或存在具体问题的情况下，补充或帮助决策者和当事方。学术惯例在更广泛的意义上也很重要：它补充了大学与其教师之间的契约理解。当这种合同关系的条款不明确时，法院可以寻求学术惯例来解释合同条款。

在佩里诉辛德曼一案，美国最高法院在分析教授是否有权在奥德萨学院任职时，承认了学术惯例。[①] 很长一段时间以来，在大多数法域，合同法采用了一种程序：根据该程序，协议可以是"默示的"，尽管尚未正式

---

① William A. Kaplin and Barbara A. Lee, *The Law of Higher Education*, San Francisco, CA: Jossey–Bass, 2006, p.36.

确定。明确的合同条款可辅之以高校一直以来所默认的其他协议。任职多年的教师可根据任职情况和其他相关事实证明自己有合法的终身教职要求。正如法院认定"某一行业或某一工厂有普通法"一样，某所大学里可能有不成文的"普通法"可以补充集体谈判协议，即某些雇员应该有终身教职。辛德曼是一个符合宪法的正当程序案例，学术惯例和教授是否续聘之间存在财产利益，从而赋予他在合同续签前举行听证会的权利。在法庭上，仲裁员或上诉委员会必须对教师案件和高校合同条款进行解释，学术惯例也很重要。遵守与教师合同索赔相关的学术惯例可能有助于教师通过一项即决判决动议。为了使学术惯例对交易双方具有约束力，原告必须证明学术惯例是明确、统一、众所周知的，并且必须由明确和令人满意的证据来确定。然而，原告很少成功地指出学术惯例取代学校规则或政策的合理之处。

第三节　美国大学教师校外申诉及其法律依据

一　美国的法院系统

美国联邦和州法院在处理涉及高等院校的问题时主要发挥三个作用：通过对具体事实使用适当的法律解决争议；建构或解释立法机关的行为；确定立法法令的合宪性。美国的法院系统是三方治理体系中的一个分支，治理依据是联邦和州政府的宪法规定。

（一）联邦法院

美国宪法第三条规定：美国的司法权属于最高法院和国会可能不时任命和设立的次级法院。[①] 根据这一规定，美国最高法院是最高级别的法院，国会建立了一个次级法院网络，包括地区法院、上诉法院和特别联邦法院。在最高法院审理的大多数教育案件都是根据调卷令进行的，这是一个将案件从下级法院移至上级法院的程序。最高法院的裁决会成为先例。联邦巡回上诉法院的决定具有重要意义，并且在特定巡回法院的管辖范围内

[①] Julee Tate Flood, *Judicial Influence on Academic Decision-Making: A Study of Tenure Denial Litigation Cases in which Higher Education Institutions Did Not Wholly Prevail*, Ph. D. Dissertation, University of Tennessee, 2012, p. 100.

具有约束力。如果当事方没有就该意见提出上诉、最高法院维持该案件的判决或者最高法院拒绝审理上诉案件的时候,这些决定尤其具有指导意义。联邦地区法院对审理案件具有原始管辖权。当两个地区法院或两个巡回法院根据类似事实达成不同结果时,就会出现法律问题,这种情况通常会导致一方上诉至高一级法院进行解决。

(二) 州法院

州法院系统的组织方式与联邦法院类似。各州的宪法规定了州内的权力分立,并为州法院系统提供了框架。主要的州法院通常由宪法规定。宪法法院的运作通常由宪法规定,并授予其立法机关的权力。州法院通常包括拥有一般管辖权的法院、拥有具体管辖权的法院、小型申诉法院和上诉法院。上诉法院在所有州都有,通常被称为州最高法院或上诉法院,但法院的名称可能因州而异。一些州的制度类似于联邦制,有中级上诉法院,州法院的裁决仅作为该州境内的先例。即便如此,一个州的判决可能在另一个州的法院处理类似案件时具有说服力。州最高法院做出的判决影响最大。

二 外部法律的基本概述

在做出聘用决策时,教师和高校拥有一定程度的自治。即便如此,高校的决策自治必须在联邦、州、县和市法律的范围内下进行(其中的许多法律发生重叠)。这些法律支持学术界的多样性,并对教师的聘用产生重大影响。

(一) 高等教育判例法

对于判例法,公立和私立高校之间存在根本区别。比起私立高校,那些被认为是州或地方政府一部分的院校受到不同宪法标准的约束。因此,私立高校在制定机构任务方面比公立高校更具灵活性,因为后者受宪法规定约束。由国家监督、资助和维护的学院和大学最有可能被视为国家行为者。私立、宗派高校则被认定为非国家行为者。然而并非所有高校都能轻易被归类为国家行为者或非国家行为者,某些私立高校可能也需要遵守宪法规定。因此,法院必须经常进行事实调查以确定高校的身份。

每年州和联邦法院都会在数百起涉及高等教育的案件中做出决定,[①]

---

① Julee Tate Flood, *Judicial Influence on Academic Decision-Making: A Study of Tenure Denial Litigation Cases in which Higher Education Institutions Did Not Wholly Prevail*, Ph. D. Dissertation, University of Tennessee, 2012, p. 30.

许多审理意见已公开发布。在不涉及高等教育的情况下，法院每年都会做出更多决定并提出意见，但法院会阐明可能适用于高等教育的重要既定法律原则。司法意见（判例法）除了可以解释联邦、州或地方法规，还可以解释行政机构的规则和条例。因此为了理解法规、规则和规定的含义，必须理解相关的判例法。司法意见也可能解释联邦或州宪法规定，有时可能会确定特定法规或条例的合宪性。某些法规、规则或规定可能是违宪的，是因为它与联邦或州宪法的特定条款相冲突，因此被认定为无效也不再由法院强制执行。除了这些职能之外，司法意见还经常制定和使用法院所在司法管辖区的"普通法"。司法意见可以解释高等教育机构的内部法律，并在宪法条款、法规和规定的背景下衡量其有效性。法院的裁决只能在其管辖范围内对先例具有约束力。因此，在州一级，根据法院的管辖权，某个特别的判决可能对整个州或仅对州的分支具有约束力。在联邦一级，地区法院和上诉法院的裁决在该州的某个特定区域或地区具有约束力，而美国最高法院的裁决在全国范围内具有约束力。由于最高法院的判决是最高法律，它们对所有下级联邦法院以及所有州法院，甚至是州的最高法院都具有约束力。

州和联邦法院的重要意见通常会定期公布，并通过大多数法律图书馆提供的卷宗进行收集。对于州法院的判决，除了每个州的官方报告外，还有国家报告系统，一系列区域案例报告包括大西洋判例汇编（引用的 A. 或 A.2d）；东北判例汇编（NE 或 NE2d）；西北判例汇编（NW 或 NW2d）；太平洋判例汇编（P. 或 P.2d）；东南判例汇编（SE 或 SE2d）；西南判例汇编（SW 或 SW2d）；南方判例汇编（So. 或 So. 2d）。每个地区判例汇编都会发布该地区法院的意见。纽约州的国家判例汇编系统（纽约补编，引用 N.Y.S. 或 N.Y.S.2d）和加利福尼亚州（加利福尼亚州判例汇编，引用 Cal. Rptr）也有特别判例汇编。在联邦体系中，美国最高法院的意见发表在美国最高法院报告、官方报告，以及两个非官方报告：最高法院报告和美国最高法院报告——律师版。最高法院的意见也可以在发布后不久以美国法律周刊的活页形式提供，其中还包含联邦和州法院最近选定的其他意见摘要。美国上诉法院的意见发表在联邦汇编中。美国地方法院的意见发表在联邦补编或联邦规则决定中关于联邦司法程序规则的决定。所有这些来源以及州法院判决的来源都在万律（Westlaw）和律商（LEXIS）法律研究数据库。在大多数情况下，也可以从法院网上提供的信息获得审判意见。例如，美国最高法院的意见可从法院网站 http://www.supremecourtus.gov/opinions/opinions.html 获得。①

（二）联邦和州的宪法、法令规定以及州普通法

通常产生法律责任的三种法律渊源是联邦宪法和州宪法；联邦、州和地方各级的法令和规定；以及州普通法。宪法是确定政府权力性质和范围的基本来源。宪法也是个人权利保障的基本来源，这些保障限制了政府的权力并保护了公民，其中也包括学术界的成员。联邦宪法是迄今为止个人自由最重要的来源。涉及高等教育机构的重大法院诉讼常常源于第一修正案对言论、新闻和宗教的保护，第十四修正案对正当程序和平等保护的保障也是如此。这些联邦宪法条款对公立和私立高校的适用范围不同。联邦宪法没有专门针对教育的规定，但是州宪法通常有关于州立学院和大学系统的具体规定，偶尔也有关于社区学院系统的规定。州宪法也可能有关于州教育部门或其他负责高等教育管理机构的规定。

联邦宪法是最高法律权威。任何州或联邦法律都不得与其条款发生冲突。因此，虽然州宪法是最高的州法律权威，所有州法规和其他州法律必须与之相符，但其与联邦宪法相冲突的任何条款都将被法院视为无效。然而，如果州宪法规定的个人权利比联邦宪法的平行条款所保障的更为广泛，则不会被视为冲突。有时法院发表的意见既不解释法规，也不解释行政规则或法规，也不解释宪法规定。例如在违反合同纠纷的情况下，适用的先例通常是法院自己创建的。这些判决创造了所谓的美国"普通法"。简而言之，普通法是法官制定的法律，而不是源于宪法或立法机构或行政机构的法律。合同法是这部普通法的重要组成部分，侵权法和代理法也比较重要。这种普通法主要由州法院制定，因此各州之间有所不同。

三 歧视、违约诉讼的法律依据

歧视和违约索赔是与高校教师终身教职相关的诉讼中最常用的法律事由。在美国各地，歧视法律在保护不同类别个体方面差异很大，为受害方

---

① Julee Tate Flood, *Judicial Influence on Academic Decision-Making: A Study of Tenure Denial Litigation Cases in which Higher Education Institutions Did Not Wholly Prevail*, Ph. D. Dissertation, University of Tennessee, 2012, p. 39.

提供各种不同的补救措施。每项法律都有必须遵循的规定和准则。当高校的管理者采取受法律保护的行为而不是仅根据候选人的资质做出聘用决定时，就会出现歧视。下文讨论了与歧视有关的终身教职诉讼的联邦、州法律的主要来源。

（一）联邦法律

联邦法律因其综合的特性和补救措施、覆盖国家的范围和广泛的适用性而具有特别的重要性。虽然许多联邦法律涉及就业和非歧视问题，但有些法律更有可能影响教师和学术界的管理者，更具体地说，是影响终身教职、聘用和晋升决策。下面讨论的联邦法律主要包括经修正的1964年民权法案第七章、平权法案、美国宪法修正案、内战后的民权法案。

1. 1964年民权法案第七章

最全面的联邦就业歧视法、最常被援引的是1964年民权法案第七章。第七章包括基于种族、肤色、宗教、性别和国籍的歧视。第七章涵盖至少有15名雇员的雇主，因此几乎所有高等教育机构都在此范围内。虽然高等教育机构最初不受第七章的限制，但1972年该法律的适用范围进一步覆盖了公立和私立高校。伴随修正案通过而来的是大量高等教育聘用实践中普遍存在性别歧视的国会辩论。虽然在20世纪60年代通过第七章之前的国会辩论缺乏有关高等教育机构的立法史，而且法院对高等教育中的人事决策采取了反干涉政策，1972年的修正案成为改变高等院校免受就业歧视指控政策的里程碑。

禁止歧视法规的例外情况使宗教类高校对第七章有关宗教歧视的规定有豁免权。根据第七章，宗教附属高校可以聘用信仰特定宗教的教师。要获得豁免，学院或大学必须为宗教公司、协会或社团拥有或大力支持。旨在颁布宗教教义课程的高校也有资格获得豁免权。第七章由平等就业机会委员会（Equal Employment Opportunity Commission，简称EEOC）执行，该委员会可以调查歧视指控，并在法庭上对违法者提起诉讼或向原告发出有关起诉权的信函。个人收到美国平等就业机会委员会发出的起诉权信函后可以向联邦法院提出第七章索赔。个人索赔必须在发生所谓的非法雇用行为后180天内向美国平等就业机会委员会提交，或者如果首次向州或地方民权机构提出索赔，则应在300天内提出。由于高校的人事决策通常涉及多个层级，教职员工可能在合同上有额外的终止年份，教师的终身教职被拒之后，索赔的时间问题很难确定。①

1972年适用于高等教育的第七章修正案特别旨在消除对妇女和黑人的歧视。第七章的另一项修正案，即1991年的"民权法案"，全部或部分地反驳了美国最高法院的决定，并解决了其他就业歧视问题。对于学院和大学来说尤其重要的是，它增加了对故意歧视有罪判决的潜在财务责任规定。对于要求赔偿或惩罚性赔偿的案件，该修正案准许其中一方要求陪审团进行审理的请求。第七章主张的两种基本类型包括差别性对待和差别性影响。差别性对待的诉讼基于个人因种族、性别、国籍或宗教信仰而被剥夺了工作机会、晋升或终身教职，或者声称其待遇不如其他雇员。根据差别性对待理论，原告必须展示同行评审委员会或学术管理人员基于种族、性别、年龄或其他不允许的理由存在故意歧视。

(1) 差别性对待

差别性对待案例使用麦克唐纳道格拉斯－伯丁（McDonnell Douglas－Burdine）测试来建立证据。该测试来自两个最高法院案件：麦克唐纳道格拉斯公司诉格林一案和德克萨斯社区事务部诉伯丁一案。在格林一案中，法院制定了一种举证责任倒置的范式。后来在德克萨斯州社区部诉伯丁案，法院澄清了雇主在此范式内的举证责任。由此产生的麦克唐纳道格拉斯－伯丁测试包括三个阶段。在第一阶段，原告必须证明自己是受保护的成员。每个人都可以满足第七章的这一要求，因为"种族"适用于对任何种族群体的歧视、"性别"适用于男性或女性。

在第二阶段，原告必须证明自己有资格胜任这项工作。资格的证明可能引发教授再聘、晋升和终身教职评价中存在模糊性和主观性的问题。美国第九巡回上诉法院在林恩诉加利福尼亚大学一案中提出，在麦克唐纳道格拉斯－伯丁测试的早期阶段，应对客观资格例如原告的工作经验、年限、发表的文章予以考虑。另一方面，在过程的后期阶段应考虑主观标准，以免使举证责任成为一步到位的过程或阻止测试目标的完成。②

---

① Julee Tate Flood, *Judicial Influence on Academic Decision－Making：A Study of Tenure Denial Litigation Cases in which Higher Education Institutions Did Not Wholly Prevail*, Ph. D. Dissertation, University of Tennessee, 2012, p. 109.

② Julee Tate Flood, *Judicial Influence on Academic Decision－Making：A Study of Tenure Denial Litigation Cases in which Higher Education Institutions Did Not Wholly Prevail*, Ph. D. Dissertation, University of Tennessee, 2012, p. 112.

麦克唐纳道格拉斯-伯丁测试的第三阶段要求教师被拒或未得到再聘的职位必须保持开放,雇主必须继续寻找资格等同于或低于原告资格的候选人来填补该职位。因此,在原告被拒绝授予终身教职的这一时期,该终身教职职位必须保持开放。时间问题可能难以说明,因为晋升和终身教职决定做出后,院校并不一定会立即用成功的候选人替换不成功的候选人。如果原告未能确定是表面证据确凿的案件,法院可以选择对被告院校进行即决审判从而结案。另一方面,一旦原告通过麦克唐纳道格拉斯-伯丁标准成功确定该案是表面证据确凿的案件,那么举证责任便转移到学院或大学,被告需阐明其人事决定是与工作相关的、合法的、不存在歧视性。财务紧急情况、学术计划的变化或研究成果不足都可能被认为是合理的原因。然后,举证责任可以转回原告,而原告可能会提出证据证明被告的行为实际上是歧视性的,而被告的解释只是歧视的借口。[1] 即使举证责任转移到高校以证明其行为不存在歧视,原告教师仍然有原始和最终的举证责任。只要没有任何歧视证据,被告学校就无需为教师晋升或终身教职的负面决定提供实质性辩护。差别性对待最终取决于教师是否基于种族、性别、国籍或属于其他受保护的分类而获得聘用。[2]

差别性对待案件的另一个方面体现在投诉是基于间接证据的。在圣玛丽荣誉中心诉希克斯的非学术案例中,美国最高法院审议了一旦法院判定雇主的行为理由缺乏可信度时,法院是否必须支持原告。法院认为,第七章案件中的原告不仅必须表明雇主的人事决定存在借口,而且必须表明非法偏见是雇用决定的真正动机。因此,虽然借口可能构成歧视推理的基础,法院仍必须考虑所有相关证据以确定雇用行为是否属于非法行为。[3]

(2)差别影响

虽然涉及学术界的大多数第七章诉讼涉及差别性对待,但也有根据差

---

[1] Julee Tate Flood, *Judicial Influence on Academic Decision-Making: A Study of Tenure Denial Litigation Cases in which Higher Education Institutions Did Not Wholly Prevail*, Ph. D. Dissertation, University of Tennessee, 2012, p. 113.

[2] Julee Tate Flood, *Judicial Influence on Academic Decision-Making: A Study of Tenure Denial Litigation Cases in which Higher Education Institutions Did Not Wholly Prevail*, Ph. D. Dissertation, University of Tennessee, 2012, p. 113.

[3] Julee Tate Flood, *Judicial Influence on Academic Decision-Making: A Study of Tenure Denial Litigation Cases in which Higher Education Institutions Did Not Wholly Prevail*, Ph. D. Dissertation, University of Tennessee, 2012, p. 113.

别影响针对高校提起了几起集体诉讼。差别或负面影响诉讼的依据是雇主的中立政策对申诉人具有歧视性影响。集体诉讼中的一个主要争论点通常是集体的定义，这可能会显著影响学院或大学负有的责任程度。集体诉讼中的教师有责任证明系统范围内差别性对待的模式或做法，或不利地影响一个或多个群体的表面上中立的政策。集体诉讼必须符合下列要求：集体人数必须足够多，以至于提出多项申诉是不切实际的；必须存在集体所共有的法律或事实问题，并且教师和院校的诉讼或辩护必须是典型的集体诉讼和辩护。[1] 在美国最高法院审理格里格斯诉杜克电力公司一案之后，差别影响的案件数量有所上升。杜克电力公司将北卡罗来纳州工厂工作的黑人雇员限制在低薪、非熟练工种，这一行为构成歧视。在1964年"民权法案"第七章通过后，不再禁止黑人获得报酬较高的工作。之后杜克电力公司要求员工获得高中毕业证书，并通过智力和能力测试。由于测试与工作绩效没有显著关联，公司使用这个理由取消了比白人数量更多的黑人申请资格，美国最高法院裁定这些要求是非法的。莱亚（Leap）将该案描述为"可能是所有平等就业机会案件中最重要的案例，因为它确立了差别影响的概念，并认为即使是无意识的歧视也可能是非法的"。该裁决有助于落实处理就业歧视的民权法。[2]

教师之间的比较通常用于证明存在差别性对待或差别影响。较为常见的两种情况是：教师声称自己的资质能力不低于已经获得晋升或终身教职的教师；教师认为自己的职位由不太合格的人填补。因此法院对比较这一行为持怀疑态度，不同教师之间的教学、研究和服务很难比较，每类标准的权重通常在各部门之间以及各高校之间存在差异。教师过去的表现和未来的潜力对就业决策很重要，高校的需求和决策随着时间推移也会产生差别。

统计分析也可用于证明教师就业决策中的歧视模式。经美国最高法院在国际卡车司机协会案和哈泽尔伍德学区案中批准，统计比较的主要目的

---

[1] Julee Tate Flood, *Judicial Influence on Academic Decision – Making：A Study of Tenure Denial Litigation Cases in which Higher Education Institutions Did Not Wholly Prevail*, Ph. D. Dissertation, University of Tennessee, 2012, p. 114.

[2] Julee Tate Flood, *Judicial Influence on Academic Decision – Making：A Study of Tenure Denial Litigation Cases in which Higher Education Institutions Did Not Wholly Prevail*, Ph. D. Dissertation, University of Tennessee, 2012, p. 115.

是证明原告可能因为种族、性别、国籍或其他受保护的分类得到有利的对待。① 在差别影响案件或集体诉讼中，统计分析可作为诉讼的依据。在差别性对待案例中，统计数据通常与其他证据一起使用。即便如此，由于不可靠或不可理解的计量、相关和不相关数据之间的混淆、不可比较事物之间的比较、统计程序要求和数据特征的差距等缺陷，统计数据常常无法使用。尽管法院确实允许使用统计证据，为了证明存在非法歧视，必须补充非法雇用行为的定性或轶事证据。② 在第七章诉讼中胜诉的当事人可以获得补救措施，包括复职、补发工资、补偿性和惩罚性赔偿（针对差别性对待歧视）和律师费。如果原告证明歧视降低了他们获得未来薪酬的能力，那么也可以获得预支工资。

2. 平权法案

平权法案旨在帮助少数群体的成员获得因歧视而历来受限的工作。一系列行政命令和法律要求接受联邦资助的高等教育机构遵守平权法案。法案的推行可能特别困难，因为平权法案和反歧视之间的界限可能不明确。虽然学院和大学必须努力雇用女性和少数族裔教师，但在平权法案的支持下，他们不需要雇用、晋升女性或缺乏必备资格的少数族裔成员。

3. 美国宪法修正案

在考虑就业歧视法时，宪法在任何联邦法规未涵盖的领域都具有最重要的意义，例如基于年龄小于40岁的歧视或基于居住地的歧视。就业歧视案件中宪法不如其他法令受青睐，是由于基于宪法诉讼的证据标准更为严格，而且美国平等就业机会委员会或其他调查机构不会推动调查和执法。然而，对于那些不符合法定要求的人来说，宪法可能会为进入联邦法院提供一条途径。美国宪法第五和第十四修正案分别禁止联邦和州政府采取歧视性行动。第五修正案通常可以防止在法律诉讼中滥用联邦政府的权力。第十四修正案通常可以防止滥用州和地方政府的权力，并确保公民享有实质性和程序性权利。在宪法修正案适用于就业歧视案件之前，必须有来自

---

① Julee Tate Flood, *Judicial Influence on Academic Decision - Making: A Study of Tenure Denial Litigation Cases in which Higher Education Institutions Did Not Wholly Prevail*, Ph. D. Dissertation, University of Tennessee, 2012, p. 116.

② Julee Tate Flood, *Judicial Influence on Academic Decision - Making: A Study of Tenure Denial Litigation Cases in which Higher Education Institutions Did Not Wholly Prevail*, Ph. D. Dissertation, University of Tennessee, 2012, p. 116.

国家行为者一定程度的目的性行为。

（1）平等保护

在州立高校中，教师可以使用第十四修正案的平等保护条款对学院或大学进行民权诉讼。平等保护条款要求政府以类似的方式对待处境相似的个人，并且当机构存在种族主义、性别歧视或其他歧视行为时可以加以援引。法院使用的审查程序或标准因歧视类型而异。即使平等保护标准要求非常严格，例如种族歧视和性别歧视，除了并不总是需要展示歧视性意图的联邦法规，法院通常只有在发现歧视行为是有意为之时才会对其进行打击。

（2）程序正当

如果一个高校不遵守规定的晋升、终身教职评审、申诉或其他行政程序，或者缺乏依从性对教员不利，可以援引第十四修正案的正当程序条款。第十四修正案的正当程序条款要求各州不得"在没有适当法律程序的情况下剥夺任何人的生命、自由或财产。"通常在终止终身教职的情况下涉及到财产利益，但拒绝授予终身教职可能会也可能不会侵犯触发正当程序保护的财产或自由利益。在终身教职决定中，高校的程序本身并不会产生财产利益。正当程序包括实质性正当程序和程序性正当程序。实质性正当程序索赔可由原告教师提出，原告声称雇用决定是出于任意、不合理或不正当的原因。如果一个机构没有正确解释自己的政策，教师可以提出实质性的正当程序索赔。为了提出索赔，原告必须证明根据美国宪法，利害攸关的利益是根本性的。

在继续公共雇用方面的实质性正当程序权利通常不受联邦法院的支持。如果机构的决定会侵犯财产或自由利益，则在决定最终形成之前，根据宪法要求采取程序保障措施。必要的程序包括发出通知和提供举行听证会的机会。机构必须通知教师该决定和做出决定的原因，然后必须为教师提供公平的机会在中立机构的听证会上质疑高校给出的理由。根据第十四修正案的正当程序条款，每当人事决定剥夺他们"财产利益"或"自由利益"时，两个开创性的美国最高法院案件确定教职员工有权获得公平听证，其中包括董事会诉罗斯案和佩里诉辛德曼案。在这些涉及教师合同的主要案例中，法院区分了续签合同和合同已过期的教师。

在董事会诉罗斯案中，法院需要根据美国宪法考虑该教授是否有权发表理由陈述和参与听证会。被告被聘为威斯康星州立大学助理教授，固定任期为一年。根据州法规，所有州立大学助理教授的任期为一年，只有在连续服务四年后才有资格获得终身教职。2月1日，教授得知不会获得续聘，学校没有给出任何理由也没有提供听证会。法院认为不续约并未侵犯教授的财产利益或自由利益；因此，他的第十四修正案权利没有受到侵犯，学校不需要为不续约提供理由或听证会；[1] 在佩里诉辛德曼案中，教授在连续十年的雇用合同到期后没有获得续聘。根据德克萨斯学院和大学系统委员会的终身教职准则以及官方教师指南中关于教师终身教职的陈述，佩里认为，董事会在未对其进行续聘的情况下违反了他的第十四修正案程序性正当程序的权利。法院裁定教授确立了对事实上任期的索赔要求，因此在续聘方面具有受宪法保护的财产利益。[2] 罗斯和辛德曼的案例证明规则、政策、学校惯例以及教师和机构之间的理解可以创造续聘的权利，从而产生财产利益。这些案例也体现了宪法权利与合同问题之间的交织。

虽然单独的程序或承诺遵守程序的程度没有达到受宪法保护的财产水平，但合同索赔仍可能在州法律下产生。公立大学教师的程序保护可以在教师手册或其他具有合同意义的大学政策中找到。例如，华盛顿州立大学的教师手册要求终身教职教师对非终身教职教师进行年度评估。在特林布尔诉华盛顿州立大学一案中，一名未如愿获得终身教职的教师提出了违约诉讼，指出指导过程的缺失导致他未获得终身教职。州最高法院维持了对该大学的简易判决，指出终身教职教师在非终身教职教师试用期内未对其进行书面评估并不构成违反合同。一位法官对此表示异议，认为终身教职教师未能向部门内非终身教职教师提供反馈，这使他无法做出相应的研究计划变更。[3]

精心起草的合同可以帮助院校避免因程序缺陷导致的终身教职合同索赔。例如，在内华达大学诉史黛西一案中，该州最高法院驳回了一位在大学任职期间受到良好评价的教授提出的违约诉讼。法院将教授的合同用语

---

[1] William A. Kaplin and Barbara A. Lee, *The Law of Higher Education*, San Francisco, CA: Jossey–Bass, 2006, p.548.

[2] William A. Kaplin and Barbara A. Lee, *The Law of Higher Education*, San Francisco, CA: Jossey–Bass, 2006, p.549.

[3] William A. Kaplin and Barbara A. Lee, *The Law of Higher Education*, San Francisco, CA: Jossey–Bass, 2006, p.557.

解释为，授予终身教职的决定是酌处权；因此，剥夺终身教职并不违反合同。除了麦克兰登一案所针对的问题（通常不会出现在对剥夺终身教职提出质疑的情况下）外，法院已经明确指出，剥夺终身教职不是"终止"本身，并且不提供宪法上的正当程序保证。尽管州法规或法令可能会提供程序性担保，如果违反，则可以构成根据州法律提出索赔的基础。但是，与不续聘的情况一样，如果教职员工声称剥夺终身教职是出于违宪原因（例如，对受到宪法保护的言论进行报复），那么自由利益可能会受到侵犯，因此将采取程序上的正当程序保护措施。[1]

终止终身教职员工任期的决定必须始终伴随着通知和听证会的机会，因为这些决定总是侵犯财产利益。由于财产利益的重要性，需要对提前解约进行听证。听证会的性质和程序的正式程度已经成为被解雇终身教职员工的主要诉讼对象。尽管没有要求听证会具有司法听证的所有要素，此类听证必须符合最低宪法标准。联邦上诉法院在利维特诉德克萨斯大学一案中提出了这样的标准：必须告知员工解雇原因；必须向员工通知证人姓名并告知每个人都能证明什么；必须给员工一个有意义的机会发表意见；听证会必须在合理的时间内举行；听证会必须由具有适当学术专业知识的第三方小组进行。[2]

但是，许多高校采用了美国大学教授协会推荐的程序，此类高校需要遵守美国大学教授协会1958年"教师解雇诉讼程序标准的声明"。在金诉明尼苏达大学一案中，法院支持学校开除这位终身教职教师的理由是忽视教学职责和学术成就不足。该大学提供了以下正当程序保护：学校与金经常就其教学欠佳、无故缺席以及拒绝与部门合作的行为进行沟通；由于业绩不佳，在金出席某次会议时，部门针对他的撤职决定进行了投票；学校通知了金其所在部门已提起指控，以及学校打算发起免职程序的意图；学校提供由终身教职教师组成的听证小组，金有权反对任何一名个人成员（金反对其中一位成员，该成员后来被替换）；提供律师和大量的文件查阅权限，包括管理人员的书面证词；一次预备听证会，各方交换议题清单、证人清单和展示清单；在为期两周的听证会期间，金由律师代理，辩护律

---

[1] William A. Kaplin and Barbara A. Lee, *The Law of Higher Education*, San Francisco, CA: Jossey-Bass, 2006, p. 557.

[2] William A. Kaplin and Barbara A. Lee, *The Law of Higher Education*, San Francisco, CA: Jossey-Bass, 2006, p. 558.

师盘问了证人，提供了证人和书面证据并进行了口头和书面辩论；大学校长审查整个记录；董事会审查听证小组的调查结果、校长的建议以及各方的概要；金有机会在董事会做出解雇决定之前出庭。上诉法院认为金所获得的程序保护详尽无遗，并确定它们满足宪法要求。[1]

在弗鲁姆·金诉肯特州董事会一案中，法院特别侧重于高校在决定终止教师的终身教职之前必须提供的听证会类型。当联邦政府对该教授的拨款遭到削减后，大学将他辞退。校方给出的解雇理由是：该教授作为拨款主任表现不佳，反复发生未经证实的针对教职员工的指控。存在不专业的行为、对部门的虚假指控以及违反大学政策的行为。当教授就解雇提出异议后，大学安排了听证会。教授可以在听证会上安排律师在场，但律师的作用受到限制。律师可以向其咨询和提出建议，并代表教授做最终的辩论。但律师不可以对证人进行盘问，也不得提出异议。鉴于这次受到限制的听证会非常适合于将要做出的决定，法院裁定该大学未侵犯教授的正当程序权利。[2] 法院在马修斯诉埃尔德里奇一案中审查了该裁决，在该裁决中，美国最高法院为程序性正当程序确立了指导原则。在马修斯一案中，法院确定了必须考虑的三个因素：第一，受到官方行为影响的私人利益；第二，通过使用的程序错误地剥夺这种利益的风险，以及附加或替代的程序保障措施的潜在价值；最后，机构的利益，包括所涉及的功能以及附加或替代程序要求将带来的财政和行政负担。[3] 按照这些标准，法院驳回了弗鲁姆金认为辩护律师无法盘问证人违反了程序正当程序的说法。法院说，尽管事实是，如果允许弗鲁姆金的律师审问证人，大学的行政负担相对较小，但该机构避免全面对抗审判的利益是合理的，而且没有事实表明弗鲁姆金因律师的作用受限而受到损害。

克拉克诉西维吉尼亚评议委员会一案为行政人员和律师提供了特别有用的指导，即根据复审法院可能依据的记录做出书面决定。在此案中，法院考虑了高校必须提供何种理由和证据来支持终止终身教职的决定。克拉

---

[1] William A. Kaplin and Barbara A. Lee, *The Law of Higher Education*, San Francisco, CA: Jossey-Bass, 2006, p.559.

[2] William A. Kaplin and Barbara A. Lee, *The Law of Higher Education*, San Francisco, CA: Jossey-Bass, 2006, p.560.

[3] William A. Kaplin and Barbara A. Lee, *The Law of Higher Education*, San Francisco, CA: Jossey-Bass, 2006, p.560.

克是费尔蒙特州立大学的终身教授,在有听证官出席的听证会后被学校解雇。听证官做出了书面报告,报告仅列举了支持解雇的证人证词,但没有陈述任何明确的、支持免职的理由或事实依据。教授在法庭上辩称报告不符合正当程序的要求。尽管法院的分析是基于州宪法,但相关意见是基于联邦宪法的先例和分析。为了确定听证官的报告必须包含的内容,法院查阅了西维吉尼亚评议委员会的政策公告。政策公告并未要求听证官对事实和法律结论进行调查,但确实要求记录事实证明和情况需要的建议,并说明决定理由和依赖的证据。法院还指出,为了开展恰当的上诉,对听证官裁决提出上诉的一方需要一份调查结果陈述和审查员做出调查结果时依据的证据。很明显,需要对听证官做出决定的理由和支持的证据进行充分说明。"复审法院的职能是复审记录,以确定听证会上提出的证据是否支持听证官的调查结果,以及他的结论是否来自这些调查结果。我们必须依靠听证官裁定的事实和逻辑……确定他是否错误地将其应用于最终决定。如果行政程序的记录没有显示那些决定性的事实或裁定的逻辑,我们将无权审查行政行为。我们被推向事实审理的位置,并被要求用我们的判断代替听证官的判断,我们不能这样做。"法院还指出,对听证官裁决提出上诉的当事方需要对调查结果作出陈述,并提出调查结果所依赖的证据,以便提出适当的上诉。根据对评议委员会公告和适用宪法原则的审查,法院认为听证官的报告不符合正当程序标准:"在调查结果和建议的报告中,听证官应列出听证会上提供的证据所支持的具体指控,并为支持这些调查结果的证据提供一些参考。根据上面的讨论我们得出结论:听证官未在记录中陈述对克拉克博士的指控,而后续发现这一指控有证据支持,此举构成了可逆错误。在终止程序中,可能会产生一些问题,即诉讼程序某个部分的缺陷是否构成对正当程序的充分违反,从而使整个程序无效。"①

除了针对程序性正当程序违规的索赔之外,原告教师可以提出实质性的正当程序索赔,声称终止决定是出于任意、不合理或不正当的理由。在一项违反实质性正当程序的索赔中,原告必须证明所涉利益是美国宪法规定的"根本"。密歇根大学董事会诉尤因案之后,联邦法院一直不愿意就公共雇用领域聘用建立实质性的正当程序。在针对黄教授的解雇程序案

---

① William A. Kaplin and Barbara A. Lee, *The Law of Higher Education*, San Francisco, CA: Jossey-Bass, 2006, p. 562.

中，一名终身教职人员因多次攻击他人而被解雇。由于攻击行为早在十五年前就已发生，因此教授声称，使用"过时的"不当行为侵犯了他的实质性正当程序权利。尽管上诉法院同意，认定大学的行为是任意的和反复无常的，但州最高法院推翻了该判决，理由是发现了充分的证据表明教授从事的行为构成正当开除的原因。尽管大学最终胜出，但此案强调了对教师行为不当作出及时行政回应的重要性。联邦上诉法院裁定，对高校的终身教职程序做到实质的程序相符而不是完全遵守，足以通过宪法审查。[1]

如果长期任职的终身教授因一次事件而被解雇，不采用渐进式纪律可能会被视为违反宪法的程序违规行为。在特林布尔诉西弗吉尼亚州南部社区与技术学院一案中，法院撤消了基于不服从理由解雇终身教职英语助理教授的决定。特林布尔声称，解雇侵犯了他的第一修正案权利，而且他继续受雇的财产权利要求大学行政管理部门在解雇他之前提供渐进式纪律。特林布尔的表现在近二十年是可以接受的。当新任校长在学院任职时，特林布尔帮助组织了一个教师工会并成为其负责人。特林布尔和几位教职员工反对新任校长坚持要求所有教职员工使用指定软件生成课程大纲并评估学生的成绩。特林布尔拒绝参加有关该软件的四次"强制性"培训会议，后来学校以不服从命令为由终止合约。法院裁定，鉴于特林布尔 19 年里为大学提供的令人满意的服务，他的教学或与学生的关系没有受到任何批评，因此开除决定是任意的和反复无常的。"由于特林布尔继续任职于学院的财产利益以及以前的良好记录，正当程序要求学院对特林布尔采取渐进的纪律措施"。法院判决特林布尔恢复原职，并支付其欠薪和追溯性福利。[2]

对于已解除雇用合同的教师，学校也需要遵守程序上的正当程序。在加纳诉密歇根州立大学一案中，校方在未举行听证会的情况下撤销了一位终身教授的合同。关于先前在别处任职期间因不专业行为受到指控一事，教授对院长说了谎。当院长发现教授在先前的工作地点已被提起严肃指控后，大学取消了该教授的终身聘用合同。教授否认了自己的撒谎行为。尽管大学声称由于雇员的失实陈述而有权撤销雇用合同，但援引摩根一案的

---

[1] William A. Kaplin and Barbara A. Lee, *The Law of Higher Education*, San Francisco, CA: Jossey-Bass, 2006, p.564.

[2] William A. Kaplin and Barbara A. Lee, *The Law of Higher Education*, San Francisco, CA: Jossey-Bass, 2006, p.566.

先例，法院不同意学校的说法：首先，摩根一案的原告承认了虚假陈述，这意味着没有事实争议。其次，摩根一案牵涉到一家私立院校。法院指出，原告作为终身教授，在继续就业方面具有财产利益，必须获得与解雇一样的正当程序保护。[1] 但是，如果一位终身教职教授放弃了自己的职位，并在重新获得之前经过了数年，则学校没有必要给予适当的程序保护。在奥斯本诉斯通一案中，州法院采用懈怠原则（个人由于未能及时提出主张权利的要求而放弃了自己的权利）确定了南方大学某位终身法律教授由于整个学年未能为授课班级作报告，这一行为意味着他已放弃教职，因此被视为辞职。由于南方大学没有解雇奥斯本教授，因此校方不欠他任何听证会或其他正当程序保护。[2]

在审查终止终身教职的决定时，法院通常会寻求遵守波泰姆拉一案中正当程序的基本要素。当高校未能给教师提供一个或多个基本要素时，克拉克、加纳和特林布尔的案例表明法院将判定高校的决定无效。但鲍林和弗鲁姆金的案例表明法院不愿意提供更具体的、有关正当程序规定的事项清单。除了最低要求，法院通常会遵循看似符合教师和高校需求期望的学校程序。对罗斯和辛德曼一案进行解释的法院已经明确表示，只有一小部分聘用决定才能宣称教员在此决定中拥有财产利益。尽管法院已经发现终身教职员工有继续被雇用的财产权，但在晋升或其他就业决定中他们没有这样的权利。[3] 例如赫罗德诉南佛罗里达大学一案中，法院驳回了原告认为学校未将其晋升为教授涉及程序性或实质性正当程序保护的观点，因此不需要举行与晋升相关的听证会。[4]

另一方面，如果高校的政策或合同提供超出宪法范围的保护，则降职决定可能需要额外的保护。例如，在穆萨诉州人事委员会一案中，一位终身教职教授因涉嫌不专业行为而被降职为副教授。院长担心穆萨的教学表现不佳因此指示他提交教学改善计划。穆萨提交了一份同行评估报告证明

---

[1] William A. Kaplin and Barbara A. Lee, *The Law of Higher Education*, San Francisco, CA: Jossey-Bass, 2006, p.566.
[2] William A. Kaplin and Barbara A. Lee, *The Law of Higher Education*, San Francisco, CA: Jossey-Bass, 2006, p.566.
[3] William A. Kaplin and Barbara A. Lee, *The Law of Higher Education*, San Francisco, CA: Jossey-Bass, 2006, p.567.
[4] William A. Kaplin and Barbara A. Lee, *The Law of Higher Education*, San Francisco, CA: Jossey-Bass, 2006, p.567.

自己的表现是可以接受的。院长以"不专业行为"为由将穆萨降级五年。法院裁定,根据涉及教师雇用的集体谈判协议,院长可以要求但不应强迫穆萨必须提交绩效改进计划。穆萨的不服从行为并没有上升到不专业的程度,因此院长没有降职的权力。[1] 同样,法院拒绝在与教师聘用有关的其他决定中找到受保护的财产利益,例如将教职员工转移到其他部门或部门内不太理想的办公空间。除非明确将行政职位确定为终身教职职位,否则现任职人在保留其行政职位方面没有财产利益。

4. 内战后的民权法案

1870 年法案(也称为 1866 年法案)适用于公共和私人雇主,禁止在制定和执行合同时出现种族歧视。该法案的规定以编纂法规的形式存在,1981 节通常用于就业歧视索赔。1871 年法案禁止任何根据州或地方法律剥夺个人宪法或法律权利的行为,对于第七章未涵盖的、员工人数少于 15 人的公司特别有用。当原告错过了在第七章规定时间段内提交的截止日期,这些法律也可用于高等教育机构。此外,根据内战后的法律,补偿性和惩罚性赔偿不受限制。该法案以编纂法规的形式存在,1983 节通常用于就业歧视索赔。

(二)州法律

除联邦法律外,有时还会在终身教职被拒诉讼中援引州法律。在某些就业诉讼案件中也提出了普通法诉讼请求。

1. 非歧视法

根据州非歧视法提起的诉讼越来越多。与第七章不同,许多州法律都没有赔偿上限。根据一些州法律,建立表面证据确凿的案件可能比第七章更容易。许多州和哥伦比亚特区都禁止基于公立和私立学校的性取向歧视。

2. 违反合约

教师通过雇用合同的条款与高校建立联系。无论是否成文,高校与教师之间的权利和义务由合同决定。合同可以说明教师的教学、研究和服务义务以及商定的薪水。关于教师义务的进一步说明可以通过教师聘书、教师手册、组织政策或高校习俗纳入合同。原告通常依赖合同法作为终身教

---

[1] William A. Kaplin and Barbara A. Lee, *The Law of Higher Education*, San Francisco, CA: Jossey-Bass, 2006, p.567.

职被拒诉讼的依据，合同的解释由州普通法规定。学术界的性质以及高等教育机构与教师之间的特殊关系往往使教师合同的形成和解释复杂化。州法院对口头承诺和合并文件是否产生有约束力的合同持不同意见。虽然法院通常会首先查看合同语言，而合同中的书面协议通常会覆盖任何所谓的口头协议，法院还必须填写缺失的条款，因此必须考虑当事人的意图。如果需要解决合同中未涉及的特定问题，希望辨别当事人意图的法院可以考虑学术惯例以确定之前可能已经决定的内容。学术惯例一般指特定高校的既定做法，但不一定成为书面的法律来源。即使是书面形式，也往往不如高校的规则和法规正式。政策声明、内部备忘录和专家证词可用于向法院通报高校的惯例，从而有助于指导法院对合同的解释。

涉及作为合同的教师手册，合同受普通法管辖而普通法可能因州而异，一些法院拒绝承认教师手册为州法管辖下的合同。然而，大多数人认为，书面教师手册、章程或其他类似的政策文件应被解释为明示合同。此外，雇主始终坚持根据事由或渐进式纪律管理而终止雇用等做法，即使没有以书面形式表达，也可能产生隐含的合同，赋予雇员超出临时工的权利。

原始雇用合同的条款在整个合同期内无需保持不变，法院已经接受了在某些情况下可以修改雇用合同的主张。在勒霍诉凯斯西部保留地大学一案中，法院认为该修正案在原合同保留修改权的情况下或经当事人双方同意进行修改、给予适当考虑后更改条款的情况下均有效。勒霍一案的原告是1942年至1967年根据合同在西部保留地大学任职的终身教授。在此期间，该校的退休年龄始终为70岁。凯斯技术学院与西部保留地共同组建凯斯西部保留地大学后，新大学通过了一项决议，要求重新任命68岁以上的教职员工。新大学的章程规定："理事会应不时采用必要的规章制度来管理教职人员的聘用和终身教职。"法院裁定，该章程语言"包括保留改变教职员工退休年龄的权利"，因此驳回了原告关于大学违反合同的主张。由于退休政策是终身教职的一部分，"改变终身教职规则的保留权利包括改变退休政策的权利。"法院还批准了大学的主张，即"大学与终身教职人员之间的雇用合同，在得到充分考虑的支持下，可由双方进行书面修改。"[①] 这些考虑在勒霍一案中得到了满足，教授执行了续聘表并接受了新

---

① William A. Kaplin and Barbara A. Lee, *The Law of Higher Education*, San Francisco, CA: Jossey-Bass, 2006, p.271.

的退休政策实施后增加的薪水。尽管现行法律禁止以年龄为标准的退休政策,但该案的推理仍然适用于大学与教职员工之间合同的修改。勒霍一案的结果在很大程度上取决于新成立的大学重新任命教职员工的条件。

在法乌尔诉美国犹太神学院一案中,一位阿拉伯裔犹太教教授在神学院教师投票接纳女阿拉伯裔学生时辞职,称改变录取政策与他个人的宗教信仰不符。这位教授认为,新的招生政策违反了他的雇用合同,也构成了宗教歧视。法院裁定,神学院没有合同义务为了避免冒犯教授的宗教信仰而不得更改入学要求。此外,法院拒绝审查神学院的录取政策变更是否构成宗教歧视,理由是这将要求法院未经允许调查宗教教义,这违反了《第一修正案》,因此驳回了教授的主张。[1]

根据许多州的普通法,往来的信件可能对双方均具有合同约束力。在利维诉辛辛那提大学一案中,一封概述教授聘用条款的信被裁定为合同;随后发现更改这些合同条款的信件对双方均具有约束力。法院裁定,教授通过继续在大学任教,接受了第二封信的条款,该信确立了新的就业权利和义务。有时,合同也可能会被随后的州立法单方面修改。但是,根据美国宪法第Ⅰ条第10部分第1条款的规定,该州有权在法律上修改自己的合同或规范私人当事方之间的合同,这就是合同条款:"任何州都不得……通过任何……损害合同义务的法律。"[2] 例如布兰德一案,美国最高法院裁定,一项旨在取消某些公立学校教师终身教职权利的印第安纳州法律是对雇用合同的违宪损害。根据此合同及之后的先例,州法律不得损害聘用合同或私人合同,除非这种减损"为实现重要的公共目的而合理且必要"。[3]

四 高校教师晋升或终身教职校外诉讼概况

从20世纪70年代开始,高校财政预算的紧张和教师就业市场的恶化导致高校教师的晋升和终身教职的获得变得更难。某些高校实行了终

---

[1] William A. Kaplin and Barbara A. Lee, *The Law of Higher Education*, San Francisco, CA: Jossey-Bass, 2006, p.272.

[2] William A. Kaplin and Barbara A. Lee, *The Law of Higher Education*, San Francisco, CA: Jossey-Bass, 2006, p.272.

[3] William A. Kaplin and Barbara A. Lee, *The Law of Higher Education*, San Francisco, CA: Jossey-Bass, 2006, p.272.

身教职配额制，而其他高校则提高了终身教职的评审标准。与早期相同的诸多问题出现，引发70年代争论的混乱情况在90年代再次浮出水面。导致诉讼数量增加的原因包括：缺乏学校的支持或资源导致教师难以完成可接受的绩效；高校未能遵守自己的政策和标准；政治原因而非学术原因；高校未能始终如一地应用晋升和终身教职的评价标准；同行评审委员会的偏见。除了这些问题之外，由于财政预算收紧和计划需求改变，高校正使用更多兼职和非终身轨教师。终身轨职位的减少加上更严格的终身教职评审使得诉讼的可能性变得更大。此外，虽然法庭干预可能被视为侵犯了一些希望自主决定教师职级的院校的学术自由，但其他教师可能会通过挑战同行评审委员会的决定、坚持提起诉讼以保护自己的学术权利。

无论哪一方在终身教职遭拒引发的申诉案件中占上风，诉讼费用都很高。对于提起诉讼的教职员工而言，诉讼会改变参与者的生活和工作环境。诉讼代表着巨大的情感和金钱投入，会给参与的个体带来情绪和经济上的消耗。原告必须为案件做准备，当身边人的角色从同事过渡到对手时，往往会导致自己与部门同事的关系疏远。学术部门可能会在相关案件的正确立场上产生分歧，律师进行咨询可能意味着个人必须对他们的谈话和行动更加谨慎，这可能会加剧部门内部的紧张气氛，曾经的亲切关系可能变得紧张或不复存在。总的来说，这些问题可能会带来导致部门和大学社区功能失调的暗流。

从高校的角度来看，被起诉或受到诉讼威胁可能会损害非正式的文化氛围和高校的正式治理结构。捍卫终身教职主张的高校必须承担相关人员的财务花销。虽然人力资源的成本通常是固定的，特别是在拥有内部法律顾问的机构中，但用于诉讼的资源需要从其他部门和学校的核心任务中进行分配。长期的行政听证和诉讼的巨大花销增加了决策失误和违反程序带来的成本。此外，诉讼凸显了高校文化、管理和法律因素中共同存在的问题。大学内部的听证会和校外的诉讼是高校遗留冲突的极端解决方式，而校外诉讼更是加剧了这种冲突。当一个问题必须由法院裁决时，双方都在寻求获胜而不是为管理上存在的问题找出一个双方都能接受的解决方案。对案件的负面宣传可能会损害高校声誉以及吸引优秀师资和生源的能力。

在解决高等教育纠纷的所有方式中，高校管理人员通常最关心的是法院诉讼。法院的审理最公开，因此在各种争议的解决方式中最为显眼。由于其中涉及许多法律问题，需要律师的广泛参与，因此法院诉讼最为正式。此外，法院可以下令采取最强有力和最广泛的补救措施，包括赔偿和惩罚性赔偿金以及禁止性和强制性（肯定性）禁令救济。法院的法令和意见具有最高的权威性，法院的判决和命令不仅对未来各方在诉讼问题上具有约束力，可以通过司法藐视权力和其他机制予以执行，法院的书面意见也可能在未来的纠纷中创造约束其他诉讼当事人的先例。出于以上原因，法院诉讼是高校解决争议最为昂贵的手段，这意味着涉案方要在时间、情感、金钱和相应的风险中付出代价。因此，虽然诉讼已经成为高等教育机构经常经历的事件，其中涉及一系列的当事方和原由，但诉讼前景不容轻视。诉讼是严肃复杂的事务，可能会造成校园内部摩擦、耗尽高校资源、影响高校的公众形象，即使高校最终成为"赢家"。

在希尔德·布兰德诉密歇根州立大学董事会一案中，[1] 被告于1968年拒绝授予原告终身教职并在1969年正式终止了对原告的聘用。希尔德发起了一系列的学校内部申诉，他向全职教师致辞说明自己应该获得终身教职的原因，但他最终没有说服教师代表改变主意。之后他将案件提交至部门咨询委员会进行投票，该委员会是他本人最近当选的一个选举委员会，而这意味着委员会有史以来第一次拥有多数非终身教职成员。部门咨询委员会发布的决议里没有提到拒绝授予希尔德教授终身教职的依据，因此决议是无效的。最后，希尔德向学校教师终身教职委员会提出申诉，但该委员会驳回了他的申诉。希尔德教授随后开始在大学外寻求解决的办法。他向美国大学教授协会投诉并向密歇根州就业关系委员会提出了两项不公平的劳工行为指控，但均告失败。随后他又向密歇根州法院请愿，法院认为他没有上诉权。1971年，教授向联邦法院提起诉讼，要求赔偿欠薪并恢复原职。他声称大学拒绝授予其终身教职是出于对其第一修正案权利的报复，而且校方侵犯了他的程序性正当程序权利。1974年法院针对此案进行了为期5天的陪审团审判，但在他向陪审团进行陈述说明之前，法官姗姗来迟并宣布原告的主张本质上是平等的，应由法官而不是陪审团来裁决。1977年，初审法官最终驳回了教授的申诉。

在1979年的上诉中，美国上诉法院裁定地方法官从陪审团撤回该案是

---

[1] William A. Kaplin and Barbara A. Lee, *The Law of Higher Education*, San Francisco, CA: Jossey-Bass, 2006, p. 94.

错误的:"对于这个纠结且旷日持久的案件,唯一的公平解决方案是撤回并还押,以便对所有事项迅速进行陪审团审判。"随后的审判里陪审团作出了裁决,判决包括支付教授欠薪、补偿性和惩罚性赔偿,以及大学恢复教授原职的指示。然而,具有讽刺意味的是,随后初审法官接受了大学的动议,否定了陪审团的事实认定,法官自己做出了法律判决的动议。当然,这一裁决引发了教授的另一项上诉。1981年,美国上诉法院维持了初审法院对校方的有利裁决。在原告教授的终身教职被剥夺13年后,案件终于结束了。

尽管希尔德一案绝非常事,但普通的诉讼也可能变得复杂。它可能涉及广泛的正式审前活动,例如证词、讯问、传票、审前会议和动议听证会;以及各种非正式的审前活动,例如律师——行政人员会议、证人访谈、文件搜索和文件审阅以及与反对方的谈判。如果案件继续审理,那么在法官或陪审团前提出案件时面临的困难有:与律师进行进一步的筹备会议;准备证据;证人的安排、出行和准备;实际审判时间;以及上诉的可能性。为了增加胜算,高校的管理者需要密切参与流程的大多数阶段。普通诉讼在金钱的花费上也很昂贵,因为必须花费大量时间,而且必须为外部律师、法院记者或专家证人等支付各种费用。联邦诉讼通常比州诉讼的成本更高。幸运的是,对诉讼进行审判和判决的频率比大多数外行人所认为的要少。绝大多数争端通过谈判和解。尽管高校的管理者也必须参与此类谈判,但该过程比较省时、非正式,而且比审判更具私密性。

高等教育和终身教职制度的发展受法院的影响很小。在20世纪70年代早期之前,很少有文献关注甚至提到法庭案件及其对高校的影响。之前高等教育是一个自治社区,在内部自己制定法律,后来一切都发生了变化。1991年的第七章修正案允许原告在陪审团而非法官面前申诉联邦歧视案件,这导致歧视诉讼数量大幅增加。弗兰克在2001年的报告中提到就业歧视案件的数量已从1990年的8400起增加到1998年的23700起。她表示无法获得拒绝授予终身教职案件的具体数字,但暗示这一数目的确在增加。① 目前尚未找到授予和拒绝授予终身教职、学校内部申诉、对终身教职人员解雇诉讼的确切数据。对拒绝授予终身教职引发的诉讼及

---

① Julee Tate Flood, *Judicial Influence on Academic Decision-Making: A Study of Tenure Denial Litigation Cases in which Higher Education Institutions Did Not Wholly Prevail*, Ph. D. Dissertation, University of Tennessee, 2012, p. 98.

相关政策、程序的共同点和推论只能来自于法庭对相关案件的审判和媒体的报道。随着涉及高等教育的诉讼变得越来越普遍，与法律影响有关的学术文章数量越来越多。文献研究的主体已经逐渐演变为反映"政府与高等教育之间日益密切的关系"以及"学院和大学已逐渐和外界成为一体，而不是作为例外继续受到特殊保护"。晋升和终身教职评价的重要性、涉及的重大利害关系以及可能带来的精神打击使得系部的相关决定成为"学术单位可能经历的最基本、最重要的冲突"。[1]

接下来将对发现规则、驳回动议和简易判决、司法审查标准、司法尊重的概念进行讨论，随后将关注终身教职申诉的补救措施。

（一）发现规则

审前程序中最重要的一个事项是"发现"（Discovery）。为了澄清案件事实和法律问题的信息，规定的发现期限（可能包括保释、讯问和要求出示文件等）使各方有机会提出相关要求。尽管发现过程可能很耗时、耗费巨大且会引起焦虑，但它对于审判以及庭前和解的前景至关重要。当双方寻求限制发现范围以保护机密或敏感信息、节省金钱和时间、扩大发现范围以从对方处获取更多信息时，将出现许多战术问题。

《联邦民事诉讼规则》通常在第 26-37 条定义了联邦法院的许可发现范围和方法，大多数州都有类似的规则。初审法官通常在运用此类规则时拥有广泛的酌处权。一般而言，根据《联邦规则》26（b）（1）的规定，"当事方可以获取未判决诉讼中与标的物有关的、任何非特权事项的发现"。在做出某一特定发现请求是否适当的决定时，主审法官可能会考虑该发现"是否存在不合理的重复，或者是否可以从其他更方便、负担更少或成本更低的来源获得"，也可以考虑其他发现事项，例如不适当的费用和履行请求的负担。试图限制发现范围的当事方可以提出任何反对意见，也可以认为所寻求的信息无关紧要或具有特权。[2]

扎霍里克诉康奈尔大学一案的法院意见表明，联邦法院倾向于在规则第 26 条的范围内完全披露信息。原告对康奈尔大学提起了就业歧视诉讼。

---

[1] Julee Tate Flood, *Judicial Influence on Academic Decision-Making: A Study of Tenure Denial Litigation Cases in which Higher Education Institutions Did Not Wholly Prevail*, Ph. D. Dissertation, University of Tennessee, 2012, p. 99.

[2] William A. Kaplin and Barbara A. Lee, *The Law of Higher Education*, San Francisco, CA: Jossey-Bass, 2006, p. 107.

当原告要求获得集体诉讼确认时,地方法院拒绝了该请求并建议原告如果能获得证据证明自己符合《联邦规则》第23(a)条中的集体诉讼确认要求,可以在以后再次提出申请。为了满足多数要求,原告寻求广泛披露大学记录,要求学校提供过去内部有关性别歧视的申诉和此类申诉调查结果的信息、大学平权行动计划的副本、校园生活各方面报告的副本、大学计算机功能和数据的存储信息以及终身轨雇员的履历和统计数据。校方反对这些发现请求,理由是这些请求具有强制性、极其繁琐且与诉讼无关。法院尽管不同意但重新界定了发现的范围和方法。法院最终确定有关大学校园生活报告和计算机信息的发现请求范围过宽,因此拒绝了这些请求。法院要求原告重新制定发现请求并缩小范围。之后批准了所有原告的其他要求。关于发现方法,法院裁定大学必须允许原告及其代理人访问相关记录进行审查和复制,或者提供原告在学院名单中要求的特定记录。[①]

审判本身可能会出现各种有关证据的问题。例如,在发现期间,一方可以反对另一方的各种发现请求,理由是所寻求的信息受特权保护或与案件不相关;在审前动议中,各方可以设法限制在审判时被接纳的证据;在审判各方案件时,一方可以基于各种理由反对引入另一方寻求提供的信息。此外,当事人可以寻求或法院可以直接向另一方或证人发出传票(Summonses)和传讯(Subpoenas)。这些事项受民事诉讼规则、证据规则以及提起诉讼的司法管辖区的普通法管辖。虽然诉讼当事人有权获得与诉讼相关的信息,但当事人有时可能会以享有特权为由拒绝披露其他相关信息。当法院认为保密比披露信息更具社会利益时就会设立特权。特权可以是"绝对的"或"合理的"(有时称为"有条件的")。[②] 为了促进某些关系之间的信任,法院创造绝对特权以保护需要保密的重要社会关系,例如:律师——委托人,医生——患者,宗教顾问——忏悔者,丈夫——妻子。只有在法院平衡了当事人获取相关信息的利益与信息保密的社会利益之后,才能创建合格或有条件的特权。

获取和使用特权信息是审前和审判事项中最重要、最困难的问题。所

---

① William A. Kaplin and Barbara A. Lee, *The Law of Higher Education*, San Francisco, CA: Jossey – Bass, 2006, p. 108.

② William A. Kaplin and Barbara A. Lee, *The Law of Higher Education*, San Francisco, CA: Jossey – Bass, 2006, p. 108.

有司法管辖区看起来都认为一方无法通过发现获得特权信息。例如，联邦民事诉讼规则第26（b）（1）条规定，发现范围仅限于"没有特权"的信息。特权事项是在每个特定司法管辖区的证据规则下，受正式证据特权保护的信息。对于联邦法院，"联邦证据规则"第501条将特权的定义和实施完全划分给普通法原则。501条还规定，在联邦法院基于州法律的多元化诉讼中，州法律将确定是否适用特权。①

联邦证据规则（The Federal Rules of Evidence，简称FRE）认为只要该信息不具有特权保护，教师可以自由获取任何相关信息。任何提议的证据特权必须通过四个来源进行分析：联邦法规；美国最高法院规则；普通法原则以及美国宪法原则。法律并未明确规定高等教育机构有合理特权对晋升和终身教职的评价档案进行保密；相反，法院授予的任何权利都是在高校学术自由的支持下产生的。为了保护高校免受就业歧视指控，联邦证据规则第501条允许在自由发现规则内进行运作。如果有必要保护一方免受无理要求和相关责难，法院可要求诉讼当事人在要求一方披露机密信息之前用尽所有其他替代手段以获得所需材料。②

为了减少就业歧视，维护高等院校在学术自由、同行评审和行政委员会工作方面的私人利益，法院通常会对存在竞争的利益进行权衡，在信息发现过程中也可以要求使用普通法规则。高校声称拥有的普通法下的学术特权将需要法院审查原告的利益。普通法强烈支持证据的自由获取。此外，国会将第七章的应用范围扩展到高等教育机构，此举支持教师获得查阅晋升和终身教职评审档案的权利。

（二）驳回动议和简易判决

联邦法院和州法院都有简化诉讼的程序，即在审判前就原告是否呈现了有效、持续的事实进行司法判决。最基本的程序是被告的驳回动议（Motions to Dismiss）。虽然这种类型的议案经常用于提出司法管辖权和其他准入问题，但如果被告能证明原告陈述的事实无法符合有效索赔和救济的标准，也可以用它来驳回案件。在联邦法院，此动议在"联邦民事诉讼

---

① William A. Kaplin and Barbara A. Lee, *The Law of Higher Education*, San Francisco, CA: Jossey - Bass, 2006, p. 109.

② Julee Tate Flood, *Judicial Influence on Academic Decision - Making: A Study of Tenure Denial Litigation Cases in which Higher Education Institutions Did Not Wholly Prevail*, Ph. D. Dissertation, University of Tennessee, 2012, p. 94.

规则"第12（b）(6）条中有相应规定。①另一种程序可以取代驳回动议，通常在预审程序的后期使用，称为简易判决（Summary Judgments）。在联邦法院，简易判决的动议受联邦法规第56条管辖。根据此规则和类似的州法律，原告或被告可以提出此类动议。提出方（The Moving Party）必须证明诉讼材料真实，并且适用于无可争议事实的法律表明提出方有权在法律问题上得到判决。如果当事人作出此类陈述，法院将根据当事人的要求作出判决（即"简易判决"）。成功使用该程序可以使任何一方避免大量的诉讼费用，判决结果对双方具有约束力并可能彻底解决纠纷。

当确实存在有效的人事程序时，法院可能要求在权利穷竭原则（"Exhaustion–of Remedies"Doctrine）下让教师在提起诉讼之前用尽这些程序。私立或公立大学都适用于这种情况。例如在里德诉纽约州立大学一案中，②州立高校的雇员受集体谈判协议的保护，其中包括一个四步的申诉程序。当某些申诉员工在等待第二步的裁决提起诉讼时，上诉法院因未用尽行政补救措施而驳回诉讼。在里德（以及贝克诉州立大学董事会）等涉及公立高校的案件中，州行政法规是权利穷竭原则的来源。这种行政法规不适用于私立院校，因为它们不是州所属机构。私立院校可能受到类似的权利穷竭原则约束，但主要是源于"私立院校协会"的普通法，或者合同可能要求用自己规定的条款用尽补救措施。根据教师手册或其他院校政策的措辞，法院可以在涉及公立或私立院校的案件中使用合同法。如果原告未遵守其中规定的申诉程序，法院可以拒绝受理剥夺终身教职引发的诉讼。

例如尼尔曼诉耶鲁大学一案中，③康涅狄格最高法院解释了耶鲁大学的教师手册，批准了该大学的动议：因为上诉教师没有使用内部申诉程序来挑战学校剥夺终身教职的决定，学校驳回了教师有关违反合同的诉讼。法院裁定，教师手册提到认为受到不公对待的教职人员有权提出申诉，这意味着必须使用申诉程序。法院裁定，该手册使原告可以选择提出申诉，也可以接受大学的决定不再上诉。

---

① William A. Kaplin and Barbara A. Lee, *The Law of Higher Education*, San Francisco, CA: Jossey–Bass, 2006, p. 113.
② William A. Kaplin and Barbara A. Lee, *The Law of Higher Education*, San Francisco, CA: Jossey–Bass, 2006, p. 576.
③ William A. Kaplin and Barbara A. Lee, *The Law of Higher Education*, San Francisco, CA: Jossey–Bass, 2006, p. 576.

在一些州如加利福尼亚州和纽约州，州法律规定，教师对不涉及歧视诉讼的私立高校的最终决定提起诉讼只能在州行政法规程序下提起，而不是在民事法庭中作为违约索赔提起。这些程序规定的审查范围比普通法违反合同索赔的范围更窄，因为法官仅评估院校是否遵循了规定的政策和程序。如果存在偏差，这些偏差是否会影响终身教职的评审结果。这种程序中使用的典型标准是确定学院决定是否是任意的或反复无常的，以及是否适当地行使了自由裁量权。

例如波莫纳学院诉洛杉矶高等法院一案中，[1] 一位被波莫纳学院剥夺终身教职的教授，向州初审法院提出了违约诉讼。初审法院驳回了学院声称对教授唯一的补救方法是通过行政程序的主张。校方提出上诉，要求上诉法院下达命令，指示初审法院搁置对该大学动议的驳回。法院首先审查了加利福尼亚州《民事诉讼法》第1094.5节的州法律第15款是否适用于私立院校的最终决定。之前的州法院判决已将此法律应用于私人医院、私人牙科保险计划和私人制造商案件的最终判决。尽管教师认为第1094.5节不适用于波莫纳学院，因为学院未"依法要求"在作出最终决定（法规要求）之前举行听证会，但法院不同意。法院注意到教师手册规定了涉及听证的申诉程序，并考虑了申诉人提供的证据。法院裁定由于教师手册是合同，而且其条款规定需要听证，因此已满足第1094.5节法规的先决条件。法院说："由于教师手册管辖了申诉人与波莫纳学院的雇用关系，法律要求学院提供其中所述的听证会"，以及一项法律规定的、作为适当补救措施的执行令。[2]

在纽约州，该州民事诉讼法第78条规定，个人若被政府机构或州特许设立的私人公司的行为（或不作为）侵害，有权在州法院对相关决定提起审查。如果该机构有内部申诉程序，在寻求对负面决定进行司法审查之前，雇员可能需要使用该程序（即用尽补救措施）。但是，如果这种申诉程序是自愿的而非强制性的，那么教师需要考虑在法庭上提出申诉的诉讼

---

[1] William A. Kaplin and Barbara A. Lee, *The Law of Higher Education*, San Francisco, CA: Jossey - Bass, 2006, p.577.

[2] William A. Kaplin and Barbara A. Lee, *The Law of Higher Education*, San Francisco, CA: Jossey - Bass, 2006, p.577.

时效。例如巴格施泰特诉康奈尔大学一案中,[①] 一名因不诚实而被解雇的教师试图使用该州的民事实务法律法规（Civil Practice Law & Rules）第78条对学校的解雇提出质疑。根据民事实务法律规定，诉讼方从院校作出最终决定之日起到向州法院提起诉讼，这期间只有四个月时间。法院裁定，康奈尔大学存在争议的申诉程序是自愿的，而不是强制性的。因此，教师在合同终止四个多月后提起诉讼，这在时间上是不符合法律规定的。

萨克曼诉阿尔弗雷德大学一案得出相反的结果。[②] 一位音乐系教授对学校剥夺其终身教职的决定提出质疑，这主要是因为系主任认为其教学表现不佳。教授对大学的终身教职决定提出申诉，教师申诉委员会得出结论认为萨克曼的权利受到侵犯，因为系主任只听过他一次课，却没有听过萨克曼对两个乐团的讲课，而后者占其教学任务的2/3。萨克曼根据纽约州民事实务法律法规第78条寻求搁置负面终身教职决定。法院认为系主任未能听取萨克曼一次以上的课程，这违反了教师手册的规定，构成了任意和反复无常的行为。法院将案件退还给大学并要求对萨克曼进行新的终身教职评审。法院驳回了萨克曼违反合同的主张，指出教师手册并未创建终身教职合同，而是为获得终身教职制定了标准和程序。法院说，萨克曼与大学的合同是按终身轨聘用，而不是终身教职。其他州有法律限制公共雇员（如公立学院和大学的教师）在对雇用决策提出异议时只能提起行政法诉讼而不是违约索赔，例如加斯基尔诉海斯堡州立大学一案。[③]

在设计或审查程序时，管理者应该在做出人事决定或暂停、终止工作福利之前仔细考虑应该提供哪些程序保护措施。例如在公立高校暂时做出人事决定之前，不需要提供全面听证。但是，美国有些法院要求，高校通过停止发放教师工资或其他实质性就业福利等措施执行相关决定之前，应举行听证。

例如斯凯恩诉布卢姆斯堡州立学院董事会一案中，[④] 在举行听证会之

[①] William A. Kaplin and Barbara A. Lee, *The Law of Higher Education*, San Francisco, CA: Jossey-Bass, 2006, p. 577.

[②] William A. Kaplin and Barbara A. Lee, *The Law of Higher Education*, San Francisco, CA: Jossey-Bass, 2006, p. 577.

[③] William A. Kaplin and Barbara A. Lee, *The Law of Higher Education*, San Francisco, CA: Jossey-Bass, 2006, p. 578.

[④] William A. Kaplin and Barbara A. Lee, *The Law of Higher Education*, San Francisco, CA: Jossey-Bass, 2006, p. 578.

前原告被免职、解雇并从学校薪酬名单中被删除了将近3个月。法院认为从时间安排来看，听证会不符合正当程序的要求。但是皮科克诉亚利桑那州大学和州立学院董事会一案中，[①] 法院支持解雇后的听证会，原因是教师作为无薪的系主任被免职。在钟诉帕克一案中，[②] 法院裁定支持校方，因为听证会是在终止决定后、工作福利实际终止之前进行的。

此外何时、以何种理由详细说明学校的人事决定以及谁来主持听证会的问题很重要，关键考虑因素是能否做到公正。其他关键问题是理由陈述以及教师对这些理由提出质疑的诉讼程序机密性，以及负面人事决策的哪些永久性记录应该保留以及谁有权查看这些资料的问题。

（三）司法审查标准

高等教育机构有许多程序可以就教职员的地位做出内部决策，并在内部解决校园社区成员之间的纠纷。每当失望的一方寻求对高校的内部决定进行司法审查时，审查法院必须确定案件适用的审查标准。这一审查标准确定了法院对高校决定的审查程度、背后的原因以及支持高校的证据。换句话说，审查标准有助于确定法院在多大程度上尊重高校的决定、价值和事实判断。法院越愿意尊重院校决定，对决定的审查就越少，法院维持决定的可能性就越大。因此在大多数诉讼中，有关审查标准的问题至关重要。

反过来，审查标准与诉讼的举证责任有关。因不当解雇或歧视起诉高等院校的案件要求原告收集证据以提起诉讼。证据可以来自于人事档案、教师手册、证人陈述和证词、信件和备忘录、学术成果记录和教学评估。统计数据同样可以作为证据用于此类诉讼。在诉讼过程中，原告自始至终都有举证责任，这意味着原告必须使法官或陪审团相信自己有资格获得晋升或终身教职、案件事实支持针对歧视或其他行为的诉讼。在完成最初的举证责任后，被告院校必须证明负面决定是基于正当理由。高校提供的证据必须说服法官或陪审团相信决定是恰当的。被告院校可以证明原告不符合某个评审标准的要求，校方使用了适当的决策标准并遵循了必要的程序。在法院确定哪一方有责任证明院校决定是否符合审查标准后会向该方

---

① William A. Kaplin and Barbara A. Lee, *The Law of Higher Education*, San Francisco, CA: Jossey – Bass, 2006, p.578.

② William A. Kaplin and Barbara A. Lee, *The Law of Higher Education*, San Francisco, CA: Jossey – Bass, 2006, p.578.

分配举证责任。举证责任可能会在诉讼过程中发生变化并需要阐明各方必须提交证据的要素或类型，以履行对每项索赔或辩护的责任。这些问题对于诉讼结果也至关重要，并且可能变得非常复杂。

适用于任何特定诉讼的司法审查标准取决于许多因素：受审查的高校类型（公立还是私立）；原告提出的索赔类型；高校审查申诉事项的内部规则；高校与寻求法院审查一方之间合同关系的特征；以及特定州的普通法和成文法，只要它规定了针对特定情况的审查标准。在更微妙的层面上，法院对审查标准的选择也可能取决于比较优势（Comparative Competence）——与高校相比，法院自身审查和解决案件问题的能力。

比起审查高校决策的程序充分性，法院在审查高校决策的实质内容是否存在违法行为时，通常会给予高校更多的司法尊重。造成这种差异的原因是法院缺乏在程序事项及实质性判断方面的专业知识（例如，教师的资历和成果是否足以保证获得相关专业的终身教职）。

司法审查有三种基本类型的标准。①实质性证据标准（Substantial Evidence Standards）衡量的是高校的决策机构是否仔细考虑了证据并且有大量证据可供其作出决定。比这种标准要求更高的版本称为"清晰且令人信服的证据标准"（Clear and Convincing Evidence Standard）。②任意和反复无常的标准（Arbitrary and Capricious Standard）衡量决策机构是否无理由或不合理地行事。③重新审理标准（De Novo Standard）授权法院从零开始考虑案件，这意味着对高校的决策实质上不予以司法尊重，要求相关方提交所有证据进行重新考虑。在这三种类型中，重新审理标准规定了对高校决策给予最高级别的司法审查和最少的尊重；任意和反复无常的标准给予最少的审查和最大的司法尊重；实质性证据标准介于两者之间。在宪法权利诉讼中，有时还有第四种与重新审理相关的标准，称为"严格审查标准"（Strict Scrutiny Standards），这是所有审查标准中最严格的。[①]

（四）司法尊重

在诉讼过程以及高校对案件的陈述中发挥作用的另一个因素是"司法尊重"或"学术尊重"。在审判和上诉中，可能会出现关于法院对行为存在争议的高校给予何种尊重程度的问题。这种学术尊重的概念是更为一般

---

① William A. Kaplin and Barbara A. Lee, *The Law of Higher Education*, San Francisco, CA: Jossey–Bass, 2006, pp. 114–115.

的司法尊重概念的分支,其中包括法院应该尊重某些决策者专业知识的情况及其原因。学术尊重在涉及高等教育机构的诉讼中可以发挥重要的、有时甚至是决定性的作用。因此高校可以在诉讼程序的各个方面要求司法尊重。例如,在法院是否应承认隐含的私人诉因、发行传票和发现程序的其他方面,可能会出现司法尊重的问题。关于审查标准和举证责任、以及对败诉被告人采取的补救措施,有时要求给予司法尊重的请求被视为高等教育机构自治的要求;有时被称为高等教育机构的学术自由或教师的学术自由;有时也称为"高等教育机构在相关领域的能力优势"(Relative Institutional Competence),[1] 声称高等教育机构或教职工在有关问题上的专业判断能力超过法院。有时高校可能会争辩说,司法尊重的主张是基于宪法的,特别是当他们基于学术自由要求尊重并寻求在第一修正案中确立学术自由的基础时。其他情况,特别是在法定情况下,可以根据法定解释提出司法尊重要求。实际上高校可能会争辩说根据有关法规,国会尊重高等教育机构,因此认为法院也应尊重高校。在其他情况下,尤其是在普通法合同或侵权案件中,司法尊重要求可能基于公共政策或法律政策进行考虑。例如任何法院干预都将不当地干扰该机构的内部事务,或者针对高等教育机构强制执行法律原则不能有效利用法院有限的资源。

当原告对高等教育机构提出宪法要求时,司法尊重问题的解决可能与主张法定要求时有所不同。在某些法定案件中(例如,断言高校违反了联邦民权法的案件),法院将首先关注与国会意图相符法律的解释和应用,并且在这方面通常会尊重国会对有关法律适用问题的判断。因此法院将以服从国会为由,而不是针对案件具体情况进行独立判决。相反,当原告提出宪法要求,而高等教育机构要求法院对学校的决定给予尊重时,法院是独立的,其回应是通过考虑适用的先例和司法审查标准来决定。

法院对高校给予学术尊重适用于教师晋升、终身教职评审和终止聘用的情况。当教师挑战负面的人事决定时,他们会提出法定索赔(如第七章性别歧视索赔)或宪法索赔(如第一修正案言论自由或学术自由索赔),或普通法索赔(如违反合约索赔)。作为回应,高校通常认为法院不应该参与学校对教师的人事判断,法院应该尊重专家的学术评价。相当一部分

---

[1] William A. Kaplin and Barbara A. Lee, *The Law of Higher Education*, San Francisco, CA: Jossey–Bass, 2006, p. 127.

持有此类论点的学校取得了成功。在许多就业歧视案例中，法院大体上尊重高校的人事决定，但这并不意味着法院会在所有或大多数情况下放弃对高校人事决策的挑战。之前由于补偿问题而反对尊重高校决策的案例一直存在。通过阅读案例发现，有些高校依据种族、族裔或性别做出对教师不利的人事决定；有些高校凭借私人的敌意或偏见、内部政治或其他非学术因素做出决策；有些高校拒绝向教师提供程序保障；某些情况下，对原告做出的人事决策不会显著妨碍高校管理者应用专业知识和自由裁量权的能力。

以下几个相互关联的因素是决定法院应该何时听从高等教育机构决策的关键。

第一，人事决策必须是真正的学术判断。在密歇根大学诉尤因案中，法院很好地说明了这一要求："当法官审查真正学术决定的实质内容时，他们应该对教师的专业判断表现出极大的尊重。"[1] 专业判断是学术决策的标志。一般来说，正如尤因案所指出的那样，这种判断必须在很大程度上由教师根据他们作为学者和教师的专业知识做出。此外，做出判断通常需要对累计的学术成果信息进行专家评估，因此不容易通过司法或行政决策的程序进行审查。此类判断通常也是主观的、需要自由裁量，因此不适合法院对案情进行合理的审查。

第二，涉及高校的相对能力优势（Relative Institutional Competence）。当审查判决或决定（即使不具有学术性质）的过程中，高等教育机构的专业判断能力优于法院时，法院更倾向于尊重。例如昆达一案中法院谈到了一些问题，其实质内容"超出了个别法官的审查能力范围"。[2] 鲍威尔诉锡拉库扎大学一案中，法院建议必须始终关注高校的相对能力优势。[3]

第三，当法院反对高校的司法裁决会产生不当的举证责任而过度干扰高校履行教育职能的能力时，或者对其他高校作出类似判决也会产生同样结果时，法院更有可能尊重高校的决策。例如昆达一案中法院认为，如果

---

[1] William A. Kaplin and Barbara A. Lee, *The Law of Higher Education*, San Francisco, CA: Jossey–Bass, 2006, p.131.

[2] William A. Kaplin and Barbara A. Lee, *The Law of Higher Education*, San Francisco, CA: Jossey–Bass, 2006, p.131.

[3] William A. Kaplin and Barbara A. Lee, *The Law of Higher Education*, San Francisco, CA: Jossey–Bass, 2006, p.131.

法院判决"必然会侵犯教育过程本身的性质",那么给予司法尊重的行为是恰当的。① 坎农一案中美国最高法院认为,"如果提起的诉讼耗费昂贵或涉及面太广,学术界将承担过重的举证责任,那么司法尊重可能是恰当的。"② 费尔德曼一案的法院则警告"司法裁决会干扰大学履行教育使命的能力。"③

法院某些时候不给予高校司法尊重,相关的三个原因如下:

第一,如果法院审查的判决不是"真正的学术决定",法院就不太可能给予司法尊重。正如尤因一案中法院所指出的,如果"负责人或委员会实际上没有行使专业判断",则没有理由尊重。④ 如果高校做出决策的非学术原因是非法的(例如种族或性别偏见),在格雷诉高等教育委员会一案和威廉姆斯诉林登伍德大学一案中法院也不会给予院校司法尊重。

第二,如果被审查的判决是一种纪律(disciplinary)判断而不是一种学术判断,那么法院的审理优势相对较大,而高校相对较小,审判结果可能会更偏重于法院(挑战者)一方。同样,当对高校决策的质疑涉及到程序问题而不是决策本身的实质时,法院的审理优势大于高校,这种情况几乎不会有学术尊重的空间。

第三,当审查和推翻高校决策不会干扰其执行核心职能,或者不会给其他高校带来大量诉讼负担时,司法尊重也会减少。美国最高法院在宾夕法尼亚大学诉平等就业机会委员会一案中,⑤ 法院拒绝尊重大学的决策,原因是支持原告的要求只会对学术自由产生轻微影响。

总的来说,法院一直不愿意在高校的聘用领域将自己的观点强加给高等教育机构。法院不太可能对拒绝授予终身教职的决定进行审查,只要被诉高校遵循了自己规定的程序或者被诉高校的不诚信行为不明显,法院一般会维持高校原来拒绝授予终身教职的决定。这种司法尊重的根源在于法

---

① William A. Kaplin and Barbara A. Lee, *The Law of Higher Education*, San Francisco, CA: Jossey-Bass, 2006, p. 132.

② William A. Kaplin and Barbara A. Lee, *The Law of Higher Education*, San Francisco, CA: Jossey-Bass, 2006, p. 132.

③ William A. Kaplin and Barbara A. Lee, *The Law of Higher Education*, San Francisco, CA: Jossey-Bass, 2006, p. 132.

④ William A. Kaplin and Barbara A. Lee, *The Law of Higher Education*, San Francisco, CA: Jossey-Bass, 2006, p. 132.

⑤ William A. Kaplin and Barbara A. Lee, *The Law of Higher Education*, San Francisco, CA: Jossey-Bass, 2006, p. 132.

院缺乏专业知识、高校对教师专业能力的集体审核优势、以及对高校决策的持久影响。美国法院特别不愿意担任超级终身教职评审委员会。终身教职案件要求法院在高校的自治权与教师的公民权利之间进行权衡。高校系统内在的主观性对法院来说尤其具有挑战性。利伯曼诉甘特一案作为终身教职诉讼中体现司法尊重原则的经典案例经常被引用，但该案中法院对多年来冗长、密集的审查倍感挫败，并在法庭上描述了法院极其恭敬的立场。[1]

一些州和联邦法院在就业歧视诉讼中表达的反干涉态度受到了批评。虽然学术自由的概念理论上是司法尊重原则的核心，但法院已经认识到并非每一个学术决定都需要尊重。例如，针对纳米沃斯诉威斯康星大学董事会一案的多数意见，斯威格特法官持反对意见，他认为终身教职的决定与其他任何工作比较并无区别。如果认为公司对蓝领工人的主观评价存在可疑之处，法院愿意进行干预。法官认为由于律师在学术界接受过培训，比起蓝领，法院甚至做好了更充足的准备来审查学术界的决定。斯威格特法官解释说，可以利用外部专家的帮助修正任何缺乏学术专业知识的问题，特别是在评估教师的研究和学术质量时。[2] 部分学者还对法院的反干涉主义态度提出批评，他们认为法院根据要审查的特定工作的社会和经济状况，为高校的选拔和晋升制定了不同的标准。随着工作复杂性的日益增加，法院开始要求起诉雇主存在非法就业歧视的原告提供更有说服力的证据。由于法官来自学术系统并从中受益，他们更有可能表示缺乏专业知识并尊重高校的决策者。某些法官可能会以不熟悉学术雇用领域的理由将决定权留给学者们。

虽然法院倾向于尊重，但案例分析发现联邦法院如今越来越倾向于干涉学院和大学的人事决策。法院审查有关再聘、晋升和终身教职评价决定的文件时，一般聚焦于程序公正和实质内容的合理性，尊重高校专家的判断。为了保证一致性，法院首先确保候选人之间的决策是公平的；其次是随着时间的推移，确保对某个特定候选人保持评价标准的一致性。然而，

---

[1] Julee Tate Flood, *Judicial Influence on Academic Decision - Making: A Study of Tenure Denial Litigation Cases in which Higher Education Institutions Did Not Wholly Prevail*, Ph. D. Dissertation, University of Tennessee, 2012, p. 102.

[2] William A. Kaplin and Barbara A. Lee, *The Law of Higher Education*, San Francisco, CA: Jossey - Bass, 2006, p. 102.

在终身教职决策高度个性化的背景下，必须对一致性进行权衡。"当考虑到不同的受众和情况时，不一致的评价也有可能是正确的"。①

（五）终身教职申诉的补救措施

在考虑补救措施时，法院将审查教师合同、手册和政策文件，以确定其中的政策和程序是否得到充分遵守。如果高校没有提供剥夺教师终身教职的及时通知，法院可以根据合同判决给原告赔偿金。根据法院对原告作出的判决，可以给予三种常见的补救措施：损害赔偿或对胜诉方的金钱赔偿；恢复原职，或阻止被告从原告的损失中获益；强制性补救措施，或通过发布禁令来禁止一方命令败诉方做某事。在就业歧视案件中，寻求的救济通常包括补发工资、补偿性赔偿、惩罚性赔偿和律师费。在差别性待遇的案例中，可以根据法定货币上限给予补偿性和惩罚性赔偿。在差别性影响案件中，可能要求存在歧视的雇主采纳并实施平等权利行动计划。

在极少数情况下，法院甚至可以向教授提供终身教职或晋升作为对受害教师的损害赔偿。这种补救措施主要是在货币损害赔偿不能完全补偿原告的损失、并且高校存在歧视教师的行为时提供的。尽管绝大多数终身教职和晋升案件的审判都是有利于高校的，各级法院几次授予原告教师终身教职的做法导致了一个问题：即法院和民权机构是否通过影响聘任侵犯了学术自由，特别是在与第七章相关的案件中。在这种情况下，关于学术质量的判断可能变得理论化，过程和实质之间的界限会变得模糊，纠正不公正的后果可能会与不这样做的后果相冲突。

针对美国最高法院的几起案件，第七章经 1991 年民权法案进行了修订。1991 年之前，基于性别、宗教和残疾的歧视案件主要通过学校偿还欠薪来弥补。赔偿和惩罚性损害赔偿仅授予涉及种族和国籍歧视案件的原告。1991 年的法律允许所有原告在故意歧视诉讼中获得赔偿和惩罚性赔偿。修正案还允许对歧视案件进行陪审团审判，这对提起诉讼的教师来说更具吸引力。即使没有故意歧视，第七章规定法院可以下令采取补救措施，其中包括支付欠薪、追溯资历以及某些必要的平权行动措施。

---

① Julee Tate Flood, *Judicial Influence on Academic Decision-Making: A Study of Tenure Denial Litigation Cases in which Higher Education Institutions Did Not Wholly Prevail*, Ph. D. Dissertation, University of Tennessee, 2012, p. 103.

五 非正式法庭诉讼的教师晋升和终身教职申诉的方法

除正式法庭诉讼外,美国高校还有其他处理教师晋升及终身教职申诉的方法。最主要的有两种,一是集体谈判,二是替代性纠纷解决。

目前美国处理大学教师校外晋升及终身教职评价申诉的主要机构是联邦及州上诉法院,申诉内容侧重终身教职评审程序以及确定聘用合同是否存在歧视。除去大学内部通过教师手册等规定设置的教师晋升及终身教职申诉处理程序之外,高校及法院处理教师校外申诉的方法和程序还包括:

(一) 集体谈判

1. 发展历程

从最初密歇根州、威斯康星州的社区大学到20世纪60年代的纽约城市大学,学术界的集体谈判已有半个世纪多的历史。很难对教师工会的历史或与其相关的院校特征进行概括。在不同的大学或系统中,工会的进展情况有所不同。美国高校在使命、文化、管理实践、资金、所服务学生的类型方面有所不同,因此,集体谈判和终身教职管理关系在不同的机构和系统中以不同的方式发挥作用不足为奇。高校的集体谈判已将以前的非正式政策编成法律,从而使行政和人力资源部门的做法变得更加结构化、透明和标准化。工会化为教师薪酬带来了更多的一致性和公平性,以及对劳动协议所涵盖问题的约束性仲裁。

教师工会已经起到了确定院长和系主任监督职责的作用,并且帮助推行了一种更加标准化的管理方式。工会化不可避免地将第三方(仲裁员、调解员、立法者)带入决策过程,总的来说,它导致工会领袖以更正式的方式在州法规的保护下参与公立和私立高校决策以及联邦立法。在美国大约有15个州的高校教师集体谈判与公立教育体系关系密切,这也促进了相关的立法进程。工会组织的教授(包括公立和私立学校)中大约有一半在加利福尼亚州或纽约州工作。在私立高校,终身教职教师的工会组织没有取得较大进展,很大程度上是由于耶什华大学一案的最高法院裁决。但是,目前有更多的私立高校和教职员工正在签订工会合同。根据国家高等教育与职业集体谈判研究中心收集的数据,自臭名昭著的耶什华大学决定发布之日起,这一比例已经增加了近50%,但是整体数据仍远远低于公立高校。① 集体谈判的到来伴随着不可避免的管辖权纠纷。在 1960 年代和 1970 年代，这些争执由于入会相关因素、公众对高校问责制的呼吁以及立法资金的流失而加剧。由于行政人员和立法者努力对教职员工的工作量、晋升和终身教职标准等进行控制，教职员工的薪酬和决策特权实际上下降了。于是在通过立法促进集体谈判的州，教师选择加入工会。教师工会化更多地归因于教授的职业定位，而不是经济因素。维护职业权利（例如保护聘用、晋升和终身教职政策等）仍然是促进高等院校工会化的最重要动力。

传统的教师工会如美国大学教授协会、美国教师联合会（American Federation of Teachers，简称 AFT）和全国教育协会（National Education Association，简称 NEA）在教职员工组织方面仍然是主要推动者。根据国家高等教育和职业集体谈判研究中心的数据，这三个组织的教师人数占所有教师工会的 54%；② 但是工会之间经常合作，一些合并的工会代表着许多谈判单位。美国大学教授协会和美国教师联合会的子公司联合学术界（United Academics）目前在美国某些高校作为教师谈判的代表，其中包括阿拉斯加大学、佛蒙特大学和罗格斯大学。教师工会旨在维护并巩固教师在专业自治方面的权利，特别是在州立学院和大学系统中。实际上在大多数情况下，工会将学术特权编纂为劳动协议，并在这种意义上加强和维护专业权利和责任。

与终身教职相关的集体谈判主题通常包括：教师抱怨出版或从事研究的压力太大；他们探讨服务活动所花费的时间，以及终身教职教师人数的减少如何增加了他们的负担；他们抱怨评价过程、不公平的评估以及对学生评估的过分重视；他们坚持福利应该不变，增加薪水，将谈判前享受的福利添加到现在正在谈判的主题中；在许多地方将工会的工作视为晋升和终身教职的学术服务；此外还有关于管理人员的任意决策，以及新的企业模式在高校管理中的渗透；行政人员的数量不断增加，并且在满足立法者或其他局外人的目标时缺乏对学院基本价值观的关注。教师们认为自己是终身致力于教学、研究和服务的人，学生记住的是教师而不是管理人员。

---

① Daniel J. Julius & Nicholas DiGiovanni Jr., *ACADEMIC COLLECTIVE BARGAINING*：*On Campus Fifty Years*, Center for Studies in Higher Education, UC Berkeley, 2013, p. 1.

② Daniel J. Julius & Nicholas DiGiovanni Jr., *ACADEMIC COLLECTIVE BARGAINING*：*On Campus Fifty Years*, Center for Studies in Higher Education, UC Berkeley, 2013, p. 8.

教师通常认为集体谈判是现有安排、福利、政策和做法的附加。集体谈判总是在补偿和申诉管理领域将权力上移到校长和管理系统办公室。谈判通常会揭露学院与学科之间的深层猜疑和破裂，揭露终身教职和非终身教职教师之间的贫富差距和待遇不平等现象。基于绩效以及学生和高校衡量指标的教师薪酬需求不断增长。绩效工资形式、所采用的标准、绩效奖金、薪酬与成果的联系是比较突出的谈判主题。

集体谈判协议通常不指定标准化的人事政策，也没有放弃传统的学术标准。大多数高校的劳动协议都包含终身教职的保护条款。传统意义上的终身教职是基于其与学术自由的关系。没有终身教职的程序，教授只是一个完全依赖于行政管理的"雇员"。但是，对于教师职业工会而言，终身教职是其存在的基石。通过终身教职程序，可以实现传统的职业行会控制。但是毫无疑问，在其他一些关键的学术雇用领域，工会组织将会增加。

2. 耶什华大学一案

集体谈判主要发生在拥有劳动法规的州属大型公立高校。在美国，集体谈判已有将近100年的历史。虽然1935年通过了《国家劳动关系法》（National Labor Relations Act，简称NLRA），但在20世纪60年代后期，工会组织才出现。继续影响法律格局的重要案件仍需经过劳工委员会和最高法院。尽管工会在高等教育系统取得了重大进展，但在许多高校工会的工作尚未展开。

联邦法律规范了私营部门的集体谈判，但其中没有针对大学教职员工的特殊规定或例外说明。规范公共部门集体谈判的州法律可能专门针对高等教育（如在加利福尼亚州）、公立学校教师或作为一般公共雇员的大学教职人员（跟很多其他州一样）。因此，公立大学的教师和管理人员需要特别注意所在州对公共部门谈判的规定，而联邦劳动关系法的解释在全国范围内更为统一。国家劳资关系委员会（The National Labor Relations Board，简称NLRB）于1970年宣布对高等教育具有管辖权，并于1971年确定私立高校的大学教师可以在国家劳动关系法的保护下进行组织。在1971年至1980年间，国家劳资关系委员会通常裁定教师是"雇员"，因此有资格在《国家劳动关系法》下组建工会。

在国家劳资关系委员会诉耶什华大学一案中，美国最高法院首次考虑了处理工业劳工管理关系的联邦集体谈判原则如何适用于私立学术机构。[①] 对于学术雇用关系,绝大多数法院拒绝执行国家劳资关系委员会的命令,该命令要求耶什华大学与作为教师代表的工会进行集体谈判。法院认为耶什华大学的全职教师是管理人员,因此被排除在《国家劳动关系法》的管辖范围之外。1975年,由国家劳资关系委员会组成的三人小组对耶什华大学教师协会的请愿书进行了审查,该请愿书要求获得耶什华大学某些学院专职教师的谈判代理资格。耶什华大学反对该请愿书,理由是其教职人员是管理或监督人员,因此不在该法令的范围之内。校方拒绝进行谈判,坚称教师广泛参与大学治理的行为将他们排除在该法案之外。当教师协会指控校方的做法是不公平的劳工行为时,国家劳资关系委员会命令该大学进行谈判,并要求其在联邦法院执行这一命令。美国第二巡回上诉法院裁定耶什华大学的教职员工具有管理地位,足以将其从该法案的范围中删除。在确认上诉法院的裁决时,鲍威尔法官等人讨论了是否应将管理雇员排除在大学参与治理决策的教师范围之外。法院参考了国家劳资关系委员会以前的决定和最高法院的意见,制定了"管理人员"的定义:通过表达和执行雇主决定来制定和实施管理政策的人,或在既定的雇主政策范围内甚至与之无关地行使酌处权,并与管理层保持一致。法院将此标准应用于耶什华大学教职员工,法院得出结论认为:教职员工行使管理权是因为他们在学术事务上具有绝对职权:例如提供哪些课程、何时开设,确定教学方法、评分政策以及录取标准,做出录取、保留和毕业决定。

国家劳资关系委员会承认耶什华大学教师的这一决策职能,但认为"与管理保持一致"是评估管理状态的适当标准。国家劳资关系委员会表示,由于未评估教师是否遵守大学政策,也未评估其执行大学政策的有效性,因此他们的独立性不会因与行政部门联合、谈判而受到损害。董事会表示,教师不是在与管理层保持一致,而是追求自己的专业兴趣,应像其他专业员工一样组织起来。法院明确拒绝了董事会的做法,并指出:董事会通常对执行职务的专业人员适用管理和监督排除条款,而不会询问其决定是否基于管理政策而不是专业知识。此外法院说,董事会认为"教师的职业利益和教育机构的利益是不同的、可分离的实体,教师不能同时与之

[①] William A. Kaplin and Barbara A. Lee, *The Law of Higher Education*, San Francisco, CA: Jossey‐Bass, 2006, p.491.

保持一致"的判断是错误的。

法院认为,"在耶什华大学,教师的专业利益不能与学校的利益分开"。四名法官不同意。布伦南法官作为持反对意见的代表,坚持认为国家劳资关系委员会的决定应得到支持。他认为,成熟的大学具有双重权限系统:在董事会中形成最终决策权的分级系统;使专业知识能为正式权力系统提供咨询和建议的系统。根据布伦南的说法,教师具有独立的利益作为建议的基础,但校方保留最终的决策权并且反对教师的判断,因为这与学院的需求和目标相一致。教职人员的管理职能不向行政部门负责,在履行其治理职责时,教职员工也不充当管理者代表。耶什华案引发了法院内部的激烈辩论,在评论员之间也存在分歧。辩论分为两个层次:第一个是法院多数派对学术治理的看法以及将劳动法原则适用于这种情况是否合理。第二层次涉及法院以何种程度将"排除管理"的形式适用于不同于耶什华现状和教职员工管理系统的院校。法院侧重于耶什华大学教职员工的自治权,目的是有效地确定大学的课程、评分系统、录取和入学考试标准、学术日历以及课程安排。法院指出,如果其他寻求谈判院校的教职人员不在耶什华大学一案的影响范围内,他们将受到劳动关系法的保护。

耶什华大学一案的决定似乎只为类似该校的院系、或法院称为"成熟的"私立大学教职员工建立了"管理排斥"。即使在这样的机构中,根据联邦法律,也不大可能将所有教师排除在谈判范围之外。例如大多数兼职教师不会被视为管理人员,因此有资格进行谈判。关于具有"软钱"研究任命的教师、非终身轨的助教和讲师、客座教授、乃至成熟大学中非终身教职的教师,也存在是否合法的问题。在与耶什华大学不同的私立学校中,国家劳资关系委员会和上诉法院都拒绝对教师实行管理上的排斥。

例如,国家劳资关系委员会诉史蒂芬斯学院一案涉及与耶什华大学情况相反院校的教职员工。该学院是一家公司,其主要股东还兼任首席执行官。除部门负责人外,教职员工根据他们每学期教授的课程数量获得报酬。根据法院的说法:"该学院的讲师没有参与政策决策,也没有参与管理层的决策。他们只是雇员。此外该学院与在耶什华大学一案中讨论的非营利性、成熟大学几乎没有相似之处。"[1] 在洛雷多高原学院诉国家劳资关

---

[1] William A. Kaplin and Barbara A. Lee, *The Law of Higher Education*, San Francisco, CA: Jossey‑Bass, 2006, p. 493.

系委员会一案中,该学院比上面提到的那所艺术学院更接近耶什华大学,法院裁定"教师参与大学治理主要通过委员会和其他此类团体"。在委员会之外,教师的治理仅限于"在内部或特定领域参与决策,例如招聘和课程开发"。法院认为教师在机构管理方面的权限"受到严重限制",因此得出结论,他们不符合"管理雇员"标准。[①] 匹兹堡大学一案尝试以类似的方式将耶什华一案的结果应用于公共机构,但没有成功。尽管宾夕法尼亚州劳资关系委员会的听证官裁定教职员工是管理人员,但法院都推翻了这一发现。教师选择了"无代理人",拒绝工会代表出席。在与耶什华大学差异较大的院校中,管理上的排除可适用于具有特殊管理职责的教职员工,比如部门负责人、学术参议员、申诉委员会或其他具有治理监督职能的机构团体成员。这其中所涉及的人数不可能太多,因此无法形成一个实质性的谈判单位。[②]

最高法院于 1980 年对耶什华大学一案作出裁决后,私立院校专职教师的工会组织工作明显放缓。在该案中法院裁定,成熟院校的教师可能被集体视为管理人员,因此不在《国家劳动关系法》法令的保护范围之内。虽然耶什华大学一案的判决属于当地法律,但国家劳资关系委员会于 2012 年 5 月要求博恩特帕克大学说明该大学的教职员工到底是法定雇员,还是作为耶什华大学的管理雇员应被排除在外。在博恩特帕克大学一案的最初决定时,区域主任认为教职员工不是管理人员,请愿人被选为集体谈判代表。其余问题最终提交给了隶属哥伦比亚特区巡回法院的美国上诉法院,法院认为国家劳资关系委员会"未能充分解释为什么教师在大学中的角色不是管理人员。"为了搞清楚这个问题,法院指示国家劳资关系委员会确定并解释耶什华大学一案有哪些重要的相关因素。法院还押后,区域主任发布了关于还押的补充决定。校方要求对该决定进行审查,国家劳资关系委员会于 2007 年 11 月 28 日批准了该决定。经过 5 年的等待,国家劳资关系委员会向有关方面寻求有关案件的简报。为了响应这一要求,美国大学教授协会提交了一份简报,其主旨是自 1980 年的决定以来,企业商业模式在大学的管理运营中迅速发展,如今的影响已无处不在。美国大学教授

---

① William A. Kaplin and Barbara A. Lee, *The Law of Higher Education*, San Francisco, CA: Jossey-Bass, 2006, p.493.

② William A. Kaplin and Barbara A. Lee, *The Law of Higher Education*, San Francisco, CA: Jossey-Bass, 2006, p.494.

协会引用了行政管理人员增加、高校更多的预算用于行政而非教学、在关键的教育问题上忽略教师建议等因素,建议国家劳资关系委员会在未来重新考虑类似耶什华大学的案件。有趣的是,在耶什华大学一案发生之前,教职员工已加入工会的私立大学大多数仍保持着工会的地位,这些高校的共享治理都得以幸存。如果国家劳资关系委员会采用美国大学教授协会在简报中阐明的某些原则,那么高校证明其管理地位的难度将变大。这样的亲劳工倾向可能会促使工会纳入成千上万还未加入工会的私立高校全职教师。目前私立高校的工会组织工作仍有难度。工会需要从州劳动法的保护伞下退出并根据《国家劳动关系法》的要求进行工作,前景并不乐观。工会还需要摆脱倦怠而又渴望投票的州立法者,这些立法者通常不会屈服于公共部门工会的要求,而大学的教职员工只是其中一个选区。

教职管理者没有联邦赋予的、可强制执行的权利能用于经过认证的谈判部门,或要求对强制性谈判主题进行谈判。高校没有联邦可强制执行的权利,对仅代表教职管理人员的工会提起不公平的劳工实践指控,理由是工会从事识别纠察、次级抵制或其他违反《国家劳动关系法》第 8(b)条的活动(如果联邦法律适用)。通过自愿程序达成的集体谈判协议可以根据普通法合同法在州法院执行。发展较为成熟的院校教师一直在寻求新的行使权力的机制,最高法院将其称为"管理者机制"。[①] 在不太成熟的院校中,管理人员赋予教师更大的权力,以阻止他们诉诸耶什华大学一案强调的谈判过程。美国所有类型的院校都希望更好地定义和实施教师在学术管理中的作用,而不是将其视为法律事务。

3. 发展趋势

国家劳资关系委员会在特殊医疗保健领域的决定允许设立较小的集体谈判单位,这意味着私立院校的教职员工和学术专业人士可以选择适合自己的谈判单位。国家劳资关系委员会于 2010 年底发布了这一关于谈判单位范围的重要决定,该决定已经并将继续对包括高等教育在内的所有行业组织产生连锁反应。在处理流动的特殊医疗保健和康复中心这一案例时,国家劳资关系委员会表示即使员工人数很少,但是拥有共同的群体利益,这样的谈判单位也会得到支持。反对方需要证明被排除在外的雇员利益大于

---

① William A. Kaplin and Barbara A. Lee, *The Law of Higher Education*, San Francisco, CA: Jossey-Bass, 2006, p.496.

少数员工的群体利益。① 在高等教育界，可以想象有无数潜在的小型谈判单位。例如与所有技术人员或所有文职与技术人员组成的大型部门相比，实验室技术人员组成谈判单位是合理的。实际上甚至某些学院或系部也可能具有足够的独特性，可以被认证为适当的谈判单位。撇开耶什华大学一案的论点，这些较小的谈判单位可能是未来发展的潮流，也是工会在大学校园中建立阵营的更简便方法。

有证据表明在讨论代理组织效力的问题时，重要的是谈判院校的性质：即院校或系统的制度和教师或特定的雇员群体特征。当今美国大多数加入集体谈判组织的教职员工都同时加入几个工会，而不是指定某个特定的谈判代理人。很难验证一个工会比另一个工会更有效。当试图辨别美国高等教育集体谈判的主题、趋势和结果时，很难理清与劳资关系相关的诸多内部和外部变量。我们也没有发现很多研究可以确定谈判的长期影响。例如在补偿领域，工会参与谈判是否会导致收入增加的问题仍然不清楚，目前没有客观的研究表明教师工会会带来更高的薪水。②

集体谈判是一种内在的政治过程，伴随着需要权衡的利益和陷阱。拥有权力的一方通常会胜出，而不是持有合理学术论点的一方。有观点认为集体谈判可能会损害高校教师的职业自主权，从而影响学术质量。例如在美国最好的高等教育机构中，教授们仍然没有工会。精英院校的教师通常是坚定的知识型个人主义者，其运作方式与工会所倡导的价值观背道而驰；也有观点认为可以随意解雇试用期的教授，不是因为其表现不佳，而是因为将来可能会找到更多有发展前景的候选人。但是工会在法律上有义务保护职业特权和工作安全，特别是当教师希望对单位所有人进行类似的加薪时，或者因晋升或剥夺终身教职而面临漫长仲裁听证会的管理人员也可能需要工会的参与。③

随着集体谈判变得更加制度化，谈判结果变得更加常规和可知；后续协议数量增加；劳资关系人员报酬稳定下来；随着其他组织危机使集体谈

---

① Daniel J. Julius & Nicholas DiGiovanni Jr., *ACADEMIC COLLECTIVE BARGAINING*: *On Campus Fifty Years*, Center for Studies in Higher Education, UC Berkeley, 2013, p. 7.
② Daniel J. Julius & Nicholas DiGiovanni Jr., *ACADEMIC COLLECTIVE BARGAINING*: *On Campus Fifty Years*, Center for Studies in Higher Education, UC Berkeley, 2013, p. 2.
③ Daniel J. Julius & Nicholas DiGiovanni Jr., *ACADEMIC COLLECTIVE BARGAINING*: *On Campus Fifty Years*, Center for Studies in Higher Education, UC Berkeley, 2013, p. 20.

判无法进行，许多情况下谈判者的作用和权威开始减弱。现在，许多人向总顾问、人力资源专业人员或副校长报告。劳资关系一般在组织结构中较低的层次上处理，虽然合法性或资格不再受到质疑，但由于集体谈判者和在大型系统或机构中进行学术谈判的人与高级决策者的接触较少，因此工会组织的影响力以及谈判过程的控制能力都降低了。这种新情况会使谈判过程变得更加麻烦、耗时且昂贵。

4. 存在的分歧

美国高校的集体谈判合同传统上有两种，一种是拉链（Zipper）条款，另一种是过去的惯例（Past Practices）条款。[①] 拉链条款通常规定，工会同意就合同中未包含的雇用条款或条件放弃谈判的权利，各方之间的先前关系因此变得无关紧要；惯例条款在不与协议内容相抵触的范围内，将各方之间的先前关系纳入其中。如果合同条款存在空白或不明确之处，合同解读可能会与过去的惯例保持一致。但是，惯例的可用性不能完全确保传统的学术惯例能在集体谈判中持久存在。在教师谈判初期，有人认为这种学术惯例将逐渐消失。一种观点认为，集体谈判带来了工业谈判模式的经济战，迫使双方成为明确定义的员工和管理者，因而削弱了高等教育的院校特色。反对者认为可以在不干扰学术实践的情况下在高校推行集体谈判。[②]

关于教师是否有权与管理部门就终身教职评价标准或程序进行谈判已经出现争议。目前分歧主要在于法院是否将终身教职评价标准或程序视为可以谈判的法定主题，而不是高校的管理特权。州法规赋予公共雇员就"聘用条款"和"工作条件"进行谈判的权利。例如新泽西州立大学学院诉邓甘一案中，一项州法规赋予公共雇员就"聘用条款"和"工作条件"进行讨价还价的权利。法院裁定根据该法规，授予终身教职不是"强制性"的，因为州教育法委托给高等教育机构根据教育专业知识进行客观判断，这种做法代表了主要的教育政策。在这样的推理之下，终身教职规则可能超出了许可的谈判范围，而是作为"固有的管理政策"或董事会的不

[①] William A. Kaplin and Barbara A. Lee, *The Law of Higher Education*, San Francisco, CA: Jossey‐Bass, 2006, p. 497.

[②] William A. Kaplin and Barbara A. Lee, *The Law of Higher Education*, San Francisco, CA: Jossey‐Bass, 2006, p. 497.

可委派职能，或其他州法律、行政机构法规禁止的职能。① 然而其他法院或机构，特别是在与《国家劳资关系法》管辖下的私立高校打交道时，可能会认为终身教职是强制性的，或至少可以作为谈判主题因为它涉及到工作保障。例如在哈克尔诉佛蒙特州立大学一案中，法院裁定，根据该州的《雇员劳资关系法》，教师的晋升和终身教职是"适当的谈判主题"，并在集体谈判协议中维持了关于晋升和终身教职的规定。鉴于司法结果的这种差异，我们无法得知终身教职或晋升的标准和程序总体上是否可以进行协商。②

当教师参加工会后，传统上由管理者单方面作出的某些决定可能需要与工会进行协商。例如，当罗格斯大学纽瓦克分校的文理学院院长以暑假不工作为由，决定将 7 名终身教职教师的合同从 12 个月减为 10 个月时，工会向该大学提出了违约诉讼。③ 在特洛伊诉罗格斯大学一案中，州上诉法院裁定集体谈判协议取代了教职员工与大学之间的个人合同，工会对此提出了上诉。新泽西州最高法院推翻了上诉法院的判决，裁定必须通过审判确定该大学是否已与某些教职员工订立补充个人合同，以加强集体谈判协议提供的保护。此外法院裁定，影响教师薪酬和工作条件的决定不是管理特权，必须进行谈判。④ 但是根据马萨诸塞州最高法院的说法，决定是否调动在裁员中被淘汰的教职员工是一项管理特权。在罗克斯伯里社区学院诉马萨诸塞州教师协会一案中，法院撤消了一项仲裁员命令学院将一名经过土木工程师培训的下岗教授分配给数学系的裁决。法院裁定，学院不能将安排教职人员的权力下放到集体谈判，因为工作分配是管理特权。⑤

在公立高校，州法律或法规可能要求公立雇员在诉诸司法系统解决纠纷之前，用集体谈判协议提供行政补救措施。争议解决的另一种方法是向国家劳资关系委员会（针对私立学院和大学）或州公共雇用关系机构（针

---

① William A. Kaplin and Barbara A. Lee, *The Law of Higher Education*, San Francisco, CA: Jossey-Bass, 2006, p. 499.
② William A. Kaplin and Barbara A. Lee, *The Law of Higher Education*, San Francisco, CA: Jossey-Bass, 2006, p. 500.
③ William A. Kaplin and Barbara A. Lee, *The Law of Higher Education*, San Francisco, CA: Jossey-Bass, 2006, p. 499.
④ William A. Kaplin and Barbara A. Lee, *The Law of Higher Education*, San Francisco, CA: Jossey-Bass, 2006, p. 499.
⑤ William A. Kaplin and Barbara A. Lee, *The Law of Higher Education*, San Francisco, CA: Jossey-Bass, 2006, p. 499.

对公立高校）提交不公平的劳工实践索赔。拒绝就工会认为适当的谈判主题（管理方不这么认为）进行谈判，以及指控其中一方在某种程度上违反联邦或州劳动法往往是不公平劳工行为诉讼的焦点。联邦或州机构可使用的补救措施包括就非法活动进行谈判或命令其停止，恢复因违反劳动法而被解雇人员的职务以及补偿或公平补救措施。根据联邦或州法律，违反集体谈判协议的行为也可能经常被描述为不公平的劳工行为。一系列判例法正在制定在集体谈判过程中禁止就业歧视的联邦和州法律。法院已经解释了联邦劳动关系法，赋予工会公平代表每个雇员的义务——没有任意性行为、歧视或恶意。提出此类问题的大多数案件都是根据1964年"民权法案"第七章提出的。集体谈判过程可以影响申诉程序，例如受集体谈判协议保护的教师可以选择具有约束力的仲裁。如果教师通过美国平等就业机会委员会或法院提起诉讼，工会也可能阻止教师使用内部申诉机制。

（二）替代性纠纷解决（Alternate Dispute Resolution，简称ADR）

当"局外人"通过参与集体谈判的各个方面参与校园事务时，学术界的潜在紧张关系显然存在：谈判代理人的认证、协议的谈判、事实调查、调解、仲裁以及最终通过州或联邦行政机构和法院解决内部争议。私立高校受制于控制集体谈判的联邦法律，而公立高校的集体谈判则受州法律的约束，但其中许多权利都是相似的。不同州的法院对终身教职或晋升标准、程序是否可以谈判达成了相反的结论。因此，几乎所有的州法规都规定了取代罢工的僵局解决方法。根据法规，这些方法包括调解、事实调查和利益仲裁。最常见的僵局处理程序是调解，任命第三方向争议各方提出建议但不规定任何解决条款。事实调查通常涉及任命一个独立的个人或小组来审查争议，并就其所依据的关键事实作出调查。公立高校也可以采用解决谈判僵局的相同技术来解决有关谈判协议应用和解读引起的争议。解决此类争议的最常见方法是申诉仲裁。在私立高校，只有两种方法可以解决协议谈判的僵局——调解和利益仲裁（后者很少使用）。

当事人规定仲裁员最初审理申诉的权力范围以及仲裁员可以给予的补救措施。在公立高校，有些事项可能受到州法律的管制，因此仲裁员缺乏对这些问题作出裁决的权力。虽然大多数合同规定仲裁员可以听审任何涉嫌违反集体协议的申诉，但如果申诉与教师聘用决定有关，例如再聘、晋升或终身教职评审，那么大多数合同都会限制仲裁员的权力。虽然大多数合同允许仲裁员确定在决策过程中是否发生了程序违规，但通常的补救措施是按照适当的程序要求再次作出决定。在少数情况下,如果高等教育机构和教师工会之间的集体谈判协议规定了对雇用纠纷的约束性仲裁,在大约一半的案件中仲裁员推翻了负面的就业决定并授予教师再聘、晋升或终身教职。[1]

考虑到诉讼在时间和金钱上的巨额成本,以及法律完全解决某些类型纠纷的能力有限,这些因素促使企业、其他组织甚至法院转向替代性纠纷解决。替代性纠纷解决包含多种解决纠纷的方法,从与有权寻求解决纠纷的监察员进行非正式磋商,到申诉程序、调解或仲裁等更正式的程序。数十年来已通过仲裁解决了不少商业纠纷和金融服务业纠纷。学术界接受替代性纠纷解决的速度一直很慢,但是在某些类型的纠纷中它变得越来越普遍,越来越多的机构开始寻求用替代性纠纷解决降低诉讼成本,并尽可能用减少对抗性的方式解决纠纷。

替代性纠纷解决的优点包括:它承诺可以更快、更便宜地解决争端;在调解中基本不使用"发现"规则,而且在仲裁中也受到限制;仲裁员通常不使用司法证据规则,但是可以接受法院不愿提供的证据(例如传闻证据);除非当场发表口头裁决,他们通常在听证会后一两个月发布结果;当事方共同选择调解人或仲裁人,而不是指派法官;参与方共同设计流程以满足其需求,如果需要改进可以更改流程。但是替代性纠纷解决也有一些缺点:作为私人过程,通常没有关于结果的公开记录,这种特征容易使雇主受益。替代性纠纷解决拒绝公开询问人事决定,可能使必须参与选择调解员或仲裁员的员工难以评估这个人的记录或以前的裁定;替代性纠纷解决因为缺乏公共问责制受到质疑,其中许多具有法定依据的申诉在没有司法或监管机构审查的情况下就可以解决;仲裁员的决定通常被认为是最终决定,因此很难上诉;面对调解员或仲裁员时,对雇用决定提出异议的雇员与代表高校的个人在技能和知识上可能存在实质性差异;许多替代性纠纷解决系统禁止任何一方的律师参与。尽管存在这些担忧,但作为解决争端的策略,替代性纠纷解决在高校越来越受欢迎。

替代性纠纷解决可以使用内部流程、外部第三方或同时使用两者。内部流程包括申诉程序:在该程序中,学生或教师可以通过聘用合同、州法

---

[1] William A. Kaplin and Barbara A. Lee, *The Law of Higher Education*, San Francisco, CA: Jossey-Bass, 2006, p. 297.

律或学生行为准则创建的权利,基于未参与相关决定的个人或小组进行审核的权利来质疑某些决定。申诉程序尤其是集体谈判协议中所包含的程序,可能有多个步骤,最终可能由高级别管理人员或非机构雇员的中立个人做出最终决定。① 根据与雇员签订的任何合同或相关的州法律规定,复审法院可认为申诉小组的事实认定对高校和申诉人具有约束力。例如莫菲诉杜昆斯圣灵大学一案中,法院裁定教职工小组的事实调查结果对原告具有约束力,原告无法重新对学校是否已证明不当行为符合合同终止条件的问题提出诉讼。② 另一方面,如果教师申诉小组建议解决涉及折衷或其他替代性纠纷解决机制的争议,法院可能不允许原告辩称该发现对违反合同的申诉具有排他性。例如布雷纳诉乔治城大学一案中,法院裁定申诉小组在听证中未采用合同法原则,因此该小组对该教师有利的裁决没有排他性效力,也不支持代表教师的即决判决动议。在教职员工手册中包含申诉程序可能会使法院相信,未用尽内部补救措施的原告不会在法院寻求合同补救措施。③ 例如布伦南诉金一案,一名未在东北大学获得终身教职的助理教授对学校提起了违反合约及歧视诉讼。关于布伦南的合同要求,法院裁定马萨诸塞州法律要求原告在提起诉讼之前用尽合同补救措施。但是法院允许其歧视诉讼继续进行,因为教师手册并未为未获得终身教职提供补救措施。④

即使没有正式的申诉程序,在教师质疑负面的就业决定时,也可能会召集一个同行小组分析这一决定是否理由充分。同行专家组的审议结果通常被视为一项建议,主管部门可以选择接受、修改或拒绝该建议。涉及高等教育机构外部的替代性纠纷解决流程包括调解。在调解中,中立的第三方与争议各方进行合作以解决冲突。调解员可能会与各方见面以解决争端,也可能会分别与各方见面,听取他们的疑虑并帮助制定解决方案。调解员无权决定结果,但可以在听取各方关注的问题后向双方提供建议。争

---

① William A. Kaplin and Barbara A. Lee, *The Law of Higher Education*, San Francisco, CA: Jossey-Bass, 2006, p.135.
② William A. Kaplin and Barbara A. Lee, *The Law of Higher Education*, San Francisco, CA: Jossey-Bass, 2006, p.135.
③ William A. Kaplin and Barbara A. Lee, *The Law of Higher Education*, San Francisco, CA: Jossey-Bass, 2006, p.135.
④ William A. Kaplin and Barbara A. Lee, *The Law of Higher Education*, San Francisco, CA: Jossey-Bass, 2006, p.135.

端的所有各方都必须同意结果才能进行到最终程序，调解一般能成功地解决员工之间的纠纷。

仲裁是有工会代表员工的高校经常使用的另一种替代性纠纷解决形式。仲裁员是具有雇用经验的第三方中立人，也被称为"私人法官"。当事各方在听证会上向仲裁员表达他们的关切，雇主有责任证明其解雇决定是合理的。仲裁还用于解决有关合同语言的争议。根据美国最高法院一系列被称为"钢铁工人三部曲"的案件，除非仲裁员超出了合同赋予的权限、仲裁员从事不当行为或仲裁违反了公共政策的一些重要原则，否则法院不应对仲裁裁决进行复审。[1] 集体谈判协议中的替代性纠纷解决系统受谈判过程的约束，合同规定的所有索赔都将受到申诉程序的影响，最终由仲裁完成。仲裁可以是当事各方的咨询，也可以是当事人同意受仲裁员决定的约束。某些非工会组织的高校可能会被要求签署用仲裁解决所有聘用纠纷的协议，而不是提起诉讼。这些强制性仲裁协议在法庭上一直面临严峻的挑战，特别是原告试图对聘用歧视提起诉讼时。如果员工没有工会，执行仲裁条款的标准就不会太严格。

高校涉及替代性纠纷解决的诉讼主要集中在仲裁和这两个问题上：仲裁员可以决定哪些问题以及在什么情况下法院可以推翻仲裁裁决。尽管许多拥有工会的院校教师受到集体谈判协议的约束，这些协议规定对大多数雇用决定进行仲裁审查，但许多协议不允许仲裁员授予或否定终身教职。协议允许仲裁员确定终身教职评价过程是否遵从了规定的程序或公平原则。如果协议不允许仲裁员改变学校的终身教职决定，法院将推翻仲裁员自行对申诉人资格进行审查的裁决。例如加州教职员工协会诉圣克拉拉县高等法院一案，州上诉法院维持了初审法院撤销仲裁裁决并将该案发回给另一位仲裁员进行听证的判决。[2] 裁决受到质疑的仲裁员已经自行对未成功获得终身教职的申诉人的学术成就进行了审查并授予其终身教职。初审法院裁定，仲裁员越界使用了集体谈判协议所赋予的权力。原因是集体谈判协议中推翻负面终身教职决定的标准要求仲裁员必须查明校长作出负面决定时未能进行合理的判断，此外仲裁员需要肯定地说明相反的情况下，

---

[1] William A. Kaplin and Barbara A. Lee, *The Law of Higher Education*, San Francisco, CA: Jossey - Bass, 2006, p. 137.

[2] William A. Kaplin and Barbara A. Lee, *The Law of Higher Education*, San Francisco, CA: Jossey - Bass, 2006, p. 138.

原告将可以获得终身教职。此案中的申诉人在终身教职决策过程的各个阶段都没有得到肯定的评价,仲裁员的决定是基于支持申诉人获得终身教职的证人证词,而不是根据校长一直以来做出决定的记录进行审查。法院认定仲裁员擅自取代了校长的决定,因此维持了初审法院的补救措施。

　　挑战终身教职被拒的申诉者可能试图声明终身教职评价过程中程序不合规。例如在托莱多大学分会诉托莱多大学一案中,一位未成功获得终身教职的助理教授对负面决定提出了程序性违规的质疑,指出系主任和院长认为教授发表的成果数量不足违反了合同的程序要求。仲裁员裁定该协议并未违反程序,原告就这一裁决向州初审法院提出上诉。法院维持了仲裁员的裁决,指出合同的程序允许系主任和院长可以自由决定终身教职候选人的成果与教学、服务相比的权重,并且仲裁员通过对大学有利的合同解释并没有超出其职权范围。① 高校决定将雇用决策的仲裁局限于程序性问题而不是是否合理时,这可能会说服法院允许原告在法庭上对高校决定的合理程度进行诉讼——至少在涉嫌歧视时。在布伦南诉金一案中,教师手册规定了终身教职纠纷中程序性问题的仲裁,但特别规定仲裁员无权授予或拒绝授予终身教职。法院认为由于仲裁程序并未为候选人的终身教职纠纷提供完整的解决方案,因此原告在提起歧视诉讼之前不必用尽仲裁手段。② 关于州法院对仲裁裁决的司法审查,宾夕法尼亚州最高法院已为该审查建立了一个包含两部分的测试。首先,当事人和仲裁员所定义的问题必须在集体谈判协议的范围之内。其次,仲裁员必须根据集体谈判协议的规定作出裁决。

---

① William A. Kaplin and Barbara A. Lee, *The Law of Higher Education*, San Francisco, CA: Jossey – Bass, 2006, p. 139.
② William A. Kaplin and Barbara A. Lee, *The Law of Higher Education*, San Francisco, CA: Jossey – Bass, 2006, p. 139.

第五章

美国大学教师晋升与终身教职申诉制度 Ⅱ

正式法庭诉讼是美国大学教师校外申诉基本类型。本章总结、归纳并阐述了美国高校教师晋升及终身教职正式法庭诉讼十三种主要类型及其案例；通过分析 1972—2011 年间四年制学院或博士学位授予大学教师向美国联邦最高法院、联邦上诉法院或州最高法院提起的终身教职申诉，最终仅找到 33 个教师胜诉的案例，分析并概括了教师胜诉的共性特征。

第一节 美国大学教师校外申诉类型及案例

美国大学教师晋升及终身教职正式法庭诉讼可主要分为 13 种类型，分别归纳概括如下。

一 评价信息机密特权保护与获取要求矛盾引发的诉讼

教师的晋升及终身教职评估程序是私下进行的，因此教师通常无法获得各级评审的审议细节。即便如此，教师通常会收到有关再聘、晋升或终身教职评价进展的通知，以及自己的申请是否在流程的每个阶段得到了肯定的评价结果。如果某一级的审核结果是否定的，申请人希望获得有关决定更多信息的需要与学校保护评审过程信息机密性的需要相冲突时，就会产生紧张的局势。特别具有挑战性的是落选教师在进行终身教职申诉时要求查阅机密文件和其他相关文件。一方能够获取对案件至关重要的相关证据，这是案件进行全面公正诉讼的基础。这在学术界提出了一个问题：是否必须提供同行评审过程中的建议和讨论，以及在必须提供信息时是否可以编辑委员会成员的身份。例如同行评审做出的评价、推荐信和委员会审议可能充满了评审者的歧视性证据。

虽然终身教职申请失败的教师可能会寻求有关自己不利决定的信息，但学校官员和法律顾问可能会尽力将同行评审的讨论保密，并声称有关信息有资格受到特权保护免于披露。要求提供信息的传票遭到了过度宽泛、不相关、保密性和美国第一宪法修正案保障等挑战。某些州的公开披露法允许访问公共文档、数据和会议记录。法院仍在解决这些法律是否可以要求访问晋升和终身教职的相关材料。不断发展的法律不确定性可能会阻碍评审专家和管理人员保留某特定候选人的详细评审记录。

一定限度范围内的专业来往享有通信机密性受到保护的合法特权。这种保护措施尊重公众利益、保护公开诚实的交流，这种交流比公开敏感信息的社会需求更重要。相关的例子包括律师—委托人、牧师—忏悔者、丈夫—妻子和报纸记者—线人。法院一直对大学是否享有终身教职诉讼特权存在分歧，因为学术界的保密性不属于传统认可的类别。倾向于公开更多的信息，法院逐渐侵蚀了大学要求保护特权的防线，并已允许教师和美国平等就业机会委员会查阅机密的同行评审材料；另一方面，高校认为强制公开敏感材料和讨论内容会对整个评价过程产生阻碍，并不利于进行公开诚实的对话。如果没有保密作保障，同行评审专家和相关领导就不太可能坦诚地评估申请人，这可能损害整个晋升和终身教职的评价流程。如果晋升和终身教职的评价文件获得无限制的特权保护，原告就无法获得相关证据，那么原告想要证明存在就业歧视的机会将十分渺茫。由于证据可能具有间接性和细微差别，因此必须从人事记录和评审专家的证词中收集。

一些赞成更开放、给予高校更少保密特权的人争辩说，这样做会加强学术自由。去除任何保密性限制或特权将使终身教职的评审过程不再仅仅对一小群学者开放。针对教师不受欢迎的想法而做出负面聘用决定意味着来自于第一修正案和对学术自由的保护。在这种情况下，对学术自由的威胁来自高校内部，而不是来自于外界。由于更加开放，仅基于教师不受欢迎的观点而拒绝授予其终身教职的同行评审委员会将受到更严格的审查。其他支持保密或特权的人则认为，机密性得到保障的评审专家可能会在评审中更加彻底全面。保密是否会提高决策质量、是保护还是减少了学术自由的问题一直备受质疑。

各法院在保护学术界声称的再聘、晋升和终身教职评审档案保密特权上存在分歧。个人和高校的学术自由利益以及同行评审的诚实公正性已经过权衡和辩论。虽然一些法院建议采取平衡各方利益的方法，但其他法院拒绝给予高校特权保护。在 1990 年之前，原告在取得同行评审材料的过程中遇到极大困难。尽管不是全部，高校有关学术自由的主张在许多巡回法院获得支持。试图根据第七章找出高校存在歧视意图的原告在寻找必需的证据时遇到极大困难，特别是高校可以获得保护命令编辑同行评审材料中的某些信息。根据证据规则，法院一直备受这个问题的困扰：是否应强迫校方披露同行评审委员会的机密讨论和投票。在宾夕法尼亚大学诉美国平等就业机会委员会的案件中，美国最高法院公正地解决了这个问题，并支持美国平等就业机会委员会获得同行评审材料。法院还拒绝要求美国平等就业机会委员会在获得材料之前证明其存在特殊需要。此外，法院拒绝采用大学提出的平衡试验或为其提供专门的学术特权。法院做出决定时的几个重要考虑因素包括：国会在 1972 年将第七章扩展到高等教育机构，但不包括授予其特权；第七章为平等就业机会委员会提供了广泛的相关证据；如果美国平等就业机会委员会披露机密信息，则可根据第七章提供制裁；同行评审可能存在歧视证据。[1]

虽然在宾夕法尼亚大学诉美国平等就业机会委员会案件中，当美国平等就业机会委员会要求获取同行评审材料以调查就业歧视索赔时，法院澄清了大学有责任提供相关材料。但此案仍有两个问题未解决：首先，此案未回答当教师没有通过美国平等就业机会委员会追究索赔时，教师是否拥有查看同行评审材料的权利；其次，此案未回答当索赔是基于第七章之外的其他诉求时，教师是否可以查看相关资料的问题。宾夕法尼亚大学诉美国平等就业机会委员会一案中提出了另一种特权问题，其中美国最高法院驳回了校方认为终身教职候选人的机密评估受到学术自由特权保护的主张。意见明确指出，大学在终身教职决定中所依据的任何"机密"评估均与剥夺终身教职的性别歧视诉讼有关，因此必须予以披露。[2]

高等教育院校教师和管理人员面临的一个困难和存在分歧的学术自由问题是法院或行政机构是否可以强迫教师或其所在院校披露机密学术信

---

[1] William A. Kaplin and Barbara A. Lee, *The Law of Higher Education*, San Francisco, CA: Jossey-Bass, 2006, p. 96.

[2] William A. Kaplin and Barbara A. Lee, *The Law of Higher Education*, San Francisco, CA: Jossey-Bass, 2006, p. 11.

息，如果这些信息与诉讼相关的话。与保护机密信息相关的问题往往出现在两种情况下：要求披露再聘、晋升或终身教职评审时个别评估者对教师表现的评价；要求在违背研究人员意愿的情况下，发布未发表的数据或研究结果。波坎泽称法院在宾夕法尼亚大学诉美国平等就业机会委员会一案中对高等院校的态度相当敌视，因为它拒绝接受高等教育的独特性。波坎泽又提出同行评审的严谨程度以及评审专家不愿提供任何书面评论的可能性。这种主张披露评审材料的法律进展可能会阻碍同行评审委员会和高校管理人员保留其审议细节的记录。关于教师研究和出版方面的评价信和评论可能是肤浅的、受到保护的，对此波坎泽断言：学者和高校"应该能够轻松地制定并表达对质量的强硬判断"，那些"没有什么可掩饰"的人"无需担忧"。①

许多高等院校依赖教师同行的判断——由学校内的同事或其他学校与教师专业相同的专家来评估教师的学术、教学和社会服务的质量，并建议是否应进行再聘、晋升、或授予终身教职。从历史上看，很多高校的候选人不能查看同行评审；事实上，只有当高校保证候选人无法获得评估信息时，许多外部评审员才愿意对教师提供坦诚的评价。高校、教师和外部评估人员认为保密是鼓励坦诚的必要条件。另一方面，未获得再聘、晋升或终身教职的候选人认为，不让他们获得与负面评价相关的机密评估信息是不公平的，这限制了他们在法庭上质疑非法决定的能力。虽然后一种观点在美国最高法院的判决中占了上风，但最高法院要求大学向美国平等就业机会委员会披露机密评估信息，经过10年的诉讼和巨大的分歧，联邦上诉法院获得了这种困境的答案。

司法机构对此问题的正式关注，始于当初审法庭命令在教师审查委员会中任职的佐治亚大学教授披露并解释他对未获得晋升和终身教职候选人的投票。教授以学术自由特权为由拒绝了。上诉法院在丁南一案拒绝了教授关于学术自由特权的主张，指出此举没有涉及宪法问题，丁南教授要求享有一项从未被任何法院认可的特权。法院在承认学术自由重要性的同时，将丁南的主张认定为寻求压制信息，并强调了挫败原告试图确定自己未获终身教职原因的可能性："这种可能性对我们的自由和学术自由的威

---

① William A. Kaplin and Barbara A. Lee, *The Law of Higher Education*, San Francisco, CA: Jossey-Bass, 2006, p.154.

胁要大得多"。该观点表明，丁南声称强行公开投票和评估将损害学院和大学的说法显然令人不快："我们看不到终身教职评审委员会如果真诚地行事，我们今天的决定将对其决策过程产生不利影响。的确，这种观点应有助于在终身教职问题上加强负责任的决策，因为它向可能的犯罪者发出了一个明确的信号，即他们不能躲在"学术自由"后面以避免对自己的行为负责……公众并不鼓励胆小的人担任终身教职评审委员会成员。"法院维持了初审法院的命令，要求丁南回答有关委员会投票的问题，如果他继续拒绝，将会因蔑视司法的罪名入狱。丁南再次拒绝这一裁决，法院命令他入狱。[①]

尽管丁南案表达的观点预示了美国最高法院在宾夕法尼亚大学一案判决中的一致意见，但在过去的九年间，在高等法院解决该问题之前，还有其他上诉裁决考虑了这个问题。1982年，在格雷诉高等教育委员会一案中，另一法院做出了与丁南一案相同的结论，但范围狭窄得多，这为创建在适当情况下享有这种特权开辟了大门。由于原告格雷没有得到学校拒绝授予终身教职的理由，法院裁定必须向他提供所寻求的机密文件；法院建议，如果给了他理由，那大学可能会扣留相关的文件。通过在其他案件中为承认学术自由特权留出空间，法院实际上采取了美国大学教授协会先前主张的中间立场。[②]

美国第七巡回上诉法院在美国平等就业机会委员会诉圣母大学一案中创建并应用了学术自由特权，命令美国平等就业机会委员会接受经过编辑的文档，文档中可以识别到作者的信息已被删除，声称评估者的身份受到学术自由特权的保护。法院接受了大学的论点，即美国平等就业机会委员会应签署保密协议，然后再获得非诉讼方的教师档案。[③] 但是当美国平等就业机会委员会要求获取机密评估信息以调查某位教授声称其终身教职被拒是由于国籍歧视的说法是否属实时，美国第三巡回上诉法院拒绝了富兰克林和马歇尔学院学术自由特权的主张。在美国平等就业机会委员会诉富

[①] William A. Kaplin and Barbara A. Lee, *The Law of Higher Education*, San Francisco, CA: Jossey–Bass, 2006, p. 701.

[②] William A. Kaplin and Barbara A. Lee, *The Law of Higher Education*, San Francisco, CA: Jossey–Bass, 2006, p. 701.

[③] William A. Kaplin and Barbara A. Lee, *The Law of Higher Education*, San Francisco, CA: Jossey–Bass, 2006, p. 701.

兰克林和马歇尔学院一案中,法院承认机密性对获得坦率评估的重要性同时,裁定原告在与歧视有关方面的信息需求超过了大学在保密方面的利益。①

鉴于处理此问题的四个联邦上诉法院之间存在巨大分歧,美国最高法院批准了宾夕法尼亚大学商学院教授罗莎莉·董起诉校方在拒绝授予终身教职时存在种族、性别和国籍歧视一案的审查。美国平等就业机会委员会传唤大学提供否定评价所依据的机密同行评估。尽管校方遵守了美国平等就业机会委员会的大部分要求,但它拒绝提交相关评估专家写的机密信件、系主任的评价信以及教职工委员会的审议情况。它还拒绝提供商学院五名当时获得终身教职的男教师材料,美国平等就业机会委员会希望通过对这些材料进行审查以作比较。美国平等就业机会委员会提起诉讼以执行传票;地区法院和美国第三巡回上诉法院都命令校方依照富兰克林和马歇尔一案的结果出示相关文件。但大学仍拒绝提供相关材料,并向美国最高法院提起上诉。校方认为,可靠的终身教职评价需要坦诚的同行评估,而评估又需要保密。它声称要求进行此类信息披露将"破坏和睦共处",应创建普通法特权或基于宪法的特权。法院同意确定是否应创建合格的"学术自由特权",或者是否应使用平衡测试,以要求美国平等就业机会委员会在披露信息之前对信息表示"特殊需要"。法官哈里·布莱克蒙代表全体法院一致通过,维护了美国平等就业机会委员会对同行评估的需求,拒绝建立院校的特权或要求美国平等就业机会委员会表现出"特殊需要"。布莱克蒙大法官首先指出,第七章中没有任何规定说明同行评议可以免于查阅。仅由于本案中的被告是一所大学,美国平等就业机会委员会对相关信息的需求并未减少。法院拒绝建立普通法特权的原因如下:①国会在1972年修改了第七章内容,目的是将其保护范围扩大到学院和大学的雇员,其中并未包括这种特权。②第七章赋予美国平等就业机会委员会广泛的获取相关证据的权利,同行评估显然具有相关性。③第七章包括对美国平等就业机会委员会工作人员披露机密信息行为的制裁。④歧视的证据特别有可能"藏在同行评议文件中"。⑤要求美国平等就业机会委员会显示对信息的特殊需求可能会使委员会的调查更加困难,从而使第七章的立法

---

① William A. Kaplin and Barbara A. Lee, *The Law of Higher Education*, San Francisco, CA: Jossey-Bass, 2006, p.701.

意图受挫。法院还驳回了校方建立基于宪法的学术自由特权请求。认识到学术界极其想保护学术自由的同时，法院将美国平等就业机会委员会的要求视为对学术自由的轻微侵犯，并将其描述为执行联邦法律的、内容中立的政府行为，而非政府试图压制言论自由的行为。①

显然，法院将对学术自由的潜在侵害视为一种推测，认为给予学术界特殊待遇的观点是不恰当的。尽管随着公开可能性的增加，一些评估者可能变得不那么坦率，但其他评估者可能只是将其评估以具体实例为依据，目的是避免潜在的偏见或不公平主张。并非所有学者都愿意在评估同行时毫不犹豫地站起来参与投票。在这种情况下，审判结果似乎在要求高等院校面对美国平等就业机会委员会传票时，必须提供相关信息，无论该院校是否已承诺对其保密。尽管最高法院没有解决高校是否可以提供经过编辑的同行评审材料的问题，但是法院用非常宽泛的语言支持美国平等就业机会委员会对相关信息的需求。这表明如果美国平等就业机会委员会断言识别到的信息与特定的索赔相关，高校必须提供该信息。尽管此案涉及的是美国平等就业机会委员会而不是私人原告的信息访问权，但该案可能会被解释为允许歧视案件中的教师原告查阅外部评估者的来信、部门或其他委员会的书面建议，以及与负面就业决定有关的其他信息。

自宾夕法尼亚大学案件以来，发现请求在终身教职被拒引发的诉讼中已经回归到法院在非学术环境中适用的相关性和举证原则。例如在克恩诉圣母大学一案中，一位在商学院未如愿获得终身教职的女教授试图获得一名男同事的晋升档案，该男同事和原告一起参加评审但同年晋升为教授。尽管校方反对的理由是晋升为副教授的标准与副教授晋升为教授的标准有所不同，但法院下令校方出示相关卷宗。此案没有讨论学术自由特权。对于拥有公开记录法的州属公立高校（以及一些私立高校），宾夕法尼亚大学一案的结果可能意义不大，因为其中一些法律已被解释为适用于教师的人事决定。例如宾夕法尼亚州立大学诉劳工和工业部专员一案。②

不断变化的法律不确定性可能会阻止评审专家和管理人员对晋升候选人详细评价记录的保密行为，但对于如何保护学术界声称的晋升和终身教

---

① William A. Kaplin and Barbara A. Lee, *The Law of Higher Education*, San Francisco, CA: Jossey-Bass, 2006, p.702.

② William A. Kaplin and Barbara A. Lee, *The Law of Higher Education*, San Francisco, CA: Jossey-Bass, 2006, p.703.

职评价文件的机密性,法院意见不一。某州法院将开放记录法解释为允许教师看到晋升或终身教职评价决定的同行评审,并将其称之为"绩效评估"(州法律要求披露)而不是"参考信函"。同样,阿拉斯加大学诉格斯陶斯一案中,阿拉斯加州最高法院裁定晋升和终身教职评价决定受到州阳光法的约束。[1] 某密歇根州法院在穆斯科维茨诉柳伯斯一案中豁免了一些同行评估信息进行披露,裁定院长给教务长的一封关于教职员工表现的信件不受密歇根州雇员知情权法案约束。[2] 同样,坎塔尼斯诉塞洛斯利·文斯顿一案中,佛罗里达州的某州上诉法院在解释该州的公开记录法时,裁定终身教职评审委员会的投票免于披露。但俄亥俄州最高法院以不同方式解读了自己州的公开记录法,并拒绝为终身教职档案中的机密材料设立特权。法院认为,根据俄亥俄州法律,州立高等教育机构维护的晋升和终身教职记录是"公共记录",并命令校方提供詹姆斯所要求查看的记录。加利福尼亚州的教师试图利用该州的教育法来获得机密同行评估信息,但没有成功。[3]

根据宾夕法尼亚大学的决定以及州公开记录法的普及,美国大学教授协会制定了关于获取教师人事档案的政策。该报告对两个相互冲突的利益进行了深思熟虑的讨论:确保完全坦诚评价的同时保护机密性;确保教师获得评估材料以鼓励负责任和认真的评估;确定是否存在不正当的负面评价理由。美国大学教授协会关于学术自由和终身教职的委员会以及学术职业女性地位的联合报告得出以下结论:①教师在任何时候都应该能够访问自己的资料文件,包括未编辑过的内部和外部信件。②教职员工可获得其他教职员工通常包含在简历中的一般信息。③为了进行比较,申诉教师和其他教员的档案应以未经编辑的形式提供给教师申诉委员会,只要该委员会认为这些信息对于案件的公平处理具有相关性和必要性。④教师申诉委员会应以未经编辑、未加预判的形式向受侵害教师提供其认为与案件有关的所有材料,包括其他教职员工的人事档案,并充分考虑到与申诉无关的

---

[1] William A. Kaplin and Barbara A. Lee, *The Law of Higher Education*, San Francisco, CA: Jossey – Bass, 2006, p. 704.

[2] William A. Kaplin and Barbara A. Lee, *The Law of Higher Education*, San Francisco, CA: Jossey – Bass, 2006, p. 704.

[3] William A. Kaplin and Barbara A. Lee, *The Law of Higher Education*, San Francisco, CA: Jossey – Bass, 2006, p. 705.

各方隐私。该报告承认,这些建议"超出了许多学院和大学常见的人事档案访问范围"。①

二 律师—委托人特权引发的诉讼

高等院校在诉讼中最有可能遇到的特权是律师—委托人特权。律师与委托人之间的机密交流可能不受发现规则的影响,而且在审判时是不可接受的。正如美国最高法院在辉瑞制药一案中所解释的那样,② 这种律师—委托人特权旨在鼓励律师与委托人之间进行充分而坦率的沟通,从而在法律和司法制度方面维护广泛的公共利益。这种特权承认合理的法律建议或辩护服务于公共目的,而这种建议或辩护取决于律师对委托人情况的充分了解。该特权不仅保护为原告提供专业咨询的人,而且保障原告提供给律师的信息不外泄,这使得律师能在知情的情况下提供合理建议。

律师—委托人特权的一个重要推论是律师—工作成果(Attorney Work Product Doctrine)原则,该原则在希克曼诉泰勒案中确立(至少适用于联邦法院),随后编入联邦民事诉讼规则第26(b)(3)节。③ 这一原则保护律师不必披露备忘录、说明以及根据诉讼或审判预期准备的其他材料。除在某些例外情况下,另一方可以强烈声明需要同等信息,且该信息无法从其他来源获得。在辉瑞制药案中,法院同时根据希克曼一案和第26条规则,使用工作成果原则作为律师—委托人特权的补充。在对公司员工的访谈中,律师的笔记和备忘录反映了自己的推理过程,因此将受到保护。

高等教育中涉及委托人特权的案件越来越多,其重要意义也日益凸显,法院通常支持这一特权。例如俄勒冈州健康科学大学诉哈斯案中,俄勒冈州最高法院裁定系主任和系里的教师是大学的代表,因此律师向他们传达的法律建议受律师—委托人特权保护。④ 在奥斯本诉詹森案中,为了调查对某位教授的指控,法院同样裁定系主任是大学的代表。因此系主任

---

① William A. Kaplin and Barbara A. Lee, *The Law of Higher Education*, San Francisco, CA: Jossey-Bass, 2006, p.705.
② William A. Kaplin and Barbara A. Lee, *The Law of Higher Education*, San Francisco, CA: Jossey-Bass, 2006, p.109.
③ William A. Kaplin and Barbara A. Lee, *The Law of Higher Education*, San Francisco, CA: Jossey-Bass, 2006, p.110.
④ William A. Kaplin and Barbara A. Lee, *The Law of Higher Education*, San Francisco, CA: Jossey-Bass, 2006, p.110.

与高校律师之间的沟通受到律师——委托人特权的保护。① 在科布洛克诉明尼苏达大学一案中，明尼苏达州最高法院裁定，在拟就一份剥夺教师终身教职信函的过程中，教务长和大学律师之间通过的两份草案享有该特权。法院认为草案是请求和提出法律咨询意见过程的一部分，教务长和律师对草案享有保密权。②

相比之下，在罗斯诉南卡罗来纳医科大学的重要案件中，南卡罗来纳州最高法院在处理适用于学院和大学的上诉程序时，处理了律师——委托人特权的范围。③ 法院驳回了这一特权要求并且不认同大学的看法，警告行政官员和律师应在上诉过程中仔细界定自己的角色和关系。原告罗斯博士被剥夺了南卡罗来纳医科大学放射系的终身教授和主席职务。他提起诉讼并指出了各种理由：根据《州行政程序法》的规定，学校拒绝给他公平听证的机会。原告的指控是基于违反程序的行为，特别是：（1）副校长在上诉过程中同时担任辩方律师和法官；（2）副校长和学校总法律顾问就教师听证委员会在申诉程序第一步中提出的建议进行了单方面的沟通。原告要求学校提供有关程序不当行为的信息，审判法院认为校方无视且未能正确对待原告的要求。州上诉法院撤销了初审法院的命令，州最高法院批准了证明书，以确定原告要求的信息是否受到律师——委托人特权的保护。南卡罗来纳医科大学教师申诉程序分为三个步骤：第一阶段，副校长将申诉提交教师听证委员会听取意见和建议；第二阶段，副校长审查听证记录并提出自己的建议。如果这两个建议都有利于教师，学校将不再就此事采取进一步行动。如果副校长的建议是否定的，作为第三步教师可以向董事会申诉。原告辩称，在第二步中，副校长在同意教师委员会的终止建议之前，已经与总法律顾问进行了讨论，总法律顾问已经为副校长准备了一份书面同意书。为支持有关程序不当的指控，原告提出了一份准入申请，但校方拒绝回应并声称这些所谓的信函受到律师——委托人特权的保护，因此无法披露。在驳回校方的特权请求时，法院依照《南卡罗来纳州法典》（该州

---

① William A. Kaplin and Barbara A. Lee, *The Law of Higher Education*, San Francisco, CA: Jossey-Bass, 2006, p.110.

② William A. Kaplin and Barbara A. Lee, *The Law of Higher Education*, San Francisco, CA: Jossey-Bass, 2006, p.110.

③ William A. Kaplin and Barbara A. Lee, *The Law of Higher Education*, San Francisco, CA: Jossey-Bass, 2006, p.111.

行政程序法的一部分）第 1-23-360 条：除非有法律授权可以处理单方面事务，否则被指派就申诉案件作出决定、或进行事实和法律结论调查的机构成员，不得直接或间接就任何相关事实或法律问题、与任何个人或相关方及其代表进行沟通，除非得到通知所有相关方都有参与机会。法院判决：副校长在申诉程序的第二步充当了中级法官的角色，因此在本案中被校方指派作出决定；总法律顾问代表学校在诉讼案中担任辩方律师，因此担任的是"辩方"代表而非副校长的私人律师。①

结果，副校长和总法律顾问之间的单方面通信违反了第 1-23-360 节的要求，法院拒绝将律师—委托人的特权扩大到违反州法律的通信范围。违反者可能会受到州法律规定的刑事制裁。即使没有第 1-23-360 节等行政程序规定，即使被告是私立大学，因此不受法律约束（通常只涵盖公立大学），法院的推理足以推翻这一特权要求。关键在于本案中，副校长不是总法律顾问的委托人。总法律顾问也不是副校长的律师，而是另一个委托人——南卡罗来纳医科大学的律师。因此，律师—委托人特权所需的必要先决条件并不成立。法院在结论意见中认为总法律顾问是校方的代表，而不是副校长的顾问。副校长在行政程序中以司法身份行事，无权与总法律顾问进行协商。

三 晋升和终身教职评价标准引发的申诉

由同行评价和管理层做出的多层决策和标准的主观性导致终身教职诉讼十分复杂。此类诉讼要求大学审查其政策和程序，旨在尽可能的确保公平公正地使用了相关标准。评价主体的主观判断标准是高校诉讼案件中经常遇到的一个问题。判例法的另一个焦点是高校教师是否达到了大学教师手册中规定的最低标准就能够获得晋升或终身教职。尽管法院将执行教师合同中规定的标准，但法律赋予高等院校广泛的自由裁量权，以确定这些标准的内容和具体性。法院通常认为，达到教师晋升或终身教职的最低标准并不能确保做出有利的决定。韦斯特诉堪萨斯州立大学一案是教师因能力不足而被解雇的例子。该大学采用了终身教职后续审查计划，该计划规定如果连续两年发现终身教职员工的表现不理想，可以在教师委员会进行

---

① William A. Kaplin and Barbara A. Lee, *The Law of Higher Education*, San Francisco, CA: Jossey-Bass, 2006, p. 111.

听证后解雇该教师。大学程序规定，必须有明确且令人信服的证据表明教师的表现低于最低绩效标准。此外系部还向教师提供了他未能遵循的改进计划。法院维持学校解雇教师的原判。[①]

如果教师自入职到晋升与终身教职评价期间，高校评价标准发生变化导致前后评价标准不一致所引发的诉讼，一般会被法院驳回。教师晋升和终身教职评价标准引发的申诉主要集中于教师的研究成果、教学效能、社会服务的评判标准，以及由人际关系问题而对评断标准所产生的负面影响等几个方面。

(一) 基于研究发表成果产生的诉讼

校方认为教师学术成果不足以获得晋升或终身教职一直是终身教职申诉案件的主要议题。在教师晋升或终身教职的决定中，法院通常接受学术成果作为更中立、更客观公正的要求。除非有证据表明存在严重的歧视或违反程序的行为，否则法院往往不愿意用审判结果取代大学对教师学术成就高低的判断。常诉罗德岛大学一案体现了衡量评估候选人之间学术成就的难度，涉及此案的法院解释说，这种学术成就的比较"并非易事"。[②]

(二) 基于教学效能产生的诉讼

布洛桑德诉奥古斯塔纳学院协会和菲尔兹诉克拉克大学是学术界在评估教学效果方面存在聘用歧视的两个案例，原告申诉所在院校使用有偏样本（Biased Sample）标准解雇教师，但最终这两起案件的原告都未能成功说服法庭判决学校的样本存在偏差和非法歧视。[③]

(三) 基于社会服务产生的诉讼

很少有高校因不履行社会服务职责而解雇或歧视教师。1995 年，莱亚没有发现任何由于此类情况而做出负面人事决定的案件，但他确实发现了一个由于服务记录不足而无法晋升的案件，即奥塔维亚尼诉纽约州立大学纽约分校案件。[④]

[①] William A. Kaplin and Barbara A. Lee, *The Law of Higher Education*, San Francisco, CA: Jossey - Bass, 2006, p. 128.

[②] William A. Kaplin and Barbara A. Lee, *The Law of Higher Education*, San Francisco, CA: Jossey - Bass, 2006, p. 129.

[③] William A. Kaplin and Barbara A. Lee, *The Law of Higher Education*, San Francisco, CA: Jossey - Bass, 2006, p. 129.

[④] T. L. Leap, *Tenure, Discrimination and the Courts*, Ithaca, NY: Cornell University, 1995.

（四）基于教师人际关系产生的诉讼

尽管传统的教学、学术（或创造性活动）和社会服务标准已在教师聘用决策中应用了数十年，但在过去的十年中又出现了其他标准以及使用这些标准的挑战。在许多校园中，针对终身教职或晋升候选人的人际关系等其他绩效标准在应用中受到质疑。

法院认为，只要这种情况不是基于非法的歧视性动机，可以接受学校就能否合作共事作出不利于教师的就业决定。由于集体的活力取决于人际关系，相关的动机和影响可能很复杂。除了实质性索赔之外，基于人际关系而被拒绝授予终身教职的教师可以声称学校的晋升、终身教职评价指南或雇用合同未能引用人际关系或相关标准。即便如此，法院不愿意质疑高校的终身教职决定，并且可能认为人际关系对部门职能至关重要，即使这一点没有在聘任条款和任职条件中准确表达。[①]

把人际关系做为终身教职评审标准是否适当的争议已经持续了二十多年。在早期梅伯里诉迪斯的案例中，联邦上诉法院裁定人际关系是评估终身教职的恰当标准。在斯坦诉肯特州立大学董事会一案、布雷斯尼克诉曼哈顿维尔学院一案中，联邦审判法院支持高校由于候选人和同事之间关系不良而拒绝授予终身教职。这些案件的原告辩称，学校文件没有将人际关系列为终身教职评价标准，因此在此基础上对其进行评估是不恰当的。法院答复说，即使学校文件没有明确提及人际关系，这一标准也隐含在其他明确标准或其他考虑中，因此法院认为是合适的。[②]

这个问题在巴尔的摩大学诉佩里·伊兹一案中尤为突出。决策科学专家伊兹教授于1990年被聘为商学院的助理教授。1993年学校对她的终身教职进行了审查。尽管她的部门同事和系主任将伊兹的教学评价为良好至优秀，认为她的研究和服务水平非常好，商学院的晋升和终身教职评价委员会在所有这三个标准上均对她给予了高度评价，但院长反对授予其终身教职，因为伊兹与部门同事之间关系不好。教务长同意院长的意见，而伊兹提出了内部申诉。校级教师申诉委员会收到了伊兹和其他几位证人的证词，但委员会无法就是否支持教务长拒绝授予终身教职的建议达成共识。

[①] William A. Kaplin and Barbara A. Lee, *The Law of Higher Education*, San Francisco, CA: Jossey-Bass, 2006, p.129.

[②] William A. Kaplin and Barbara A. Lee, *The Law of Higher Education*, San Francisco, CA: Jossey-Bass, 2006, p.538.

给教务长建议投否决票的委员会成员认为，大学文件并未明确指出同事关系不好是拒绝授予终身教职的原因。校长最终接受了教务长反对授予其终身教职的建议，伊兹以存在性别和国籍歧视从而侵犯了第七章的平等保护权和违反合同的罪名起诉该大学。违反合同诉讼的依据是，伊兹声称校方只能使用大学政策文件中列出的标准来作出终身教职决定。陪审团驳回了除合同诉讼之外的所有诉讼要求，裁定大学违反了教授的合同，需支付原告42.5万美元的赔偿。上诉法院面临的唯一问题是，大学是否有权使用人际关系作为终身教职标准。法院裁定由于授予终身教职是校长酌情做出的决定，因此只有在校长以恶意或歧视性方式行使酌情决定权的情况下，才算是违反合同要求。法院认为人际关系是对终身教职审查的有效考量，同事关系在教学和服务两方面都起着至关重要的作用。根据法律，初审法院裁定大学可以将人际关系作为终身教职标准。①

使用人际关系作为终身教职标准的适当性在麦吉尔诉加利福尼亚大学董事一案中也有争议。加州大学尔湾分校聘请麦吉尔为非终身数学助理教授。麦吉尔的专业领域是概率研究，而他之所以被录用，是因为他早期的学术工作被认为很有影响力。经过四年聘用期，他成为终身教职的候选人。尽管除一名外部评审专家外，所有其他人都对麦吉尔的学术成就表示赞赏，但系部终身教职评价委员会出于某些原因建议拒绝授予其终身教职。委员会成员认为，麦吉尔最近的学术成果并不突出、与研究生之间的互动不佳，而且他的教学"充其量仅能达到合格"。整个部门投票以23票对2票反对授予其终身教职。基于麦吉尔的学术影响力有限、与教师互动困难、作为教师并不成功以及对大学仅提供了最低限度服务，系主任对此结果表示同意。委员会主席还发现麦吉尔的人际关系不佳，麦吉尔曾对部门同事作为教职候选人一事提出批评。院长也建议拒绝授予麦吉尔终身教职。然后校级学术人员委员会建议将其终身教职决定推迟两年，因为终身教职文件的表述令人困惑（同时应给麦吉尔加薪）。校级学术人员委员会认为人际关系不是终身教职评价的适当标准。但是副校长和校长反对授予其终身教职，主要因为麦吉尔在加州大学尔湾分校期间学术成果不足。麦吉尔向校级学术人员委员会申诉该决定，委员会批准了他的还押，之后从

---

① William A. Kaplin and Barbara A. Lee, *The Law of Higher Education*, San Francisco, CA: Jossey-Bass, 2006, p.538.

系部级别开始重新进行了整个终身教职评审过程。学校准许麦吉尔提交其他补充材料,包括教学评估和发表的文章。他还可以提交反映某些同事对他存在仇恨的陈述。

原告所在系部再次考虑了麦吉尔提交的所有材料,但重新维持了先前的投票。随后的所有级别都重复了他们先前的建议,包括建议授予终身教职的校级学术人员委员会。校长最终决定不授予终身教职,麦吉尔根据州法律提出行政令状(试图说服法院推翻剥夺终身教职的决定),并提出欺诈、违反正当程序和年龄歧视的诉讼。尽管初审法院批准了令状,指示校长撤消剥夺终身教职的决策,并在第二年重复终身教职的评审程序,但上诉法院不同意。上诉法院以判决书为重点,裁定只有在大学"存在任意、反复无常的行为或完全缺乏证据支持"的情况下,法院才可以否决大学的诉讼。然后,法院在此规定下审查了教职员工和管理人员的行为。

即使评价标准是客观陈述的,上诉法院以合理的意见讨论了终身教职决定的主观性质。法院认为人际关系是一个适当的标准,因为大学已采纳美国大学教授协会职业道德声明作为相关政策,要求教授尊重他人的意见并接受"教师在院校治理方面的责任"。此外,人际关系只是剥夺终身教职的几个原因之一。麦吉尔的学术和教学质量以及他有限的大学和公共服务质量令人感到担忧,这为校方的辩护提供了支持。法院还警告说,由司法裁定终身教职案件是非曲直的做法是不合适的,并指出"大学可能在拒绝授予麦吉尔终身教职方面表现出较差的判断力。但是记录中没有任何东西表明校方的决定是出于非法或不正当理由。"[①]

斯莱特·金诉雷德兰兹大学一案也获得了类似的结果。法院裁定将学术政治视为拒绝教授终身教职的合法非歧视性理由是合理的。原告教授对同一系部的同事发表了负面评论。法院裁定,"该同事无法原谅她的评论"是作出负面终身教职评价的动机,而且这种动机没有歧视性。[②]

在布雷斯尼克诉曼哈顿维尔学院一案中,另一法院驳回了一名教职员工的指控,称该学院使用人际关系作为终身教职标准违反了聘用合同。原告是舞蹈和戏剧教授,被剥夺终身教职是因为他很难与其他教师合作。即

---

① William A. Kaplin and Barbara A. Lee, *The Law of Higher Education*, San Francisco, CA: Jossey-Bass, 2006, pp. 539-540.

② William A. Kaplin and Barbara A. Lee, *The Law of Higher Education*, San Francisco, CA: Jossey-Bass, 2006, p. 541.

使书面的终身教职标准仅包括卓越的教学、学术和对大学的服务，法院拒绝了违反合同的索赔，并指出："在评估对院校的服务时，视人际关系与高校可能对终身教职申请者做出的永久的、难以撤销的长期工作承诺相关，这是可以预见的、恰当的行为。"换句话说，法院将人际关系视为服务标准的组成部分。①

法院审查的另一个有争议的终身教职标准是学术政治，这与人际关系密切相关，两者都是服务标准的组成部分。在康姆霍伊卡尔诉迈阿密大学一案中，州上诉法院驳回了原告的主张，即他的终身教职被剥夺是不恰当地基于他和所在部门负责人之间的个人仇恨，因为部门负责人不是终身教职的最终决策者。原告还声称，该负面决定还不恰当地基于部门内部之前存在的争议。法院驳回原告学术政治是剥夺终身教职不当理由的主张，称学术政治是大学校园生活的一个事实。②

四 歧视引发的诉讼

高校教师晋升及终身教职申诉的内容集中在终身教职的审查过程和雇用合同中是否存在歧视。歧视违约索赔是终身教职诉讼中最常用的法律原因。由于学术评价具有自主性，高校同行评价和教师聘用决策都是在对教师客观学术水平的理解和把握基础上做出的主观性评判，教师希望证明存在歧视以及相关的辩护过程极其复杂。歧视诉讼的成功往往取决于原告能否证明其他类似的人也遭受了不平等待遇。然而，确定"相似"的教师或证明不平等待遇都是很困难的一个过程。尤其是同行评价在推荐聘用、晋升或终身教职候选人方面发挥重要作用的高校，学术水平决策的主体责任、以及底层学术组织的学术评价失误对学校各管理层级决策的影响很难追踪和证明。此外即使在同一学术部门内，对优秀研究或教学的看法也可能不同；试图将自己与同事进行比较以证明存在不平等待遇可能很难做到，特别是在小规模的系部。

高等院校面临的其他问题还涉及评审标准的变化，这可能导致学校对新聘教师的要求比之前要求更高——这种结果可能会引起歧视，无论是否

---

① William A. Kaplin and Barbara A. Lee, *The Law of Higher Education*, San Francisco, CA: Jossey-Bass, 2006, p.540.
② William A. Kaplin and Barbara A. Lee, *The Law of Higher Education*, San Francisco, CA: Jossey-Bass, 2006, p.541.

存在歧视性意图。法院的某些案例审查了是否应允许高校使用比之前更加严格的晋升或终身教职评价标准。某些被剥夺终身教职的原告辩称，从他们被雇用到进行终身教职评审期间，学校对出版成果数量或质量的要求有所提高。法院一直以来对这些说法并不表示同情。联邦上诉法院裁定，在评价新岗位的内部候选人时，大学可以使用比候选人担任临时讲师时更高的标准。在林诉印第安纳大学一案中，联邦上诉法院维持了初审法院对该大学的即决判决。林教授在印第安纳大学被剥夺了终身教职，她声称这是性别歧视造成的。在林被聘为助理教授的同一年，招募和聘用她的系主任为未获终身教职的教师制定了更高的研究和成果出版标准。林被剥夺终身教职在很大程度上是因为她没有达到这些更高的标准。法院指出林在6年的试用期内已定期收到部门警告，称她未达到部门的成果出版标准。法院驳回了林想将自己的出版成果与实施新标准前获得终身教职的男同事进行比较的尝试。法院裁定，这些教职员工所处情境不一样，因此不能作为林性别歧视诉讼的参照者。[①]

跨学科教师学术成果或质量的比较也存在困难。许多院校保护评审委员会或个人的评审记录不受候选人或法院的审查，这增加了学术歧视案件的复杂性。歧视诉讼是由教师挑战负面的招聘、晋升或终身教职决定，或反对工作任务安排或其他类型的决定而引起的（如加薪、办公室或实验室空间安排不合理等）。挑战负面晋升或终身教职决定的教师通常声称决策过程存在缺陷，或者负面决定是非法偏见而不是某些绩效原因导致的结果。

尽管教师因终身教职或晋升被拒引起的歧视诉讼数量相对较多，但很少有教师能够胜诉。对1972年至1986年教师因终身教职或晋升被拒引起的歧视诉讼研究后发现，原告只有大约20%能获胜。随后几年的诉讼结果也类似。除了这些决定的主观性使法官或陪审团难以对教师的工作质量重新进行评估之外，许多法院尊重教师同行或其他专家的判断。只有在发生重大程序错误或有直接证据表明歧视导致负面评价时，法院才能作出有利于原告的判决。早期法院审查终身教职或晋升遭拒引发的诉讼清楚地表明了法官对此类诉讼请求的不满。在同行评审委员会确定原告的学术或教学

---

① William A. Kaplin and Barbara A. Lee, *The Law of Higher Education*, San Francisco, CA: Jossey-Bass, 2006, p. 538.

不符合适当标准的情况下，法官不愿意将自己的判断或绩效标准强加给同行评审委员会、外部评估专家或大学管理人员。①

联邦上诉法院在随后的学术歧视案件中似乎更愿意审查学术裁断。在鲍威尔诉锡拉库扎大学一案中，法院驳回了先前的裁决，指出法院的"反干涉政策使得高等院校几乎不受聘用偏见指控的影响"，法院不会"依赖任何高校的自我克制政策"。尽管明确的拒绝了司法尊重标准，如果学校内部已经确定候选人的表现不符合终身教职标准的情况下，法院通常拒绝推翻学校的终身教职决定。在大多数情况下，法院确实会检查学院拒绝授予终身教职的理由，以确定该决定不存在歧视性原因。②

温斯托克诉哥伦比亚大学一案涉及一位女性化学教授的终身教职任免。联邦上诉法院在某位审判小组成员的强烈反对下，维持了初审法院就原告的性别歧视诉讼对大学做出的即决裁决。原告是巴纳德学院的一名教职员工，她所在系的教职人员、巴纳德学院的院长以及外部评审专家支持她获得终身教职，但哥伦比亚大学的教务长和校长反对授予其终身教职，因为他们认为原告的学术成就不足。温斯托克通过内部审查程序对校长的负面决定提出了申诉，但哥伦比亚新任校长仍支持该负面决定。尽管原告断言许多程序上的违规行为影响了决策过程，但法院裁定该大学拒绝终身教职的原因（学术成就不足）与她的性别无关，是合法的非歧视性原因。③

即使原告有证据证明终身教职决定受到"学术政治"的影响，证明歧视是拒绝授予终身教职的原因非常困难。例如，一位教职员工声称种族和民族出身歧视侵害了终身教职的评审并导致其评选失败，但他未能说服联邦上诉法院推翻对大学有利的裁决。在法本米诉马里兰大学学院公园分校一案中，法院维持了初审法院的裁决，即原告没有提供校方对未获终身教职的教师存在种族或民族出身偏见的证据。尽管原告任职部门"人事管理运行情况不佳"，法院还是指出："教授在终身教职案件中提起第七章的诉

---

① William A. Kaplin and Barbara A. Lee, *The Law of Higher Education*, San Francisco, CA: Jossey - Bass, 2006, p. 502.

② William A. Kaplin and Barbara A. Lee, *The Law of Higher Education*, San Francisco, CA: Jossey - Bass, 2006, p. 502.

③ William A. Kaplin and Barbara A. Lee, *The Law of Higher Education*, San Francisco, CA: Jossey - Bass, 2006, p. 505.

讼，不能仅仅通过证明终身教职投票受人际冲突或学术政治影响而获胜"。①

在分析学术第七章案件时困扰法院的一个问题是对歧视性的终身教职或晋升决定给予适当补偿。在非学术情境中，恢复原职以及给予晋升是常规的补救措施。法院认为自己缺乏评估大学教师学术或教学能力的专业知识，有时不愿意给予大学教师全面的补救措施。昆达诉穆伦堡学院一案明确解决了歧视性剥夺终身教职的补救问题。审判决定由前法学教授多洛雷斯·斯洛维特法官撰写，其中考虑了学术自由的必要性和同行评估的重要性，同时也认识到做出学术判断的个人仍然受制于第七章法规禁止歧视的规定。体育学院的昆达在学校拒绝了她的晋升和终身教职申请后提起了诉讼。初审法院裁定学院由于性别而蓄意歧视昆达，判决恢复她的职务；从其解雇之日起，补偿其应得的欠薪；晋升她为助理教授，追溯至申请被拒绝的时间；如果她有机会在法院判决书发布之日起的两个完整学年内完成硕士学位的要求，在这种情况下，她可以获得终身教职。在确认初审法院的裁决后，上诉法院仔细分析了该案的具体事实。如下所述的这些事实在采纳和限制这一观点所确立的先例中起着至关重要的作用。②

1966年9月，昆达被任命为穆伦堡学院体育系的讲师时已经获得了体育文学学士学位。尽管出于终身教职的评审目的，该部门规定的最终学位是硕士，但昆达从未被告知晋升需要硕士学位。昆达在1971-72学年首次被推荐晋升。尽管她所在的系部支持晋升，但学院的人事和政策委员会拒绝了该建议，因为很少参加学院人事和政策委员会晋升审议的院长持反对态度。随后为了确定拒绝的原因，昆达分别会见了她的系主任、院长和校长。法院发现这些人中没有一个告诉她未获得晋升是因为没有硕士学位。随后的两年，昆达的系部同事和所有相关的教师委员会建议她晋升，并在1973年授予其终身教职。但院长两次都表明了否定态度，他指出学校面临的各种问题但是没有提及昆达缺少硕士学位这一点，最终向校长推荐以非终身教职的身份来肯定昆达对学校的价值。之后的两年校长都拒绝授予其晋升和终身教职，并给了昆达一份终止合同。昆达就终身教职被拒向学校

---

① William A. Kaplin and Barbara A. Lee, *The Law of Higher Education*, San Francisco, CA: Jossey-Bass, 2006, p.505.

② William A. Kaplin and Barbara A. Lee, *The Law of Higher Education*, San Francisco, CA: Jossey-Bass, 2006, pp.506-507.

的申诉委员会提出申诉。申诉委员会建议昆达晋升并授予其终身教职,因为她展现出硕士学位的"同等学历"水平;体育系经常绕过仅向拥有终极学位的教师授予晋升的政策;学校也不存在重大的财务紧急状况要求剥夺终身教职。尽管有学校申诉委员会的建议,董事会还是投票否决了授予终身教职。在审查了这些事实之后,上诉法院审查了其他事实,将昆达的情况与穆伦堡学院类似男教师的情况进行了比较。

关于晋升,昆达受聘期间体育系的 3 名男教师得到了晋升,但是他们都没有硕士学位。在该学院的另一个系中,一名没有最终学位的男讲师也获得了晋升。提供给昆达与类似男教师的咨询内容之间也存在差异。虽然昆达没有被告知硕士学位是授予终身教职的先决条件,但其他男教师已获悉该情况。根据对审判法院发现事实的分析,以及对审判法院举证责任分配的认可得出结论:上诉法院认为昆达在未获得晋升和终身教职期间均受到歧视。上诉法院在庭审中明确表示:拒绝授予终身教职的理由是缺乏最终学位,但这是歧视的借口。关于终身教职,上诉法院维持了初审法院的裁定,即明确的理由(缺乏终极学位)并非借口,但昆达在最终学位的必要性咨询方面受到了有意的差别性待遇。

确定学院违反了第七章规定后,法院开始处理上诉过程中最具挑战性的问题:由审判法院制定的补救措施是否适当。在学术界的就业歧视诉讼中,补发工资和恢复原职并不罕见,罕见的是给予晋升或有条件的终身教职。因此上诉法院对后一种补救措施进行了泛化处理并强调了学术自由的特殊背景。法院讨论了大学根据考量做出聘用决定的自由与审查教师晋升或终身教职资格所必需的学术判断之间的紧张关系。它承认需要学者而不是法官来评估教师的绩效。无论评估教师绩效的职责是否在高校内部,法院认为必须保持警惕,不应过分干预校方的决定,并且不应以法院判决取代大学的决定。关于教师晋升和终身教职的资格、教学能力、学术研究成果和专业地位等问题的判断是主观的,除非可以证明它们被用来掩盖歧视,否则必须由专业人员进行评估,因为这经常涉及超出法官能力范围、晦涩难懂的学术问题。法院指出,所有教师委员会均已裁定昆达有获得晋升和终身教职的资格,但院长建议延长其非终身教职的任期。由于剥夺终身教职资格的前提是缺乏硕士学位,而不是以教学、学术成果的质量为依据,法院裁定授予其晋升和有条件终身教职的决定与对昆达做出的学术判断是一致的。上诉法院指出,审判法官授予原告"有条件终身教职"的决定是设定在院长和校长已告知昆达硕士学位要求的状态。法院认为,这一裁决与针对非学术环境中歧视的补救措施是一致的。①

昆达案是一个开创性的案件,因为法院实际上给予遭受歧视的原告晋升和有条件的终身教职。该案之后一直存在争议,因为补救措施干扰了高等教育最重要的领域:学术自治。通过对审判意见的认真解读表明,法院的管辖范围实际上很小,其推理对学术界的需求以及大学和法院的相对能力优势很敏感。法院强调此案与众不同,因为所有当事人都认为昆达的表现是可以接受的。

另一联邦上诉法院在案件审理时涉及棘手的学术歧视救济问题。古茨维勒诉辛辛那提大学一案中,法院维持初审法院的歧视裁定,在补偿问题上将该案退回至初审法院,并告诫说法院仅能在最特殊的案例中授予终身教职,或仅在法院确信原告恢复原职不能得到公正的终身教职候选资格时。地方法院判决为古茨维勒教授补回欠薪,并在1989—1990学年恢复了她的非终身教职聘任,要求学校下一年度在法院监督下进行新的终身教职审查。大学在1989—1990学年期间进行了终身教职审查,并授予古茨维勒终身教职。② 在同一联邦巡回法院审理的第二起案件——福特诉尼克斯一案中,上诉法院推翻了原审法院恢复福特为终身教职教授的裁决,中田纳西州立大学在1977年拒绝再次聘任福特为讲师。尽管福特在1984年因案情获胜,但适当的补救措施问题在法院又争论了五年。原告辩称,只有恢复为教授才能提供"全面"的补救措施。法院不同意这一点,指出福特只教了两年,并且从未接受过晋升或终身教职评估。法院将案件退还给初审法院,指示采取一些非终身教职的补救措施以补偿福特的损失。③

联邦上诉法院第一次审查并直接批准的终身教职裁决是布朗诉波士顿大学董事会一案。英语系助理教授布朗受到所在系部和外部评审专家的一致推荐,但校长拒绝授予她终身教职。陪审团在审判中发现校方在拒绝授予终身教职过程中对布朗存在歧视。法院在恢复布朗任期的过程中指出,

---

① William A. Kaplin and Barbara A. Lee, *The Law of Higher Education*, San Francisco, CA: Jossey-Bass, 2006, p. 508.

② William A. Kaplin and Barbara A. Lee, *The Law of Higher Education*, San Francisco, CA: Jossey-Bass, 2006, p. 509.

③ William A. Kaplin and Barbara A. Lee, *The Law of Higher Education*, San Francisco, CA: Jossey-Bass, 2006, p. 509.

布朗的同行认为她是合格的（古茨维勒和福特案中不存在这一因素，但昆达案中存在）；校长关于英语系的性别歧视言论表明存在性别偏见的证据。校方认为法院授予终身教职的决定挑战了学术自由，指出法院侵犯了高等院校确定"谁可以任教"的第一修正案权利。上诉法院驳回了这一论点，指出《第一修正案》不能使大学免受侵犯民权的指控。法院还驳回了校方的另一观点：即适当的补救措施是另一个为期3年的试用期或非歧视性的终身教职审查，例如古茨维勒一案的补救措施。法院表示这些补救措施对原告来说不够完整。法院对布朗的学术出版和教学成果进行了广泛的审查，这对学术就业歧视索赔来说并不常见。上诉法院并未采纳之前案件中的司法尊重态度，而是审查了学校决定的实质内容及程序公正性。[①]

近期法院对学术歧视案件的处理意见表明，高等教育机构不能特别豁免于联邦反歧视法的要求。如果法院认为这些判决得到了公正处理，法院将尊重高校专家对学术、教学和其他方面的评价判断，但不会给高校提供更为尊重的审查标准或减少其修复歧视性不利影响的义务。尽管授予终身教职是一种不寻常的补救措施，因为它有可能为教职员工提供终生的工作保障，联邦法院认为若已存在歧视，可以将终身教职作为补救措施。

根据第七章和1981节的规定，教师可以提出种族或国籍歧视的诉讼。在班顿诉罗格斯大学一案中，1名西班牙裔教授根据第七章和1981节指控校方4次拒绝将他晋升为教授是基于种族和国籍歧视。初审法院将班顿教授的研究和出版成果与某部门同事进行了比较。该同事是1名白人女性，在班顿被拒绝晋升时她被晋升为教授。初审法院通过审查9个案例发现，校方对班顿实施了与参照教师不同且要求更高的标准。鉴于这些发现，地方法院得出结论，校方拒绝班顿晋升的原因（研究成果不足）是歧视的借口。法院裁定，尽管班顿没有提供直接的歧视证据，但他证明存在歧视借口的能力足以确立校方的赔偿责任。

在上诉过程中，班顿与其部门同事的比较存在争议。校方认为得到晋升的女教授在教学、社会服务上都被评为"杰出"，而班顿则没有，两者情形不同，因此进行比较是不合适的。法院驳回了校方的论点，指出对原告的研究成果及质量采用不同标准已足够确定存在差别性待遇，两位教师

---

① William A. Kaplin and Barbara A. Lee, *The Law of Higher Education*, San Francisco, CA: Jossey-Bass, 2006, p.510.

在其他方面是否足够相似以进行比较是无关紧要的。校方请第三巡回法院全体法官进行复审的要求遭到拒绝。①

教师对高等院校提起的歧视诉讼里数量最多的是性别歧视指控。在1972年至1984年期间，女教师提出的学术歧视诉讼占比超过一半。鉴于大学教师中女性任职人数不足（尽管不如种族和少数族裔教师任职人数不足情况严重），在终身教职评审中认为女性没有与男性受到同等待遇的看法不足为奇。美国麻省理工学院发布的一份报告指出，女科学家在学术界受到性别歧视的问题得到了关注，该报告指出科学学科的女教授待遇不如男教授。性别歧视诉讼的范围从个别女性声称所在部门或学院对其使用比男性同行更高的标准，扩大到声称整个学校的聘用和晋升系统都受到性别偏见影响的集体诉讼。大多数性别歧视诉讼的女性原告认为自己的待遇不如男性同行。在动物学助理教授纳曼沃思诉威斯康星大学董事会一案中，原告是该部门35年来首位被聘为终身轨的女性。她质疑自己的终身教职被剥夺是由于部门对自己的评价不及具有相似学术出版成就的男性同事。尽管原告证明系部对她的评价标准比相应的男教师更为严格，但法院还是尊重了系部的裁决，即纳曼沃思"没有展示出足够的学术前景"以获得终身教职。② 挑战同行学术评价公正性的女性在法庭上一般不会获得胜诉；在1972年到1984年之间，只有约1/5声称受到性别歧视的女性教师获得胜诉。然而，在就业决策中证实存在实际性别偏见或对不同性别使用明显不同客观标准的女性能在歧视诉讼中占据上风。

五 事实上存在的终身教职引发的诉讼

美国公立高校通常受国家法规或行政法规的约束，这些法规制定了适用于教师人事决策的程序。大学聘用程序及州法律也规定了教师获得终身教职的条件。美国许多大学的聘用政策规定只有董事会才有权授予终身教职，终身教职不能自动获得，在这种情况下，法院拒绝承认未经董事会授予的、事实上存在的终身教职。例如在希尔诉塔拉迪加学院一案中，法院拒绝授予一位在该高校工作十年的教职员工事实上的终身教职。因为该校

---

① William A. Kaplin and Barbara A. Lee, *The Law of Higher Education*, San Francisco, CA: Jossey-Bass, 2006, p.510.

② William A. Kaplin and Barbara A. Lee, *The Law of Higher Education*, San Francisco, CA: Jossey-Bass, 2006, p.514.

的教师手册明确指出，只有董事会才有权授予终身教职，学院的终身教职不能自动获得。① 在格雷诉佐治亚州大学董事会一案中，法院裁定，没有证据表明校方存在授予事实上终身教职的学术惯例或已达成有关事实上终身教职的共识。因此，根据年度合同获聘9年的助理教授不能因为试用期超过7年而自动获得终身教职。②

然而在某些案件中，部分教师声称由于工作年限久，他们已经获得了事实上的终身教职，即使学校没有正式宣布授予。例如杜根诉斯托克顿州立大学一案中，一名在该大学工作了13年的教师（在此期间她是非学术教职人员）声称足够长的服务年限使她有权获得终身教职。法院审查了她受雇之时的州法律，该法律规定，在州立院校连续工作五年的任何人都可以获得终身教职。尽管州立高等教育委员会发布了规定说明只有该委员会才能授予终身教职，但法院指出这些规定违反了州法令的明文细则，因此该案超出了高等教育委员会的权力管辖范围。③

州属高校的人事决定受程序性正当程序的宪法要求约束。由于私立高校不受这些宪法要求或州程序法规规定的约束，合同法可能是验证其对教师程序义务范围的主要或唯一基础。例如约翰逊诉克里斯蒂安兄弟学院一案中，一名副教授认为学院未授予其终身教职违反了雇用合同，因而提起诉讼。④ 这所院校是孟菲斯市的一个宗教附属机构，在教师手册中有详细的授予正式终身教职的程序。该程序包括为期7年的试用期，在此期间教师需每年获得续签合同。7年后在终身教职委员会的推荐和院长的批准下，该教师要么伴随着第八年的合同获得终身教职，要么被解雇。原告声称，一旦他到达最后的试用期并被考虑授予终身教职，他就有权获得大学终止终身教职所使用的正式通知和听证程序。田纳西州最高法院裁定，在年度合同的条款、已发布的终身教职评审程序、大学通用程序的条款中，没有任何一项证明会在最后试用年将教师自动视为终身教职的协议或惯例。因

---

① William A. Kaplin and Barbara A. Lee, *The Law of Higher Education*, San Francisco, CA: Jossey-Bass, 2006, p. 544.
② William A. Kaplin and Barbara A. Lee, *The Law of Higher Education*, San Francisco, CA: Jossey-Bass, 2006, p. 545.
③ William A. Kaplin and Barbara A. Lee, *The Law of Higher Education*, San Francisco, CA: Jossey-Bass, 2006, p. 545.
④ William A. Kaplin and Barbara A. Lee, *The Law of Higher Education*, San Francisco, CA: Jossey-Bass, 2006, p. 545.

此，学院没有明确或隐含的合同义务向该教师提供通知和举行听证的机会。

如果高校有书面的终身教职政策，那么教师声称通过非书面、非正式的共识而自动获得终身教职的企图将不会成功。除非教师手册、个人合同或其他书面政策文件承诺授予终身教职，否则法院可能不会承认此范围之外的终身教职。例如图马拉诉瑞金大学一案中，弗吉尼亚最高法院裁定瑞金大学的教职人员没有终身教职。瑞金大学的3位教授已提起宣告性诉讼，要求法院宣布他们有终身教职，并且只有在违反合同或其所在学术部门解散的情况下才能被解雇。大学辩称，教师已签署的个人合同表明他们已获得"三年续聘合约"，根据教师手册的条款，该合约可以每年续签。法院认为合同和教师手册的语言模糊不清，因此审查了董事会成员与终身教职相关的证词。董事会成员否认该大学具有终身教职体系，指出三年的"续签合同"是一种机制，通过给被解雇的教职人员提供两年的收入来减轻失业对其造成的经济打击。尽管校长在美国律师协会的认证小组访问中表示，法学院的教职员工是拥有终身教职的。但法院裁定，校长没有自行决定权去修改瑞金大学董事会不设立终身教职体系的决定。[1]

即使大学承认拥有终身教职体系，但对于终身教职的位置可能存在意见分歧。当学校需要裁减教师人数或关闭某个项目时，这个问题尤其重要。在肯塔基州立大学董事会诉盖尔一案中，争议涉及盖尔教授的终身教职是设在他担任的荣誉教授上，还是设在系内或校内。法院审查了盖尔接受的聘用信：学校为他提供了人文科学教授的职位（兼任肯塔基州立大学人文科学荣誉教授），并在聘至该职位时提供终身教职。当该大学后来试图剥夺盖尔的荣誉教授、增加他的教学负担并降低工资时，盖尔向法院寻求一项宣告性判决和一项禁止该大学采取此行动的禁令。法院称该大学的辩词为"诱购"（Bait and Switch）方法[2]，裁定聘用信的字面意义和吸引教职明星担任荣誉教授的学术习俗都支持盖尔的说法，即他的终身教职包含在荣誉教授中。如果大学规定了对盖尔所担任的荣誉教授将进行定期审查，或者指定了其终身教职在系部并且他将在一段特定时期内担任荣誉教

---

[1] William A. Kaplin and Barbara A. Lee, *The Law of Higher Education*, San Francisco, CA: Jossey-Bass, 2006, p.471.

[2] William A. Kaplin and Barbara A. Lee, *The Law of Higher Education*, San Francisco, CA: Jossey-Bass, 2006, p.471.

授一职，则诉讼结果将有所不同。

即使高校的书面政策明确，管理人员也可能向教师口头陈述某些职位，这些职位要么与学校的书面政策相抵触，要么可能承诺了高校无意提供的额外就业保障。例如约翰·霍普金斯大学诉里特案中，两名访问教授未能说服州上诉法院，根据系主任的口头保证自己可以获得终身教职。法院驳回了这一上诉，指出系主任没有实际和表面上的权力废除校方书面制定的终身教职政策，按照规定只有董事会有权授予终身教职。[1] 在格迪斯诉西北密苏里州立大学一案中，联邦上诉法院驳回了一名教职员工的诉讼。该教师认为自己拥有终身教职，因此学校不续签合同是不合法的。格迪斯一直被聘为传播学院院长，但是没有终身教职。3年后，当该学院与美术学院合并时，格迪斯没能成为新学院的院长，但是有机会继续担任演讲系教授。她每年都获得年度合约。合并时该大学的校长向格迪斯保证如果她愿意的话，可以余生都在大学任教。然而教师手册指出口头承诺不具有合同地位，只有经过正式的终身教职审查程序之后才可以由董事会授予终身教职。法院驳回了格迪斯的终身教职要求，指出鉴于年度合同的特殊性、教师手册以及大学的终身教职政策，格迪斯对校长口头陈述的依赖是不合理的。[2]

有时法院通过确定当事人的意图来填补书面或不成文合同中的缺口，即使这一意图没有直接表达。有时可以通过做出招聘决定时的口头陈述来确定当事人的意图。在刘易斯诉芝加哥洛约拉大学一案中，原告是学校医学院的教授兼病理学系主任。原告认为，医学院院长在两封来信中同意当自己获得伊利诺伊州执业执照后立即推荐自己为早期的终身教职人选。这构成了一项合同，该高校未能授予他终身教职违反了合同规定。在招募刘易斯担任病理学系主任的过程中，院长于1980年写了两封信，信中明确表示将推荐刘易斯获得终身教职。刘易斯接受了大学的邀请，他的正式聘用信参考了教师手册的规定。刘易斯担任主任的聘期为3年，合同一年一签。就在第3年的合同到期之前，他收到学校解除其系主任职务的通知，下一年的合同到期后将不再续约。院长并没有如期按照承诺提交刘易斯的终身

---

[1] William A. Kaplin and Barbara A. Lee, *The Law of Higher Education*, San Francisco, CA: Jossey-Bass, 2006, p.472.

[2] William A. Kaplin and Barbara A. Lee, *The Law of Higher Education*, San Francisco, CA: Jossey-Bass, 2006, p.472.

教职候选资格,几个月后,他辞去院长职务成为专职教师。辞职之前院长口头告诉刘易斯,他已经忘记提交其终身教职资格但下一年他会提交。尽管校方辩称院长的信件和口头承诺不应视为刘易斯就业合同的一部分,但法院不同意。法院认为相关记录揭示了两者1年中的对话、会谈和来往信件,医学院决定终身教职的标准是客观而非主观的,刘易斯能够证明院长的终身教职建议很少被撤销。法院同意主审法官关于充分证据的裁定,认为刘易斯就算不在院长的管理下也可以获得终身教职。该案的判决意见包含了对违反学术合同案件的补救措施的讨论。初审法院判决从最终合同中授予刘易斯薪金(约3.65万美元),但每年还授予他10万美元,直到他伤残、死亡或年满65岁。上诉法院推翻了这一裁决,称该裁决是基于不违反合同的情况下对刘易斯聘用时间的猜测。因此尽管认为存在合同违约、刘易斯本应获得终身教职,但判决给他的损害赔偿额却相对较低。此外合同救济通常不包括恢复原职。[①]

马里兰州上诉法院在约翰·霍普金斯大学诉里特一案驳回了两位教授声称在聘用时获得终身教职的诉讼。里特和斯奈德教授原来是康奈尔大学和杜克大学的终身教职教师,后来应聘加入了约翰·霍普金斯大学的儿科系。系主任奥斯基教授向他们保证未来可被聘为正式教授。因此两人都辞去了各自学校的终身教授职位来到约翰·霍普金斯大学。奥斯基通过口头和书面形式告诉他们,他们的职级和薪水必须得到教师委员会和院长的正式批准。两位教授于1994年1月开始在约翰·霍普金斯大学担任访问教授,但是他们的职级和终身教职审查在春季学期末尚未完成,一直持续到1994年秋季。1994年上半年两位教师与新同事之间出现了许多分歧,许多教职员工向医学院院长抱怨这两位新教授。院长决定在医学院的顾问委员会、院长或大学的董事会对其任命作出决定前终止两者的聘用。里特和斯奈德对该大学提出了一项合同诉讼,称奥斯基已经向他们保证可获得终身教职,他们正是依赖与奥斯基的信函和口头交流而辞去其他高校的终身教职。陪审团支持原告,但上诉法院推翻了这些判决。

上诉法院审理了合同的性质以及奥斯基在更改校方书面终身教职程序方面的权力。尽管法院同意原告的意见,即与奥斯基的信函和对话均包含

---

① William A. Kaplin and Barbara A. Lee, *The Law of Higher Education*, San Francisco, CA: Jossey-Bass, 2006, p. 474.

在合同中，但法院认为奥斯基无权废除该大学的书面终身教职程序。他没有这样做的实际权限，因为没有证据表明医学院的董事会或顾问委员会（两者都批准教职人员人事决定的情况下）已经授权奥斯基代表他们做出承诺。奥斯基没有明显的权力制约校方，没有比他更高级别的人出面通知原告奥斯基有权授予终身教职。法院驳回了原告的禁止反言请求，指出包括奥斯基在内的任何人都没有表示他有权绕过书面终身教职程序。[①]

这一案件对于主要受普通法合同挑战影响的私立高校非常重要，特别是在针对诸如约翰·霍普金斯大学未正式承认终身教职的诉讼中。法院建议学院院长或其他官员应监督合同谈判并成为提供聘用信的一方，以避免导致对诉讼的误解。

六 "财产利益"（Property Interest）或"自由利益"（Liberty Interest）引发的诉讼

"财产"和"自由"一词的基本含义源自《第十四修正案》，该修正案规定，各州不得"未经正当法律程序剥夺任何人的生命、自由或财产"。在两个具有里程碑意义的案件——董事会诉罗斯案和佩里诉辛德曼案中，美国最高法院裁定，只要正当程序是根据第十四修正案条款，如果高校的人事决策剥夺了一方的"财产利益"或"自由利益"，教职工有权得到听证，通过听证可能解决提交给法院的第一修正案索赔，但不能再进行任何后续正当程序诉讼了。罗斯案和佩里案是不续签教职合同引发财产或自由利益诉讼的主要案例。

（一）罗斯案

罗斯案的被告是威斯康星州立大学的助理教授，固定期限为1年。州法规规定，所有州立大学教师的任期均为1年，只有连续服务4年后才有资格参评终身教职。校方在2月1日之前通知被告不会获得续聘。校方没有给出该决定的理由，也没有给予教师进行听证或上诉的机会。法院通常认为"由于政府的所作所为使个人的良好声誉或诚信受到威胁，及时通知和举行听证的机会将至关重要"，而最高法院考虑的问题是"该案中教师是否享有宪法规定的权利进行理由陈述，并就大学不再续聘的决定进行听

---

① William A. Kaplin and Barbara A. Lee, *The Law of Higher Education*, San Francisco, CA: Jossey-Bass, 2006, p.547.

证。"法院最终裁定教师没有这样的权利,因为不续约并未侵犯其"自由"或"财产"利益。

关于自由利益,法院认为:"州虽然没有对被告进行续聘,但未对他提出任何会严重损害其社会地位和人际关系的指控。没有任何迹象表明被告的"良好声誉或诚信"受到威胁,同样也没有迹象表明州在拒绝续聘被告时,给他施加了污名或其他障碍使他无法利用其他就业机会。"

法院还认为,被告在未来的工作中没有被剥夺任何财产利益。财产利益是由现有规则或理解(由州法律等独立来源产生)创建和定义的,这些可确保教师获得某些权益并支持相关的索赔。被告的"财产"利益是根据其聘用条款创建和定义的,该条款明确规定了被告的聘用应于6月30日终止。校方没有找到"足够的理由"续约,因此未就续约做任何规定。这种情况下被告的财产利益不足以要求校方在拒绝续聘时举行听证会。由于教师没有任何受保护的自由或财产利益,因此他的第十四修正案权利没有受到侵犯,大学也不需要提供不再续签合同的理由或就不再续聘为教授举办听证会。①

(二) 佩里案

在佩里案中,原告连续十年被德克萨斯州立大学系统聘为教授。聘用期间他与董事会存在公开的意见分歧。被告聘用时签订的是一系列为期一年的合同,在第十年合同结束时,董事会选择不再聘用他。校方既没有给出正式理由也没有给予教授听证会的机会。像罗斯一样,佩里辩称董事会的行为侵犯了他第十四修正案的正当程序权利。与罗斯案不同的是,最高法院裁定教授提出了有关事实上终身教职的索赔,这将在续聘中产生受宪法保护的财产利益。教授依据的是得克萨斯学院与大学系统协调委员会发布的终身教职准则,以及官方教师指南的声明:敖德萨学院没有终身教职制度。大学行政部门认为只要教师的教学服务令人满意、对同事和上司表现出合作的态度,并且对工作感到满意,教职员工就能获得永久的终身教职。

根据法院的说法:"我们已经在罗斯案明确表示受正当程序保护的"财产"利益不受一些严格的学术形式的限制。相反,"财产"是指通过

---

① William A. Kaplin and Barbara A. Lee, *The Law of Higher Education*, San Francisco, CA: Jossey-Bass, 2006, p.548.

"现有规则或共识"保证的广泛利益。如果有这样的规则或相互明确的共识支持教师的权益索赔,并且教师可以在听证会上加以援引,出于正当程序的目的,教师在其中涉及的利益就是"财产"利益……要求享有福利的权利,并且教师可以在听证会上援引该权利……在这种情况下,被告声称由州官员颁布、推进的规则和共识允许自己在校方没有"充分理由"的情况下就续聘一事进行合法索赔……我们同意,应根据"高等教育机构的政策和惯例"为被告提供一个证明其权益索赔合法性的机会……学校官员有义务应上诉教师的要求举行听证会,在听证会上学校可以告知教师未获续聘的理由,教师可以质疑理由的充分性。"[①]

(三) 毕肖普案

为了更全面地了解美国法院的正当程序裁决,最高法院审理的另一起案件应与罗斯案和佩里案一起进行分析。毕肖普诉伍德案涉及一名警察,据称基于不正确的信息该警察遭到解雇,校方在一次非公开会议上口头告知其原因。在四名法官的强烈反对下,法院裁定,解除职务既不侵犯警察的财产利益,也不侵犯其自由利益。关于财产利益,法院对有关警察雇用的法令采用了下级法院的生硬解释,裁定法令没有制造续聘的期望,只要求雇主提供某些程序保护,所有这些都在本案中已经得到提供。关于自由利益,法院裁定,针对雇员的指控如果是私下传达给雇员而未公开,则不能构成剥夺自由利益索赔的依据。法院还认为,指控的真实性或虚假性与是否侵犯自由利益的问题无关。[②]

教师与学校聘用合同终止往往侵犯教师的财产利益,剥夺终身教职可能侵犯或不侵犯教师的财产或自由利益,从而引发正当程序保护。1971年,美国大学教授协会通过了"关于教师续聘或不再续聘程序标准的声明"。这些上诉程序包括通知续聘标准、定期审查教师的表现、通知不续聘的原因,涉及侵犯学术自由、基层学术组织通过学术晋升评审但在更高的学校管理层被否决进而学术晋升被淘汰等。在罗斯、佩里和毕肖普的案例中,法院要求以下情况要伴随着适当的程序保障:①大学现有的规则、政策、惯例或者教师和大学之间有明确的共识支持教师继续被聘用的权

---

① William A. Kaplin and Barbara A. Lee, *The Law of Higher Education*, San Francisco, CA: Jossey-Bass, 2006, p.549.

② William A. Kaplin and Barbara A. Lee, *The Law of Higher Education*, San Francisco, CA: Jossey-Bass, 2006, pp.549-550.

利。这种情况会产生财产利益引发的诉讼。②学院在停止续签合同的过程中向教师提出指控，可能严重损害教师在集体中的声誉、地位和社会关系。这种情况会产生自由利益引发的诉讼。③不再续签合同会给教师带来耻辱或其他障碍、妨碍教师利用其他就业机会的自由，这种情况会产生自由利益引发的诉讼。

（四）其他情况

在确定财产和自由利益时，必须对正签订续约合同的教员和已终止合同的教员进行严格的区分。正如罗斯一案所指出的，被剥夺终身教职的公立大学教授和被终止合约的教授及工作人员，在受正当程序保障的续约中存在利益相关。但是对于合同即将到期、即将续约或参加终身教职评审的教职员工，情况尚不明确。此外，当人事决定会侵犯财产或自由利益时（如终止终身教职），还会出现有关院校必须遵循特定程序的其他问题。最高法院在罗斯案的脚注中简要地作了说明，似乎暗示在某些情况下如果不续聘会直接影响言论自由的利益，则需要举办听证会。当不再续约的教师有理由提出自由或财产利益诉讼时，高校的管理者应考虑提供听证会。正确地进行听证会不仅可以使教师随后的任何程序性正当程序诉讼失效，而且还可以解决或化解第一修正案中可能被提交至法院的索赔。

剥夺终身教职，和合同不再续约一样，必须在分析时区别于合同终止。终止终身教职经常侵犯教师的财产利益，而拒绝授予终身教职可能会或可能不会侵犯财产或自由利益，从而触发正当程序保护。出于正当程序目的拒绝晋升通常类似于拒绝授予终身教职，因此要遵守以下终身教职剥夺案例中制定的一般原则。1978年，麦克伦登诉莫顿一案中，西弗吉尼亚州一家法院裁定，被剥夺终身教职的教师已被剥夺了财产利益。帕克斯堡社区学院发布了终身教职资格标准，其中包括需要担任全职教师六年和获得助理教授一职。满足这两个要求后，麦克伦登申请了终身教职。在因能力不足而被学校拒绝终身教职申请后，麦克伦登提起诉讼，声称校方未能为她提供听证会，这剥夺了她的正当程序权利。法院裁定：①满足客观的资格标准使麦克伦登有足够的资格竞聘终身教职。因此如果没有某种意义上的正当程序，就不能因能力不足而拒绝授予其终身教职。②最低限度的正当程序需要在不持有偏见的法庭上通知原告剥夺终身教职和听证会的理由，教授可以在法庭上驳回通知中提出的问题。因此，法院决定将罗斯一案的范围扩大至在续聘中有财产利益的人，包括在公立高校任教并达到指定终身教职客观标准的教师（假设该高校使用客观标准）。

在西弗吉尼亚州和任何其他可能接受麦克伦登一案推理的司法管辖区，在做出任何剥夺终身教职的决定之前，高校必须给予相关教师通知和举行听证会的机会。然而，大多数高校使用主观标准，或客观、主观标准结合做出终身教职决定，因此不受麦克伦登一案的约束。①

与麦克伦登一案相比，贝策尔诉杰弗里案裁定，被聘为"试用员工"的教授不具备罗斯一案的财产利益，不可以基于正当程序理由对校方剥夺终身教职的决定提出质疑。教师手册中概述了授予或拒绝授予终身教职的标准；但是，与麦克伦登一案的标准不同，这些标准是主观的。法院认为教授没有理由期望自己应自动获得终身教职。② 同样在古德斯曼诉利特尔一案中，法院驳回了一位教授声称自己在大学的终身教职决策程序和准则中具有财产利益的主张。法院得出结论认为，程序和指南"不会明显限制大学官员在终身教职决策中的酌处权。它们仅提供相关事项的概述。这并不能增加候选人获得终身教职的期望以建立受宪法保护的利益"。③

在戴维斯诉俄勒冈州立大学一案中，后来裁定古德斯曼案的同一法院否决了另一种类型的教授申诉，即要求校方在剥夺终身教职前进行听证。原告是物理系的副教授。他声称系主任在聘用时已向他保证，"理所当然的"将授予他终身教职。1972年和1973年根据大学公布的终身教职政策，大学终身教职委员会审查了戴维斯案，但前后两次都没有获得足够的选票来支持授予或拒绝授予他终身教职。此后，戴维斯在1973—1974学年结束时被解雇，他因而提起诉讼，认为自己应因与系主任之间的口头合同而拥有事实上的终身教职。法院裁定，大学的书面终身教职政策不支持任何关于口头终身教职合同的主张，因为该政策没有赋予系主任授予终身教职的权力，戴维斯也充分意识到了这一事实。因此法院认为戴维斯没有财产利益可以支持他的听证请求。④

---

① William A. Kaplin and Barbara A. Lee, *The Law of Higher Education*, San Francisco, CA: Jossey–Bass, 2006, p. 553.

② William A. Kaplin and Barbara A. Lee, *The Law of Higher Education*, San Francisco, CA: Jossey–Bass, 2006, p. 553.

③ William A. Kaplin and Barbara A. Lee, *The Law of Higher Education*, San Francisco, CA: Jossey–Bass, 2006, p. 553.

④ William A. Kaplin and Barbara A. Lee, *The Law of Higher Education*, San Francisco, CA: Jossey–Bass, 2006, p. 553.

根据萧诉约翰逊一案,高校做出终身教职决定的程序本身不会产生财产利益。尽管部门同事表示同意,但公立乔治梅森大学拒绝授予萧终身教职。根据教师手册"教师主要负责涉及聘任、再聘、晋升和终身教职的建议"(尽管最终决定权已明确授予董事会或校长),萧称大学做出终身教职决定的书面程序产生受宪法保护的财产利益,而学校不遵从同行评估的意见侵犯了该财产利益。法院指出,大多数非终身教职的教师都是临时的非固定雇员,因此没有法律支持的续聘期望。法院随后针对萧的申诉,即"校方在遵循做出终身教职决定的详细程序时产生财产利益"的说法做出回应。"该州的详细程序提供了正当程序保障,从而创造了受这些保障保护的财产利益。从概念上讲这是不可接受的。"从逻辑上这将使所有关于延续公共聘用的州合同条款"宪法化"。法院随后就是否存在财产利益提供了分析,指出决策程序与财产利益在概念延伸上没有共同之处。本案的"程序"带有决策过程的一般性,通过这一点能判断"利益"可以终止。尤其是"程序"可能会表明决策过程是旨在成为发现错误、原因、理由等事实的客观过程,还是成为由具备专业评价资质的人员开展的主观评估过程。在做出终身教职决策过程是主观的、而不是客观的结论之后,法院认为:受到高度主观评价影响的过程只能由那些不以武断或反复无常的方式作出最终决定的人行使职业判断。而审查法院可以自信的说自己最终没有涉及行使职业判断。法院随后针对萧"校方拒绝遵从教师的决定违反了终身教职程序,即实质性而非程序性正当程序"的说辞做出回应:"在评估同行的专业资质时,尊重专业教师的判断应成为教师协会努力、合同规定的谈判或开明可靠的学术机构自愿进行的适当主题。但我们并不准备认为它是宪法保障正当程序的基本要素,无论是否在合同中加以规定或作为某个学校的惯例。"[1]

在另一个案例中,联邦地方法院得出结论,罗格斯大学的终身教职决策标准和政策既没有产生财产利益,也没有产生自由利益。教师工会和被罗格斯剥夺终身教职的教师声称"试用教师有合法的期望,即根据当前终身教职评估的相同标准进行评估(换句话说,提高终身教职的标准侵犯了

---

[1] William A. Kaplin and Barbara A. Lee, *The Law of Higher Education*, San Francisco, CA: Jossey – Bass, 2006, p. 554.

试用教师的财产利益)。"① 瓦尔玛诉布鲁斯坦一案中法院批准了大学的即席判决。判决认为终身教职标准和程序并未对学校行使终身教职评审的裁量权作出重大实质性限制。之前的终身教职决策模式不能在未来相似的案例中对校方构成约束,尤其是考虑到终身教职标准的一般性以及它们对教师绩效进行主观评估的依赖性。②

在奥林诉瓦基尼科纳一案中,作为存在自由利益的证据,原告引用了囚犯的权利案件,其中美国最高法院分析了在州法规或程序中确立自由利益的因素。法院指出"州通过对官方的自由裁量权施加实质性限制来创造受保护的自由利益。"当州法规包含此类实质性限制时,原告可能会享有受保护的自由利益。但法官认为只有存在"特殊标准"时才会产生自由利益,大学的终身教职标准并没有限制校方授予或拒绝授予终身教职的自由裁量权,因此没有产生自由利益。法院拒绝了奥林和休伊特申请在罗格斯任终身教职的诉求。③

在基尔科因诉摩根一案中,法院驳回了另一项在剥夺终身教职之前进行程序保护的主张。原告是东卡罗莱纳大学的非终身教职教师,他认为自己的雇用合同纳入了教师手册的一项规定,即要求系主任通过个人会议和书面评估的方式告知非终身教职教师目前终身教职的进度。尽管基尔科因收到了系主任的来信,并在大学任教的头两年结束时参加了一次后续会议,但他认为这些程序不符合教师手册的要求。大学指南还规定了3年试用期后的终身教职决定。在他第3年开始的时候,基尔科因得知他将在第4年获得续聘。但是在第3年晚些时候,他得知自己将不会获得终身教职或在第4年之后获得续聘。在法院驳回了他"事实上的终身教职"申诉后,基尔科因辩称,学校未能完全遵守双方合同中所包含的教师手册程序,这剥夺了他的程序性正当程序权利。法院认为,基尔科因在大学的续聘中缺乏罗斯一案的财产利益。因此即使没有程序上的保障,剥夺终身教职在宪法上也是允许的。根据法院的判决,如果州立大学无偿提供了非宪

---

① William A. Kaplin and Barbara A. Lee, *The Law of Higher Education*, San Francisco, CA: Jossey – Bass, 2006, p. 555.
② William A. Kaplin and Barbara A. Lee, *The Law of Higher Education*, San Francisco, CA: Jossey – Bass, 2006, p. 555.
③ William A. Kaplin and Barbara A. Lee, *The Law of Higher Education*, San Francisco, CA: Jossey – Bass, 2006, p. 555.

法规定的程序保障措施，即使在教师合同中列举了此类程序，偏离程序不会违反正当程序的要求。虽然合同可能为违约行为提供依据，但仅凭州是缔约方这一事实不能将合同问题提升到宪法的高度。①

与终身教职遭拒相关的其他潜在财产利益来源（以及终止终身教职员工的聘用）是各州颁布的公平就业法。尽管少数法院已经判决某个学院授予某教职员工终身教职，而该教职员工在剥夺终身教职引发的宪法或民权诉讼中获胜，但法院将决定权还押至高校进行再次终身教职评审的情况更为常见。此举可以避免法院发现的程序违规行为妨碍评审过程。例如索加诺诉华盛顿大学一案中，州上诉法院确定一位非终身的罗曼斯语教授未得到适当的指导，裁定该大学未遵循原告终身教职审查中的适当程序。尽管原告随后经过第二次审查后被剥夺了终身教职，法院判给她欠薪并命令校方支付她的律师费。② 在斯科林·卡波夫诉纽约州立大学石溪分校一案中上诉被驳回，州上诉法院推翻了审判法院在证实学校剥夺教师终身教职的决定是任意、反复无常的、没有合理的依据之后，授予原告终身教职的判决。尽管上诉法院同意初审法院的事实调查结果，但它拒绝了补救措施，并将此事发还给大学进行新的终身教职评估。③

七　因财务紧急状况、取消学术课程而裁员引发的诉讼

虽然评估教职员工终身教职的典型标准是个人在教学、学术（研究型大学）和服务方面的表现，但校方有时会使用其他标准。宗教附属学院和大学可能要求教师遵守宗教信条或学校的宗教使命，甚至可能要求教师信奉指定的宗教。在研究型大学中，某些学科的终身教职候选人可以根据其获得研究项目或其他外部资金的能力进行评估。越来越多的高校使用人际关系或公民身份做出终身教职决定。学生入学率或院部的财务状况也可能（公开或隐蔽地）成为终身教职决策的考虑因素。

如果高校确实因财务紧急状况和取消学术课程而解雇终身教职，即使

---

① William A. Kaplin and Barbara A. Lee, *The Law of Higher Education*, San Francisco, CA: Jossey-Bass, 2006, p. 556.

② William A. Kaplin and Barbara A. Lee, *The Law of Higher Education*, San Francisco, CA: Jossey-Bass, 2006, p. 557.

③ William A. Kaplin and Barbara A. Lee, *The Law of Higher Education*, San Francisco, CA: Jossey-Bass, 2006, p. 557.

没有任何明确的合同条款授予这一权力,美国上诉法院的案件仍会维持大学剥夺终身教职的权力。如果高校假借财务紧急状况之名来实施解雇教师之实,则法院会对具体情况做出具体裁定。

(一) 财务紧急状况

第一个涉及财务紧急状态的重大合同案件是美国大学教授协会诉布鲁姆菲尔德学院一案。1973年6月29日,私立的布卢姆菲尔德学院通知13位终身教职教师,从1973年6月30日起学校将不再需要他们的服务,学校给出的理由是财务紧急状况。学院还通知了剩余的终身教职和非终身教职教师,他们将与学校签订1973—1974学年为期一年的终期合同,此后他们必须与学校协商新合同。被解雇的13名教职员工根据雇用合同提起诉讼。合同中列举的政策第C(3)条款规定:"只能基于充分事由终止终身教职教师的职务,除非因年龄原因退休或由于学校的财务紧急状况。"C(6)条款规定:"必须证明存在由于财务紧急情况而终止续聘的事实。除极个别的情况外,这种情况需要大幅度裁员,因此无法同时在其他地点扩充人员。"申诉教师声称校方不存在真正的财务紧急情况,校方在原告解雇3个月后又雇用了12名新员工,这一行为违反了财务紧急情况下仅能在"非常情形下"雇用新员工的要求。因此法院必须确定是否存在"明显的、事实上的"财务紧急情况,以及是否有非常情形可以证明需要聘用新的员工。初审法院分析了校方的财务之后确定不存在真正的财务紧急情况,因为校方拥有一大笔有价值的固定资产可以出售以满足财务需求。但是上诉法院不同意这一裁决,认为已有足够的证据表明校方在运营预算和捐赠方面面临财务紧急状况。[1]

对于法官而言,全部或部分归因于校方未能出售几年前因在不同地区建设新校园而购得的固定财产是不恰当的。这种短期内确保财务稳定的行动计划是否优于大学行政管理层的长期规划,这是校方内部决策。在此诉讼的背景下,校方选择的替代方案超出了司法监督的范围。尽管上诉法院因此裁定该大学处于财务紧急状态,但它不愿意认定校方是因为财务紧急状况而裁员。初审法院裁定解雇教师的原因是校方取消部分终身教职的愿望,而上诉法院找到了足够的证据来支持这一裁决。

---

[1] William A. Kaplin and Barbara A. Lee, *The Law of Higher Education*, San Francisco, CA: Jossey-Bass, 2006, p. 580.

在佩斯一案中，爱达荷大学教师手册虽然明确提到，财务紧急状况可以作为解雇终身教职的原因，并将财务紧急状态定义为"一种明显的、合法的、迫在眉睫的财政危机，它威胁到整个大学、学院、系部、一个或多个项目能否继续存活……并且只能通过减少雇用人数的方式来充分缓解"，但学校并没获得胜诉。佩斯是一位国内经济学教授，在州教育委员会发布财政紧急声明后被解雇。爱达荷州最高法院根据布卢姆菲尔德学院和最近的案件，裁定校方对财务紧急情况负有举证责任，但被告院校未能做到这一点。尽管农业推广服务部（佩斯受聘的部门）仍然缺乏预算，但校方从州政府获得了更多的资金，并获得了增加教师工资7%的资金，在财政年度结束时有资金的盈余。在佩斯被裁员之前，校方没有考虑其他裁员方案，包括冻结工资、减少差旅和其他开支，或采取其他节约成本的做法。由于校方尚未确定是否可以采取其他措施（力度没有解雇终身教职那么大）缓解财务危机，法院裁定，该校不符合教师手册对真正的财务紧急情况的定义。[①]

此外，克罗特科夫诉古彻学院一案涉及由于实际财务紧急情况而终止教师的终身教职。希门尼斯诉阿尔莫多瓦尔一案涉及因取消学术课程而终止教师终身教职。这两种情况都使用学术惯例来说明教师合同中的条款。这两个案例还确定了终身教职人员的隐含权利，这些权利限制了相关高校的终止权限。克罗特科夫一案在法院看来在某种程度上证明了学院行为的诚意。

克罗特科夫是古彻学院的一名终身教职德语教授，该学院是一所女子私立文科学院。在任教13年后，她于1975年6月得知自己将因学校财务紧急情况而被解雇。她在校期间的表现一直都是可以接受的。由于她的聘用合同未就财务紧急状况有任何规定，这位教授辩称校方的终止行为违反了合同。校方辩称，合同暗含着学校有权在真正的财务紧急情况下终止教师的终身教职。从1968年到1975年，该大学每年都有持续的预算赤字，董事会决定不再续签11名非终身教职员工的合同，并终止4名终身教职员工的聘用。某个教师委员会就课程变更提出了建议，其中一项建议是取消除德语以外的所有入门课程。克罗特科夫曾教授高级德语文学课程，而另

---

① William A. Kaplin and Barbara A. Lee, *The Law of Higher Education*, San Francisco, CA: Jossey-Bass, 2006, p. 582.

一位终身教职的教授曾教授入门德语。系主任和院长建议保留另一位教师，因为她在教授入门德语方面经验丰富而且还可以教法语。校长表示同意并通知克罗特科夫她将被解雇。

尽管审查克罗特科夫申诉的教师委员会建议她继续留任，但委员会也不建议其他教职员工被解雇，而且未考虑该学院如何同时保留2位教授。校长拒绝了委员会的建议，董事会同意校长的意见。委员会提出了另一项建议，建议克罗特科夫教授德语课程，另一位教授代替一名即将被解雇的助理院长。校长也拒绝了这一提议。该学院向克罗特科夫提供了下一年所有可用职位的列表，克罗特科夫建议自己以其目前的职称和薪水在经济系担任终身教职教师。校方拒绝了她的提议，因为她缺乏经济学方面的学术素养和训练，因此终止了她的终身教职。[①]

上诉法院分析了该大学的整体裁员计划以及特定解雇情形所涉及的事实。法院的结论是，根据"学术界对终身教职概念的理解"解读教职员工合同，其中允许由于财务紧急情况而终止合同。学校存在真正的财务紧急状态；校方已使用合理的标准选择终止哪个教师，并已采取合理的措施提供给原告其他就业选择。合理而有条理的意见不仅讨论了棘手的法律问题，还触及了实际考虑因素，例如依靠教师委员会推荐辞退候选人的复杂性。由于校方的政策和细则并未将财务紧急情况规定为解聘终身教授的事由，因此法院首先转向"学术惯例"来确定这种解雇事由是否包含在终身教职的概念内。法院在专家证人的帮助下，审查了美国大学教授协会于1940年颁布的《学术自由和终身教职原则声明》，其中包括财务紧急情况是终止教师终身教职的许可理由。法院还审查了先前因财务紧急状况而终止教师终身教职的案件，认为没有先例确立了教师"出于财务原因可免于被解雇的权利。"此外，法院得出结论，鉴于该学院的财务问题，学术自由并未因克罗特科夫的解雇而受到威胁，因为她没有因为自己的想法或演讲而被解雇，而且她也未被观点与管理层更加吻合的新聘教师取代。

法院裁定克罗特科夫与古彻学院之间的合同是基于财务紧急情况可以终止后再次考虑了克罗特科夫的主张，即陪审团应确定校方是否违反了合同。克罗特科夫辩称，法院应提交陪审团裁定董事会声称存在财务紧急状

---

① William A. Kaplin and Barbara A. Lee, *The Law of Higher Education*, San Francisco, CA: Jossey-Bass, 2006, p. 583.

态是否合理的问题。法院不同意这一点,并指出克罗特科夫并未声称董事会的行为是出于恶意,并且财务紧急状态的存在应根据"大学运营资金的充足性而不是其资本资产"来确定。

最终,法院考虑了古彻学院是否使用了合理的标准终止克罗特科夫的终身教职,以及学院是否已做出合理的努力为她寻找另一职位。尽管古彻学院认为这些主题都不适合进行司法审查,但法院不同意。法院裁定,她"在合同上有权坚持校方在选择终止聘任的教师时采用了合理标准,并且学校采取了合理的措施为其提供另一份工作"。法院认为没有合同要求该学院保留克罗特科夫并解雇另一名德语教授。鉴于有证据表明唯一的空缺是克罗特科夫无法适任的职位,法院裁定校方遵守了合同义务。克罗特科夫一案对高校在财务困难的情况下终止教师终身教职时,学校相关的权力和义务进行了有益的分析。该案还充分例证了司法依赖学术惯例来解决高等教育的合同纠纷。[1]

(二) 取消学术课程

希门尼斯诉阿尔莫多瓦尔一案的原告是两名教授,他们已被任命为波多黎各大学地区学院的体育和娱乐课程的教授。由于入学率低和对该计划的评估不佳,他们的教学职位被取消。原告就校方未经程序性正当程序而剥夺财产利益提起诉讼,法院在裁决前必须理清一些合同问题。各方认为原告具有由聘书确定的财产利益,但聘书并未详细说明这些财产利益的范围。因此,为了确定正当程序要求的程序范围,法院必须先确定原告的合同权利范围。法院认为,美国法院和二级主管部门一致承认除非当事人协议另有规定、或者在高校的规定或法令中另有说明,作为学术课程变更的一部分,高等教育机构有隐含的合同权利、本着善意对终身教职员工的聘用做出不可避免的终止决定。高校拥有因学术课程变化而不可避免的中止教师聘用的权利,这与因正当理由或其他个人理由而终止教师聘用的权利完全不同。[2]

美国的公立高校不仅要关注与财务紧急和学术课程终止有关的合同,还要关注第一和第十四修正案下的宪法规定。即使终止(或其他人事决

---

[1] William A. Kaplin and Barbara A. Lee, *The Law of Higher Education*, San Francisco, CA: Jossey - Bass, 2006, p.584.

[2] William A. Kaplin and Barbara A. Lee, *The Law of Higher Education*, San Francisco, CA: Jossey - Bass, 2006, p.585.

定）没有违反教师合同或任何适用的州法规或行政规定，如果学校侵犯了教师的宪法权利，法院也将判为无效。根据第一修正案，教师可能会争辩说，财务紧急只是终止聘用的借口，终止实际上是对教员行使第一修正案权利的报复。这个问题的举证责任主要在于教师。根据第十四修正案，被公立高校终止聘用的教师可能会辩称学校的终止行为违反了正当程序条款。要继续这一上诉，教师必须证明终止行为侵犯了财产或自由利益。虽然宪法要求高校避免因"宪法上不允许的理由"或"完全武断"的终止教师聘用，但法院明确规定，宪法并未有任何特别规定可成为申诉教师的依据。法院指出，没有宪法规定解雇教师的选择标准与资历或绩效有关，并且高校保留酌情决定权以制定适当的标准来选择解雇的人选。根据与教师的集体谈判协议，学校董事会有权对解雇教师的数量做出最终决定，但工会有权建议选择教师的标准和使用的程序。

如果教职员工在工作中拥有财产利益，相关案件的审理明确表明高等院校必须为被裁人员举行听证会、告知他们解雇的原因，被裁者有机会对这些理由的充分性提出质疑。但是当院校决定减少或取消学术课程时，是否必须给教职工举行听证会？德克萨斯大学教师协会诉德克萨斯大学达拉斯分校一案对此问题进行了讨论。德克萨斯大学达拉斯分校教育学院、自然科学与数学学院的院长决定取消两门学术课程，原因是入学人数低并且学院希望重新分配用于这些课程的资源。[①] 该大学没有面临财务紧急状况。学院告知相关课程的教职人员他们的聘用合同将终止。相关的终身教职教师认为自己有权就是否取消这两门课程进行听证。他们还主张举行听证会以确定自己是否应被解雇。尽管大学法律顾问给教师发了一封信，说他们可以与教务长非正式会面讨论取消该课程的原因，但校方没有举行听证会。教师通过提起诉讼要求学校对取消课程、终止聘用、校方拒绝使用程序性正当程序的行为做出回应。

法院拒绝要求大学就取消学术课程的决定举行对抗性听证会。法院指出，这样的要求"将严重损害大学以最佳方式来管理教育计划的重大利益"。以往法院通常会尊重基于学术判断的裁决，法院得出这样的结论：司法系统不具备审查学术决定实质内容的能力，指出"只需要为个别教员

---

① William A. Kaplin and Barbara A. Lee, *The Law of Higher Education*, San Francisco, CA: Jossey‑Bass, 2006, p. 591.

提供最合理的程序保护通知和听取意见的机会"。由于相关教师已收到将近两年的通知,并多次受邀与院长讨论此事,因此校方已履行了其应尽的程序义务。关于终止聘用个别教职员工的决定是否适当,法院的态度有所不同:在本案的特殊情况下,法院认为不当的解雇某位教职员工的风险比不当取消项目的风险更大。根据校董事会制定的条例,得克萨斯大学系统的教职员工受聘于大学的某一特定机构,而不是某一学院或或课程。因此,达拉斯分校教职员工有权继续在整个达拉斯的德克萨斯大学任职,而不仅是某一学院或课程的受聘者。法院指出许多教师有资格在大学其他课程任教。"除非提供给上诉人的程序认真考虑了每个上诉人是否应以某种教学能力留在达拉斯分校,否则错误解雇教员的风险在我们看来十分明显。"法院认为大学未能就终止决定提供适当的程序:由于达拉斯分校教职员工受聘于该机构,因此即使上诉人的课程终止、与该课程相关的教师职位取消,每个上诉人也有权获得有意义的机会证明自己可以继续留在适任领域任教。法院认为,为教师提供这样的机会不会过分地干扰大学的学术自由。[①]

校方应在程序上确保教职员工并非因宪法上不允许的原因而被解雇、管理层的举止出于诚意、确定解雇教师人选时采用了客观公平的标准(按照《第十四修正案》所要求的全部内容)。法院详细说明了该裁决的实际后果,称并非所有教师都需要对抗性听证:最初管理层可能只需要认真考虑相关教员提交的自己值得留任的书面理由。仅当特定的教职员工表明根据大学采用的客观标准,自己可以在其他学术课程任教时,校方才需要提供任何形式的"听证会"。否则由决策者做出简短的书面陈述,说明为什么不保留该教师的原因就足够了。提供的"听证会"仅是让愤愤不平的教职员工有机会与最终决策者会面、口头陈述案情以及与决策者探讨终止聘用的其他可能。但是如果决策者决定不再聘用该教师,则需要书面说明理由。当然,如果某位教职员工的留任导致另一位教职员工的离职,离职的教职员工同样有权获得正当程序。法院讨论了以下事项:教职员工是否有权与律师、做出最初解雇决定的官员以外的其他人一起进行全面的对抗性听证;是否有盘问的权利;如何进行书面记录。法院认为没有明确证据表

---

① William A. Kaplin and Barbara A. Lee, *The Law of Higher Education*, San Francisco, CA: Jossey‑Bass, 2006, p. 592.

明决策者有偏见，负责解雇的官员可以进行听证。由于解雇不是出于履职原因，因此聘请律师、盘问的权利和书面记录没有必要。但是法院同意，原告确实有权提出书面证据并获得听证官结论的书面陈述。由于没有为教师提供法院概述的正当程序，因此法院将案件发回进行进一步诉讼。①

在某些案件中，教师还声称终止聘用与他们的陈述或表达行为有关，即言论自由。在布赖恩诉爱荷华大学一案中，该大学决定取消牙齿卫生课程的行为受到了违反宪法和民权方面的质疑。牙科卫生课程的3名终身教职副教授被重新分配到牙科学院任教。她们根据第一、第十四修正案以及州法令和宪法主张提出了性别歧视诉讼，声称由于牙齿卫生课程的所有师生都是女性，因此大学决定终止该课程既存在有意歧视，对女性也有差别影响。她们还声称大学对其反对停止课程的行为进行了报复。在混合法庭和陪审团审判中，陪审团和法官驳回了大多数原告的诉求，但法官允许陪审团对原告提出的关于报复性索赔的裁决维持原判，原告获得了赔偿和律师费。上诉法院维持了所有下级法院对大学的裁决，撤销了关于报复索赔（以及律师费）的裁决。原告声称他们已被排除在审查课程终止的委员会之外，牙齿卫生部在该课程实际结束前一年就被撤销，而前任系主任已受到报复被降职为具有较少自治权的课程主管职位。法院认为，原告无权参加该程序，大学有撤销该部门的裁量权，裁定系主任的降职是撤销系部的"必然结果"。校方声称停止课程的决定是根据大学的战略计划做出的，尽管校方在不同的时间对于停止牙科卫生课程给出的原因不尽相同（费用高、缺乏与大学中心使命的相关性），这一原因并非性别歧视的借口。最后由于提供的薪资歧视证据不足，原告无法证明自己遭受了不利的雇用行为。②

达拉斯分校和布赖恩的案例对寻求减少或停止学术课程的公立高校非常有借鉴意义。除非高校采用了需要额外正当程序保护的程序，或者州法令或规定要求更多，否则达拉斯分校案中描述的正当程序保护应该能满足高校对终身教职员工的宪法义务。在财务紧急或学术课程中止期间，公立高校的法律责任不仅可以通过合同和宪法考虑来定义，还可以通过州法令

---

① William A. Kaplin and Barbara A. Lee, *The Law of Higher Education*, San Francisco, CA: Jossey-Bass, 2006, p.593.

② William A. Kaplin and Barbara A. Lee, *The Law of Higher Education*, San Francisco, CA: Jossey-Bass, 2006, p.594.

或实施的行政法规来定义。

考虑减少工作人员的公立高校不仅必须确定适用的实质性标准,还必须确定州法律规定的适用程序。法定分析对裁员期间被终止终身教职的教员提出的诉讼结果很重要。在阿克曼诉大都会社区学院一案中,学院重组办公室技能技术课程时解雇了9名终身教职人员。根据董事会采用的政策,根据以前的评估、职位水平、多样性问题和服务年限等标准选择了解聘教师。被解雇的教师有机会参加关于裁员方法的听证会。法院审查了适用于雇用和解雇公共职员的内布拉斯加州法规。法院认为,这些法规适用于与公共雇主签订了雇用合同的全职雇员。法院维持了审判法院的裁决,该裁决在所有方面都支持校方委员会的裁决。[①]

八 程序性违反合同规定引发的诉讼

第一,尽管法院明确表示了不适宜审查人事决定的正确性,但对大学是否遵守程序进行决策的审查仍在法院的管辖范围内;如果合同条款明确,法院将使用标准的合同进行解释。合同解释的一般原则适用于审查大学是否遵守了自己制定的规则和程序。在伯克维茨诉哈佛学院(哈佛大学本科生院)院长一案中,一位被哈佛大学剥夺终身教职的教授以违约为由提起诉讼,声称哈佛大学没有遵循教师手册中规定的书面申诉程序。法院驳回了哈佛学院驳回诉讼的动议,称原告依赖教师手册的程序是合理的。[②]在费雷尔诉宾夕法尼亚大学董事会一案中,陪审团裁定校方违反了原告的雇用合同,因为教师调查委员会对其涉嫌研究行为不端的调查结果发现原告是无辜的,而校方却根据这一不实指控对原告进行了惩处。根据学校的政策,调查委员会的结论对学校具有约束力,但院长和教务长仍对原告实施了制裁。陪审团判给费雷尔500万美元的赔偿。上诉法院推翻了裁决,裁定私立大学决策层使用的复审标准应得到司法尊重,并且处罚是合理的。宾夕法尼亚州最高法院推翻了上诉,驳回了对审查标准给予司法尊重的判决。高等法院恢复了陪审团的裁决,但将损害赔偿金减至290万美元。法院强调,合同解释的普通原则适用于法院对高校是否遵守已有规则和程

[①] William A. Kaplin and Barbara A. Lee, *The Law of Higher Education*, San Francisco, CA: Jossey-Bass, 2006, p.595.

[②] William A. Kaplin and Barbara A. Lee, *The Law of Higher Education*, San Francisco, CA: Jossey-Bass, 2006, p.475.

序的审查。尽管法院指出不宜复审高校决定的正确性，但对高校程序合规性的审查仍属于法院的职权范围。原告依赖教师手册中的程序是合理的。虽然在涉及教师绩效评价的主观案件中司法审查往往尊重高校意见，但如果合同条款是明确的，法院将采用合同解释的标准工具。[①]

第二，向非终身教职的教师提供有关终身教职相关进展的误导信息，被视为是违反合同的重大程序违规行为。例如，克雷恩诉三一学院一案中州最高法院裁定，一所大学偏离了终身教职标准是违反合同的行为。原告的系主任认为她表现良好，这一具有误导性的保证充分支持了她对失实陈述的索赔，尽管原告并未在歧视诉讼中获胜。[②]

第三，终止教师聘用的通知是否及时，是经常引发诉讼的问题。根据合同、教师手册或政策文件的措辞，不及时通知教师解雇的决定可能会造成由合同问题而引发的损害，同样被视为程序性违反合同规定。

在霍华德大学诉贝斯特一案中，审判法院和上诉法院考虑了通知及时性的问题。案件讨论了如果未能及时通知不再续聘以及没有给出"事先聘任"（Prior Appointment）一词的含义，教职人员是否有权获得"无限期终身教职"（Indefinite Tenure）。玛丽贝斯特最初在霍华德大学获得为期3个月的非教师聘任。后来她获得了为期3年的教师聘任，但没有及时获得不再续聘的年度通知。贝斯特以违反合同为由提起诉讼，认为该大学未能及时通知她不再续约，因而她有权获得终身教职。另外她辩称，由于此前曾在霍华德大学担任过一个职位，因此3年教师聘任合同其实是一次续聘；教师手册中规定，在先前的聘任之后教职员工获得续聘就有权得到终身教职。法院试图确定霍华德大学的学术惯例是否支持将终身教职授予兼职的非教师岗位。基于未能发现任何此类终身教职授予模式的证据，法院裁定贝斯特试图通过续聘获得终身教职的说法不成立。关于贝斯特认为未及时收到非续聘通知可以使自己获得终身教职、或者至少获得3年非终身教职聘任的说法，法院发现有证据表明校方在续聘通知未能及时传达的情况下给其他教职员工进行了额外的聘任。因此上诉法院维持陪审团的裁决，裁定第二次的3年聘任为非终身教职聘任，并赔偿贝斯特155000美元。

---

① William A. Kaplin and Barbara A. Lee, *The Law of Higher Education*, San Francisco, CA: Jossey-Bass, 2006, p.475.

② William A. Kaplin and Barbara A. Lee, *The Law of Higher Education*, San Francisco, CA: Jossey-Bass, 2006, p.574.

对私立大学拒绝授予终身教职的决定存在异议的教师声称,程序性违规实质上改变了终身教职决定的结果。在大多数情况下法院裁定,实质上遵守了学院的政策足以辩护此类诉讼,同样遵守程序的非正式手段可能就足够了。① 例如在加利亚特·萨托斯诉阿克伦大学一案中,俄亥俄州上诉法院裁定,尽管大学未遵循书面通知原告(学校正在考虑其终身教职资格)的书面程序,但原告教授知道学校已召开有关其终身教职资格的讨论会。原告应邀参加了几次会议并回答了有关自己表现的问题,系部以书面形式表达了部门的担心。法院裁定,缺乏程序上的服从并不损害他的终身教职申请,因此上诉被驳回。② 在让·洛布尔诉纽约大学一案中,州上诉法院裁定,纽约大学对原告进行的再次终身教职审查基本上遵守了学校的规则和程序。院长未能将系主任纳入特设审核委员会,校方决定不遵从申诉委员会的建议进行重新评估,这并不意味着教务长或大学的行为是任意的或反复无常的。法院认为,仅仅因为一些教职员工不同意院长的结论和建议,这不意味着院长的决定是武断的。③

在斯凯恩诉布卢姆克州立学院董事会一案中,一位未得到续约的教授声称校方未遵守政策对学术自由案件进行听证。上诉法院裁定,如果下级法院在发回重审后发现学校政策根据州法律赋予了合同权利,并且教授的案件涉及政策中所指的学术自由,则校方必须遵守该政策的规定。在还押和再次上诉后,法院裁定原告确实对政策中规定的程序具有合同权利,并且校方侵犯了这一权利。④ 同样,在祖尔斯多夫诉阿拉斯加大学费尔班克斯分校一案中,法院裁定,大学人事规定中的"给予通知"是教职员工合同的一部分,校方没有及时通知原告不再续约违反了合同的规定。⑤

高校政策和其他文件也可能成为教师聘用合同的一部分。当高校试图执行反对性骚扰的政策并使用该政策来约束或终止教员的聘用,而此时学

---

① William A. Kaplin and Barbara A. Lee, *The Law of Higher Education*, San Francisco, CA: Jossey-Bass, 2006, p.573.

② William A. Kaplin and Barbara A. Lee, *The Law of Higher Education*, San Francisco, CA: Jossey-Bass, 2006, p.574.

③ William A. Kaplin and Barbara A. Lee, *The Law of Higher Education*, San Francisco, CA: Jossey-Bass, 2006, p.574.

④ William A. Kaplin and Barbara A. Lee, *The Law of Higher Education*, San Francisco, CA: Jossey-Bass, 2006, p.544.

⑤ William A. Kaplin and Barbara A. Lee, *The Law of Higher Education*, San Francisco, CA: Jossey-Bass, 2006, p.544.

校也有其他类似政策为教师提供更多程序性或实质性保护时，可能会出现有趣的法律问题。在陈诉迈阿密大学一案中，陈教授声称校方违反了合同，理由是校方根据禁止性骚扰的规定而不是根据终止终身教职的规定解雇他。尽管迈阿密大学是一所公立大学，但原告并未提出宪法诉讼，而是将重点放在校方终止终身教职规定所赋予的正当程序权利上。陈对校方使用性骚扰政策和程序确定性骚扰指控是否成立的权利没有异议；他认为在校方做出解雇决定后，自己在离职前有权参与解雇终身教职教师的程序。尽管校方认为性骚扰申诉过程已经提供了足够的程序保障，但该过程不可以取代基本的解雇程序。此外基本解雇程序规定了律师的出席，但骚扰政策却没有。法院裁定在未使用基本解雇程序的情况下，根据性骚扰政策和程序解雇陈教授剥夺了他的正当程序权利，构成了违约行为。[①]

九　实质性违反合同规定引发的诉讼

除了程序性诉讼外，被剥夺终身教职的教师可能认为高校采用的标准或决定的依据是武断和反复无常的（实质性而非程序性违约）。法院最不愿意接受这些诉讼，因为它们要求法院使用判决取代院校的决定。例如，在戴利诉卫斯理公会大学一案中，原告上诉被驳回。一位被剥夺终身教职的教授声称系部向副校长提交的报告曲解了外部评审专家对其学术工作的评价。法院驳回了他的违约索赔，裁定原告需要通过优势证据证明校方剥夺终身教职的决定是任意、反复无常或恶意的，并支持陪审团对校方的判决。[②]

在涉及违约索赔的案件中强调了精心起草终身教职撤销政策的重要性。墨菲诉杜肯大学一案具有指导意义。学校认定墨菲违反性骚扰政策规定后，这位终身法学教授被学校解雇。墨菲对解雇提出质疑，声称他的行为不符合教师手册中的"严重不当行为"标准，而且学校没有遵守终身教职撤销程序。州最高法院维持州上诉法院的判决，即校方未违反教师手册的规定，但谴责上诉法院使用"实质性证据"标准，而不是传统的合同解释原则。然后法院在根据合同法审查当事方的决定时解释了其作用范围：

---

① William A. Kaplin and Barbara A. Lee, *The Law of Higher Education*, San Francisco, CA: Jossey–Bass, 2006, p.546.

② William A. Kaplin and Barbara A. Lee, *The Law of Higher Education*, San Francisco, CA: Jossey–Bass, 2006, p.574.

"私立机构（包括宗教或教育院校）可以起草雇用合同规定，将专业雇员资格的审查仅限于内部程序。如果执行情况良好可以成为校内的决策，排除或禁止法院进行审查。当合同包含这样的规定时，一般适用的合同法原则足以将该院校内部、私下的决策与司法审查隔离开来。"法院参考教师手册的内容后，确定应由校方确定教师的行为是否符合严重不当行为的定义，并以此为理由决定是否解雇终身教职员工。教师手册要求校方通过清楚而令人信服的证据向教师听证会证明墨菲存在严重的不当行为。手册规定校长可以不同意教师听证会的意见，如果发生这种情况，个人可以向董事会提出申诉。法院裁定，考虑到程序的特殊性以及决策权明确分配给校长和董事会，墨菲无权由陪审团"重新考虑其解雇决策的是非曲直"。[1]

十 高校合并引发的终身教职诉讼

两所高校的合并可能会引发复杂的合同问题，这要求法院确定两所高校合并后仍保留哪些合同权利。洛约拉大学和蒙德林学院合并一案提供了相关案件的先例。尽管教师手册可以明确说明高校在正常运营期间终止终身教职教师聘用的原因，但它可能对学校被合并后是否拥有保留终身教职的权利保持沉默或模棱两可。在格雷诉蒙德林学院一案中上诉被驳回，法院需要解决蒙德林学院与洛约拉大学签订并校协议后对原终身教职教师的责任问题。蒙德林学院面临严重的财务困难因而与洛约拉大学签订了一项协议，由洛约拉大学收购蒙德林学院的资产并承担了蒙德林学院的部分债务。该协议规定，蒙德林学院将继续作为一所独立学院存在，由洛约拉大学进行管理。洛约拉大学向蒙德林学院的 26 名终身教师提供了终身教职；而向另外 11 名终身教师提供了非终身的 5 年聘期；向 3 位终身教师提供了 2 年的遣散费。没有获得终身教职的 3 名教师起诉了这两所高校，声称他们的合同权利受到侵犯。

审判法院和上诉法院认为，教师手册对当事方具有合同约束力。该手册列出了终止终身教职的四个原因：财务紧急情况；计划中断；健康；或其他事由，但对于高校合并或附属关系并未做出明确终止终身教职的规定。初审法院裁定，由于董事会从未宣布存在财务紧急状态，因此终止终

---

[1] William A. Kaplin and Barbara A. Lee, *The Law of Higher Education*, San Francisco, CA: Jossey-Bass, 2006, p. 574.

身教职是非法的。此外，审判法庭裁定，由于学院仍然拥有宝贵的资产，因此不存在真正的财务紧急状态。法院裁定蒙德林学院违反了原告的合同，并命令校方向被遣散的2名原告赔偿损失。第三位接受了五年合同的人不应得到赔偿损失，因为初审法院将她接受合同条款的行为视为放弃终身教职；校方认为学术惯例应决定案件的结果，根据美国大学教授协会的政策和准则规定，除非双方明确同意，否则不得在学校联盟或合并后继续保留终身教职。因此校方继续上诉，法院没有裁定终身教职是否应在附属关系或合并后得以保留，而是认为只有在必须解释不确定或模棱两可的合同条款时，才需要进行学术惯例分析。在该案中法院认为教师手册的条款说的很明确："蒙德林学院可以按照教师手册中规定的程序采取任何必要措施来改善其财务困难，而不必承担保留终身教职的义务"。法院维持了校方对原告教师的裁定，撤销了原审法院对已接受五年合同的原告的裁定，判决这一行为不是放弃终身教职，而只是一种适当的、减轻损害赔偿的尝试。伊利诺伊州最高法院拒绝复审。[1] 总之，如果教师手册、集体谈判协议或其他机构政策文件规定了院校在计划削减、合并、学校关闭或选择聘用教师标准方面的作用，将教师排除在此过程之外的做法将招致违反合同的诉讼。

十一 教师失职失责行为引发的诉讼

失职失责行为主要包括存在学术不端行为、未能保持良好的学术标准和教学水平、职业道德失范等，教师的这些行为也会成为学校解雇终身教职教授的理由。终身教授必须对学生和同事有礼有节，必须诚实处理薪资、联邦研究基金或学术职位申请所提供的材料，必须遵循校内外与此相关的规定和指示。

在雷比格勒诉康奈尔大学一案中，教师未能完成绩效被定义为玩忽职守；在韦尔斯诉田纳西州管理委员会以及霍尔姆诉伊萨卡学院一案中，终身教职教授对学生的性骚扰被定义为行为不端；欺诈也是法院认可的解雇终身教职教师的理由。在兰维梅耶诉丹尼森大学一案中，某位教师伪造费

---

[1] William A. Kaplin and Barbara A. Lee, *The Law of Higher Education*, San Francisco, CA: Jossey-Bass, 2006, pp. 585–586.

第五章　美国大学教师晋升与终身教职申诉制度Ⅱ

用凭证构成了道德违法行为。[1]

因故解雇可能会带来合同解释的问题。例如麦康奈尔诉霍华德大学一案中，一名数学教授在上课时遭到学生口头侮辱，因此拒绝继续授课直到恢复正常的教学氛围为止。校方未对学生采取任何纪律处分也未采取其他措施解决问题，还拒绝了申诉委员会支持教授做法的建议。后来校方以忽视职业责任（教师手册中列举的事因）为由开除了教授，而教授则起诉校方违反了合同。根据已有学术惯例解释了该案的合同规定后，法院裁定校方因故解雇教师时，不仅必须考虑"事因"一词的字面含义，还应综合考虑周围所有因素；校方必须根据专业标准评估教授的行为。由于学校行为存在欠缺，法院将该案退还给地方法院进行进一步审理。[2]

在圣菲利波诉邦·乔凡尼案中，罗格斯大学根据内部大学条例采纳的美国大学教授协会职业道德声明（大学条例3.91）和设置的管理终身教职的适当标准（大学条例3.93），将"充分理由"界定为："未能保持良好的学术标准和教学水平，或严重忽视与聘任能力有关的义务、能力缺失或道德败坏。"学校指控圣菲利波博士的行为使他面临被解雇的风险。另外，罗格斯大学依据美国大学教授协会的声明和"充分理由"的规定解雇了一位化学终身教授，指控主要源于这位教授"对合作项目的中国访问学者采取的不当行为"。大学听证会发现教授对这些学生学者进行了剥削、威胁和侮辱，并且发现他的专业操守严重缺乏诚信。教授针对解雇向联邦法院提出质疑，辩称（除其他事项外）校方的解雇规定含糊不清；校方并未给予他及时通知，告知他可能会因被指控的行为遭到解雇。校方认为，充分理由的规定（条例3.93和3.94）"并入了"美国大学教授协会的"职业道德声明"（3.91），该规定适用于教授的行为，并给予了他充分通知。上诉法院（像地方法院一样）驳回了大学的"合并"论点，裁定除美国大学教授协会声明外，校方还必须在"充分理由"的规定中找到解雇理由。但是，上诉法院（与地方法院不同）驳回了教授"规定含糊不清"的指控，因为"充分理由"的规定中关于"未能维持良好的学术水平和称职的教学水平"（3.94）的部分本身足以提供合理的通知：一个讲理的普通人运用

---

[1] William A. Kaplin and Barbara A. Lee, *The Law of Higher Education*, San Francisco, CA: Jossey-Bass, 2006, p.531.

[2] William A. Kaplin and Barbara A. Lee, *The Law of Higher Education*, San Francisco, CA: Jossey-Bass, 2006, p.532.

雇主—雇员关系的常识将会注意到，根据《条例》3.94规定，教师可以因"未能保持良好的学术水平和称职的教学水平而被解雇"。圣菲利波博士知道该标准不仅仅包含实际的教学或研究技能，终身教授要对学生和同事表现得体，遵守上级指示，如实处理薪资、联邦研究基金或学术职位申请，这是合理的或可预见的。为了保持良好的学术水平和称职的教学，教职人员需要遵守这种行为规范。[1]

十二 是否遵守美国大学教授协会政策引发的诉讼

私立院校聘用教师的权利主要受州合同法和州宪法管辖。虽然私立高校缺乏对教师的宪法保护，但在制定决策程序，决定为教师提供哪些程序保护、书面政策、教师手册和其他在许多州具有约束力的合同文件方面具有更大的灵活性。许多州和法官也可以使用学术惯例来评估私立高校是否为教师提供了适当的保护。某些州法律解释了教师对私立高校负面就业决策提起的诉讼，但是必须谨慎判断某些案件的裁决是否适用于州以外的高校。许多私立高校全部或部分采用了美国大学教授协会颁布的关于再聘和解雇终身教职教师的政策声明。正式采用这些政策声明，或一致遵守其条款（可能会产生隐含合同）将要求私立高校遵守这些声明，而不遵守这些政策可能导致违约索赔。合同期限、续约条件以及续约决定中涉及某些程序的个人权利都是合同法的问题。法院通常以合同的书面条款为准，即使是为试用教员提供再聘权利的教师手册也不对高校具有约束力。有些合同明确规定另一份文件已纳入聘用条款。对于高等教育机构，合同中可以提及诸如教师手册、机构章程或美国大学教授协会指南等文件。

韦恩州立学院某终身教授的合同包括了"与学术终身教职和教职员工解雇程序有关的大学章程、政策和惯例。"当该高校使用违反某章程的程序解雇教授时，法院认为解雇是无效的：理事机构有关解雇和雇用条件的细则已成为学院与教授之间雇用合同的一部分。在提供和接受初步聘用时，教授被书面告知提出问题和接受合同内容，这构成了一份合同，以兑现当时在教师手册中规定的政策和做法。[2]

---

[1] William A. Kaplin and Barbara A. Lee, *The Law of Higher Education*, San Francisco, CA: Jossey-Bass, 2006, p. 533.

[2] William A. Kaplin and Barbara A. Lee, *The Law of Higher Education*, San Francisco, CA: Jossey-Bass, 2006, p. 472.

根据纽约州法律提起诉讼的案件表明，高校决定采用某些美国大学教授协会政策声明而不采用其他政策的重要性。福特汉姆大学通过了美国大学教授协会的"1940年学术自由和终身教职原则声明"，但没有采纳其1973年的"关于实行终身教职配额"声明，该声明中美国大学教授协会反对终身教职配额。福特汉姆大学认为如果该教师所在系部终身教职教师超过总数的60%，将拒绝授予教师终身教职。一位因配额政策而被拒绝授予终身教职的社会服务系教授起诉校方，称学校的任期配额政策违反了两项美国大学教授协会声明。在韦林诉福特汉姆大学一案中法院指出该大学未采用1973年的声明，裁定该大学的行为适当且不违反合同。[1]

十三　终身教职名额减少或设限引发的诉讼

为了应对学校入学率下降或财政经费紧张等问题，大学有时会因此减少终身教职数额。如果证明学校确实存在经济困难，司法系统将大力支持学校，使其免于追责。在与此有关的一些具体纠纷中，法院也以学校相关制度规定为依据，注重证据证明。例如一些大学设置了"终身教职上限"（Tenure Caps）以限制某一部门终身教师的比例。在鲁法耶诉伊萨卡学院一案中，伊萨卡学院的终身教职上限是75%，这个规定明确写在了教师的录用函和教师手册中。当鲁法耶教授被聘为会计系讲师时，她被书面告知了这一上限。但在评估鲁法耶的终身教职时，教务长告诉商学院院长，假设入学率保持稳定，终身教职上限将不用于会计系。然而当鲁法耶被学院推荐为终身教职候选人，教务长却拒绝了这一推荐，宣称考虑到入学率的问题不能授予其终身教职。鲁法耶提出了违反合同、禁止反悔和欺诈性失实陈述的指控。法院驳回了该校的特别裁决动议，因为双方未能就注册人数达成共识，这是该校辩护的核心问题。但法院驳回了禁止反悔和欺诈性失实陈述的指控，因为原告无法提供证据证明她已被允诺授予终身教职。[2]

---

[1] William A. Kaplin and Barbara A. Lee, *The Law of Higher Education*, San Francisco, CA: Jossey-Bass, 2006, p. 473.

[2] William A. Kaplin and Barbara A. Lee, *The Law of Higher Education*, San Francisco, CA: Jossey-Bass, 2006, pp. 541–542.

第二节 美国大学教师校外胜诉案例分析

有学者通过分析1972—2011年这一时间段里，四年制学院或博士学位授予大学未如愿获得终身教职的教师向美国联邦最高法院、联邦上诉法院或州最高法院提起的个人申诉，最终仅找到33个高校失败案例，[①] 通过对表5-1这33个案例进行综合分析，得出了正式法庭诉讼中教师胜诉的以下共性特征。

表5-1 　　1972—2011年联邦上诉法院审理的33个大学教师终身教职胜诉案例概况

引用案例	诉讼基础	诉讼/法律	与判决处理相关的事实或事项	判决处理
艾布拉姆森诉夏威夷大学一案	公立大学的女讲师宣称校方拒绝授予其终身教职的行为是不合法的，且该不公行为基于性别歧视	报复；性别歧视；违反合同、州合同法第七章	剥夺终身教职的影响延续至合同年度到期；教授索赔应该通过查询校方如何做出终身教职决定的真实过程，而不是按教师指南的相关规定来进行判断；公认的终身教职评审过程包括在最后一年对复议请求进行审核	维持地区法院关于同工同酬诉讼的中间裁决；推翻有关于第七章索赔的中间裁决；发回重审以进行下一步的诉讼
艾布拉姆森诉威廉帕特森学院一案	公立大学的副教授宣称校方拒绝授予其终身教职的行为是不合法的，且该不公行为基于正统的犹太教信仰及活动	不友好的工作环境；宗教歧视；非法报复；违反第七章、新泽西州反歧视法	过度监督和会议缺席，指控在宗教节日休病假，批评在宗教节日缺席，在宗教节日安排会议，和基于信仰的陈述可能导致陪审团认为教授受到了负面影响；提出理由性质的变化显示出是借口	推翻地区法院针对校方所有诉讼的中间裁决；发回重审以进行下一步的诉讼

[①] Julee Tate Flood, *Judicial Influence on Academic Decision-Making: A Study of Tenure Denial Litigation Cases in which Higher Education Institutions Did Not Wholly Prevail*, Ph. D. Dissertation, University of Tennessee, 2012.

续表

引用案例	诉讼基础	诉讼/法律	与判决处理相关的事实或事项	判决处理
布伦南诉国王学院一案	私立大学的男助理教授宣称校方拒绝授予其终身教职的行为是不合法的，且终止任期是基于其性取向和存在HIV阳性	歧视；违反合同、美国残疾人法案、康复法案、州合同法	未进行歧视索赔因为就业合同没有要求将终身教职争议提交仲裁	维持地区法院对校方的中间判决，认为校方违约；推翻有关于教授联邦歧视诉讼的中间判决；发回重审以进行下一步的诉讼
布朗诉波士顿大学一案	公立大学一位女助理教授宣称校方终止其任期的行为是不合法的，且该不公行为基于性别歧视	歧视；违反集体诉讼谈判协议和第七章、州反歧视法令、州合同法	参与终身教职评审人员的行为和评论存在歧视	维持地区法院赞成教授针对性别歧视指控的裁决；支持教授恢复终身教职；基于"不过宽"原则，中止对其他教授发布禁制令的裁决
福特诉尼克斯一案（1984年）	公立大学的男副教授和女助理教授夫妇宣称校方终止其任期的行为是不合法的，且该不公行为基于性别歧视、报复其参与抗议雇用惯例和争取复职	歧视；报复；违反第七章	在审判中，男教授以优势证据证明了校方违反了第七章；女教授提交了经过初步认定的歧视案件，但审判法庭误将举证责任从原告转至被告；案件发生时的田纳西州法律自动授予任何在高校任职五年的教授终身教职	维持地区法院支持男教授获得终身教职和欠薪的裁决；基于不合理证据的举证责任转移至校方，还押法院支持女教授有关性别歧视诉讼的判决

续表

引用案例	诉讼基础	诉讼/法律	与判决处理相关的事实或事项	判决处理
福特诉尼克斯一案（1989年）	公立大学的女助理教授宣称校方终止其任期的行为是不合法的，且该不公行为基于性别歧视	歧视；违反第七章	校方在展示教授缺乏资质的事实方面存在不一致；对政策和程序的应用存在不一致；校方没有准确说明其政策；应恢复其终身教职；废除自动授予终身教职使校方授予终身教职的行为不当	维持地区法院有关性别歧视和恢复其原职的裁决；推翻授予其教授和终身教职的裁决；发回重审以进行下一步的诉讼
古茨维勒诉费尼克一案	公立大学的女教授宣称校方拒绝授予终身教职的行为是不合法的，且该不公行为基于性别歧视	歧视；违反第七章、1983节	证据显示某些决策者在终身教职评审过程中通过要求更多的学术成果，以不一致的标准选择外部评审专家并选择负面评价的方式故意歧视教授	维持地区法院对违反平等保护和实质性的正当程序违规行为的裁决；维持因反对主席造成的惩罚性损害的裁决；推翻对第七章诉讼的驳回；指示判决应有利于教授；发回重审以确定适当的衡平救济；指示只有教授的终身教职申请未得到公平对待时才能恢复教授的终身教职

续表

引用案例	诉讼基础	诉讼/法律	与判决处理相关的事实或事项	判决处理
哈里斯诉拉德纳一案	私立大学的女助理教授，黑人，圭亚那人血统，宣称校方拒绝授予其终身教职和晋升的行为是不合法的，且该不公行为基于种族歧视	歧视；违反平行保护和程序正当；违反合约；侵权违反1981节、美国宪法第五修正案和第十四修正案、州合同法和侵权法	教授申请复议的权利不是间接上诉，而是原始申请程序的继续；诉讼时效没有妨碍诉讼的进行	推翻地区法院驳回教授针对校方不合宪法行为的诉讼；维持驳回宪法准许的诉讼；发回重审以进行下一步的诉讼
希尔诉罗斯一案	公立大学的男教授宣称校方拒绝授予其终身教职的行为是不合法的，且该不公行为基于性别歧视	歧视；违反平行保护、第七章、美国宪法第十四修正案	关于校方是否使用性别作为其招聘结果的唯一决定因素存在事实依据；校方无法解释系部设定招聘目标百分比这一事实；校方故意留下位置空缺而不是聘请教授	推翻地区法院针对校方的中间裁决；发回重审以进行下一步的诉讼
琼斯诉中央俄克拉荷马大学一案	公立大学的男教授宣称校方拒绝授予其终身教职的行为是不合法的，且该不公行为基于性别歧视	歧视；违反正当程序；违反合同；违反第七章、1983节、州合同和侵权法	仅依靠不成文的终身教职政策以及终身教职评审正式程序不能自动排除教授获得终身教职的可能性。要求地区法院在案件分析时要考虑州法律法规	推翻地区法院对校方的中间判决；发回重审以进行下一步的诉讼
昆达诉穆伦堡学院一案	私立大学的女讲师宣称校方拒绝授予其终身教职和晋升的行为是不合法的，且该不公行为基于性别歧视	歧视；违反第七章	关于申请终身教职的候选人获得硕士学位的必要性校方没有咨询教授的意见。教师手册中未说明获得终身教职的相关要求	维持地区法院的全部判决：给予教授复职、补发欠薪、完成硕士学位后晋升至终身教职

续表

引用案例	诉讼基础	诉讼/法律	与判决处理相关的事实或事项	判决处理
林恩诉加州大学董事会一案	公立大学的女助理教授宣称校方拒绝授予其终身教职以及拒绝涨绩效工资的行为是不合法的，且该不公行为基于性别歧视	歧视；违反第七章	证词、证据文件和统计数据显示校方存在歧视：有利于男性；不利于女性及关注此类问题的教师；地区法院出于寻找证据的目的审查原告教授的终身教职审评资料，但是校方拒绝了教授审阅终身教职评审材料的要求，这违反了程序正义	推翻地区法院对校方的中间判决；发回重审以进行下一步的诉讼
芒福德诉高德福莱德一案	公立大学的男见习教师宣称校方拒绝授予其终身教职的行为是不合法的，解雇侵犯了言论自由、妨碍了合同的执行和未来的业务优势	违反言论自由权、合同和1983节、美国宪法第一修正案、州普通法和侵权声明	教授关于部门问题的言论可被视为关注社区事务，不应被排除在第一修正案的保护之外	维持地区法院驳回教授的普通法和侵权法诉讼；维持驳回程序正义诉讼的判决；推翻驳回第一修正案诉讼的判决；发回重审以进行下一步的诉讼
罗巴克诉德雷克塞尔大学一案	私立大学的男助理教授宣称校方拒绝授予其终身教职的行为是不合法的，且该不公行为基于种族歧视	歧视；违反1981节、第七章	教授因其获得赞同的服务职责被雇用，但在终身教职的评审过程中遭到了部分人的贬低；校方官员的种族敌意包括在使用终身教职的评审方针时前后不一	推翻地区法院针对教授1981节诉讼的裁决；维持对1981节诉讼的再次审讯；等陪审团进行复审裁决后再对第七章进行判决；发回重审以进行下一步的诉讼

续表

引用案例	诉讼基础	诉讼/法律	与判决处理相关的事实或事项	判决处理
圣弗朗西斯学院诉卡兹扎吉一案	私立大学的男副教授宣称校方拒绝授予其终身教职和终止其任期的行为是不合法的,且该不公行为基于对阿拉伯种族、国籍和穆斯林宗教信仰的歧视	歧视;违反1981节	1981节的立法史表明国会旨在保护特征明显的群体免受歧视,这部分人容易由于血统或种族特征受到有意歧视;国会希望通过1981节禁止此类歧视;根据1981节,隶属于特殊的群落不能构成种族歧视保护资格的必要条件	维持上诉法院的裁决;教授的诉讼不应受时间限制;有阿拉伯血统的教师可以根据州平权法案提起有关于种族歧视的诉讼
索拉诉拉法耶特学院一案	私立大学的女助理宣称校方拒绝授予其终身教职和解雇的行为是不合法的,且违约行为基于性别歧视	歧视;违约;侵权违反宾夕法尼亚人际关系法、州合同法和侵权法	没有证据支持教授被剥夺了合同保护;没有证据证明性别在校方的决策中发挥了作用;确保起诉简短和进行口头辩论,应该由地区法庭进行相应考虑	针对教授有关不合理解雇及违反合约的诉讼,维持地区法院对校方的中间判决;中止驳回违约诉讼;发回重审
索尼诉田纳西大学董事会一案	公立大学的男副教授宣称校方在未举行听证会的情况下拒绝授予其终身教职和不再续约的行为是不合法的	违反正当程序和州法律	当时存在的州法律禁止授予外国人终身教职,但教授被告知校方将对自己和其他教授一视同仁;针对教授后来被终止任期,校方未举行正当的听证会;学校体系导致教授期望续约	维持地区法院要求从终止之日开始举行听证会和支付欠薪的决定;第十一修正案并未禁止不利于校方的补偿判决
斯特恩诉肖尔代斯一案	公立大学的男助理教授宣称校方拒绝授予其终身教职的行为是不合法的,该不公行为是对其言论表达的报复	报复;违反1983节、美国宪法第一修正案	教授的言论受宪法保护;限制公立大学禁止或规范教授批评的自由	维持地区法院对名义损害赔偿、费用和律师费的评估决定;推翻支付欠薪和预断利息

续表

引用案例	诉讼基础	诉讼/法律	与判决处理相关的事实或事项	判决处理
斯图尔特诉罗格斯州立大学一案	公立大学的女助理教授宣称校方拒绝授予其终身教职的行为是不合法的,且该不公行为基于种族歧视	歧视和违反1981节、1983节	陪审团可以根据证据得出结论:校方拒绝授予终身教职存在种族动机;在审核教授的终身教职时存在前后不一和程序错误,这是任意的反复无常的、不像是理智的评审专家所为	推翻地区法院对校方的中间判决;发回重审以进行下一步的诉讼
施托尔贝格诉康涅狄格州立大学董事会一案	公立大学的男助理教授宣称校方拒绝授予其终身教职的行为是不合法的,且废除合同的行为是对其言论表达的报复	报复;违反1983节、美国宪法第一修正案	被诉大学校长对教授采取了不恰当的行动;根据现行规定,教师满意地完成了三年试用期工作,应获得终身教职;教师能力从未受到质疑;校方行为导致需支付相应的律师费用。(注意:教授在审判结束后获得了终身教职。即使已经胜诉,但他还是继续上诉寻求其他补救措施。)	维持地区法院判予补偿损失并驳回因羞辱、痛苦和损害声誉造成的赔偿金;维持驳回惩罚性赔偿的判决;推翻驳回律师费的判决;发回重审以决定合理的律师费用
美国卡罗莱纳州银行诉斯蒂芬,奥斯汀州立大学董事会一案	公立大学的男教授宣称校方拒绝授予其终身教职和教授资格的行为是不合法的,且该不公行为违背了宪法和合同	违反宪法;违反合同和1983节、美国第一和第十四宪法修正案、德州刑法典	校方注意到教授的公开批评言论,但无法提供任何证据证明教授批评言论的虚假性。(注:地方法院判决授予终身教职、恢复职位和救济,但教授在诉讼期间死亡;死者的遗产成为记录的原告。)	维持地区法院认为校方终止教授的任期违反了第一修正案的判决;维持判给因反对董事会、校长和被告支付的律师费;推翻判予因反对董事会和校长造成的欠薪;推翻针对德克萨斯州刑法典的诉讼

续表

引用案例	诉讼基础	诉讼/法律	与判决处理相关的事实或事项	判决处理
宾夕法尼亚大学诉美国就业机会均等委员会一案	私立大学的女副教授在终身教职被拒后,向美国平等就业机会委员会投诉宣称校方拒绝授予其终身教职的行为是不合法的,且该不公行为基于种族、性别和民族血统歧视。在校方拒绝发布该教授和某位男教师的终身教职审核保密资料之后,美国平等就业机会委员会起诉寻求强制传票	歧视;违反第七章	女副教授指控工作中存在性骚扰、以及个人能力与其他5名获得更优待遇的男教师实力相当或更强。校方对此未做出任何解释,教授指控学校给出的理由是进行歧视的借口;对相关文件进行信息公开是必要的	维持申诉法院的判决,拒绝承认高校对终身教职评审资料享有保密特权
肯塔基大学董事会诉海斯一案	公立大学的男助理教授宣称校方拒绝授予其终身教职和晋升以及终止其任期的行为是不合法的,且该不公行为是基于系部争论,侵犯了宪法权利	程序缺陷;违反宪法和1983节、美国第一和第十四宪法修正案	被诉大学有举证责任说服陪审团终止教授任期并非基于不许可的因素	中止下级法院有利于大学的判决;恢复陪审团支持教授获得赔偿损失的判决;中止消除不利于校方的单独判决;发回案件重审以决定争议事项;要求大学按照教师终身教职被拒时的规则条例重新考虑教授的任期

续表

引用案例	诉讼基础	诉讼/法律	与判决处理相关的事实或事项	判决处理
布朗诉北达科他州立大学一案	公立大学的女教师宣称校方拒绝授予其终身教职的行为是不合法的,且该不公行为违反了州高等教育委员会颁布的规定	违反合同、州合同法	有关教授在校期间职责和责任的性质存在事实争议。这些争议对合同的解读至关重要	撤销下级法院有利于校方的中间判决,发回重审以进行下一步的诉讼
克雷恩诉三一学院一案	私立大学的女教授宣称校方拒绝授予其终身教职的行为是不合法的,且该不公行为是基于性别歧视、违反了合同和侵权原则	歧视;违反合约;虚假陈述;疏忽造成的情绪困扰;违反第七章、州反歧视法、州合同法和侵权法	教授展示了存在性别歧视的初步证据,但未能成功举证证明校方拒绝授予其终身教职是基于性别歧视;校方未能遵守教师手册中有关终身教职的规定;教授得到的终身教职聘用指导很少	尽管对性别歧视诉讼作出判决,推翻下级法院驳回大学判决请求的决议;尽管对教授有关合同和侵权问题的诉讼作出了判决,但维持驳回大学判决请求的决议;发回重审修改相应判决
狄克逊诉罗格斯,新泽西州立罗格斯大学一案	公立大学的女助理教授宣称校方拒绝授予其终身教职和晋升的行为是不合法的,且该不公行为是基于性别歧视	差别性对待;违反新泽西州反歧视法	将终身教职被拒的女教师机密晋升资料同获得终身教职的男教师资料进行对比后,发现某些内容与女教师的歧视诉讼有关	法院拒绝了校方保护同行评审材料机密性的特权要求,但为了适应竞争各方利益的需要,法院提供了保护性命令以限制对相关材料的访问

续表

引用案例	诉讼基础	诉讼/法律	与判决处理相关的事实或事项	判决处理
卡卡斯诉乔治华盛顿大学一案	私立大学的男助理教授宣称校方拒绝授予其终身教职的行为是不合法的,且该不公行为违背了合同规定的义务	违反合同、州合同法	法院考虑了校方是否未能按照教师行为规范的要求,在任何有关终身教职的决定形成之前及时通知教授。教授收到的信件表明最终决定尚未达成	撤销下级法院对校方的中间判决;发回重审以进行下一步的诉讼
索耶诉默瑟一案	私立大学的男助理教授宣称校方拒绝授予其终身教职的行为是不合法的,且该不公行为违背了合同规定的义务	违反合约、州合同法	校方(私立学院)不受有关终身教职的州法令约束。雇用合同明确了双方的关系	维持下级法院的判决并授予教授终身教职;发回重审进行判决
寿凯尔诉布朗大学一案	私立大学的男助理教授宣称校方拒绝授予其终身教职的行为是不合法的,且该不公行为基于种族报复和歧视	报复;歧视;违反公平就业实践法	有关报复的诉讼得到证据支持;有关终身教职被拒的原因被驳斥;相关领域权威专家提供的意见认为教授具备获得终身教职的资质	维持下级法院关于发放补偿性赔偿金和返还欠薪的判决;撤销惩罚性赔偿金;还押惩罚性赔偿金;不再恢复原职
斯库佐克诉雷诺兹一案	公立大学的男教授宣称校方拒绝授予其终身教职的行为是不合法的,声称评审过程存在巨大不公	实质性的不公平;违反州法	州的上诉程序规则要求校方清楚表明达成的决议是最终命令,索赔人有30天的上诉时间以达到法定期限;校长拒绝授予教授终身教职并不能表明这是最终决定,原告必须在30天内及时提交诉讼申请	撤销下级法院裁定该教授的诉讼是行政上诉,并拒绝放宽法规限制期限的命令;发回重审以进行下一步的诉讼

续表

引用案例	诉讼基础	诉讼/法律	与判决处理相关的事实或事项	判决处理
州依据告发马赖诉托伦斯一案	公立大学的男助理教授宣称校方拒绝授予其终身教职及解雇的行为是不合法的，且该不公行为违背了合同规定的义务	违反合同、国家合同法、州法令	根据法规，试用期结束后伴随着再聘将自动授予终身教职。校长误解和误用了法律；法院不允许在成文法适用时，再产生有关于终身教职的"普通法"；不符合终身教职法规的情况下教授的任期将被终止	维持下级法院的工资判决；还押、强制命令董事会支付工资和利息；同意下级法院拒绝复职的判决
州依据告发詹姆斯诉俄亥俄州立大学一案	公立大学的男助理教授在校方拒绝授予其终身教职后，在致下级法院的训令中起诉，要求校方提供终身教职评审及晋升的资料	强制动议；俄亥俄州公共记录法案	校方在教师晋升和终身教职评审指南中说明"相关材料不能豁免于俄亥俄州公共记录法约束"	州立高校的教师晋升及终身教职材料受俄亥俄州公共记录法的披露要求约束
阿拉斯加大学诉吉斯特一案	公立大学的男教授宣称校方拒绝授予其终身教职的行为是不合法的，且该不公行为违反了阿拉斯加公众会议法	不遵守法定义务、阿拉斯加公众会议法	未能举行终身教职评审委员会的公开会议造成了损害；法令不支持校方的立场；有关终身教职的校方决定无效	维持下级法院修改后的判决；恢复教授的任期；判决教授可以在再聘之后选择申请终身教职；教授终身教职的申请应由当时的终身教职审核委员会进行考虑，而非由教授最初申请终身教职时的审核委员会进行审核；教授可以按照现行标准更新终身教职的材料

（一）共治原则下基层学术组织评审结果没有得到有效尊重

美国高校教师晋升和终身教职的评价和决策过程一般是通过多层次治理结构来逐步有序推进，体现了高校治理体系中共治原则。总体概括，大多要经历以下评审程序：首先，参与晋升或终身教职评审的教师必须经过本系部至少3名终身教师的评审，评审结果形成本部门的最终意见后传递给院长；院长审核的结果需要提交教务长，教务长的审核决定需要提交校长；校长的意见需要提交学校董事会作最后决定。在整个评审过程中，基层学术组织的评审意见很难约束高一级的评审结果，如果出现两者产生分歧的评价结果而引发教师诉讼，一般能增加教师胜诉的可能性。

（二）司法尊重原则下学术自治范畴之外的非学术问题

美国法院通常尊重高校的学术评判，体现大学自治和学术自由的学术传统。在33起案件中，一半以上的案件在司法审议过程中审查了被告机构的终身教职评价结果。在学术决议的审查中，司法界高度重视保护高校学术上的自主权，绝大多数案件都尊重了学术专业判决的结果。以下三个因素是决定法院何时何处应遵循高校决策的关键。第一，高校作出的决策必须是真正的学术判断，这种判断在很大程度上必须是学术共同体以学者和教师的角色所做出的专业评价；这种决策通常是自由裁量、并难除主观性的，法院很难通过积累的信息对专家的评价进行评估，因此不容易被司法或行政决策的程序工具审查。如果法院复审的判决不是真正的学术判断、责任人或委员会实际上没有行使专业判决、或大学出于违法的非学术原因做出决策，例如种族或性别偏见，法院就没有理由顺从。第二，法院如果质疑大学的决定涉及程序上违规，通常很少或没有学术尊重的余地。第三，法院对高校的司法判决造成不正当的举证负担，过分干扰高校履行教育职能时，更有可能尊重高校的决策。

（三）涉及教师权利、歧视和合同等的诉讼容易对高校作出不利裁决

被告高校的下列三个方面的做法容易导致联邦和州上诉法院在教师晋升及终身教职申诉中对院校作出不利裁决。第一，侵犯教师权利。主要是指程序性权利和基本人权。侵犯程序性权利，是指高校缺乏正当程序，或者决策者没有遵循正当程序；侵犯基本人权，是指机构侵犯了教师的平等保护权、报复员工，或者违反第一修正案规定的相关权利。第二，对教师存在歧视。主要指高校没有遵照教师晋升与评价的正当程序做出决策；提

高对原告教师晋升评价标准；基于自私或傲慢做出歧视行为；表现出歧视性的敌意并对教授做出不利决定；未能准确传达学校政策；为歧视行为寻找借口；制造敌对的工作环境，等等。第三，违反与教授的合同。主要包括高校决策者不遵守相应的政策或程序，不及时发布相关通知，违反专门签订的合同等。

第二编　现状与问题

第六章

我国大学教师预聘长聘制度案例研究

第一节 我国大学教师预聘长聘制度概述及案例选择

一 我国大学教师预聘长聘制度概述

"非升即走"的概念产生于美国大学的终身教职制度。自20世纪90年代以来,我国大学教师聘任制度改革不断推进,尤其是一些高水平学术型高校积极尝试与国际接轨的做法,在一定范围内建立和实施了预聘长聘制度。

一般而言,预聘长聘制度是指在高校教师招聘的过程中,设定一个预聘期限(通常是6—7年),在此期限之内,教师完成高校设定的教学、科研、社会服务等工作任务,考核达标以后,可以正式转入长聘期;学校如无正当理由,不得解聘进入长聘期的教师,将长期聘用至国家法定退休年龄。对于未能转入长聘期的教师,则解除教师聘任合同,不予续聘。这是一种人才选拔、评价和激励制度。其初衷是将最具学术潜力、活力和竞争力的学术后备人才选拔到学术职业中来,实现学术职业发展与大学发展的相互促进、相互提升,制度本身体现了对高校办学自主权的尊重,在一定程度上契合了教师成长规律,保障了教师的学术自由。

我国最早引入"非升即走"制度的是清华大学,早在1993年清华大学就在试行的人事改革制度中明确规定:"讲师、副教授在规定时间内学术成果不足以提高职称,应自行走人"。而2003年的《北京大学教师聘任和职务晋升制度改革方案》则是我国高校预聘长聘制度的标志性实践方案，明确提出了教师聘任制度改革的基本原则，是预聘长聘制度设计的最初模式。此后，上海财经大学、上海交通大学等也陆续实施了人事改革制度。2014年，《清华大学综合改革方案》和《北京大学综合改革方案》相继获得国家正式批准，教师预聘长聘制度在这两所世界一流大学建设高校进入全面实施阶段，进一步明确了教师预聘长聘的岗位设置、岗位要求、申报条件、评审程序、考核与管理办法、工作推进步骤与方式等。自此之后，高校教师预聘长聘制度在中国一些高水平学术型大学相继实施，并在全国范围内逐渐被许多高校学习借鉴并推广开来。

二 我国大学教师预聘长聘制度案例选择

北京大学、武汉大学、上海交通大学、重庆大学和深圳大学是我国较早实行预聘长聘制度的高校，其中武汉大学于2014年全面实施人事制度改革，在编人员实行全员聘用制，在《武汉大学关于新选聘教师试行聘期制的指导意见》中对预聘岗位做了明确规定。上海交通大学于2015年颁布了《上海交通大学长聘教职制度实施办法》（试行），长聘体系建设实现"全覆盖"。重庆大学于2016年颁布了《重庆大学教师预聘制管理办法》，同年深圳大学颁布了《深圳大学预聘—长聘制教师管理办法》（试行）。从地理位置上看，5所高校分属于华北地区、华东地区、华中地区、西南地区和华南地区，处于我国不同的地理单元。从办学水平来看，都在2020QS世界大学排名1000强榜单中，在世界大学排名中，北京大学位于22名，上海交通大学位于60名，武汉大学位于257名，重庆大学位于751—800名，深圳大学位于701—750名；在我国大陆大学排名中，分别居于2，5，8，37，32位次，基本上代表着高水平学术型高校的整体概况，其办学也并不完全在同一水平线上。从办学历史看，前4所均为我国985工程和211工程高校、双一流中的一流大学建设高校，办学历史积淀深厚；而深圳大学是1983年经国家教育部批准设立的新型地方大学，建校伊始，学校就率先在高校管理体制上锐意改革，虽未入选首批双一流建设高校，但学校以"特区大学、窗口大学、实验大学"的办学特色，快速形成了从学士、硕士到博士的完整人才培养体系以及多层次的科学研究和社会服务体系，近年来科研水平、学科建设、人才引进等方面发展迅猛，是具有明显区位优势的广东省高水平大学重点建设高校，是我国地方高校快速发展的典范。基于对5所高校预聘长聘制度的综合分析，大致可以从整体上描述和呈现出我国大学教师预聘长聘制度实施以来的基本概况。

第二节 我国大学教师预聘长聘制度的实施

通过对北京大学、上海交通大学、武汉大学、重庆大学和深圳大学等5所大学的高校教师预聘长聘制度的实施情况进行分析梳理,以期管中窥豹,概括预聘长聘制度的设计及管理模式、基本特点等。[①]

一 目标和原则

综合五所高校的教师聘任制度来看,其指导思想和原则基本一致。

1. 选优。以国际一流为标杆,更好地吸引高层次的优秀青年人才;激发教师队伍活力和竞争力,推动新聘教师尽快脱颖而出;优化高校教师结构,培养和选拔具有教学科研潜力的核心教师队伍;努力提升可持续的核心竞争力,助力高水平大学建设。

其中北京大学、上海交通大学对标国际一流大学,其目标是建立世界一流大学;重庆大学则将目标设定为"成为中国最好的大学之一";深圳大学将目标界定为助力高水平大学建设。

2. 激励。打破了聘任终身制,建立了按需设岗、竞聘上岗、能进能出、能上能下的教师聘任、晋升和流转制度,进一步调动和激发了大学教师的积极性和创造性。

3. 公平。严格遵循公开、公平、公正的招聘和聘任原则,建立规范、有序的学术职位招聘和聘任体系,形成突出质量贡献的考核评价体系,岗位评聘标准明确,评聘程序规范,公示制度和监督机制严格。

4. 契约管理。聘用合同由学校与教师订立,学校对预聘长聘教师实行契约化管理。对于预聘岗位和长聘岗位教师的工作职责、工作条件、职业发展路径、薪酬福利待遇等均通过聘用合同予以明确和保障。

二 实施范围

五所高校对于此项制度的命名有所不同:北京大学是针对教研系列教

---

① 此部分的分析基于对五所大学的关于教师聘任制度的官方文件及其官方网站数据。

师职位实行无固定期限预聘制（简称预聘—长聘制）①；上海交通大学叫做长聘教职制度；武汉大学称为聘期制；重庆大学针对全职引进的高层次年轻学术人才实施教师预聘制；深圳大学定义为预聘—长聘制。其实质均为"非升即走"的预聘长聘制度。

北京大学对于教研系列职位晋升实行预聘职位晋升、长聘职位晋升和教授职位晋升，预聘职位晋升是指由助理教授职位申请晋升为预聘副教授职位，晋升预聘副教授职位的候选人，一般应预期能够在3—5年内在国际一流大学或研究机构有足够的成就获得长聘职位（Tenured）的任命；长聘职位晋升是由预聘职位通过评估晋升为长聘职位。

武汉大学对除高层次引进人才之外的所有新选聘教师试行聘期制，对有学科依托、承担教学科研任务的院系以及科研单位，符合学校教师选聘条件的选聘人员，采取"3年+3年"或其他年限构成的合约聘期制，聘期内达到规定条件者纳入事业编制。

上海交通大学长聘教职制度，在相当长一段时间内，长聘体系将与原有师资体系并存。就长聘教职而言，其师资来源有三类：校外人才、长聘教轨内师资，以及校内原有体系的师资。

重庆大学教师预聘制原则上适用于自2016年以后全日制引进的高层次年轻学术人才。

深圳大学适用于实行"预聘—长聘"管理制度的教学科研单位于2016年1月1日后新聘用的教师。

三　岗位设置和预聘期限

基于各个高校不同校情，预聘长聘制岗位的设置及预聘期也有所不同。概括来看，预聘长聘制教师岗位一般分为助理教授、副教授和教授三个等级。助理教授均为预聘岗，副教授为预聘岗或长聘岗；教授为长聘岗。除特聘岗位以外，首次聘任时，原则上不能直接聘任到长聘岗，通常是通过合同约定预聘期或者以博士后工作形式进入预聘期。

分析发现，各高校通常设定预聘期为3—7年，采用"3+3"或"6+1"模式的合约聘期制。"3+3"模式即预聘期内有2次申请晋升的机会，

---

① 北京大学教研系列教师，是指同时从事教学和研究的教师，即"教学科研并重系列"教师，不包括"教学系列"教师和"研究技术系列"教师，教研系列教师是研究型大学教师的主体与核心。

3年合约期满考核，通过考核即可进入长聘岗，否则进入下一个聘期，第二个聘期结束仍未进入长聘岗的，合约自动解除或按照学校规定延期1年；"6+1"模式则是在预聘期第6年完成长聘职位的聘任考核，通过考核可进入长聘岗，未进入长聘岗人员可按规定给予1年的离校缓冲期。武汉大学、重庆大学和深圳大学均采用的为"3+3"模式，而北京大学采用的是"6+1"模式，制度中明确规定因学科不同，预聘期略有差异，最长一般不超过8年。有些高校建立了聘期考核申诉制度，对于保障预聘制教师的权利具有一定的积极意义，例如北京大学规定，预聘人员评估未获通过的可有1次申诉机会。

四 考核评价

预聘长聘制度对于受聘教师的评价依据是任现职以来在教育教学、科学研究和社会服务三个方面的工作表现和业绩，通常预聘期的聘期合约中明确约定的岗位职责和工作任务，将作为聘期考核的重要依据。各高校依据自身校情和发展状况，按照引进学科的实际需求制定出不同的指标体系，对预聘长聘制引进的教师进行考核评价。

针对预聘期教师的考核评价可以划分为两类：聘期内评价和晋升评价。聘期内评价，包括年度评价、阶段性评价等，是对处于预聘期的教师进行考察，旨在引导预聘期教师快速成长及各方面综合能力的全面发展。晋升评价，通常是与聘期评价同时进行，即聘期结束时的综合评估，通过了这种评估的预聘制教师将晋升为副教授并转入长聘制；评估一般由个人提出申请，经过学院、学校两级专家审核，有的参照国际惯例引入校外、国外的同行专家评价，综合考察教育教学、科学研究及社会服务方面的成果，严格把关，选优录用综合成绩优秀的预聘制教师。晋升评价时应达到的各项具体条件里，对科研条件的要求较高。

针对进入长聘期教师的评价一般也有两类：晋升评价和长聘后评估。这里的晋升评价，主要是指对进入长聘期的副教授晋升为教授的评价。而长聘后评估则是针对长聘期副教授和教授进行的一种聘期内评估，目的是激励长聘制教师保持学术探究的持续动力，避免一劳永逸，丧失进取意识，重新走上端"铁饭碗"的老路上去。这种后评估通常是综合业绩评估，评估的内容包括：教育教学、科学研究和社会服务等各方面的工作状况和业绩成果，并以此作为调整年薪档次和工作条件的重要依据。

五　薪酬福利及保障

针对预聘制专任教师的薪酬福利和保障方面，各个高校不尽相同，常见的做法是参照副高级标准执行或者实行年薪制。一般会根据引进人才的层次和水平，有不同等级的薪酬标准和保障制度。概括而言，薪酬福利设置相对较高，并配套相关的保障制度，如提供住房、安排子女入学及提供科研启动经费等。

北京大学教研系列职位的薪酬福利由基本年薪、单位津贴和福利待遇构成。并有基本年薪增长机制。福利待遇方面预聘职位人员参照副高级标准执行，长聘职位人员参照正高级标准执行。新聘教研系列人员可获得一次性基本科研启动经费，另外还有住房补贴、学术假等相关福利。

上海交通大学参考世界一流大学终身教职体系相应岗位的收入水平，结合国内收入及消费水平的实际情况，为进入长聘体系的教师提供有竞争力的薪资待遇，并根据各院系进入长聘教职和长聘教轨的人数，将相应增量资源划拨到院系，由院系负责确定并发放长聘教授、长聘副教授和长聘教轨人员的薪酬待遇。

武汉大学专任教师在预聘期内基本达到设岗单位副教授薪酬水平，聘期内享受社保、休假、公租房、子女入学入托等福利待遇，双方也可协商建立年度薪酬调整机制。设岗单位为聘期制教师提供与其他教师同等条件的科研保障和科研启动经费。

重庆大学采用年薪制，设立助教授、副教授和教授三个薪酬层次。助教授年薪由应聘者的"学术经历"和"学科差异因素"综合确定。助教授若在预聘期内入选国家"青年千人计划"，年薪可调整至相应的副教授水平。若受聘者在聘期内入选"长江学者"或获得"国家自然科学基金杰出青年项目"资助，年薪可调整至相应的教授水平。预聘期内，依法为受聘者购买社会保障，进入终身聘用期的则与事业编制内教师享有相同的社会保障。

深圳大学预聘—长聘制教师实行年薪制，享受符合国家和省市规定的社会保险及住房公积金待遇等。可申请各类人才培养及资助项目，并享受相应待遇。符合国家、广东省或深圳市各类高层次人才计划申报条件的，学校积极协助预聘—长聘制教师申请和落实各级政府给予的相关政策和待遇。

第三节 我国大学教师预聘长聘制度的审视

一 大学教师预聘长聘制度的优势

（一）从制度层面来看，建立了以市场竞争为导向的用人机制

我国大学教师预聘长聘制度改变了僵化的教师聘任体制，打破了我国高校所有教师一经录用即终身任职的单一教师聘任制度，激发了我国内部学术劳动力市场的活力。大学教师"能进能出"、"能上能下"的流转晋升从理念层面进入制度层面，并在实践层面得以实施和运行。

例如，武汉大学首次聘期制教师转固定教职聘任工作已于2018年9月完成，6名聘期制教师（含2名博士后）在48位申请人中脱颖而出，受聘固定教职副教授。自2019年起，学校计划每年组织2次转固定教职评审，在学校服务满一个周期的聘期制教师、特聘副研究员、博士后、协同创新聘用教师以及各单位经学校审批试点聘用教师均可申报。不过，每位聘期制教师在第二个3年聘期内仅有一次申报机会。如果落选，就不再续聘。

武汉大学从制度层面保障了"能进能出"、"能上能下"的人才选聘通道。校方认为，提高选人的标准、晋升的标准是总的导向，可能有些优秀的人还没有被选进来，但是选进来的都是优秀的。[1]

（二）从学校层面来看，建立了优胜劣汰的评聘制度

每一次教师的聘任和晋升都意味着大学的一次战略性的抉择，"任何一个补充教师的决定，都是大学的学术方向与质量的一个决定因素。每一个晋升一位已经聘任的教师的决定，也同样是未来方向与质量的一个决定因素。对那些保证在未来几十年作为大学里从事教学与研究的学术成员的聘任或晋升决定，比任何的大学管理改革或任何的教学大纲与课程计划的修订，更能保证未来一代的学术质量。"[2] 预聘制教师一般需要经历5—6年的考察期，聘期考核合格后才能成为长聘教师，这就保障了学校有较为充足的时间和条件考察、选拔有志进入学术职业的学术人才，降低了高校

---

[1] 朱娟娟、雷宇：《武汉大学教师聘任改革"非升即走"热议背后》，《中国青年报》2018年12月24日。

[2] ［美］爱德华·希尔斯：《学术的秩序——当代大学论文集》，李家永译，商务印书馆2007年版，第364页。

的选人用人风险，把最具学术心志、最具学术竞争优势的优秀人才留在大学内，"如果一个应聘者在一个竞争的环境中接受考察的时间越长，那就能准确地考察其工作表现。"① 大学对于学术人才优胜劣汰的选拔过程就是大学为将来的成功积累基本的学术力量的过程，大学的成功就建立在这些新生学术力量教学和科研活动成功的基础之上；大学的核心竞争力就在这些高质量学术成果的积累和呈现之中得到聚焦和提升。② 这一制度，对于促进教师队伍水平提高、优化高校教师结构、进而提升高校可持续发展的核心竞争力、促进高校向国际一流水平发展，无疑具有重大意义。

表6-1　2018年上海交通大学师资队伍较2014年变化情况　　单位：人

师资队伍	2014年	2018年	增量	增幅（%）
教职工总数	7203	7258	55	0.76
其中：专任教师	2823	3061	238	8.43
其中：外聘专任教师数	881	909	28	3.18
专任教师中具有博士学位数	2160	2541	381	17.64
其中：具有海外博士学位的人数	510	740	230	45.10
专任教师中境外教师数	127	150	23	18.11
科学院院士数（含双聘）	20	22	2	10.00
工程院院士数（含双聘）	22	23	1	4.55
千人计划人才数	93	120	27	29.03
青年千人计划人才数	81	192	111	137.04
973项目首席科学家	35	35	0	0.00
重大研究计划负责人	14	14	0	0.00
长江特聘教授	89	101	12	13.48
长江讲座教授	40	40	0	0.00
长江学者成就奖	2	2	0	0.00
国家杰出青年基金数	107	136	29	27.10
学校特聘教授数	158	255	97	61.39
国家创新群体	11	16	5	45.45
教育部创新团队	20	20	0	0.00
国家级教学名师	8	9	1	12.50

资料来源：上海交通大学官网。

---

① ［美］菲利普·G.阿特巴赫主编：《变革中的学术职业：比较的视角》，别敦荣主译，陈艺波校，中国海洋大学出版社2006年版，第25—26页。
② 宋旭红：《学术职业发展的内在逻辑》，华中科技大学出版社2008年版，第143页。

以上海交通大学为例，实施长聘教职制度以来，截至2018年，教职工总量增加不明显，而师资实力明显增强了，青年千人计划人才数增幅达137.04%，学校特聘教授数增幅达61.39%，专任教师中具有海外博士学位人数增幅为45.10%，另外，两院院士、千人计划人才数和长江特聘教授数均增长较为显著。从QS世界大学排名情况来看，也能够看出实施预聘长聘制度以来，上海交通大学发展势头迅猛，综合实力的增强比较明显：2014年时，上海交通大学的世界排名是144位，而到了2018年，其世界排名上升至62位。

（三）从个人层面来看，有利于青年教师做出以学术为志业的生命选择

预聘制教师的预聘考察期，是对青年教师的学术水平和独立研究能力的综合检验，处于预聘期的青年教师通常刚刚博士毕业，年轻、精力充沛、富有创造力，这时候"非升即走"的压力之下更有助于激发青年教师的最大潜能，做出具有创造性的学术成果。而对于进入长聘制的长聘教师而言，终身教职给高校教师提供工作安全，产生了积极的效果：吸引优秀人才，提高教学科研质量；增进教师对学校的忠诚感，激励他们投身学术工作；克服教师功利心态，推动基础研究和长线研究。[①] 长聘使高校教师拥有相对宽松自由的学术研究环境，更有职业安全感，可以更专注的静下心来投入科学研究和教学育人，有利于教师在科学研究方面"憋大招"。

以武汉大学为例，武汉大学官方网站的公示材料中显示，2015年公示的聘期制教师初聘公示中，可以查到的有77人的公示资料，其主要论文成果多集中在2—6篇，个别较多。而2018年官方公示的武汉大学聘期制教师工作业绩表（首聘期2015—2018年），就网络可获得的几组数据，对同一人入职聘期制前（2—3年内的主要论文成果）跟聘期制首聘期满的工作业绩进行了数量上的比较（详见图6-1），可以看出，三年的聘期制对于教师个人成长而言，其激励挖潜作用十分明显。

由图6-1可见，5人（S、K、G、L、C）中有4人论文成果数量增长迅速，主持和参与项目数也增长明显，个人主持项目数最少的是4个，最

[①] 蒋凯：《终身教职的价值与影响因素——基于美国八所高校的经验研究》，《教育研究》2016年第3期。

多的有 13 个之多，其中不乏国家级项目。另外获奖、论著、专利等其他方面也有不错的成绩。只有个别人成果数量不是十分显著，但论文质量比较高。"非升即走"制度压力之下，对于个人学术发展是具有一定的积极激励作用的。这对于教师队伍水平的提高无疑具有积极意义。

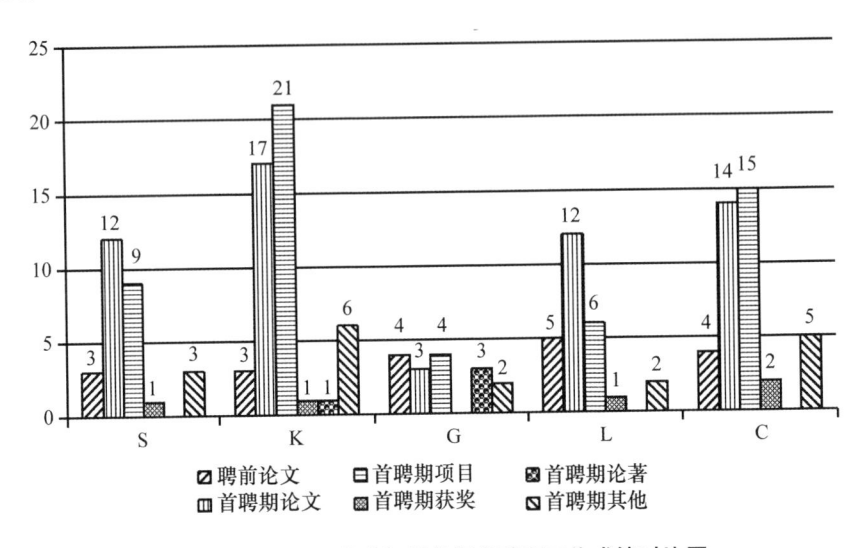

图 6-1 武汉大学聘期制教师首聘期工作成绩对比图

重庆大学自建立教师预聘制度以来，吸引了一批高水平青年学术人才加入，学校教师队伍的学缘结构明显提高，师资国际化水平得以提升，学科布局也得到优化。制度建立初期加入的教师，在申报各级人才计划、学术研究、高水平教学等方面，目前都取得了显著成效：有成功入选中组部"青年千人计划"者、有在学科领域顶级杂志期刊发表高国际影响力论文者、也有新培养出学术研究后起新秀者等等，使学校的学术核心竞争力得以进一步增强，形成了优质的学术带头人后备军。教师预聘制群体已初步形成了相互良性竞争、互相进步发展的良好学术习惯和氛围，为教师预聘制度的持续推进提供了有力的文化氛围保障，真正实现了"近者悦、远者来"。[1]

---

[1] 张瑶、阳春、刘东：《构建预聘制考核评价体系促进优秀人才发展》，《中国高校师资研究》2016 年第 1 期。

二 大学教师预聘长聘制度存在的问题

任何制度都不可能是完美无缺的,我国大学教师预聘长聘制度也不例外。归纳分析,可以从以下三个方面进行阐述。

(一) 考核评价体系单一

在制度实施的实际操作层面,可能会偏离制度设计的初衷,走向"重科研轻教学"的岔路,而在科学研究中容易重数量轻质量,从而陷入唯论文、唯帽子、唯职称、唯学历、唯奖项的"五唯"论的怪圈。这种单一的考核评价体系会导致个人追求短期效益而走科研捷径,偏离专业发展的长期需要和教师的个人无功利学术追求。而受控于晋升考核这一决定去留的条件,不利于有重大创造性成果的产出,同时也会导致高校选聘的人才与其目标人才不完全匹配,增加高校选人用人风险,不利于高校的长期可持续发展。

(二) 配套保障制度不完善

教师聘任不仅仅是单一的一个预聘长聘制度就可以完全解决的问题,需要相关的配套制度来完善它。首先针对进入长聘制的教师,应该建立科学有效的后评估制度和晋升制度,通过全面综合评价激励长聘制教师保持学术探究的持续动力,解决消极的职业倦怠现象。其次,针对预聘制教师职业安全感不足、生存压力大的问题,应该有与之配套的薪酬分配制度、生活保障制度以及转岗或解聘后服务保障等制度,以保障预聘制教师能够尽可能少地受到外在环境对其职业发展的干扰,解除预聘制教师的后顾之忧。

(三) 制度不具备普遍适用性,人才流动失衡

尽管预聘长聘制度逐渐被我国不少高校借鉴引入,但从全国来看,地方高校的实施情况明显落后于国家重点建设高校。综合分析有以下原因:第一,国家政策支持力度直接导致的国家重点建设高校(如原985、211工程院校及双一流高校)与地方高校发展水平差异,影响预聘长聘制度的实施。在产业化发展及社会力量集中办学体制尚不成熟的阶段,我国高等教育的发展对国家财政的依赖还很强,因此,财政支持力度的差异势必导致高校发展水平参差不齐。[1] 国家的重点学科、重点实验室大部分集中分

---

[1] 夏言言、王光良:《地方综合高校难以"非升即走"的内因探析》,《高等农业教育》2016年第3期。

布在国家双一流建设高校，预聘长聘制度需要一定的学术财力基础条件支撑。第二，高校内部文化、制度和资源环境也会影响预聘长聘制度的实施。第三，地理区位和地方财政支付能力也对地方高校的预聘长聘制度有一定影响。例如，深圳大学2020年预算经费达到了60.86亿元，超过大部分双一流建设高校，远远超出其他地方高校，这样的经费支撑让深圳大学有底气实施教师预聘长聘制度。而普通地方高校，尤其是不具备区位优势和经费支撑的地方高校实施预聘长聘制度，必然缺乏人才竞争力。以上三点原因造成人才流动的马太效应，越是好的高校越容易吸引优秀人才，而普通地方高校不仅进人难，甚至出现留人难的人才严重流失现象。尤其是一些地处发达地区的学术型大学竞相通过引入长聘教职制度和各类人才计划抢占国内人才高地，造成我国中西部大学人才资源严重流失，进一步拉大了高等教育和教师质量的区域差距。[①]

第四节　我国大学教师预聘长聘制度的建议

针对预聘长聘制度的评价一直呈现两极分化的态势，有赞同者也有反对者。基于对我国几所高校目前实施的预聘长聘制度剖析和概括总结，对于我国高校预聘长聘制度的发展方向做以下几点思考。

一　加强国家政策引导

目前我国高校依然是事业单位的属性，本质上，事业编制管理是一种从国家财政获取资源和分配资源的社会管理方式。[②] 这就意味着高校对国家财政资源具有很大的依赖性，不同类型的事业单位从国家财政获得的资源是有差异的，有数据显示，国家对高校的财政支持、科研项目的扶持力度悬殊极大，资源聚集高地的形成通常会直接影响高层次人才的流动方向。所以，越是顶尖一流大学越具备实施预聘长聘制度的基础，而普通地方高校却难以效仿。所以，不是所有高校都适合实施预聘长聘制度。

---

① 刘之远、沈红：《研究型大学长聘教职制度：争议、改革与借鉴》，《教育发展研究》2017年第23期。

② 李志锋：《高校长聘教职制度：实践困境与改进策略》，《清华大学教育研究》2017年第4期。

要想解决预聘长聘制度实施中的适应性和人才流动失衡的严重问题，国家政策引导是必不可少的，即便是市场经济体制下的人才自由流动，也离不开国家政策的调控指导。建成世界一流的高等教育强国，不是一所高校或几所高校达到世界一流就可以实现的。学术优势资源的过度集中，只会导致两极化发展，不利于我国高等教育整体水平的提高。

二 实施大学教师分类考核评价

科学有效的考核评价指标和公平公正的评价程序，不仅对高校选聘优秀人才起到关键作用，同时也对大学教师的专业发展起到很好的指引作用。

首先，我国许多高校教师考核评价体系不够完善，存在着评价标准单一问题。考核评价结果是预聘制教师是否能够进入长聘岗的重要依据。所以，分类考核评价体系的建立，科学考核评价指标的设计，是推进大学教师预聘长聘制度走向完善的关键。其次，不同层次类型的高校有不同的特色和优势，其办学定位、发展战略、发展目标不同，所以大学教师聘任制度在不同类型高校，应该有不同的制度设计模式，制定与高校自身发展阶段和办学特色相符合的教师聘任制度，是破除束缚高校教师发展的体制机制障碍，激发高校教师教书育人、科学研究、创新创业活力的关键。而科学合理的考核评价体系是特色化的高校教师聘任制度的显著标志，不同类型高校的教师要有不同考核评价内容、评价方式。再次，同一类型高校的教师考核评价，不同学科专业也不可能通用一个标准、一种方式进行完全的"一刀切"，要实行差别化评价，在评价内容和评价方式上体现学科本身的属性和教师岗位特性。

三 大学教师预聘长聘制度的配套制度

首先，优化预聘制教师发展环境，维护其合法权益。建立保障预聘制教师职业安全的养老、医疗、失业等社会保障制度，进一步完善与之相适应的薪酬制度体系，建立健全普惠性支持措施，维护好其合法权益，完善好流动配置、激励保障机制，优化好公平公正的评价环境，培育好优秀人才脱颖而出的学术生态，选拔好科技创新后备领军人才。

其次，建立长聘制教师的岗位绩效考核制度和薪酬激励制度。目前一些实行预聘长聘制度的高校大多采用"新人新办法，老人老办法"的过渡政策，教师预聘长聘制度主要限定于新入职的青年教师和师资博士后。在国家对高等学校岗位设置实行岗位总量、结构比例和最高等级控制的前提下，庞大的编制内存量教师必然带来新岗位数量的有限性，小范围内的"非升即走"很难激活整个教师队伍的学术活力，这也是导致预聘制教师淘汰率畸高的原因之一，将原有编制内教师潜能激活同样重要。科学合理的岗位绩效考核制度和薪酬激励制度能够防止滋生重端铁饭碗的心理，有效增强长聘制教师更持久的职业发展持续动力，激发其科学探究激情和创新创造活力；有利于培养和造就具有国际竞争力的杰出人才、领军人才及高水平创新团队，有效提升高等学校的核心竞争力。

第七章

J大学教师聘任制改革个案研究

大学教师聘任制度是大学制度中核心制度之一。大学教师聘任制改革既事关教师最根本的切身利益,也是关系大学发展最核心的命脉,牵一发而动全身。

2006年,国家人事部颁发了《事业单位岗位设置管理试行办法》;2007年5月,国家人事部、教育部印发了《关于高等学校岗位设置管理的指导意见》。2007年5月,山东省制定了《山东省事业单位岗位设置管理实施意见》,要求各级各类事业单位全面实施岗位设置管理,实现由身份管理向岗位管理、由固定用人向合同用人的转换。同年10月,山东省人事厅、教育厅印发了《山东省高等学校岗位设置结构比例指导标准》,山东省对高等学校的岗位实行了总量、结构比例和最高等级控制,同时要求各高校按照有关规定以及核准的岗位设置方案,根据按需设岗、竞聘上岗、按岗聘用的原则,确定具体岗位,明确岗位等级,聘用工作人员,签订聘用合同。

2007年11月,J大学召开了人事制度改革动员大会,在会上,刚刚到任7个月的党委书记作了《在J大学人事制度改革动员大会上的讲话》,讲话从改革必要性,改革内容,改革步骤、方法和原则展开,最后重点强调了四个问题,一是全体处级干部要做到三个必须:讲纪律、讲原则、讲大局;二是广大干部和教职工要正确处理好个人利益与学校长远利益的关系;三是改革是一个循序渐进的过程,不可能是一个完全理想化的东西,不得不考虑学校历史、现实和教职工的承受能力,是一个各方面利益权衡、妥协性的东西;四是人事改革的着力点在于建立机制,但改革最根本的是在改变机制的基础上,形成良好的风气,形成健康、优秀的文化,必须摒弃"职称靠找,干部靠跑,评优靠团团伙伙、靠投机取巧"的不良风气。整个讲话，话风质朴，但句句都在实处。讲话的最后，把 J 大学比喻为一艘在大海航行的大船，号召全校干部职工齐心协力，让 J 大学成为一艘快速航行的大船。无疑，这位大学的党委书记从此拉开了 J 大学教师聘任制改革的大幕，名符其实地成为了这场改革的掌舵人，大船进入了快速航行的新轨道。

第一节 2008—2018 年，校内教师岗位聘任的十年历程

一 首轮校内教师岗位聘任

学校内部教师岗位聘任制度设计最初出台的政策文本，是 2008 年 3 月 31 日 J 大学党委常委会研究通过、4 月 2 日正式下发的《J 大学教师岗位聘任办法（试行）》。办法旨在打破教师专业技术职务的终身制，变身份管理为岗位管理，聘任人员的范围为具备高校教师资格的在编在职人员。

本办法将教师岗位分 A，B，C，D 岗。其中 A 岗分为 1—6 级，按全校正高级教师数设置岗位数量；B 岗暂不分级，按全校副高级教师数设置岗位数量。其中，A1—A5 岗位的聘期目标由学校统一制定，简称"校聘岗位"；A6 及 A6 以下岗位的聘期目标由各学院制定并报学校审核后执行，简称"院聘岗位"。各级岗位应聘资格见表 7-1，首次聘期为 3 年。同年 5 月学校完成了首轮教师岗位工作，同时制订了校聘岗位任期目标，作为届满考核和新一轮岗位聘任的依据。

首轮岗位聘任呈现了以下特点。一是突出激励和竞争。岗位聘任与职称评聘相对分离，在一定范围内打破教师职称职级限制，实行竞争聘任。二是岗位聘任与学科建设水平相结合。校级岗位等级数量与研究生学位点数和省部级学科平台数量相结合，根据学科水平确定校级岗位数量，如表 7-2。三是岗位考核目标与岗位等级相结合。在完成规定的教学工作量的基础上重点突出了科研项目、经费，高水平论文发表和著作出版，及其省部级以上政府奖励。岗位等级越高，科研目标越高，教学工作量越少。四是新一轮岗位等级聘任与前一轮聘期目标相结合。实行动态管理，聘期届满经考核合格后才有资格申请聘任同级或高一级的岗位，否则只能低聘或

解聘。

表 7-1　　J 大学内部教师岗位聘任级别及应聘资格

岗位级别	A						B	C	D
	1	2	3	4	5	6			
应聘资格	A1								
		A2							
			教授或相当职务						
				副教授或相当职务					
					博士				
						讲师或相当职务			
							助教		

说明：A1：中国科学院院士，中国工程院院士，长江学者；A2：泰山学者，教育部跨世纪人才，省级学科带头人等。

表 7-2　　　　　　　各级岗位设置数量

学科层次 \ 岗位级别	A						B	C	D
	1	2	3	4	5	6			
博士点建设学科	按上级规定和学校需要设置								
一级学科硕士点（总数 m）					m*1				
省部级重点学科、重点实验室或工程技术中心、人文社科基地、省级以上品牌专业。（总数 n）				n*1					
二级学科硕士点、省级特色专业。（总数 t）				t*2					
本专科、研究生专业						a	b	按实际需要设置	

说明：a 为全校正高级教师数；b 为全校副高级教师数。

二　二至四轮校内教师岗位聘任

2010 年 10 月，《J 大学教师聘期届满考核办法（试行）》印发，将考核结果分为了合格、不合格两个等次。校聘岗位的教师聘期届满考核合格者，学校兑现未发放部分的岗位津贴，在新一轮的教师岗位竞聘中，可竞聘各级别岗位。

校聘岗位教师届满考核结果不合格者，分两种情况：（1）由学校教师岗位聘任委员会审定其岗位的相应级别，兑现相应的津贴，结算预发津贴；在新一轮的竞聘中，只能申请低一级的岗位。（2）改为院聘岗位者，由相应学院参照学校的考核办法并按照学院的考核细则进行考核，确定其院聘岗位的相应级别，兑现相应的津贴，结算预发津贴。

《J大学教师岗位修订聘任办法》分别于2010年12月、2014年3月、2018年4月进行了三轮修订。在修订办法的同时，对上一轮进行届满考核、兑现相应的津贴，设置新一轮岗位目标。

四轮《J大学教师岗位聘任办法》比较，每一等级的科研岗位目标轮轮提升，教学目标则基本保持不变，具体见表7-3。其中，2018年第四轮教师岗位聘任与前三轮相比，还发生了以下两个变化。

一是岗位名称、等级的变化。校聘岗A岗分为A1—A4岗，分别对应原A3—A6岗，A4岗（对应原A6岗）及B，C，D岗位为院聘教师岗位保持不变。具体岗位对应关系见表7-3。

表7-3　　2018年岗位名称、等级与2014年对应关系表

	校聘岗位						院聘岗位			
2014年岗位名称、等级	A1	A2	A3	A4	A5	学术新秀	A6	B	C	D
2018年岗位名称、等级	\	\	A1	A2	A3	青年龙山学者	A4	B	C	D

二是特聘岗位的设置。打破了2014年及其以前A1、A2级岗位暂不设置的条文，设置了T1、T2、T3共3个等级的特聘岗位。

T1：一般应为两院院士。

T2：第一层次，一般应为国家"万人计划"杰出人才、国家"千人计划"人选、长江学者特聘教授、国家杰出青年基金获得者、泰山学者攀登计划入选者，或与上述人员水平相当者。第二层次，一般应为国家"万人计划"领军人才、"千人计划"青年专家、长江学者青年专家、国家优秀青年科学基金获得者，或与上述水平相当者。

T3：一般应为国家"万人计划"青年拔尖人才、泰山学者（海外）特聘（教授）专家、校"龙山学者"特聘专家，或与上述水平相当者。

第七章 J大学教师聘任制改革个案研究

表7-4 2008—2018年J大学教师校级岗位聘任目标列表

时间及岗位	岗位基本职责	除上述基本职责外，本岗位在任期内尚需完成下列职责之一
2008.3 A3	(1) 任期内每年承担1门以上本科生课程的主讲任务，或开设本科生专业导论课（不低于16学时）。同时完成本学院安排的其他教学任务，且教学效果良好以上。每年至少为学生开设1次学术讲座或在学术会议上进行1次学术报告 (2) 任期内以第一导师身份招收并指导研究生5名以上；或指导博士研究生1名以上，以第一导师身份招收并指导硕士研究生2名以上 (3) 作为项目负责人主持国家级项目或省部级重点项目，所在项目任期内到账项目经费达到30万元以上；或作为项目负责人主持项目到账总经费达到80万元以上 (4) 任期内至少发表1篇B类以上论文	(1) 获得国家教学、科研成果奖（前5位）；或国家高校成果一等奖（前3位）；或省部级一等奖（前2位） (2) 获得省部级二等奖（首位）；或国家高校成果一等奖（前2位）；或2项省部级成果一等奖前2位 (3) 获得国家教学名师称号；或作为主持人成功申报国家精品课、国家特色（品牌）专业；或作为国家级教学团队负责人 (4) 有5篇论文被SCI、EI、SSCI、A&HCI收录；或有2篇A2类论文发表或被《新华文摘》《中国社会科学文摘》《高等学校文科学术文摘》转载（不包括论点摘编和篇目辑览）；或以自己所发表的多篇论文为基础在著名出版社出版学术专著1部以上并受到学术界好评 (5) 主持编写高等学校国家级规划教材，且教材被国内外8所以上相关学科拥有硕士学位授予权的高校采用，其中博士点高校不少于2所 (6) 以第一发明人获得职务发明专利3项以上，且所获专利内容符合所在学科的研究方向

续表

时间及岗位		岗位基本职责	除上述基本职责外，本岗位在任期内尚需完成下列职责之一
2008.3	A4	(1) 任期内每年承担1门以上本科生课程的主讲任务，或开设本科生专业导论课并同时承担1门课程教学。同时完成学院安排的其他教学任务，且教学效果在良好以上。每年至少为大学生开设1次学术讲座或在学术会议上进行1次学术报告 (2) 任期内以第一导师身份招收并指导研究生3名以上；或指导博士研究生1名以上，以第一导师身份招收并指导硕士研究生1名以上 (3) 作为项目负责人主持国家级项目或省部级重点项目，所主持项目任期内到账项目经费达到15万元以上；或作为项目负责人主持项目，任期内到账总经费达到50万元以上 (4) 任期内至少发表1篇B类以上论文	(1) 获得国家成果奖；或国家高校成果一等奖（前5位）、二等奖（前2位）；或省部级一等奖（前5位） (2) 获得省部级三等奖（首位），或国家高校成果二等奖（前3位），或山东省高校成果一等奖（首位） (3) 任期内获得山东省教学名师称号；或主持省级优秀教学团队建设；或作为省级精品课程、省级特色（品牌）专业负责人 (4) 有2篇论文被SCI、EI、SSCI、CSSCI、A&HCI收录；或1篇论文被SCI/SSCI收录，并有2篇被ISTP/ISSHP收录；或有1篇A2类论文发或《中国社会科学文摘》《高等学校文科学术文摘》《新华文摘》（不包括论点摘和篇目辑览）转载，以自己所发表的多篇论文为基础任著名出版社出版学术专著1部以上 (5) 主持编写高等学校国家级规划教材1部以上，且教材被国内外5所以上相关学科硕士学位授予权的高校采用，其中相关学科拥有博士点的高校不少于1所 (6) 以第一发明人获职务发明专利1项以上，且所获专利内容符合所在学科的研究方向

第七章　J 大学教师聘任制改革个案研究

续表

时间及岗位	岗位基本职责	除上述基本职责外，本岗位在任期内尚需完成下列职责之一
2008.3 A5	(1) 任期内每年承担 2 门次以上本科生、研究生课程的主讲任务（其中至少有 1 门本科生课程），同时完成学院安排的其他教学任务，且教学效果良好以上。每年至少为学生开设 1 次学术讲座或任学术会议上进行 1 次学术报告 (2) 任期内以第一导师身份招收并指导研究生 2 名以上；或者所在学科在任期内取得一级学科硕士点 (3) 作为项目负责人主持省部级以上项目，所主持项目任期内到账经费达到 10 万元以上；或作为项目负责人主持项目，任期内到账总经费达到 30 万元以上 (4) 任期内至少发表 1 篇 B 类以上论文	(1) 获得国家成果奖，或者部级二等奖以上，或山东省高校成果一等奖（首位） (2) 获得省部级三等奖（前 3 位），或山东省高校成果二等奖（前 2 位），或获得地市级一等奖（首位） (3) 担任学校品牌专业、特色专业或精品课程的负责人、学位点负责人，青年教学能手等称号内获校级教学名师、优秀教学奖、青年教学能手等称号 (4) 有 4 篇论文 B 类发表，其中 1 篇被 SCI、EI、SSCI、CSSCI、A&HCI 收录（不包括论文专著 1 部）《新华文摘》《中国社会科学文摘》《高等学校文科学术文摘》转载或以自己所发论文为基础在重要出版社出版学术专著 1 部 (5) 主持或以副主编身份编写高等学校国家级规划教材 1 部以上，且教材被国内外 5 所以上相关本科拥有硕士学位授予权的高校采用 (6) 以职务发明专利（前 2 位发明人），或以第一专利完成人身份获得实用新型、外观设计专利 2 项以上；或者以鉴定、应用成果为基础获得软件著作权登记 2 项以上

续表

时间及岗位	岗位基本职责	除上述基本职责外,本岗位在任期内尚需完成下列职责之一
2010.12 A3	(1) 任期内每年承担1门以上本科生课程的主讲任务,或开设本科生专业导论课(不低于16学时)。同时完成本科学院安排的其他教学任务,且教学效果优良。每年至少为学生开设1次学术讲座或在学术会议上进行1次学术报告。以第一导师身份招收并指导研究生 (2) 作为项目负责人主持国家级项目或省部级重点项目,所主持项目任期内到账经费达到50万元以上;或作为项目负责人主持项目,任期内到账总经费达到120万元以上 (3) 任期内至少发表3篇B类以上论文	(1) 获得国家教学、科研成果奖(前5位);或国家高校成果一等奖(前3位);或省部级成果一等奖(首位) (2) 获得省部级二等奖(前2位);或国家高校成果一等奖(前2位);或2项省部级成果二等奖前2位 (3) 获得国家级教学名师称号;或作为负责人成功申报国家精品课;或作为负责人成功申报国家级教学团队 (4) 有6篇论文被SCI、EI、SSCI、A&HCI收录,或发表的学术论文影响因子总数不低于6;或有2篇A2类论文发表或有2篇论文被《中国社会科学文摘》《高等学校文科学术文摘》《新华文摘》转载(不包括论点摘编和篇目辑览);或有3篇论文被《人大复印报刊资料》全文转载;或以自己所发表的多篇论文为基础任著名出版社出版学术专著1部以上并受到学术界好评 (5) 主持编写高等学校国家级规划教材,且教材被国内外8所以上相关学科拥有硕士学位授予权的高校采用,其中博士点高校不少于2所 (6) 以第一发明人获得职务发明专利5项以上,且所获专利内容符合所在学科的研究方向

第七章　J大学教师聘任制改革个案研究

续表

时间及岗位		岗位基本职责	除上述基本职责外，本岗位任期内尚需完成下列职责之一
2010.12	A4	(1) 任期内每年承担1门以上本科生课程的主讲任务，或开设本科生专业导论课并同时承担1门课程教学。同时完成学院安排的其他教学任务，且教学效果优良。每年至少为学生开设1次学术讲座或在学术会议上进行1次学术报告。以第一导师身份招收并指导研究生 (2) 作为项目负责人主持国家级项目或省部级重点项目，所主持项目任期内到账经费达到30万元以上；或作为项目负责人主持项目，任期内到账总经费80万元以上 (3) 任期内至少发表3篇B类以上论文	(1) 获得国家成果奖；或国家高校成果一等奖（前5位），二等奖（前2位）；或省部级一等奖 (2) 获得省部级三等奖（首位），或国家高校成果二等奖（前3位），或山东省高校成果一等奖（首位） (3) 任期内获得山东省教学名师称号；或作为负责人成功申报省级优秀教学团队；或作为负责人成功申报省级精品课 (4) 有4篇论文被SCI、EI、SSCI、CSSCI、A&HCI收录；或有1篇A2类论文发表或有1篇论文被《新华文摘》《中国社会科学文摘》《高等学校文科学术文摘》转载（不包括论点摘编和篇目辑览）；或有2篇论文被《人大复印报刊资料》全文转载或以自己所发表的多篇论文为基础任著名出版社出版学术专著1部以上 (5) 主持编写高等学校国家级规划教材，且教材被国内外5所以上相关学科拥有硕士学位授予权的高校采用，其中相关学科拥有博士点的高校不少于1所 (6) 以第一发明人获职务发明专利3项以上，且所获专利内容符合所任学科的研究方向

续表

时间及岗位		岗位基本职责	除上述基本职责外，本岗位在任期内尚需完成下列职责之一
2010.12	A5	(1) 任期内每年承担 2 门次以上本科生、研究生课程的主讲任务（其中至少有 1 门本科生课程），同时完成学院安排的其他教学任务，且教学效果优良。每年至少为学生开设 1 次学术讲座或在学术会议上进行 1 次学术报告。以第一导师身份招收并指导研究生 (2) 作为项目负责人主持省部级以上项目，所主持项目任期内到账经费达到 20 万元以上；或作为项目任负责人主持项目，任期内到账总经费达到 50 万元以上 (3) 任期内至少发表 3 篇 B 类以上论文	(1) 获得国家高校成果奖，或省部级成果二等奖以上；或山东高校成果一等奖（前 3 位） (2) 获得省部级三等奖（前 3 位）；或山东省高校成果二等奖（前 2 位）或获得地市级一等奖以上（首位） (3) 任期内获得过校优秀教学奖、青年教学能手等称号 (4) 有 3 篇论文被 SCI、EI、SSCI、CSSCI、A&HCI 收录；或 1 篇论文被《新华文摘》《中国社会科学文摘》《高等学校文科学术文摘》全文转载；或以自己的研究成果为基础任重要出版社出版论文被《人大复印报刊资料》转载（不包括篇目辑览；或有 1 部 (5) 以主编或副主编身份编写高等学校国家级规划教材，且教材被国内外 5 所以上相关学科拥有硕士学位授予权的高校采用 (6) 以第一发明人获职务发明专利 2 项以上；或以第一专利完成人获得实用新型、外观设计专利，软件著作权登记 3 项以上，且内容符合所在学科的研究方向

第七章 J大学教师聘任制改革个案研究

续表

时间及岗位		岗位基本职责	除上述基本职责外，本岗位任期内尚需完成下列职责之一
2014.3	A3	(1) 任期内每年承担1门以上本科生课程的主讲任务，或开设本科生专业导论课（不低于16学时）。同时完成学院安排的其他教学任务，且教学效果优秀。每年至少为学生开设1次学术讲座或在学术会议上进行1次学术报告 (2) 作为项目负责人主持国家级项目或省部级重点项目，所主持项目任期内立项经费达到130万元以上；或作为项目负责人主持项目，任期内到账总经费达到200万元以上 (3) 任期内发表高水平论文4篇以上	(1) 获得国家级成果奖奖前6位；或国家级高校成果一等奖奖前3位；或省部级一等奖奖前2位 (2) 获得省部级成果二等奖首位；或国家级高校成果二等奖奖前2位；或2项省部级成果二等奖奖前2位 (3) 获得国家教学名师称号；或作为负责人成功申报国家级教学成果科研团队；或作为项目负责人成功申报国家级资源共享课 (4) 发表顶级论文3篇；或发表高水平论文5篇；或出版1部以上被专家评定为顶级水平的学术专著 (5) 主持编写并出版高等学校国家级规划教材；或主编的教材获得省级教材一等奖 (6) 以第一发明人获得职务发明专利6项以上，且所获专利内容符合所在学科的研究方向

续表

时间及岗位	岗位基本职责	除上述基本职责外,本岗位在任期内尚需完成下列职责之一
2014.3 A4	(1) 任期内每年承担 1 门以上本科生课程的主讲任务,或开设本科生专业导论课并同时承担 1 门课程教学。同时完成学院安排的其他教学任务,且教学效果或学生开设1次学术讲座或学术会议上进行1次学术报告 (2) 作为项目负责人主持国家级项目或省部级重点项目,所主持项目任期内立项经费达到 80 万元以上,或作为项目负责人主持项目经费总经费达到 120 万元以上 (3) 任期内发表高水平论文 4 篇以上	(1) 获得国家级高校成果奖;或国家级高校成果一等奖前 5 位、二等奖前 2 位 (2) 获得省部级成果二等奖首位,或省级高校科研成果一等奖首位 (3) 获得山东省教学名师称号;或作为负责人成功申报省级优秀教学团队;或作为负责人成功申报山东省高校优秀科研创新团队;或作为负责人成功申报省级精品课(群) (4) 发表顶级论文 2 篇;或发表高水平论文 6 篇 (5) 主持编写并出版高等学校教学指导委员会规划教材;或主编的教材获得省级教材二等奖 (6) 以第一发明人获职务发明专利 4 项以上,且所获专利内容符合所在学科的研究方向

第七章　J大学教师聘任制改革个案研究

续表

时间及岗位		岗位基本职责	除上述基本职责外，本岗位任期内尚需完成下列职责之一
2014.3	A5	（1）任期内每年承担2门以上本科生课程的主讲任务（其中至少有1门本科生课程的主讲任务）。同时完成学院安排的其他教学任务，且教学效果优秀。每年至少为学生开设1次学术讲座或在学术会议上进行1次学术报告 （2）作为项目负责人主持省部级项目，所主持项目任期内立项经费达到50万元以上，作为项目负责人主持项目，任期内到账总经费达到80万元以上 （3）任期内发表高水平论文4篇以上	（1）获得国家级高校成果、或省部级成果二等奖以上；或省级高校科研成果一等奖3位 （2）获得省部级成果三等奖前3位；或省级高校科研成果二等奖前2位；或厅局级成果一等奖以上首位 （3）获得校优秀教学奖或青年教学能手等称号 （4）发表顶级论文1篇；或发表高水平论文4篇 （5）主持编写并出版高等学校教材；或主编出版的教材获校级优秀教材奖 （6）以第一发明人获职务发明专利3项以上，软件著作权登记4项以上，且内容符合所在学科的研究方向
2018.4	A1	（1）任期内每年承担1门以上本科生课程的主讲任务，或开设本科生专业导论课（不低于16学时），同时完成学院安排的其他教学任务，且教学效果优秀。每年至少为学生开设1次学术讲座或在学术会议上做1次学术报告 （2）作为项目负责人主持国家级项目或省部级重点项目，所主持项目任期内立项经费达到130万元以上；或作为项目负责人主持项目，任期内到账总经费达到200万元以上 （3）任期内发表高水平论文4篇以上	（1）获得国家级成果奖前6位；或国家级高校成果一等奖前3位；或省部级一等奖前2位 （2）获得省部级成果二等奖首位；或2项省部级成果二等奖前2位 （3）获得国家教学名师称号；或作为项目负责人成功申报国家级教学或科研团队；或作为项目负责人成功申报国家视频公开课 （4）发表顶级论文3篇；或发表高水平论文8篇 （5）主持编写并出版高等学校国家级规划教材；或主编的教材获得省级教材一等奖 （6）以第一发明人获职务发明专利6项以上，且所获专利内容符合所在学科的研究方向

续表

时间及岗位		岗位基本职责	除上述基本职责外，本岗位任期内尚需完成下列职责之一
2018.4	A2	(1) 任期内每年承担 1 门以上本科生课程的主讲任务，或开设本科生专业导论课并同时承担 1 门课程教学。同时完成学院安排的其他教学任务，且教学效果优秀。每年至少为学生开设 1 次学术讲座或在学术会议上做 1 次学术报告 (2) 作为项目负责人主持国家级项目或省部级重点项目，所主持项目任期内项目经费达到 80 万元以上；或作为项目负责人主持项目，任期内到账总经费达到 120 万元以上 (3) 任期内发表高水平论文 4 篇以上	(1) 获得国家级成果奖；或国家级高校成果一等奖首位、二等奖前 2 位 (2) 获得省部级成果二等奖前 3 位；或省部级成果一等奖首位 (3) 获得山东省教学名师称号；或作为负责人成功申报山东省高校优秀科研创新团队；或作为负责人成功申报省级优秀教学团队（群） (4) 发表顶级论文 2 篇；或发表高水平论文 6 篇；或出版 1 部以上被专家评定为高水平的学术专著 (5) 主持编写并出版高等学校教学指导委员会规划教材；或主编的教材获省级教材二等奖 (6) 以第一发明人获职务发明专利 4 项以上，且所获专利内容符合所在学科的研究方向
	A3	(1) 任期内每年承担 2 门次以上本科生、研究生课程的主讲任务（其中至少有 1 门本科生课程）。同时完成学院安排的其他教学任务，且教学效果优秀。每年至少为学生开设 1 次学术讲座或在学术会议上做 1 次学术报告 (2) 作为项目负责人主持省部级以上项目，所主持项目任期内项目经费达到 50 万元以上；或作为项目负责人主持项目，任期内到账总经费达到 80 万元以上 (3) 任期内发表高水平论文 4 篇以上	(1) 获得国家级高校成果一等奖以上，或省部级成果一等奖前 3 位 (2) 获得省部级成果二等奖前 3 位；或省部级高校科研成果一等奖或省部级高校研究成果二等奖以上首位 (3) 获得校优秀教学奖或青年教学能手等称号 (4) 发表顶级论文 1 篇；或发表高水平论文 4 篇 (5) 主持编写并出版高等学校教材；或主编出版的教材获校级优秀教材奖 (6) 以第一发明人获职务发明专利 3 项以上，软件著作权登记 4 项以上；或以第一专利人完成人获得实用新型、外观设计专利，且内容符合所在学科的研究方向

续表

时间及岗位		岗位基本职责	除上述基本职责外，本岗位在任期内尚需完成下列职责之一
2018.4	青年龙山学者	(1) 完成学院安排的教学工作，且教学效果优良 (2) 作为项目负责人主持省部级以上项目，所主持项目任期内立项经费达到30万元以上；或作为项目负责人主持项目，任期内到账经费总经费达到80万元以上 (3) 任期内发表高水平论文4篇及以上	(1) 获得省部级成果二等奖以上；或省部高校科研优秀成果奖；或省高校科研成果一等奖前3位；或教育部高校科研成果一等奖前2位；或厅局级成果一等奖以上首位 (2) 获得校优秀教学奖或青年教学能手等称号 (3) 发表顶级论文1篇；或发表高水平论文3篇 (4) 主持编写并出版高等学校教学指导委员会规划教材；或主编的教材获得省级教材二等奖 (5) 以第一发明人获职务发明专利2项以上；或以第一专利完成人获得实用新型、软件著作权登记3项以上，且所获专利内容符合所在学科的研究方向

由此将高层次人才体系分为三个类别、七级岗位，分别为特聘岗位（T1、T2、T3）、校聘岗位（A1、A2、A3）以及青年龙山学者岗位。

另外，2016年5月J大学出台了《"龙山学者"特聘专家聘任办法（试行）》，聘任对象为J大学在所属学科领域取得突出成绩的在编在岗教学科研人员。聘任条件分为基本条件和确认条件。2019年6月J大学印发了《"龙山学者"特聘专家聘任办法（修订）》，聘任对象定为了一是管理期满考核合格的"泰山学者"特聘专家及以上人才称号获得者；二是由"泰山学者"特聘专家聘为"龙山学者"特聘专家，聘期届满考核合格且满足本办法"聘期工作任务"的人员，聘任方式由从有条件评审改为了聘期考核制，每个聘期为5年。

特聘岗位和"龙山学者"特聘专家的设置，标志着J大学高层次人才建设取得了卓越的成效，研究生教育和学位点建设实现了跨越式发展。2013年J大学被升格为博士点授权学校，同年被教育部批准为省部共建院校，化学、材料科学、临床医学、工程学四个学科进入全球ESI前1%；2016年，J大学上述四个学科入选山东省一流学科建设。表7-4为2008—2018年J大学教师校级岗位聘任目标列表。

第二节　J大学教师职称评聘变迁

一　教师职称评聘

与校内教师岗位等级并行的是J大学教师职称系列等级。应该说，在四轮校内教师岗位聘任的过程中，J大学教师职称评聘没有受到任何形式上的改变和冲击。

我国最早对高校教师职称实行层级化管理可以追溯到1950年8月，教育部颁布的《高等学校暂行规程》，其中明确规定"大学及专门学院的教师，分为教授、副教授、讲师、助教四级"。到了1952年7月，在原有四级专业技术职务中引入"教员"这一层级，将高校教师职级细化为五级。到1960年3月，国务院正式颁布了《关于高等学校教师职务名称及其确定与提升办法的暂行规定》，再次将高等学校教师职称依其水平高下依次分为教授、副教授、讲师和助教等四级，强调以思想政治条件、学术水平和业务能力作为确定与提升教师职务名称的主要依据，并适当照顾教师的资历与教龄。

1986年—2000年，我国沿用了高校教师职称四级的评聘方式，评定与聘任合而为一是这一时期高校教师聘任的共同特征。自20世纪80年代以来，随着高校办学自主权的逐步下放，开始有条件地在部分高校下放副教授和教授职称的评审权，但下放的高校大多集中在部属院校。

2012年前，J大学教师职称评审一直是按照山东省教育厅下达的推荐指标，确定教授、副教授的推荐名额，提交评审材料。由省教育厅组织山东省高等学校教师职务高级评审委员，按规定程序进行评议、审定，确定晋升教授、副教授职务的资格和人数。

2012年10月，J大学下发了《关于教师系列专业技术职务评聘办法的补充规定》，决定从2012年起，在教师系列专业技术职务评聘中，除省教育厅下达的推荐指标外，学校将根据需要，内部增加教授与副教授指标，简称教授（备）、副教授（备），以区别于通过省教育厅下达推荐指标的教授、副教授。同年校内评审教授25人、副教授60人。通过学校内部增加指标评审的教授和副教授人员，在评审条件、评审程序、岗位职责和相关待遇上与上报上级评审或备案的教授与副教授一样。

2015年9月山东省人力资源和社会保障厅、山东省教育厅印发了《关于深化高等学校教师职称制度改革的实施意见》，在总结山东省8所高等学校职称制度改革试点经验的基础上，政府部门不再组织评审高校教师专业技术职务资格，不再颁发专业技术职务资格证书，将教师职称评审权完全下放到高校。

2017年12月，中共山东省委组织部、山东省人力资源和社会保障厅印发了《山东省事业单位高层次急需紧缺人才特聘办法》，文件对事业单位特聘高层次急需紧缺人才，开辟了直接办理人员聘用和岗位聘用的特殊通道，在首次聘用时可不受职称、任职年限的限制，按照业绩、能力、水平直接聘用到相应的专业技术岗位，但应在人力资源社会保障部门核定的岗位数量内进行。确因工作需要，单位暂无相应岗位空缺的可通过申请特设岗位的方式解决。J大学相应地获得了教师职称的评审权、高层次急需紧缺人才特聘权。

2015年7月，J大学下发了《关于教师专业技术职务申报业务条件的规定（试行）》，制订了适合学校实际水平的教授和副教授的申报条件和确定条件。在申报条件中，设置了教授、副教授申报者各自应具备学校规定的所有必备条件，以及各自要具备的十四项任选条件之一。在确定条件中，分教学业绩突出者和科研业绩突出者两个类型，教授和副教授可以任选两个类型中的一个，具备所列所有必备条件，并具备任选条件之一，其晋升条件明显高于申报的条件。2018年1月J大学修订印发了《关于教师专业技术职务（岗位）申报条件的规定》。

所谓确定条件，通俗地说，就是符合确定条件的教师，在符合学校职称评审基本条件的前提下，就具有了直接晋升高一级教师职称的资格，不再需要任何形式的推荐和评价而直接进入学校职称评审委员会进行确定，J大人俗称"直聘"或是"走绿色通道"。

对于能够通过"直聘"或是"走绿色通道"获得职称晋升的教师，位数不多，但无疑是当年度教师职称评审中学术（教学或科研）水平和学术（教学或科研）成果的佼佼者，能够通过"直聘"而获得职称晋升的教师无疑是一种学术被认可的荣耀，因为这就意味着他在学术水平上已经超越了需要申报评审的教师群体、达到了学校高水平学术群体的行列。"绿色通道"虽然不宽，但却为学校青年学术俊才和引进优秀学术人才提供了绿色的希望。

二 教师岗位等级设置

根据山东省人力资源和社会保障厅《关于加快事业单位岗位聘用工作有关问题的通知》（鲁人社发〔2011〕29号）和《关于印发山东省事业单位专业技术二级岗位设置管理办法的通知》（鲁人社发〔2011〕30号）等系列文件精神，2013年12月，J大学印发了《J大学关于岗位设置与首次聘用实施意见》，其中，教师岗位实行分级设置，教授分为4个等级，即一至四级；副教授分为3个等级，即五至七级；讲师分为3个等级，即八至十级；助教分为2个等级，即十一级至十二级。设岗最高等级为专业技术二级，二级及以下岗位在省人事主管部门核准的结构比例和数额内设置，各级各类岗位聘期为4年。

2018年9月，J大学印发了《关于首轮岗位分级届满考核和新一届岗位设置与聘用的实施意见》，教师岗位人员首轮岗位分级届满考核，以2018年上半年进行的校聘与院聘期届满考核的结果为准，由此实现专业技术岗位分级与学校岗位聘用制有机结合。教师系列岗位共分为12个等级

(以下简称为教师系列岗位聘用),聘用条件如表7-5。

表7-5　　　　　　　　　教师系列岗位分级聘用条件

岗位		聘用条件
教授	一级岗位	教授一级岗位是国家专设的特级岗位,其岗位的设置与人员的聘用将按国家有关规定执行
	二级岗位	教授二级岗位是省重点设置的专任岗位,其聘用条件与聘用数额由省人事主管部门负责制定与下达,由学校按上级文件规定组织评聘
	三级岗位	任教授职务且曾受聘A1岗(首席岗),或任教授职务且曾受聘A2岗(关键岗)2届,或任教授职务且曾受聘A2岗(关键岗)1届且A3岗(重点岗)2届,或任教授职务且曾受聘A3岗(重点岗)3届,或任教授职务14年及以上且具有博士生导师资格(具有校外博士生导师资格人员需有以第一导师身份指导博士研究生经历),或任教授职务且获得省级教学名师
	四级岗位	其他任教授职务人员
副教授	五级岗位	任副教授职务且曾受聘校聘岗(特岗),或任副教授职务17年及以上
	六级岗位	任副教授职务5年及以上
	七级岗位	任副教授职务5年以下
讲师	八级岗位	任讲师职务且曾受聘校聘岗(特岗),或任讲师职务12年及以上
	九级岗位	任讲师职务3年及以上
	十级岗位	任讲师职务3年以下
助教	十一级	根据上级文件精神,聘用
	十二级	

教师岗位分级设置与校内教师岗位聘任最明显的区别是,教师岗位分级设置建立在教师职称评审的基础之上,在教授、副教授、讲师不同的层级中,既不能越级晋升,也不能越级下降。但教师岗位分级设置与教师职称评审并不同步进行,教师职称评审沿用的依旧是一年一次的传统惯例,但评审条件却随着学校的改革与发展不断发生着变化。

第三节 教师评聘双轨制运行模式

实际上，至2018年，J大学形成了教师职称评审及其岗位分级设置、校内教师岗位聘任三足鼎立的教师评聘形式。但教师职称评审及其岗位分级设置，同属于国家政策脉络下教师职称评聘的范畴，是同一轨道上教师评聘的两种表现形式，其中教师职称评聘是教师岗位分级的前提和基础。因此本质上说，J大学教师评聘制度构建了两条运行轨道，一条是国家政策脉络下教师职称评审及其岗位分级设置，一条是J大学内部自行设置的教师岗位聘任。教师评聘中的岗位分级设置与校内教师岗位聘任的聘期都是四年，两条轨道通过聘用条件的部分统一而实现了有机结合，但两者存在明显的差异，详见表7-6。

表7-6　　　教师岗位分级聘用与校内教师岗位聘任比较

聘用岗位		聘用比较
聘用数量及其方式	教师岗位分级	在省人事主管部门核准的结构比例和数额内设置，并将岗位设置方案、竞聘上岗实施方案以及聘用结果按规定报人力资源社会保障部门备案，将聘用人员纳入规定的人事管理信息系统（山东省机关事业单位人事综合管理信息系统）实行信息化管理
	校内岗位聘任	学校根据教师发展现状和未来需要制订不同等级岗位聘用任期目标，根据申请人届满考核结果和学术水平，进行评审确定，申请人按照校聘或院聘岗位的有关条件竞聘上岗
任职资格与年限	教师岗位分级	充分考虑了不同层次职称的任职资格和年限
	校内岗位聘任	淡化不同层次职称的任职资格、不计任职年限
岗位边界及流动	教师岗位分级	教授、副教授、讲师、助教之间具有明确的边界，只有同一层级的职称之间在不同的聘期内才具有通约性，不同层级的职称之间不具有通约性
	校内岗位聘任	不同层级的职称之间、校聘岗位与院聘岗位之间流动的界限模糊，不同层级的岗位会根据不同聘期自己的学术水平的高低而上下流动

续表

聘用岗位		聘用比较
工资待遇	教师岗位分级	按照中华人民共和国人事部中华人民共和国财政部印发的《事业单位工作人员收入分配制度改革方案》中规定的岗位工资和薪级工资执行
	校内岗位聘任	T1 岗位：根据学校学科建设情况和个人要求面议，实行年薪制，含国家工资及岗位津贴 T2 岗位：第一层次人选根据学校学科建设情况和个人要求面议，年薪一般不低于 100 万元/年；第二层次人选年薪一般不低于 70 万元/年。以上年薪均含国家工资及岗位津贴 T3 岗位：岗位津贴 30 万元/年 A1 岗位：岗位津贴 12 万元/年 A2 岗位：岗位津贴 9 万元/年 A3 岗位：岗位津贴 7 万元/年 龙山学者：岗位津贴 30 万元/年 青年龙山学者岗位：岗位津贴 5 万元/年 T1、T2 岗位的年薪及 T3 岗位的岗位津贴，均按合同约定执行；校聘及青年龙山学者岗位聘期内岗位津贴的 50% 按月发放，剩余 50% 岗位津贴待届满考核合格后一次性发放。届满考核不合格的，龙山学者剩余 50% 不再发放，其他按考核确定的岗位等级结算剩余 50% 岗位津贴，多退少补

　　双轨并行的教师聘任制度，在教师评聘和促进教师专业发展中起到了相得益彰的互动、互补的作用，激发了内部学术劳动力市场勃勃生机和内生活力。校内教师岗位聘任制度，打破了教师固有的职称身份的限制，通过教师岗位灵活流动机制的建立，破解了教师职务能上不能下、待遇能升不能降的职位层级上下流动难题；虽然聘期内考核，但从根本上却立足教师专业生涯的长远发展，教师一个聘期可能是学术低谷，下一个聘期可能是学术高峰，校内教师岗位聘任的层级在不同聘期内可以在上下移动和漂移，并有教师职称评审制度做基础保障，不动教师已有职称及待遇的这块蛋糕，不影响教师根本利益，无形中给教师留下了安心做学术、潜心做学问的环境和空间，有利于教师沉潜学术，为基础性、长期性学术创新提供了制度保障。在教师职称评聘中的岗位分级设置中，打通了同一层级不同岗位等级中的流动界限，实现了同一层级不同岗位等级的上下流动；而在

一年一度的教师职称评审轨道中,设置了申报评审和申报确定两种形式,其实是通过设立确定申报条件,为优秀学术人才脱颖而出设置了绿色通道,在国家教师聘任制改革的制度框架内,最大限度地为拔尖高端人才、紧缺人才和青年优秀学术人才开辟了一条在教师岗位层层等级之上脱颖而出的可行可鉴之路。

双轨并行的教师聘任制度虽然各自独立却又彼此有着千丝万缕的内在联系,这恰恰说明了地方本科院校在人事制度改革之路上探索过程的复杂性、艰难性和特殊性。地方本科院校在引进优秀人才、留住优秀人才的过程中显然要比国家双一流建设高校制定更多、更有效的行动策略;在学术劳动力市场的入口处难占优势的现实困境下,充分调动和发挥现有教师的积极性和创造力,无疑又是学校决策必须面对的重要因素。在国家政策框架下,在地方本科院校发展的现实条件下,J大学以竞争和激励为主线,最大限度地为新生学术群体层级向上流动提供了空间,并有效地打破了教授群体安逸的学术天花板;同时又在教师岗位分级设置中尊重了学校历史和不同学术群体之间固有的代际差异,在用心良苦地呵护青年优秀学者前行动力的同时,也苦心良用地维护了年老教授未来时光的切身利益。正因为此,在高等教育激烈竞争环境中,J大人做到了同舟共济、乘风破浪、快速前进。表7-7为2007、2012年、2018年J大学教师发展基本数据变化。

综上所述,J大学教师聘任制度改革,一方面与国家高校教师岗位设置制度改革、高校教师职称制度改革、国家扩大和落实高校办学自权等方面密切联系,另一方面又与J大学发展的历史、现状与未来战略选择息息相关,体现了大学组织内部的政策变迁及其办学理念对政策变迁的影响与其固有的历史因素和制度脉络之间的相互制约和相互适应。J大学历经10多年的改革与发展,从一所名不见经传的地方本科院校一跃成为山东省属高校的第一方阵,从寥寥的硕士研究生的授权单位,到一级学科不断壮大的博士研究生授权单位,这其中,以竞争和激励为核心的教师聘任制度改革有效地激活了J大学的学术生产力和教师的学术创造力,为J大学培育和引进能够支撑优势学科发展和壮大的优秀学术人才奠定了最根本和最坚实的基础。

表 7-7　　2007 年、2012 年、2018 年 J 大学教师发展基本数据表

年度	教师职称 教授	教师职称 副教授	教师学位 博士	教师学位 硕士	研究生学位点 博士	研究生学位点 硕士
2007	200	601	294	805	\	4 个一级学科；41 个二级学科
2007	省、市级专业技术拔尖人才 24 人，省部级有突出贡献专家 12 人，享受国务院政府特殊津贴专家 20 人。					
2012	132	513	535		3 个一级学科博士学位授权点	20 个一级学科硕士学位授权点、144 个二级学科硕士学位授权点、3 个硕士专业学位培养门类、13 个工程硕士专业学位授权领域
2012	中国工程院士 2 人，国家"千人计划"项目入选者 1 人，国家百千万人才工程 1 人，教育部教学指导委员会委员 3 人，教育部新世纪优秀人才支持计划 4 人，国家教学名师 1 人，国家级教学团队 1 个，泰山学者攀登计划人选 1 人，泰山学者特聘教授、海外特聘专家 10 人，国家和省部级有突出贡献专家 22 人，享受国务院政府特殊津贴专家 22 人，省级教学名师 9 人，省级优秀教学团队 6 个					
2018	261	712	1026		2 个博士后科研流动站、5 个一级学科博士学位授权点、36 个二级学科博士学位授权点	25 个一级学科硕士学位授权点、156 个二级学科硕士学位授权点、18 个硕士专业学位培养类别
2018	(1) 国家"千人计划"项目入选者 2 人，国家杰出青年科学基金获得者 3 人，国家万人计划 2 人，国家百千万人才工程 2 人，国务院学位委员会学科评议组成员 1 人，教育部教学指导委员会委员 10 人，国家"千人计划"青年项目入选者 1 人，国家优秀青年科学基金获得者 2 人，教育部新世纪优秀人才支持计划 3 人，泰山学者攀登计划人选 1 人，泰山学者特聘教授、海外特聘专家 15 人，泰山学者青年专家 12 人，国家和省部级有突出贡献专家 28 人，享受国务院政府特殊津贴专家 25 人，国家教学名师 1 人，国家级教学团队 1 个，省级教学名师 12 人，省级优秀教学团队 6 个 (2) 化学、材料科学、工程学、临床医学 4 个学科 ESI 前 1%，综合排名全球 1358 名，大陆高校 ESI 综合排名 83 名，居省属高校首位					

第四节 办学理念与J大学教师聘任制度变迁

改革开放以来，我国大学教师聘任制度改革走过近40年的历程，完成了从教师职务任命、到职务聘用制度、再到岗位聘任的制度变迁。在这一变迁过程中，国家制度层面基本上沿用了自上而下的强制性制度变迁。而大学层面如何在国家政策框架下激活学术生产力，实现改革的制度创新、设计路径创新，无疑是在衡量着一所大学主要领导人的顶层设计能力、战略谋划能力，以及领导者本人的境界与眼界、胆识与魄力、智慧与勇气，乃至蕴含其中的治校理念和办学逻辑。

J大学在中国地方本科院校教师聘任制度改革的路上无疑是超前的，为探索制度背后的动因，研究团队于2019年5月，对J大学原党委书记范跃进行了面对面访谈，访谈以J大学教师聘任制改革为主线，涉及了与大学教师聘任制相关的其他主题，现仅对J大学教师聘任制改革访谈内容做以下总结概括。

一 办好大学，关键因素是学校主要领导的治校能力

同样环境下，不同高校发展速度、质量和水平却往往不同，原因可能是多方面的，但其中主要领导的治校能力是关键因素。要办好一所大学，首先是书记或校长要有思想、有自己的办学理念，要懂教育，要具有掌控全局的领导力。能够根据教育发展的时代特征、自身学校所处的地位、政府给定的政策环境等，科学制定发展战略，精准施策，最大限度地用好高校办学自主权，努力激发内部办学活力。探索在国家给定的既定环境条件下，怎么用足、用好政策，怎么把"太极拳"打好，怎么将高校内部的活力激发释放出来，这是对大学主要领导智慧的挑战。

二 激发教师内生动力，关键因素是系统的制度设计

要办好一所大学，高校领导者要善于把自己的办学理念，变成一套系统的制度，靠系统的制度设计把教师的积极性、工作人员积极性、管理干部积极性、学生积极性都调动起来。只有全体师生员工都有了积极性，学校才能充满活力。学校有了活力，才可能走向发展、走向繁荣。一所没有

"精气神"的高校，是不可能快速发展的。

过去高校教师的职称评聘制度，有点像新中国成立初期农村的评工记分制度。每年评聘职称时，首先是个人申报，申报时把个人的成果填写清楚，上了多少课时的课，发了几篇文章，获得了什么奖励等等；二是个人申报后，人事部门组织评审小组和大评委来投票评定。这种评聘方式，虽不能说一无是处，但存在的问题很明显：一是没有科学的标准，是根据当年评聘指标临时定标准，甚至是"瘸子里边拔将军"，教师无法设定自己的目标；二是评价导向上使教师更注重人际关系，而不是学术努力，因为评定职称时，人缘好的往往容易评上，而不善于搞人际关系或人缘不好的，或是有点个性的往往评不上；三是职称评聘应该是教师学术进步的阶梯和过程，而这种评聘方式，主要是和别人比，比过别人就能上来，久而久之，败坏了大学文化。每次评职称，往往不是评出干劲，而是评出一堆矛盾，甚至有个别教师"要死要活"。这是制度设计的问题，不是教师个人的问题。

教师聘任制度改革就是要把教师的积极性引导到教学科研上去，教师职称评聘恰能作为调动积极性的杠杆。职称是什么？职称是一个教师在一所大学中，学术水平达到的高度，及其由此而确立的学术地位。水平和高度，要有标准来衡量。从这个角度来看，教师职称评聘的关键不是评，而是评价标准的设定。有了标准，其他交给教师本人，达到了就能晋升；达不到，自己清楚差距在哪里，继续努力就有了方向。设置一些特聘教授岗位，是为了解决"教授职称的天花板效应"。有些教师评上教授后，反而不努力了，成果少了。教授们没有岗位的上下流动，没有淘汰机制，没有了压力，有些人也就失去奋斗目标。特岗制度的设计在一定程度了解决了一些问题。

教师队伍的整体建设和个体的全面发展，是高校建设的关键。教师的全面发展，一是靠做好教师的思想政治教育工作，激发教师的爱国情怀、使命意识、归属感、荣誉感；二是靠政策制度引导和激励。学校的学术荣誉体系、学术奖励体系、职称评聘制度和分配制度，是具有内在联系的一整套政策体系，只有科学结合起来，系统设计，综合发力，才能起到调动积极性的作用。如果设计不科学的话，不但会影响大家积极性，还会侵蚀大学文化，消融教师的内生动力。当时这套制度的设计理念，就是想怎么从根上把教师的内在动力激发出来，怎么把积极性调动起来，使学校充满活力。所以，这个人事制度改革当时没有很复杂的背景，目的就是调动全校教职员工的积极性。

三 推进教师职称评聘制度改革，关键因素是公平公正，上下同心

J大学推进人事制度改革的逻辑首先是制度设计者自己没有私心。改干部聘任制度，再改教师职称评聘制度，再改学生的自治及学习制度。干部制度不改革，干部不能实现能上能下，教师层面的改革就难以推进。另外，各个二级学院院长、书记学术水平高低、对教学科研是否真正懂行，对教师聘任制度的改革也有直接影响，因为教师职称评聘制度改革是和下放自主权同步进行的。J大学因为合并办学的历史原因，二级学院干部普遍比较老化，学历和学术水平也偏低。为此，在干部制度改革时，学校先提拔了一批年轻博士当副院长。我到Q大学后，第一次调整二级学院干部时要求更高了，规定这一轮调整没有博士学位的一个也不提任。另外，为了加快青年优秀学术管理人才培养，要求各个学院自己选配两个助理，必须在青年博士骨干当中选拔产生。这些举措虽然也有一些不同看法，但时至今日经历3年时间，确实成长起来了一批有学术视野的院长和中层学术管理人才。从一定意义上讲，改革就是利益的再调整，既然是利益调整，往往会影响部分群体或个人的利益，这是没有办法避免的。在这个过程当中最怕改革者，特别是主要领导有私心。如果学校主要领导没有私心，一切出于公平，一切为了学校发展，最终大家是会支持的。由于教职员工体会到了改革是为了学校发展，是客观、公正的，所以J大学这些年推进改革阻力不是很大。另外，整个领导班子很团结，齐心协力。全校教职员工的积极性，包括领导班子、干部队伍、教师队伍及职工队伍的士气都上来了，学校风气也变好了。随着学校的快速发展，整个学校从上到下都有了共同的自豪感，凝聚力大大增强，学校走上了良性运行的轨道，大学的实力和水平因此得到了快速提升。

四 人事制度改革能否成功，关键因素是改革方案是否合实际、合规律

目前一些双一流建设高校，在教师聘任制度改革上实施了预聘长聘制度，遵循的是"非升即走"的改革路径；J大学实施的"双轨制"教师聘任制改革，遵循的是"能上能下，能升能降"的改革路径。两种路径是不

一样的。在目前我国教师聘任制度框架下，J大学为什么不在"非升即走"这条道路上进行改革探索？

预聘长聘制度，是值得赞成的。因为大学教师是学术人才，一方面在入门选拔时，学校和基层学术组织不见得一下子就能选得准，经过几年的预聘考察，就能比较准确的判定预聘的人，是否是本校需要的人才。另一方面，教师个人对自己是否适合从事学术职业，也有一个认识实践过程。预聘制度经过3—6年学术实践，无论是学校还是预聘者个人，肯定都基本上可以判断出预聘者是否适合学术职业，是否适合这所学校。我也赞同美国大学的做法，只要进入终身教职轨道，教师聘期就能延续到退休，在制度上保障了教师"能坐得了冷板凳"、潜心研究真问题，为教师创造一个安心学术的环境。

但是，实行预聘长聘制度，是有条件的，不是任何学校都能办到的，只有那些对高水平人才具有足够吸引力的大学，才有底气搞起来。J大学不是中国的一流知名大学，当时对高水平人才的吸引力有限，实行教师预聘长聘制度，还不具备条件、没有足够实力。这不是复杂的东西，是属于操作层面的东西，是实事求是的问题。学校不实行教师预聘长聘制度，而是通过校聘岗位的设计和教师职称评审中的绿色通道的建立，调动教师的学术积极性和创造性，靠这个吸引青年才俊。不同学校情况不同，作为大学领导者一定要对自己学校实际情况有个准确的判断，制定的改革方案一定要符合本校实际，不能"打肿脸充胖子"。

在J大学的人事制度改革中，不但没有"预聘长聘制度"，也没有"非升即走"这一条，更没有"教师下岗"的规定。核心的理念只是激励人往前走，不往后退。为什么这样设计呢？办大学必须遵循高等教育规律，不按规律办学，不遵循规律办学，即使再努力，也不会有大成效，还有可能南辕北辙。高等教育规律有很多，教学、科研、人才成长、学术研究等等都有各自的规律，大学教师成长发展的根本规律就是自由宽松的学术环境。让教师整天处于被动的考核中、处于"非升即走"的惶恐中，对于一所正在成长的地方本科院校肯定是不科学的。大学是一个最具包容性的组织，应该包容"面壁十年"，应该容忍探索失败。容许教师自由的探索是大学学术繁荣的根本，鼓励教师学术自由探索，决不能急功近利，允许他们坐得十年冷板凳。学术自由的前提，是教师必须有安全感，不至于因为学术探索失败而被淘汰，要允许失败。大学要创设很宽松的环境，既然选准了从事学术的人才，那就应该相信他们，为他们在选定的大学家园自由的探索提供保障、创造环境。这是大学真正走向创新和学术繁荣的关键所在。不然大学教师就只能把学术搞成"地摊经济"。

五 人事制度改革方案的可行性，关键因素是既不违背政府政策又能大胆创新

J大学的教师聘任改革当时为什么采用"双轨制"？这是没有办法的办法。因为高校人事制度改革是在政府给定的政策框架下进行的，工资多少、职称评聘指标多少、甚至正高职称的评审权都不归学校，在这种体制框架内搞改革，"双轨制"可能是最好的选择了。如果给予高校更大自主办学权力，如果大学自己来设计工资制度、考评制度、职称评审制度等，可能就不用这种改革方案了，可能是另一个版本的改革，可能更有效。制度设计必须得考虑政府的政策和现实的条件。

改革前的J大学，国家社科基金课题建校以来一共6项，自然科学基金课题的数量每年也大多是个位数。2008年新政策出台以后，科研立项开始大幅度增加，大学整体实力得到了快速提升。不是书记校长有多厉害，而是教师有了积极性，广大教师把主要精力都转向了教学科研。大学教师就教学、科研两个"大活儿"，只要肯努力干，还能干不好吗？

这个改革方案的创新在于教师职称评聘"标准化"。岗位标准一定，每位教师都有了目标。评聘专业技术职务完全成了个人的事，什么时间达到标准了，就什么时候申报，一切主要取决于自己。也就是说，按照学校设定的标准，达到标准就是副教授、教授。每个人目标非常明确，自己去努力就行，谁也不用求。解决这个问题的关键就是标准，标准定下了，就好办了。在学校管理上，我还有个观点，全校干部尽人皆知，即"标准一降低，满眼是成绩；标准一提高，满眼是问题。标准在哪里，发展就在哪里。"要建成高水平大学，必须对学校学术水平有准确的判断。标准过高，所有人都达不到，职称评聘就起不到调动教师积极性的作用；标准过低，不用努力就轻松晋升，既不利于教师成长，也建不成高水平大学。标准制定是件费脑子的事，并且标准不能一蹴而就，还要随着学校发展，标准应该水涨船高。在当时学校教师整体上科研成果数量不多、质量不高的条件下，学校只制定了全校总的标准，没有制定分类标准，从本质上说也不具备制定分类标准的条件，但从目前J大学的发展水平看，已经到了教师分

类评聘的时机了。大学教师分类评聘的前提，是一所大学具备足够的办学规模，学科专业布局、教师的教学、科研等学术成果从整体上呈现出了多样化和多元化的发展态势，大学的整体学术竞争力有了明显的提升。2015年，在Q大学教师聘任制改革，就更加细化了评聘标准，进行了分类标准的设计。Q大学标准制定的路径为：第一步，先让学院对教师进行分类：教学岗、科研岗、教学科研岗和技术岗（包括绘画、音乐）四类。第二步，岗位定了，再定评价标准。学校学术委员会先制定学校最低标准（入门标准），再由各个学院制定高于入门标准的分类岗位标准。第三步，就由教师自主去定攀升目标了。

在校聘岗中无论是打破岗位晋升的层级界限，还是不同聘期之间能上能下的层级变动，还是在教师专业技术职务评审中的申报确定的直接聘任形式，都是从学校实际出发的。因为改革方案既要考虑到激活学校的新进人才的发展活力问题，又要考虑到存量人员的稳定发展问题。设立绿色通道，一是鼓励存量人员能脱颖而出，为拔尖人才成长创造制度保障；二是为引进高层次人才增加一个砝码。这两者齐头并进，充分发挥了学术生产力中的"二八效应"，学校最优秀学术群体部分的学术生产力被激发出来了，带动和提升学校整体学术生产力，反过来对其他存量人员形成压力，形成人人都会去努力、人人都在不断提升学术生产力的良性循环，这样教授群体里"学术懒汉""安逸的天花板"也就慢慢消失了。

2008年的这套制度的设计，是在国家给定的政策环境下的产物，当时教师职称评审权在省里，没有下放给高校。校聘岗位的设立，是预测了我国大学教师聘任制改革未来的发展趋势，率先去做，才走到前头。总结J大学十几年的发展，能走入山东省高校的第一方阵，这些制度起了重要的作用。

一个好的政策不仅需要继承，还需要创新。当时的奖励政策，因为论文少，奖励的层次低，现在有了学术积累，应该及时调整政策。教师薪酬制度中拔尖激励与普惠增长相结合，适时建立教师岗位聘任的分类标准，进行教师分类考核评价就更加重要。在J大学设特聘岗位的时候，是建立在给大家涨工资的基础上的，8年待遇翻了一番多，实现了教师工资普惠增长。只拔尖激励没有普惠增长也会有问题。

六 人事制度改革的顺利推进，关键因素是要有财力支撑

目前高校经费来源主要有财政拨款、事业性收入和其他收入。财政拨款仍然是高校经费的主要来源，特别是对地方高校来说更是如此。地方高校的财政拨款，普通本科院校标准大体是固定的，以"生均经费"乘以在校生人数核定。高校的事业性收入和其他收入，则要看一所高校的规模水平、影响力、美誉度、科研实力、科技开发能力等等；同时也要看高校主要领导的统筹能力。山东省高校财政拨款一直不高，J大学教师聘任制改革的前后几年，正值山东大多数高校为适应高等教育大众化快速发展、改善基本办学条件不得不贷款运行的艰难时期，当时J大学负债13个亿左右，学校运行十分困难。

高校发展得有经费支撑，高校人事制度改革也需要财力支撑。中国高校的改革，存量部分的"蛋糕"一般很难改变，特别是不能变小，否则改革会阻力重重。在增量方面做文章，就需要增加投入。这大概就是改革要付出的成本。

要创新学校财务管理，不能是"有多少钱就办多少事"的思维模式。我以经济学研究出身的视角，认为高校财务有三种模式：第一种，会计式管理。会计的基本原则"量入为出，收支平衡，略有结余"，很多大学就是这样管财务的。就这些钱干这些事，这种管理方式比较保险，日子过得比较踏实。第二种，财务管理模式。不完全局限于"量入为出，收支平衡，略有结余"，知道钱可以运作，可以不用收支平衡，可以略有赤字，以决算找平衡。第三种，经济学的管理方式。利用经济学的杠杆原理，善于用杠杆撬动资金。

大学书记、校长不应该将主要精力用来管理学校的具体事情，而应该把主要精力放在"战略谋划"和"统筹资源"方面。从副校长升任校长，不是一个简单的职务晋升，而是"角色的质变"，是管理上的一个质的飞跃。副校长是高校某一方面的管理者，主要精力应放在管理上，而书记、校长不能再单纯是大学的管理者，而应该转换成大学的领导者。如果书记校长还迷恋于具体事情的管理，特别是过度看重校内那些"小权力"，肯定成不了优秀的教育家、领导者，办不好大学。有些副校长干得很好，当上校长后就不行了，问题主要是出在这里，没有完成从管理者到领导者这样一个"飞跃"。

第八章

我国现阶段内部学术劳动力市场的特征

随着我国要素市场化配置改革的进一步深化,市场和竞争机制在学术资源配置和学术职业生活中调节作用必将增大。我国内部学术劳动力市场要素在建设统一开放、竞争有序市场体系的过程中发生了重大变迁,呈现出新的特征。

第一节 我国现阶段内部学术劳动力市场的构成要素

一 以高校教师聘任制度改革为统领,我国内部学术劳动力市场核心制度的建立拥有了立基之本

自1986年高校教师聘任制改革以来,教育行政部门和各高校进行了各具特色的教师聘任制度探索。逐步建立起来的按需设岗、公开招聘、平等竞争、择优聘用、严格考核、合同管理的教师聘任制度,从根基上动摇了固定用人制、职务终身制和人才单位所有制等传统的、刚性的计划编制模式。高校在公开招聘、平等竞争、择优聘用的制度框架下,基本上实现了分级分类设岗,建立了促进优秀拔尖人才脱颖而出的关键岗位制度。通过签订岗位职责、任职条件、权利义务和聘任期限等条款的聘用(聘任)合同,建立了高校—教师新型契约关系。概括起来,这种新型契约关系出现了三种不同的类型。

一种是教师分级分类聘用制度。这一制度体现了以岗位等级设置为前提、以教师在教学、科研等方面承担的主要职责为依据,在教师岗位中设置教学为主型岗位、教学科研型岗位和科研为主型岗位等。在这三个主要

岗位分类框架下又出现了不同形式的延伸，如2014年底，湖北省在省内高校推行教师职称分类评审，把教师分为教学为主、科研为主、教学科研并重、社会服务与推广4种类型。这种类型的教师聘用是在国家和各省级行政部门核准的高校岗位设置和核定的高校专业技术岗位结构比例限额范围内进行，以"名额制"为标志。另有部分高校在国家总量控制之严格的比例和数量限定下，依旧在教授和副教授岗位晋升评审条件之外，设定了高于评审晋升的学术标准作为确认晋升条件，为脱颖而出的优秀人才开辟了岗位直升的绿色通道。通道虽窄，但生机盎然，其象征意义和激励作用已显而易见。

一种是高层次人才聘用制度。在这一制度框架下被聘用人才主体是为国家做出重大贡献的一流人才、突出贡献的专家、重要贡献的优秀人才，以及基础研究、战略高技术研究、重要公益领域、部分紧缺或者急需引进的高校高层次人才，聘用政策无一例外地呈现了高收入、高福利、重奖励等显性特征。打开各高校人才招聘官方网页，无论是双一流建设高校还是地方普通本科院校，普遍悬挂着没有截止日期的高层次人才常年招聘启事，与此并行的还有高薪高聘高待遇的人才引进政策。高层次人才作为高校竞争的核心战略资源，许多高校实施了特殊岗位、特殊津贴等岗位聘用制度，相继建立健全了高层次人才办公室等组织机构。随着我国双一流建设进程的加快，一些省属地方本科院校为加强一流学科建设力度，对于优秀人才引进启动了事业编管理的"预聘制"。如山东财经大学对新进博士纳入事业编管理，提供讲师、预聘制副教授和预聘制教授三种岗位，预聘制人员实行协议年薪制，应聘条件及待遇一人一议；学校与其签订合同，在实现一定科研目标的前提下，按副教授、教授的待遇为其发放年薪，并提供一次性住房补贴、科研启动费、学科建设费和工作条件根据工作需要安排等。

一种是教师预聘长聘制度。这一制度以合同为中心，在设置一定时间的预聘期限（大多为6年，个别为3年或5年），以固定期限聘用岗位—无固定期限聘用岗位为分界线，如果在预聘期限内不能晋升为副教授，便不再聘用为长聘制教师。自2003年北京大学人事改革争将长聘制引入教师岗位聘用以来，预聘长聘制在清华大学、北京航空航天大学、南京大学、南开大学、复旦大学、上海财经大学、上海交通大学、华东师范大学、深圳大学、中南大学、东南大学、中山大学、重庆大学、山东大学、哈尔滨工业大学、武汉大学、华中科技大学、中国科技大学等一些学术型尤其是双一流建设高校相继实施。预聘长聘制度体现教师职位发展的不同轨迹，有效地实现了岗位管理和人事管理挂钩。

高层次人才聘用、预聘制教师聘用与教师分级分类聘用，形成了大学教师聘任制度的橄榄形结构，高层次人才聘用和预聘制教师聘用作为大学教师聘任结构中的两个极端，更加突出内部学术劳动力市场竞争机制和灵活流动机制。

二 大学内部教师岗位等级更加细化，学术共同体内呈现出多元分层

我国学术共同体等级并没有一个明确的范围和明确的划分方法，能够比较清晰地勾勒学术共同体等级的大致源于三类等级划分方式。

一类是按照我国专业技术岗位等级、岗位工资和薪级工资的等级划分进行学术共同体分层的。这一分层通过强化岗位聘任，淡化"身份"评审，细化了教师岗位等级聘任的方式、方法，形成了教师专业技术职务评聘与岗位聘用既相互结合、又相对独立的岗位等级。2007年，人事部、教育部印发了《关于高等学校岗位设置管理的指导意见》，对高等学校岗位设置实行岗位总量、结构比例和最高等级控制，赋予高校二级岗位类别下的分类设置、管理自主权。在教师岗位等级上，从传统的助教、讲师、副教授、教授4个层级的职称评定逐步开始了进一步细化的教师岗位聘任等级设置；在教师岗位聘任中分为了高级、中级、初级三大类别共13等级，其中，教授分4个等级，副教授分3个等级，讲师分3个等级，助教及其他分为3个等级。相应地，岗位工资和薪级工资也相应地分为十三个岗位薪级，教师专业技术职务评聘与岗位聘用相结合的岗位等级与我国高校实行的岗位工资+薪级工资的基本工资制度形成了一一对应的关系。

一类是与教师专业技术职务评聘与岗位聘用相独立的校聘岗位等级制度。这类等级制度体现了我国高校自主实施的绩效工资部分的分配原则和特色，在制度设计上强化了以竞争聘任、学术生产力提升为核心的路径选择。一些高校内部设置了以长聘制教师为主体的、以等级设置为统领的、特色各异的校聘专业技术岗位。以4年左右为一个聘任周期，将岗位等级与专业技术职务评审分离，仅与学术能力和学术水平标准一一对应，不同的岗位等级建立不同的学术聘任标准，打破不同等级人员数量、年龄、学术资历等所有限定。日趋激烈的竞争使大学教师的学术考核和评价虽然没有从根本上动摇但已经开始突破了名额限制，逐步走向了教师岗位分级评价的标准设定；虽然没有触及我国高校薪酬制度的根基，但在薪酬制度框架下进一步增强了内部学术劳动力市场的竞争机制和能上能下的教师流动机制。

以上两种教师岗位聘任都实现了考核结果与合同管理挂钩，一方面，不同聘任周期内同一岗位学术聘任标准随学校发展会发生变化；另一方面，同一教师的聘任岗位在不同的岗位聘任周期内会随着学术能力和学术水平的变化发生岗位等级的上下波动或变动，其中校聘教师岗位等级制度更加突出地体现了这一特征。

一类是以政府资源配置为主导的各级各类人才计划、奖励和基金，共同构筑了我国学术共同体分层分级体系。这一学术等级是学术劳动力市场中的生产要素在竞争、评价和流动中产生的，分散于各省市自治区和各高校对于人才的招聘政策中，也分散地存在于有关高校和学科排名的评价指标体系中。有学者随机选取95所高校，对其人才引进政策文本统计分析发现，大多数高校在引进人才时一般依据国家级、省级、地市级以及校级人才计划将学术劳动力划分为若干类型和层次。其中，超过半数的学校将人才分为4层或5层，17所学校将人才分为6层，还有5所学校将人才分为8层甚至9层。虽然层级划分的数量有所差异，但在等级前端的三个层次却基本达成一致：处于"金字塔"顶尖的是两院院士及"万人计划"杰出人才；第二层次主要包括"千人计划"长期项目入选者、"万人计划"领军人才、"长江学者奖励计划"特聘教授和"国家杰出青年科学基金"获得者；第三层次主要为"四青"，即"青年千人计划"入选者、"万人计划"青年拔尖人才、"长江学者奖励计划"青年长江学者和"国家优秀青年科学基金"获得者。[①]

造成我国学术共同体的等级划分的原因，一是由于目前正在实施的国家层面上的人才计划、奖励项目本身就进行了层次等级划分，如"万人计划"中的杰出人才—领军人才—青年拔尖人才，长江学者中的长江特聘—长江讲座—青年长江，国家自然科学基金委员会中的杰出—优秀青年科学基金等。二是在国家层面实施的人才工程项目之下各省市和高校又建立了

---

① 郭书剑：《人才计划与学术劳动力市场分割》，《苏州大学学报》（教育科学版）2018年第3期。

——对应人才工程建设和培育项目，形成了国家—省级—高校三个层次的等级体系，如以特聘教授岗位制度为统领的各级各类学者称号，在院士—长江学者层级下面基本上形成了各省市和高校两个层级的等级结构，以山东省和湖北省为例，分别形成了院士—长江学者—泰山学者—齐鲁青年学者（山东大学）、青年龙山学者（济南大学）等；院士—长江学者—楚天学者—珞珈杰出青年（武汉大学）、磁湖学者（湖北师范大学）等。

三 大学教师薪酬增长的决定因素是职位晋升，在一些特殊人才领域和关键岗位开始与市场接轨，出现明显的竞争特征

自2006年以来，以人事部、财政部联合印发的《事业单位工作人员收入分配制度改革方案》出台为标志，我国建立了事业单位工作人员岗位绩效工资制度。目前我国高校教师的基本薪酬模式为基本工资加校内岗位津贴，由岗位工资、薪级工资、绩效工资和津贴补贴等四部分组成，其中岗位工资和薪级工资为基本工资，共分十三个岗位薪级，教师岗位聘用等级与岗位薪级相互对应，每一薪级都是由人力资源和社会保障部门根据本人套改年限、任职年限和所聘岗位等三部分制定统一标准，统一发放；高校绩效工资部分发放是在国家总量调控和政策指导下，由高校依据教师的实际业绩和贡献，采取灵活多样的分配形式和办法，自主决定分配。据沈红团队通过实证研究发现，在我国高校教师整个职业生涯中，随着教龄的增加，薪酬具有逐渐增加的趋势，但在大多数时间里增长缓慢，会有两次薪酬突变的现象，分别是在从事教师职业后的第8年和第14年，这两个时间与研究调查得到的两级职称晋升所需平均年限相近（调查结果显示，我国高校教师晋升副教授和教授的平均年限是从事教师职业后的第9年和第14年）。[①] 这一研究结果表明，从整体上看，我国高校教师薪酬增长的决定因素主要是教师职位的晋升。

在一些特殊的人才领域和关键岗位，呈现两个群体、分类分层的不同特征，但共同实行了年薪制、协议工资等重金聘用或引进的薪酬制度。

一个群体是高层次人才。随着国家创新战略的实施，我国建立了高层次人才的高等级岗位工资标准、政府特殊津贴、一次性重奖、协议工资、项目工资等一系列分配激励政策。这一群体在享受国家人才计划实施政策

---

① 沈红、熊俊峰：《高校教师薪酬差异的人力资本解释》，《高等教育研究》2013年第9期。

中的中央财政补助、岗位奖金、项目基金的同时，还会得到可观的地方政府和高校引进人才的奖励补贴、协议工资和项目工资。如在2019年深圳市制订了杰出人才、国家级领军人才、地方级领军人才、后备级人才的认定标准，并分别给予了600万、300万、200万、160万的奖励补贴[①]。这一群体不同程度地呈现了人才层次越高，人才的价位越高；高校层次越低，人才层次的价位相对越高的特征。

一个是青年教师群体。这一群体在人才引进、选拔、培育等环节中鲜明地体现了脱颖而出和末位淘汰共存的竞争特征。前者是在国家人才工程项目中脱颖而出的"四青"，在学术创新最佳年华以优秀的学术成果获得最佳的学术职位、丰厚的中央财政补助、可观的地方政府和高校引进人才奖励补贴；贡献突出者可按规定享受国务院政府特殊津贴，授予国家有突出贡献中青年专家、各省有突出贡献中青年专家等称号，享受国家和各省规定的人才优惠政策和岗位财政补贴。后者主要是预聘制中的青年教师，在不同的高校几乎同时采取了高薪引人育人与高标准聘用、高比例淘汰的政策，如深圳大学2019年度招聘的、实行预聘—长聘管理制度的大学助理教授，给予了30万元/年起薪酬待遇[②]。

以浙江大学为例，其教职工薪酬模式主要有年薪制、基本工资加固定津贴制、基本工资加校内岗位津贴制三种形式。年薪制主要针对引进的两院院士、文科资深教授、国家"千人计划"入选者、求是特聘学者、特聘研究员、特聘副研究员，以及进入专职研究队伍的专职科研人员，年薪中一般包含单位缴纳的各类社会保险成本；基本工资加固定津贴制主要针对校内选择固定津贴制的求是讲席教授、求是特聘学者；基本工资加校内岗位津贴制针对除采用上述薪酬模式以外的所有教职工（不含事业编制企业化管理人员）[③]。其中，前两种薪酬模式主要是针对特殊的人才领域和关键岗位；后一种薪酬模式是目前我国高校教师所实行的基本薪酬模式。

---

① 《2019年深圳市高层次专业人才认定奖励补贴、国家、地方级领军人才、后备级人才认定标准》（http://www.gaoxinbutie.com/rending/）。
② 深圳大学：《深圳大学2019年第二批招聘教师公告》（https：//hr.szu.edu.cn/info/1139/2722.htm）。
③ 浙江大学人事处：《浙江大学教师手册》，2014年8月。

第二节　我国高端人才及其流动特征

学术高端人才是学术共同体中学术精英的代名词。关于精英的界定，哈里特·朱克曼在《科学界的精英——美国诺贝尔奖金获得者》一书中引用了维尔弗雷多·帕累托关于精英的概念：人们在文化和社会生活的每个部门中所表现出来的能力和成就上的差别，造就社会上明显的等级制度，在每种等级制度中的高层人物可以恰当地称之为"精英"。哈里特·朱克曼根据帕累托鉴别精英和等级制度的方法，按照科学家在发展其所从事的领域的知识上做出贡献的大小，对美国科学家金字塔进行了等级划分，认为全国科学院院士们形成了科学领域中一种人数较多的精英；而居于威信和尊敬的阶梯顶端、人数又少于科学院院士的诺贝尔奖金获得者——当之无愧地被称为超级精英。[1] 学术共同体的等级从原本上说是一个自然形成的过程，只是有研究学者将这种自然形成的等级用一定的划分方法将原本就存在的等级清晰化了而已。由于各国学术共同体构成的人员不同，学术传统也不相同，各国对于学术共同体的分层并不完全相同，但高端人才是高层次人才金字塔层级中的顶尖部分、是科学界的精英，却是世界学术共同体的基本共识。

我国学术共同体的规模是世界上最大的，"金字塔"的底部厚实，金字塔顶部的三个层级是产生世界级科技大师、领军人才、尖子人才的最具希望和最有潜力的群体，处于"金字塔"顶尖的高端人才不仅是国家的财富、人民的骄傲、民族的光荣，更是建成创新型国家、建成世界科技强国的排头兵，是代表我国学术共同体国际声望的卓越集群。

一　我国学术共同体高端人才的基本界定

在我国专业技术岗位等级、岗位工资和薪级工资划分中，专业技术一级岗位是国家专设的特级岗位，其任职条件为两院院士或在自然科学、工程技术、社会科学领域做出系统的、创造性的成就和重大贡献的专家、学

---

[1] ［美］哈里特·朱克曼：《科学界的精英——美国诺贝尔奖金获得者》，周叶谦等译，商务印书馆1979年版，第6—14页。

者，以及其他为国家作出重大贡献，享有盛誉，业内公认的一流人才。在岗位绩效工资制度改革中，两院院士直接执行专业技术一级岗位工资。按照这一范围界定，在大学教授4个岗位等级中，我国目前拥有的中国科学院院士和中国工程院院士都在一级教授之列。

根据中国科学院和中国工程院相关数据，截止到2019年4月，我国中国科学院院士和中国工程院院士共计1662位。自2012年9月国家"万人计划"正式启动，虽然其遴选范围同时涵盖哲学社会科学领军人才和国家教学名师等学术领域，但"万人计划"杰出人才遴选范围还是定位于面向世界科技前沿领域、科学研究有重大发现、具有成长为世界级科学家潜力的人才，且"万人计划"杰出人才至今只评选了一批，共计6人，皆为2013年首批入选；按当年职称和荣誉统计，6人中5人为两院院士，另1人则于2015年当选为中国科学院院士。两院院士及"万人计划"杰出人才虽然是两种不同的学术称号，并有着不同的遴选渠道，但从目前看，两院院士学术称号能够涵盖了"万人计划"杰出人才获得者的范围。

基于上述原因我国高端人才大致可定位为中国科学院院士和中国工程院院士。

二 我国高端人才流动特征

我国学术共同体分层尤其高端人才层级的形成过程，是政府资源配置和市场要素资源配置共同作用的结果，但起根本作用的是政府资源配置。我国院士制度是在中国科学院学部委员制度的基础上转化而来，自1994年建立两院院士制度以来，院士称号相应地从工作称号转化为了荣誉称号；又在由政府主导的大学绩效评价和资源配置过程中，在人才竞争市场化运行的作用下，两者相互交集，由荣誉称号加剧向地位、薪酬、待遇层级攀升，并直达我国学术共同体的最顶端。以院士称号为主体的一级教授认定、"万人计划"杰出人才遴选、全国各省各高校无处不在的人才招聘政策，无不昭示着院士群体在我国学术共同体生存场域中显赫地位和尊贵身价。我国高端学术层级的这一形成特征，在很大程度上决定着我国高端学术人才的流动特征是以我国学术共同体体制内横向流动、柔性流动为主要特征，相应地，国际学术共同体内的纵向向上流动特征不明显，高端人才流动从入口到出口形成一个相对闭环状态。我国高端人才流动的具体特征描述如下。

(一) 学术职业内外流动

学术职业内外流动由于流向的场域不同而呈现出单向流动和双向流动的不同特征。一是从学术职业内向学术职业外呈现单向流动特征,如两院院士任职国家部委和地方省级政府要职,高端人才的学科知识的专业化水平成为从政和执政的资本,其专业判断水准成为了国家执政决策科学化、国家治理能力现代化的一个重要标志。二是在学术职业内外呈双向流动特征,如两院院士任职大学主要领导人,虽流动的场域仍为学术界,但其身份和角色却发生了明显变化。有统计显示,在首批入选世界一流大学建设名单中的42所大学,有26所大学校长是两院院士,这些校长院士的个人角色虽然一直在大学治理、科学研究、博士生培养中相互转换,但大学校长作为一个大学的法人代表是其主要角色担当。学术职业内外流动中起主导作用的是政府的力量而非学术的力量、也非单纯是高端人才个人的选择。

(二) 学术职业内柔性流动、无形流动

有学者曾对2007—2015年226名当选中国科学院院士的职业流动情况进行统计,其结果显示:院士在当选后自发选择职业流动的人数不到15.0%,而且其中大多数属于在岗(如双聘/多聘)职业流动,离岗(如与原单位完全脱离劳动关系)职业流动的院士仅占总人数的1.3%,且未出现离开中国赴国外高校的全职流动案例。[①] 从内部劳动力学术市场看,我国高端学术人才国际学术共同体内的纵向向上流动的特征不明显,罕见到达国际学术共同体超级精英群体的纵向流动。我国学术高端人才在学术职业内的流动绝大多数呈现出柔性流动、无形流动的特征,在保持当选单位不变的情况下,形成三种流动方式。一是以"特聘院士""双聘院士""共享院士"等聘用形式在一个或多个高校或研究院所兼职,其中,"特聘院士"和"双聘院士",聘用单位一般规定院士到校的累计工作时间、相关职责及待遇等;"共享院士"多以荣誉院士的形式受聘。二是在各级政府推动下,以建立企业院士工作站的形式与地方省市部门和企业单位建立有效的交流合作关系。为切实发挥院士队伍在弘扬科学家精神、加强作风和学风建设中的引领示范作用,中共中央办公厅、国务院办公厅以文件的

---

① 江珊、刘少雪:《高校人才资源竞争现状探析——以2007—2015年当选中国科学院院士职业流动为例》,《高等教育研究》2018年第5期。

形式对院士受聘院士工作站的人数和工作时间做了具体规定，要求每名未退休院士受聘的院士工作站不超过1个、退休院士不超过3个，院士在每个工作站全职工作时间每年不少于3个月。三是在学术共同体内进行多元角色流动，这种流动方式以学科发展最古老的传统存在，呈现学科组织内无形流动的特征：一是从学科的有形学院向无形学院流动，如成为国内外专业学会的学术领袖、顶级学术期刊的主编或重要审稿人、专业评价委员会的核心成员、学术监督机构的主要守门人等；一是从国内学术共同体向国外学术共同体流动，如我国许多两院院士同是国际上其他国家或地区的受聘院士等。

（三）高端人才流动从入口到出口形成一个相对闭环状态

从根本上说获得院士终身荣誉，是国家对一名科学家卓越科学成就的高度认可和至上奖赏。但从我国学术共同体的分层意义上看，对于学术高端人才的界定既有对其曾经做出的科技贡献的莫大肯定，更有对其未来科学重大开拓和创新的殷殷期待。同时也存在着在遴选标准上与国际水准接轨程度不够，当选院士时有的年龄大、创造力高峰期呈下降态势，当选院士后有的在学术创造最佳年龄游离到学术职业之外，个别院士出现学术不端行为而退出机制不完善等问题。所有这些，在一定程度上导致我国高端人才流动从入口到出口处于一个相对闭环状态。

第三节 我国现阶段内部学术劳动力市场要素特征

与我国市场机制有效、微观主体有活力、宏观调控有度的社会主义市场经济体制建设进程相一致，我国现阶段内部学术劳动力市场综合了计划、市场等多种资源配置机制，呈现了与我国传统意义上的计划经济和西方意义上的学术劳动力市场都不相同的发育特征。

一 鲜明地体现了社会主义市场经济体制的特征

这一特征在政府层面体现了有度放权、在市场层面体现了有限竞争，彰显了市场在国家宏观调控下对资源配置起基础性作用的运行模式和竞争模式。

大学教师聘任制度改革作为我国内部学术劳动力市场形成的先导因素

和核心要素，以一贯之地体现了政府政策主导和主推的特征。以1985年我国教育体制改革为开端，传统计划经济体制下的教师计划编制、公职身份和终身职位的大学教师身份管理体制走向步步深入的改革之路。1993年颁布的《中国教育改革和发展纲要》首次在政府文件中提出教师聘用制。此后的《中华人民共和国教育法》《中华人民共和国教师法》《中华人民共和国高等教育法》为教师从身份聘用向岗位聘用提供了法律依据和保障。以2000年《关于深化高等学校人事制度改革的实施意见》的颁布为标志，大学教师固定身份编制开始转向聘用合同制度。2014年出台了《事业单位人事管理条例》，将岗位设置、公开招聘、竞聘上岗、聘用合同、考核培训、奖励处分、工资福利、社会保险、人事争议处理，以及法律责任作为基本内容，确立了事业单位人事管理的基本制度。2015年《国务院关于机关事业单位工作人员养老保险制度改革的决定》发布，高校教师的退休保障制度改革成为了基本养老保险制度＋职业年金制度，为教师聘用制改革和学术劳动力市场的发育解决了后顾之忧。至此，促进内部学术劳动市场形成的国家层面制度框架基本建立。

以竞争为要素特征的大学教师晋升制度和薪酬制度，同样也无一例外地体现了从计划作为资源配置的主要手段转变为市场在资源配置中起决定性作用过程中的政府作用。在教师岗位等级的晋升中，高校具有了自主设置各类岗位的名称、数量、结构比例、职责任务、工作标准、任职条件等权力，国家则对高等学校岗位设置具有岗位总量、结构比例和最高等级控制的权力。在高校教师薪酬体系中，基本工资中的岗位工资和薪级工资，虽然在不同区域、不同类型高校教师薪酬总量中所占的比例不同，但同一岗位、同一薪级教师的基本工资执行的都是国家统一的政策和标准。教师的绩效工资部分虽然由高校自主分配，但分配的总量必须是在国家总量调控的范围之内，分配的原则要符合国家的政策和规定。

在内部学术劳动力市场激励机制中，我国各级政府及其部门在高校学术资源配置中，如专项资金、学术项目、人才工程、学术评奖乃至以985、211和双一流建设为标志的高校学术声望的积累等，在很大程度上是举国家之力、依靠强大的政府力量，通过制定资源配置政策、规则等方式，调控学术资源配置秩序，建立学术竞争激励机制，提升学术生产力。"政府之手"以资源供给者之强势，引发"项目导向"的资源配置路径依赖—

"身份固化"的资源配置机制—"马太效应"的资源配置后果等连锁反应[1],也间接导致了政府对学术市场秩序的监管力度不够、监管体制和服务体系不健全等问题和弊端。

二 竞争机制的作用越来越重要,但学术共同体国际竞争力不强

我国内部学术劳动力市场在教师分级分类聘用制度的绿色通道中、在教师专业技术职务评聘与岗位聘用相对独立的校聘岗位等级制度中、在一些特殊的人才领域和关键岗位的高层次人才引进、聘用和薪酬上,在青年教师破格晋升、预聘制度中,都一一强化市场因素在资源配置中的作用和竞争机制在制度设计中的分量,声望和学术资源的聚集产生了马太效应。

十三等级层层递进的教师岗位等级和以院士为金字塔顶端的学术共同体分层,在学术声望和学术资源聚焦的过程中同样产生着马太效应,学术财富和学术收益在学术职业中的分配同样存在着帕累托法则。但以政府资源配置为导向的竞争方式,在一定程度上导致了内部学术劳动力市场特征弱化,致使我国学术职业分层在世界范围内的学术共同体中的分层意义不显著,学术共同体分层的国际竞争力不强,通过原创性成果获得国际公认的、以命名为最高学术奖励的学者稀缺,获得诺贝尔奖励的学者少之又少,在国际学术精英阶层的科学家不多,国家创新层面的关键核心技术研发能力不强。

究其原因,也许还是老生常谈:国内学术同共体在精神层面以崇高学术荣誉为最高奖赏的奖励体系没有建立起来和弘扬起来,尊重知识、尊重人才最重要的衡量标准或第一标准成为了金钱,背离了学术职业探求新知、获得学术声誉的初衷;无私利、无功利地探求未知的好奇心、心甘情愿地"为伊消得人憔悴"的纯粹探求痴迷和沉潜,难有滋养的环境和生存的空间,学术界看似繁华且果实累累,但知识原始创新的动力被功利和私利消磨,创新的动力源不再纯粹。

三 开始重视学术创造的生命周期,但青年教师竞争和生存环境更严峻

从我国高校目前实施的教师预聘长聘制度来看,非事业编管理的预聘

---

[1] 胡敏:《高校资源配置的府学关系及其"放管服"改革》,《苏州大学学报》(教育科学版)2017年第3期。

制青年教师呈现学历学位高、科研考核标准高、薪酬待遇高、创造年龄峰值高、聘期到期"非升即走"比例高等五高特点。如武汉大学2015年启动聘期制，共选留聘期制教师112人，按照3+3两个聘期管理，到2018年底首批聘期到期共69人，加6位博士后及协同创新人员，共有6人直接聘任为固定教职副教授。中南大学明确规定，青年讲师不许上讲台，所有新教师有20万元科研经费供自由支配，但8年期满拿不出成果、升不了副教授，就得自动走人，其制度依据为：诺贝尔奖获得者的获奖成果，基本上都是35岁前做出来的。就是要把最具创造才华的时间交还给年轻人，为青年教师留住8年"学术青春期"。我国高校教师预聘长聘制度的设计虽然借鉴了美国终身教职制度的运行模式，但美国终身教职模式与这一制度相比有明显的三点不同，一点是限定于想进入大学终身教职轨道的助理教授，而非终身教职轨道上的合同制的教师，聘用合同也不是科学研究单一指标，助理教授具有招收博士生的资格和不可推卸的人才培养职责；二点是虽然在第6或第7个年头有"非升即走"的要求，但是对教师教学、科研和服务等方面的表现及未来可能的发展潜力做综合全面评估；三点是美国大学教师在流动的过程中无户籍制度和事业编制的限制。而我国非事业编管理的教师预聘制是非终身教职轨道上运行的一种模式，实质上是一种试用期导向的附晋升条件的聘用模式，教师与高校达成合意，将职称晋升与聘用合同存续挂钩，若在一定期限内未获晋升则聘用合同终止。

大学本身就是一个群鱼从游、师生共舞的场所，自从19世纪科学研究进入大学，虽然成为了柏林大学选聘教师的第一标准，但从来就不是唯一标准，把对教学具有热情的、在学术上有才华的青年教师招聘进来、履行好教书育人职责是大学的重要社会使命。从本质上说，学术职业不是大学提升学术生产力的工具，而是大学存在的本质和目的。

随着高校教师聘用制度改革逐步深化，整个学术层级及其流动变的不再刚性稳定；最具学术潜力和创造力的青年教师尤其是新进教师面临着更加剧烈的竞争和更为不利的生存、发展境地；由竞争产生的压力，在促进部分青年教师脱颖而出的同时，也会驱使部分教师的学术生产进入早出活、快出活、多出活短期效应的循环之中，在"量化指标"驱赶下急冲冲前行的青年学者，失去了安闲、自由、宽松、沉醉学术的生存环境，甘于寂寞、沉潜志趣的青年学者可能来不及厚积薄发就被甩出了长聘制轨道，因此也导致了急功近利、学术不端、恶性竞争、无序竞争或是放弃竞争等学术行为。

在知识经济、市场体制、国际竞争的社会背景下,构建要素自由流动、契约有效激励、竞争公平有序、价格反应灵活、组织优胜劣汰的内部学术劳动力市场,是打破计划经济下高校发展固守壁垒、实现学术劳动力的最优配置、激发各学术活力、提高学术生产力水平、赢得竞争优势的必然选择。而科学、合理的考核评价体系既是高校教师选聘、任用、薪酬、奖惩等岗位管理和人事管理的基础和依据,也是构建科学、合理、有效的内部学术劳动力市场运行机制的基本前提和根本保障。

四 高校与教师的契约关系已建立,但相应的法律法规需健全

我国高校基本上实行了全员岗位聘任合同制,在学术职业的入口处,部分学术型高校建立了师资博士后制度、教师预聘长聘制度,一旦教师获得长聘岗位,则纳入无固定限期合同管理。在学术职业的晋升和岗位聘任过程中,不同类型本科院校都确立了岗位聘任的劳动合同制,设置了3—5年不等合同期限;在不同岗位聘任上形成了多种方式的契约关系。

但从整体上看,我国目前教师聘任制度改革依旧处于探索阶段,高校在教师职称评聘中仍存在把关不严、评聘标准不透明、评聘程序不规范、教育行政部门监督功能缺失等问题,建立健全其制度体系还有漫长的路途要走。以大学教师聘任申诉制度为例,我国对高校教师聘任申诉的相关规定还比较模糊,在实践中的可操作性也较低,高校教师聘任申诉的成功率极低,无法切实保护教师的合法利益。《高等教育法》《教师法》《教师法实施意见》等一系列法律法规对于高校教师聘任申诉的具体范围和标准并没有明确的规定,由此导致不同申诉人与受理机构对该项规定的理解不同,从而处理方式也不尽相同;大部分地区政府未设立受理教师聘任申诉案件的专门部门,相关申诉案件一般交由教育行政部门受理,但在教育行政部门内部一般没有独立的职称评聘申诉受理机构和专门负责处理的工作人员,由此导致申诉效率低下。高校校内教师聘任申诉受理机构独立性不强,教师的申诉权益难以保证,申诉处理的公信力也缺乏保障。很多情况下,申诉受理机构处理的程序及标准无法令申诉人等各方满意。由于高校教师聘任行为的法律依据存在滞后性,具体的评审标准取决于二级学院和学校职称评审委员会的制定,参与职称评审的教师对实际应用的考察标准和评审程序是否合法、合理屡有争议;教师在职称评定过程中权利受到侵害后救济途径不完善、诉讼无门的问题没有得到根本解决。

第四节 过度竞争和绩效问责之殇

随着市场因素越来越多地融入到大学教师以学术为专业的生命特征和生存环境,学术职业发展在数量与质量、利益至上与真理至上、学术吸引力与金钱诱惑力等价值选择上面临种种困惑,以竞争为导向的内部学术劳动力市场中如果失去精神、文化、价值等层面力量的制衡,其运行的结果就会导致学术职业的灵魂迷失。在我国内部学术劳动力市场形成和发展过程中,细数以下种种现实之殇,以期更加理性地思考我国内部学术劳动力市场未来前行之路。

一 学术本身吸引力弱化,科学精神被遮蔽

(一) 学术不端行为

自 20 世纪 90 年代学术不端问题进入我国学术界视野以来,学术不端行为一直受到我国学术界关注、批判和惩罚,虽然一稿多投和重复发表在一定程度上得到了制止,但捏造事实、篡改数据、剽窃成果、不当署名等学术"硬不端"行为依旧屡禁不绝。有学者对 1997—2017 年国内媒体公开报道的 64 起学术不端典型案例进行统计和分析发现,我国学术不端问题呈现出两大特征:一是易发多发,其中学术水平处于领先地位的高校和学者占了半数以上,前者有原 985 高校和 211 高校占全部高校的近 57%;后者有教授职称者占总人数的 59.4%,其中两院院士 5 人、长江学者 3 人,千人计划入选者 1 人。二是形式多样,包括了学术抄袭、学术剽窃、学术造假、侵占他人学术成果、伪造学术身份、履历及其贪污科研经费等。[①] 2019 年,仍有 3 位尊居我国学术等级塔尖的中国工程院院士和中国科学院院士,因涉嫌学术论文剽窃、多篇论文数据造假、通讯作者论文涉嫌图像异常等学术不端行为而被质疑,曝光于国际科学共同体众目睽睽之下。

学术不端行为被发现后的严罚重惩当然必须,但在亡羊补牢的过程

---

① 刘普:《我国学术不端问题的现状与治理路径——基于媒体报道的 64 起学术不端典型案例的分析》,《中国科学基金》2018 年第 6 期。

中，更需要究根求源，寻找和发现产生的深层次原因。尤其是我国科学界的精英群体，其学术不端行为极大地破坏了我国的学术公信力，极大地动摇了青年学者倾心科研的根基，我国科学研究的原动力和学术诚信因此而受到严重质疑。

（二）学术急功近利

行政主导的资源配置模式，社会和大学自身对于一流大学一流学科建设的迫切心态和预期，国家、省市乃至高校层级、等级繁多的工程性人才选拔和重金引进方式，科研活动和科研管理的绩效评价机制，大学对于学科评估、学位申报、财政专项经费等系关学校发展切身利益的争取，科研投入与直接经济效益、直接科研产出挂钩，科研评价和职称评审突出个人成果数量、位次、经费多寡，等等，所有的这一切在不同程度上共同将学术职业置于立竿见影和短平快的发展时空。很难去探究是市场驱动下社会和大学本身日益兴起并处处蔓延的绩效评价体制机制侵蚀并伤害了学术职业的生命有机体；还是匆匆急促前行的学术职业在名目繁多的指标、考核、排名中遗失了科学精神的神圣、无私和崇高，并在从师从游中耳濡目染了学术后备人才，导致急功近利和学术投机行为的蔓延不止。但是，能够感知的是：科学研究在某些程度上成为获取功名利禄的手段、工具和技术，科学发展中对于未知好奇而内生的热爱、无私利探索的激情、在失败中积累成功的等待和耐心、敢为人先的漫长探索和创新勇气与胆识等，在"量利而行"的选择中和"唯利是图"的追逐中受到了抑制、挫伤、乃至消磨殆尽，孕育重大科研成果和团队创新的学术生态遭到破坏，科研创新的原动力和后劲严重不足。

（三）学术权力异化

学术权力异化，从根本上说是我国传统社会"官本位"文化在学术职业中的折射和衍生，为官则位为尊为贵为上，官位越高，学术职业的控制权就越大，学术资源分配的话语权和优先权就越大，相应地专业判断的权威就越高，进而产生"官大学问大，权大经费多"学术景观，形成依靠行政权力进行学术治理的路径依赖。

具体地说，在学术权力与行政权力错综复杂的运行关系中，形成以官为本的权力结构和价值衡量尺度。一方面行政权力来源于上级行政部门的授权，想当然地就拥有了行政权力僭越学术权力的资本，处于绝对强势地位，发挥绝对强大的作用，学术权威唯命是从、随权逐流，依附而生成为学术权力运行的惯性和常态；另一方面，基层学科组织内部仍然存在外行领导内行的现象，个别学科组织行政领导人缺乏需要漫长学科专业规训而形成的专业素养和学术能力，不具备专业决策的水准，习惯于以政治逻辑、经济手段管理学术基层组织，导致以纯粹学术立足的学者其学术层级攀升之路更加艰难。与此相呼应，一些处于学术等级较高的学者，为了获取更优质学术资源，或是为了学术尊严和学者尊严，或主动、或无奈、或被动地选择了"学而优则仕"之路，头戴一顶乌纱帽行走在学界，尊严倒是足了，但沉潜学术的心境和纯粹的学术生活却在纷扰中茫然了，专注科研的激情、执着、沉稳散乱了。

当官本位文化的恶性循环在科学共同体运行的体制内不断加剧，官官相护将行政体系和学术体系中的等级特权相互支撑、纵横联动，将学术职业缔结成为一个特权利益关系网络，其结果则可能导致学术职业基于专业水准的学术判断屈从、依附或让位于行政权力，其丧失的不仅是学术本位的生存空间，还有更为根本的学术独立人格。

二 学术评价结果公正的现实困境

学术评价具有天然的自由裁量权及其司法介入学术评价的有限性，决定了学术评价本身具有不完善的程序正义的典型特征，即使学术评价起点的公正也并不一定能够导致其结果的公正。而影响我国学术评价结果公正的现实因素，更加诱发学术评价机制良性运行受阻，导致学术评价的结果公正现实之困境。具体如下。

（一）权力和人情导致学术评价异化，符合程序不能代表程序正当

由于政府主导、学官优先、人情关系分享学术评价利益，三者结合，形成畸形循环的学术资源利益共同体，加重了劣势知识生产与奖励之马太效应的畸形叠合现象。在当下的学术评价中，当学术评价程序受到质疑或评价结果产生歧义时，对于当事人提出的复议申请，评价机构通常是以"符合程序"作为口头回应或是书面答复，并没有公布和公开整个程序产生和程序监督的过程，难以从根源上考究程序标准是否做到了公正和无偏私，常常答非所问，所回应和所答复缺乏说服力。如果在学术评价中的事先或事中就存在由于权力和人情等因素所导致的不中立、暗箱操作等利益倾向，那么，"符合程序"从某种意义上，就成为了学术评价"合法、合理"的代名词；有时也成为了学术评价程序空转乃至公然滥用的"挡箭牌"。

（二）程序正当并不意味结果公正，学术评价的实体公正没有完全落地

在目前我国的学术评价的制度设计中有一个基本假定，程序正当即结果公正。这一假定主要体现对于学术评价中的异议处理和公示制度中。一般来说，对于评审专家学术判断提出复审的项目，大多处于三种情况，一是，对"外行"意见的抱怨，例如，评议人未准确理解申请书中的学术思想，或是对其研究方案提出不切实际的要求等；二是网评初评（通讯初评）中同行专家得出"非共识的评价结论"；三是项目网评初评（通讯初评）结果与会评结果差别较大的，主要是网评初评（通讯初评）结果优于会评通过的项目，却在会评中被淘汰的项目。程序正当的逻辑起点是保障学术评价的实体公正能够最终落地，实体公正才是学术评价的当止之地。以程序正当证明结果公正的学术评价异议处理方式，以及评审专家学术判断不得作为复审理由的规定，使得许多学术人申诉无路、举报无门、回溯无果。即使得到的是不公的评价结果，学术人大多选择沉默或等待下一次。

（三）学术评价基于公平正义，但差别原则没有导致结果公正

从整体上看，目前我国的学术评价是基于作为公平正义的原则，一是所有符合申报条件者具有平等自由的申报资格，二是一些学术评价提出了差别原则。其中，最为突出的两个差别原则，一是明确提出了向一线学术人员倾斜；二是在推荐候选项目时有一定比例的行政兼职的限制。从本质上说，这两个差别性原则旨在通过有限度的差别分配，改变目前因学术评价异化而造成的学术资源分配不均的问题，其差别的根本指向是学术地位而非学术水平悬殊的两个群体。从形式上看来，学术评价的差别原则是向一线学术人员倾斜了，但在实际评价过程中，由于学术地位不同而导致的差别并没因此减少。

（四）学术评价的公信力受到质疑

学术评价的公信力，就是学术评价机构在学术评价活动中不断赢得社会公众的信赖而形成的影响力、说服力和号召力的综合。[①] 近年来，随着我国政治体制改革的步步深入，政府主导的学术评价越来越受到学术界的

[①] 钟兴永、杨年保：《建立多元、开放、严肃、包容的学术评价体系——"学术评价与当代学术发展论坛"综述》，《湖南社会科学》2013年第5期。

信任，学术评价的公信力不断提升。但因我国学术评价体系不完善而造成的低度信任问题，已经由来已久，成为学术界欲说还休的一个沉重话题。"中国科协曾就此作过一些调研，发现部分科技工作者对现行评价体系的不信任感和挫折感相当强烈。比如，在政府科研经费资助和项目管理上，官员的权力过大，往往直接指定和左右评审专家，使评审的科学性、公正性得不到保证。"[1] 公信力下降，私信力便上升，进而导致学术评价无序和学者心理能量内耗，"学者们逐渐将学风问题的根源聚焦于不合理的学术评价体系，许多人都认为是学术评价体系导致了今天学术研究的乱象。"[2] 更为甚者，失去公信力的学术评价对学术人治学态度和行为的影响存在着交互作用，会让被评价者丧失依靠学术水平和学术成就获得认可的安全感和幸福感，这样的学术生态难以滋养潜心治学的纯粹学者。有学者认为："当代学术评价出现了信任危机，学术评价的不当较严重地妨碍了中国当代学术的发展。对当代学术评价的问题不仅来自社会群体，许多学术生产者也越来越不信任当前的学术评价。这样一种学术生态，正在直接影响我们的学术信任与学术尊严。"[3] 如果学术评价的自由裁量权与学术评价的公信力之间失去制度约束，学术评价就会坠入"塔西佗"陷阱，这对于我国学术良性运行和健康发展必将是灾难性的重创。

---

[1] 韩启德：《充分发挥学术共同体在完善学术评价体系方面的基础性作用》，《科技导报》2009年第18期。

[2] 朱剑：《科研体制与学术评价之关系——从"学术乱象"根源问题说起》，《清华大学学报》（哲学社会科学版）2015年第5期。

[3] 王泽龙：《大力倡导当代学术与学术评价的学术尊严》，《云梦学刊》2013年第4期。

第九章

大学教师评价:问题审视与成因诊断

教育部《关于深化高校教师考核评价制度改革的指导意见》（教师〔2016〕7号）强调，完善教师考核评价制度是当前和今后一段时期深化高等教育综合改革的紧迫任务。在此背景之下，各高等学校积极探索教师评价改革，"在教师分类管理、考核指标体系建立、评价机制创新等方面进行有益尝试，积累了不少经验，但也存在评价内容结构缺乏整体设计、评价方式急功近利、评价结果运用亟待完善等问题"[1]。更进一步说，对大学教师评价的研究，既不能陷于"人云亦云"式的绝对盲从，也不可醉心于罔顾管理或学术规律的"自说自话"，做到"行政范式与学术范式结合"[2]，进而"实现个人、学科、大学的'三发展'"[3]。

"大学教师评价，是以大学组织为评价主体的，人事管理部门作为大学的代表，组织并主持教师年终考核和聘期评价，同时还涉及职称晋升和岗位变动评价。"[4] 早在2013年，教育部教师工作司围绕大学教师考核评价机制改革这一主题，通过单位申报、专家评审等程序，在全国组织实施了45大类308个教师队伍建设改革试点示范项目。通过项目实施，部分高校对大学教师考核评价机制进行了有益尝试，"在教师分类管理、考核指标体系建立、评价机制创新、强化聘期考核等方面做了探索和研究，对推动教师考核评价机制改革发挥了先行示范的作用，为国家出台相关政策提

---

[1] 俞亚萍：《高校教师评价制度：问题检视、成因诊断与优化策略》，《黑龙江高教研究》2018年第10期。
[2] 程德华：《高校教师考核评价研究述评》，《教育评论》2017年第9期。
[3] 沈红：《论大学教师评价的目的》，《高等教育研究》2012年第11期。
[4] 沈红、林桢栋：《大学教师评价的主客体关系及其平衡》，《中国高教研究》2019年第6期。

供了有益借鉴"①。可是,对于相当数量的高校而言,大学教师评价的制度设计既体现了国家法律法规等共性规定,又照顾了学校某些方面"本土化"需求,使得教师评价制度体系"看起来很美",但横亘在行政管理和学术追求之间的差异甚至矛盾,造成了评价指标和过程与评价目的与教师发展规律性的脱节,这一"貌似很美"的制度并没有彰显大学精神与公共目标的追求。

第一节 当前大学教师评价的问题呈现

一 评价取向上重"表"轻"里"

"大学作为一种以培养学生和追求学术为宗旨的组织,需要采取现代意义上的科层制来进行管理,从而实现大学治理的效率。然而,当行政管理一旦超过必要的限度后,大学就会丧失其作为学术组织的属性,呈现出高度行政化倾向。"② 如此一来,大学成为了政府的附属部门,大学管理人员也按照国家干部制度进行任免和管理,大学中的官本位思想被无限扩张和强化,官僚机构模式主宰和运转着大学的日常,大学也日渐成为既非"官僚机关"也非纯学术组织的"异类"。在此氛围下,制定大学教师评价制度的出发点在于管理控制教师。换言之,通过大学教师评价制度判定教师个人业绩,继而确定教师职称或薪酬,从而促进大学目标的实现。可以说,大学教师评价制度重视了大学组织业绩这一"表",但忽视了教师评价制度对教师个人发展的"里"。

在"不可避免地官僚化"的大学里,大学教师的角色也仅被定位为完成组织目标的工具,大学教师与职能部门也由共同推动学校发展的"车之两轮"机械地演化为"势不两立"的考核者与被考核者。原因在于,官僚式管理的大学明显受到古典组织理论的"荼毒"。古典组织理论是西方19世纪中叶到20世纪初,主要以泰罗(F. Taylor)、法约尔(H. Fayol)和韦伯(M. Weber)为先驱创导起来的。"古典组织理论家普遍深信,人类的

---

① 焦师文:《坚持发展性评价方向,推进教师考核评价改革》,《中国高等教育》2014年第10期。

② 朱德米、刘志威:《中美一流大学行政化程度的测量与比较》,《复旦教育论坛》2019年第3期。

组织及其活动可能千差万别，但管理却是共存的、共通的。普遍性的、一致性的管理不会因各种性质的组织而改变。"① 以效率化、标准化、理性化、系统化、科学化、等级化②为圭臬的古典组织理论很快在教育领域得到了回应。活跃于大学且热衷于古典组织理论的拥趸们，如大学管理者，开始将古典组织理论全盘移植到学校组织及其管理活动之中。古典组织理论对我国高校也产生了深刻影响。"一是在教育系统建立了上下衔接和明确分工的管理系统；二是国家通过法律、法规、政策，赋予各级组织以明确的职责和权力；三是在学校内部建立和完善行政组织网络；四是各级组织的领导人要经常考核下属的工作效率，并按其能力决定提升或免职。"③不过，到了20世纪70年代末80年代初，古典组织理论就遭受了不同理论的"批判"，那种一统天下的局面一去不返了。教育组织批判理论认为，古典组织理论"将自己与现实的社会和政治等背景剥离开来而制造一种超时空的规律的做法是毫无根据的，也是自欺欺人的"④。教育管理不再仅是对下属的考核，"是以一种教育的和起转换作用的方式，将人们有机地联系在一起的"⑤，因此，教育组织理论需要回答人与组织、人与社会互动这一重大问题。总的说，时下大学教师评价制度是古典组织理论"作祟"的产物，而对教师个人发展问题的关注与解决正是"人与组织"互动之后的表现。

重"表"轻"里"的大学教师评价制度以"经济人"设想为前提，秉承"重赏之下必有勇夫"的观念，以物质刺激为诱因激励大学教师多出成果，出高质量成果，推动高校组织绩效的提升。这种"交易式"的大学教师评价制度是高校发展中的一把"双刃剑"，对教师的积极引导和消极抑制相并存。"物质利益一方面确实有利于刺激教师的进取欲望，激励教师的竞争意识，……，但另一方面它却忽视了教师内在的、超越于物质利益之上的自我价值实现的精神层面，异化和抑制了教师的内在精神需求与专业发展的内部动机。……长此以往，会阻碍人们成为自我管理和自我激

---

① 张新平：《教育组织范式论》，江苏教育出版社2001年版，第53页。
② 张新平：《教育组织范式论》，江苏教育出版社2001年版，第48—52页。
③ 金含芬主编：《学校教育管理系统分析》，陕西人民教育出版社1993年版，第20—21页。
④ 张新平：《教育组织范式论》，江苏教育出版社2001年版，第321页。
⑤ W. P. Foster, *Paradigms and Promises: New Approaches to Educational Administration*, New York: Prometheus Books, 1986, p. 10.

励的人。"①

总之,目前大学教师评价制度的目的是为了更便于对教师进行管理,以物质利益刺激教师的教学、科研积极性,这种方式的确提升了高等学校在排行榜中的位次,但是忽略了教师的发展和高校办学目标的实现。

二 评价标准上重"同"轻"异"

在古典组织理论看来,实现高校管理的有效手段是采用科层制。"通过在一个组织中按层次和权限排列职位,通过在一条清晰的指挥链的顶端设置权力,能实现效率。"② 之后要确定完成高校任务的最佳方式,然后制定出相应规章制度,依靠规章制度控制大学教师的行为,要求他们按照规定的行为方式去操作。在这一管理模式下,围绕高校组织目标,设定成文的规章制度,并以此作为组织活动的依据,保证行动的一致性、可预料性和稳定性,使组织在更高层次上发挥最大的效率。可以说,制度化是科层管理的核心要素之一。对此,韦伯论证说,"科层化的管理形态是效率最高的组织形态"③。

科层化的结构和管理采用规章制度的形式,以程序化和系统化的方法,建立起组织常规性的运作程序,使组织工作程序化、规范化,使组织中许许多多"非分"要求得以迅速而有效的处理,以最少的人财物投入实现组织效率的最大化。在大学教师评价活动中,评价制度或标准是激励和约束大学教师行为的重要准绳,也是高校开展针对教师管理活动的重要依据。毕竟,评价制度的存在,减少了大学教师评价活动的不确定性,合理的组织安排评价活动中所需要的人力与物力资源,使各方利益诉求确定化,避免利益相关者在评价活动中的冲突,加强合作;在评价制度的约束和引领下,评价活动中不同分工的人员才能聚集在一起,大学内部不同的力量才能逐渐融合在一起。④

采用统一制度来管理组织的古典组织理论内含一个基本假设,组织中

---

① 赵书山:《教师发展:从"交易型"管理走向"转化型"管理》,《高等教育研究》2003年第5期。
② [美] E.马克·汉森:《教育管理与组织行为》,邓大鸣译,X·燕·麦希施密特校,上海教育出版社2005年版,第7页。
③ [美] E.马克·汉森:《教育管理与组织行为》,邓大鸣译,X·燕·麦希施密特校,上海教育出版社2005年版,第22页。
④ 曹如军:《试论大学教师评价的制度基础》,《大学教育科学》2011年第2期。

的每个人都认识到制度,而且对制度都会有统一的理解。可是,在现实世界中,每个人都了解制度的现象是比较少见的,更遑论每人对制度都有相同的理解。大学由于组织文化、专业特点、教师个人经历等方面的差异,要求用一个精确而统一的标准去评价所有的大学教师几乎是不可能的。于是,在大学教师评价标准上,就呈现了重"同"轻"异"的特点。"一方面,表现为不同类型高校评价指标内容的高度重合性。另一方面,表现为同一高校对不同评价主体采用同一套评价指标体系。"① 前者的出现缘于许多大学的盲目跟风,没有制定出基于自身发展目标和办学特色的教师评价制度,甚至是有的高校对其他学校评价制度照搬照抄的方便之举;而后者针对所有教师不分专业、不分类型的"一刀切"的制度也在很大程度上束缚了教师个性化的发展。于此,制度不再是组织绩效提升的有效手段,而成为了重大阻力。

"规则是添加一组能使利害权衡趋于一致的约束,而这种约束的奥秘往往藏在极具体的细节里。"② 整齐划一、事无巨细的评价制度,不但会影响大学教师自主性和创造性的发挥,甚至会成为教师行为发展的掣肘。

三 评价内容上重"物"轻"人"

在高等教育大众化并逐步步入普及化的时代,大学的大众化"不但为知识社会提供了充足的知识工作者,而且也使得大学在知识生产、传播与应用中的角色发生了变化"③。知识的生产模式也由"模式1"转向了"模式2"。"模式1"又被称为传统的知识生产方式,在学科的、认知的语境中进行,"以一个单一的术语来概括知识生产所必须遵循的认知和社会的规范,使这种知识合法化并得以传播"④。这种知识生产模式是"为知识而知识"的理念、方法、价值以及规范的综合体,遵循严谨的学科范式和学术传统,被称为"缺少实用目的知识生产"。"当知识生产不再限于对真理的探索,而是进入了生产过程,知识已不仅仅是探寻真理的学者团体所追

---

① 俞亚萍:《高校教师评价制度:问题检视、成因诊断与优化策略》,《黑龙江高教研究》2018年第10期。
② 朱锡庆:《诡异的出租车》,《长三角》2009年第8期。
③ 王建华:《知识社会视野中的大学》,《教育发展研究》2012年第3期。
④ [英]迈克尔·吉本斯、卡米耶·利摩日、黑尔佳·诺沃提尼、西蒙·施瓦茨曼、彼得·斯科特、马丁·特罗:《知识生产的新模式——当代社会科学与研究的动力学》,陈洪捷、沈文钦译,北京大学出版社2011年版,导言第2页。

求的目标，而是由众多社会成员在真理本质上竞争性的条件下塑造而成的"①，"模式2"就"闪亮登场"了。在这种模式下，知识的生产是更大范围的多种因素作用的结果，是在应用情景中产生的，是跨学科的动态演进的知识产出模式，具有异质性、组织多样性和反思性等特点。如此一来，知识生产弱化了学科与知识产出机构之间的界限，"主要参与学术和专门职业精英的培养以及纯粹研究的传统大学，如今仅仅是不断扩展的高等教育和研究的一小部分了"②，同时，"这一部分也不是最为重要的部分"。

知识生产模式的转变，使知识本身成为了一种可交换的商品。知识的存在是为了解决某个问题或迎合某种需要，也由于它自身能够被反复适用而增值。商品生产或市场经济的规律在知识生产中发挥了主导乃至决定性作用。在"经济利益"的驱动下，大学所生产的知识也被明码标价，虽然忽视了知识本真的价值，但是知识商品化的趋势愈发明显。大学那种仅"为真理而战"的"清高"也逐渐被市场利益所"蚕食"。为了迎合社会需求从市场中攫取一块"大蛋糕"，作为知识生产主要部门的大学开动脑筋，主动投身到能够创造经济生产效率的活动中，从交换价值的角度去生产、包装、销售知识产品。当然，"在知识生产成为社会生产部类的大前提下，大学教师作为社会知识生产的主体，也难以回避自身的劳动纳入到整个社会交换系统的事实。由此，物化逻辑也开始向调节大学教师劳动产品交换与分配的评价制度延伸。"③

从知识生产"模式1"到"模式2"的转型导致了知识的商品化和研究的市场化。这也就意味着，以知识生产和社会服务为己任的大学难以在深受市场逻辑全面浸润的社会中"独善其身"，它的运行与发展必然受到市场经济"无形之手"的影响和调遣。对大学教师评价的内容，侧重于以"物"的多寡衡量。按照沈红教授的说法，大学教师评价制度的"物化"主要有两个表现，"其一，在价值取向上，大学教师适合于竞争的外显性

---

① [英]杰勒德·德兰迪：《知识社会中的大学》，黄建如译，北京大学出版社2010年版，第35页。
② [英]迈克尔·吉本斯、卡米耶·利摩日、黑尔佳·诺沃提尼、西蒙·施瓦茨曼、彼得·斯科特、马丁·特罗：《知识生产的新模式——当代社会科学与研究的动力学》，陈洪捷、沈文钦译，北京大学出版社2011年版，第71页。
③ 沈红、刘盛：《大学教师评价制度的物化逻辑及其二重性》，《教育研究》2016年第3期。

价值被过分强调,换言之,以绩效为导向的考评指标已渗透到大学教师学术评价内容的各个方面,大行其道的量化评价便是最好的证明。其二,在实践方式上,大学教师的精神劳动被过分'货币化'。具体表现为,大学教师评价制度在实践方式上即是建立'一个标准',通过一定的形式将教师的能力和价值转化成具有交换价值的'货币',从而实现兑换与流通。而在评价制度的实际运行中,这些具有交换价值的'货币'又通过一定的分配机制和奖励机制,转换为物质性回报和象征性回报,并最终构成学术场域内的阶层结构。"[①] 总之,大学教师评价的"物化"使得高校教师的能力、思想等物化到劳动产品中去,而劳动产品的"货币化"又使得大学教师的劳动付出变得可见、公开。于此,"知识在一夕之间由'道'就变成了'器',这就是说,知识变成了一种资源,一种实用利器。"[②]

知识生产"模式1"转向"模式2"是一个客观事实,不存在人为自主选择的弹性空间。对于大学而言,它"仅构成知识生产部门的一部分,且可能仅仅是很小的一部分。无论是科学、经济还是政治的角度,它们都不再处于足够强势的地位,无法决定教学和研究中什么才能算作是卓越的。问责制,即社会对质量、绩效和金钱价值的要求,现在包括了一个复杂的合法化的社会进程。为了适应这些新的压力,高等教育所做的调试就是改变大学系统传统的组织和结构"[③]。为此,大学教师评价的"物化"就是适应社会转型和知识转型的延展,是对这种转型潮流的顺应而不是对抗。再者说,思想市场与资本市场、劳动力市场相似,具备生产要素的各个要素,遵循商品流通、交换的市场规律。"知识成为商品这一关键因素,乃是大学教师评价制度物化逻辑产生的必要条件,它不仅为教师的知识生产提供了竞争动力,同时也为知识的增长创设了条件。"[④]

可以说,在大学教师评价"物化"逻辑的支配下,"一部分人先富起来"成为大学教师行为的动机,对此,学校为了鼓励和提升教师们的工作热情,以差异性奖惩手段为主,建立了大学教师绩效考核评价制度。作为

---

① 沈红、刘盛:《大学教师评价制度的物化逻辑及其二重性》,《教育研究》2016年第3期。
② [美]彼得·F.德鲁克:《后资本主义社会》,傅振焜译,东方出版社2009年版,第3页。
③ [英]迈克尔·吉本斯、卡米耶·利摩日、黑尔佳·诺沃提尼、西蒙·施瓦茨曼、彼得·斯科特、马丁·特罗:《知识生产的新模式——当代社会科学与研究的动力学》,陈洪捷、沈文钦译,北京大学出版社2011年版,第74页。
④ 沈红、刘盛:《大学教师评价制度的物化逻辑及其二重性》,《教育研究》2016年第3期。

一种知识生产活动,大学教师的劳动具有很大的不确定性,完全以市场化标准将教师评价"物化"下来,其弊端也是不容忽视的。其中一个明显的弊端就是,遮蔽了大学教师的主体性,消释了大学教师的学术信念,轻视了教师个人发展性评价。在物质追求大行其道的背景下,让大学教师专注于理想情操、学术捍卫等"形而上"的目标无异于痴人说梦。"大学及其个体日益退步到自身专注的狭小学科领域之中,失去参与公共事务管理的热情,内在精神生活的公共性与批判性逐渐消释。"① 重"物"轻"人"的评价制度只会使大学教师在市场经济的大潮中沦为追求物质享乐的"奴隶",在此,理想、信念、奉献等都成为奢谈。"正是因为大学及存在于其中的教师舍弃了自身的超越性,甘愿依附并寄存于贫乏的物化方式之中,最终面临着沦为媚俗文化载体的危险。"② 大学教师也就是在"物化"制度的形塑和自我形塑的过程中,逐步成为了知识生产的工具,并进而导致了其主体性的相对弱化。与强大诱人的物质激励相比,"为学术而学术"的理想信念单靠大学教师个人的意志力来支撑,显得颇为不易。科学研究与人才培养这两个战线长、见效慢的但为大学生存之本的工作,势必经受不住"物化"评价制度的一次次"冲击",沦为这一制度的"牺牲品"。由此看来,对于"物化"评价制度,要客观观察、谨慎评价,树立清晰的边界意识,明确大学教师劳动中不可"物化"的内容,增加评价制度的内生性内容,在享受"物化"评价制度给大学教师带来红利的同时,减少乃至避免这种制度给大学教师和大学学术带来的不利影响。

四 评价方法上重"量"轻"质"

大学教师"物化"的评价制度打通了产品市场和思想市场之间的阻隔,使得知识劳动成果变得可见、可数。"如果你能测量你所说的东西,并用数字加以表达,你就对它有所了解;如果你不能用数字表达,你对它的知识就属于微不足道、无法令人满意的那一种。"③ 知识成果屈从于市场

---

① 黄文武、唐青才、李雅娟:《大学知识生产的物化逻辑及其二重性》,《江苏高教》2018年第1期。

② 黄文武、唐青才、李雅娟:《大学知识生产的物化逻辑及其二重性》,《江苏高教》2018年第1期。

③ [美]林塞·沃特斯:《希望的敌人:不发表则灭亡如何导致了学术的衰弱》,王小莹译,商务印书馆2011年版,第10页。

逻辑映射到大学里，则是以量化的标准衡量和评价教师的付出与收获。之于大学教师评价，就是所谓的量化考核，"就是制定一系列的统一标准，把学者们的研究成果量化为一些具体的数字，然后再通过对这些数字进行评估和评比，在学者之间制造出名目繁多的高低优劣，还进一步把数字化的评价和评比结果与学者们的切身利益紧密挂钩。"① 这种挤出"主观水分"纯数字的客观教师评价机制看似是简单易行、合理甚至是比较公平的评价方式。

量化模式下大学教师评价制度逻辑，按照曾荣光教授的说法，大致来说包括以下环节或步骤。首先，评估者将学校教育的实践拆分为一系列可观察实证的活动，即行为指标，或考评指标。这些指标的总和一般为百分制，采用指标权重模式根据学校工作重点赋予每个一级指标、二级指标乃至三级指标相应的得分权重，即"学校表现评量"。其次，根据这个评价标准体系，对学校所有教育活动放在这个尺度下进行评估、考核，以决定学校行为是否符合标准，即将学校教育活动"模式化"。最后，评价完学校教育活动之后，支撑学校运行的每个个体，如学生、教师，也会被采用同样的方式进行考核、排名、问责，并得到相应的奖励或惩罚。如此一来，学校所有的教育活动都将被设定好的评价进行切割、评估，教师、学生等参与学校教育活动也有了规则可循，其成效也能够得以验证，标志性成果也变得可见可观。"更重要的是在建构及施行这个'标准化—常模化—审查及考核—层级化—奖励与惩治'的机制之后，其他与这种机制不兼容的学校教育的理论及实践，就被边缘化和不被认许，结果对学校教育理念与实践的界定就出现一种霸权，一种只认可标准化和数量化的教育素质的霸权。简言之，学校教育的理念被物化为一套固定的、标准化的指标与评量，而学校教育实践更异化为一连串无休止的'合模'竞逐游戏。"②

可见，量化评价是对教师的学术成果或业绩以数量计算的方式进行评价，现已成为学术评价、教师绩效考核的通用方式。就量化评价的模式而言，可以追溯到上世纪初的文献计量学。文献计量学正是学术量化评价的肇始者。"文献计量学是用数学和统计学方法，定量地分析一切知识的载体，其最本质的特征就是输出务必是'量'，具有较强的严谨性和科学

---

① 曹卫东：《量化崇拜"难产"学术大师》，《人民论坛》2006年第21期。
② 曾荣光：《从教育质量到质量教育的议论》，《北京大学教育评论》2006年第1期。

性。"① 科学技术的发展需要越来越多的人参与到学术研究之中,侧重于定性评价的同行评价效率相对低下,难以满足学术发展的需求,加之同行评价中所夹杂的主观性和随意性又侵蚀了学术权威,造成某种程度的评价不公和学术派别之间的离间。文献计量学以其"量"的优势恰好克服了同行评价的不足与弊端,为学术或教师业绩的量化评价提供了理性支撑和运行可能。可以说,尽最大努力把评价标准客观化,挤出评价标准中的"可能水分",打造精确、透明、客观、公正的评价标准是量化考核所致力于追求的最终目标。这种评价标准讲究"数字面前人人平等",以其客观易操作的优势而俘获了大多数院校教师评价部门的"芳心",因此被奉为"座上宾"。相比之下,"质"的评价由于操作程序比较复杂,同时也需要付出更多的评价成本②,而被弃之不用。

不过,量化评价方式也随着其在教师评价中所处地位的提升,其弊端也日渐凸显,出现了本末倒置的现象。在量化评价方式的主导下,"存在着重数量轻质量的现象,不能客观地反映科研成果本身的质量和研究者的实际水平,更谈不上反映研究者的内在思想和精神价值"③。其弊端主要表现为:第一,导致对学术刊物的盲目崇拜,使教师或学者沦为论文或项目生产机器,造成虚假的学术繁荣。以论文为例,量化考核最直接的方式是将学术论文或成果分数化,即赋予发表在不同层次期刊上的成果不同的分值。比如,发表在一般期刊上的论文3分,核心期刊(一般为北大核心)论文20分,CSSCI(南大核心)期刊论文40分或者更高等。如此一来,论文或成果的数字化浪潮催生了对学术期刊的崇拜和信赖,尤其是《中文社会科学引文索引》等成为全国高校教师眼中的"西施",竞相追逐。大多数教师均以能够在这类期刊上发表学术论文为自豪,毕竟它的分值要比普通期刊论文高得多的多。所以,量化考核导致的高校教师对索引论文的盲目追逐,使得后者在论文生产中难以自拔。第二,量化考核引发了高校教师之间畸形恶性的竞争。"面对量化考核制度,学者们很难进行自我确

---

① 刘燕红、杨晓苏:《高校教师学术评价制度的异化研究》,《改革与开放》2018年第7期。
② 学界比较公认侧重"质"的评价方法为同行评价。早在2003年5月,时任北京大学历史系副教授蒋菲菲曾撰文《改革的成本与风险》,对同行评议所可能需要的经济成本予以回应。虽然时过境迁,但是该文所分析的同行评议的经济成本对当下绝大部分省属高校来说,仍然难以支付。具体参见蒋菲菲:《改革的成本与风险——四论北大'癸未改革'》,载于《北大激进变革》,华夏出版社2003年版,第87页。
③ 郑春生:《大学学术量化考核的导向作用》,《现代教育科学》2009年第2期。

认，他们的研究成果随时要接受数字的检测，学者们的自信正在受到严峻的挑战。加之量化评比和个人利益关系密切，学者们迫于无奈，只好把大部分的时间和精力都放到了争取课题和经费上。这样的恶性竞争不仅没有促进学术的发展，反而使许多高校教师产生了心理上的职业倦怠情绪。"①

现如今大学教师自我认同的种种"异化"，片面追求量化评价考核是直接原因之一。"学术农民工"既是当下大学教师的自嘲，也是对片面量化考核信奉所存弊端的无情揭露。要对一位大学教师作出中肯的评价，的确需要量化标准参与其中，但是，几个冰冷的数字肯定不是一个恰如其分的评价结果，这期间务必需要联合质的评价方法。因此，这就需要清醒的认识到过分采用量化评价方法可能带来的一些后果，并尽最大限度避免对大学教师量化评价所带来的弊端。

正如苏州大学周川教授所言，"放眼当前世界各国的高等教育，我们的大学教师即便不是最累的，至少也是最累的之一。这种累，不仅是身累，更是心累，是一种疲于奔命而又无所适从的累，一种自己不能主宰自己的累。这种累，当然有多方面的影响因素，既有个人的因素也有外部的因素，既有学校的因素也有社会的因素，但是有理由认为，在所有这些因素中，最直接、最具摧毁力的因素，当属大学里的各种'业绩'考核办法。"② 就世界范围来看，"问责和学术评价正慢慢地成为学术职业的一部分。重点是考察学术绩效，特别是研究和教学。"③ 但是，这种考察方式是审慎的，是以不影响学术自由为前提的。虽然大学教师对教师评价的政策非常地感兴趣，但是教师评价在世界他国的实际影响却不那么明显。这与我国大学教师评价的实际大相径庭，考核种类之多、考核手段之杂、考核程序之"高效"、考核结果之滥用可谓见怪不怪。这也正是我们所分析的教师评价取向上的重表轻里、评价标准上的重同轻异、评价内容上的重物轻人和评价方法上的重量轻质。于是，"高校对教师的考核越来越像GDP，如科研论文多少篇、科研经费多少万元、科研项目级别多高等，这与中央政府考核地方政府、地方政府考核基层政府的模式完全相同。从学校到教

---

① 曹卫东：《量化崇拜"难产"学术大师》，《人民论坛》2006年第21期。
② 周川：《"大学教师自我认同"申论》，《湖南师范大学教育科学学报》2019年第6期。
③ [美] 菲利普·G.阿特巴赫主编：《变革中的学术职业：比较的视角》，别敦荣主译，陈艺波校，中国海洋大学出版社2006年版，第15页。

师，都要努力适应这种环境及管理模式。"①

总的来说，当下大学教师评价制度是对企业管理"计件式"模式的简单套用，这种管理模式的优点显著，但是缺点也比较突出。如同美国学者帕克·帕尔默所说，"真正好的教学不能降低到技术层面，真正好的教学来自于教师的自身认同与自身完整。"② 同样，沦为技术乃至数字评价的大学教师评价，忽视了大学教育教学工作人文性、复杂性和长期性等特点，左右教师"自身认同与自身完整"的道德感、责任心、创新性等内在品质被无情的抛弃了，而这些观测点是很难用数字量化计算的。因而，外在简单化的评价体系，虽说使得评价过程达到了可视角度的客观公正，但是也回避了更复杂且更为重要的东西。

再者，从学术研究的角度观察，现有的大学教师评价体系，割裂了学术表述和学术主体之间的表里关系，使得原本两者浑然一体互相支撑的关系变成了各自为战、"井水不犯河水"的关系。学术成果是大学教师这一学术主体的学术表述，也是他们的智慧彰显与情感承载。"任何意义上的学术表述应该都属于学术主体之精神探索之一部分，离开或忽略了学术主体的内在祈求，学术表述则是无源之水、无本之木。"③ 在现有教师评价体系中，外化学术表述的学术成果，其内在质量的决定权、衡量权已经由学术期刊或学术出版社来掌握了。大学教师评价标准正是建立在学术期刊或学术出版社的质量层次上。"这种学术质量评价的让渡实现了客观化、外在化，与此同时也放弃了对学术单位所在的研究个体的学术内质进行一种更为全面、客观的评价的可能性。"④ 如此一来，学术主体纷纷以不同层次的成果"刷存在感"。成果的层次越高，学术主体的"存在感"就越强。重成果、唯成果成为了学术主体分量或价码的体现，这虽然反映了一定的客观情况，但是不能替代学术主体的内在世界。这种大学教师评价体系的消极影响在于，"促动学界追求学术表达，追求成果的外在化，而放弃了学术主体的内在酝酿和独具个性的学理求索。其危害是直接导致学术主体

---

① 杨晨光：《全国人大代表热议我国高校如何转变行政化倾向》，《中国教育报》2010年3月9日版。
② ［美］帕克·帕尔默：《教学勇气——漫步教师心灵》，吴国珍等译，杨秀玲校，华东师范大学出版社2005年版，第10页。
③ 梅林：《关于近期学术现象及质量问题的省思》，《浙江学刊》2002年第5期。
④ 梅林：《关于近期学术现象及质量问题的省思》，《浙江学刊》2002年第5期。

这一事关学术的存在发展的精神空间的萎缩或消亡。"① 结果就是，泡沫化的论文著作成倍增长，而专精的学术探索则乏善可陈。

应该说，大学教师评价的最终目的是"回归到大学教师的本身"，"追寻教师发展的本真性，让教师成为一个真正的教师，崇尚发展教师之品性。"② 可是，让大学教师"成为一个真正的教师"，不仅取决于教师自身，同时还依赖于所处的环境，尤其与所在大学的生存样态休戚相关。"传统的身份塑造是个体内在逻辑和社会环境的结合。在工作场域，身份的形成包含着一系列的策略和机制，通过这些策略和机制，个体发展了对于自身作为职业或专业组织成员的一种自我理解和自我定义。"③ 之于我们，在功利化、行政化"怂恿"下的大学教师评价体系里，大学教师"早已失去了大学主人的地位，失去了实现大学宗旨和使命主力的身份，而是沦为满足大学功利目标的工具"④。为此，只有大学从根本上正本清源，回归"本真"了，大学教师才有了"修复自我"，进而回归到"教师本身"的母体和前提。大学"本真"的回归，所需要的不仅是勇气，更需要智慧与力量。

第二节 当前大学教师评价的原因探究

被誉为现代管理学之父的彼得·德鲁克曾说道，"20 世纪的公司最宝贵的财富是它的生产设备，而 21 世纪的机构（无论是工商机构还是非工商机构）最宝贵的财富将是它的知识劳动者以及他们的生产能力。"⑤ 因此，对于大学而言，它的"知识劳动者"就是以大学教师为主体的教育者，"他们的生涯包含了知识的获取、知识的管理以及知识向下一代的传递"。所以，"大学作为一个机构，需要为它的教师们创造一种环境：稳定

---

① 梅林：《关于近期学术现象及质量问题的省思》，《浙江学刊》2002 年第 5 期。
② 曹永国：《自我的回归——大学教师自我认同的逻辑》，福建教育出版社 2019 年版，第 215 页。
③ [美] John S. Levin，刘隽颖：《新自由主义背景下美国高校终身制教师学术身份的冲突与适应》，《苏州大学学报》（教育科学版）2018 年第 3 期。
④ 周川：《"大学教师自我认同"申论》，《湖南师范大学教育科学学报》2019 年第 6 期。
⑤ [美] E. 马克·汉森：《教育管理与组织行为》，邓大鸣译，X. 燕·麦希施密特校，上海教育出版社 2005 年版，第 12 页。

第九章 大学教师评价:问题审视与成因诊断

感——他们不用担忧干扰其工作的经常不断的变化;安全感——他们毋需耽心来自校外的各种非难;持续感——他们不必耽心自己的工作和生活结构会遭到严重破坏;公平感——他们不必怀疑别人受到的对待比自己的更好。"① 不过,大学教师在当下评价体系中遭遇的种种"非难",已经使其所处环境陷入了不同程度的"危机"之中。对大学教师的量化式评价,是当今学术研究泡沫化的一大根源,"激励短期行为,主张本位主义,强化长官意志,滋生学术掮客,扼杀学者个性,推动全民学术,诱发资源外流,误识良莠人才",这种评价办法的流行"导致大量无效劳动、重复劳动,催生大量无意义、低质量的学术次品、废品,筛选出来大量智力快感型和追逐功利型的学术人"。②

"从事实上看,一个组织不能被分析成像领导人通常所希望的那样是一个透明的实体,组织运行于权力关系、影响力、协商谈判和利益计算的领域。"③ 作为组织的大学,从哪个角度以及如何构建教师评价体系,显然也离不开大学权力的架构与运行、大学所处社会环境等因素的左右,因此,功利化、市场化、政绩化、封闭化等畅行于社会各层面的所谓"价值观",也在这一具有"象牙塔"美誉的大学里风靡起来。覆巢之下,安有完卵。大学教师评价体系也不可能做到独善其身。在这样的组织系统中,作为"行动者"的大学教师,"不是完全自由的,而是在某种程度上是接受正式系统(即,大学教师评价体系,笔者注)'征用'的"④。正所谓,每个人的思想深处都存在着一组支配其思想和行动的相应理论,"人们并不总能意识到作为他们解释和预测基础的理论假设,或者他们从日常生活中引申出来的逻辑结构"⑤。时下,针对大学教师评价体系的分析,更多是聚焦在现实的批判和应对之策的提出,缺乏理论或哲学层面原因的分析。英国哲学家罗素说过,"要了解一个时代或一个民族,我们必须了解它的

---

① [美]克拉克·克尔:《大学的功用》,陈学飞等译,赵宝恒校,江西教育出版社1993年版,第68页。
② 刘明:《学术评价制度批判》,长江文艺出版社2006年版,第55页。
③ [法]米歇尔·克罗齐耶、埃哈尔·费埃德伯格:《行动者与系统》,张月等译,上海人民出版社2007年版,第30页。
④ [法]米歇尔·克罗齐耶、埃哈尔·费埃德伯格:《行动者与系统》,张月等译,上海人民出版社2007年版,第31页。
⑤ [美]D.P.约翰逊:《社会学理论》,南开大学社会学系译,国际文化出版公司1988年版,第8页。

哲学。"① 为此，在本部分中，笔者将在现有研究成果的基础上，从实用论、系统论、权变论、结构论的角度来探究大学教师评价所引发前述后果的原因。

一 功利化：偏离了大学使命的积极担当

"究竟大学应服务社会，还是批评社会？大学应该是依附的，还是独立的？大学是一面镜子，还是传递及推广高深文化？"② 这是美国学者赫尔斯在《美国高等教育》一书中对美国高等教育使命或功能发出的质疑。同样，这一问题也出现在了我国的高等教育实践中。"高等院校普遍染上了实用唯学、急功近利的通病。"③ "大学精神的缺失"、"功利化"等问题遭致了公众对高等教育的各种批评与质疑。实际上，大学介入社会生活是由其职能目标所定义的。毕竟，现如今，"知识是社会的核心。越来越多的人和越来越多的机构从来没有像现在这样需要，甚至是要求知识。大学作为知识的生产者、批发商和零售商，不可避免地要向社会提供服务。今天，知识是为每个人服务的。"④ 问题是，我们的大学服务社会、介入社会的主动性尤为"突出"，甚至是过于密切，进而就出现了对其目标使命追求的功利化，而这一功利化倾向也使得大学教师评价体系有了"根本性"的"变革"。

要辨清大学目标的功利化，首先需要明晰的是高等教育的本质，而这又需要从理性主义与实用主义之争说起。"在20世纪，大学确立它的地位主要途径有两种，即存在着两种主要的高等教育哲学，一种哲学主要是以认识论为基础，另一种哲学则以政治论为基础。"⑤ 这里的"认识论"，包括理性主义和经验主义。理性主义以"闲逸的好奇"精神追求精确的知识或高深的学问，力争使知识或学问做到忠实于真理，不仅要求绝对忠实于客观事实，而且要尽力做到理论简洁、解释有力、概念文雅、逻辑严密。

---

① [英]罗素：《西方哲学史》（上册），马元德译，商务印书馆1991年版，第12页。
② 周光迅等：《哲学视野中的高等教育》，中国海洋大学出版社2006年版，第248页。
③ 司晓宏：《面向现实的教育关怀》，安徽教育出版社2008年版，第190页。
④ [美]克拉克·克尔：《大学的功用》，陈学飞等译，赵宝恒校，江西教育出版社1993年版，第80页。
⑤ [美]约翰·S.布鲁贝克：《高等教育哲学》，王承绪等译，浙江教育出版社1998年版，第13页。

第九章 大学教师评价:问题审视与成因诊断

正如莱布尼茨所言,"知识归根结底来自理性,非理性知识是根本靠不住的"①。文艺复兴使整个欧洲进入到"理性的觉醒时代"。与惟理性的观点不同,以培根为代表的经验论,认为感觉经验是知识的基础,知识是感觉经验的产物。虽说经验主义和理性主义在知识的来源上观点相左②,但是,"二者的区别并不是肯定或否定人类的'理性'和'理性的力量'"③。应该说,"理性"是整个近代哲学的共同出发点,以"理性"去反对"启示或权威"是近代哲学的共同任务。经验主义和理性主义概莫能外。再说政治论,"按照这种观点,人们探讨深奥的知识不仅出于闲逸的好奇,而且还因为它对国家有着深远影响。"④ 也就是说,以大学或者学院为代表的高等教育,可以为政府、企业、农业、教育、卫生等社会领域中发生的问题,提供所需要的知识和人才。在这里,高等教育的目标不再仅是追求"高深学问"那么简单,同时,掌握公权力的政府也在影响和作用着高等教育。用布鲁贝克的话来说,在19世纪,无论是认识论还是政治论,哪一种高等教育哲学都没有在大学中有什么重要的地位,换言之,这两种高等教育哲学对大学的影响波澜不惊。而这一切的改变源自后来的工业革命,在它的带动下,大学与周围社会秩序的关系也变得愈发密切。

随着19世纪的社会实践需要大量实用知识,以皮尔士为代表的实用主义哲学开始崭露头角并且逐渐占据上风。在他看来,"要确定一个思想上的概念,应该考虑从那个概念的真实性可以设想必然产生的什么实际结果;而这些结果的综合构成那概念的全部意义"⑤。因此,效用是检验知识的唯一标准,也成为了衡量真理的尺度。这也正是布鲁贝克提及的,回到知识的基础即现实主义,"如果结论符合现实,那它们就是正确的"。实用主义成为了认识论和政治论的高等教育哲学结合到一起的粘合剂。与理性主义所主张的相反,实用主义强烈要求高等教育要走出"象牙塔",以高度负责任的态度用自己的知识服务社会需要。高等教育通过广泛、直接的

---

① 周光迅等:《哲学视野中的高等教育》,中国海洋大学出版社2006年版,第121页。
② 关于经验主义(经验论)和理性主义(唯理论)的分歧,除了有知识的来源问题,还有认识的方法或逻辑问题,还有认识的可靠性问题。具体参见孙正聿《哲学通论》,辽宁人民出版社1998年版,第351—355页。
③ 孙正聿:《哲学通论》,辽宁人民出版社1998年版,第350页。
④ [美]约翰·S. 布鲁贝克:《高等教育哲学》,王承绪等译,浙江教育出版社1998年版,第15页。
⑤ [美]梯利:《西方哲学史》(增补修订版),葛力译,商务印书馆1995年版,第724页。

服务社会，有利于高等教育理论联系实际，是教师和学生参与社会实践、了解社会生活的重要途径，既有利于学生实践能力的提升，也有利于根据社会需求改进教育教学和科研工作，提高人才培养的社会适应性。有的学者甚至认为，大学只有全力服务社会，才能为自身赢得存在的"合法性"。不过，服务社会并非一味迎合社会，高等教育还是要"洁身自好"，做好本职工作，否则，其赖以存在的根基就动摇了。总之，"一方面，大学作为社会发展的一种工具有责任参与社会问题的解决；另一方面，大学作为一种致力于知识探索与传播的特殊的社会机构，其对社会责任的界定以及发挥社会责任的方式与途径必须充分考虑到自身的特殊性。"①

在我国，高等教育要服务社会或者适应社会发展的需要，这既是高等教育的使命所在，也有法律方面的规定和政策方面的指导。《高等教育法》第四条："高等教育必须贯彻国家的教育方针，为社会主义现代化建设服务，与生产劳动相结合，使受教育者成为德、智、体等方面全面发展的社会主义事业的建设者和接班人。"在《国家中长期教育改革和发展规划纲要（2010—2020年）》中，明确提出，"高校要牢固树立主动为社会服务的意识，全方位开展服务"。由此可见，受实用主义的驱使，服务社会发展需要，不但是前文中提到的世界高等教育的普遍选择，也是我国高等学校的责任担当。不过，"由于哲学理解上的偏颇，高等教育的概念经常含混不清，适应的边界非常宽泛。庸俗的实用主义取向使得高等教育的功利主义价值凸显，人的主体性没有得到充分的重视。"② 受"庸俗实用主义"的影响，我国高等教育的功利性色彩渐趋浓厚，其弊端也日渐显露。"教育者和受教育者以实利性的眼光来看待教育、从事教育，将接受高等教育的过程纯粹视为'就业准备的过程'、'智力投资的过程'、'潜在生产的过程'、'价值积累的过程'等等，甚至主张要将其'产业化'、'商品化'。这种总摆脱不了经济学视野的教育理念，使高等院校普遍染上了实用唯学、急功近利的通病，大学的意蕴几乎演变为一种'授人谋生技艺的作坊'，其原本的传授心性精粹、塑造完美人格、培养高尚情操、端正生活理念的人文属性和教育意义已经淡漠。"③

---

① 王保星：《目的·责任·道德：克尔的现代大学观》，《北京师范大学学报》（社会科学版）2004年第1期。
② 王建华：《高等教育适应论的省思》，《高等教育研究》2014年第8期。
③ 司晓宏：《面向现实的教育关怀》，安徽教育出版社2008年版，第189—190页。

作为实现经济社会发展的工具,高等教育功利化表现为追求实用性、效益最大化。为了彰显服务经济发展的工具价值,获得政府的青睐,进而在资源的分配中获得更多的倾斜,高等学校将"内部潜力"发挥到了极致。政府(或大学排名机构)如何评价高校,高校就直截了当将这些指标复制过来评价教师。这种评价标准尤其强调评价的鉴定功能,忽略了评价应有的激励、改进和发展功能;注重外部指标的实现,忽视了被评价对象的内在需求,以及被评价主体利用评价体系所激发的内部动机和促进评价对象的主动发展。总而言之,这种评价体系"具有外在性、强制性的特点,并且涂上了功利主义、实用主义的色彩"①。

二 市场化:杂糅了大学内容的自我生成

从组织管理学的角度看,"任何现代组织都具有科层模型所描述的某些特征,大学也不例外。这种模型也有一些不足之处,它虽然揭示了合法化和正规的权力关系,但是对于非正规的权力和影响却揭示得不够;它对结构重视较多,而对过程关注不够;它描述的是组织的静态状况,而不是动态状况;它解释政策的执行过程,而没有涉及政策的制定过程"②。古典组织理论在高等学校管理中发挥了至关重要的作用。在21世纪之前,古典组织理论统治着我国绝大部分高等学校的管理。虽然这种理论中某种思想观念的吸引力已逐渐失去了往日的风采,但是在今日高校组织管理中仍然可以看到该理论留下的形式和功能。例如,被大多数高校所采用的"校院(部)系"的组织管理模式、年初高校组织目标的设定或年终目标实现情况的评比等。作为一种组织形式的高校,其内部是一种层级结构,"通过自上而下的合理程序指向精确的目标,以综合的规章制度网络划分职能,使各项工作都着眼于达成最高效率,以实现对层次结构的控制"③。总的来说,这种管理模式强调的是组织的内部控制,侧重的是内部规章制度的建立、劳动的分工、权力运行程序的设定、绩效水平的测量等问题,对高等教育所处外在环境或者外在环境如何作用于组织内部的运行等事情关注的不够。

---

① 张兴峰:《教育功利化现象审视:工具理性的视角》,《教育发展研究》2008年第21期。
② 阎凤桥:《大学组织与治理》,同心出版社2006年版,第71页。
③ [美] E. 马克·汉森:《教育管理与组织行为》,邓大鸣译,X. 燕·麦希施密特校,上海教育出版社2005年版,第59页。

在理性系统的视野里，高等学校是一个"封闭"的组织系统，高校管理者出于任务完成的考虑，设计和确定了高校的组织结构。不过，在开放系统的视野里，高等学校则是一个开放的组织系统，它的组织结构在很大程度上要受到环境的影响。这也正是现代组织理论的观点，"古典组织理论过于强调静态的组织结构研究，而忽视了组织行为研究；过于重视从封闭型系统观探讨组织问题，而忽视了研究组织与周围环境的互动及开放性关系"[①]。从封闭到开放是高等学校组织管理的必然选择。换言之，高等学校并不是一个社会中"超然"的存在，它与其周围的环境有某种程度的依存关系，高等学校"是与其周围环境相互作用并受环境影响的开放系统"[②]。

作为开放系统的高等学校，主要包括两个系统，一个是内部系统，另一个是外部系统。内部系统指的是高等学校内部完整循环的网络或系统，这个内部循环的网络相互依存、反复强化，并结合起来构成完整的内部系统。例如，每一学年从开始到最后，到下一个学年又重复开始；再比如，每一届学生从大一到大四的培养，然后新的一届学生又从大一年级重复开始，等等。可以说，从学生培养的角度来说，高等学校有诸多这样的"内部系统"。学校的内部机构、教师等都在周而复始的重复"昨天的故事"。每一天里哪一个时间上课、下课，什么时间吃午饭等等，都是可预见的。需要指出的是，这种"重复"并不是机械、简单的复制过去的程序，在这一"重复"的过程中，"规章、期望和规范在构成这个序列的内容、确定其方向方面确实起着很重要的作用"[③]。

如果说"内部系统"强调的是事情的"内循环"，那么，"外部系统"更加注重"组织的输入、加工和输出"，也就是说，高等学校不能简单的将眼光放在内部学生培养的运作上，还需要关注学生的来源层次和就业去向，高等学校的"外部系统"是对"内部系统"的延展。相对于古典组织理论，开放系统理论视野中的高等学校所应关注的"点"更多，"面"也更广。用马克·汉森的话来说，高等学校中最有活力的成分显然是与开放

---

① 张新平：《教育组织范式论》，江苏教育出版社2001年版，第62—63页。
② ［美］E. 马克·汉森：《教育管理与组织行为》，邓大鸣译，X. 燕·麦希施密特校，上海教育出版社2005年版，第155页。
③ ［美］E. 马克·汉森：《教育管理与组织行为》，邓大鸣译，X. 燕·麦希施密特校，上海教育出版社2005年版，第157页。

系统有关的。高等学校的"输入"可分为人的输入、物质输入和约束因素[1];"加工"过程主要是指教学、科研活动,也就是前面论及的"内部系统",包括组织机构、教学技术、奖励制度、评价策略等;高等学校的"输出"过程包括学生培养、学习收获、技能获得、行为改变、情感方面的依恋等。最后,还有高等学校获得信息或社会经济回报,这些又成为社会为获得一种有价值的服务对高等学校的投入。透过对"外部系统"的分析,我们发现高等学校"输入—输出"过程不可避免地要与其他组织系统或因素发生联系,这些联系有时可能起到支持作用,有时又会起到限制和阻挠作用。

应该说,在21世纪的第一个20年里,对高等学校而言,影响其发展的最重要的环境因素是高等教育系统的大众化。"大众化的主要成分不仅包括系统的扩张,而且包括高等教育机构的多样性、组织的复杂性,以及学术的差异性。"[2] 从学生培养的角度来讲,大众化教育不仅意味着学生人数的增加,而且还暗含着培养不同类型的学生。之于高等学校,在这样一个重应用的大环境中,重要的不是研究能否积累专业学科知识,而是研究成果能否对社会起到作用。于是,国家对高等教育的管理以经济刺激取代了计划管理,高等学校需要迅速改革创新,以便在日益激烈的竞争环境中找准自己的位置。可以说,"市场化"是身处开放系统中的高等学校所面临的发展环境。面对"市场化",这就需要高等学校,在制度上,"建立一种类似市场文化和资源分配体制的管理决策"机制,激发内部机构的潜能,进而在资源竞争中赢得领先地位。作为开放系统的高等学校,它的资源输入与产品输出连续不断地与"市场化"的环境相互作用,通过这种相互作用,高等教育系统成为某个地区或全国范围内的经济上、政治上一致的团体。

因此,在开放系统论的关涉下,高等学校需要对市场化的环境做出反应,这也就导致了针对大学教师评价的数量化甚至是偏激化。"一个开放系统通过以模式化的循环方式所进行的输入与输出的交换,与其环境相互

---

[1] "约束因素"包括法律、政策的要求,社会规范,价值观以及家长的期望等。具体参见[美] E. 马克·汉森《教育管理与组织行为》,邓大鸣译,X. 燕·麦希施密特校,上海教育出版社2005年版,第160页。

[2] [英] 玛丽·亨克尔、布瑞达·里特:《国家、高等教育与市场》,谷贤林等译,朱旭东校,教育科学出版社2005年版,第15页。

作用。发生在组织内部的事件循环受相对不变的输入—输出比的吸引,建立起稳定态或平衡。当事件循环中间出现断裂时,为了重新建立平衡,就必须在断裂处引进能量和资源。正是在这个意义上,可以说开放系统是倾向于自我调节的系统。如果平衡不可能重新建立,那么就开始组织变革,以建立新的平衡。"① 所以,对于大学教师评价而言,当市场化充斥着大学校园,左右着大学教师评价标准,导致教师评价的极端化时,作为开放系统的高等学校需要开启"自我调节的系统",重新建立针对大学教师评价的平衡系统。

正如大卫·科伯所言,"市场并非一种荣耀,而是为了教育目的的一种手法;市场在高等教育中应该有一席之地,但同时又必须恪守界限,不能超越高等教育事业的价值底线,而这种底线就是'相信学者共同体而不是相信利己主义者的联盟;相信开放而不是相信所有权;认为教授是寻求真理的人而不是企业家;学生是追随者,而不是来满足其爱好的消费者,他们的爱好应该是被塑造的'。"②

三 政绩化:阻滞了大学目标的长期践行

政绩观是组织领导者施政行为和效果,决定着组织运行机制和组织致力于实现的目标。"政绩"经常出现在党和政府领导干部的讲话和行为中。胡锦涛同志指出,"真正的政绩应该是'为官一任,造福四方'的实绩,是为党和人民踏实工作的实绩,应该是经得起群众、实践和历史检验的实绩。"那么,"政绩观是领导干部世界观的重要组成部分,包括对什么是政绩、为谁创造政绩、如何创造政绩和怎样衡量政绩等问题的认识和态度。"③ 地区或单位领导的政绩观反映着领导从政的价值取向,这也就决定了领导在从政时会采取什么样的工作思路、工作方法以及致力于达成何种发展效果。由于当下(公办)高校校级领导的任命或升迁往往取决于上级党委组织部门和教育行政部门,行政化的干部选任机制使得高等学校领导的"血管"里流淌着"政绩成分"的"血液"。比如,在双一流建设的影

---

① [美] E.马克·汉森:《教育管理与组织行为》,邓大鸣译,X.燕·麦希施密特校,上海教育出版社 2005 年版,第 168 页。
② [美] 大卫·科伯:《高等教育市场化的底线》,《北京大学教育评论》2017 年第 4 期。
③ 杨建民、姜希、陈天柱:《高校领导班子树立正确政绩观的理论思考》,《乐山师范学院学报》2005 年第 1 期。

响和驱使下，高等学校纷纷斥巨资引进和挖掘人才，人才成为了明码标价的"商品"。虽说这是促成我国高等教育迈向世界一流的措施之一，但是在执行的过程中，某些地方高校往往片面的理解自身的定位和实力，透支自身原本具有的教学方面的传统优势和经济投入，集全校之力强行去挤"双一流"的班车，结果如何自不待言。高等学校对大学教师的高投入，势必要求他们有高产出。于是，获取高水平论文、高层次项目等标志性成果成为了大学教师证明自己"物有所值"的有力证据。否则，人才会被"摘帽"，乃至被"扫地出门"。所以，高等学校的"工作重点、政策导向以及内部资源的分配、员工的精力投向乃至整个单位的发展成效等等都能折射出该单位领导的政绩观"①。

实际上，高等学校领导政绩观并非一成不变的，而是与高校所处环境、高校办学实力以及高校领导的价值取向有密切的联系。按照亚当·斯密的说法，每个人都会理性地追求自我利益，进而按照他们认为最有价值的方式来配置资本或劳动力。高等学校领导也不例外。作为"经济人"的高等学校领导，在作出决策时最终也是为了追求种种利益，包括直接的经济利益或非经济利益。"是为学校全面协调持续发展，还是搏一时的新闻效应、一时的经济利益；是把工作重点放在学科建设、课程建设、教学科研环境的营造上，还是追求办学的功利性、营利性和短期的经济利益？这是高校领导建立什么样的政绩观的根本尺度。"② 因此，我们可以观察到，在本世纪的第一个十五年的时间里，高等学校在扩张与兼并的浪潮中，实现了面积的扩大和办学规模的提升；随着2015年《统筹推进世界一流大学和一流学科建设总体方案》的出台，高等教育的提质增效成为了高等学校领导"新"的政绩观。

从组织行为学的角度分析，发生上述现象的背后主导是权变理论。"权变理论是开放系统视角下发展起来的一个组织理论。"③ 这种理论强调环境需求的变化，要求组织在应对环境的变化中有所作为。其思想的核心就在于，"组织从环境中获得资源和技术信息是组织赖以生存的基础，由于环境的多样性，所以没有绝对意义上的最佳组织形式，最佳的组织形式

---

① 邢建辉：《高校领导的政绩观与高校教学质量》，《中国高教研究》2010年第9期。
② 邝邦洪：《论高校领导的政绩观》，《高教探索》2004年第4期。
③ 阎凤桥：《大学组织与治理》，同心出版社2006年版，第8页。

是由它与环境之间的配合程度决定的。"① 为了适应环境变化的需要,权变理论摆脱了古典组织理论中组织内部层级分明的"刻板"形式,将组织的内部结构予以弹性化处理。因此,这种理论代表这样一种取向,"它能使我们将一个组织想象成一个由许多子单元构成的开放系统,这些面对不确定性的子单元之间有着复杂的互动。通过改变组织结构、计划策略和领导行为,可接受的确定程度是能够达到的——至少可以减少风险"②。虽然权变理论着重的是组织内部系统对外界环境的适应,但是它并不是要求组织内部的所有系统都应主动适应外在环境,"它并不主张改变整个学校系统是为了达成仅仅是学校的一个或有选择的少数几个部门的要求"。因此,权变理论强调的"权变",而不是"全变"。在这一点上,高等学校的"政绩观"显然是"权变"的结果。对于权变之后的组织,其报偿是生存,甚至是兴旺发达。

"传统的组织结构观点聚焦于这样一些因素:角色的层级关系、中央集权、规章制度以及控制的幅度。然而,系统理论家更倾向于从子系统间的相互依存和每个子系统与整个系统的关系方面来看结构。"③ 以学校管理为例,按照传统组织结构的观点,学校的重心就是内部组织结构、相关学校管理制度的制定和落实情况、师生出勤情况等;而在开放系统论看来,学校每个部门或者学院(专业)都是支撑学校整个学术系统的组成部分,理解每个学院(专业)的作用需要从这个学院(专业)在做什么以及这个学院(专业)对整个学校学术系统所起作用的角度去理解,而不是将其割裂、孤立地去分析。作为相互支撑的子系统通过一位领导或管理将各子系统联结起来,构成了整个学校系统。如果环境变化方面出现了异动,相应的子系统便会到位并处理这些问题。

总之,"作为开放系统框架的派生物,权变理论的观点尤其强调组织内部的子系统过程与外部环境要求之间的关系。一个组织的效率和效能依赖于它面对变化的环境而改变其自身内部工作的能力。"④ 亦如前述,面对

---

① 阎凤桥:《大学组织与治理》,同心出版社 2006 年版,第 8 页。
② [美] E. 马克·汉森:《教育管理与组织行为》,邓大鸣译,X. 燕·麦希施密特校,上海教育出版社 2005 年版,第 185 页。
③ [美] E. 马克·汉森:《教育管理与组织行为》,邓大鸣译,X. 燕·麦希施密特校,上海教育出版社 2005 年版,第 191 页。
④ [美] E. 马克·汉森:《教育管理与组织行为》,邓大鸣译,X. 燕·麦希施密特校,上海教育出版社 2005 年版,第 192 页。

"双一流"的竞争压力，高等学校人才引进和培养的力度空前，显然这是高等学校内部人才系统对"双一流"环境做出的反应和适应。更进一步来说，大学教师评价在这一"适应"的过程中，被"过度"关注，甚或走向了"畸形"。需要指出的是，高等教育是"适应"而不应"盲从"社会，适应社会的需要也不能简单地从社会当前的需要来理解。无止境的社会发展，要求高等教育必须具有前瞻性，向前看，朝着未来社会的方向努力，只有这样才能担当得起"高等"二字。对于大学教师评价来说，在评价成果数量和层次的同时，也不能忘记恪守学术底线，否则，大学也只能有"大"而丧失了"学"。

四　松散化：削弱了大学发展的内生动力

事实上，对于当下的高等教育而言，如果用"封闭化"对其进行描述，多少有些不怎么恰当。笔者利用中国知网，以"高等教育的封闭性"作为主题词进行检索发现，最早的一篇关于高等教育封闭性研究的论文是撰写于30年前的[①]。在这篇文章中，作者总结出了我国高校办学体制封闭性的十种表现及其原由。如学生专业选择只限于高考时的志愿填报，不能更改；高校师资队伍不能进行合理流动；高校是"小而全"的封闭体系的"小社会"等。可以说，这篇文章中论及的高等教育的"封闭性"就现在来说已经不成为问题了。或者说，从改革开放建设社会主义市场经济的目标提出之后，高等教育的"封闭性"貌似已经成为一个"过时"的话题。

问题真是如此么？周光迅等在《哲学视野中的高等教育》一书中，提及的"教育功能的封闭性"，让我们需要重新审视高等教育的"封闭性"。他们提到，"传统高等教育将大学视为与社会大系统相割裂的封闭系统，这使大学具有封闭性和保守性的特征。受理性主义影响的大学观，将大学视为独立于社会的科学城堡，知识精英在此探求知识和真理。而受实用主义影响的大学观，其实质与前者并无二致，原因在于，虽然大学的功能是服务于社会，但是大学内部却依然是一个独立的'教育工厂'，一个适应与复制社会的封闭系统，这就使大学失去了对社会的批判和改造的功能。而且，传统高等教育将科学知识作为一种客观的、权威的知识传授，自我

---

① 张楚廷：《目前中国高等教育的封闭性》，《湖南师范大学社会科学学报》1992年第6期。

封闭，阻碍了认识进步，同时排斥了所有传统的、民间的、个体的知识，使传统高等教育成为封闭的僵化的体系"。① 可以说，高等教育的"封闭性"已非张楚廷教授 30 年前的表述，在当下又另有所指，需要从另外的角度进行谛视。

事实上，"高等教育的任务是以知识为中心的，正因为它那令人眼花缭乱的高深学科及其自体生殖和自治的倾向，高等教育才变得独一无二——不从它本身的规律去探索就无法了解它。"② 因此，作为知识生产的重要场所，高等学校内部的劳动分工是以学科为单位进行划分的。"学科明显是一种联结化学家与化学家、心理学家与心理学家、历史学家与历史学家的专门化组织方式。它按学科，即通过知识领域实现专门化。"③ 凭借学科的不同，大学教师实现了劳动分工，并使其工作呈现高度的专门化。同属于一个学科的学者们也是同一个广泛学术领域的成员，归属于同一个事业单位（院、系）和同一所特定的大学。这样一来，"大学及其下属事业单位跨越学科界限集结了一批各有关学科的成员，使这些成员成为某一个地方或某一所大学的工作者；同时，学科和学术领域在全国甚至全世界形成了自成体系的行会式、社团式组织或利益集团，学者成为沿着专业路线组织起来的学术社团的工作成员。"④ 完成劳动分工后，大学及其下属事业单位（院、系）必须要加强自己的控制，使得组织成员的精力集中到完成学校的目标任务和价值观念上来。毕竟，组织被创造而得以存在的唯一理由就是为实现某种目标，背离目标实现的组织是难以生存下去的。同时，通过组织目标的实现，也能够凝聚组织成员的向心力，延展组织成员的能力，能够满足他们的具体需求，进而增加成员对组织的忠诚度。

以学科为单位的组织划分能够促进知识的专业化，但是，专业化的知识越"专业"，大学内部组织之间的"裂痕"也就越发明显。这也就导致了大学内部组织之间的松散化。原因在于，"一个学校的不同子部门都有

---

① 周光迅等：《哲学视野中的高等教育》，中国海洋大学出版社 2006 年版，第 127 页。
② [美] 伯顿·R.克拉克：《高等教育系统——学术组织的跨国研究》，王承绪等译，杭州大学出版社 1994 年版，第 313 页。
③ [美] 伯顿·R.克拉克：《高等教育系统——学术组织的跨国研究》，王承绪等译，杭州大学出版社 1994 年版，第 34 页。
④ 丁虎生：《大学组织的结构要素与结构形式》，《西北师大学报》（社会科学版）2012 年第 6 期。

它们各自的特点、作用和分界线,尽管这些部门的连接既微又少"①。松散化是高度专业化大学组织内部的贴切描述。这种"松散化"表现为,在大学组织内部,各事业单位(院、系)有笼统的目标,相对宽松的程序规范,多样化的技术研究路线,松散的人员、机构间的联系,可概括为"有组织的无序状态"。因此,在面对变化的大学生存环境时,大学内部部门虽然可以对其反应敏感,但是每个部门都能够保持它们自己的特点和某种物理或逻辑上的独立,化解和分散整体组织为适应环境变化所作反应带来的可能风险。

高等学校系统的"环境"因素是以专业为基础的,遵循的是"学科、专门知识和专业化无序状态的逻辑"。在某些情况下,这些学术组织的变化既可以因学科的内在逻辑而受阻,也可以因为它而发生。也就是说,高等学校某些基层学科组织由于专业人员的坚持不懈的科研活动,致使学科不停的扩张、增长;有些学科组织则并不那么明显,对外界的环境也不那么"感冒"。因此,"在松散结合的条件下,系统的一些部门可能极富创新意识,而另一些部门则极端传统甚至守旧。"众所周知,"在全世界所有高等教育系统的上层结构中,由国家建立起来的呈金字塔形状的行政组织是最流行的一种类型。……金字塔形结构赖以存在的一个主要理由是,通过秩序能使本来会四分五裂的学科、单位和部门珠联璧合。…它的最高信条是:系统化,再系统化,不要让任何不规则现象逃过你的眼睛。"② 如此一来,在促进高等教育变化的手段上,上层结构(国家)用的手段是政治协调和官僚协调,以外力迫使高等教育适应社会的发展,而高校的基层组织主要依靠专业的影响来促进变化,以内力促生进步,主导上层和下层变化的逻辑截然相反。高等教育的"底层"是沿着自治的方向运动,朝着"无政府状态"行进,结果是"有组织的无政府状态";高等教育的"上层"强调的是国家的干预、市场的影响,依赖的是自上而下、令行禁止式的管理模式。

可见,松散化的学科专业组织模式的确阻碍了大学发展动力的生成。纵然外部压力会导致高等教育的变化,但是越来越多的革新和变化产生于

---

① [美]E.马克·汉森:《教育管理与组织行为》,邓大鸣译,X.燕·麦希施密特校,上海教育出版社2005年版,第187页。

② [美]伯顿·R.克拉克:《高等教育系统——学术组织的跨国研究》,王承绪等译,杭州大学出版社1994年版,第231—232页。

高等教育系统的基层单位内部。"系科和相应的单位是学科和专业的化身。这些单位的工作的固有特点是创新和开放。一旦新的思想领域为学者们所接受，成了学术知识总体范围内的一部分，大学和许多非大学单位就会依靠一种几乎是内在的动力去开拓这些领域。"① 即使高等教育的许多变革是由外部影响引起的，但是这些变化大都也是通过"散布于基层的边缘作用而神不知鬼不觉地发生"。"边缘作用"遍布了高等教育的底层结构。学科成员通过与外界的交流、团体的交往，悄悄地用从外界获取的信息影响和改变自身的专业研究。也就是说，"松散化"的高等学校底层机构依然是高校创新发展的动力之源。

高等教育系统是现代社会创造和传播知识的主要机构。发生在这一领域的变化都基本上呈现"无形"的状态。"不管是作为材料，还是作为产品，知识都是相对无形的。科研时思想的形成，教书时思想的传播，学习时思想的吸收——所有这一切都是很难看见的，也是很难在即时即刻加以估价的。科研报告能够提供一些有关研究过程的线索，但是教材、考试和分数只能部分地反映教与学的情况。此外，科研和教学的内容往往十分复杂和晦涩，其中的变化很难看清；对于不同组织层次的人来说，那简直就是隔行如隔山了。无论是居高临下，还是从外面观察，或者甚至是深入其内，都很难看清高等教育系统中哪些东西能够持之以恒，尤其是哪些东西正在发生变化。"② 因此，对于处在高等学校"底层"的大学教师来讲，要评价他们的教学科研工作，也是"很难看见"，"很难看清"的。总之，"大学是探究高深学问的场所，只有基于正确的功能定位和社会角色认知，并以此作为教师评价制度的逻辑起点，才能有效发挥评价的作用。"③

第三节　大学教师评价的总结与反思

未来我国大学教师评价研究，需要在吸收既往研究成果和研究优势的

---

① ［美］伯顿·R. 克拉克：《高等教育系统——学术组织的跨国研究》，王承绪等译，杭州大学出版社1994年版，第261页。
② ［美］伯顿·R. 克拉克：《高等教育系统——学术组织的跨国研究》，王承绪等译，杭州大学出版社1994年版，第263页。
③ 牛风蕊：《大学教师评价的制度同行：现状、根源及其消解》，《现代教育管理》2014年第6期。

基础上,围绕评价的功能定位、大学教师的使命担当和现代大学的核心属性,在研究价值的丰富、研究内容的深度反思和研究弊端的合理矫正等方面开展探索,推进高校教师评价研究与高校教师评价改革的深化与发展。

一 重新认识教师:开拓理论与实践的双重视野

一段时间以来,学界对评价内容的研究一直围绕大学教师教学评价、科研评价展开,这些探讨是有利于大学教师内部评价体系构建的,它也使我们对大学教师教学评价的主体、模式、原则、方法等方面有了具体的认识和了解。纵然如此,随着时代的发展,高校教师内部评价内容亟需更新,研究者的研究视域亟待进一步扩大。从1998—2016年的19年里,仅在2013年发表了1篇关于高校教师社会服务能力评价的研究。《国家教育中长期改革与发展规划纲要(2010—2020年)》第二十一条明确提出:高校要牢固树立主动为社会服务的意识,全方位开展服务。2012年4月颁发的《教育部关于全面提高高等教育质量的若干意见》第十六条同样规定:要增强高校社会服务能力,主动服务经济发展方式转变和产业转型升级。高校教师对社会的服务,已然跃入高校教师的必备能力范畴,更应纳入学界研究者对教师评价的关注领域。当前教育学界的现有文献资料多关注于如何构想推进高校履行社会服务职能方面的策略、措施,而鲜有研究者把高校教师社会服务能力问题作为研究主题。从某种程度上说,高校教师社会服务能力问题研究正在远离理论与实践的双重视野。[①] 我国学界的研究者应在对国内、国外实践经验评鉴时,做到"向后看"和"向上看"。即,应看到其背后制约的力量的同时,深度挖掘其支撑的理论体系,注重对其理论高度的提升,分析和解释清楚存在问题的实质,而不仅仅是"开药方"。这样一来,才能使理论更好地指导实践,才能减少大学教师评价政策在制定、执行和实施过程中的盲目性,激活国内教师评价体系的新动能,使有效的教师评价模式和体系真正运转起来。

二 重新认识评价:回归评价的本体性功能

大学教师评价应回归评价的本体性功能。首先,它应是一种竞争性评价。一个好的大学教师评价政策,将有利于教师间的良性竞争,没有竞

[①] 曹如军:《高校教师社会服务能力:内涵与生成逻辑》,《江苏高教》2013年第2期。

争,就没有优胜劣汰,优胜劣汰的过程就是竞争的过程。思想家梁启超说过:"夫竞争者,文明之母也。竞争一日停,则文明之进步立止。"[1] 竞争产生压力,才会有动力。竞争是教师成长的推动力量。其次,它应是一种激励性评价。一个良性的评价政策是发展和提高教师动力的重要保障。对于高校教师来说,保持一种不断进取的精神面貌尤其可贵。良好的评价政策、催人奋进的竞争环境会激发高校教师的巨大潜能,创造出惊人成绩。最后,它应是一种以评价为目标、以发展为属性的评价。评价是目标,发展是属性,是教育的重要内容和维度。让高校教师学会评价,其评价能力的提高本身就促进了他们的专业发展,是教师自我审美、自我审视,以及对自我发展和生存状态的体验,是教师主体获得生命的生存方式,使他们回归了自我。

三 重新认识研究:重温研究的创新功能

首先,现有大学教师评价研究囿于工具性发展价值,缺位于本体性体验价值。无疑,大学教师评价是强化教师管理和促进教师专业发展的有效手段。当前关于大学教师评价政策的研究多强调其工具性特征,忽视了对大学教师主体的本体体验价值。其次,现有大学教师评价研究表现为线性因果性分析,缺少立体生态式分析。数量分析、指标分析、刚性考核,与科研创新知识再生产的效果呈现出因果线性关系,这是片面的。再次,现有大学教师评价研究是一种体制配合性研究,缺少批判重构性研究。正是这种评价研究者、评价者,甚至是研究评价者彼此间构成了独特惯习、特殊倾向、清晰偏好、合作共谋的评价研究场域,固化、同化着功利主义的评价方式。最后,现有大学教师评价研究总体上表征为对建制性评价功能、方式、手段和功用的支持、认可、配合与推动,甚至是评价研究者本人也期待在这种建制性评价体制中获益、得利。

四 重新认识大学:再构成长共同体

大学,不仅要有高深知识的生产,同时也要具备教育行动。从某种程度上来讲,高等教育是大学的最高目标,科学研究只是实现高等教育目的的手段。"大学的设计不是为了生产学者;它的理想不是一个仅有学者居

---

[1] 罗检秋:《梁启超心语》,岳麓书社1999年版,第245页。

住的世界。"① 大学,与专门从事研究的机构相比,更接近于一个教化的机构,而与专门从事教育的机构相比,又更接近于一个探究的场所。② 因而,可以说,大学具有教育与科研的双重性。教师成长共同体应让拥有共同愿景的学科专家、优秀教师组成学习团体,教师可充分利用各自特长,吸纳多元化观点,创建和谐、充满生机的成长环境,既有思维和火花的碰撞,又有新知识的建构,实现了教育与科研的成功搭建,促进了大学教师的共同成长。构建教师成长共同体,是整体推进教师专业发展,实现大学宿命的有效路径。③

---

① [英]迈克尔·欧克肖特:《人文学习之声》,孙磊译,上海译文出版社2012年版,第116页。
② 王建华:《我们需要什么样的大学》,《高等教育研究》2014年第2期。
③ 吴佩国:《构建区域教师成长共同体——探索教师专业成长的新途径》,《上海教育科研》2008年第6期。

第三编 实证研究

第十章

大学教师流动与评价的调查研究设计

根据本研究的整体模型设计和研究思路，本章将针对研究模型中的变量，进行问卷设计和小样本测试。要探讨的研究变量包括：个人教育背景、学校晋升政策、教学工作评价、科研工作评价、学术环境评价、工作环境评价、教师个人科研、教师个人教学、教师流动原因、教师满意度等。为进一步对本研究的变量间关系进行科学的分析，首先对研究变量进行概念定义化、维度识别与量表测量，然后通过问卷设计和小样本测试进行分析，以便净化量表。具体内容安排是：首先，利用现有文献，对研究变量的内涵进行界定；其次，结合变量相关的定量和定性研究，确定变量所应包含的维度，构建变量的维度结构；再次，根据变量及其相关维度，初步设计出调查问卷；最后，通过进行预调研收集小样本数据，利用统计软件对研究变量分别进行探索性因子分析，从而净化初始问卷，最终得到正式的研究调查问卷。

第一节 问卷设计

本研究参考罗胜强和姜嬿有关管理学问卷调查研究方法中所提到的问卷设计步骤，设计本研究的调查问卷，具体步骤如下：（1）选取国内外研究中成熟的量表；（2）基于本研究的目的及背景，对量表进行调整或修订，以便形成初步的调查问项，征求相关研究者的建议，并对调研的问项进行修订；（3）通过预调研收集小样本数据，以便对调研问项进一步筛选与修订；（4）将形成的调研量表发给相关研究者，再次征求专家建议，以便形成正式调研时使用的最终问卷。

研究采用问卷调查法，调研山东省各高校教师，被调查者通过匿名的方式对单位和个人的相关情况进行问卷填写。本文中所使用的量表，是使用 Likert5 点式计分法，个人基本情况等信息则是由受访者依据个人实际情况填写。在预测试过程中，与被调查者面对面沟通，及时发现问卷中可能出现的问题，接受填写者的反馈和建议，对问卷进行修正和补充。对预测试的小样本问卷回收后，运用 SPSS23.0 对获取的数据资料进行信度与效度检验，根据检验结果对问卷题项进行修改，进一步优化问卷，最后形成正式调查问卷，详见书中附录2。

第二节　变量测度

对文中涉及到的变量进行科学的测量，是设计调查问卷中的重要环节。本研究所选择的变量测度都是国内学者们经常使用的，并且已经被证实有比较高的信度和效度，以此保证研究结果的科学性和有效性。本节内容主要说明本研究涉及的主要研究变量如何进行测度。

一　教师个人教育背景

根据研究内容，借鉴王杜春、方萌[1]的观点，设计了教师个人教育背景测量量表，包含12个题项，具体见表 10 - 1。

二　学校环境和政策评价

学校环境和政策评价包括学校晋升政策、教学工作评价、科研工作评价、学术环境评价、工作环境评价等几个方面，根据研究内容，参考 2016 年教育部印发的《关于深化高校教师考核评价制度改革的指导意见》、[2] 李兵帅[3]的观点，设计了包含 14 个题项的学校晋升政策的量表；借鉴李俊、

---

[1]　王杜春、方萌：《高校教师发展中心满意度评价与提升对策的研究》，《黑龙江高教研究》2019 年第 7 期。

[2]　教育部：《关于深化高校教师考核评价制度改革的指导意见》（http://www.moe.gov.cn/srcsite/A10/s7151/201609/t20160920_281586.html）。

[3]　李兵帅：《地方本科高校教师队伍分类考核与评价的实证研究》，《湖北经济学院学报》（人文社会科学版）2019 年第 7 期。

表 10 – 1　　　　　　　　　教师个人教育背景量表

	编号	测量题项	来源或依据
教师个人教育背景	B01	1. 您的老师们非常敬业	王杜春、方萌，2019
	B02	2. 您所学的专业知识非常实用	
	B03	3. 您获得了教学技能或方法的培训	
	B04	4. 期间，您参加了教学工作	
	B05	5. 您每个月与老师就如何教学进行沟通	
	B06	6. 老师们授课方法好，让您在以后教学上受益匪浅	
	B07	7. 您的研究得到了导师的精心指导	
	B08	10. 您获得了科研技能或方法的培训	
	B09	9. 期间，您参与了科研工作	
	B10	10. 每个月与老师就如何搞科研沟通	
	B11	11. 老师们的科研能力非常强，让您在科研上受益匪浅	
	B12	12. 老师们和学生谈论自己的科研想法	

资料来源：作者整理。

郭美玲[1]，王仁高、张水玲、张恩盈[2]，付沙、周航军、肖叶枝等[3]等学者的观点，设计了包含 9 个题项的教学工作标准量表；借鉴于家杰[4]的观点，设计了包含 10 个题项的科研工作标准量表；借鉴钱程[5]的观点，设计了包含 13 个题项的学术环境问卷；借鉴肖薇、罗瑾琏[6]，钟晓华[7]等学者的观点，设计了包括 12 个题项的工作环境量表，具体见表 10 – 2。

---

[1]　李俊、郭美玲：《地方高校青年教师教学发展的困境与对策》，《高教论坛》2019 年第 8 期。

[2]　王仁高、张水玲、张恩盈：《高校教师绩效分类评价体系研究——以青岛农业大学为例》，《青岛农业大学学报》（社会科学版）2019 年第 2 期。

[3]　付沙、周航军、肖叶枝、相文杰：《高校教师教学发展与评价体系探究》，《教育探索》2019 年第 4 期。

[4]　于家杰：《可持续发展视角下的高校教师评价逻辑》，《当代教育科学》2019 年第 7 期。

[5]　钱程：《高校教师持续专业发展能力评价指标体系构建研究》，《黑龙江教育学院学报》2019 年第 1 期。

[6]　肖薇、罗瑾琏：《男女高校教师职业成功感的影响机制比较研究》，《妇女研究论丛》2016 年第 4 期。

[7]　钟晓华：《高校青年教师多维福利测度与政策支持研究》，华中科技大学 2016 年博士学位论文。

表 10-2　　　　　　　　　　　　学校环境与政策量表

	编号	测量题项	来源或依据
学校的晋升政策	C101	1. 贵校的晋升政策合理	李兵帅，2019；教育部《关于深化高校教师考核评价制度改革的指导意见》(2016)
	C102	2. 如果晋升政策改变，您认为变化有科学根据	
	C103	3. 贵校的晋升标准都非常明确、客观	
	C104	4. 您熟悉学校的教师晋升的政策和标准	
	C105	5. 贵校的每位教师都有公平晋升的机会	
	C106	6. 贵校的教师科研表现出色就会得到晋升	
	C107	7. 贵校的教师教学表现出色就会得到晋升	
	C108	8. 贵校的教师晋升存在论资排辈的现象	
	C109	9. 贵校的教师晋升存在人情关系等非学术性因素	
	C110	10. 贵校当前的晋升充分考虑了不同学科之间的差异性	
	C111	11. 贵校当前的晋升充分考虑了不同年龄的差异性	
	C112	12. 贵校当前的晋升充分考虑了不同岗位（教学、科研）的差异性	
	C113	13. 贵校当前的晋升造成了同事之间的紧张关系	
	C114	14. 您会根据晋升的具体条件确定工作优先顺序和重点	
教学工作评价	C201	1. 贵校对教师教学评价的标准合理	李俊、郭美玲，2019；王仁高、张水玲、张恩盈，2019；付沙、周航军、肖叶枝等，2019
	C202	2. 贵校对教师教学评价的标准客观	
	C203	3. 贵校对教师教学评价的标准尊重老师	
	C204	4. 贵校对教师教学评价的标准在不断改进	
	C205	5. 贵校对教师的教学评价促进了教学工作	
	C206	6. 贵校教师对教学评价政策提出改进建议	
	C207	7. 贵校对教师的教学评价促进了教师们的团结	
	C208	8. 贵校对教师教学评价的重大政策都会征求所有教师的意见	
	C209	9. 贵校教师对教学评价有关的政策，有决定权	
科研工作评价	C301	1. 贵校对教师科研评价的标准合理	于家杰，2019
	C302	2. 贵校对教师科研评价的标准客观	
	C303	3. 贵校对教师科研评价的标准尊重老师	
	C304	4. 贵校对教师科研评价的标准在不断改进	
	C305	5. 贵校对教师的科研评价促进了科研工作	
	C306	6. 贵校教师对科研评价政策提出改进建议	
	C307	7. 贵校对教师的科研评价促进了教师们的团结	

第十章　大学教师流动与评价的调查研究设计　　347

续表

	编号	测量题项	来源或依据
科研工作评价	C308	8. 贵校对教师科研评价的重大政策都会征求所有教师的意见	于家杰，2019
	C309	9. 贵校教师对科研评价有关的政策，有决定权	
	C310	10. 贵校科研评价对教师造成了较大压力	
学术环境评价	C401	1. 贵校有许多学术积极的老师	钱程，2019
	C402	2. 贵校的教师之间有学术交流	
	C403	3. 贵校的教师之间有学术互助	
	C404	4. 您的科研团队合作愉快	
	C405	5. 您的专业每学期都有学术讲座	
	C406	6. 您的专业与国外有学术合作或交流	
	C407	7. 您的专业与国内有学术合作或交流	
	C408	8. 贵校领导为改善科研条件，愿意采纳教师意见	
	C409	9. 贵校改进晋升政策，鼓励教师们进行学术合作	
	C410	10. 贵校不断为科研改善条件	
	C411	11. 贵校杜绝学术作弊行为，发现学术作弊，坚决处理	
	C412	12. 学术作弊的人，在贵校没有生存空间	
	C413	13. 贵校总的治学环境好	
工作环境评价	C501	1. 贵校每一个教师都有公平发展的机会	肖薇、罗瑾琏，2016；钟晓华，2016
	C502	2. 贵校致力于改善各方面工作环境	
	C503	3. 贵校为教师提供职业发展机会（例如出国进修等）	
	C504	4. 在贵校，努力做好本职工作，能够得到肯定和奖励	
	C505	5. 贵校在决策时能够考虑教师的切身利益	
	C506	6. 贵校不断调整政策，让政策向更合理方向发展	
	C507	7. 贵校的领导能够积极和教职员工沟通	
	C508	8. 贵校的领导注意解决员工的实际问题	
	C509	9. 贵校的办公室条件令人满意	
	C510	10. 贵校的实验设备条件令人满意	
	C511	11. 在贵校，图书馆查阅资料，非常便捷	
	C512	12. 总的来说，贵校的工作环境在不断改善	

资料来源：作者整理。

三 教师个人科研与教学

根据研究内容，借鉴王丽丽[1]，陈威燕、李强、王智宁[2]等学者的观点，设计包括 15 个题项的个人科研问卷；借鉴程道品、黎雅婷、周景坤[3]，金利[4]，吴静[5]，刘兴凤[6]等学者的观点，设计个人教学问卷，包含 15 个题项，具体见表 10 - 3。

表 10 - 3　　　　　　　　教师个人科研与教学量表

	编号	测量题项	来源或依据
教师个人科研	D101	1. 您喜欢自己的专业，对专业研究领域本身感兴趣	王丽丽，2017；陈威燕、李强、王智宁，2015
	D102	2. 您找时间不断更新自己的专业知识，跟进专业前沿	
	D103	3. 您经常和业内人士交流，了解专业动态，关注专业热点	
	D104	4. 您对专业期刊的编辑选题有一定了解	
	D105	5. 您掌握了科研论文写作要点	
	D106	6. 您定期阅读专业顶级杂志上的文章	
	D107	7. 您注意看一些专业领域核心人物的文章	
	D108	8. 您每年给自己定指标完成一定量的科研文章	
	D109	9. 您写文章，给自己制定期限	
	D110	10. 您相信只要肯花时间，自己也能发质量较高的 SCI 和 SSCI 文章	
	D111	11. 每次发表文章，您有成就感	
	D112	12. 不管如何忙和累，您对自己所做的科研有热情，感到有意义	

---

[1] 王丽丽：《高校教师科研绩效量化评价研究》，哈尔滨师范大学 2017 年博士学位论文。
[2] 陈威燕、李强、王智宁：《高校教师工作绩效的影响因素研究》，《技术经济与管理研究》2015 年第 3 期。
[3] 程道品、黎雅婷、周景坤：《民族地区本科教师区分性绩效评价体系构建研究》，《教育教学论坛》2019 年第 34 期。
[4] 金利：《地方本科高校教师教学能力发展研究》，西南大学 2014 年博士学位论文。
[5] 吴静：《高校青年教师行为方式研究》，北京交通大学 2017 年博士学位论文。
[6] 刘兴凤：《基于胜任力的高校工科教师绩效评价研究》，武汉理工大学 2016 年博士学位论文。

第十章　大学教师流动与评价的调查研究设计　　349

续表

	编号	测量题项	来源或依据
教师个人科研	D113	13. 您感到每次申报的科研课题都有意义	
	D114	14. 您从事科研是为了科研收入和科研奖励	
	D115	15. 科研考核和职称晋升压力使您不得不从事科研	
教师个人教学	D201	1. 帮助学生学业成长，您会感到自豪	程道品、黎雅婷、周景坤，2019；金利，2014；吴静，2017；刘兴凤，2016
	D202	2. 您经常与学生沟通，了解他们的需求	
	D203	3. 您比较关心学生的学习	
	D204	4. 一个学期下来，一个40人的班级，您知道所有学生的名字	
	D205	5. 尽管辛苦，您却非常享受授课的过程	
	D206	6. 您平时尽量用简单明了的语言来解释明白教学内容	
	D207	7. 您经常运用实际例子教学，引起学生的兴趣	
	D208	8. 您经常采用不同方法强调和突出授课内容	
	D209	9. 您经常与其他老师沟通，学习他们的教学经验	
	D210	10. 学生能达到您的期望和要求	
	D211	11. 您对自己的教学效果整体上满意	
	D212	12. 学生们对您的教学整体上肯定	
	D213	13. 同事们对您的教学持肯定态度	
	D214	14. 您从事超负荷教学是为了教学收入和教学奖励	
	D215	15. 教学考核和职称晋升压力使您不得不从事超负荷教学	

资料来源：作者整理。

四　教师流动原因

影响教师流动的主要因素包括内部因素和外部因素，其中，内部因素是教师的个人因素，主要包括个人学历、毕业院校、年龄、家庭因素等；外部因素主要是学校因素和社会因素，学校因素包括工作环境、学术环境、工资待遇、考核政策、考核标准等等（谢延龙，2016）[1]。根据研究内容，借鉴戴建波[2]，刘锐剑[3]，孙敬霞[4]等学者的观点，设计教师流动原因

---

[1] 谢延龙：《教师流动论》，南京师范大学出版社2016年版。
[2] 戴建波：《地方高校教师流动的价值取向研究》，华中科技大学2017年博士学位论文。
[3] 刘锐剑：《高校教师师徒关系及其对青年教师职业成功的影响研究》，北京交通大学2018年博士学位论文。
[4] 孙敬霞：《工科类地方本科高校教师发展研究》，华中科技大学2016年博士学位论文。

的问卷，包含9个题项，具体见表10-4。

表10-4　　　　　　　　　教师流动原因量表

	编号	测量题项	来源或依据
教师流动原因	E30	您曾经跳槽，或有跳槽想法，或准备跳槽，是因为：学校声誉	戴建波，2017；刘锐剑，2018；孙敬霞，2016
	E31	更高的工资	
	E32	更高的职务	
	E33	更好的福利	
	E34	更好的学术环境	
	E35	更好的生活环境	
	E36	和父母团聚	
	E37	和配偶孩子团聚	
	E38	其他原因	

资料来源：作者整理。

五　教师满意度

根据研究内容，借鉴郭名、王文姣、强光昊[1]、张安富、刘兴凤[2]等学者的观点，教师满意度包含12个题项，具体见表10-5。

表10-5　　　　　　　　　教师满意度量表

	编号	测量题项	来源或依据
教师满意度	F01	1. 您对贵校支持教学的满意度	
	F02	2. 您对贵校支持科研的满意度	
	F03	3. 您对贵校政策的满意度	
	F04	4. 您对教学工作量的满意度	
	F05	5. 您对科研工作量的满意度	
	F06	6. 您对工资、福利和待遇的满意度	

---

[1] 郭名、王文姣、强光昊：《社会资本和心理资本对高校青年教师职业成功的影响效应》，《山西师大学报》（社会科学版）2019年第3期。

[2] 张安富、刘兴凤：《高校工科教师绩效评价研究的AHP方法——兼论基于胜任力的绩效评价与职称评价》，《华北电力大学学报》（社会科学版）2016年第6期。

续表

	编号	测量题项	来源或依据
教师满意度	F07	7. 您对科研考核制度的满意度	郭名、王文姣、强光昊，2019；张安富、刘兴凤，2016
	F08	8. 您对教学质量考核制度的满意度	
	F09	9. 您对办公设备的满意度	
	F10	10. 您对办公场所的满意度	
	F11	11. 您对团队合作的满意度	
	F12	12. 您对工作的整体满意度	

第三节 研究方法描述

考虑到学校晋升政策、教学工作评价、科研工作评价、学术环境评价、工作环境评价、教师个人科研、教师个人教学、教师流动原因、教师满意度等相关研究变量具有主观性比较强、很难直接度量、度量误差比较大而且变量之间关系复杂等特点，采用层次回归分析（Moderated Multiple Regression，MMR）进行数据分析。

一 描述性统计分析

描述性统计分析主要是对样本的基本信息，如被调查者个人基本情况、高校中的教学评价主体、教学工作评价、科研工作评价、学术成果数量等进行分析，分析各变量的平均数、极值等，以此了解样本的类别、比例分配状况等相关信息。

二 效度和信度检验

效度是指变量的测量结果反映所考察内容的吻合度，测量结果与考察内容的吻合程度越高，则效度越高。主要通过内容效度（Content Validity）和构建效度（Construct Validity）进行效度分析考查测量结果与考察内容的吻合度，内容效度分析是度量研究变量考察的内容是否符合已有的概念和原理，多采用主观判断方式；构建效度分析是运用因子分析等方法检验测量的效度，吴明隆、林震岩等学者认为因子分析是检验构建效度的常用方法。衡量样本数据是否适合做因子分析，一般标准是：KMO 在 0.9 以上，非常适合做因子分析；KMO在0.8—0.9之间，很适合；KMO在0.7—0.8之间，适合；KMO在0.6—0.7，不太适合；KMO在0.5—0.6之间，很勉强；KMO在0.5以下，不适合。所以，一般情况下，KMO在0.7以上都适合做因子分析，0.5以上勉强能做，0.5以下不再适合做因子分析（马庆国，2002）[1]。

信度（Reliability）反映研究变量的一致性或稳定性程度，即不同测量工具或不同时点的数据误差，误差越小，说明样本数据的信度越高。检验样本数据信度的指标通常是Cronbach's α系数，用来衡量同一概念在不同项目间的一致性，检验同一概念组成量表题项的内在一致性程度，通常的标准是Cronbach's α系数超过0.70，作为样本数据的信度通过检验的分界点（李怀祖，2004），Cronbach's α系数在0.70—0.35之间还可以，低于0.35表明样本数据的信度没有通过检验。本研究对样本数据进行信度检验，也按照通常做法，通过测度每一个变量的Cronbach's α系数进行衡量。

三 层次回归分析

使用层次回归分析方法分析探讨学校晋升政策、教学工作评价、科研工作评价、学术环境评价、工作环境评价、教师个人科研、教师个人教学、教师流动原因、教师满意度几组变量之间的关系。多元线性回归分析用于对因变量与多个自变量之间的线性关系分析，与一般多元回归方法相比较，层次回归分析可以直接观察到，随着每一个自变量的增加，每个模型的R^2（解释力）的变化，因此能更直观地分析不同自变量对因变量的贡献程度，从而更方便地分析变量间的复杂关系。另外，对于变量间复杂的关系，其可为进一步的路径分析提供一个初始模型（G. T. M. Hult, D. J. Ketchen, M. Arrfelt, 2007）[2]。

---

[1] 马庆国：《管理统计：数据获取、统计原理、SPSS工具与应用研究》，科学出版社2002年版，第320页。

[2] G. T. M. Hult, D. J. Ketchen, M. Arrfelt, "Strategic Supply Chain Management: Improving Performance Through a Culture of Competitiveness and Knowledge Development", *Strategic Management Journal*, Vol. 28, No. 10, 2007.

第四节 小样本测试

从 2018 年 2 月份开始，本研究在山东大学、山东交通学院、济南大学等高校发放问卷 100 份，收集样本数据。经过统计回收有效问卷 68 份，有效回收率为 68%。将用这些样本对问卷进行测试，修订后以便进行大规模发放。

一 预测试检验标准

鉴于本研究中所使用的变量测量量表中包含多个条目，且这些变量的量表主要是源自于国内外文献，因此参考大多数研究者使用的问卷筛选标准，修正后题项总相关系数 CITC（Corrected - Item Total Correlation）对调查问卷做可靠性检验分析，来分析净化量表的测量题项，一般 CITC 值小于 0.30 的题项予以删除（张宏，2007；林枫，2011）；同时，题项删除后可以增加前面提到的 Cronbach's α 信度系数并提升整体信度的题项予以删除（马庆国，2002）。因此，采用修正后题项总相关系数 CITC 和 Cronbach's α 信度系数的判断原则，分别对各个研究变量的测量题项进行信度效度分析，对各个变量的测量量表进行修订与净化，以便得到正式调研问卷。

二 量表的预检验

（一）个人教育背景的信度和效度检验

1. 个人教育背景的 CITC 与信度分析

对于个人教育背景的测量，借鉴王杜春、方萌等的测量量表，设置了 12 个题项，将初始量表的所有题项进行信度检验，检验结果见表 10 - 6。

从表 10 - 6 中可以看出，所有题项—总体的相关系数（CITC）都大于 0.3，所有题项的内部一致性指数，也就是 Cronbach's α 系数，都超过 0.7。整体问卷和问卷中的各个维度的 Cronbach's α 系数值均大于 0.7，量表的 Cronbach's α 系数为 0.890，都能达到先前所制定的标准，调查问卷具有较高的内在一致性。

表 10-6 个人教育背景初始量表的 CITC 和信度分析

变量	CITC	删除项后的 Cronbach's α 值	量表总体 Cronbach α 系数
B01	0.575	0.882	
B02	0.494	0.886	
B03	0.520	0.885	
B04	0.364	0.894	
B05	0.436	0.890	
B06	0.581	0.882	0.890
B07	0.684	0.876	
B08	0.692	0.876	
B09	0.694	0.876	
B10	0.696	0.875	
B11	0.746	0.872	
B12	0.694	0.876	
	>0.3	>0.7	

资料来源：根据 SPSS23.0 输出结果整理。

2. KMO 值和 Bartlett's 球形检验

选用 KMO 指标和 Bartlett 球形统计值通过 SPSS23.0 对指标的构想效度进行检验，输出结果见表 10-7。从表 10-7 中结果可以看出，量表的 KMO 值为 0.868，大于 0.7，说明量表性质较佳；且 Bartlett 的球形检验的卡方值为 493.540（自由度 66），统计值显著性概率为 0.000，小于 0.001，拒绝虚无假设，因此相关题项指标适合做进一步的因子分析。

表 10-7 个人教育背景量表的 KMO 值和 Bartlett's 球形检验

KMO 取样适切性量数		0.868
巴特利特球形度检验	近似卡方	493.540
	自由度	66
	显著性	0.000

资料来源：根据 SPSS23.0 输出结果整理。

3. 探索性因子分析

个人教育背景的样本数据通过了信度和效度检验，然后利用主成分分析法对该研究变量的题项进行提取因素，因子样式矩阵和因子解释方差的结果（见表10-8），各题项的共同性均大于0.5，所对应的负荷见表10-8。因题项B06均匀分散在两个因子中，故删除该题项。经过最大化方差旋转后的共同因素的特征值分别为5.581，1.433，1.104，累计方差解释率为67.654%，每个因子载荷都超过0.5，按照大于0.4的标准，符合研究要求。从表10-8中可知，因子1主要解释了B10、B11、B12、B07、B08、B09六个题项，即这些题项归属于因子1；因子2主要解释了B02、B01两个题项，这些题项归属于因子2，因子3主要解释了B05、B04、B03三个题项，这些题项归属于因子3。以上结果与理论分析的结果相符，这里的因子1对应科研经历、经验维度，用科研经验命名；因子2对应专业知识维度，可用专业知识命名；因子3对应教学经历、经验维度，可用教学经验命名。

表10-8　　　　　个人教育背景量表的探索性因子分析结果

题项	因子载荷		
	F1	F2	F3
B10	0.824		
B11	0.822		
B12	0.795		
B07	0.787		
B08	0.751		
B09	0.743		
B02		0.817	
B01		0.777	
B05			0.781
B04			0.724
B03			0.584
B06		0.528	0.575
特征值	5.581	1.433	1.104
方差解释率	46.511	11.943	9.2
累计方差解释率	46.511	58.454	67.654

(二) 学校的晋升政策的量表信度分析

1. CITC 与信度分析

对于学校的晋升政策的测量,参考教育部《关于深化高校教师考核评价制度改革的指导意见》(2016),借鉴李兵帅的观点,设置了 14 个题项,首先将初始量表的全部题项做信度检验,输出结果见表 10-9 所示。

表 10-9　　　　学校的晋升政策量表的 CITC 和信度分析

变量	CITC	删除项后的 Cronbach's α 值	量表总体 Cronbach α 系数
C101	0.639	0.795	
C102	0.552	0.803	
C103	0.649	0.794	
C104	0.546	0.802	
C105	0.651	0.794	
C106	0.456	0.808	
C107	0.564	0.800	0.820
C108	0.169	0.828	
C109	-0.081	0.845	
C110	0.687	0.789	
C111	0.665	0.793	
C112	0.664	0.791	
C113	-0.021	0.838	
C114	0.151	0.827	
	>0.3	>0.7	

资料来源:根据 SPSS23.0 输出结果整理。

从表 10-9 中可以看出,C108、C109、C113、C114 的 CITC 低于 0.3,这四个题项删除,学校的晋升政策量表的其他各个题项的 CITC 值均较高,均高于 0.3,量表的 Cronbach α 系数为 0.820,都能达到先前所制定的标准,证明数据具有高度的内部一致性。

2. KMO 值和 Bartlett's 球形检验

检验各指标间的构想效度,继续选用 KMO 指标和 Bartlett 球形统计值对指标的构想效度进行效度检验,统计输出结果如表 10-10 所示。从输出结果可以发现,KMO 值为 0.876,大于 0.7,超过检测标准,而且 Bartlett

球形统计值显著性概率为 0.000，小于 0.001，因此相关题项指标适合做进一步的因子分析。

表 10-10　学校的晋升政策量表的 KMO 值和 Bartlett's 球形检验

KMO 取样适切性量数		0.876
巴特利特球形度检验	近似卡方	489.441
	自由度	45
	显著性	0.000

资料来源：根据 SPSS23.0 输出结果整理。

3. 探索性因子分析

学校的晋升政策量表通过了效度信度检验，然后利用主成分分析法对该变量的所有题项进行探索性因子分析，经过多次迭代得到 10 条题项的学校的晋升政策量表提取出 2 个因子，其特征值分别为 5.36、1.4048，累计方差解释率为 67.643%，每个因子载荷都超过 0.5，按照大于 0.4 的标准，符合研究要求。从表 10-11 中可知，因子 1 主要解释了 C101、C106、C103、C105、C102、C104、C107 七个题项，即这些题项归属于因子 1；因子 2 主要解释了 C111、C112、C110 三个题项，这些题项归属于因子 2，这里的因子 1 对应晋升政策合理性维度，用一般晋升政策命名；因子 2 对应分类晋升维度，可用差异晋升政策命名。

表 10-11　学校的晋升政策量表的探索性因子分析结果

变量/题项	因子载荷	
	F1	F2
C101	0.817	
C106	0.813	
C103	0.787	
C105	0.742	
C107	0.664	
C102	0.632	
C104	0.611	
C111		0.881

续表

变量/题项	因子载荷	
	F1	F2
C112		0.869
C110		0.814
特征值	5.36	1.404
方差解释率	53.605	14.038
累计方差解释率	53.605	67.643

（三）教学工作评价的信度和效度检验

1. 教学工作评价的 CITC 与信度分析

对于教学工作评价的测量，借鉴李俊、郭美玲、王仁高、张水玲、张恩盈、付沙、周航军、肖叶枝等学者的观点，设置了 10 个题项，对初始量表的所有题项做信度检验，检验结果为表 10-12 所示。

从表 10-12 中可以看出，C210 的题项—总体的相关系数（CITC）小于 0.3，所以删除此题项，其余所有题项的 CITC 都大于 0.3，同时，整体问卷的 Cronbach's α 系数值均大于 0.7，量表的 Cronbach's α 系数为 0.825，都能达到先前所制定的标准，调查问卷具有较高的内在一致性。

表 10-12　　**教学工作评价初始量表的 CITC 和信度分析**

变量	CITC	删除项后的 Cronbach's α 值	量表总体 Cronbach α 系数
C201	0.417	0.713	
C202	0.508	0.709	
C203	0.483	0.707	
C204	0.557	0.705	
C205	0.451	0.710	0.825
C206	0.394	0.715	
C207	0.477	0.710	
C208	0.456	0.709	
C209	0.509	0.704	
C210	-0.087	0.745	
	>0.3	>0.7	

资料来源：根据 SPSS23.0 输出结果整理。

2. KMO 值和 Bartlett's 球形检验

选用 KMO 指标和 Bartlett 球形统计值对变量指标的构想效度进行检验，输出结果见表 10-13 所示。从表 10-13 中结果可以看出，KMO 值为 0.906，超过检测标准 0.7，说明量表性质较佳；且 Bartlett 的球形检验的卡方值为 458.561（自由度 28），统计值显著性概率为 0.000，小于 0.001，拒绝虚无假设，因此相关题项指标适合做进一步的因子分析。

表 10-13　**教学工作评价量表的 KMO 值和 Bartlett's 球形检验**

KMO 取样适切性量数		0.906
巴特利特球形度检验	近似卡方	458.561
	自由度	28
	显著性	0.000

资料来源：根据 SPSS23.0 输出结果整理。

3. 探索性因子分析

教学工作评价量表通过了效度信度检验，然后利用主成分分析法对该变量的所有题项进行探索性因子分析，因子样式矩阵和因子解释方差的结果（见表 10-14），各题项的共同性均大于 0.5，所对应的负荷见表 10-14。经过最大化方差旋转后的共同因素的特征值为 5.338，累计方差解释率为 66.729%，每个因子载荷都超过 0.7，按照大于 0.4 的标准，符合研究要求。从表 10-14 中可知，通过探索性因子提出只提取了一个因子，解释了 C201、C202、C203、C205、C208、C204、C206、C207、C209 九个题项，即这些题项都归属于因子 1，这里的因子 1 对应教学工作评价维度，用教学评价标准命名。

表 10-14　**教学工作评价量表的探索性因子分析**

题项	因子载荷
	F1
C201	0.873
C202	0.861
C203	0.850
C205	0.820

题项	因子载荷
	F1
C208	0.815
C204	0.800
C206	0.780
C207	0.754
C209	0.753
特征值	5.338
方差解释率	66.729
累计方差解释率	66.729

(四) 科研工作评价的信度和效度检验

1. 科研工作评价的 CITC 与信度分析

对于科研工作评价的测量，借鉴于家杰的观点，设置了 10 个题项，对初始量表的所有题项做信度检验，检验结果如表 10-15 所示。

表 10-15　　　科研工作评价初始量表的 CITC 和信度分析

变量	CITC	删除项后的 Cronbach's α 值	量表总体 Cronbach α 系数
C301	0.754	0.889	
C302	0.762	0.889	
C303	0.807	0.886	
C304	0.800	0.888	
C305	0.781	0.887	0.905
C306	0.723	0.892	
C307	0.747	0.890	
C308	0.719	0.892	
C309	0.638	0.897	
C310	-0.045	0.934	
	>0.5	>0.7	

资料来源：根据 SPSS23.0 输出结果整理。

从表 10-15 的结果可以看出，除了 C310，其他所有题项—总体的相关系数（CITC）都大于 0.5，所有题项的内部一致性指数，也就是 Cronbach's α 系数，都大于 0.7，量表总体的 Cronbach's α 系数为 0.905，也就是说量表总体和量表的各个题项的 Cronbach's α 系数值均大于 0.7，都能达到先前所制定的标准，调查问卷具有较高的内在一致性。

2. KMO 值和 Bartlett's 球形检验

选用 KMO 指标和 Bartlett 球形统计值对科研工作评价指标的构想效度进行检验，输出结果如表 10-16 所示。从表 10-16 中结果可以看到，KMO 值为 0.910，大于 0.7，超过检测标准，说明量表性质较佳；且 Bartlett 的球形检验的卡方值为 2280.349（自由度 36），统计值显著性概率为 0.000，小于 0.001，拒绝虚无假设，因此相关题项指标适合做进一步的因子分析。

表 10-16　科研工作评价量表的 KMO 值和 Bartlett's 球形检验

KMO 取样适切性量数		0.910
巴特利特球形度检验	近似卡方	2280.349
	自由度	36
	显著性	0.000

资料来源：根据 SPSS23.0 输出结果整理。

3. 探索性因子分析

科研工作评价量表通过了效度信度检验，然后利用主成分分析法对该变量的题项进行探索性因子分析，因子样式矩阵和因子解释方差的结果（见表 10-17），各题项的共同性均大于 0.5，所对应的负荷见表 10-8。经过最大化方差旋转后的共同因素的特征值为 5.940，累计方差解释率为 66.003%，每个因子载荷都超过 0.5，按照大于 0.4 的标准，符合研究要求。从表 10-17 中可知，通过探索性因子提出只提取了一个因子，解释了 C303、C304、C305、C302、C301、C307、C308、C306、C309 九个题项，即这些题项归属于因子 1；这里的因子对应科研工作评价维度，用科研评价标准命名。

表10-17　　科研工作评价量表的探索性因子分析

题项	因子载荷 F1
C303	0.856
C304	0.840
C305	0.834
C302	0.833
C301	0.830
C307	0.815
C308	0.791
C306	0.777
C309	0.727
特征值	5.940
方差解释率	66.003
累计方差解释率	66.003

资料来源：作者根据SPSS23.0输出结果整理；主成分分析法，基于特征值大于1；最大方差法。

（五）学术环境评价的信度和效度检验

1. 学术环境评价的CITC与信度分析

对于学术环境评价的测量，借鉴钱程的观点，设置了13个题项，对初始量表的所有题项进行信度检验，输出结果见表10-18所示。

从表10-18的结果可以看出，问卷中所有题项的题项—总体的相关系数（CITC）都大于0.5，所有题项的内部一致性指数，都大于0.7，量表的Cronbach's α 系数为0.938，大于0.7，量表总体和问卷中的各个题项的Cronbach's α 系数值都大于0.7，都能达到先前所制定的标准，调查问卷具有较高的内在一致性。

2. KMO值和Bartlett's球形检验

选用KMO指标和Bartlett球形统计值对学术环境评价指标的构想效度进行检验，输出结果如表10-19所示。从表10-19中结果可以看到，KMO值为0.926，大于0.7，超过检测标准，说明量表性质较佳；且Bartlett的球形检验的卡方值为2917.043（自由度78），统计值显著性概率为0.000，小于0.001，拒绝虚无假设，因此相关题项指标适合做进一步的因子分析。

表10-18　学术环境评价初始量表的CITC和信度分析

变量	CITC	删除项后的Cronbach's α 值	量表总体Cronbach α 系数
C401	0.665	0.933	
C402	0.778	0.929	
C403	0.798	0.929	
C404	0.629	0.934	
C405	0.667	0.933	
C406	0.704	0.932	
C407	0.679	0.932	0.938
C408	0.777	0.929	
C409	0.714	0.931	
C410	0.778	0.929	
C411	0.625	0.934	
C412	0.631	0.934	
C413	0.752	0.930	
	>0.5	>0.7	

资料来源：根据SPSS23.0输出结果整理。

表10-19　学术环境评价量表的KMO值和Bartlett's球形检验

KMO取样适切性量数		0.926
巴特利特球形度检验	近似卡方	2917.043
	自由度	78
	显著性	0.000

资料来源：根据SPSS23.0输出结果整理。

3. 探索性因子分析

学术环境评价量表通过了信度效度检验，然后利用主成分分析法对该变量的题项进行提取因素分析，因子样式矩阵和因子解释方差的结果（见表10-20），各题项的共同性均大于0.5，所对应的负荷见表10-20。经过最大化方差旋转后的共同因素的特征值分别为7.476，1.107，累计方差解释率为 66.021%，每个因子载荷都超过 0.5，按照大于 0.4 的标准，符合研究要求。从表 10-20 中可知，因子 1 主要解释了 C406、C407、C403、C405、C402、C408、C410、C401、C409、C404 十个题项，即这些题项归属于因子 1；因子 2 主要解释了 C411、C412、C413 三个题项，这些题项归属于因子 2，这里的因子 1 对应学术氛围与学术合作维度，用学术氛围命名；因子 2 对应学术惩罚维度，可用学术不端惩罚命名。

表 10-20　　　　学术环境评价量表的探索性因子分析

题项	因子载荷	
	F1	F2
C406	0.837	
C407	0.802	
C403	0.724	
C405	0.721	
C402	0.715	
C408	0.679	
C410	0.672	
C401	0.643	
C409	0.616	
C404	0.574	
C411		0.886
C412		0.848
C413		0.686
特征值	7.476	1.107
方差解释率	57.504	8.516
累计方差解释率	57.504	66.021

（六）工作环境评价的信度和效度检验

1. 工作环境评价的 CITC 与信度分析

对于工作环境评价的测量，借鉴肖薇、罗瑾琏，钟晓华等学者的观点，设置了 12 个题项，对初始量表的所有题项进行信度检验，检验结果见

表 10 – 21。

表 10 – 21　　工作环境评价初始量表的 CITC 和信度分析

变量	CITC	删除项后的 Cronbach's α 值	量表总体 Cronbach α 系数
C501	0.785	0.942	
C502	0.824	0.941	
C503	0.681	0.945	
C504	0.732	0.944	
C505	0.799	0.941	
C506	0.827	0.941	0.948
C507	0.832	0.940	
C508	0.829	0.940	
C509	0.692	0.945	
C510	0.706	0.945	
C511	0.598	0.948	
C512	0.754	0.943	
	>0.5	>0.7	

资料来源：根据 SPSS23.0 输出结果整理。

从表 10 – 21 的结果可以看出，工作环境评价的所有题项的题项—总体的相关系数（CITC）都大于 0.5，所有题项的内部一致性指数，即 Cronbach's α 系数，都大于 0.7，量表的 Cronbach's α 系数为 0.948，即整体问卷的 Cronbach's α 系数值和每个题项的 Cronbach's α 系数值均大于 0.7，都能达到先前所制定的标准，调查问卷具有较高的内在一致性。

2. KMO 值和 Bartlett's 球形检验

选用 KMO 指标和 Bartlett 球形统计值对工作环境评价指标的构想效度进行检验，输出结果如表 10 – 22 所示。从表 10 – 22 中结果可以看到，KMO 值为 0.945 大于 0.7，超过检测标准，说明量表性质较佳；且 Bartlett 的球形检验的卡方值为 3158.628（自由度 66），统计值显著性概率为 0.000，小于 0.001，拒绝虚无假设，因此相关题项指标适合做进一步的因子分析。

表10-22　工作环境评价量表的 KMO 值和 Bartlett's 球形检验

KMO 取样适切性量数		0.945
Bartlett 球形检验	近似卡方	3158.628
	自由度	66
	显著性	0.000

资料来源：根据SPSS23.0输出结果整理。

3. 探索性因子分析

工作环境评价量表通过了效度信度检验，然后利用主成分分析法对该变量的题项进行提取因素，因子样式矩阵和因子解释方差的结果（见表10-23），各题项的共同性均大于0.5，所对应的负荷见表10-23。经过最大化方差旋转后的共同因素的特征值为7.688，累计方差解释率为64.066%，每个因子载荷都超过0.6，按照大于0.5的标准，符合研究要求，通过探索性因子提取只有一个因子，解释了12个题项，这里的因子对应工作环境评价维度，用工作环境评价命名。

表10-23　工作环境评价量表的探索性因子分析结果

题项	因子载荷
	F1
C507	0.868
C506	0.866
C508	0.865
C502	0.860
C505	0.844
C501	0.830
C512	0.795
C504	0.785
C510	0.745
C503	0.734
C509	0.733
C511	0.645
特征值	7.688

续表

题项	因子载荷
	F1
方差解释率	64.066
累计方差解释率	64.066

（七）教师个人科研的信度和效度检验

1. 教师个人科研的 CITC 与信度分析

对于个人科研的测量，借鉴王丽丽，陈威燕、李强、王智宁等学者的观点，设置了 15 个题项，对初始量表的所有题项进行信度检验，检验后的输出结果见表 10-24 所示。

表 10-24　　　　教师个人科研初始量表的 CITC 和信度分析

变量	CITC	删除项后的 Cronbach's α 值	量表总体 Cronbach α 系数
D101	0.564	0.884	
D102	0.611	0.882	
D103	0.627	0.881	
D104	0.672	0.880	
D105	0.654	0.881	
D106	0.692	0.879	
D107	0.685	0.879	
D108	0.656	0.880	0.898
D109	0.662	0.880	
D110	0.580	0.883	
D111	0.542	0.885	
D112	0.697	0.878	
D113	0.627	0.881	
D114	0.273	0.898	
D115	0.076	0.906	
	>0.5	>0.7	

资料来源：根据 SPSS23.0 输出结果整理。

从表 10-24 中可以看出，D114、D115 两个题项的题项—总体的相关系数（CITC）低于 0.3，所以删除者两个题项，其余所有题项的 CITC 都大于 0.5，同时，整体问卷的 Cronbach's α 系数值均大于 0.7，量表的 Cronbach's α 系数为 0.898，都能达到先前所制定的标准，调查问卷具有较高的内在一致性。

2. KMO 值和 Bartlett's 球形检验

选用 KMO 指标和 Bartlett 球形统计值对个人科研指标的构想效度进行检验，输出结果如表 10 - 25 所示。从表 10 - 25 中的结果可以看到，KMO 值为 0.916，大于 0.7，超过检测标准，说明量表性质较佳；且 Bartlett 的球形检验的卡方值为 2262.265（自由度 78），统计值显著性概率为 0.000，小于 0.001，拒绝虚无假设，因此相关题项指标适合做进一步的因子分析。

表 10 - 25　　教师个人科研量表的 KMO 值和 Bartlett's 球形检验

KMO 取样适切性量数		0.916
Bartlett 球形检验	近似卡方	2262.265
	自由度	78
	显著性	0.000

资料来源：根据 SPSS23.0 输出结果进行整理。

3. 探索性因子分析

教师个人科研量表通过了效度信度检验，然后利用主成分分析法对该变量的所有题项进行探索性因子分析，因子样式矩阵和因子解释方差的结果（见表 10 - 26），各题项的共同性均大于 0.5，所对应的负荷见表 10 - 26。因题项 D102 均匀分散在两个因子中，故删除该题项。经过最大化方差旋转后的共同因素的特征值分别为 6.606，1.1614，累计方差解释率为 59.746%，每个因子载荷都超过 0.6，按照大于 0.4 的标准，符合研究要求。从表 10 - 26 中可知，因子 1 主要解释了 D106、D107、D108、D104、D103、D109、D105 七个题项，即这些题项归属于因子 1；因子 2 主要解释了 D111、D112、D110、D101、D113 五个题项，这些题项归属于因子 2。以上结果与理论分析的结果相符，这里的因子 1 对应科研能力维度，用科研能力命名；因子 2 对应科研兴趣、态度、价值维度，可用科研价值命名。

表 10-26　　教师个人科研量表的探索性因子分析结果

题项	因子载荷	
	F1	F2
D106	0.814	
D107	0.788	
D108	0.763	
D104	0.730	
D103	0.691	
D109	0.666	
D105	0.632	
D102	0.494	0.470
D111		0.804
D112		0.789
D110		0.658
D101		0.653
D113		0.636
特征值	6.606	1.161
方差解释率	50.818	8.928
累计方差解释率	50.818	59.746

资料来源：作者根据 SPSS23.0 输出结果进行整理；主成分分析法，基于特征值大于 1；最大方差法。

（八）教师个人教学的信度和效度检验

1. 教师个人教学的 CITC 与信度分析

对于教师个人教学的测量，借鉴了程道品、黎雅婷、周景坤、金利、吴静，刘兴凤等学者的观点，设置了 15 个题项，对初始量表的所有题项进行信度检验，检验后的统计输出结果见表 10-27。

从表 10-27 中可以看出，题项 D214、D215 的所有题项—总体的相关系数（CITC）低于 0.3，所以删除这两个题项，其余题项的 CITC 都大于 0.5，教师个人教学量表所有题项的内部一致性指数都大于 0.7，量表的 Cronbach's α 系数为 0.904，大于 0.7，量表总体和量表中的各个题项的

Cronbach's α 系数值都超过 0.7，都能达到先前所制定的标准，调查问卷具有较高的内在一致性。

表 10－27　　教师个人教学初始量表的 CITC 和信度分析

变量	CITC	删除项后的 Cronbach's α 值	量表总体 Cronbach α 系数
D201	0.535	0.876	
D202	0.703	0.869	
D203	0.689	0.870	
D204	0.538	0.876	
D205	0.722	0.867	
D206	0.680	0.871	
D207	0.673	0.871	
D208	0.684	0.870	0.904
D209	0.602	0.873	
D210	0.591	0.873	
D211	0.683	0.870	
D212	0.689	0.871	
D213	0.679	0.871	
D214	0.126	0.900	
D215	0.139	0.901	
	>0.5	>0.7	

资料来源：根据 SPSS23.0 输出结果整理。

2. KMO 值和 Bartlett's 球形检验

选用 KMO 指标和 Bartlett 球形统计值对教师个人教学指标的构想效度进行检验，输出结果如表 10－28 所示。从表 10－28 中的结果可以看到，KMO 值为 0.926，大于 0.7，超过检测标准，说明量表性质较佳；且 Bartlett 的球形检验的卡方值为 2597.981（自由度 78），统计值显著性概率为 0.000，小于 0.001，拒绝虚无假设，因此相关题项指标适合做进一步的因子分析。

表 10 – 28　　教师个人教学量表的 KMO 值和 Bartlett's 球形检验

KMO 取样适切性量数		0.926
巴特利特球形度检验	近似卡方	2597.981
	自由度	78
	显著性	0.000

资料来源：根据 SPSS23.0 输出结果进行整理。

3. 探索性因子分析

教师个人教学量表通过了效度信度检验，然后利用主成分分析法对该变量的所有题项进行提取因素，因子样式矩阵和因子解释方差的结果（见表 10 – 29），各题项的共同性均大于 0.5，所对应的负荷见表 10 – 29。经过最大化方差旋转后的共同因素的特征值分别为 7.056, 1.186, 累计方差解释率为 63.403%，每个因子载荷都超过 0.5, 按照大于 0.4 的标准，符合研究要求。从表 10 – 29 中可知，因子 1 主要解释了 D201、D203、D207、D202、D205、D206、D208、D209 八个题项，即这些题项归属于因子 1；因子 2 主要解释了 D210、D211、D204、D212、D213 五个题项，这些题项归属于因子 2，以上结果与理论分析的结果相符，这里的因子 1 对应教学能力和教学方法维度，用教学能力命名；因子 2 对应教学效果维度，可用教学效果命名。

表 10 – 29　　教师个人教学量表的探索性因子分析结果

题项	因子载荷	
	F1	F2
D201	0.844	
D203	0.785	
D207	0.754	
D202	0.753	
D205	0.722	
D206	0.713	
D208	0.657	
D209	0.618	

续表

题项	因子载荷 F1	因子载荷 F2
D210		0.825
D211		0.717
D204		0.677
D212		0.600
D213		0.594
特征值	7.056	1.186
方差解释率	54.277	9.125
累计方差解释率	54.277	63.403

（九）教师流动原因的信度和效度检验

1. 教师流动（跳槽的）原因的 CITC 与信度分析

对于教师流动（跳槽）原因的测量，借鉴戴建波、刘锐剑、孙敬霞等学者的观点，设置了 9 个题项，对初始量表的所有题项进行信度检验，检验的统计结果见表 10-30 所示。

表 10-30　　教师流动原因初始量表的 CITC 和信度分析

变量	CITC	删除项后的 Cronbach's α 值	量表总体 Cronbach α 系数
E30	0.461	0.809	0.822
E31	0.597	0.792	
E32	0.517	0.802	
E33	0.624	0.789	
E34	0.487	0.806	
E35	0.554	0.798	
E36	0.558	0.797	
E37	0.497	0.805	
E38	0.405	0.816	
	>0.3	>0.7	

资料来源：根据 SPSS23.0 输出结果整理。

从表10-30中的结果可以看出,教师流动原因量表的所有题项的题项—总体的相关系数(CITC)都大于0.4,所有题项的内部一致性指数(Cronbach's α 系数)数值都大于0.7,量表的 Cronbach's α 系数为0.822,也大于0.7。流动量表总体和量表中的各个题项的 Cronbach's α 系数值都超过了0.7,都能达到先前所制定的标准,调查问卷具有较高的内在一致性。

2. KMO 值和 Bartlett's 球形检验

选用 KMO 指标和 Bartlett 球形统计值对教师流动指标的构想效度进行检验,检验的统计结果如表10-31所示。从表10-31中的结果可以看到,KMO 值为0.798,大于0.7,超过检测标准,说明量表性质较佳;且 Bartlett 的球形检验的卡方值为964.769(自由度36),统计值显著性概率为0.000,小于0.001,拒绝虚无假设,因此教师流动原因量表的相关题项指标可以进行探索性因子分析。

表10-31 教师流动原因量表的 KMO 值和 Bartlett's 球形度检验

KMO 取样适切性量数		0.798
巴特利特球形度检验	近似卡方	964.769
	自由度	36
	显著性	0.000

资料来源:根据 SPSS23.0 输出结果整理。

3. 探索性因子分析

教师流动原因量表通过了效度信度检验,然后利用主成分分析法对该变量的所有题项进行提取因素,因子样式矩阵和因子解释方差的结果(见表10-32),各题项的共同性均大于0.5,所对应的负荷见表10-32。因题项 E32 均匀分散在两个因子中,故删除该题项。经过最大化方差旋转后的共同因素的特征值分别为3.75,1.329,累计方差解释率为56.424%,每个因子载荷都超过0.5,按照大于0.4的标准,符合研究要求。从表10-32中可知,因子1主要解释了 E31、E33、E34、E35、E30 五个题项,即这些题项归属于因子1;因子2主要解释了 E36、E37、E38 三个题项,这里的因子1对应学术环境与薪酬福利维度,用工作激励命名;因子2对应家人团聚等维度,可用家庭因素命名。

表10-32　　　教师流动原因量表的探索性因子分析结果

项目	因子载荷	
	F1	F2
E31	0.779	
E33	0.777	
E34	0.710	
E35	0.707	
E30	0.630	
E36		0.871
E37		0.838
E38		0.610
E32	0.438	0.469
特征值	3.75	1.329
方差解释率	41.662	14.762
累计方差解释率	41.662	56.424

（十）教师满意度的信度和效度检验

1. 教师满意度的CITC与信度分析

对于教师满意度的测量，借鉴郭名、王文姣、强光昊、张安富、刘兴凤等学者的观点，设置了12个题项，对初始量表的所有题项进行信度检验，检验的统计结果见表10-33所示。

从表10-33中的结果可以发现，教师满意度所有题项的题项—总体的相关系数（CITC）都大于0.5，所有题项度的内部一致性指数，即Cronbach's α系数，都大于0.7，量表的Cronbach's α系数为0.943，也大于0.7。因此，教师满意度量表总体和量表中的各个题项的Cronbach's α系数值都超过了0.7，都能达到先前所制定的标准，调查问卷具有较高的内在一致性。

2. KMO值和Bartlett's球形检验

选用KMO指标和Bartlett球形统计值对教师满意度指标的构想效度进行检验，输出结果如表10-34所示。从表10-34中的结果可以看到，KMO值为0.934，大于0.7，超过检测标准，说明量表性质较佳；且Bartlett的球形检验的卡方值为3025.269（自由度66），统计值显著性概率为

0.000，小于0.001，拒绝虚无假设，因此相关题项指标适合做进一步的因子分析。

表 10-33　　**教师满意度初始量表的 CITC 和信度分析**

变量	CITC	删除项后的 Cronbach's α 值	量表总体 Cronbach α 系数
F01	0.752	0.937	
F02	0.736	0.937	
F03	0.821	0.934	
F04	0.707	0.938	
F05	0.789	0.935	
F06	0.745	0.937	0.943
F07	0.804	0.935	
F08	0.751	0.937	
F09	0.721	0.938	
F10	0.673	0.940	
F11	0.590	0.942	
F12	0.755	0.937	
	>0.5	>0.7	

资料来源：根据 SPSS23.0 输出结果整理。

表 10-34　　**教师满意度量表的 KMO 值和 Bartlett's 球形检验**

KMO 取样适切性量数		0.934
巴特利特球形度检验	近似卡方	3025.269
	自由度	66
	显著性	0.000

资料来源：根据 SPSS23.0 输出结果整理。

3. 探索性因子分析

教师满意度量表通过了效度信度检验，然后利用主成分分析法对该变量的所有题项进行提取因素，因子样式矩阵和因子解释方差的结果（见表 10-35），各题项的共同性均大于 0.5，所对应的负荷见表 10-35。因题项 F12 均匀分散在两个因子中，故删除该题项。经过最大化方差旋转后的共同因素的特征值分别为 7.403、1.155，累计方差解释率为 71.32%，每个因子载荷都超过0.5，按照大于0.4的标准，符合研究要求。从表10-35中可知，因子1主要解释了F03、F01、F04、F05、F07、F08、F02、F06八个题项，即这些题项归属于因子1；因子2主要解释了F10、F09、F11三个题项，这些题项归属于因子2，这里的因子1对应考核政策与考核制度维度，用政策满意度命名；因子2工作环境与工作氛围满意读维度，可用工作环境命名。

表10-35　　　　教师满意度量表的探索性因子分析结果

项目	因子载荷 F1	F2
F03	0.875	
F01	0.824	
F04	0.803	
F05	0.783	
F07	0.746	
F08	0.740	
F02	0.704	
F06	0.678	
F12	0.595	0.541
F10		0.887
F09		0.841
F11		0.755
特征值	7.403	1.155
方差解释率	61.695	9.626
累计方差解释率	61.695	71.32

三　正式量表的确定

通过对问卷所有量表进行效度信度检验，以及探索性因子分析，对问卷不合理的题项进行了删除，然后与团队成员进行讨论，征询相关专家意见，对问卷用词等进行斟酌、讨论、修订，最终形成正式量表，见附录1所示。

第十一章

大学教师流动与评价的实证分析

在第十章，对个人教育背景、学校晋升政策、教学工作评价、科研工作评价、学术环境评价、工作环境评价、教师个人科研与教学、教师流动原因、教师满意度等相关指标进行了问卷设计和小样本测试，本章通过调查问卷获取的实际数据来分析探讨个人教育背景、学校晋升政策、教学工作评价、科研工作评价、学术环境评价、工作环境评价、教师个人科研与教学、教师流动原因、教师满意度之间的关系，对问卷调查所获得的数据，将进行样本的描述性统计分析、数据的信度与效度分析、变量间的相关分析、回归分析等统计分析，探讨相关内容的内在联系。本研究所使用的统计分析软件为SPSS23.0版，用于描述性统计、信度及效度分析和回归分析等。

第一节 研究数据的收集与描述

一 数据收集

本研究采用向高校教师发放调查问卷的方式收集数据。问卷采取了较灵活的设计，考虑到所需信息需要真实、全面的事实，所以在问卷应答者选取方面，只对高校教师专业技术职务的人员进行发放。在区域选取方面，涵盖山东省普通本科院校。在渠道选取方面，考虑到数据的可靠性和代表性，采用多渠道、多途径的方式进行问卷发放和回收，具体有以下几种方法：

问卷发放和回收具体的方法：①借助课题组成员的关系，到各高校找相关人员访谈并发放问卷，发放问卷100份，收回80份，共68份有效问卷，有效率 68%；②通过各高校教务处长、人事处处长等委托进行问卷发放 150 份，回收 122 份，有效问卷 96 份；③通过在高校工作的同学、家人、朋友等帮助，让他们借助问卷星平台向高校教师发放问卷，以及课题组向认识的高校教师通过微信好友发送问卷星链接，通过问卷星一共收回问卷 220 份，有效问卷 172 份；④通过参加各种会议发放问卷 300 份，回收 120 份，有效问卷 55 份。

样本搜集时间：样本数据的搜集来源于三个时间段，2018 年 7—9 月共收集有效样本数据为 105 份，2018 年 11 月—2018 年 12 月共收集有效样本 106 份，2019 年 5 月—2019 年 7 月收集有效样本 112 份，最终共得到有效问卷 323 份。用作分析样本为 323 份，符合理论研究中对有效问卷的要求。

表 11-1　　　　　　　　　问卷的发放和回收情况

发放方式	委托	问卷星	会议	总计
发放数量（份）	150	—	300	—
回收数量（份）	122	220	120	
有效问卷数量（份）	96	172	55	323

二　个人基本情况统计分析

个人基本情况具体统计信息见表 11-2。除了 A14 从事讲学、写作、咨询、审稿、书画等劳务所得的收入选择 2 万元以下的样本比例占 84.52%，峰度和偏度出现极端，其余所有样本数据峰度绝对值小于 4，呈现正态分布，符合研究要求。

表 11-2　　　　　　　　　个人基本情况统计

	最小值	最大值	平均值	标准差	方差	偏度	峰度
A01	1	4	2.00	0.994	0.988	0.255	-1.486
A02	1	4	2.82	0.607	0.368	-2.246	3.547
A03	1	8	3.72	1.480	2.191	0.147	-0.450
A04	1	3	2.53	0.564	0.318	-0.699	-0.538
A05	1	13	7.66	2.949	8.697	-0.495	-0.794
A06	1	10	5.80	2.374	5.634	0.014	-0.985
A07	1	2	1.50	0.501	0.251	-0.012	-2.012

续表

	最小值	最大值	平均值	标准差	方差	偏度	峰度
A08	1	2	1.72	0.448	0.201	−1.005	−0.997
A09	1	6	2.96	0.737	0.544	−0.593	3.343
A10	1	7	3.18	1.215	1.475	0.826	1.597
A11	1	4	2.83	1.087	1.181	−0.659	−0.845
A12	1	4	2.91	1.031	1.063	−0.705	−0.617
A13	1	6	2.29	1.153	1.329	1.155	1.211
A14	1	6	1.26	0.792	0.628	4.305	20.729
A15	1	4	2.49	0.825	0.681	−0.020	−0.528
A16	1	4	1.63	0.815	0.664	1.191	0.749

通过问卷进行统计，被调查者的个人基本信息情况见表11-3。最高学历是985院校毕业的人数占45.2%，比例最大，其次是一般本科院校；毕业后工作的高校主要是一般本科院校，占86.07%，也就是说在原985和原211院校就读的学生毕业后大多在一般本科院校工作；年龄在36-50岁之间的人数较多，占67.69%；最高学位硕士及以上的人数占96.6%，博士占56.66%，学历和学位平均较高；从职称来看，教授、副教授、讲师每个层次的低档人数较多，其中副教授七级比例最大；被调查者中男性与女性比例相当，女性占50.46%；从家庭构成来看，主要是3—4口之家，占72.76%；主要工作重心和主要工作兴趣情况差不多，主要是教学和科研兼顾，两者兼顾、教学为主相对多一些；从税后工资来看，收入不高，税后收入8万元以下占23.84%，8-12万元占44.58%，大部分教师税后收入在12万元以下；从事讲学、写作、咨询、审稿、书画等劳务所得的收入84.52%的被调查者收入在2万元以下，总体收入不高。

表11-3　　　　　　　　个人基本情况汇总分析

	选项	小计	比例
最高学历毕业的院校	原985院校	146	45.2%
	原211院校	44	13.62%
	一般本科院校	120	37.15%
	国外院校	13	4.02%

续表

	选项	小计	比例
所在学校	原985院校	28	8.67%
	原211院校	10	3.1%
	一般本科院校	278	86.07%
	其他	7	2.17%
年龄	30岁及以下	21	6.5%
	31—35岁	48	14.86%
	36—40岁	82	25.39%
	41—45岁	67	20.74%
	46—50岁	69	21.36%
	51—55岁	28	8.67%
	56—60岁	6	1.86%
	61岁及以上	2	0.62%
最高学位	学士	11	3.41%
	硕士	129	39.94%
	博士	183	56.66%
学科	哲学	5	1.55%
	经济学	17	5.26%
	法学	12	3.72%
	教育学	37	11.46%
	文学	12	3.72%
	历史学	3	0.93%
	理学	36	11.15%
	工学	89	27.55%
	农学	3	0.93%
	医学	15	4.64%
	管理学	92	28.48%
	艺术学	1	0.31%
	军事学	1	0.31%
职称	教授二级	6	1.86%
	教授三级	14	4.33%
	教授四级	64	19.81%

续表

	选项	小计	比例
职称	副教授五级	17	5.26%
	副教授六级	30	9.29%
	副教授七级	79	24.46%
	讲师八级	34	10.53%
	讲师九级	12	3.72%
	讲师十级	53	16.41%
	助教十一级	14	4.33%
性别	男	160	49.54%
	女	163	50.46%
在单位担任行政职务	是	89	27.55%
	否	234	72.45%
家庭构成	未婚	23	7.12%
	夫妻二人	19	5.88%
	三/四口之家	235	72.76%
	已婚与孩子、父母同住	43	13.31%
	离异无需抚养孩子	1	0.31%
	离异需抚养孩子	2	0.62%
主要工作重心	主要是教学	68	21.05%
	主要是研究	17	5.26%
	两者兼有，但是倾向教学	138	42.72%
	两者兼有，但是倾向研究	100	30.96%
主要工作兴趣	主要是教学	52	16.1%
	主要是研究	31	9.6%
	两者兼有，但是倾向教学	135	41.8%
	两者兼有，但是倾向研究	105	32.51%
全年工资、奖金、津贴，扣除个人所得税和五险一金以后的金额	8万元以下	77	23.84%
	8—12万元	144	44.58%
	13—16万元	58	17.96%
	17—20万元	23	7.12%
	21—24万元	15	4.64%
	24万元以上	6	1.86%

续表

	选项	小计	比例
从事讲学、写作、咨询、审稿、书画等劳务所得的收入	2万元以下	273	84.52%
	2—4万元	35	10.84%
	4—6万元	5	1.55%
	6—10万元	4	1.24%
	10—15万元	1	0.31%
	15万元以上	5	1.55%
个人收入占个人家庭收入的百分比	30%以下	36	11.15%
	30%—50%	125	38.7%
	50%—80%	129	39.94%
	80%以上	33	10.22%
夫妻双方父母的经济支出占个人年收入的百分比	10%以下	176	54.49%
	10%—20%	101	31.27%
	20%—30%	33	10.22%
	30%以上	13	4.02%

三 教学评价主体和评价指标分析

（一）各学校的教学评价主体

通过调查发现（表11-4，图11-1），样本学校的教学评价主体主要有学生（90.09%）、教学督导（82.97%）、校内同行（59.13%）、校院系行政领导（58.51%）。

表11-4　　　　　　　　　教学评价主体

选项	小计	比例
没人评价	8	2.48%
学生	291	90.09%
校内同行	191	59.13%
校外同行	37	11.46%
校院系行政领导	189	58.51%
教学督导	268	82.97%
校友	17	5.26%
自我评价	86	26.63%

续表

选项	小计	比例
中介组织	11	3.41%
其他	9	2.79%
合计	323	100%

通过调查发现（表11-5，图11-1），样本学校比较认可的教学评价主体主要有学生（65.94%）、校内同行（56.97%）、教学督导（34.98%）、校外同行（30.65%）。

表11-5　　　　　　　　评价教学主体的认同度

选项	小计	比例
没人评价	6	1.86%
学生	213	65.94%
校内同行	184	56.97%
校外同行	99	30.65%
校院系行政领导	39	12.07%
教学督导	113	34.98%
校友	43	13.31%
自我评价	83	25.7%
中介组织	32	9.91%
其他	11	3.41%
合计	323	100%

从调查统计结果看，各高校都比较认可的教学评价主体主要有学生、校内同行、教学督导。

（二）教学评价指标的重要性

教学评价指标主要有：课时数、学生到课率、学生考试通过率、学生评教结果、同行专家评价结果、课外指导学生时间、教改论文发表、教学奖励、其他，具体分析见表11-6和表11-7。

学校的教学评价主体

90.09% 学生
59.13% 校内同行
11.46% 校外同行
58.51% 校院系行政领导
82.97% 教学督导
5.26% 校友
26.63% 自我评价
3.41% 中介组织
2.79% 其他
2.48% 没人评价

教师认可的教学评价主体

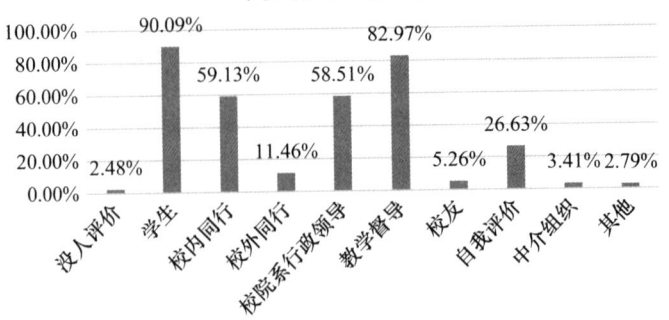

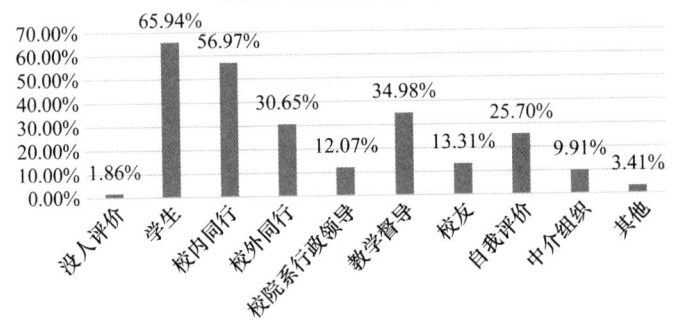

65.94% 学生
56.97% 校内同行
30.65% 校外同行
12.07% 校院系行政领导
34.98% 教学督导
13.31% 校友
25.70% 自我评价
9.91% 中介组织
3.41% 其他
1.86% 没人评价

图 11 - 1 学校的教学评价主体和教师认可的教学评价主体

表 11 - 6　　　　　教学评价指标的描述性分析

	最小值	最大值	平均值	标准差	方差	偏度	峰度
C21201	1	5	2.39	0.971	0.943	0.422	-0.140
C21202	1	5	2.15	0.835	0.696	0.420	-0.146
C21203	1	5	2.57	0.952	0.906	0.383	0.061
C21204	1	5	2.30	0.928	0.860	0.584	0.336
C21205	1	5	1.96	0.741	0.550	0.664	1.101
C21206	1	5	2.37	0.792	0.627	0.444	0.389
C21207	1	5	2.63	0.926	0.858	0.404	0.118
C21208	1	5	2.40	0.913	0.833	0.532	0.498
C21209	1	5	2.76	0.962	0.926	0.206	0.362

由表 11-6 可以看出，本研究的数据偏度绝对值小于 3，峰度绝对值小于 4，符合正态分布，可以进行下一步的分析。

从表 11-7 和图 11-2 的统计数据可以看出，教学评价指标认可度比较高的指标主要有同行专家评价结果（重要性占 80.81%）、学生到课率（69.35%）、学生评教结果（61.90%）、课外指导学生时间（60.07%）、教学奖励（56.35%）。

表 11-7　　　　　　　　　教学评价指标的重要性认识

题目\选项	非常重要	重要	一般	不重要	非常不重要
课时数	59（18.27%）	124（38.39%）	102（31.58%）	30（9.29%）	8（2.48%）
学生到课率	70（21.67%）	154（47.68%）	80（24.77%）	18（5.57%）	1（0.31%）
学生考试通过率	38（11.76%）	118（36.53%）	122（37.77%）	33（10.22%）	12（3.72%）
学生评教结果	60（18.58%）	140（43.34%）	95（29.41%）	20（6.19%）	8（2.48%）
同行专家评价结果	84（26.01%）	177（54.8%）	55（17.03%）	5（1.55%）	2（0.62%）
课外指导学生时间	34（10.53%）	160（49.54%）	106（32.82%）	20（6.19%）	3（0.93%）
教改论文发表	29（8.98%）	122（37.77%）	125（38.7%）	35（10.84%）	12（3.72%）
教学奖励	48（14.86%）	134（41.49%）	114（35.29%）	17（5.26%）	10（3.1%）
其他	34（10.53%）	75（23.22%）	169（52.32%）	25（7.74%）	20（6.19%）

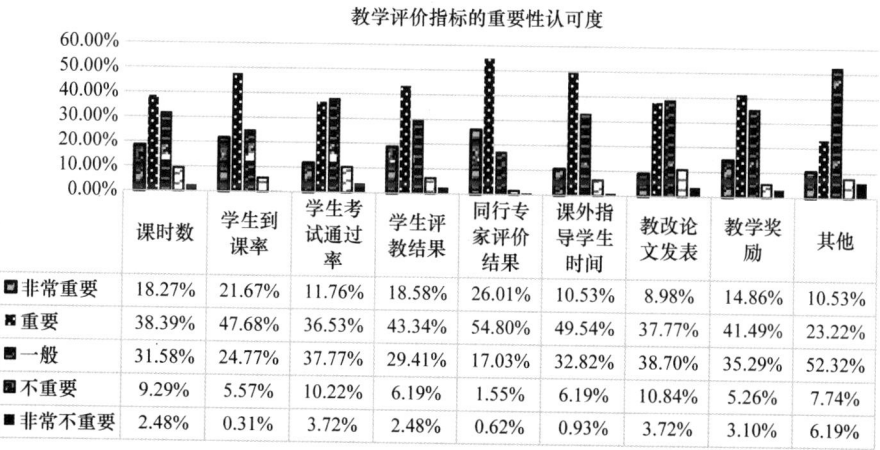

教学评价指标的重要性认可度

	课时数	学生到课率	学生考试通过率	学生评教结果	同行专家评价结果	课外指导学生时间	教改论文发表	教学奖励	其他
非常重要	18.27%	21.67%	11.76%	18.58%	26.01%	10.53%	8.98%	14.86%	10.53%
重要	38.39%	47.68%	36.53%	43.34%	54.80%	49.54%	37.77%	41.49%	23.22%
一般	31.58%	24.77%	37.77%	29.41%	17.03%	32.82%	38.70%	35.29%	52.32%
不重要	9.29%	5.57%	10.22%	6.19%	1.55%	6.19%	10.84%	5.26%	7.74%
非常不重要	2.48%	0.31%	3.72%	2.48%	0.62%	0.93%	3.72%	3.10%	6.19%

图 11-2　教学评价指标的重要性认可度

(三) 从事超负荷教学是否是为了教学收入和教学奖励

从表 11－8 和图 11－3 看出，从事超负荷教学是为了教学收入和教学奖励的人数占 26.31%，不是为了教学收入和教学奖励的人数占 39.94%，有 30.03% 人不确定。

表 11－8　　　　　　　　　　　超负荷教学的目的

选项	小计	比例
非常不同意	32	9.91%
不同意	97	30.03%
一般	109	33.75%
同意	71	21.98%
非常同意	14	4.33%

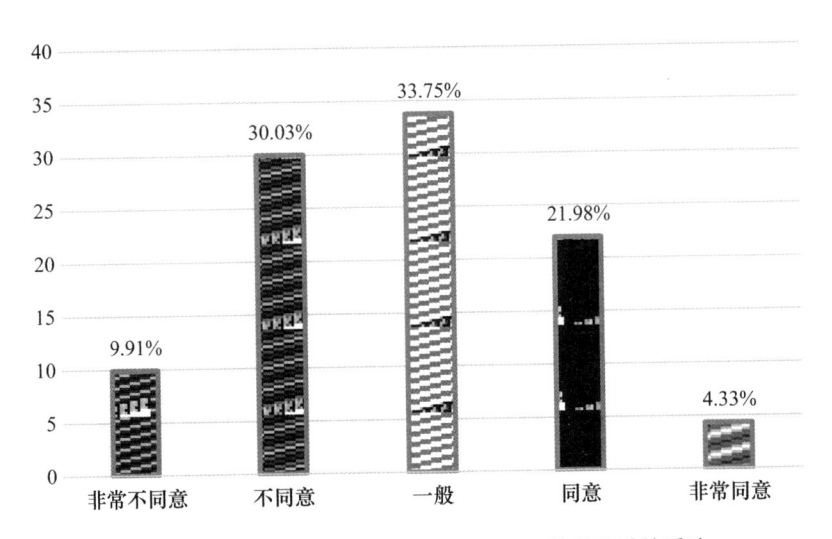

图 11－3　超负荷教学是为了教学收入和教学奖励的看法

(四) 教学考核和职称晋升压力让教师不得不从事超负荷教学

从表 11－9 和图 11－4 看出，有 43.66% 的被调查者认为教学考核和职称晋升压力让教师不得不从事超负荷教学，有 25.7% 的教师认为教学考核和职称晋升压力与从事教学符合关系不大，有 30.65% 的教师不确定。

表 11-9　　　　　　　　　　　超负荷教学

选项	小计	比例
非常不同意	22	6.81%
不同意	61	18.89%
一般	99	30.65%
同意	108	33.44%
非常同意	33	10.22%
本题有效填写人次	323	100%

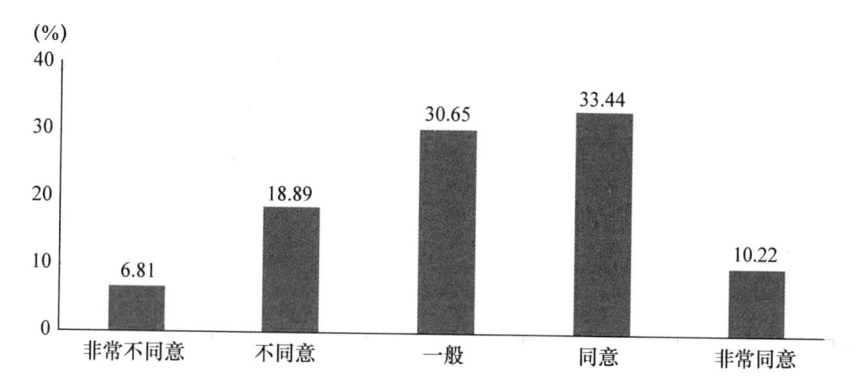

图 11-4　教学考核和职称晋升压力让教师不得不从事超负荷教学统计

四　科研评价指标和学术成果分析

（一）科研评价指标

科研评价指标主要有著作本数、著作字数、论文篇数、期刊级别、被引次数/影响因子、代表性成果水平、科研项目级别、科研项目经费数、其他等考核点，具体分析见表 11-10 和表 11-11。

表 11-10　　　　　　　科研评价指标的描述性分析

	最小值	最大值	平均值	标准差	方差	偏度	峰度
C31101	1	5	2.47	0.904	0.817	0.192	-0.175
C31102	1	5	2.82	0.885	0.784	-0.154	0.115
C31103	1	5	2.34	0.850	0.723	0.300	-0.032
C31104	1	5	1.80	0.788	0.621	0.752	0.279
C31105	1	5	1.89	0.799	0.638	0.837	1.116

续表

	最小值	最大值	平均值	标准差	方差	偏度	峰度
C31106	1	4	1.67	0.722	0.521	0.789	0.041
C31107	1	5	1.80	0.772	0.596	0.767	0.473
C31108	1	5	2.21	0.942	0.888	0.473	-0.133
C31109	1	5	2.67	0.981	0.963	0.182	0.160

由表 11-10 可以看出，本研究的数据偏度绝对值小于 3，峰度绝对值小于 10，符合正态分布，可以进行下一步的分析。

表 11-11　　　　您对科研评价指标的重要性认识

题目\选项	非常重要	重要	一般	不重要	非常不重要
著作本数	48（14.86%）	117（36.22%）	124（38.39%）	29（8.98%）	5（1.55%）
著作字数	27（8.36%）	71（21.98%）	165（51.08%）	52（16.1%）	8（2.48%）
论文篇数	50（15.48%）	140（43.34%）	109（33.75%）	21（6.5%）	3（0.93%）
期刊级别	129（39.94%）	136（42.11%）	51（15.79%）	6（1.86%）	1（0.31%）
被引次数/影响因子	109（33.75%）	153（47.37%）	53（16.41%）	5（1.55%）	3（0.93%）
代表性成果水平	150（46.44%）	132（40.87%）	37（11.46%）	4（1.24%）	0（0%）
科研项目级别	125（38.7%）	145（44.89%）	46（14.24%）	6（1.86%）	1（0.31%）
科研项目经费数	81（25.08%）	123（38.08%）	94（29.1%）	20（6.19%）	5（1.55%）
其他	43（13.31%）	80（24.77%）	158（48.92%）	25（7.74%）	17（5.26%）

从表 11-11 和图 11-5 可以发现，科研评价指标的重要性主要有代表性成果水平（87.31%）、科研项目级别（83.59%）、期刊级别（82.05%）、被引次数/影响因子（81.30%）、科研项目经费数（63.16%）、论文篇数（58.82%）、著作本数（51.08%）、著作字数（30.34%），从科研评价指标的认可度来看，质量比数量更重要。

（二）学术成果数量

从表 11-12 看出，被调查者的学术成果更多的是科研项目，高水平论文相对少一些，国家级获奖相对来说很少，总体来看，高质量的学术成果比例不大。

第十一章 大学教师流动与评价的实证分析

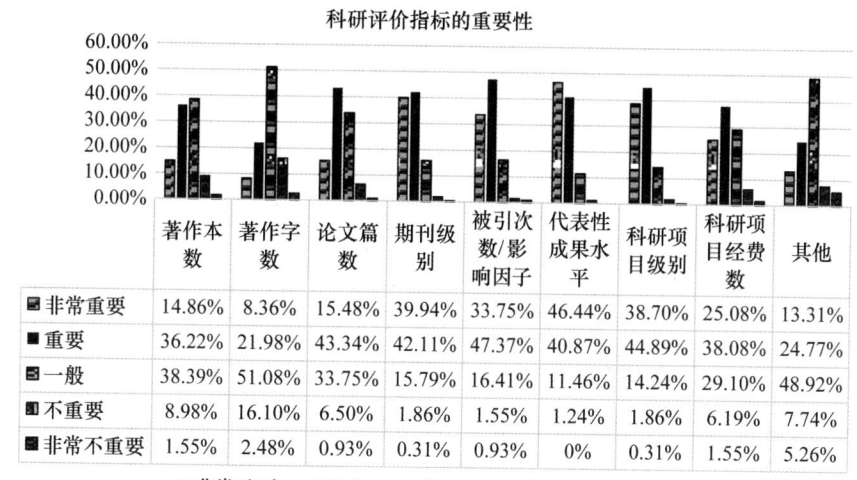

科研评价指标的重要性

	著作本数	著作字数	论文篇数	期刊级别	被引次数/影响因子	代表性成果水平	科研项目级别	科研项目经费数	其他
非常重要	14.86%	8.36%	15.48%	39.94%	33.75%	46.44%	38.70%	25.08%	13.31%
重要	36.22%	21.98%	43.34%	42.11%	47.37%	40.87%	44.89%	38.08%	24.77%
一般	38.39%	51.08%	33.75%	15.79%	16.41%	11.46%	14.24%	29.10%	48.92%
不重要	8.98%	16.10%	6.50%	1.86%	1.55%	1.24%	1.86%	6.19%	7.74%
非常不重要	1.55%	2.48%	0.93%	0.31%	0.93%	0%	0.31%	1.55%	5.26%

图 11-5 科研评价指标的重要性

表 11-12　　学术成果数量的描述性分析

	最小值	最大值	平均值	标准差	方差	偏度	峰度
D3010101	0	10	0.33	0.972	0.945	6.271	49.846
D3010201	0	16	0.81	1.413	1.996	4.888	43.127
D3010301	0	20	0.85	1.910	3.647	5.315	39.763
D3010401	0	13	0.99	1.365	1.863	3.130	19.390
D3010501	0	30	0.77	2.213	4.899	8.462	98.929
D3010601	0	6	0.08	0.473	0.224	8.765	92.592
D3010602	0	600	3.35	35.201	1239.076	15.545	259.829
D3020101	0	9	0.41	0.992	0.984	4.712	30.798
D3020102	0	100	0.66	5.679	32.250	16.830	294.254
D3020201	0	16	0.41	1.256	1.577	7.334	78.302
D3020202	0	100	0.66	5.741	32.954	16.350	281.842
D3020301	0	58	2.01	4.726	22.336	6.694	66.140
D3020302	0	100	1.99	7.182	51.576	9.833	119.972
D3020401	0	69	1.61	4.530	20.518	10.797	153.893
D3020402	0	100	1.63	7.110	50.545	11.087	139.131
D3020501	0	48	0.46	2.875	8.268	14.421	234.804
D3020502	0	100	0.72	6.259	39.173	13.894	208.278
D3020601	0	50	1.04	4.538	20.591	8.404	82.462

续表

	最小值	最大值	平均值	标准差	方差	偏度	峰度
D3020602	0	100	1.15	7.016	49.230	10.922	136.569
D3020701	0	205	0.84	11.454	131.201	17.753	317.329
D3020702	0	205	0.78	11.447	131.026	17.804	318.558
D3030101	0	16	0.11	1.000	1.001	13.592	204.794
D3030102	0	3	0.06	0.315	0.099	6.740	52.469
D3030201	0	42	0.26	2.427	5.890	16.156	275.443
D3030202	0	3	0.18	0.605	0.366	3.630	12.685
D3030301	0	80	0.57	4.573	20.912	16.504	286.016
D3030302	0	3	0.33	0.792	0.628	2.398	4.629
D3030401	0	12	0.11	0.848	0.719	11.351	143.693
D3030402	0	3	0.09	0.401	0.161	5.372	31.076
D3030501	0	65	0.35	3.666	13.436	17.232	304.211
D3030502	0	3	0.19	0.577	0.333	3.302	10.519
D3030601	0	108	0.65	6.047	36.564	17.542	312.241
D3030602	0	8	0.41	0.937	0.878	3.120	14.536

（三）从事科研是为了科研收入和科研奖励

从表 11-13 和图 11-6 看出，有 40.56% 的被调查者认为从事科研是为了科研收入和科研奖励，有 25.69% 的教师认为从事科研不是为了科研收入和科研奖励，有 33.75% 的教师不确定。

表 11-13　　　　　　　　　从事科研的目的

选项	小计	比例
非常不同意	13	4.02%
不同意	70	21.67%
一般	109	33.75%
同意	104	32.2%
非常同意	27	8.36%
本题有效填写人次	323	100%

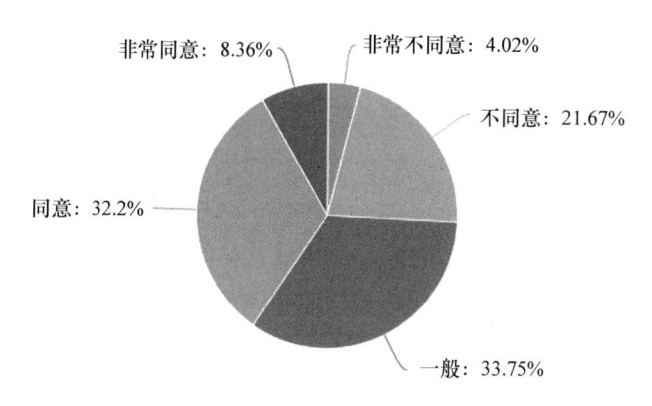

第十一章 大学教师流动与评价的实证分析

非常同意: 8.36%
非常不同意: 4.02%
不同意: 21.67%
同意: 32.2%
一般: 33.75%

图 11-6 从事科研的目的

(四) 科研考核和职称晋升压力让教师不得不从事科研

从表 11-14 和图 11-7 看出，大多数的被调查者（占 62.53%）认为科研考核和职称晋升压力让教师不得不从事科研，有 12.08% 的教师认为科研考核和职称晋升压力不会使教师被动从事科研，有 25.39% 的教师不确定，可以看出，科研考核和职称晋升压力造成了大多数教师的科研压力，被迫从事科研工作。

表 11-14　　科研考核和职称晋升压力使您不得不从事科研

选项	小计	比例
非常不同意	6	1.86%
不同意	33	10.22%
一般	82	25.39%
同意	138	42.72%
非常同意	64	19.81%
本题有效填写人次	323	100%

五　教师满意度与流动情况分析

(一) 教师成功晋升的影响因素排序

根据图 11-8 教师成功晋升的影响因素前五排名的频次发现，出现频率最大的前五位是 1 教学水平、2 教学奖励等级、3 论文数量、4 论文质

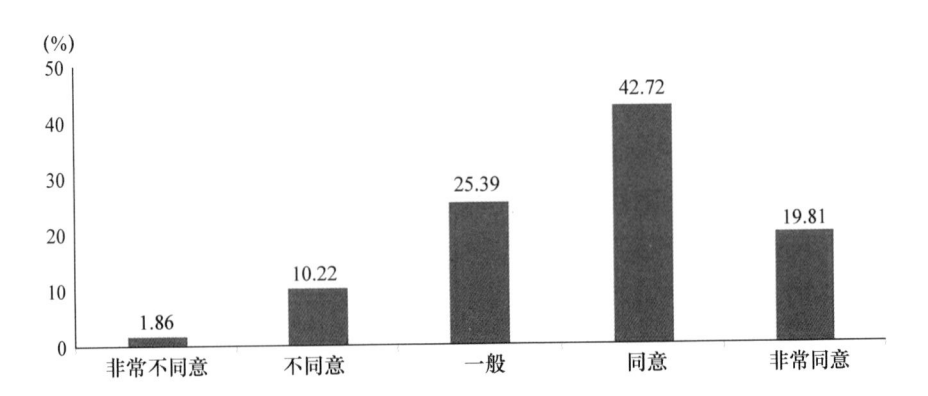

图 11-7 科研考核和职称晋升压力让教师不得不从事科研

量、5 科研经费数量，出现 4 次；第二高频前五个影响因素是 2 教学奖励等级、3 论文数量、4 论文质量、5 科研经费数量、6 科研奖励等级，也出现 4 次；其次分别是 5 科研经费数量、4 论文质量、3 论文数量、2 教学奖励等级、1 教学水平、7 科研项目等级、4 论文质量、3 论文数量、5 科研经费数量、2 教学奖励等级，4 论文质量、5 科研经费数量、6 科研奖励等级、7 科研项目等级、8 最高学历等，都出现 2 次。

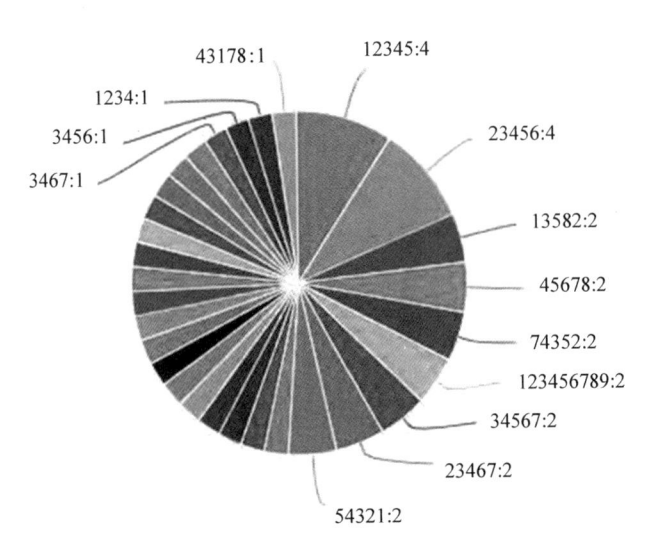

图 11-8 教师成功晋升的影响因素排名前五的频次

(二) 跳槽原因

从表 11-15 看出,高校教师曾经跳槽、或有跳槽想法、或准备跳槽的原因主要有:更好的学术环境(选择比例 78.95%)、更好的生活环境(75.85%)、更好的福利(71.21%)、更高的工资(69.66%)、学校声誉(60.99%)、和配偶孩子团聚(52.94%)、更高的职务(46.44%)、父母团聚(45.2%)等,可以看出,高校教师跳槽最看重的是学术环境和生活环境,然后是福利和工资。

表 11-15　　曾经跳槽,或有跳槽想法,或准备跳槽的原因

题目\选项	是	否
学校声誉	197 (60.99%)	126 (39.01%)
更高的工资	225 (69.66%)	98 (30.34%)
更高的职务	150 (46.44%)	173 (53.56%)
更好的福利	230 (71.21%)	93 (28.79%)
更好的学术环境	255 (78.95%)	68 (21.05%)
更好的生活环境	245 (75.85%)	78 (24.15%)
和父母团聚	146 (45.2%)	177 (54.8%)
和配偶孩子团聚	171 (52.94%)	152 (47.06%)
其他原因	146 (45.2%)	177 (54.8%)
小计	1765 (60.72%)	1142 (39.28%)

(三) 跳槽之前所在的单位

通过表 11-16 发现,参与调查的高校教师从来没有跳槽过的人数占 26.63%;跳槽之前大多在一般本科院校(占比 38.08%);从非高校跳槽到高校的教师占 24.77,相对来讲,从原 985 和原 211 院校跳槽的比例比较小。

表 11-16　　　　　　　跳槽之前的单位

选项	小计	比例
985 院校	19	5.88%

续表

选项	小计	比例
211 院校	13	4.02%
一般本科院校	123	38.08%
国外院校	2	0.62%
其他单位	80	24.77%
从来没有跳槽	86	26.63%

(四) 高校教龄

从图 11-9 高校教龄的频次来看,教龄为 15 年和 20 年的占比比较大,其次是 14 年和 16 年,然后是 13 年、30 年、27 年、22 年等,从调查结果来看,参与调查的大部分教师教龄都有 10 多年,年轻的教师相对较少。

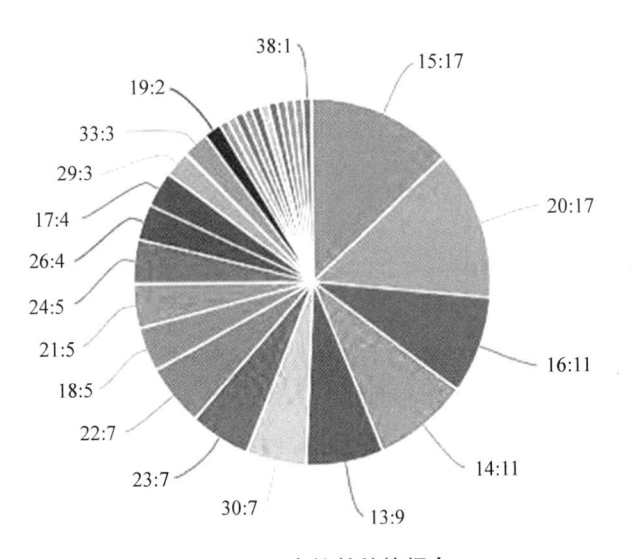

图 11-9 高校教龄的频次

(五) 工作的整体满意度

从表 11-17 和图 11-10 高校教师工作整体满意度调查结果来看,感觉一般的占 47.37%,比较满意占 33.13%,非常满意的只占 4.33%,不满意的占 12.69%,非常不满意占 2.48%,总体满意度还可以提高。

表 11-17　　　　　　　　　　　　工作整体满意度

选项	小计	比例
非常不满意	8	2.48%
不满意	41	12.69%
一般	153	47.37%
满意	107	33.13%
非常满意	14	4.33%
本题有效填写人次	323	100%

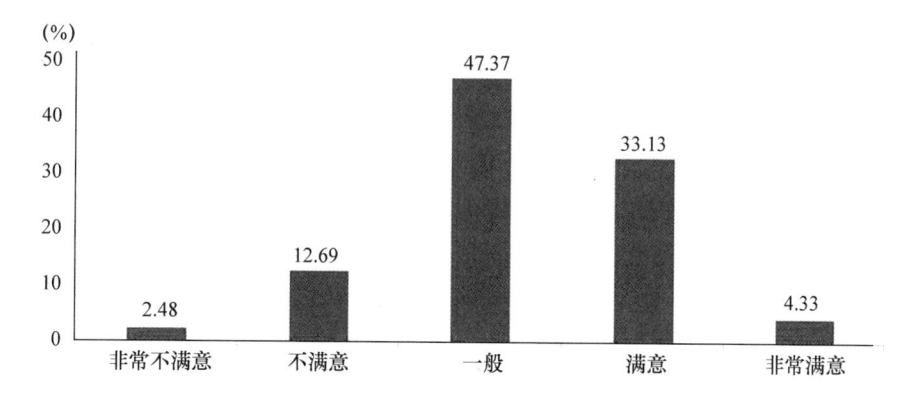

图 11-10　高校教师工作整体满意度

六　研究变量的描述性统计

对数据进行正态性检验时，一般认为，当偏度绝对值小于3，同时峰度绝对值小于10的时候，可以认为数据基本符合正态分布。各题项效度和信度均通过检验，问卷各题项的描述统计见附录1。从表11-18中的样本均值可见，个人教育背景、学校晋升政策、教学工作评价、科研工作评价、学术环境评价、工作环境评价、教师个人科研与教学、教师流动原因、教师满意度的相关题项的样本均值都在3以上，数据偏度绝对值小于2，峰度绝对值小于4，基本符合正态分布，可以判断本研究相对合理，可以进行进一步的统计分析。

表 11-18　　各研究变量的描述统计结果

变量	编号	维度	均值	标准差	方差	变量均值
个人教育背景	B1	专业知识	3.94	0.70	0.484	3.65
	B2	教学水平	3.23	0.84	0.712	
	B3	科研能力	3.79	0.75	0.557	
学校晋升政策	C11	晋升政策	3.13	0.77	0.586	2.97
	C12	分类晋升政策	2.81	0.86	0.744	
教学工作评价	C2	教学工作标准	2.95	0.79	0.627	2.95
科研工作评价	C3	科研工作标准	3.04	0.77	0.593	3.04
学术环境评价	C41	学术氛围	3.20	0.74	0.543	3.31
	C42	学术不端惩罚	3.42	0.80	0.647	
工作环境评价	C5	工作环境评价	3.16	0.74	0.544	3.16
教师个人科研	D11	科研能力	3.51	0.63	0.393	3.59
	D12	科研兴趣、价值	3.68	0.67	0.446	
教师个人教学	D21	教学能力	3.96	0.56	0.311	3.87
	D22	教学效果	3.78	0.54	0.297	
教师流动原因	E1	工作福利	1.29	0.33	0.111	1.41
	E2	家庭因素	1.52	0.40	0.160	
教师满意度	F	满意度	2.98	0.74	0.551	2.98

资料来源：本研究整理。

第二节　数据质量评估

使用 SPSS 和 AMOS 数据分析软件，对所收集到的有效数据通过验证性因子分析等进行效度和信度分析。

一　数据信度评估

研究对所收集数据进行信度检验，发现各变量及维度的 Cronbach α 均在 0.7 以上（表 11-19），这说明该数据符合进一步统计处理的要求。

表 11-19 对各变量的信度以及各个变量的各个维度的信度进行检验分析汇总，从表 11-19 信度检验分析的结果可以看出，所有变量以及各个维度的 Cronbach α 值界于都大于 0.930。根据学者农纳利（Nunnally）的标

准，说明调查问卷中所有变量量表的信度都是比较高的，因此所有变量量表的稳定性和一致性程度较高。

表 11-19　　各变量及其维度信度检验汇总

变量	维度	条目	维度和变量的 Cronbach α 系数	
个人教育背景	专业知识	B01、B02	0.936	0.934
	教学水平	B03、B04、B05	0.938	
	科研能力	B06、B07、B08、B09、B10、B11	0.936	
学生晋升政策	晋升政策	C101、C102、C103、C104、C105、C106、C107	0.932	0.932
	分类晋升政策	C108、C109、C110	0.935	
教学工作评价	教学工作标准	C201、C202、C203、C204、C205、C206、C207、C208、C209	0.932	0.932
科研工作评价	科研工作标准	C301、C302、C303、C304、C305、C306、C307、C308、C309	0.933	0.933
学术环境评价	学术氛围	C401、C402、C403、C404、C405、C406、C407、C408、C409、C410	0.932	0.931
	学术不端惩罚	C411、C412、C413	0.933	
工作环境评价	工作环境评价	C501、C502、C503、C504、C505、C506、C507、C508、C509、C510、C511、C512	0.932	0.932
教师个人科研	科研能力	D101、D102、D103、D104、D105、D106、D107	0.934	0.934
	科研价值	D108、D109、D110、D111、D112	0.935	
教师个人教学	教学能力	D201、D202、D203、D204、D205、D206、D207、D208	0.936	0.935
	教学效果	D209、D210、D211、D212、D213	0.935	
教师流动原因	工作福利	E01、E02、E03、E04、E05	0.941	0.932
	家庭因素	E06、E07、E08	0.940	
教师满意度	满意度	F01、F02、F03、F04、F05、F06、F07、F08、F09、F10、F11	0.936	0.936

资料来源：本研究整理。

二 数据效度评估

在问卷设计过程中已经通过小样本数据对各个变量的测量题项分别进行了探索性因子分析,为了验证各变量的正式量表在大样本调查中的效度,我们采用 AMOS 软件分别对各个变量进行验证性因子分析。

(一) 个人教育背景的效度评估

个人教育背景变量的测量模型如图 11-11 所示,其拟合结果见表 11-20 和表 11-21,个人教育背景的三个维度专业知识、教学水平、科研能力(三个隐变量)与各测量题项(即显变量)间的路径系数,都在 $p < 0.001$ 的水平上具有统计显著性,并且各测量变量的因子载荷(标准路径系数)都大于 0.5;同时,从适配度指标看,$\chi^2 = 167.618$;自由度 $df = 41$;$\chi^2/df = 4.08$,小于 5,可以接受;NFI、TLI、CFI、GFI 等拟合指数均高于 0.9,拟合很好;残差形态指标 RMSEA = 0.098,小于 0.1,可以接受(吴明隆,2010b);从各项结果来看,都超过研究标准,因此,图 11-11 所示测量模型的结构效度通过了验证性因子分析的检验,符合研究要求,可以进行深入研究。

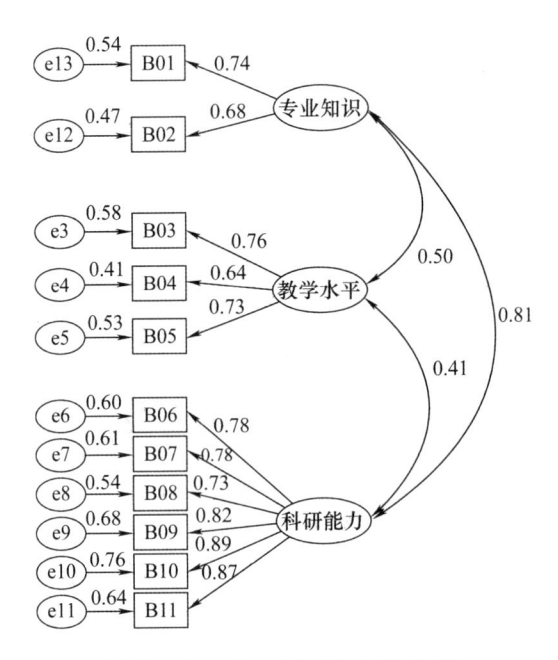

图 11-11 个人教育背景测量模型

表11-20　　　　　　　个人教育背景验证性因子分析结果

路径	标准化系数	非标准化系数	S. E.	C. R.	P
B05←教学水平	0.729	1.000			
B04←教学水平	0.641	0.909	0.098	9.285	***
B03←教学水平	0.760	0.930	0.094	9.851	***
B11←科研能力	0.802	1.000			
B10←科研能力	0.871	1.122	0.062	18.008	***
B09←科研能力	0.823	1.114	0.067	16.687	***
B08←科研能力	0.735	0.915	0.064	14.355	***
B07←科研能力	0.784	1.007	0.064	15.614	***
B06←科研能力	0.776	0.937	0.061	15.416	***
B02←专业知识	0.684	1.000			
B01←专业知识	0.736	1.029	0.102	10.086	***

资料来源：本研究整理。

表11-21　　　　　　验证性因子分析主要拟合指标一览表

拟合指数	χ^2	df	χ^2/df	RMSEA	CFI	NFI	TLI	GFI
拟合很好			(0, 2]	<0.05	>0.95	>0.95	>0.95	>0.95
可以接受			(2, 5]	<0.10	>0.9	>0.9	>0.9	>0.8
模型	167.618	41	4.08	0.098	0.932	0.912	0.908	0.918

资料来源：本研究整理。

（二）学校晋升政策的效度评估

学校晋升政策变量的测量模型如图11-12所示，其拟合结果见表11-22，学校晋升政策的两个维度晋升政策和分类晋升政策（二个隐变量）与各测量题项（显变量）之间的路径系数，都在 $p<0.001$ 的水平上具有统计显著性，并且各测量变量的因子载荷（即标准路径系数）都大于0.5；同时，从适配度指标看，$\chi^2=106.972$；自由度 $df=34$；$\chi^2/df=3.14$，小于5；NFI、TLI、CFI、GFI 等拟合指数均高于0.9；残差形态指标 RMSEA=0.082，小于0.1（吴明隆，2010b）；从各项结果来看，都超过研究标准，因此，图11-12所示测量模型的结构效度通过了验证性因子分析的检验，符合研究要求，可以进行深入研究。

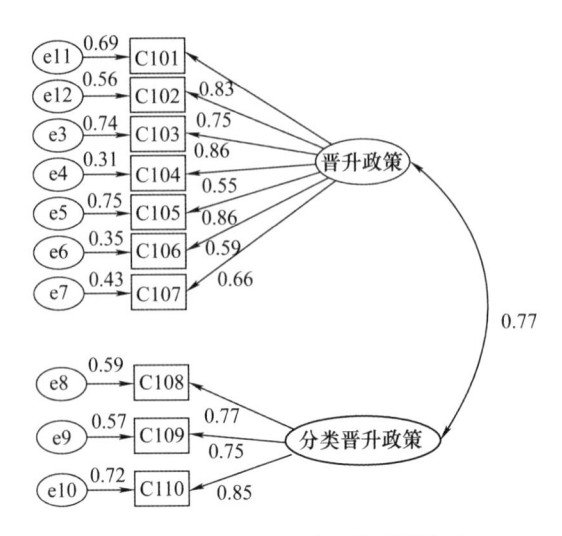

图 11-12　学校晋升政策测量模型

表 11-22　　学校晋升政策变量的验证性因子分析结果

路径	标准化系数	非标准化系数	S.E.	C.R.	P
C110←分类晋升政策	0.851	1.000			
C109←分类晋升政策	0.752	0.831	0.058	14.255	***
C108←分类晋升政策	0.767	0.881	0.060	14.587	***
C106←晋升政策	0.593	1.000			
C105←晋升政策	0.864	1.449	0.125	11.556	***
C104←晋升政策	0.553	0.817	0.097	8.464	***
C103←晋升政策	0.858	1.438	0.125	11.506	***
C102←晋升政策	0.747	1.174	0.111	10.544	***
C107←晋升政策	0.658	1.142	0.118	9.654	***
C101←晋升政策	0.831	1.420	0.126	11.290	***

拟合指标 $\chi^2 = 106.972$，$df = 34$，$\chi^2/df = 3.14$，RMSEA = 0.082，CFI = 0.938，NFI = 0.941，TLI = 0.959，GFI = 0.959

资料来源：本研究整理。

（三）教学工作评价标准的效度评估

教学工作评价标准的测量模型如图 11-13 所示，其拟合结果见表 11-23，教学工作评价标准与各测量题项之间的路径系数，都在 $p < 0.001$ 的水平上具有统计显著性，并且各测量变量的因子载荷都大于 0.5；同时，

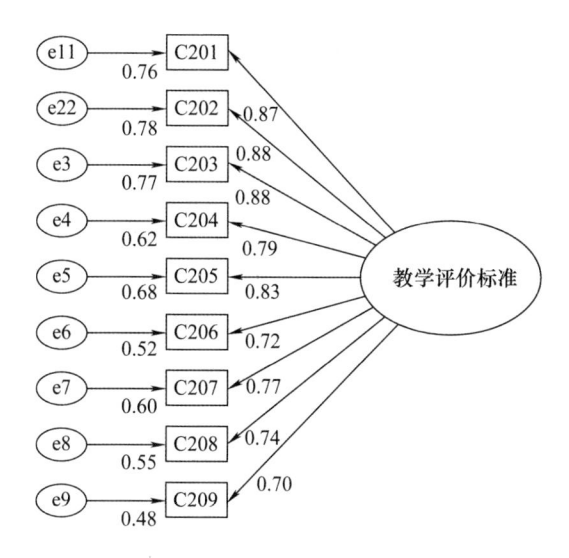

图 11-13　教学工作评价标准测量模型

从适配度指标看，$\chi^2 = 111.418$；自由度 $df = 28$；$\chi^2/df = 3.97$，小于 5；NFI、TLI、CFI、GFI 等拟合指数均高于 0.9；残差形态指标 RMSEA = 0.094，小于 0.1（吴明隆，2010b）；从各项结果来看，都超过研究标准，因此，图 11-13 所示测量模型的结构效度通过了验证性因子分析的检验，符合研究要求，可以进行深入研究。

表 11-23　教学工作评价标准的验证性因子分析结果

路径	标准化系数	非标准化系数	S.E.	C.R.	P
C209←教学工作评价标准	0.696	1.000			
C208←教学工作评价标准	0.741	1.027	0.081	12.674	***
C207←教学工作评价标准	0.775	0.954	0.072	13.226	***
C206←教学工作评价标准	0.723	0.866	0.070	12.383	***
C205←教学工作评价标准	0.826	1.082	0.077	14.052	***
C204←教学工作评价标准	0.787	0.928	0.069	13.419	***
C203←教学工作评价标准	0.879	1.193	0.080	14.908	***
C202←教学工作评价标准	0.882	1.059	0.071	14.953	***
C201←教学工作评价标准	0.871	1.099	0.074	14.778	***

$\chi^2 = 111.418$；$df = 28$；$\chi^2/df = 3.97$；RMSEA = 0.094；CFI = 0.962；NFI = 0.952；TLI = 0.946；GFI = 0.925

资料来源：本研究整理。

（四）科研工作评价标准的效度评估

科研工作评价标准的测量模型如图 11-14 所示，其拟合结果见表 11-24，科研评价标准与各测量题项间的路径系数都在 $p<0.001$ 的水平上具有统计显著性，并且各变量的因子载荷都大于 0.5；同时，从适配度指标看，$\chi^2 = 141.823$；自由度 $df = 32$；$\chi^2/df = 4.43$，小于 5；NFI、TLI、CFI、GFI 等拟合指数均高于 0.9；残差形态指标 RMSEA = 0.098，小于 0.1（吴明隆，2010b）；从各项结果来看，都超过研究标准，因此，图 11-14 所示测量模型的结构效度通过了验证性因子分析的检验，符合研究要求，可以进行深入研究。

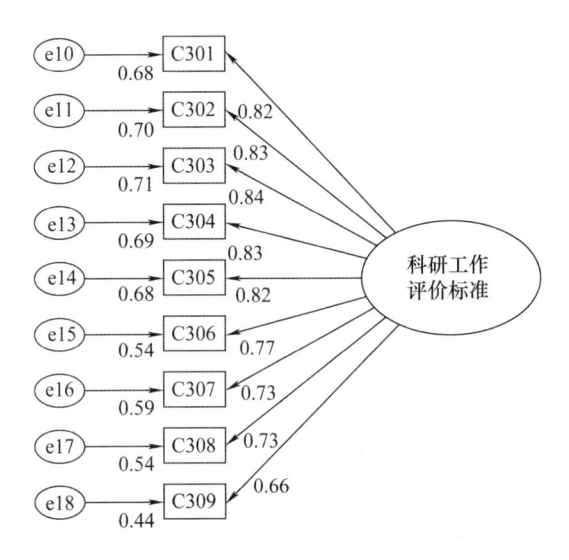

图 11-14 科研工作评价标准测量模型

表 11-24　　　　科研工作评价标准的验证性因子分析结果

路径	标准化系数	非标准化系数	S. E.	C. R.	P
C309←科研工作评价标准	0.661	1.000			
C308←科研工作评价标准	0.734	1.066	0.090	11.804	***
C307←科研工作评价标准	0.766	1.007	0.082	12.250	***
C306←科研工作评价标准	0.733	0.942	0.080	11.792	***
C305←科研工作评价标准	0.823	1.136	0.087	13.001	***
C304←科研工作评价标准	0.831	0.996	0.076	13.099	***
C303←科研工作评价标准	0.844	1.111	0.084	13.274	***

续表

路径	标准化系数	非标准化系数	S. E.	C. R.	P
C302←科研工作评价标准	0.834	1.074	0.082	13.145	***
C301←科研工作评价标准	0.822	1.083	0.083	12.991	***

$\chi^2 = 141.823$；$df = 32$；$\chi^2/df = 4.43$；RMSEA = 0.098；CFI = 0.948；NFI = 0.939；TLI = 0.922；GFI = 0.908

资料来源：本研究整理。

（五）学术环境评价的效度评估

学术环境评价变量的测量模型如图 11 – 15 所示，其拟合结果见表 11 – 25，学术环境评价的两个维度学术氛围和学术不端惩罚（两个隐变量）与各测量题项之间的路径系数，都在 $p < 0.001$ 的水平上具有统计显著性，并且各测量变量的标准路径系数都大于 0.5；同时，从适配度指标看，$\chi^2 = 190.315$；自由度 $df = 58$；$\chi^2/df = 3.28$，小于 5；NFI、TLI、CFI、GFI 等拟合指数均高于 0.9；残差形态指标 RMSEA = 0.084，小于 0.1（吴明隆，2010b）；从各项结果来看，都超过研究标准，因此，图 11 – 15 所示测量模型的结构效度通过了验证性因子分析的检验，符合研究要求，可以

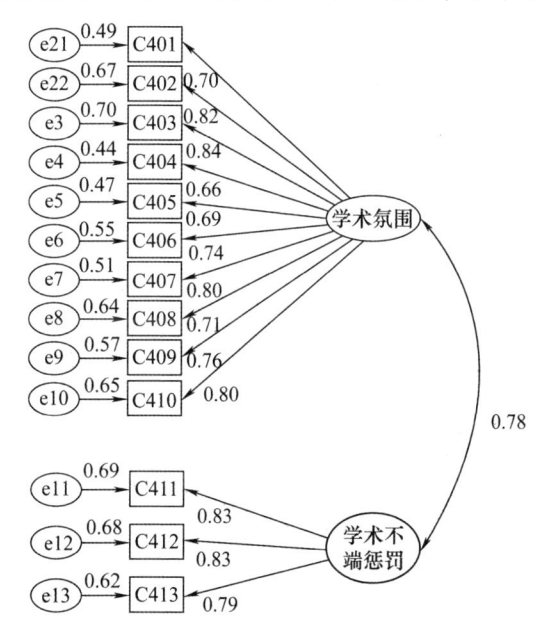

图 11 – 15 学术环境评价测量模型

进行深入研究。

表 11-25　　学术环境评价变量的验证性因子分析结果

路径	标准化系数	非标准化系数	S. E.	C. R.	P
C413←学术不端惩罚	0.789	1.000			
C412←学术不端惩罚	0.826	1.181	0.077	15.302	***
C411←学术不端惩罚	0.833	1.161	0.075	15.417	***
C406←学术氛围	0.741	1.000			
C405←学术氛围	0.688	0.883	0.071	12.411	***
C404←学术氛围	0.663	0.700	0.059	11.921	***
C403←学术氛围	0.836	0.899	0.058	15.374	***
C402←学术氛围	0.818	0.875	0.058	14.998	***
C407←学术氛围	0.713	0.877	0.068	12.900	***
C401←学术氛围	0.698	0.806	0.064	12.602	***
C408←学术氛围	0.802	1.004	0.068	14.675	***
C409←学术氛围	0.756	0.960	0.070	13.757	***
C410←学术氛围	0.804	0.920	0.063	14.715	***

$\chi^2 = 190.315$；$df = 58$；$\chi^2/df = 3.280$；RMSEA = 0.084；CFI = 0.954；NFI = 0.936；TLI = 0.938；GFI = 0.920

资料来源：本研究整理。

（六）工作环境评价的效度评估

工作环境评价变量的测量模型如图 11-16 所示，其拟合结果见表 11-26，工作环境评价与各测量题项之间的路径系数，都在 $p < 0.001$ 的水平上具有统计显著性，并且各测量变量的标准路径系数，都大于 0.5；同时，从适配度指标看，$\chi^2 = 209.818$；自由度 $df = 53$；$\chi^2/df = 3.95$，小于 5；NFI、TLI、CFI、GFI 等拟合指数均高于 0.9；残差形态指标 RMSEA = 0.099，小于 0.1（吴明隆，2010b）；从各项结果来看，都超过研究标准，因此，图 11-16 所示测量模型的结构效度通过了验证性因子分析的检验，符合研究要求，可以进行深入研究。

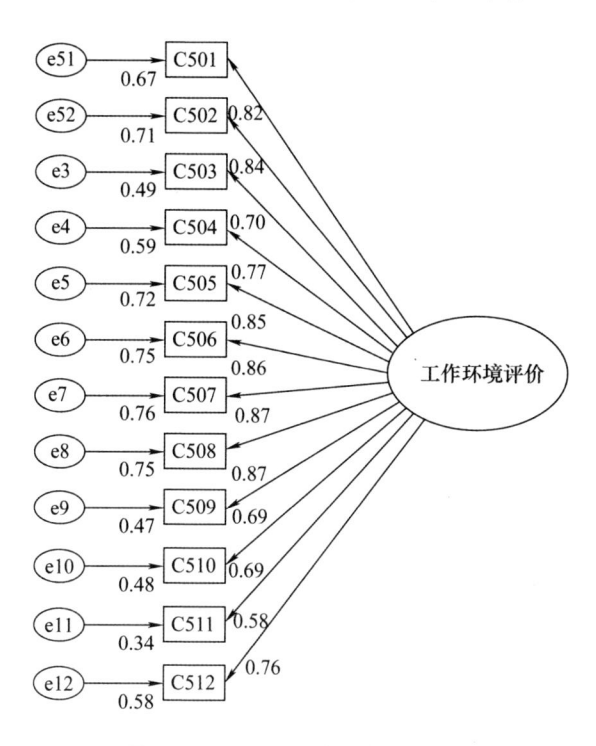

第十一章 大学教师流动与评价的实证分析

图 11-16 工作环境评价测量模型

表 11-26　　工作环境评价变量的验证性因子分析结果

路径	标准化系数	非标准化系数	S. E.	C. R.	P
C506←工作环境评价	0.863	1.000			
C505←工作环境评价	0.848	1.046	0.051	20.345	***
C504←工作环境评价	0.769	0.953	0.056	17.149	***
C503←工作环境评价	0.697	0.815	0.055	14.762	***
C502←工作环境评价	0.844	1.021	0.051	20.177	***
C507←工作环境评价	0.870	1.138	0.053	21.340	***
C501←工作环境评价	0.816	1.001	0.053	18.971	***
C508←工作环境评价	0.866	1.118	0.053	21.154	***
C509←工作环境评价	0.687	0.943	0.065	14.469	***
C510←工作环境评价	0.693	0.934	0.064	14.653	***
C511←工作环境评价	0.584	0.744	0.064	11.600	***
C512←工作环境评价	0.760	0.904	0.054	16.837	***

$\chi^2 = 209.818$；$df = 53$；$\chi^2/df = 3.95$；RMSEA $= 0.099$；CFI $= 0.949$；NFI $= 0.935$；TLI $= 0.933$；GFI $= 0.902$

资料来源：本研究整理。

（七）教师个人科研的效度评估

教师个人科研变量的测量模型如图 11-17 所示，其拟合结果见表 11-27，教师个人科研的两个维度科研价值和科研能力（两个隐变量）与各测量题项之间的路径系数，都在 $p<0.001$ 的水平上具有统计显著性，并且各测量变量的标准路径系数都大于 0.5；同时，从适配度指标看，$\chi^2 = 172.516$；自由度 $df = 53$；$\chi^2/df = 3.25$，小于 5；NFI、TLI、CFI、GFI 等拟合指数均高于 0.9；残差形态指标 RMSEA = 0.092，小于 0.1（吴明隆，2010b）；从各项结果来看，都超过研究标准，因此，图 11-17 所示测量模型的结构效度通过了验证性因子分析的检验，符合研究要求，可以进行深入研究。

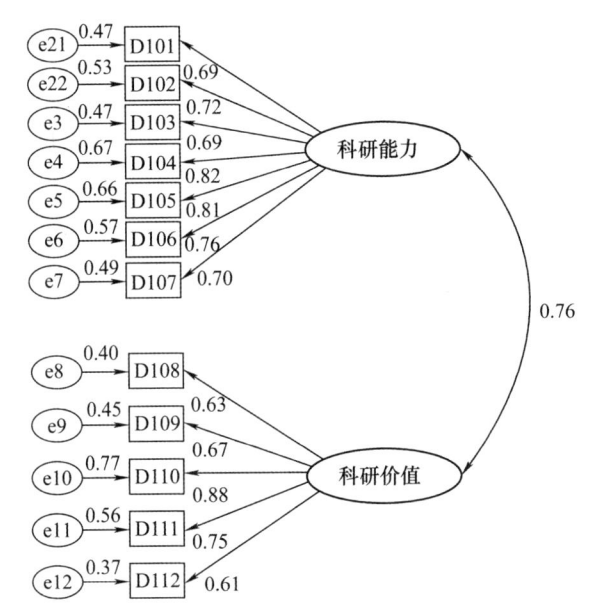

图 11-17 教师个人科研测量模型

表 11-27　　教师个人科研变量的验证性因子分析结果

路径	标准化系数	非标准化系数	S. E.	C. R.	P
D110←科研价值	0.875	1.000			
D109←科研价值	0.669	0.740	0.057	12.983	***
D108←科研价值	0.633	0.838	0.069	12.096	***
D106←科研能力	0.755	1.000			
D105←科研能力	0.815	0.982	0.066	14.936	***

第十一章　大学教师流动与评价的实证分析　407

续表

路径	标准化系数	非标准化系数	S.E.	C.R.	P
D104←科研能力	0.820	1.024	0.068	15.049	***
D103←科研能力	0.689	0.748	0.060	12.395	***
D102←科研能力	0.725	0.813	0.062	13.106	***
D107←科研能力	0.699	0.872	0.069	12.584	***
D101←科研能力	0.686	0.821	0.067	12.340	***
D111←科研价值	0.751	0.906	0.060	15.161	***
D112←科研价值	0.608	0.600	0.052	11.496	***

$\chi^2 = 172.516$；$df = 53$；$\chi^2/df = 3.25$；RMSEA $= 0.092$；CFI $= 0.977$；NFI $= 0.965$；TLI $= 0.962$；GFI $= 0.952$

资料来源：本研究整理。

（八）教师个人教学的效度评估

教师个人教学变量的测量模型如图 11-18 所示，其拟合结果见表 11-28，教师个人教学的两个维度教学效果和教学能力（两个隐变量）与

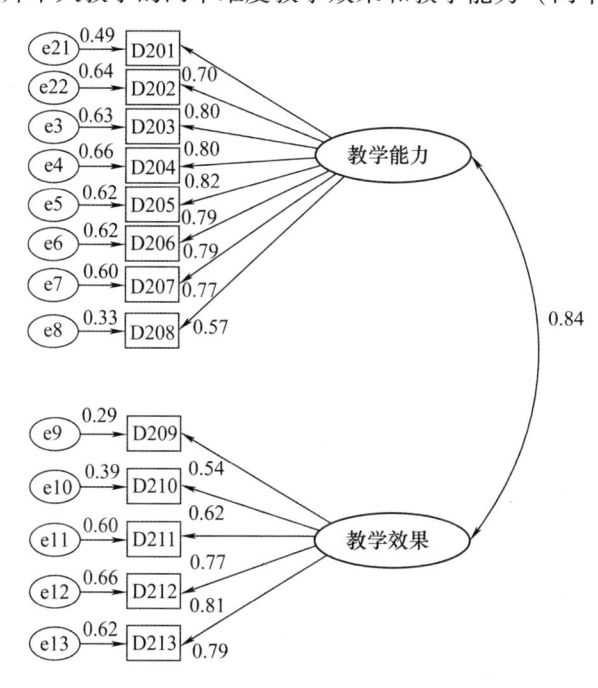

图 11-18　教师个人教学测量模型

各测量题项显变量之间的路径系数,都在 $p<0.001$ 的水平上具有统计显著性,并且各测量变量的因子载荷都大于 0.5;同时,从适配度指标看,$\chi^2=212.692$;自由度 $df=60$;$\chi^2/df=3.54$,小于 5;NFI、TLI、CFI、GFI 等拟合指数均高于 0.9;残差形态指标 RMSEA = 0.089,小于 0.1(吴明隆,2010b)。从各项结果来看,都超过研究标准,因此,图 11 - 18 所示测量模型的结构效度通过了验证性因子分析的检验,符合研究要求,可以进行深入研究。

表 11 - 28　　　　教师个人教学变量的验证性因子分析结果

路径	标准化系数	非标准化系数	S. E.	C. R.	P
D211←教学效果	0.773	1.000			
D210←教学效果	0.622	0.904	0.082	11.031	***
D209←教学效果	0.539	0.985	0.104	9.443	***
D206←教学能力	0.787	1.000			
D205←教学能力	0.787	0.949	0.062	15.392	***
D204←教学能力	0.815	1.191	0.074	16.107	***
D203←教学能力	0.796	1.045	0.067	15.628	***
D202←教学能力	0.802	1.101	0.070	15.766	***
D207←教学能力	0.773	0.992	0.066	15.036	***
D201←教学能力	0.701	0.962	0.072	13.343	***
D212←教学效果	0.811	0.943	0.064	14.820	***
D213←教学效果	0.787	0.937	0.065	14.335	***
D208←教学能力	0.572	0.827	0.079	10.507	***

$\chi^2=212.692$;$df=60$;$\chi^2/df=3.54$;RMSEA = 0.089;CFI = 0.940;NFI = 0.919;TLI = 0.923;GFI = 0.907

资料来源:本研究整理。

(九) 教师流动原因的效度评估

教师流动原因变量的测量模型如图 11 - 19 所示,其拟合结果见表 11 - 29,流动原因的两个维度工作激励和家庭因素(两个隐变量)与各测量题项之间的路径系数,都在 $p<0.001$ 的水平上具有统计显著性,并且各测量变量的标准路径系数都大于 0.5,除了 E08 其他因素,因为此题目属于不确定选项,可以不考虑。从适配度指标看,$\chi^2=71.018$;自由度 $df=$

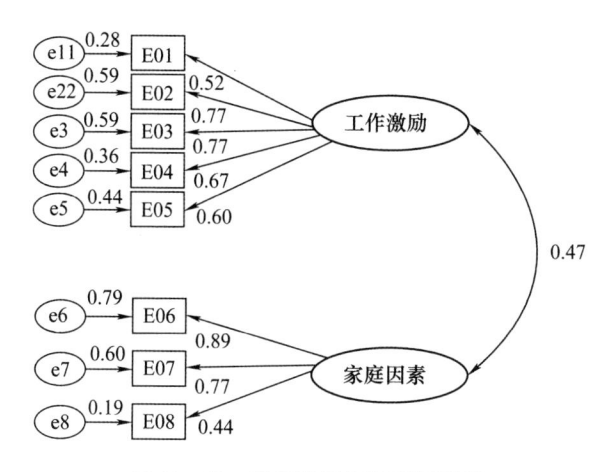

图 11-19　教师流动原因测量模型

19；$\chi^2/df = 3.73$，小于 5；NFI、TLI、CFI、GFI 等拟合指数均高于 0.9；残差形态指标 RMSEA = 0.067，小于 0.1（吴明隆，2010b）；从各项结果来看，都超过研究标准，因此，图 11-19 测量模型的结构效度通过了验证性因子分析的检验，符合研究要求，可以进行深入研究。

表 11-29　　　　**教师流动原因变量的验证性因子分析结果**

路径	标准化系数	非标准化系数	S. E.	C. R.	P
E08←家庭因素	0.441	1.000			
E07←家庭因素	0.774	1.760	0.239	7.375	***
E06←家庭因素	0.891	2.020	0.283	7.146	***
E03←工作激励	0.770	1.000			
E02←工作激励	0.766	1.011	0.082	12.368	***
E01←工作激励	0.525	0.734	0.085	8.642	***
E04←工作激励	0.600	0.702	0.071	9.892	***
E05←工作激励	0.667	0.819	0.075	10.978	***

$\chi^2 = 71.018$；$df = 19$；$\chi^2/df = 3.73$；RMSEA = 0.067；CFI = 0.968；NFI = 0.948；TLI = 0.951；GFI = 0.968

资料来源：本研究整理。

(十) 教师满意度的效度评估

教师满意度变量的测量模型如图 11-20 所示，其拟合结果见表 11-30，教师满意度与各测量题项之间的路径系数，都在 $p<0.001$ 的水平上具有统计显著性，并且各变量的标准路径系数都大于 0.5；同时，从适配度指标看，$\chi^2 = 155.166$；自由度 $df = 41$；$\chi^2/df = 3.78$，小于 5；NFI、TLI、CFI、GFI 等拟合指数均高于 0.9；残差形态指标 RMSEA = 0.093，小于 0.1（吴明隆，2010b）；从各项结果来看，都超过研究标准，因此，图 11-20 所示测量模型的结构效度通过了验证性因子分析的检验，符合研究要求，可以进行深入研究。

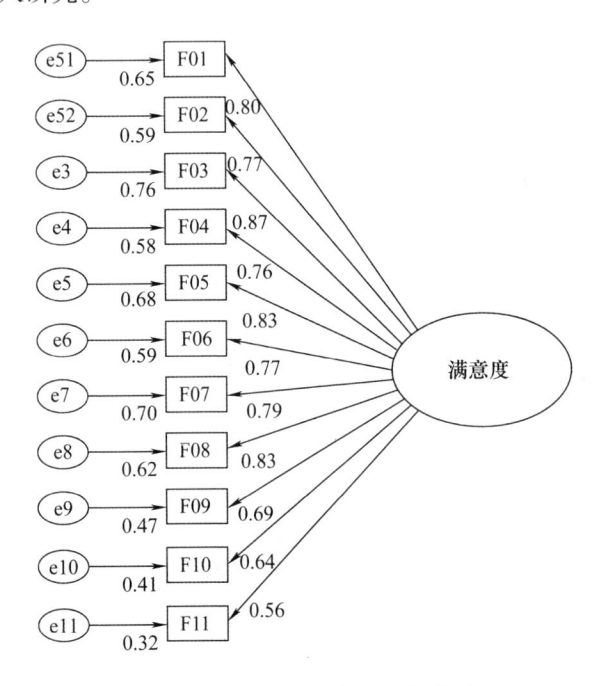

图 11-20 教师满意度测量模型

表 11-30   教师满意度变量的验证性因子分析结果

路径	标准化系数	非标准化系数	S.E.	C.R.	P
F06←满意度	0.770	1.000			
F05←满意度	0.826	1.019	0.063	16.110	***
F04←满意度	0.761	1.000	0.069	14.569	***
F03←满意度	0.875	1.190	0.069	17.318	***

续表

路径	标准化系数	非标准化系数	S. E.	C. R.	P
F02←满意度	0.768	0.972	0.066	14.744	***
F07←满意度	0.834	1.033	0.063	16.317	***
F01←满意度	0.805	1.057	0.068	15.601	***
F08←满意度	0.791	0.987	0.065	15.265	***
F09←满意度	0.688	0.950	0.073	12.946	***
F10←满意度	0.640	0.902	0.076	11.898	***
F11←满意度	0.564	0.720	0.070	10.340	***

$\chi^2 = 155.166$; $df = 41$; $\chi^2/df = 3.78$; RMSEA = 0.093; CFI = 0.958; NFI = 0.944; TLI = 0.944; GFI = 0.921

资料来源：本研究整理。

第三节 层次回归分析

通过层次回归分析首先了解每个解释变量的系数，逐次观察每一组自变量进入模型之后所引起的 R^2 变化，从而判断引入新的变量后研究模型是否得到改善；同时分步引入新的变量后，使得先前的解释变量的系数和显著性也发生变化，从而可以对不同变量的贡献程度进行深入分析。

一 Pearson 相关分析

层次回归分析方法只能输入观察变量，无法完成对潜变量（即各个变量不同维度）的分析，因此需要将潜变量显性化，以个人教育背景、学校晋升政策、教学工作评价标准、科研工作评价标准、学术环境评价、工作环境评价、教师个人科研、教师个人教学、教师流动原因、教师满意度等所包含的潜变量（维度）为单位，对各维度对应的观察变量分别计算平均值，用观察变量的平均值分别代表这些潜变量。对所有变量进行 Pearson 相关分析，初步判断模型设置是否合理，相关分析结果见表 11-31。

通过统计分析发现，个人教育背景、学校晋升政策、教学工作评价标准、科研工作评价标准、学术环境评价、工作环境评价、教师个人科研、教师个人教学、教师满意度等，所有变量两两相关，且呈显著相关关系。

表11-31 变量相关系数

	B1	B2	B3	B	C11	C12	C1	C2	C3	C41	C42	C4	C5	D11	D12	D1	D21	D22	D2	E1	E2	E	F
B1	1																						
B2	0.332**	1																					
B3	0.629**	0.322**	1																				
B	0.808**	0.735**	0.813**	1																			
C11	0.319**	0.254**	0.308**	0.372**	1																		
C12	0.204**	0.288**	0.259**	0.322**	0.670**	1																	
C1	0.281**	0.297**	0.308**	0.378**	0.903**	0.924**	1																
C2	0.236**	0.419**	0.262**	0.399**	0.716**	0.668**	0.755**	1															
C3	0.217**	0.276**	0.247**	0.317**	0.359**	0.665**	0.787**	0.801**	1														
C41	0.319**	0.334**	0.283**	0.399**	0.677**	0.554**	0.669**	0.712**	0.311**	1													
C42	0.375**	0.299**	0.365**	0.439**	0.618**	0.480**	0.601**	0.616**	0.592**	0.694**	1												
C4	0.378**	0.343**	0.353**	0.456**	0.702**	0.565**	0.688**	0.719**	0.705**	0.913**	0.927**	1											
C5	0.284**	0.338**	0.264**	0.380**	0.714**	0.586**	0.707**	0.751**	0.763**	0.836**	0.317**	0.841**	1										
D11	0.390**	0.316**	0.467**	0.496**	0.418**	0.367**	0.427**	0.422**	0.430**	0.496**	0.489**	0.535**	0.464**	1									
D12	0.441**	0.225**	0.458**	0.468**	0.381**	0.294**	0.367**	0.379**	0.361**	0.453**	0.453**	0.492**	0.435**	0.683**	1								
D1	0.454**	0.293**	0.504**	0.525**	0.435**	0.359**	0.432**	0.436**	0.430**	0.516**	0.513**	0.599**	0.490**	0.912**	0.923**	1							
D21	0.442**	0.357**	0.408**	0.510**	0.226**	0.185**	0.223**	0.249**	0.218**	0.281**	0.307**	0.320**	0.289**	0.424**	0.482**	0.495**	1						
D22	0.388**	0.406**	0.419**	0.517**	0.318**	0.238**	0.302**	0.343**	0.324**	0.328**	0.351**	0.375**	0.380**	0.505**	0.475**	0.533**	0.748**	1					
D2	0.444**	0.408**	0.442**	0.549**	0.291**	0.226**	0.280**	0.316**	0.289**	0.331**	0.352**	0.371**	0.357**	0.496**	0.512**	0.550**	0.937**	0.933**	1				

第十一章 大学教师流动与评价的实证分析

续表

	B1	B2	B3	B	C11	C12	C1	C2	C3	C41	C42	C4	C5	D11	D12	D1	D21	D22	D2	E1	E2	E	F
E1	0.046	-0.082	0.026	-0.010	0.101	0.071	0.093	0.087	0.129*	0.134*	0.098	0.125*	0.163**	-0.073	-0.012	-0.045	0.008	0.014	0.012	1			
E2	0.040	-0.191**	0.033	-0.061	-0.014	-0.073	-0.049	-0.112*	-0.077	-0.058	-0.062	-0.065	-0.091	-0.072	-0.020	-0.049	-0.024	-0.022	-0.625	0.415**	1		
E	0.050	-0.168**	0.035	-0.045	0.045	-0.009	0.018	-0.025	0.020	0.035	0.013	0.025	0.029	-0.086	-0.020	-0.056	-0.011	-0.007	-0.010	0.808**	0.871**	1	
F	0.269**	0.348**	0.268**	0.380**	0.676**	0.579**	0.683**	0.751**	0.756**	0.781**	0.671**	0.786**	0.851**	0.414**	0.396**	0.441**	0.262**	0.338**	0.321**	0.168	0.100	0.026	1

说明：1. ** 表示 $P<0.01$，* 表示 $P<0.05$（双尾）

2. B1：专业知识；B2：教学经验；B3：科研经验；B：个人教育背景；C11：一般晋升政策；C12：差别晋升政策；C1：学校晋升政策；C2：教学工作评价标准；C3：科研工作评价标准；C41：科研能力；C42：科研效果；C4：学术不端惩罚；C5：学术环境评价；D11：科研能力；D12：科研价值；D1：工作环境因素；D21：教师个人科研；D22：教师个人教学；D2：教师个人能力；E1：工作激励；E2：家庭因素；E：教师流动原因；F：教师满意度。

(一) 教师个人科研的影响分析

个人教育背景与教师个人科研，呈显著正相关关系（$\beta = 0.525$，$P < 0.01$），其中教师专业知识与教师个人科研，呈显著正相关关系（$\beta = 0.454$，$P < 0.01$）；学生期间的教学经验与教师个人科研，呈显著正相关关系（$\beta = 0.293$，$P < 0.01$）；学生期间的科研经验与教师个人科研，呈显著正相关关系（$\beta = 0.504$，$P < 0.01$），个人教育背景对教师工作后科研影响大小排序为学生期间的科研经验 > 专业知识 > 学生期间的教学经验。

学校晋升政策与教师个人科研，呈显著正相关关系（$\beta = 0.432$，$P < 0.01$），其中一般晋升政策与教师个人科研，呈显著正相关关系（$\beta = 0.435$，$P < 0.01$），差别晋升政策与教师个人科研，呈显著正相关关系（$\beta = 0.359$，$P < 0.01$），学校晋升政策对教师工作后的科研影响大小排序为学校的一般晋升政策 > 差别晋升政策。

教学工作评价标准与教师个人科研，呈显著正相关关系（$\beta = 0.436$，$P < 0.01$）；科研工作评价标准与教师个人科研，呈显著正相关关系（$\beta = 0.430$，$P < 0.01$）；工作环境与教师个人科研，呈显著正相关关系（$\beta = 0.490$，$P < 0.01$）。

学术环境与教师个人科研，呈显著正相关关系（$\beta = 0.559$，$P < 0.01$），其中学术氛围与教师个人科研，呈显著正相关关系（$\beta = 0.516$，$P < 0.01$），学术不端惩罚（$\beta = 0.513$，$P < 0.01$），学校学术环境对教师工作后的科研影响大小排序为学校的学术氛围 > 学术不端惩罚。

总体来看，影响教师个人科研的大小排序为学校的学术氛围 > 学术不端惩罚 > 学生期间的科研经验 > 工作环境 > 专业知识 > 学校的一般晋升政策 > 教学工作评价标准 > 差别晋升政策 > 科研工作评价标准 > 学生期间的教学经验。

(二) 教师个人教学的影响分析

个人教育背景与教师个人教学，呈显著正相关关系（$\beta = 0.549$，$P < 0.01$），其中教师专业知识与教师个人教学，呈显著正相关关系（$\beta = 0.444$，$P < 0.01$）；学生期间的教学经验与教师个人教学，呈显著正相关关系（$\beta = 0.408$，$P < 0.01$）；学生期间的科研经验与教师个人教学，呈显著正相关关系（$\beta = 0.442$，$P < 0.01$），个人教育背景对教师工作后的教学影响大小排序为专业知识 > 学生期间的科研经验 > 学生期间的教学经验。

学校晋升政策与教师个人教学，呈显著正相关关系（$\beta = 0.280$，$P <$

0.01），其中一般晋升政策与教师个人教学，呈显著正相关关系（$\beta = 0.291$，$P<0.01$），差别晋升政策与教师个人教学，呈显著正相关关系（$\beta = 0.226$，$P<0.01$），学校晋升政策对教师工作后的教学影响大小排序为学校的一般晋升政策＞差别晋升政策。

教学工作评价标准与教师个人教学，呈显著正相关关系（$\beta = 0.316$，$P<0.01$）；科研工作评价标准与教师个人教学，呈显著正相关关系（$\beta = 0.289$，$P<0.01$）；工作环境与教师个人教学，呈显著正相关关系（$\beta = 0.357$，$P<0.01$）。

学术环境与教师个人教学，呈显著正相关关系（$\beta = 0.371$，$P<0.01$），其中学术氛围起比较大的作用，学术氛围与教师个人教学之间是显著正相关关系（$\beta = 0.331$，$P<0.01$），学术不端惩罚（$\beta = 0.352$，$P<0.01$），学校学术环境对教师工作后的科研影响大小排序为学术不端惩罚＞学校的学术氛围。

总体来看，影响教师教学情况的大小排序为专业知识＞学生期间的科研经验＞学生期间的教学经验＞工作环境＞学术不端惩罚＞教学工作评价标准＞学校的学术氛围＞学校的一般晋升政策＞差别晋升政策＞科研工作评价标准。

（三）教师满意度的影响分析

个人教育背景与教师满意度，呈显著正相关关系（$\beta = 0.380$，$P<0.01$），其中教师专业知识起了比较大的作用，教师专业知识与教师满意度之间呈显著正相关关系（$\beta = 0.269$，$P<0.01$）；学生期间的教学经验与教师满意度，呈显著正相关关系（$\beta = 0.348$，$P<0.01$）；学生期间的科研经验与教师满意度，呈显著正相关关系（$\beta = 0.268$，$P<0.01$），因此，个人教育背景对教师满意度的影响大小排序为学生期间的教学经验＞专业知识＞学生期间的科研经验。

学校晋升政策与教师满意度，呈显著正相关关系（$\beta = 0.683$，$P<0.01$），其中一般晋升政策与教师满意度，呈显著正相关关系（$\beta = 0.676$，$P<0.01$），差别晋升政策与教师满意度，呈显著正相关关系（$\beta = 0.579$，$P<0.01$），学校晋升政策对教师工作后的科研影响大小排序为学校的一般晋升政策＞差别晋升政策。

教学工作评价标准与教师满意度，呈显著正相关关系（$\beta = 0.751$，$P<0.01$）；科研工作评价标准与教师满意度，呈显著正相关关系（$\beta = $

0.756，$P<0.01$）；工作环境与教师满意度，呈显著正相关关系（$\beta=0.851$，$P<0.01$）。

学术环境与教师满意度，呈显著正相关关系（$\beta=0.786$，$P<0.01$），其中学术氛围与教师满意度，呈显著正相关关系（$\beta=0.781$，$P<0.01$），学术不端惩罚（$\beta=0.671$，$P<0.01$），学校学术环境对教师工作后的科研影响大小排序为学校的学术氛围＞学术不端惩罚。

总体来看，影响教师满意度的大小排序为工作环境＞学校的学术氛围＞科研工作评价标准＞教学工作评价标准＞学校的一般晋升政策＞学术不端惩罚＞差别晋升政策＞学生期间的教学经验＞专业知识＞学生期间的科研经验。学校工作期间的因素对教师满意度的影响很大，学生期间的专业知识、教学经验、科研经验对工作后的教师满意度影响比较小。

（四）教师流动的影响分析

学生期间的教学经验与教师流动，呈显著负相关关系（$\beta=-0.168$，$P<0.01$）；工作激励与教师流动，呈显著正相关关系（$\beta=0.808$，$P<0.01$）；家庭因素与教师流动，呈显著正相关关系（$\beta=0.871$，$P<0.01$）。影响教师流动的主要因素是家庭因素、工作激励措施、学生期间的教学经验，其他因素影响不显著。

二 教师个人科研情况的影响因素分析

根据问题性质，选用层次回归分析来探讨分析学校晋升政策、教学工作评价标准、科研工作评价标准、学术环境、工作环境与个人科研之间的关系。在进行多元线性回归分析之前，先对相关的回归模型进行多重共线性检验，从而保证回归分析结果的可靠性和科学性。判断变量之间是否存在多重共线性，一般采用容忍度（容差，Tolerance）和方差膨胀因子（VIF）进行检验。容忍度越小，多重共线性越严重，一般认为容忍度小于0.1时，存在严重的共线性。方差膨胀因子（VIF）即容忍度的倒数，一般认为其不应大于5。计量经济学通常认为 VIF＞10 时才表示多重共线性较强。

表 11-32 可以看出，D-W 值接近于 2，可以认为模型中误差项基本上是独立的；所有变量的容忍度都大于0.2，方差膨胀因子都小于5，可以说明变量间多重共线性不严重，因此可以进行多元线性回归分析。

表 11-32　　　　　　　　变量的多重共线性分析

	容差	VIF
A01	0.611	1.636
A02	0.774	1.292
A03	0.423	2.366
A04	0.511	1.957
A05	0.892	1.121
A06	0.346	2.891
A07	0.705	1.419
A08	0.830	1.205
A09	0.847	1.181
A10	0.858	1.166
A11	0.620	1.613
A12	0.657	1.522
A13	0.388	2.578
A14	0.752	1.329
A15	0.707	1.414
A16	0.872	1.147
B1	0.515	1.940
B2	0.622	1.607
B3	0.480	2.085
C11	0.288	3.472
C12	0.431	2.322
C2	0.241	4.147
C3	0.223	4.479
C41	0.255	3.923
C42	0.393	2.541
C5	0.201	4.975

D-W=1.909

（一）各个变量对教师个人科研的直接影响

表 11-33 给出了学校晋升政策、教学工作评价标准、科研工作评价标准、学术环境、工作环境对教师个人科研影响的回归分析结果，共估计了

7个模型,模型的被解释变量均为个人科研。模型1的解释变量只包括教师个人情况,我们用以分析教师个人基本情况,如毕业院校、工作单位、年龄、最高学历、学科等对个人科研的影响;模型2只包括个人教育背景三个维度要素,以探讨个人教育背景与个人科研直接的关系;模型3包括晋升政策的两个维度要素,以探讨学校晋升政策与个人科研直接的关系;模型4只有学校教学工作评价标准要素,以探讨教学工作评价标准与个人科研直接的关系;模型5只有科研工作评价标准,以探讨科研工作评价标准与个人科研直接的关系;模型6包括学术环境的两个维度要素,以探讨学校学术环境与个人科研直接的关系;模型7只有学校工作环境,以探讨学校工作环境与个人科研直接的关系。

表11-33　　教师个人科研的直接影响因素回归结果汇总

	模型1	模型2	模型3	模型4	模型5	模型6	模型7
(常量)	3.628 ***						
A01	0.014						
A02	0.034						
A03	-0.105 ***						
A04	0.115 *						
A05	-0.028 ***						
A06	-0.048 *						
A07	-0.085						
A08	0.007						
A09	-0.027						
A10	0.012						
A11	0.068 *						
A12	0.097 **						
A13	0.081 *						
A14	0.091 *						
A15	-0.129 ***						
A16	0.084 **						
(常量)		1.626 ***					
B1		0.172 ***					
B2		0.082 **					

续表

	模型1	模型2	模型3	模型4	模型5	模型6	模型7
B3		0.270 ***					
(常量)			2.498 ***				
C11			0.273 ***				
C12			0.085 *				
(常量)				2.630 ***			
C2				0.327 ***			
(常量)					2.586 ***		
C3					0.332 ***		
(常量)						2.043 ***	
C41						0.249 ***	
C42						0.220 ***	
(常量)							2.347 ***
C5							0.394 ***
模型统计量							
R^2	0.298	0.297	0.197	0.190	0.185	0.312	0.240
调整后 R^2	0.261	0.290	0.192	0.187	0.182	0.308	0.237
F 值	8.086 ***	44.730 ***	39.198 ***	75.018 ***	72.607 ***	72.467 ***	100.889 ***

说明：被解释变量为个人科研情况；表中回归系数为未标准化回归系数；* $P<0.05$；** $P<0.01$；*** $P<0.001$。

从表 11-33 可以看出，模型 1 描述的是教师个人情况与个人科研的直接关系。16 个变量解释了个人科研总体方差的 8.086%，说明本研究所考虑的个人基本情况确实对教师个人科研有较显著的影响作用。其中，年龄在 $P<0.001$ 的水平上显著，对个人科研有非常显著的负向影响作用（-0.105 ***），说明年龄越大，个人科研能力、科研成果会减少；最高学位在 $P<0.05$ 的水平上显著，对个人科研有非常显著的正向影响作用（0.115 *），个人收入占个人家庭收入的百分比在 $P<0.001$ 的水平上显著，对个人科研有非常显著的负向影响作用（-0.129 ***）；职称对个人科研有微弱的负向影响作用（-0.048 *），主要工作重心在科研对个人科研有微弱的正向影响作用（0.068 *）；主要工作兴趣在科研对个人科研有微弱的正向影响作用（0.097 **）；全年工资、奖金、津贴，扣除个人所

得税和五险一金以后的收入对个人科研有微弱的正向影响作用（0.081*）；从事讲学、写作、咨询、审稿、书画等劳务所得的收入对个人科研有微弱的正向影响作用（0.091*）；夫妻双方父母的经济支出占个人年收入的百分比对个人科研有微弱的正向影响作用（0.084**）；毕业院校和现在工作单位对个人科研有不显著的正向影响；性别对个人科研有不显著的负向影响，也就是男性教师比女性教师有利于个人科研，但影响不明显；有行政职务的教师有利于个人科研，但影响不明显；相对于家庭成员越多，和父母、子女在一起生活、离异的教师，单身和夫妻二人家庭的教师更有利于科研。

模型 2 描述的是个人教育背景与教师个人科研的直接关系；3 个变量维度对教师个人科研都有显著的正向影响作用，其中，教师专业知识（0.172）和学生期间的科研经验（0.270）在 $P<0.001$ 的水平上显著，学生期间的教学经验（0.082）在 $P<0.01$ 的水平上显著，与相关分析一样的结果，个人教育背景对教师工作后的科研影响大小排序为学生期间的科研经验＞专业知识＞学生期间的教学经验。

模型 3 描述的是学校晋升政策与教师个人科研的直接关系；两个维度要素对教师个人科研都有显著的正向影响作用，其中，一般晋升政策（0.273）在 $P<0.001$ 的水平上显著，差别晋升政策（0.085）在 $P<0.05$ 的水平上显著，与相关分析一样的结果，学校晋升政策对教师工作后的科研影响大小排序为学校的一般晋升政策＞差别晋升政策。

模型 4 描述的是教学工作评价标准与教师个人科研的直接关系；教学工作评价标准（0.327）在 $P<0.001$ 的水平上显著，对教师个人科研有显著的正向影响作用。

模型 5 描述的是科研工作评价标准与教师个人科研的直接关系；科研评价标准（0.332）在 $P<0.001$ 的水平上显著，对教师个人科研有显著的正向影响作用。

模型 6 描述的是学校学术环境与教师个人科研的直接关系；两个维度要素对教师个人科研都有显著的正向影响作用，其中，学术氛围（0.249）和学术不端惩罚（0.220）均在 $P<0.001$ 的水平上显著，与相关分析一样的结果，学校学术环境对教师工作后的科研影响大小排序为学校的学术氛围＞学术不端惩罚。

模型 7 描述的是学校工作环境与教师个人科研的直接关系；学校工作

环境（0.394）在 $P<0.001$ 的水平上显著，对教师个人科研有显著的正向影响作用。

回归分析可以看出，在不考虑各个变量相互影响的情况下，各个变量单独影响教师个人科研的大小排序为学校工作环境（0.394）＞科研评价标准（0.332）＞教学评价标准（0.327）＞一般晋升政策（0.273）＞学生期间的科研经验（0.270）＞学术氛围（0.249）＞学术不端惩罚（0.220）＞教师专业知识（0.172）＞差别晋升政策（0.085）＞学生期间的教学经验（0.082）。

（二）各个变量对教师个人科研的综合影响

表 11－34 给出了学校晋升政策、教学工作评价标准、科研工作评价标准、学术环境、工作环境对教师个人科研影响的回归分析结果，共估计了 7 个模型，模型的被解释变量均为教师个人科研。模型 1 的解释变量只包括教师个人情况，用以探讨教师的个人基本情况，如毕业院校、工作单位、年龄、最高学历、学科等对教师个人科研的影响；模型 2 在个人基本情况的基础上增加了个人教育背景三个维度要素，以探讨个人教育背景与个人科研直接的关系；模型 3 在个人基本情况的基础上增加了晋升政策的两个维度要素，以探讨学校晋升政策与个人科研直接的关系；模型 4 在个人基本情况的基础上增加了学校教学工作评价标准要素，以探讨教学工作评价标准与个人科研直接的关系；模型 5 在个人基本情况的基础上增加了科研工作评价标准，以探讨科研工作评价标准与个人科研直接的关系；模型 6 在个人基本情况的基础上增加了学术环境的两个维度要素，以探讨学校学术环境与个人科研直接的关系；模型 7 在个人基本情况的基础上增加了学校工作环境，以探讨学校工作环境与个人科研直接的关系。

表 11－34　　　　　　　教师个人科研的综合影响回归结果

	模型1	模型2	模型3	模型4	模型5	模型6	模型7
（常量）	3.628 ***						
A01	0.014						
A02	0.034						
A03	－0.105 ***						
A04	0.115 *						
A05	－0.028 ***						

续表

	模型1	模型2	模型3	模型4	模型5	模型6	模型7
A06	-0.048*						
A07	-0.085						
A08	0.007						
A09	-0.027						
A10	0.012						
A11	0.068*						
A12	0.097**						
A13	0.081*						
A14	0.091*						
A15	-0.129***						
A16	0.084**						
(常量)		1.906***					
A01		0.005					
A02		-0.002					
A03		-0.087***					
A04		-0.005					
A05		-0.024**					
A06		-0.024					
A07		-0.032					
A08		0.061					
A09		-0.031					
A10		0.019					
A11		0.085**					
A12		0.062**					
A13		0.111***					
A14		0.050					
A15		-0.055					
A16		0.054*					
B1		0.128**					
B2		0.101**					
B3		0.212***					
(常量)			1.474***				

第十一章 大学教师流动与评价的实证分析

续表

	模型1	模型2	模型3	模型4	模型5	模型6	模型7
A01			-0.005				
A02			0.009				
A03			-0.063**				
A04			0.048				
A05			-0.022**				
A06			-0.017				
A07			-0.058				
A08			0.076				
A09			-0.014				
A10			0.021				
A11			0.086***				
A12			0.053				
A13			0.073**				
A14			0.045				
A15			-0.064*				
A16			0.063**				
B1			0.099**				
B2			0.075**				
B3			0.177***				
C11			0.125***				
C12			0.055				
（常量）				1.357***			
A01				0.010			
A02				0.007			
A03				-0.057**			
A04				0.052			
A05				-0.020**			
A06				-0.016			
A07				-0.071			
A08				0.084			
A09				-0.012			
A10				0.022			

续表

	模型1	模型2	模型3	模型4	模型5	模型6	模型7
A11				0.091 ***			
A12				0.053 *			
A13				0.077			
A14				0.034			
A15				-0.063 *			
A16				0.058 *			
B1				0.109 **			
B2				0.040			
B3				0.180 ***			
C11				0.048			
C12				0.013			
C2				0.155 ***			
（常量）					1.367 ***		
A01					0.010		
A02					0.010		
A03					-0.057 **		
A04					0.057		
A05					-0.020 **		
A06					-0.019		
A07					-0.075		
A08					0.085		
A09					-0.019		
A10					0.021		
A11					0.087 ***		
A12					0.054 **		
A13					0.075 **		
A14					0.032		
A15					-0.065 *		
A16					0.055 *		
B1					0.111 **		
B2					0.043		
B3					0.177 ***		

续表

	模型1	模型2	模型3	模型4	模型5	模型6	模型7
C11					0.027		
C12					0.006		
C2					0.127**		
C3					0.062		
（常量）						1.286***	
A01						0.005	
A02						0.037	
A03						-0.060**	
A04						0.069	
A05						-0.020**	
A06						-0.026	
A07						-0.079	
A08						0.092	
A09						-0.026	
A10						0.016	
A11						0.078***	
A12						0.043	
A13						0.066**	
A14						0.016	
A15						-0.049	
A16						0.063**	
B1						0.074	
B2						0.038	
B3						0.166***	
C11						-0.033	
C12						0.009	
C2						0.045	
C3						0.015	
C41						0.162***	
C42						0.106**	
（常量）							1.239***
A01							0.006

续表

	模型1	模型2	模型3	模型4	模型5	模型6	模型7
A02							0.039
A03							-0.060**
A04							0.072
A05							-0.019**
A06							-0.025
A07							-0.078
A08							0.096*
A09							-0.025
A10							0.016
A11							0.078***
A12							0.043
A13							0.068**
A14							0.014
A15							-0.048
A16							0.061**
B1							0.075
B2							0.037
B3							0.168***
C11							-0.038
C12							0.010
C2							0.041
C3							0.006
C41							0.141**
C42							0.098**
C5							0.051
模型统计量							
R^2	0.298	0.463	0.498	0.514	0.515	0.548	0.549
调整后 R^2	0.261	0.43	0.463	0.478	0.478	0.51	0.509
F 值	8.086***	13.732***	14.195***	14.347***	13.763***	14.367***	13.813***

说明：被解释变量为教师个人科研情况；表中为未标准化回归系数；$*P<0.05$；$**P<0.01$；$***P<0.001$。

模型 2 描述的是在个人基本情况对教师个人科研影响的基础上，个人教育背景与个人科研的直接关系；三个变量解释了个人科研总体方差的 13.732%，说明个人教育背景确实对教师个人科研有较显著的影响作用。3 个变量维度对教师个人科研都有显著的正向影响作用，其中，学生期间的科研经验（0.212）在 $P<0.001$ 的水平上显著，教师专业知识（0.128）和学生期间的教学经验（0.101）在 $P<0.01$ 的水平上显著，与相关分析一样的结果，个人教育背景对教师工作后的科研影响大小排序为学生期间的科研经验>专业知识>学生期间的教学经验。

模型 3 描述的是在个人基本情况对教师个人科研影响的基础上，学校晋升政策与个人科研的直接关系；2 个变量解释了个人科研总体方差的 14.195%，说明学校晋升政策确实对教师个人科研有较显著的影响作用。两个维度要素对教师个人科研都正向影响作用，其中，一般晋升政策（0.125）在 $P<0.001$ 的水平上显著，差别晋升政策（0.055）不显著，与相关分析一样的结果，学校晋升政策对教师工作后的科研影响大小排序为学校的一般晋升政策>差别晋升政策。

模型 4 描述的是在个人基本情况对教师个人科研影响的基础上，教学工作评价标准与个人科研的直接关系；教学工作评价标准解释了个人科研总体方差的 14.347%，说明教学工作评价标准确实对教师个人科研有较显著的影响作用。教学工作评价标准（0.155）在 $P<0.001$ 的水平上显著，对教师个人科研有显著的正向影响作用。

模型 5 描述的是在个人基本情况对教师个人科研影响的基础上，科研工作评价标准与个人科研的直接关系；科研工作评价标准解释了个人科研总体方差的 13.763%，说明科研评价标准确实对教师个人科研有较显著的影响作用。科研工作评价标准（0.062）不显著，对教师个人科研有不显著的正向影响作用。

模型 6 描述的是在个人基本情况对教师个人科研影响的基础上，学校学术环境与个人科研的直接关系；2 个变量解释了个人科研总体方差的 14.367%，说明学校学术环境确实对教师个人科研有较显著的影响作用。两个维度要素对教师个人科研都有显著的正向影响作用，其中，学术氛围（0.162）在 $P<0.001$ 的水平上显著，学术不端惩罚（0.106）在 $P<0.01$ 的水平上显著，与相关分析一样的结果，学校学术环境对教师工作后的科研影响大小排序为学校的学术氛围>学术不端惩罚。

模型7描述的是在个人基本情况对教师个人科研影响的基础上，学校工作环境与个人科研的直接关系；学校工作环境解释了个人科研总体方差的13.813%，说明学校工作环境确实对教师个人科研有较显著的影响作用。学校工作环境（0.051）不显著，对教师个人科研有不显著的微弱正向影响作用。

回归分析可以看出，在考虑教师个人基本情况的基础上，各个变量相互影响的情况下，各个变量对教师个人科研影响的大小排序为学生期间的科研经验（0.212）＞教学工作评价标准（0.155）＞学术氛围（0.162）＞教师专业知识（0.128）＞一般晋升政策（0.125）＞学术不端惩罚（0.106）＞学生期间的教学经验（0.101）＞科研工作评价标准（0.062）＞差别晋升政策（0.055）＞工作环境（0.051）。

三　个人教学情况的影响因素分析

（一）各个变量对个人教学的直接影响

表11－35给出了学校晋升政策、教学工作评价标准、科研工作评价标准、学术环境、工作环境对教师个人教学影响的回归分析结果，共估计了7个模型，模型的被解释变量均为教师个人教学。模型1的解释变量只包括教师个人情况，用以探讨教师的个人基本情况，如毕业院校、工作单位、年龄、最高学历、学科等对教师个人教学的影响；模型2只包括个人教育背景三个维度要素，以探讨个人教育背景与个人教学直接的关系；模型3包括晋升政策的两个维度要素，以探讨学校晋升政策与个人教学直接的关系；模型4只有学校教学工作评价标准要素，以探讨教学工作评价标准与个人教学直接的关系；模型5只有科研工作评价标准，以探讨科研工作评价标准与个人教学直接的关系；模型6包括学术环境的两个维度要素，以探讨学校学术环境与个人教学直接的关系；模型7只有学校工作环境，以探讨学校工作环境与个人教学直接的关系。

表11－35　　　　**教师个人教学的直接影响因素回归结果**

	模型1	模型2	模型3	模型4	模型5	模型6	模型7
（常量）	4.361***						
A01	0.038						

第十一章　大学教师流动与评价的实证分析

续表

	模型1	模型2	模型3	模型4	模型5	模型6	模型7
A02	-0.011						
A03	-0.034						
A04	0.022						
A05	-0.022 **						
A06	-0.031						
A07	0.119 *						
A08	-0.226 ***						
A09	0.019						
A10	0.006						
A11	0.024						
A12	-0.005						
A13	-0.038						
A14	0.077 **						
A15	-0.064 *						
A16	0.069 **						
（常量）		2.137 ***					
B1		0.162 ***					
B2		0.162 ***					
B3		0.152 ***					
（常量）			3.242 ***				
C11			0.170 ***				
C12			0.034				
（常量）				3.264 ***			
C2				0.206 ***			
（常量）					3.283 ***		
C3					0.193 ***		
（常量）						2.980 ***	
C41						0.117 **	
C42						0.151 ***	
（常量）							3.080 ***
C5							0.250 ***
模型统计量							

续表

	模型1	模型2	模型3	模型4	模型5	模型6	模型7
R^2	0.127	0.302	0.086	0.100	0.083	0.138	0.128
调整后R^2	0.081	0.295	0.080	0.097	0.081	0.133	0.125
F值	2.769***	45.821***	15.042***	35.495***	29.139***	25.570***	46.884***

说明：*$P<0.05$；**$P<0.01$；***$P<0.001$。

从表11-35可以看出，模型1描述的是教师个人情况与个人教学的直接关系。16个变量解释了个人教学总体方差的2.769%，说明个人基本情况确实对教师个人教学有较显著的影响作用。其中最高学位毕业院校、最高学位、家庭构成、主要工作重心都分别对个人教学有不显著的正向影响；现在工作单位、年龄、职称、主要工作兴趣在科研、全年工资、奖金、津贴，扣除个人所得税和五险一金以后的金额，都有不显著的负向影响；说明年龄越大、职称越高，个人教学工作量、教学成果会减少；工资等收入越高，个人教学工作量、教学成果会减少；从事讲学、写作、咨询、审稿、书画等劳务所得的收入对个人教学在$P<0.01$的水平上显著，对个人教学有非常显著的正向影响作用（0.077**）；性别在$P<0.05$的水平上显著，对个人教学有非常显著的正向影响作用（0.119*），也就是女性教师比男性教师有利于个人教学；在单位担任行政职务$P<0.001$的水平上显著，对个人教学有非常显著的负向影响作用（-0.226***），说明没有行政职务的教师有利于个人教学，在单位担任行政职务不利于个人教学；个人收入占个人家庭收入的百分比在$P<0.05$的水平上显著，对个人教学有非常显著的负向影响作用（-0.064*）；从事讲学、写作、咨询、审稿、书画等劳务所得的收入（0.077）、夫妻双方父母的经济支出占个人年收入的百分比（0.069）在$P<0.01$的水平上显著，对个人教学有非常显著的正向影响作用，影响力度比较小。

模型2描述的是个人教育背景与教师个人教学的直接关系；3个变量维度对教师个人教学都有显著的正向影响作用，其中，学生期间的教学经验（0.162）、教师专业知识（0.162）和学生期间的科研经验（0.152）均在$P<0.001$的水平上显著，个人教育背景对教师工作后的教学影响大小排序为专业知识=学生期间的教学经验>学生期间的科研经验。

模型3描述的是学校晋升政策与教师个人教学的直接关系；两个维度

要素对教师个人教学都有显著的正向影响作用,其中,一般晋升政策(0.170)在 $P<0.001$ 的水平上显著,差别晋升政策(0.034)不显著,与相关分析一样的结果,学校晋升政策对教师工作后的科研影响大小排序为学校的一般晋升政策>差别晋升政策。

模型4描述的是教学工作评价标准与教师个人教学的直接关系;教学工作评价标准(0.206)在 $P<0.001$ 的水平上显著,对教师个人教学有显著的正向影响作用。

模型5描述的是科研工作评价标准与教师个人教学的直接关系;科研工作评价标准(0.193)在 $P<0.001$ 的水平上显著,对教师个人教学有显著的正向影响作用。

模型6描述的是学校学术环境与教师个人教学的直接关系;两个维度要素对教师个人教学都有显著的正向影响作用,其中,学术氛围(0.117)在 $P<0.01$ 的水平上显著,学术不端惩罚(0.151)在 $P<0.001$ 的水平上显著,与相关分析不一样的结果,学校学术环境对教师个人教学影响大小排序为学校的学术不端惩罚>学术氛围。

模型7描述的是学校工作环境与教师个人教学的直接关系;学校工作环境(0.250)在 $P<0.001$ 的水平上显著,对教师个人教学有显著的正向影响作用。

总体来看,回归分析可以看出,在不考虑各个变量相互影响的情况下,只考虑各个变量对教师个人教学的影响,影响教师个人教学的大小排序为学校工作环境(0.250)>教学工作评价标准(0.206)>科研工作评价标准(0.193)>一般晋升政策(0.170)>学生期间的教学经验(0.162)=教师专业知识(0.162)>学生期间的科研经验(0.152)>学术不端惩罚(0.151)>学术氛围(0.117)>差别晋升政策(0.034)。

(二)各个变量对教师个人教学的综合影响

表11-36给出了学校晋升政策、教学工作评价标准、科研工作评价标准、学术环境、工作环境对教师个人教学影响的回归分析结果,共估计了7个模型,模型的被解释变量均为个人教学。模型1的解释变量只包括教师个人情况,我们用以探讨教师的个人基本情况,如毕业院校、工作单位、年龄、最高学历、学科等对个人教学的影响;模型2在个人基本情况的基础上增加了个人教育背景二个维度要素,以探讨个人教育背景与个人教学直接的关系;模型3在个人基本情况的基础上增加了晋升政策的两个

维度要素，以探讨学校晋升政策与个人教学直接的关系；模型4在个人基本情况的基础上增加了学校教学工作评价标准要素，以探讨教学工作评价标准与个人教学直接的关系；模型5在个人基本情况的基础上增加了科研工作评价标准，以探讨科研工作评价标准与个人教学直接的关系；模型6在个人基本情况的基础上增加了学术环境的两个维度要素，以探讨学校学术环境与个人教学直接的关系；模型7在个人基本情况的基础上增加了学校工作环境，以探讨学校工作环境与个人教学直接的关系。

表11-36　　　　　教师个人教学的综合影响回归结果

	模型1	模型2	模型3	模型4	模型5	模型6	模型7
（常量）	4.361***						
A01	0.038						
A02	-0.011						
A03	-0.034						
A04	0.022						
A05	-0.022**						
A06	-0.031						
A07	0.119*						
A08	-0.226***						
A09	0.019						
A10	0.006						
A11	0.024						
A12	-0.005						
A13	-0.038						
A14	0.077**						
A15	-0.064*						
A16	0.069**						
（常量）		2.470***					
A01		0.024					
A02		-0.044					
A03		-0.018					
A04		-0.098*					
A05		-0.017**					
A06		-0.006					
A07		0.181***					

续表

	模型1	模型2	模型3	模型4	模型5	模型6	模型7
A08		-0.166***					
A09		0.016					
A10		0.010					
A11		0.040					
A12		-0.038					
A13		-0.002					
A14		0.030					
A15		0.015					
A16		0.031					
B1		0.166***					
B2		0.134***					
B3		0.180***					
(常量)			2.380***				
A01			0.023				
A02			-0.040				
A03			-0.015				
A04			-0.092				
A05			-0.017**				
A06			-0.004				
A07			0.176***				
A08			-0.166***				
A09			0.023				
A10			0.009				
A11			0.039				
A12			-0.039				
A13			-0.007				
A14			0.029				
A15			0.014				
A16			0.033				
B1			0.155***				
B2			0.133***				
B3			0.177***				
C11			0.060				
C12			-0.030				

续表

	模型1	模型2	模型3	模型4	模型5	模型6	模型7
（常量）				2.342***			
A01				0.028			
A02				-0.041			
A03				-0.013			
A04				-0.091			
A05				-0.016**			
A06				-0.004			
A07				0.172***			
A08				-0.163***			
A09				0.024			
A10				0.009			
A11				0.041			
A12				-0.039			
A13				-0.006			
A14				0.025			
A15				0.014			
A16				0.032			
B1				0.158***			
B2				0.122***			
B3				0.177***			
C11				0.034			
C12				-0.043			
C2				0.051			
（常量）					2.345***		
A01					0.028		
A02					-0.040		
A03					-0.013		
A04					-0.089		
A05					-0.016*		
A06					-0.005		
A07					0.171***		
A08					-0.163***		
A09					0.022		
A10					0.009		

第十一章 大学教师流动与评价的实证分析

续表

	模型1	模型2	模型3	模型4	模型5	模型6	模型7
A11					0.040		
A12					-0.039		
A13					-0.006		
A14					0.024		
A15					0.014		
A16					0.031		
B1					0.159***		
B2					0.123***		
B3					0.177***		
C11					0.028		
C12					-0.046		
C2					0.041		
C3					0.021		
（常量）					2.321***		
A01						0.027	
A02						-0.031	
A03						-0.013	
A04						-0.085	
A05						-0.016**	
A06						-0.007	
A07						0.169***	
A08						-0.160***	
A09						0.020	
A10						0.007	
A11						0.037	
A12						-0.042	
A13						-0.009	
A14						0.019	
A15						0.019	
A16						0.032	
B1						0.148***	

续表

	模型1	模型2	模型3	模型4	模型5	模型6	模型7
B2						0.122***	
B3						0.171***	
C11						0.009	
C12						−0.045	
C2						0.018	
C3						0.010	
C41						0.032	
C42						0.045	
（常量）							2.221***
A01							0.029
A02							−0.026
A03							−0.014
A04							−0.078
A05							−0.016*
A06							−0.006
A07							0.171***
A08							−0.152***
A09							0.022
A10							0.008
A11							0.037
A12							−0.043
A13							−0.005
A14							0.015
A15							0.021
A16							0.029
B1							0.150***
B2							0.121***
B3							0.174***
C11							−0.002
C12							−0.045
C2							0.008

续表

	模型1	模型2	模型3	模型4	模型5	模型6	模型7
C3							-0.010
C41							-0.014
C42							0.027
C5							0.109
模型统计量							
R^2	0.127	0.385	0.388	0.39	0.391	0.395	0.4
调整后R^2	0.081	0.346	0.345	0.346	0.344	0.344	0.347
F值	2.769***	9.93***	9.066***	8.704***	8.305***	7.72***	7.55***

说明：被解释变量为教师个人教学情况；表中回归系数为未标准化回归系数；* $P<0.05$；** $P<0.01$；*** $P<0.001$。

模型2描述的是在个人基本情况对教师个人教学影响的基础上，个人教育背景与个人教学的直接关系；三个变量解释了个人教学总体方差的9.93%，说明个人教育背景确实对教师个人教学有较显著的影响作用。3个变量维度对教师个人教学都有显著的正向影响作用，其中，学生期间的科研经验（0.180）、教师专业知识（0.166）和学生期间的教学经验（0.134）均在$P<0.001$的水平上显著，个人教育背景对教师工作后的教学影响大小排序为学生期间的科研经验＞专业知识＞学生期间的教学经验。

模型3描述的是在个人基本情况对教师个人教学影响的基础上，学校晋升政策与个人教学的直接关系；2个变量解释了个人教学总体方差的9.066%，说明学校晋升政策确实对教师个人教学有较显著的影响作用。其中，一般晋升政策（0.060）对教师个人教学有不显著的正向影响作用，差别晋升政策（-0.030）对教师个人教学有不显著的负向影响作用，与相关分析一样的结果，学校晋升政策对教师工作后的教学情况影响大小排序为学校的一般晋升政策＞差别晋升政策。

模型4描述的是在个人基本情况对教师个人教学影响的基础上，教学工作评价标准与个人教学的直接关系；教学工作评价标准解释了个人教学总体方差的8.704%，说明教学工作评价标准确实对教师个人教学有较显著的影响作用。教学工作评价标准（0.051）对教师个人教学有不显著的正向影响作用。

模型 5 描述的是在个人基本情况对教师个人教学影响的基础上，科研工作评价标准与个人教学的直接关系；科研工作评价标准解释了个人教学总体方差的 8.305%，说明科研工作评价标准确实对教师个人教学有较显著的影响作用。科研工作评价标准（0.021），对教师个人教学有不显著的正向影响作用。

模型 6 描述的是在个人基本情况对教师个人教学影响的基础上，学校学术环境与个人教学的直接关系；2 个变量解释了个人教学总体方差的 7.72%，说明学校学术环境确实对教师个人教学有较显著的影响作用。其中，学术氛围（0.032）与学术不端惩罚（0.045）对教师个人教学都有不显著的正向影响作用，学校学术环境对教师工作后的科研影响大小排序为学术不端惩罚＞学校的学术氛围。

模型 7 描述的是在个人基本情况对教师个人教学影响的基础上，学校工作环境与个人教学的直接关系；学校工作环境解释了个人教学总体方差的 7.55%，说明学校工作环境确实对教师个人教学有较显著的影响作用。学校工作环境（0.109）对教师个人教学有不显著的正向影响作用。

回归分析可以看出，在考虑教师个人基本情况的基础上，各个变量相互影响的情况下，各个变量对教师个人教学影响都不大，影响大小排序为学生期间的科研经验（0.180）＞教师专业知识（0.166）＞学生期间的教学经验（0.134）＞学校工作环境（0.109）＞一般晋升政策（0.060）＞教学工作评价标准（0.051）＞学术不端惩罚（0.045）＞学术氛围（0.032）＞差别晋升政策（-0.030）＞科研工作评价标准（0.021）。

四 教师满意度的影响因素分析

（一）各个变量对教师满意度的直接影响

表 11-37 给出了学校晋升政策、教学工作评价标准、科研工作评价标准、学术环境、工作环境对教师满意度影响的回归分析结果，共估计了 7 个模型，模型的被解释变量均为教师满意度。模型 1 的解释变量只包括教师个人情况，用以探讨教师的个人基本情况，如毕业院校、工作单位、年龄、最高学历、学科等对教师满意度的影响；模型 2 只包括个人教育背景三个维度要素，以探讨个人教育背景与教师满意度直接的关系；模型 3 包括晋升政策的两个维度要素，以探讨学校晋升政策与教师满意度直接的关系；模型 4 只有学校教学工作评价标准要素，以探讨教学工作评价标准与

教师满意度直接的关系；模型 5 只有科研工作评价标准，以探讨科研工作评价标准与教师满意度直接的关系；模型 6 包括学术环境的两个维度要素，以探讨学校学术环境与教师满意度直接的关系；模型 7 只有学校工作环境，以探讨学校工作环境与教师满意度直接的关系。

表 11-37　　　　　　教师满意度的直接影响因素回归结果

	模型1	模型2	模型3	模型4	模型5	模型6	模型7
（常量）	4.499***						
A01	-0.029						
A02	-0.093						
A03	-0.140***						
A04	-0.308***						
A05	-0.021						
A06	-0.055**						
A07	0.215**						
A08	-0.201**						
A09	-0.026						
A10	-0.008						
A11	0.003						
A12	0.119***						
A13	0.076						
A14	0.189***						
A15	-0.076						
A16	0.080*						
（常量）		1.327***					
B1		0.113					
B2		0.243***					
B3		0.111**					
（常量）			0.841***				
C11			0.507***				
C12			0.197***				
（常量）				0.909***			
C2				0.703***			

续表

	模型1	模型2	模型3	模型4	模型5	模型6	模型7
（常量）					0.770 ***		
C3					0.728 ***		
（常量）						0.236 **	
C41						0.612 ***	
C42						0.230 ***	
（常量）							0.275 ***
C5							0.856 ***
模型统计量							
R^2	0.188	0.155	0.485	0.563	0.571	0.642	0.723
调整后 R^2	0.146	0.147	0.482	0.562	0.570	0.639	0.723
F 值	4.426 ***	19.380 ***	150.266 ***	412.913 ***	426.342 ***	285.598 ***	837.066 ***

说明：被解释变量为教师满意度情况；表中回归系数为未标准化回归系数；* $P<0.05$；** $P<0.01$；*** $P<0.001$。

从表 11-37 可以看出，模型 1 描述的是教师个人情况与教师满意度的直接关系。16 个变量解释了教师满意度总体方差的 4.426%，说明个人基本情况确实对教师满意度有较显著的影响作用。其中，毕业院校和现在工作单位对教师满意度有不显著的负向影响，说明毕业于原 985 院校和工作单位是原 985 院校的教师满意度高于普通本科院校；年龄在 $P<0.001$ 的水平上显著，对教师满意度有非常显著的负向影响作用（-0.140），说明年龄越大，满意度越低；最高学位在 $P<0.001$ 的水平上显著，对教师满意度有非常显著的负向影响作用（-0.308），说明学位越高，满意度越低；主要工作兴趣在科研在 $P<0.001$ 的水平上显著，对教师满意度有显著的正向影响作用（0.119），说明科研兴趣能增加教师满意度；从事讲学、写作、咨询、审稿、书画等劳务所得的收入在 $P<0.001$ 的水平上显著，对教师满意度有显著的正向影响作用（0.189）；职称、性别、有行政职务都在在 $P<0.01$ 的水平上显著，职称对教师满意度有微弱的负向影响作用（-0.055），题项是反向的，职称越高满意度越高，性别对教师满意度有显著的正向影响（0.215），相对于男性教师，女性教师满意度更高；是否有行政职务的教师对教师满意度有显著的负向影响作用（-0.201），有行政职务的教师满意度更高；夫妻双方父母的经济支出占个人年收入的百分

比对教师满意度有微弱的正向影响作用（0.080）；毕业院校和现在工作单位对教师满意度有不显著的正向影响；家庭构成对教师满意度有不显著的负向影响（-0.026），相对于家庭成员越多，和父母、子女在一起生活、离异的教师，单身和夫妻二人家庭的教师满意度更高；主要工作重心在科研对教师满意度有不显著的正向影响作用（0.003）；工资收入对教师满意度有不显著的正向影响作用（0.076），说明工资收入越高，教师满意度越高；个人收入占个人家庭收入的百分比对教师满意度有不显著的负向影响（-0.076）。

模型2描述的是个人教育背景与教师满意度的直接关系；3个变量维度对教师满意度都有正向影响作用，其中，学生期间的教学经验（0.243）和学生期间的科研经验（0.111）在$P<0.001$的水平上显著，教师专业知识（0.113）影响不显著，个人教育背景对教师满意度影响大小排序为学生期间的教学经验＞专业知识＞学生期间的科研经验。

模型3描述的是学校晋升政策与教师满意度的直接关系；两个维度要素对教师满意度都有显著的正向影响作用，其中，一般晋升政策（0.507）和差别晋升政策（0.197）均在$P<0.001$的水平上显著，与相关分析一样的结果，学校晋升政策对教师工作后的科研影响大小排序为学校的一般晋升政策＞差别晋升政策。

模型4描述的是教学工作评价标准与教师满意度的直接关系；教学工作评价标准（0.703）在$P<0.001$的水平上显著，对教师满意度有显著的正向影响作用。

模型5描述的是科研工作评价标准与教师满意度的直接关系；科研工作评价标准（0.728）在$P<0.001$的水平上显著，对教师满意度有显著的正向影响作用。

模型6描述的是学校学术环境与教师满意度的直接关系；两个维度要素对教师满意度都有显著的正向影响作用，其中，学术氛围（0.612）和学术不端惩罚（0.230）均在$P<0.001$的水平上显著，与相关分析一样的结果，学校学术环境对教师工作后的科研影响大小排序为学校的学术氛围＞学术不端惩罚。

模型7描述的是学校工作环境与教师满意度的直接关系；学校工作环境（0.856）在$P<0.001$的水平上显著，对教师满意度有显著的正向影响作用。

总体来看，回归分析可以看出，在不考虑各个变量相互影响的情况下，只考虑各个变量对教师满意度的影响，影响教师满意度的大小排序为学校工作环境（0.856）＞科研工作评价标准（0.728）＞教学工作评价标准（0.703）＞学术氛围（0.612）＞一般晋升政策（0.507）＞学生期间的教学经验（0.243）＞学术不端惩罚（0.230）＞差别晋升政策（0.197）＞教师专业知识（0.113）＞学生期间的科研经验（0.111）。

（二）各个变量对教师满意度的综合影响

表11-38给出了学校晋升政策、教学工作评价标准、科研工作评价标准、学术环境、工作环境对教师满意度影响的回归分析结果，共估计了7个模型，模型的被解释变量均为教师满意度。模型1的解释变量仅仅包括教师个人情况，以探讨教师个人的毕业院校、工作单位、年龄、最高学历、学科等对教师满意度的影响；模型2在个人基本情况的基础上增加了个人教育背景三个维度要素，以探讨个人教育背景与教师满意度直接的关系；模型3在个人基本情况的基础上增加了晋升政策的两个维度要素，以探讨学校晋升政策与教师满意度直接的关系；模型4在个人基本情况的基础上增加了学校教学工作评价标准要素，以探讨教学工作评价标准与教师满意度直接的关系；模型5在个人基本情况的基础上增加了科研工作评价标准，以探讨科研工作评价标准与教师满意度直接的关系；模型6在个人基本情况的基础上增加了学术环境的两个维度要素，以探讨学校学术环境与教师满意度直接的关系；模型7在个人基本情况的基础上增加了学校工作环境，以探讨学校工作环境与教师满意度直接的关系。

表11-38　　　　　　　　教师满意度的综合影响回归结果

	模型1	模型2	模型3	模型4	模型5	模型6	模型7
（常量）	4.499***						
A01	-0.029						
A02	-0.093						
A03	-0.140***						
A04	-0.308***						
A05	-0.021						
A06	-0.055**						
A07	0.215**						

第十一章 大学教师流动与评价的实证分析

续表

	模型1	模型2	模型3	模型4	模型5	模型6	模型7
A08	-0.201**						
A09	-0.026						
A10	-0.008						
A11	0.003						
A12	0.119***						
A13	0.076						
A14	0.189***						
A15	-0.076						
A16	0.080*						
（常量）		2.703***					
A01		-0.059					
A02		-0.101					
A03		-0.136***					
A04		-0.405***					
A05		-0.016					
A06		-0.034					
A07		0.279***					
A08		-0.139					
A09		-0.022					
A10		-0.011					
A11		0.024					
A12		0.094**					
A13		0.114**					
A14		0.139***					
A15		-0.004					
A16		0.025					
B1		0.112*					
B2		0.218***					
B3		0.132**					
（常量）			1.205**				
A01			-0.093***				

续表

	模型1	模型2	模型3	模型4	模型5	模型6	模型7
A02			-0.061				
A03			-0.055*				
A04			-0.226***				
A05			-0.009				
A06			-0.006				
A07			0.189***				
A08			-0.088				
A09			0.038				
A10			-0.002				
A11			0.024				
A12			0.062*				
A13			-0.013				
A14			0.123***				
A15			-0.034				
A16			0.056				
B1			0.005				
B2			0.132***				
B3			0.018				
C11			0.469***				
C12			0.148***				
（常量）				0.878*			
A01				-0.051			
A02				-0.066			
A03				-0.039			
A04				-0.213***			
A05				-0.005			
A06				-0.005			
A07				0.153**			
A08				-0.066			
A09				0.045			
A10				-0.001			

第十一章 大学教师流动与评价的实证分析

续表

	模型1	模型2	模型3	模型4	模型5	模型6	模型7
A11				0.038			
A12				0.064 **			
A13				-0.001			
A14				0.090 **			
A15				-0.031			
A16				0.043			
B1				0.034			
B2				0.036			
B3				0.024			
C11				0.251 ***			
C12				0.031			
C2				0.436 ***			
（常量）					0.925 **		
A01					-0.050		
A02					-0.050		
A03					-0.035		
A04					-0.189 ***		
A05					-0.001		
A06					-0.017		
A07					0.133 **		
A08					-0.062		
A09					0.011		
A10					-0.005		
A11					0.021		
A12					0.064 **		
A13					-0.012		
A14					0.082 **		
A15					-0.037		
A16					0.028		
B1					0.044		
B2					0.051		

续表

	模型1	模型2	模型3	模型4	模型5	模型6	模型7
B3					0.012		
C11					0.147**		
C12					-0.007		
C2					0.296***		
C3					0.306***		
（常量）						0.781*	
A01						-0.060**	
A02						-0.007	
A03						-0.044**	
A04						-0.172***	
A05						0.000	
A06						-0.029*	
A07						0.128**	
A08						-0.049	
A09						-0.001	
A10						-0.012	
A11						0.005	
A12						0.047*	
A13						-0.028	
A14						0.054*	
A15						-0.010	
A16						0.042	
B1						-0.019	
B2						0.039	
B3						0.001	
C11						0.045	
C12						0.001	
C2						0.151***	
C3						0.212***	
C41						0.352***	
C42						0.127***	

续表

	模型1	模型2	模型3	模型4	模型5	模型6	模型7
（常量）							0.358
A01							-0.05**
A02							0.015
A03							-0.047**
A04							-0.143***
A05							0.004
A06							-0.027*
A07							0.138***
A08							-0.015
A09							0.011
A10							-0.005
A11							0.003
A12							0.043*
A13							-0.009
A14							0.037
A15							0.001
A16							0.029
B1							-0.011
B2							0.033
B3							0.011
C11							-0.001
C12							0.003
C2							0.109**
C3							0.129**
C41							0.156***
C42							0.050
C5							0.459***
模型统计量							
R^2	0.188	0.314	0.578	0.654	0.679	0.747	0.789

续表

	模型1	模型2	模型3	模型4	模型5	模型6	模型7
调整后 R^2	0.146	0.271	0.548	0.629	0.654	0.725	0.770
F 值	4.426 ***	7.285 ***	19.542 ***	25.721 ***	27.365 ***	34.897 ***	42.323 ***

说明：被解释变量为教师满意度情况；表中回归系数为未标准化回归系数；* $P<0.05$；** $P<0.01$；*** $P<0.001$。

模型2描述的是在个人基本情况对教师满意度影响的基础上，个人教育背景与教师满意度的直接关系；三个变量解释了教师满意度总体方差的7.285%，说明个人教育背景确实对教师满意度有较显著的影响作用。3个变量维度对教师满意度都有显著的正向影响作用，其中，学生期间的科研经验（0.218）在 $P<0.001$ 的水平上显著，学生期间的教学经验（0.132）在 $P<0.01$ 的水平上显著，教师专业知识（0.112）在 $P<0.05$ 的水平上显著，个人教育背景对教师满意度影响大小排序为学生期间的科研经验＞学生期间的教学经验＞专业知识。

模型3描述的是在个人基本情况对教师满意度影响的基础上，学校晋升政策与教师满意度的直接关系；2个变量解释了教师满意度总体方差的19.542%，说明学校晋升政策确实对教师满意度有较显著的影响作用。两个维度要素对教师满意度都正向影响作用，其中，一般晋升政策（0.469）和差别晋升政策（0.148）均在 $P<0.001$ 的水平上显著，与相关分析一样的结果，学校晋升政策对教师满意度影响大小排序为学校的一般晋升政策＞差别晋升政策。

模型4描述的是在个人基本情况对教师满意度影响的基础上，教学工作评价标准与教师满意度的直接关系；教学工作评价标准解释了教师满意度总体方差的25.721%，说明教学工作评价标准确实对教师满意度有较显著的影响作用。教学工作评价标准（0.436）在 $P<0.001$ 的水平上显著，对教师满意度有显著的正向影响作用。

模型5描述的是在个人基本情况对教师满意度影响的基础上，科研工作评价标准与教师满意度的直接关系；科研工作评价标准解释了教师满意度总体方差的27.365%，说明科研工作评价标准确实对教师满意度有较显著的影响作用。科研工作评价标准（0.306）在 $P<0.001$ 的水平上显著，对教师满意度有显著的正向影响作用。

模型6描述的是在个人基本情况对教师满意度影响的基础上,学校学术环境与教师满意度的直接关系;2个变量解释了教师满意度总体方差的34.897%,说明学校学术环境确实对教师满意度有较显著的影响作用。两个维度要素对教师满意度都有显著的正向影响作用,其中,学术氛围(0.352)和学术不端惩罚(0.127)均在$P<0.001$的水平上显著,与相关分析一样的结果,学校学术环境对教师工作后的科研影响大小排序为学校的学术氛围>学术不端惩罚。

模型7描述的是在个人基本情况对教师满意度影响的基础上,学校工作环境与教师满意度的直接关系;学校工作环境解释了教师满意度总体方差的42.323%,说明学校工作环境确实对教师满意度有较显著的影响作用。学校工作环境(0.459)在$P<0.001$的水平上显著,对教师满意度有显著的正向影响作用。

回归分析可以看出,在考虑教师个人基本情况的基础上,各个变量相互影响的情况下,各个变量对教师满意度影响的大小排序为一般晋升政策(0.469)>学校工作环境(0.459)>教学工作评价标准(0.436)>学术氛围(0.352)>科研工作评价标准(0.306)>学生期间的科研经验(0.218)>差别晋升政策(0.148)>学生期间的教学经验(0.132)>学术不端惩罚(0.127)>教师专业知识(0.112)。

五 教师流动的影响因素分析

(一)教师流动的综合影响分析

表11-39给出了学校晋升政策、教学工作评价标准、科研工作评价标准、学术环境、工作环境、教师满意度等对教师流动影响的回归分析结果,共估计了9个模型,模型的被解释变量均为教师流动。模型1的解释变量仅仅包括教师个人情况,以探讨教师个人的毕业院校、工作单位、年龄、最高学历、学科等对教师流动的影响;模型2只包括个人教育背景三个维度要素,以探讨个人教育背景与教师流动的直接关系;模型3包括晋升政策的两个维度要素,以探讨学校晋升政策与教师流动的直接关系;模型4只有学校教学评价标准要素,以探讨教学评价标准与教师流动的直接关系;模型5只有科研评价标准,以探讨科研评价标准与教师流动的直接关系;模型6包括学术环境的两个维度要素,以探讨学校学术环境与教师流动的直接关系;模型7只有学校工作环境,以探讨学校工作环境与教师

流动的直接关系；模型8包括个人科研能力、科研价值，以及个人教学能力与教学成果四个维度因素，以探讨个人科研和个人教学与教师流动的直接关系；模型9只有教师满意度，以探讨教师满意度与教师流动的直接关系。

表11-39　　　　　　教师流动的综合影响回归结果

	模型1	模型2	模型3	模型4	模型5	模型6	模型7	模型8	模型9
(常量)	-0.712***								
A01	-0.124								
A02	-0.163								
A03	0.862***								
A04	-0.671**								
A05	0.043								
A06	0.110								
A07	0.447								
A08	0.365								
A09	0.136								
A10	0.103								
A11	0.009								
A12	0.128								
A13	-0.158								
A14	0.066								
A15	0.198								
A16	-0.140								
(常量)		1.425***							
B1		0.041							
B2		-0.078***							
B3		0.019							
(常量)			1.359***						
C11			0.038						
C12			-0.026						

第十一章　大学教师流动与评价的实证分析

续表

	模型1	模型2	模型3	模型4	模型5	模型6	模型7	模型8	模型9
(常量)				1.434***					
C2				-0.010					
(常量)					1.381***				
C3					0.008				
(常量)						1.367***			
C41						0.021			
C42						-0.008			
(常量)							1.366***		
C5							0.012		
(常量)								1.404***	
D11								-0.084**	
D12								-0.007	
D21								-0.007	
D22								0.044	
(常量)									1.373***
F									-0.011
模型统计量									
R^2	0.255	0.042	0.005	0.001	0.000	0.001	0.001	0.001	0.001
调整后R^2	0.216	0.033	-0.001	-0.002	-0.003	-0.005	-0.002	0.005	-0.002
F值	6.541***	4.677***	0.787***	0.208***	0.129***	0.231***	0.274***	0.208***	0.211***

说明：被解释变量为教师流动情况；表中回归系数为未标准化回归系数；$*P<0.05$；$**P<0.01$；$***P<0.001$。

从表11-39可以看出，模型1描述的是教师个人情况与教师流动的直接关系。16个变量解释了教师流动总体方差的6.541%，说明个人基本情况确实对教师流动有较显著的影响作用。其中，最高学历毕业的院校是原985的教师以及工作在原985院校的教师流动性较低，国外毕业院校的教师流动性较高，地方本科院校教师流动性也较高；在原985院校工作的教师流动性也较低；年龄在$P<0.001$的水平上显著，对教师流动有非常显著的正向影响作用（0.862***），年龄越大流动性越高；学历（-0.671*

*）在 $P<0.01$ 的水平上显著，对教师流动有比较显著的负向影响作用，学历越低流动性越高，本科、硕士研究生可能进一步提升学历，然后流动到其他单位；在单位得到的基本薪酬越低流动性越大。教师所在的学科、职称、性别、是否在单位担任行政职务、家庭构成、就职高校所处的区域、主要工作兴趣、主要工作重心都分别对教师流动有不显著的正向影响。

模型 2 描述的是个人教育背景与教师流动的直接关系；三个变量解释了教师流动总体方差的 4.677%，说明个人教育背景确实对教师流动有较显著的影响作用，教师专业知识（-0.078***）在 $P<0.001$ 的水平上显著，对教师流动有显著的负向影响作用；学生期间的教学经验、科研经验对教师流动有不显著的正向影响作用。

模型 8 描述的是教师个人科研和个人教学与教师流动的直接关系，从结果看出，教师的个人科研能力对教师流动有较显著的影响作用，教师科研能力（-0.084**）在 $P<0.01$ 的水平上显著，对教师流动有显著的负向影响作用。也就是说教师科研能力越强，离职的可能性越小；教师的教学、教学成果对教师流动影响不大。

在其他影响教师流动的因素中，学校的一般晋升政策、科研工作评价标准、学术氛围、学校工作环境都对教师流动有不显著的正向影响作用；学校的差别晋升政策、教学工作评价标准、学术不端惩罚、满意度对教师流动有不显著的负向影响作用。

总体来看，回归分析可以看出，在不考虑各个变量相互影响的情况下，只考虑各个变量对教师流动的影响，影响教师流动的主要因素是教师的年龄、学历、专业知识、科研能力，其他因素影响不显著，工作单位级别越高教师流动性越低。

(二) 工作激励与家庭因素对教师流动的影响分析

学校方面的因素以及学校的激励措施、家庭因素对教师流动有比较大的影响，具体各个因素与教师流动之间的相关性如表 11-40 所示。

从表 11-40 可以看出，学校声誉、学校的激励措施、家庭因素都对教师流动有比较大的吸引力，和父母团聚、和配偶孩子团聚是吸引教师流动的最大动力，吸引教师流动的动力大小排序为和父母团聚 > 和配偶孩子团聚 > 更好的福利 > 更高的工资 > 更好的生活环境 > 其他原因 > 更好的学术环境 > 学校声誉。

表 11-40　　工作激励、家庭因素与教师流动之间的相关系数

	E01	E02	E03	E04	E05	E06	E07	E08	E
E01	1								
E02	0.396**	1							
E03	0.388**	0.651**	1						
E04	0.411**	0.418**	0.375**	1					
E05	0.289**	0.461**	0.503**	0.542**	1				
E06	0.265**	0.287**	0.301**	0.224**	0.293**	1			
E07	0.211**	0.253**	0.235**	0.242**	0.308**	0.693**	1		
E08	0.142*	0.236**	0.278**	0.211**	0.238**	0.392**	0.311**	1	
E	0.535**	0.635**	0.643**	0.572**	0.624**	0.760**	0.720**	0.617**	1

说明：E01 学校声誉；E02 更高的工资；E03 更好的福利；E04 更好的学术环境；E05 更好的生活环境；E06 和父母团聚；E07 和配偶孩子团聚；E08 其他原因。

第四节　实证结果分析

一　影响教师个人科研情况的因素分析

年龄在 $P<0.001$ 的水平上显著，对教师个人科研有非常显著的负向影响作用（-0.105***），说明年龄越大，个人科研能力、科研成果会减少；最高学位在 $P<0.05$ 的水平上显著，对个人科研有非常显著的正向影响作用（0.115*），个人收入占个人家庭收入的百分比在 $P<0.001$ 的水平上显著，对个人科研有非常显著的负向影响作用（-0.129***）；职称对个人科研有微弱的负向影响作用（-0.048*），主要工作重心在科研对个人科研有微弱的正向影响作用（0.068*）；主要工作兴趣在科研对个人科研有微弱的正向影响作用（0.097**）；全年工资、奖金、津贴，扣除个人所得税和五险一金以后的收入对个人科研有微弱的正向影响作用（0.081*）；从事讲学、写作、咨询、审稿、书画等劳务所得的收入对个人科研有微弱的正向影响作用（0.091*）；夫妻双方父母的经济支出占个人年收入的百分比对个人科研有微弱的正向影响作用（0.084**）；毕业院校和现在工作单位对个人科研有不显著的正向影响；性别对个人科研有不显著的负向影响，也就是男性教师比女性教师有利于个人科研，但影响不明显；有行政职务的教师有利于个人科研，但影响不明显；相对于家庭

成员越多，和父母、子女在一起生活、离异的教师，单身和夫妻二人家庭的教师更有利于科研。

回归分析可以看出，在不考虑各个变量相互影响的情况下，各个变量单独影响教师个人科研的大小排序为学校工作环境（0.394）＞科研工作评价标准（0.332）＞教学工作评价标准（0.327）＞一般晋升政策（0.273）＞学生期间的科研经验（0.270）＞学术氛围（0.249）＞学术不端惩罚（0.220）＞教师专业知识（0.172）＞差别晋升政策（0.085）＞学生期间的教学经验（0.082）。

回归分析可以看出，在考虑教师个人基本情况的基础上，各个变量相互影响的情况下，各个变量对教师个人科研影响的大小排序为学生期间的科研经验（0.212）＞教学工作评价标准（0.155）＞学术氛围（0.162）＞教师专业知识（0.128）＞一般晋升政策（0.125）＞学术不端惩罚（0.106）＞学生期间的教学经验（0.101）＞科研工作评价标准（0.062）＞差别晋升政策（0.055）＞工作环境（0.051）。

二 影响个人教学的因素

个人基本情况确实对教师个人教学有较显著的影响作用。其中最高学位毕业院校、最高学位、家庭构成、主要工作重心都分别对个人教学有不显著的正向影响；现在工作单位、年龄、职称、主要工作兴趣在科研、全年工资、奖金、津贴，扣除个人所得税和五险一金以后的金额，都有不显著的负向影响，说明年龄越大、职称越高，个人教学工作量、教学成果会减少；工资等收入越高，个人教学工作量、教学成果会减少；从事讲学、写作、咨询、审稿、书画等劳务所得的收入对个人教学在 $P<0.01$ 的水平上显著，对个人教学有非常显著的正向影响作用（0.077∗∗）；性别在 $P<0.05$ 的水平上显著，对个人教学有非常显著的正向影响作用（0.119∗），也就是女性教师比男性教师有利于个人教学；在单位担任行政职务 $P<0.001$ 的水平上显著，对个人教学有非常显著的负向影响作用（-0.226∗∗∗），说明没有行政职务的教师有利于个人教学，在单位担任行政职务不利于个人教学；个人收入占个人家庭收入的百分比在 $P<0.05$ 的水平上显著，对个人教学有非常显著的负向影响作用（-0.064∗）；从事讲学、写作、咨询、审稿、书画等劳务所得的收入（0.077）、夫妻双方父母的经济支出占个人年收入的百分比（0.069）在 $P<0.01$ 的水平上显

著,对个人教学有非常显著的正向影响作用,影响力度比较小。

回归分析可以看出,在不考虑各个变量相互影响的情况下,只考虑各个变量对教师个人教学的影响,影响教师个人教学的大小排序为学校工作环境(0.250)>教学工作评价标准(0.206)>科研工作评价标准(0.193)>一般晋升政策(0.170)>学生期间的教学经验(0.162)=教师专业知识(0.162)>学生期间的科研经验(0.152)>学术不端惩罚(0.151)>学术氛围(0.117)>差别晋升政策(0.034)。

回归分析可以看出,在考虑教师个人基本情况的基础上,各个变量相互影响的情况下,各个变量对教师个人教学影响都不大,影响大小排序为学生期间的科研经验(0.180)>教师专业知识(0.166)>学生期间的教学经验(0.134)>学校工作环境(0.109)>一般晋升政策(0.060)>教学工作评价标准(0.051)>学术不端惩罚(0.045)>学术氛围(0.032)>差别晋升政策(-0.030)>科研工作评价标准(0.021)。

三 教师满意度的影响因素

毕业院校和现在工作单位对教师满意度有不显著的负向影响,说明毕业于原985院校和工作单位是原985院校的教师满意度高于普通本科院校;年龄在 $P<0.001$ 的水平上显著,对教师满意度有非常显著的负向影响作用(-0.140),说明年龄越大,满意度越低;最高学位在 $P<0.001$ 的水平上显著,对教师满意度有非常显著的负向影响作用(-0.308),说明学位越高,满意度越低;主要工作兴趣在科研在 $P<0.001$ 的水平上显著,对教师满意度有显著的正向影响作用(0.119),说明科研兴趣能增加教师满意度;从事讲学、写作、咨询、审稿、书画等劳务所得的收入在 $P<0.001$ 的水平上显著,对教师满意度有显著的正向影响作用(0.189);职称、性别、有行政职务都在在 $P<0.01$ 的水平上显著,职称对教师满意度有微弱的负向影响作用(-0.055),题项是反向的,职称越高满意度越高,性别对教师满意度有显著的正向影响(0.215),相对于男性教师,女性教师满意度更高;是否有行政职务的教师对教师满意度有显著的负向影响作用(-0.201),有行政职务的教师满意度更高;夫妻双方父母的经济支出占个人年收入的百分比对教师满意度有微弱的正向影响作用(0.080);毕业院校和现在工作单位对教师满意度有不显著的正向影响;家庭构成对教师满意度有不显著的负向影响(-0.26),相对于家庭成员

越多，和父母、子女在一起生活、离异的教师，单身和夫妻二人家庭的教师满意度更高；主要工作重心在科研对教师满意度有不显著的正向影响作用（0.003）；工资收入对教师满意度有不显著的正向影响作用（0.076），说明工资收入越高，教师满意度越高；个人收入占个人家庭收入的百分比对教师满意度有不显著的负向影响（-0.26）。

回归分析可以看出，在不考虑各个变量相互影响的情况下，只考虑各个变量对教师满意度的影响，影响教师满意度的大小排序为学校工作环境（0.856）＞科研工作评价标准（0.728）＞教学工作评价标准（0.703）＞学术氛围（0.612）＞一般晋升政策（0.507）＞学生期间的教学经验（0.243）＞学术不端惩罚（0.230）＞差别晋升政策（0.197）＞教师专业知识（0.113）＞学生期间的科研经验（0.111）。

在考虑教师个人基本情况的基础上，各个变量相互影响的情况下，各个变量对教师满意度影响的大小排序为一般晋升政策（0.469）＞学校工作环境（0.459）＞教学工作评价标准（0.436）＞学术氛围（0.352）＞科研工作评价标准（0.306）＞学生期间的科研经验（0.218）＞差别晋升政策（0.148）＞学生期间的教学经验（0.132）＞学术不端惩罚（0.127）＞教师专业知识（0.112）。

四 教师流动的影响因素

从回归分析可以看出，在不考虑各个变量相互影响的情况下，只考虑各个变量对教师流动的影响，影响教师流动的主要因素是教师的年龄、学历和专业知识，其他因素影响不显著，其中，学生期间的教学经验、科研经验、学校的一般晋升政策、科研工作评价标准、学术氛围、学校工作环境都对教师流动有不显著的正向影响作用；学校的差别晋升政策、教学评价标准、学术不端惩罚、满意度对教师流动都有不显著的负向影响作用。

从工作激励和家庭因素与教师流动的相关性分析可以看出，学校声誉、学校的激励措施、家庭因素都对教师流动有比较大的吸引力，和父母团聚、和配偶孩子团聚是吸引教师流动的最大动力，吸引教师流动的动力大小排序为和父母团聚＞和配偶孩子团聚＞更好的福利＞更高的工资＞更好的生活环境＞其他原因＞更好的学术环境＞学校声誉。因此，为了避免教师过度离职，应该考虑教师与家人的团聚，提高教师的薪酬福利，给予教师更好的生活环境和学术环境。

第四编　模式与机制

第十二章

多元动态平衡下大学教师综合评价模型构建

作为我国高等教育领域综合改革的重要组成部分，我国大学教师聘任制改革是在我国由计划体制向市场体制转换的过程中逐步进行并不断深化的，其改革进程从整体上体现了我国内部学术劳动力市场形成和发展的基本特征。从目前看，我国高校基本上形成了技术职务聘任制、岗位聘任制、劳动合同聘用制三者并存同行的教师聘任制度。在我国现代大学制度建设、国家高校教师考核评价政策推动、高校自主办学能力和办学水平不断提升的共同作用下，在国家自主创新、一流大学和一流学科建设、"聚天下英才而用之"的发展战略的相互支撑中，遵循高等教育发展规律和人才成长规律、创新高层次人才发展体制机制成为我国大学教师聘任制当下和未来深化改革的主旋律，而深化高校教师考核评价制度改革则是我国大学教师聘任制改革的一个焦点。根据高校的不同类型或同一类型高校中不同类型教师的岗位职责和工作特点，以及教师所处职业生涯的不同阶段，分类型、分层次、分学科设置考核内容和考核方式，健全教师分类管理和评价办法，则是高校教师考核评价制度改革绕不过去的关键点，也是破除束缚高校教师发展的体制机制障碍的有效路径选择。正基于此，研究构建了多元动态平衡下大学教师综合评价模式，旨在推进我国大学教师分类考核评价，激发我国内部学术劳动力市场活力，促进大学教师有序竞争、良性流动。

第一节 我国大学教师聘任中的岗位分类

我国大学教师聘任制改革进程和改革实践为教师角色模型的构建创造了现实条件。从目前看，大学教师分类考核评价已经进入我国高校教师聘任制改革的实践，以及国家和省市高校教师职务聘任管理、岗位设置管理、教师职称制度改革等指导性政策文件之中。表 12-1 为我国部分高校教师聘任中的岗位分类情况；表 12-2 为我国高校教师聘任相关政策中的岗位分类指导性方案。

表 12-1　　我国部分高校教师聘任中的岗位分类

高校名称	教师岗位类型	条件	备注
北京大学	教学科研并重系列（简称教研系列）	是支撑学校教学科研事业发展的核心职位，肩负学科建设、人才培养、科学研究和文化传承创新的重要使命，承担引领学科发展、培养创新人才和开展创新研究的责任。设立了助理教授、副教授和教授职位。经学校授权批准，助理教授和副教授可同时拥有副研究员或研究员学术头衔	2019 年 1 月发布《北京大学教师手册》教研系列职位按照无固定期限预聘制（Tenure Track，简称预聘—长聘制）方式管理，针对教学系列、研究技术系列实施事业单位聘用合同制等分类管理
北京大学	教学为主系列（简称教学系列）	是学校教育教学的基础职位，获聘该系列职位的人员主要承担基础课和公共课的教学工作任务。职位由教学助理、讲师、高级讲师（教学副教授）和教学教授构成	
北京大学	研究技术为主系列（简称研究技术系列）	是学校科学研究的支撑辅助职位，获聘该系列职位的人员主要承担以北京大学为负责单位、面向科技前沿的重大基础研究和面向国家需求的重大应用研究的工作任务。职位由助理研究员、副研究员和研究员构成	
山东大学	教学型	主要承担高质量本科或研究生课程教学工作，同时承担精品课程、教材建设及教学方法研究等工作，并取得相应的高质量教学成果	2013 年 2 月 21 日发布《山东大学教师岗位分类管理暂行办法》。2019 年 8 月 3 日印发《山东大学教师职务及岗位聘用申报条件（修订）》的通知
山东大学	教学科研型	同时承担高水平科学研究任务和高质量本科或研究生课程教学工作	
山东大学	科研型	主要承担高水平科学研究任务，重点是基础研究、国家重点项目和国际合作重点研究项目，同时承担一定的教学工作。其中包括科技创新军民融合型（国防型）教师	

续表

高校名称	教师岗位类型	条件	备注
山东大学	应用技术开发型	主要从事成果转化、技术推广、横向研究开发等服务社会方面的工作，为学校创造经济效益和社会效益	
武汉大学	教学为主型	承担本科生全校通识必修课和专业通识必修课程教学工作，同时承担教学研究工作的岗位。教学为主型岗位占单位在编在岗教师的比例为：开设全校通识必修课程的单位不超过30%（外语学院不超过50%）；从事体育、军事等公共基础教学的单位原则上不超过90%，其他单位不超过10%。不承担本科生教学的单位不得设置教学为主型岗位。岗位考核的重点是实际承担的教学工作量、教学质量、教学研究成果和学术水平	2015年3月2日发布《武汉大学全员聘用制实施意见》
	教学科研型	同时承担高质量的课程教学、教育教学研究和科学研究工作的岗位。承担本科生教学的二级单位，教学科研型岗位教师应不少于在编在岗教师总数的80%。岗位考核的重点是教育教学质量和高水平科研成果	
	科研为主型	专职从事高水平科学研究工作的岗位。重点实验室、工程中心和研究基地（中心）等二级单位科研为主型岗位不少于在编在岗教师总数的80%，其他单位可酌情设置。岗位考核的重点是高质量的论文、科研经费到账和完成情况以及研究生培养情况	
	社会服务型	主要从事横向课题研究开发、科技推广、成果转化、应用咨询、教育培训工作以及其他社会服务工作的岗位。社会服务型岗位原则上不超过本单位在编在岗教师总数的10%。岗位考核的重点是应用型科研项目经费到账及完成情况，授权实施的发明专利情况，被政府部门采纳的研究报告，科研成果的转化及取得的社会、经济效益等	

续表

高校名称	教师岗位类型	条件	备注
武汉大学	实验技术系列	按照《武汉大学实验技术等系列专业技术岗位聘任试行办法》执行	
	思想政治教育工作教师	按照《武汉大学思想政治教育工作教师专业技术岗位聘任试行办法》执行	
华东政法大学	教学为主型	主要承担课程教学工作以及教学研究工作的岗位，在学院（部）教研室设置。聘用到教学为主型岗位的教师，一般应年满50周岁、具有讲师以上专业技术职务、近三年完成学校规定的教学工作量。博士生导师不可申报教学为主型岗位。教学工作特别优秀、在教育教学和人才培养中取得优异成绩的教师，满足学校规定条件的，年龄可放宽至45周岁。教学为主型教师可以承担科研工作，但不作考核要求。职位由助教、讲师、副教授和教授构成	经2016年7月5日第16次校长办公会议讨论通过《华东政法大学教师岗位分类管理及考核评价办法（试行）》
	教学科研型	同时承担课程教学和学术研究工作的岗位，在学院（部）教研室设置。职位由助教、讲师、副教授和教授构成	
	科研为主型	（分为基础研究型和应用研究型）岗位：基础研究型岗位是主要承担本学科学术研究工作的岗位；应用研究型岗位是主要承担研发服务、知识运用工作的岗位。岗位考核的重点是科研成果、理论水平、学术影响力。职位由助理研究员、副研究员和研究员构成	
	实验教学岗位	由学校专门办法规定	
	专职学生思想政治教育岗位	由学校专门办法规定	
浙江大学	教学科研并重岗	要求同时承担高水平科学研究和高质量本科或研究生课程教学工作。进入教学科研并重岗教师都应承担基本的本科教学或研究生学位课教学工作任务，但可根据自身情况申请减免	

续表

高校名称	教师岗位类型	条件	备注
浙江大学	研究为主岗	要求承担高水平科学研究工作，重点是基础研究和重大国家（地方）项目、国际合作项目研究	2010年5月印发《浙江大学教师岗位分类管理实施意见（试行）》
	教学为主岗	要求主要承担高质量本科或研究生课程教学工作，同时承担一定的科学研究工作；领衔开设本科生重要通识课程、大类课程，每年保证相当的教学工作时数	
	社会服务与技术推广岗	要求主要承担农业与工业技术推广、公共政策与其他科技咨询、医疗服务及教育培训等社会服务工作	
	团队科研/教学岗	要求在科研或教学团队中承担团队项目科学研究、项目研究助理、项目技术管理或协助承担一部分量大面广的通识课程与大类课程基础教学工作	
哈尔滨工程大学	教学科研型	设置教授（一~四级）、副教授（五~七级）、讲师（八~十级）、助教（十一~十三级）岗位	2012年11月30日印发《哈尔滨工程大学教师岗位分类管理实施意见》及其配套文件
	教学为主型	原则上设置教授（二~四级）、副教授（五~七级）岗位。部分主要承担公共、基础课教学工作的院系可根据实际设置讲师岗位（八~十级）	
	科研为主型	设置研究员（一~四级）、副研究员（五~七级）、助理研究员（八~十级）、研究实习员（十一~十三级）岗位	
	实验教学型	原则上设置教授（二~四级）、副教授（五~七级）岗位	
	学生思政型	设置教授（二~四级）、副教授（五~七级）、讲师（八~十级）、助教（十一~十三级）岗位	

续表

高校名称	教师岗位类型	条件	备注
上海财经大学	教学为主	承担公共课以及其他量大面广的基础课或专业基础课教学。课堂教学工作量应当是教学科研并重岗教师标准教学工作量的1.5倍；学生论文和社会实践指导等工作应多于教学科研并重岗教师，同时应从事教育、教学方法的研究以及教材建设工作，并取得相应的高质量教学成果。应具有丰富的从事本专业教学实践经验和较高的专业水平，教学效果优良、教书育人成效突出	经2019年3月27日校长办公会议审议通过《上海财经大学教师岗位分类管理办法》
	教学科研并重	承担较高水平科研、较高质量教学以及学位论文和社会实践指导工作，需要完成的标准教学工作量和科研工作量按学校有关规定执行。应同时具有从事较高水平科学研究和较高质量本科或研究生课程教学工作的能力	
	科研为主	主要承担高水平科研工作。应具有较强的研究能力，具有发表高水平论文和承担重要研究项目的能力，适用于研究基地、研究所或有特殊需要承担重大项目或重要研究工作的人员	
深圳大学	教学型	主要指公共课、实践课或技能课教师；也可以包括主要承担教学任务的专业课教师。教学型教师的主要职责是承担教学任务。教学型教师，可只考核教学和公共服务，不考核科研	2013年10月17日印发《深圳大学关于教师分类管理的指导意见》；2016年6月4日印发《深圳大学岗位设置办法》
	教学研究型	既承担教学任务，也从事科学研究的教师。我校大部分教师为教学研究型教师。教学研究型教师的主要职责是承担教学任务和研究任务。教学研究型教师，考核教学、公共服务和科研	
	研究型	主要指引进的研究型团队教师，也包括连续承担重要科研项目的教师。研究型教师的主要职责是承担研究任务。研究型教师，主要考核科研	

续表

高校名称	教师岗位类型	条件	备注
集美大学	教学型	（1）主要承担本科生专业（公共）基础课或主干课程的教学工作。上一聘期聘任教学型教师高级职务、航海类教师职务和承担全校性公共课的教师须按原职务类型聘任，若要改变原聘职务类型须按学校高聘相应专业技术职务的条件和程序进行申报、评审和聘任。已聘普通型高级职务的教师年满50周岁（申请55岁退休的女教师年满45周岁）若要转聘教学型高级职务，须符合教学型教师高级职务聘任条件且所在学院有教学型教师高级职务空缺岗位，经个人申请、所在学院聘委会同意、学校聘委会审批通过后予以聘任 （2）承担全校性公共课（即思想政治理论课、大学英语、高等数学、大学物理、军事理论、公共体育等课程）的副教授及以下职务的教师每学年完成学院规定的教育教学任务的120%以上，对聘任条件中科研工作部分的"课题与经费要求"可不作要求。持有有效的船员适任证书且聘期内上船工作时间累计不少于6个月的航海类教师，对聘任条件中科研工作部分"课题与经费要求"可不作要求	2014年5月19日印发《集美大学教学型教师高级职务聘任办法（试行）》的通知；2018年3月13日印发《集美大学2017—2021学年专任教师职务聘任实施办法》的通知
	普通型	非教学型的所有专任教师	
上海对外经贸大学	教学科研型	同时承担课程教学和学术研究工作的岗位，在各院（部）设置。教学科研型岗位是学校教师岗位的主体	2014年4月24日印发《上海对外经贸大学教师岗位分类管理办法（试行）》
	科研为主型	主要承担学科学术研究或研发服务等工作，同时承担一定教学工作的岗位。科研为主型岗位主要在各院（部）和校级实体研究机构设置，岗位比例由学校根据事业发展需要进行设定，比例一般不超过专业技术职务总量的10%，并实行竞聘上岗和动态管理。校级实体性研究机构（含智库）中的专职研究人员，采用研究机构和学院双聘制，按照科研为主型教师岗位管理，年度考核和聘期考核由实体研究机构实施	

续表

高校名称	教师岗位类型	条件	备注
上海对外经贸大学	教学为主型	主要承担教学及教学研究工作的岗位，主要在公共教学部门设置	
中南大学	教学科研岗	教学科研工作并重，是教师岗位的主体	2012年3月发布《中南大学人事制度改革方案》
	教学为主岗	以教学工作为主，主要设置在公共基础课程领域	
	科研为主岗	以科研工作为主，主要设置在国家级科研基地、实体科研机构等	
	社会服务（技术开发）岗	主要承担科技开发、成果转化、技术推广等工作	
厦门大学	教学为主型	承担全校性公共英语课程、公共体育课程、公共实验课程、军事理论课程等四类全校性公共课程和对外汉语课程的教学任务的教师，在应聘（含申请高聘、续聘和新聘）教师职务时，可以选择应聘教学为主型教师岗位。教学为主型岗位教师职务设助教、讲师、副教授	2015年11月发布《厦门大学教师职务聘任条例》
	教学科研并重型	教学为主型之外，其他教师岗位（含上述四类公共课程和对外汉语课程所属学科设置的教授岗位）均为教学科研并重型岗位。其中承担重大项目研究或从事高水平创造性科学研究等工作的教师，可申请减免教学工作量或申请免考核。年龄在50周岁以上且已受聘副教授以上职务的本校教师，可根据学科特点申请适当减少科研工作任务并增加教学工作任务	
青岛大学	教学为主型	除了公共外语教育学院、体育学院、马克思主义学院，其他学院需要控制教学为主型教师的比例。岗位职责和工作任务由二级学院自主制定	2016年6月8日印发青岛大学文件《关于开展教师岗位分类分级管理工作的通知》
	教学科研型	岗位职责和工作任务由二级学院自主制定	
	科研为主型	校直属科研机构人员全部为科研为主，岗位职责、工作任务与考核标准由学校统一制定	

高校名称	教师岗位类型	条件	备注
青岛大学	特殊学科	特殊学科可根据自身特点，结合实际需要，设置适合本学科专业发展的其他教师岗位类型，如：创作表演型；临床教学型；技术推广型	
山东交通学院	教学为主型	综合表现占10%；教学工作与学生能力培养占70%；科研教研工作占20%。约占正高级岗位总数的40%	2016年12月29日印发的《山东交通学院第三次岗位聘用竞聘实施方案》
	教学科研型	综合表现占10%；教学工作与学生能力培养占45%；科研教研工作占45%；约占正高级岗位总数的30%	
	科研为主型	综合表现占10%；教学工作与学生能力培养占20%；科研教研工作占70%；约占正高级岗位总数的20%	

表12-2　各省市高校教师聘任相关政策中的岗位分类指导性方案

地区	颁布机构	颁布时间	文件名称	教师岗位分类
北京市	北京市人力资源和社会保障局、北京市教育委员会	2019年1月3日	北京市高等学校教师职务聘任管理办法	教学为主、教学科研为主和社会服务为主三种类型
上海市	上海市教育委员会、上海市人力资源和社会保障局	2010年9月26号	上海市高等学校岗位设置管理实施办法（沪教委人〔2010〕68号）	教学为主型岗位、教学科研型岗位和科研为主型岗位
湖北省	湖北省人力资源和社会保障厅、省教育厅	2009年7月14日	关于湖北省高等学校岗位设置管理的指导意见	教学为主型岗位、教学科研型岗位和科研为主型岗位

续表

地区	颁布机构	颁布时间	文件名称	教师岗位分类
江苏省	江苏省人力资源社会保障厅、省教育厅	2017年6月1日	省人力资源社会保障厅、省教育厅关于聚力创新深化高校教师职称制度改革的指导意见	按照社会科学、自然科学、人文学科、艺术学科等不同学科领域，针对教学型、科研型、教学科研并重型、社会服务型等不同类型教师岗位特点，建立科学合理的分类评价标准。对教学为主型岗位教师，着重考察其教育教学水平和人才培养实绩，将优秀教学案例、教材编写等纳入评价指标。对科研为主型岗位教师，侧重考察其学术能力、创新质量和贡献。对社会服务型岗位教师，侧重考察其在成果转化推广、服务决策、科学普及等方面产生的经济社会效益。对从事基础研究的教师主要考察学术贡献、理论水平和学术影响力。对从事应用研究的教师主要考察经济社会效益和实际贡献。对从事思想政治教育和教育管理研究人员主要考察学生思想政治教育和教育管理研究水平。对实验技术教师重在评价考核工作绩效，引导其提高服务水平和技术支持能力
山西省	山西省教育厅、山西省人力资源和社会保障厅	2017年5月31日	山西省高等学校教师专业技术职务评审指导条件（试行）	教学型：以教学为主，长期在教学第一线从事公共基础课教学的教师。教学型教师由学校教务处、人事处（职称办）共同确认。 教学科研型：以教学为主，承担一定科研工作，主要承担专业基础课、专业课教学的教师。 科研教学型：以科学研究、科技开发、技术成果推广为主，承担一定教学工作的教师。 专职辅导员（班主任）型：专职从事辅导员（班主任）教学工作的教师。 社会服务与科技成果应用推广型：主要从事社会服务、技术咨询与推广、艺术创作与推广、科技成果应用与推广等的教师（评审条件继续执行晋教师〔2015〕28号文件）

综上可以看出，我国目前大学教师分类考核评价是以高校教师岗位分类为基础和前提的，教师岗位的主要分类模式主要有两种：一是"三分法"分类模式，该模式将高校教师岗位分为教学科研型、教学为主型和科研型，其中教学科研型为教师岗位的主体；针对教学为主型和科研型，有的高校是在聘任制的方式上做出规定，如北京大学将这两种类型的教师列为合同制管理；有的高校是在学科性质、教师岗位职级、教师年龄上对教学型教师做出规定，主要是承担基础课和公共课的教学工作任务，或年龄在50岁以上的教师，或只能评聘副教授及以下岗位职级等。二是"四分法"分类模式，该模式从高校职能入手将高校教师岗位分为教学为主型、教学科研并重型、科研为主型、社会服务型。"四分法"分类模式主要是在"三分法"分类模式的基础上，增加了社会服务型。由于高等学校中的社会服务职能是从人才培养和科学研究中衍生出来的社会职能，如果作为教师岗位独立存在的一种类型，其必然依存于教师的教学和科研工作。

另外，有的高校则是以"三分法"分类模式为基础，进行了细分，增加了应用技术开发型、或是科研教学型、团队科研－教学型等，形成"四分法"分类模式；有的高校以"三分法"、"四分法"分类模式为主体，增加了特殊学科的其他教师岗位类型，创作表演型、临床教学型、技术推广型、实验教学型、学生思政型等特殊学科和岗位，如此等等。

无论是"三分法"分类模式还是"四分法"分类模式，对于学术型高校来说，教学科研型教师岗位都是核心和主体岗位，教学型、科研型、社会服务型在教师岗位总体数量的占比中一般不高；对于应用型高校，教学型、教学科研型或是两者并重，或是在占比上向教学型教师倾斜，其科研型和社会服务型则在教师岗位总体数量中的占比不高。

第二节　多维动态大学教师角色评价模型建构

教师角色模型是构建整个教师评价体系的基础。[①] 首先，根据我国教师岗位分类的实然存在，将教师角色分为四个类型：教学为主型、教学科

---

① 阎方：《〈教师综合评价体系的建构〉（第一章至第三章）翻译实践报告》，海南大学2017年硕士学位论文。

研型、科研为主型、社会服务型，确定教师角色四个类型的基本内涵。然后，根据学校人才培养、科学研究和社会服务的三大职能，为每一角色类型分别设置教学、科研和服务参数值，构建动态教师角色模型。

一 大学教师角色四个类型的基本内涵

1. 教学科研型。是支撑学校教学科研事业发展的核心职位和主体类型，肩负学科建设、人才培养、科学研究和文化传承创新的重要使命和社会责任。

2. 教学为主型。是学校教育教学的基础职位，获聘该系列职位的人员主要承担基础课和公共课的教学工作任务。年满50周岁（申请55岁退休的女教师年满45周岁）且已受聘副教授以上职务的非教学型教师，可有条件地申请教学为主型教师岗位。不承担本科生教学的单位不得设置教学为主型岗位。

3. 科研为主型。要求承担高水平科学研究工作，主要承担以所聘高校为负责单位、面向科技前沿的重大基础研究和面向国家需求的重大应用研究的工作任务。

4. 社会服务型。主要从事横向课题研究开发、科技推广、成果转化、应用咨询、教育培训工作以及其他社会服务工作的岗位。

二 构建动态大学教师角色模型

（一）权重设置原则

1. 突出教育教学业绩评价。坚持立德树人，把教书育人作为高校教师评价的核心内容，将人才培养中心任务落到实处。

2. 坚持分类评价。根据不同类型高校、不同岗位教师的职责特点，分类设置评价内容和评价方式。

3. 注重综合、动态评价。在界定不同教师角色类型内涵特征的基础上，统筹考虑不同类型教师角色在师德师风、教育教学、科学研究、社会服务、专业发展等方面的基本要求，科学处理好教师岗位分类评价与教师岗位全面考核的关系，对每一类教师每一个职责的权重划定一个合理区间，根据实际情况确定每个职责的最低权重和最高权重，尊重教师的个性化、差异化发展，并体现出教师不同学科、不同年龄等差异特征。

（二）模型构建及其依据

主要借鉴美国学者拉乌尔·阿雷奥拉（Raoul A. Arreola）著作《开发高校教师综合评价体系：大规模高校教师评价体系的设计、构建和操作》和沈红《中国大学教师发展状况——基于"2014 中国大学教师调查"的分析》中的相关研究成果，结合我国高校教师评价相关政策及其他研究成果，设置教师角色综合评价的动态权重。

阿雷奥拉研究认为，美国的学院和大学最初倾向于使用传统的静态教师角色模型（如表 12 – 3 所示），这一模型是建立在所有教师在三种主要角色中都有同样表现的假设之上，这种假设转化成教师评价体系，要求所有教师在履行所有角色（至少两个角色）中都要取得不凡成就，静态教师角色模型不足以体现教师评价体系中职责的多样性及教师价值的多元化，是不合理、不公平的。实际上，不同教师角色在教学、学术/创新型活动、服务（高校、社区）中的工作重心、及其所付出时间、精力和资源是不相同的；静态教师角色模型源于高校渴望在基本的教学、科研与服务方面取得卓越成绩。但即使同一教师角色模型，不同教师在教学、学术/创新活动、服务（高校、社区）所付出时间、精力和资源也不会相同的。为了构建公正合理的教师评价体系，行之有效的方法就是给每个角色设置参数值，即构建教师角色动态差异化模型：在高校教师评价体系中，设置角色分配的最大比重与最小比重，以此关注和发挥教师长处，充分体现教师职责与教师任务的方方面面，并给予相应认可与奖励，促进高校完成教学、科研和服务这一卓越目标。为此，以某高校为例，建立了教学为主型动态教师角色模型样本（如表 12 – 4 所示）。[1]

表 12 – 3　　　　　　　　美国大学传统静态教师角色模型

评价指标	各指标的权重
教学	40%
研究	40%
服务	20%

---

[1] 阎方：《〈教师综合评价体系的建构〉（第一章至第三章）翻译实践报告》，海南大学 2017 年硕士学位论文。

表 12 – 4　　　　　　　教学为主型动态教师角色模型样本

最小比重（%）	教师角色	最大比重（%）
50%	教学	85%
0%	学术/创新型活动	35%
10%	高校服务	25%
5%	社区服务	10%

学者沈红在国家自然科学基金项目"大学教师评价的效能研究"中对全国 88 所高校 5186 名教师进行了调查，其中大学教师的最高学位分别为学士、硕士和博士，所占比例分别为 2%、10% 和 88%。调查以全国 13 个省份的 88 所高校为样本高校，占全国普通公立四年制本科高校总数的 11%。其中，原 985 高校、原 211 高校和一般本科高校分别为 13、24 和 51 所。从地域分布看，东部、中部和西部地区的高校分别为 43、24 和 21 所，均占所在地域普通公立四年制本科高校数的 11%。研究请被调查的 5186 名教师对"教学、科研和服务在教师评价中的合理权重"问题提出自己的意见，反馈结果是：教学：科研：服务 = 4∶4.5∶1.5（40∶44∶16），教师自觉地赋予了"教学工作"比较高的权重。[1] 教师对于教学工作权重的价值认同，一方面与国家相关教师考核评价政策对于教育教学工作量考核的严格要求、硬核强调有关，如 2016 年出台的《教育部关于深化高校教师考核评价制度改革的指导意见》就提出"所有教师都必须承担教育教学工作"，"建立健全教学工作量评价标准，把教授为本专科生上课作为基本制度，明确教授、副教授等各类教师承担本专科生课程、研究生公共基础课程的教学课时要求"；也与教师以国家和高校考核评价相关政策"指挥棒"为导向自我调整角色行为有关，更是人才培养与大学发展内在逻辑之间密切不可分关系的理性体现。

研究借鉴阿雷奥拉的教学为主型动态教师角色模型样本，构建教学为主型和科研为主型多维动态教师综合评价模型；借鉴沈红相关研究成果，构建教学科研型多维动态教师综合评价模型，如表 12 – 5 所示；在此基础上，以高校教学、科研、社会服务三大基本职能之间的内在联系为主线，

---

[1] 沈红：《中国大学教师发展状况——基于"2014 中国大学教师调查"的分析》，《高等教育研究》2016 年第 2 期。

构建服务型多维动态教师综合评价模型，其中，服务Ⅰ型偏重教育培训和应用咨询，服务Ⅱ型则横向课题研究开发、科技推广、成果转化、教育培训和应用咨询并重，服务Ⅲ型偏重横向课题研究开发、科技推广、成果转化，如表12-6所示；最终形成我国大学教师多维动态综合评价模型的整体架构。

表12-5　　　　　　　多维动态教师角色评价模型Ⅰ

教师岗位分类＼教师角色评价指标	教学为主型		教学科研型	科研为主型	
	最小比重	最大比重		最小比重	最大比重
教学	50%	85%	40%	0%	35%
科研	0%	35%	45%	50%	85%
社会服务	15%	35%	15%	15%	35%

表12-6　　　　　　　多维动态教师角色评价模型Ⅱ

教师岗位分类＼教师角色评价指标	服务Ⅰ型		服务Ⅱ型	服务Ⅲ型	
	最小比重	最大比重		最小比重	最大比重
教学	15%	35%	22%	0%	35%
科研	0%	35%	28%	15%	35%
社会服务	50%	85%	50%	50%	85%

三　大学教师多维动态综合评价模型应用

在大学教师多维动态综合评价模型中，最终教师角色模型实现百分制，不同角色类型的教师即使选择了某角色的最大值仍须满足其他角色最小值要求。比如，某教师选择教学型角色，如果教学活动占评价体系的85%，仍须满足服务至少要占15%的要求（即85%+0%+15%=100%）；某预聘制教师根据学校相关政策承担科研型角色，如果科研活动占评价体系的85%，仍须满足服务至少要占15%的要求（即85%+0%+15%=100%）。模型可应用于以下两个主要方面。

1. 不同教师角色类型、不同高校类型的教师评价

大学教师多维动态综合评价模型在整体评价体系的最小比重、最大比重区间内，具体领域运用如下：①大学教师的入职、晋升、职称评聘和绩

效考核评价。②学术型—应用型不同类型高校教师评价，两类高校根据自身办学定位和发展战略，在教学型、教学科研类、科研型、服务型教师角色自主选择相应比重，学术型高校可向教学科研型和科研型教师角色的占比倾斜，且两类教师角色所占的各自比例都高于应用型高校；应用型高校可向教学型和教学科研型教师角色的占比倾斜，且教学型教师角色所占的比例高于学术型高校。③预聘长聘制教师在不同聘期内在教学科研型和科研型中作相应的考核评价。④不同学科在不同角色类型中做出适应自身学科特征的考核评价选择。

2. 不同教师角色类型、不同高校类型的教师奖励性绩效工资制度设计

自2016年中共中央办公厅、国务院办公厅印发《关于实行以增加知识价值为导向分配政策的若干意见》以来，各省市自治区有关高校实施绩效工资指导意见，共同强调一要建立和完善与工作人员岗位职责、工作业绩、实际贡献紧密联系和鼓励创新的分配激励机制，优绩优酬；二要重点向关键岗位、业务骨干和成绩突出的工作人员倾斜，发挥绩效工资分配的激励导向作用。如山东省教育厅、山东省财政厅、山东省人力资源和社会保障厅在《关于完善高等学校绩效工资内部分配办法的指导意见》（鲁教师发〔2020〕2号）中提出了："高等学校要根据发展需要，自主确定基础性绩效工资与奖励性绩效工资所占比重，逐步加大奖励性绩效工资占比，到2020年年底，奖励性绩效工资实际分配总量在绩效工资总量中占比一般不低于70%。"奖励性绩效工资实际分配总量在绩效工资总量中占比的提升，对于建立健全不同教师角色类型、不同高校类型的教师绩效工资分配激励机制就显得更加重要。

我国教师多维动态综合评价模型可尝试应用于高等学校不同教师角色类型、不同高校类型的教师奖励性绩效工资制度设计，具体思路如下：①同一高校，教学型教师角色奖励性绩效工资突出教学工作的奖励绩效，注重对教师课时量、教学投入、教学业绩的考核评价，加大对教学型名师、教学成果奖的绩效激励力度，教学型教师的奖励性绩效工资占其奖励性绩效工资总数的50%—85%。科研型突出科学研究的奖励绩效，注重对科研项目立项、科学技术奖（含人文社科奖）、发明专利、论文著作、智库成果和标准制定等的考核评价，以创新能力、质量、贡献、绩效为导向，加大对研究成果质量、原创价值和对经济社会发展实际贡献的绩效激励力度，科研型教师的奖励性绩效工资占其奖励性绩效工资总数的50%—

85%。教学科研型教师，其教学、科研、社会服务的奖励性绩效工资分别占其奖励性绩效工资总数的40%、45%、15%。社会服务型教师，突出科技成果转化收益、服务地方经济社会发展能力的奖励绩效，奖励性绩效工资占其奖励性绩效工资总数的50%—85%。

第三节 构建"第三方+小同行+代表性成果"大学教师评价的运行模式

一 第三方评价

第三方评价是一个相比较而言的概念，它相对于第一方评价和第二方评价而存在，随着第一方评价主体和第二方评价主体的不同，第三方评价的主体就会相应地发生变化，可分为委托型和独立型两种类型。以高等学校评价为例，主要包括内部评价和外部评价，如果说，第一方评价是内部评价即高校的自我评价，第二方评价是以政府主导的行政性外部评价，那么，第三方评价就是独立于高校和政府的非官方、中介性机构。

大学教师考核评价的"第三方"，更多地是指政策制定者和政策执行者之外的非官方组织和机构，其中，委托型第三方评价机构无疑更加契合"小同行评价+代表性成果"评价这一运行模式的典型特性：由高校作为委托方，按照"小同行评价"的标准和要求，通过购买服务支付的方式对申请参加代表作考核评价的教师进行第三方评价。

有效发挥第三方评价优势功能，第三方机构的独立性和专业性资质是至关重要的先决条件。所谓独立性是指第三方机构是依法独立设置、具有法人资格的机构，能够独立承担民事责任，与第一方和第二方既无行政上的直接附属关系，也无经济上的利益关联，能够客观、公正、中立、负责地做出自主评价。专业性是指第三方评价机构具有专业伦理精神、专业自律能力和超越个人私利进行利他服务的道德水准。就目前看，在代表性成果第三方评价中，论文代表性成果可依托国内外高水平学术期刊，充分利用这些期刊长期累积而形成的国内外审稿专家群进行小同行评议；项目和成果奖励代表性成果可依托行业学会协会、高等教育评价机构等进行同行评议；应用研究和技术开发代表性成果可依托第三方中介机构进行由用户、市场和专家共同参与的多元评价,以期对技术实现的可能性、可行性、经济性等做出综合判断。

二 小同行评议

同行评议就是一套用来评价科学工作的有条理的方法,科学家们用来证明程序的正确性、确认结果的合理性、以及分配稀缺资源(诸如期刊篇幅、研究资助、认可以及特殊荣誉等);同行评议系统应当是一个分配资源和交流优先权的有效机制。[1] 同行评议是项目遴选、出版发表、成果奖励的有效支撑,是支持最优质研究和成果的根本依据,已深深嵌入科学之墙基,与整个科技大厦融为一体。

在同行评议中,同行专家的通讯评议起着关键作用。同行专家要对研究者的能力、研究内容和研究价值做出科学、公正的评价,在坚持保密政策和避免产生利益冲突的基本前提下,其专业水准及其与申请者申请内容的契合度和精准度就成为至关重要的决定因素,小同行评议的核心价值和意义正在于它能够有效而可靠地去测度一份评价材料的科学性和优质程度,确保学术资源达到最合理的配置。

小同行评议,在学术界并非是一个严格意义上的专有名词。如果非要解读小同行这一概念,可从两种层面来阐述,一个是从同行评议专家的遴选范围来说,是一个缩小的同行评议专家圈,一个具有相同和相似的研究主题聚集而成的小型学术群体;一个是从学科分类的角度来说,是由学科门类——一级学科—学科研究方向下研究领域,或是研究领域下的一个研究方向聚集而成的学术群体。两个层面的小同行共同指向了"术业有专攻",都有似于《学术部落及其领地:知识探索与学科文化》一书中所描述的关于专攻的概念,研究认为,绝大多数学科都包含范围广泛的子专攻领域,主要形成了基于理论、基于技术、基于共同研究主题三种专攻类型,这三种专攻类型往往相互交集而存在;同一专攻领域的学者,他们专业身份上往往具有共同的定义。[2] 由于专攻领域大时可以成为一个相对固定的研究领域,如中国文学中的先秦文学;小时可以聚焦于一个不断细分的研究方

---

[1] [美]达里尔·E. 楚宾、爱德华·J. 哈克特:《难有同行的科学:同行评议与美国科学政策》,谭文华等译,北京大学出版社2001年版,第1、39页。

[2] [英]托尼·比彻、保罗·特罗勒尔:《学术部落及其领地:知识探索与学科文化》,唐跃勒等译,北京大学出版社2008年版,第73—77页。

向，如中国古代文学中的屈原研究、苏轼研究等；并且处于不稳定的变化之中，使得小同行评议专家圈成为一个不断变动的小群体，因此同行评议中的小同行评议专家的遴选就更加不容易。尽管如此，小同行评议依旧是同行评议中的最佳选择，如国内外知名学术期刊基本是依靠小同行专家外审来筛选并决定文章是否可以录用。正因为如此，优秀的小同行评审意见对于代表性成果评价来说就弥足珍贵。

三 代表性成果

大学的任务是提升学识、对知识进行发展和延伸。大学教师有责任为了学科、学生、学校和社区的发展而不断追求智识、艺术、创造力的卓越；大学教师主要通过严谨而卓越的学术实践和学术成就来证明自己。作为教师研究能力的一种体现，代表性成果通常指参与职称评聘的候选人最具代表性，最能体现其学术成就、研究价值或学术潜力的学术成果。

代表性成果与代表作成果是两个有所差别的概念，很显然代表性成果的内涵和外延都比代表作成果要宽泛，但代表作成果无疑是代表性成果最重要的组成部分。一般意义上或传统意义上的代表作是指具有时代意义的或最能体现作者水平、风格的著作或艺术作品，如屈原的代表作《离骚》，司马迁的代表作《史记》等。代表作评价初期更多地指向了人文社会科学（文科）教师中最卓越的作品评价，从代表作评价到代表性作品评价，一是学科评价范围的扩大，从人文社会科学（文科）个别教师评价向与自然科学（理工科）更多教师评价延伸；二是学术评价内容的扩大，从单纯的论文、著作、作品等方面的评价向从项目、奖励、重大成果转化与推广等评价方面拓展。

在一些学者研究或教育政策文件中，认为大学教师的代表性成果评价主要是借鉴了国外大学教师评价的成功经验，但更多国外大学在教师评价中并没有明确提出代表作评价制度，更多的是采用定性和定量相结合的综合评价方法。如美国大学，在确定候选人的晋升资质时，一个重要的衡量因素是研究成果；研究成果的评价一般基于学术著作、论文、报告、期刊评论、已出版的艺术作品、学术成果被引用、获得的经费及获奖情况等。通过对哈佛大学、南加州大学、耶鲁大学、斯坦福大学等高校的教师手册进行研究发现，教师参加晋升及终身教职评审提交的学术成果一般放在档案（Dossier）、简历（Curriculum Vitae）或自传（Bibliography）中，教师聘用、晋升和终身教职评审最关键的因素是候选人学术成果的数量、质量和影响力。

以哈佛大学为例，副教授晋升到教授需要提交的材料里，出版成果包括精选的重要文章和最新文章（或其他作品）、未发表的重要手稿、候选人出版作品的所有重要评论；艺术成果包括重要的创意作品、最新作品以及所有重要评论的清单。引用信息包括候选人作品的总被引次数、候选人每份出版物的引文计数。① 南加州大学2019版教师手册提到晋升及终身教职候选人提交的档案应包含候选人的学术、专业表现以及服务记录的代表性作品。② 评审专家对质量和影响的评估基于多种因素，包括学术成果、出版途径的质量、成果的数量、引文所显示的影响、外部同行评审的评分以及由具有较高标准的联邦机构和组织进行的资助决定。补充的证明材料可以包括专业协会的编辑或领导任命、奖项和荣誉，以及在学术机构和重要的大众媒体上发表的评论。③ 耶鲁大学聘用或晋升为终身教职的候选人都必须在学术、创造性或专业成就方面达到高质量。终身教职的副教授候选人需要出版重要的专业著作，或者预期将发表大量实质性的著作或学术成果。④ 斯坦福大学终身教职的学术标准规定：评估研究绩效或前景时考虑的因素包括学术活动和生产力；学术影响、创新和创造力；在相应领域的认可度和知名度等。⑤

很显然，数量小并不一定等同于质量高。从美国大学教师评价看，虽不强调数量，但数量也是教师评价的一个重要方面；虽不缺少有仅凭数量不多水平极高的成果而获得聘任和晋升的教师，但这样的教师群体评价从没因此成为大学教师评价的基本标准和基本方式。

小同行评议无疑是代表性作品评价最适切的方式，但同行评议并不仅仅就意味着是同行专家"心中的那杆秤"，不可缺少的还有整体学术共同

---

① Harvard University Faculty Handbook（https：//academic‑appointments.fas.harvard.edu/4‑tenured‑professors）

② University of Southern California Faculty Handbook（https：//policy.usc.edu/files/2019/07/2019‑Faculty‑Hand book‑1.pdf）

③ Manual of the University Committee on Appointments, Promotions, and Tenure（UCAPT）（https：//policy.usc.Edu/files/2017/04/170420_UCAPT‑Manual‑2017.pdf）

④ Yale University Faculty Handbook（https：//provost.yale.edu/sites/default/files/files/Faculty%20Handbook_8‑22‑19.pdf）

⑤ Standford University Faculty Handbook（https：//facultyhandbook.stanford.edu/sites/g/files/sbiybj9611/f/hand book_pdf_1_06_2020.pdf）

体对于代表性作品认定标准的一个基本共识,如美国国家科学基金会（National Science Foundation, United States）的同行评议,主要有特设通信评议和专门小组评议两个类型,其中通信评议有一份既定的格式文件,包含一张评价标准的评议表,对研究完成能力、研究的内在质优、研究的实用性或相关性、研究对科学与工程基础设施的影响作出了明晰的描述；一份用于总体评价的5级评价标准,分别为优秀、良好、好、尚好和差,其中对于优秀的评分标准是："可能落到在这一分科中最好的10%的申请上；最优先支持的申请。该评分仅适用于真正杰出的申请。"① 代表性成果评价是以质取胜,如果按总体评价的5级评价标准,应该属于同一时期同一个专攻领域中最好的10%的学术成果。

从我国已经实施的代表性成果评价的高校和相关省市教师岗位聘任、考核评价政策文本来看,如复旦大学、中山大学、北京师范大学、福建师范大学、陕西师范大学、闽南师范大学、福州大学,以及江苏省、山西省等,目前国内的代表作成果评价主要针对的目标人群是副教授、教授这类高级职务申报人员；提交的代表性成果首先是申请人自我认定的最高水平的学术成果；主要评价依据是同行评议的鉴定意见。从整体上看,国内代表性成果评价还处于概念式评价阶段,并没有进入实质性的成熟运行阶段。对代表性成果的概念界定、评价标准、评价实施的范围、同行评议专家的选择等系列关键问题的研究还需进一步形成共识。

四 结论

通过以上对第三方评价、小同行评价、代表性成果的论述,"第三方+小同行+代表性成果"大学教师评价并非指向常规意义上的大学教师评价,无论是人文社会科学（文科）还是自然科学（理工科）,代表性成果评价评的都是大学教师中最具创新能力和创新活力的非常规和超常规的教师群体,是具有特殊天赋和特殊贡献的人才。从现实来看,代表性成果评价是为了扭转重数量轻质量的科研评价倾向,遏制急功近利的短期学术行为；从根本上说,是建立更具竞争力的科技创新生态系统、实现国家自主创新与关键核心技术自主可控的迫切需要,制度设计的核心是倡导和弘

---

① [美]达里尔·E. 楚宾、爱德华·J. 哈克特:《难有同行的科学:同行评议与美国科学政策》,谭文华等译,北京大学出版社2001年版,第22页。

扬勇攀高峰、敢为人先的创新精神，保障大学教师对科学本身的好奇心和激情、无功利无私利的自由探索、大胆质疑追求真理的勇气和行为，是对大学教师静心笃志、心无旁骛、"数十年铸一剑"的包容、支持，是大学培育和成就学术大师的责任担当。

第十三章

通向学术评价结果公正的制度设计

学术成就蕴含着学术人对学术研究所作贡献和研究能力的双重认可：既是对独创性研究成果最高的褒奖，又是学术所追求和所拥有的首要财富。与人类活动的其他领域相比，学术人是通过学术成就获得社会资本的，在自己的专业领域获得学术声誉、给予承认、成为权威比获得经济回报和商业利益更为重要，更能显示其作为学术人的存在意义。公正透明、有效可信的学术评价是维护学术内在正直和纯洁无暇的基本要素，是学术守门人的基本行为准则，是学术良知的基本呈现。

学术评价是对学术作用、影响或价值的衡量，是学术水平和学术成果等学术成就获得承认的质量控制；学术评价的结果与每一个学术人的切身利益和至高价值追求息息相关。学术评价的层级越高，甄别的学术水平和学术成果的等级往往就越高。学术评价包括有组织的学术评价机构、学术共同体以及学者个人等；涉及各级各类学术项目立项资助评审、研究成果评奖、学术晋升和人才选拔，及至绩效考核等诸多范围。

"公正"一词，在我国最早出现在《荀子·正论》中，"故上者下之本也……上公正则下易直矣。"其含义要求在一定社会范围内通过对社会角色的公平合理分配使每一个成员得其所应得[1]。所谓行政法上之正当程序原则，即行政权力的运行必须符合最低限度的程序公正标准，它具有程序中立性、程序参与性和程序公开性三项最低要求，可具体导出避免偏私、行政参与和行政公开三项基本内容[2]。不容置疑，重视程序是我国学术评价的一个重要进步，符合程序和程序正当的学术评价有效地保障了我

---

[1] 洋龙：《平等与公平、正义、公正之比较》，《文史哲》2004年第4期。
[2] 周佑勇：《行政法的正当程序原则》，《中国社会科学》2004年第4期。

国绝大多数学术评价是公正和有效可信的。

程序正当强调的是过程公正、形式公正，它是结果公正的逻辑起点，但并不是所有符合程序或程序正当的学术评价就一定能够保证结果公正。一方面，符合程序并不代表就是程序正当；另一方面，即使程序正当的学术评价最终也可能产生不公正结果。两者的共同作用，导致了学术评价结果公正影响因素的复杂性和多样性。

第一节 学术评价具有不完善的程序正义的特征

约翰·罗尔斯《正义论》中将程序正义分为了三类："纯粹的程序正义、不完善的程序正义和完善的程序正义"①，其中，"当有一种判断正确结果的独立标准时，却没有可以保证达到它的程序"②，是不完善的程序正义的典型特征。导致学术评价具有不完善的程序正义特征的原因有以下三个方面。

一 学术评价具有天然的自由裁量权

学术职业本身就是一个由学术领袖和学术精英作为把关人和评判者的学术圈子；通过学科规训养成的专业判断构成了学术权力合法存在的依据。学术评价从本质上说是同行评价，同行认可是获得学术声誉最重要的渠道。由于不同学科范式之间具有不可通约性，评审对象研究差异性较大，可比性较弱，同行评价是以共同的学术部落和学术领地中的学术权威为合法掌门人，作为学术自治和学术自由的重要象征而存在和运行着，反映的是对评价对象的学术认同程度，评定的是学术水平或学术工作的重要性，其构筑的学术领地边界和门槛就是将伪劣知识产品拒之学术共同体之外。理想状态下的学术规范应该充分体现学术共同体的知识良知和正直，既有"人人相互知晓"的同行监督，又有彼此守护的道德约束；既要维护学术本性的纯洁和学术竞争的活力，又要保证公众对学术的高度依赖和信

---

① 何怀宏：《公平的正义——解读罗尔斯〈正义论〉》，山东人民出版社2002年版，第13页。
② [美]约翰·罗尔斯：《正义论》，何怀宏等译，中国社会科学出版社1988年版，第86页。

任,起到彰显学术至上、公平竞争、学术质量过滤器的主体作用。[1]

正因为如此,学术评价成为学术共同体的"专属领地",自由裁量权成为学术评价与生俱来的、天然拥有且永不可能消失的权力。

二 学术评价具有社会公众监督的艰难性

一方面,社会公众对于同行评议专家的学识水平和学术品格的监督困难。以"高深专业知识"为内核的学术评价,除却可量化的精确标准之外,还要接受同行评价专家在对评价项目本身的理解和把握基础上的主观性评判,并且学术水平越尖端,搜寻与评审对象研究方向最一致、最了解相关研究内容的专家的成本就越高,加上评价机构信息不对称等因素影响,同行专家与评价对象之间并不一定就能达到客观学术水平的完全契合。在这个依赖于主观判断的评审过程,恰如栖息在公众难以透视的黑箱里,评议者学识和见解其本身就具有不透明特征。不仅如此,专家个人的公平、公正等道德水准和学术品格同样能够左右评价的有效性和可靠性,但同行评价难以考量同行专家的品质,早在20世纪90年代,就有学者分析了同行评议制存在着无法堵塞人情关系网、无法防止马太效应、难以堵塞剽窃行为等缺陷。[2]"由于高深的学问处于社会公众的视野之外,在如何对待学问上遇到的问题方面,公众就难以评判学者是否在诚恳公正地对待公众的利益。基于学者是高深学问的看护人这一事实,人们可以逻辑地推出他们也是他们自己的伦理道德的监护人。"[3]

另一方面,以学术共同体为主的同行评价、同行监督、同行守护等学术自治行动也导致了外界对学术评价进行直接监督的困难。学术自主、学术自由作为创新高深知识、求索真理的基础保障和条件,是学术创新最原始、最宝贵的DNA,是学术创新与生俱来的传统。随着社会发展、知识生产模式的转变,学术自主、学术自由内涵和外延虽然有所不同和变迁,但"自治是高深学问的最悠久的传统之一","学者行会自己管理自己事情"[4]

---

[1] 宋旭红:《学术职业发展的内在逻辑》,华中科技大学出版社2008年版,第184—196页。
[2] 王平、宋子良:《同行评议制的固有缺点与局限性》,《科技管理研究》1994年第4期。
[3] [美]约翰·S. 布鲁贝克:《高等教育哲学》,王承绪等译,浙江教育出版社2001年版,第12页。
[4] [美]约翰·S. 布鲁贝克:《高等教育哲学》,王承绪等译,浙江教育出版社2001年版,第28页。

一直是学术良性发展的内在诉求；学术自由对于学术创新始终具有根基意义。由于高深专业知识的生产以学科组织和学科规范为载体，学术自主和学术自由又同时孕育出了学术共同体对专业水准的自主判断、对学术规范的自我监督，体现了学术人对学术本身的价值守护和道德节操。学术评价质量及其控制的同行自治行为，无异于画地为牢，为社会公众监督划下了一道难以逾越的界限。

三 学术评价具有司法介入的有限性

正是因为同行评价在学术职业获得学术承认、赢得学术声誉中占据核心关键地位，在学术评价中具有得天独厚的先天优势，所以形成位高权重的自由自治运行模式。由于学术圈子之外的群体很难对涉及的学术纠纷做出公平公正的裁判，"将'内行决定内行'作为这一领域内特殊的法律规则，应当是法治社会的公正性与知识社会的专业性、科学性的双重要求"[①]。所以法院在审查高校学术活动的过程中常常拒绝对学术标准、学术水平及其专家的学术判断等进行审查，被要求介入学术纠纷时总是非常谨慎。

以美国为例，美国司法在处理学术事务中，一直不放弃"学术节制"的传统，并衍生出"学术尊重"的原则。学术尊重也称司法尊重，它是指司法机构在审查高校的学术决定或政策时采取的一种谦让与克制方式，表明司法界对学术自治和专业人员学术判断的尊重。[②] 在 20 世纪 60 年代之前，美国司法几乎完全不介入大学学术事务，1913 年在巴纳德（Barnard V. Inhabitants of Shelburne）一案中，法院在判词中指出：一个公开的听证……对于学术真理的探究则无裨益，只要学校行为的动机是良好的，法院就无权审查其决定。自 20 世纪 60 年代以后，美国司法开始对大学事务介入，但对不同的事务类别作了有区别的处理。一般对非学术争议的处理，倾向于支持事前的正式听证；而对学校的学术事务不做实质性审查。法院担心不具备专业知识的法官无法胜任学术决议的裁断，而法官一般不以自己的判断替代专家的评鉴。

无论是历史溯源还是现实案例，基本证实了正当法律程序对于纯学术的行为是不适用的，由此呈现出了学术评价对于司法介入的有限性。

---

① 温晓莉：《论知识经济社会微观公共权力的法律规制》，《法学》2001 年第 12 期。
② William A. Kaplin and Barbara A. Lee, *The Law of Higher Education*, San Francisco: John Wiley & Sons, Inc., 2007, p. 1123.

综上所述，符合程序和程序正当的学术评价只是学术评价结果公正的前提条件和基本保证，即使学术评价起点的公正并不能够完全保证学术评价最终结果是公正和无偏私的，学术评价只能达到"相对最优解"①。"同行评议制度能否执行好，很大程度上取决于是否选择了真正的同行，被选择的评审专家是否真的具有独立判断能力和公正性，评审的组织者能否有效地坚持和保障保密和回避的原则等等。"② 正因为此，学术评价呈现出明显的不完善的程序正义的特征。

第二节 基于学术评价最终公正的制度设计

在第八章，研究概括了我国目前影响学术评价结果公正的三大现实困境，一是学术评价发生变异，政府主导、学官优先、人情关系分享学术评价利益，突出表现在程序正当的过程中，用"符合程序"替代学术评价程序"合法、合理"；二是在学术评价程序的"正当过程"中，没有最终实现学术评价的结果公正，存在用"程序正当"替代"实体公正"的可能性；三是公平正义原则在学术评价实际运行中存在龃龉纰漏，主要体现在差别原则在学术评价实际运行中，没有完全真正地实现学术评价的公平公正。以上因素诱发学术评价机制良性运行受阻，导致学术评价的信任危机。

"不患寡而患不均"。公正的学术评价结果既是学术人的众望攸归，又是学术评价的止宿之处；既是学术评价制度选择的逻辑起点，又是学术评价制度设计的理论基石。衡量学术评价最终公正的标准有两个，一是学术评价的规则公正和专家公正，二是学术资源分配的平等和公正；其前提是学术评价的全方位全过程共同守护了学术规范和学术纯洁。基于学术评价最终公正的制度设计需要从以下三个方面下功夫。

一 建立健全学术评价规则体系和专家制约机制

格林伯格认为，程序公正包括程序本身遵循相关原则（正式程序）和

---

① 于扬清：《当前学术评价为何各方都不满意》，《科技日报》2018年4月20日第1版。
② 周忠和：《同行评议成败在于细节》，《文汇报》2018年8月7日第7版。

执行程序的人际方面（互动公正）两个维度。① 确保学术评价的程序正当，要建立完善的规则体系和强有力的专家制约机制，其关键在于规则公正和专家公正。

（一）建立学术评价的规章制度体系

"形式的正义是对原则的坚持，或像一些人所说，是对体系的服从。"② 程序作为一种规则，将国家权力行使的方式、过程分解至各个环节，同时，每个环节都有其严格的标准与要求，让每一位权力行使者服从于特定的规则与安排，依程序行事。③ 学术评价程序正当的基础就是有效化解利益冲突。"如果假定制度确实是正义的，那么执政者应当公正不阿，要他们处理特殊事件中不受个人、金钱或别的无关因素的影响就是十分重要的事情。"④ 制定利益冲突规则、指南和评估指南等管理细则，明确界定利益冲突的类型，涵盖所有表面和实际利益冲突，具体详细地描述应当回避直接和间接利益关系的种类及其表现形式，明确界定涉及利益冲突的相关机构和人员。以项目评审为例，包括管理机构、申请机构、管理人员、申请人、评议专家等所有直接和间接相关利益主体和关系网络。建立更有针对性、更有效的评审专家回避制度，对违背利益冲突规则的人或事件明确相应的处罚措施，形成法律在指引、评价、教育、预测和强制等作用中的规范机制。

（二）建立健全评审活动之前、评审活动期间、评议活动结束之后的利益冲突审查和监督制度

评价专家公正的最高境界是评价结果体现出最大的合理性和公正性，同行评价制度本身难以弥补的漏洞只有依赖于审查和监督机制的健全和完善，要从学术评价管理部门的工作人员和评审专家两个层面规范其在有可能发生利益冲突各个环节中的行为。要求评审专家签署《利益冲突会前保证书》《利益冲突会后保证书》，并通过举报制度、会议评审监督制度等，对项目评审过程进行监督，形成全程监督、自我约束机制，整个执行过程

---

① Jerald Greenberg, "Organizational Justice: Yesterday, Today, and Tomorrow", *Journal of Management*, Vol. 16, No. 2, 1990.

② [美] 约翰·罗尔斯：《正义论》，何怀宏等译，中国社会科学出版社1988年版，第58页。

③ 戴娟：《程序正义视角下重大行政决策程序优化研究》，湘潭大学2016年硕士学位论文。

④ [美] 约翰·罗尔斯：《正义论》，何怀宏等译，中国社会科学出版社1988年版，第59页。

做到信息公开,实现最大意义上的评价结果公正。

(三) 建立学术评价专家评审工作信誉档案

将专家评审工作信誉档案作为学术评价专家数据库建设的一个重要组成部分,将学术评价专家的工作次数、评议结果、推荐项目的成功率、所涉及的利益冲突行为、申请人要求申诉、复议的评审项目等进行跟踪记录,定期进行专家评审绩效评估,将评估结果直接关联其学术声誉、学术诚信乃至学术工作,并作为管理部门遴选评审专家、激励优秀评审专家、改进学术评价运行的依据,促进良性学术评价生态形成。

(四) 建立回溯和责任追究制度

程序正当强调的是过程公正、形式公正,其价值内涵主要包括程序的参与性、中立性、及时性和确定性等,具体表现在调查取证制度、听证制度、事先通知制度、信息公开制度、查阅制度、说明理由制度、告知制度、辩论和质证制度等[1]。建立回溯制度旨在确保学术评价管理部门能够对有重大异议的学术评价进行回溯分析,对原始评价的产生机制、评价内容、主客观环境等进行分析。从起点开始,能够按顺序考察导致评价失误的原因、问题的性质、失误的程度等,追究评审专家的渎职行为。建立责任追究制度,是指申请人因为学术评价管理机构或人员违反法定程序、正当程序原则行使权力致使其合法权益受到影响,有权向法院起诉,法院应予受理、作出裁判。按照司法审查中的正当程序原则,司法要为学术评价的结果公正提供程序上的规则和保障。

二 提升学术资源分配公正的制度效力

学术资源积累具有马太效应,一方面新的学者需要逐步进入学术权威和名流之中,然后才能更多地被承认;另一方面,当一位学者一旦拥有了某一高级职位或因某项研究成果获得奖励,就再也退回不到原来的地位,累计起来的承认、声望、荣誉和已占有的科学资源会使他更容易获得继续研究所需要的科研立项、研究经费、仪器设备、富有创造力的同事以及有才能的学生等等,进而占有更多的学术资源,获得更多的承认、奖励和更

---

[1] 黄厚明:《高校学位授予案件司法审查进路研究:基于两种法律性质定位的考察》,《高教探索》2017年第6期。

进一步的成功，从而强化了学科垄断程度。①

由于学术资源积累的马太效应而导致学术资源占有和分配不平等是学术发展和学术评价中的客观存在，要实现学术资源分配的公正，就不得不依赖于建立相关制度对于学术资源的分配进行积极干预。

一是最大限度地降低行政权力对于学术评价的参与和干预程度。我国学术发展中官学结合现象的存在，更加强化了学科垄断程度和学术资源聚集的马太效应，从而导致学术资源占有的不平等和分配的不平等。有学者研究得出："学术权力"和"行政权力"融合对国家社科基金立项项目的资源配置产生正向显著影响；且行政级别越高，对资源的影响程度越显著②；导师担任高校行政职务对全国优秀博士学位论文评选结果的资源分配有着重要影响。③鉴于此，减弱行政与学术"双权"融合的马太效应，则是优化学术资源分配的重要保障。首先，要明确通讯评审和会议评审谁主谁从的问题。由于目前会议评审大多由多学科专家组成并要求每一位专家对每一个项目投票，加上会议时间、地点和封闭形式等因素的限定，难免流于形式的评审无疑加剧了行政权力对于评价结果的影响程度，因此要提高通讯评审在学术评价中的主导地位及其意见权威性。其次，在通讯评审尤其是会议评审中，要尽可能地减少或设置有限比例限制具有行政职务特别是高行政级别的学者参与数量，大幅度提升学术权力在学术评价中的地位和作用，让学术评价回归学术本身。

二是一以贯之地对学术资源分配处于不利地位的群体进行有所差别地分配。即将罗尔斯提出的机会的公正平等和差别原则相结合，使"不平等分配有利于最不利者"④，对于学术地位低但学术创新能力高的群体，从学术评价的入口到出口坚持同一标准同一比例在学术资源分配过程中给予一定的补偿。政策制定不仅仅要在推荐候选项目时做出向一线学术人员倾斜、有一定比例的行政兼职限制等规定，更重要的是要在学术评价结果中体现出公平，将推荐候选项目环节中的向一线学术人员倾斜、行政兼职比

---

① 宋旭红：《学术职业发展的内在逻辑》，华中科技大学出版社2008年版，第146–147页。
② 李静、林哲薇、牛毅：《"学术权力"和"行政权力"融合对学术资源配置的影响效应分析——基于国家社科基金立项项目的实证研究》，《科学管理研究》2017年第16期。
③ 罗党论、应千伟、李旭峰：《行政权力与学术资源配置——基于中国百篇优秀博士论文评选的经验证据》，《世界经济文汇》2015年第3期。
④ [美]约翰·罗尔斯：《正义论》，何怀宏等译，中国社会科学出版社1988年版，第303页。

例的限制等规定延伸至学术评价结果的出口,达到最终学术评价通过的比例与推荐候选项目规定的比例相当,从而实现学术评价从起点公正、过程公正达到最终结果的公正。

三 遵从学术共同体的专业属性及其标准

学术共同体作为知识含量极高的特殊职业,具有在规则和标准基础上的自治、自主等专业属性。莫利(Moore)提出六条专业化程度的衡量标准:有别于业余的一种全职职业,从事该职业是收入的主要来源;专业人员在选择职业生涯方面具有强烈的动机和使命感,并终生致力于该专业;组成专业协会,保护专业自治,制定专业自主管理的规则与标准;通过漫长的教育、培训掌握了专门的知识和技能;具有超越个人私利的服务性质;比顾客自己更清楚什么对顾客有好处,在做出判断时高度自主。[①] 恪守学术共同体的专业属性及其标准理应成为通向结果公正的学术评价制度设计的内在价值尺度。

(一)共建学术规范、守护学术纯洁

默顿将普遍主义、公有性、无私利性和有组织的怀疑主义概括为现代科学的精神特质,是科学家应当遵循的四条基本的行为规范。《难有同行的科学:同行评议与美国科学政策》一书作者认为,同行评议应当始终遵循公正性、有效性、可靠性、祛私利性等原则。在评议过程中,评议人应更多地考虑申请、手稿等评议对象的内在质量或质优(merit),而不应该受到被评议人个人特征(诸如社会地位、性别、职业年龄、学位及授予机构的声誉、现被雇用的机构等等)以及评议人与被评议人之间利害关系的影响。[②] 现代科学精神特质和同行专家的共守原则要以文化的形式存在于学术共同体的学术规范之中,学术规范无限次重复和执着守护就会以品德的形式内化为学者的学术正直和学术良知。制度作为一种重复博弈的均衡,当务之急是按照国际学术惯例和规则建设我国学术共同体的共同遵守的学术规范,共护学术纯洁。

---

① Wilbert Ellis Moore, *The Professions: Roles and Rules*, New York: Russell Sage Foundation, 1970, pp. 8–9.
② 谭文华、曾国屏:《透视同行评议之黑箱——〈难有同行的科学:同行评议与美国科学政策〉评述》,《科学与社会》2012 年第 3 期。

（二）坚守学术自律

学术共同体的自治特点决定了学者是自己道德的唯一评判者，其自我规范和自我监督构成了自发自觉地维护学术纯洁和健康的自律意识和行为。学术自律是学术共同体自治的一种体现，在学术评价中体现为学者坚守学术良知和学术规范，以理性代言人的形象做出客观评价；当在学术评价中遇到利益诱惑和道德困惑时，能够以诚信正直的道德信念和道德方式作出理性评判和选择。

四 建立健全校内外学术评价申诉制度

从校内申诉和校外申诉两个维度建立健全学术评价申诉制度。具体建构框架如图 13-1 所示。

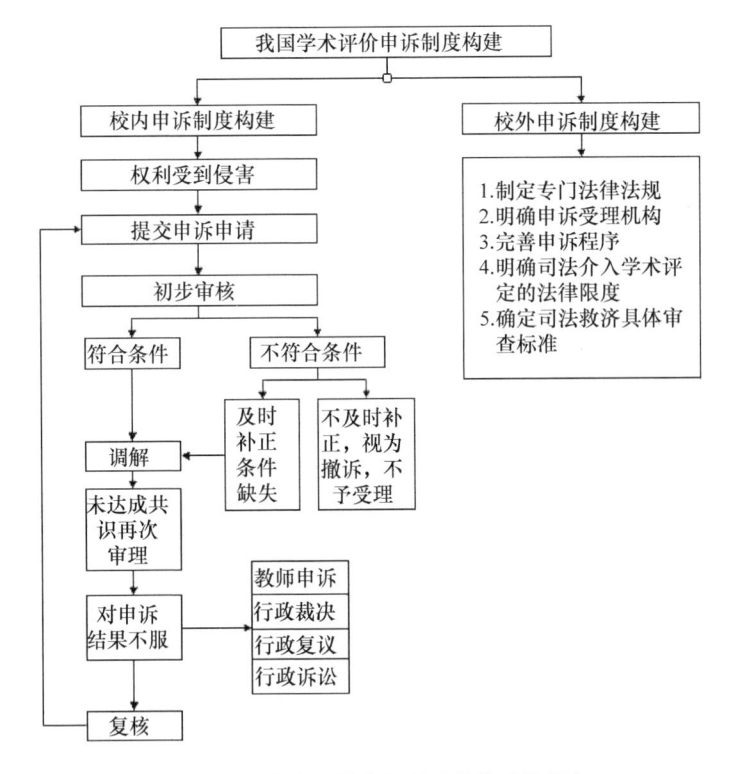

图 13-1 学术评价申诉制度具体建构框架

（一）校内申诉机制的构建

制定完善高校的"内部法律"并及时在教师手册中加以说明，尤其是对因教师评价标准、评审程序、教师人际关系、歧视、口头约定的职称聘任、教师财产利益、学校财务紧急状况、学院合并或并校、撤岗裁员、转岗、违反学术道德、职称指标或名额分配等情况可能引发的校内申诉做出预判和说明。为了确保处理结果的公正，相关委员会处理校内学术评价申诉的程序和标准应公开透明化。高校教师有权借助工会以及有关部门的力量，以谈判的方式解决问题，若出现谈判无法调和的纠纷可以上诉至法院通过司法程序处理。

（二）校外申诉机制的构建

司法系统应考虑为高校教师校外申诉制定完善的"外部法律"，尤其应对校外申诉的途径、具体受理范围、受理程序、审理的方法和标准进行明确的规定。政府和教育行政部门应考虑设置独立的申诉受理机构和监督机构，配备专业的工作人员。当高校通过行政或协调手段无法解决教师学术评价申诉的问题时，司法系统应为教师提供救济的渠道，明确申诉救济的范围和司法介入的限度，通过行使法律的职能解决争议；设立教师学术申诉救济监督体系，确保教师的合法权益得到保护。

（三）成立第三方学术评价申诉和复议机构

公正程序有两项根本原则：一个人不能在自己的案件中作法官；人们的抗辩必须公正地听。法律认可的学术评价申诉和复议专门受理机构，要同时独立于学术评价组织机构和学术评价专家，不由官方或者管理部门包办，专门负责学术评价申诉和复议受理，并成为对评审专家反评估的重要依据。允许申请人提供相关证据、信息等说明理由，能够独立、中立、公正、权威地分析申诉和复议的合理性。对合理的申诉，及时对申诉人提交的证据展开质证，并在一定的时效内对质证的结果做出坦诚而恰当的回应，最大限度地保障申请者的知情权和申诉权。对于申诉合理、理由正当的项目，应启动复议程序，另行组织专家进行评议（原先的评议专家不得参与复议），增强学术评审透明度和公信力。

第三节 具体改进策略

一 提高同行专家与评价项目的匹配度

同行评议既然具有天然的自由裁量权，又是学术评价不可替代的根本制度，在学术评价中处于中心地位，在有效保障学术评价的程序正当和结果公正过程中处于最关键点上。那么，不断地优化和完善同行专家评价体系就成为学术评价善治的必要之举。美国国家科学基金会对同行评议的准则在保持其本质稳定的情况下，一直持续地进行评估和修定。就目前我国学术评价的现状来看，提高同行专家与评价项目的匹配度应是当务之要事。一是更精准地选择专家进行评审，增强评审专家学科方向和研究领域与评价项目之间的契合度。借助于互联网和大数据开发与利用，通过申请人、通讯评审者、小组会审专家及来访科学工作者推荐等多种途径寻求和扩展评审专家候选人，以研究领域和关键词为遴选条件，遴选具有相同或相近的研究方向"小同行"；对于交叉学科项目，打破学科评审管理界限，遴选和实施多学科专家联合评审。二是通过多种方式不断提高学术评价管理部门中管理人员的学科专业知识背景和素养，以掌握、及时关注跟进相关学科专家研究方向和研究领域。

通过以上策略，尽可能地减少因"大同行"评审意见模糊或不恰当而造成的项目申请人对评价专家的"外行"抱怨、减少"非共识"问题的形成，提高同行专家与评价项目的匹配度。

二 进一步完善学术评价信息公开制度

叶继元曾提出："坚持公开透明，要求评价方在恰当的时间、遵循一定的原则，向社会公开学术成果评价的程序、方法、标准以及其他关键信息，建立健全评价结果反馈、申诉制度，包括评审专家再监督、评价意见再审核等机制，保证评价结果可查询、可检验。"[①] 完善学术评价信息公开制度主要有两个方面。

（1）完善公示项目评价结果公示的信息

在公示项目评审结果的同时，将学术评价程序的每个进程、各种步骤和决定以公开透明的方式公布于众，一并公示如下信息：①项目评价原则、评审程序，以及其他评审细则。②项目同行专家通讯评议（网络评议）结果与会评结果。③网评小组专家名单、会评小组专家名单。④项目申请负责人职务、职称等。只有实现学术评价程序过程信息公开，才能破解暗箱操作。同时，也是项目申请对学术评价提出异议的基本依据，可以

---

① 张觉：《学术评价应以公开促公正》，《中国社会科学报》2018年3月6日第1版。

有效减少被评议人为获取学术评价信息所付出的成本和代价，维护学术尊严和被评议人维权的人格尊严。

（二）建立双向评审结果反馈机制

提高评价项目申请人在学术评价体系中的话语权，增加学术评价项目申请人对评审专家意见和会审结论的反馈环节。评审工作结束后，项目评审管理部门要及时对申请人详细地反馈项目评价的专家评审意见、会审结论及理由等，允许申请人查看项目评价的分数及其排名等原始评价材料，尤其对于同行通讯评价和集中会议评审意见和排序差别明显或悬殊的项目，要给出明确、充足的评判理由。

三　对"非共识的项目"实行二次评价，尝试实行开放性评价

在《难有同行的科学：同行评议与美国科学政策》一书中，作者认为，同行评议在遴选科研项目时要有一定的冒险性，要适度关注那些"异想天开的"或具有较大"冒险性"的非共识项目，鼓励科研人员尤其是年轻科研人员对创新和未知领域的大胆探求；对于评议对象（譬如"非共识项目"或"学科边缘项目"）要体现一定的宽容性，或者说评议的标准应具有一定的弹性。① 根据这一观点，对"非共识的项目"可做以下两点改进。

（一）在重大立项和评奖中，设立2%左右的二次评价项目，单独资助或奖励

二次评价项目主要包括：一是对被同行评议筛选下来的"非共识的评价结论"争议明显，但可能处于创新萌芽状态中的项目；二是同行通讯评价和集中会议评审意见和排序差别明显或悬殊的项目；三是项目申请人抱怨专家"外行"强烈要求复议的项目。对于这三类项目可另外组织专家对申请项目进行正式二次评价，对于评价通过的项目实施单独资助或奖励。

（二）对"非共识的项目"尝试实行开放性评价

建立开放性的学术评价平台，开设申请人建议评审专家的渠道，允许申请人对自己申请项目提出评审专家人员建议，由项目管理部门和申请人共同提名确定评审专家。将评审项目、评审流程、评审专家意见，项目申

---

① 谭文华，曾国屏：《透视同行评议之黑箱——〈难有同行的科学：同行评议与美国科学政策〉评述》，《科学与社会》2012年第3期。

请人和评审专家身份，以及公众评议的结果等信息，通过网络平台最大化地向包括同行在内的广泛学术界与社会公众开放。建立项目申请人、评审专家、公众的平等对话、互动交流机制和社会的监督机制，项目申请人可以针对专家评审意见进行答复与辩解，将同行评价的匿名、盲审以及暗箱操作的部分逐一打开，平台上的读者乃至任何人都有可能成为潜在的评审人和监督人，将专家评价向公众评价延伸，同行监督向公众监督延伸，形成新的学术共同体运行模式。开放性评价，因为程序透明度高，专家主观发挥空间小，在一定程序上可以弥补同行评议专业判断的不足；一定程度上能够避免单一同行评价体制下的利益保护盲区，可以有效地约束利益关系冲突，同时考量和提升评审专家的学术责任和学术声誉，促进学术评价更加客观、合理；更重要的是，通过公开和透明为评价结果的接受者提供了表达意见和辩护的平台，项目申请人有了表达利益诉求与价值诉求的渠道，彰显了程序评价主体和结果接受主体的对等性，从而最大可能地呵护具有潜在创新价值的项目，维护学术评价的公正和公信力。

第十四章

高校学生评教管理功能的价值回归

学生评教是高校教学管理的手段之一，管理者通过对学生评教信息的系统采集、分析和利用，来发现和增进教师课程教学的价值，服务于全面提升人才培养质量，推进高等教育内涵发展。学生评教结果的应用既是学生评教作用得以实现的重要途径，又是学生评教管理功能有效发挥的基本前提。

无论是以学生为中心的教育理念还是以学生为消费者的经营理念，无论是源于教育促进个体全面发展的功能，还是学术自由权下所包含的学生学习自由权利，都为学生有权利对教师教学及其效果作出自己的鉴别和评价提供了合理性依据。这是高校师生乃至管理者已经达成的普遍性和基本共识。

随着绩效评价和问责文化在高校中越来越受到重视，以鉴定和奖惩为目的的评价越来越强化和扩大了学生评教结果的工具性运用，产生了高校学生评教制度的院系工作考核论、教师人事管理论、学生教学事务控制论等定位逻辑[1]。学生评教的量化标准已成为评价教师教学的最重要指标，学生评教的量化分数乃至教师在学生评教中的排名平均位次被更多的高校作为教师解聘、降级、晋级、升职、加薪、奖励等人事决策的门槛和必备条件，成为高校教师评价的一个不可或缺的重要组成部分。

教学评价制度逐级演化成为教师评价制度，导致高校学生评教管理功能异化，而这种管理功能异化，又进一步导致了高校教师从教本身和师生关系双重异化。不仅弱化了学生评教教师改进教学的本质功能，而且其可

---

[1] 周继良、龚放、秦雍：《高校学生评教的制度定位逻辑及其纠偏——基于学生评教制度文本的分析》，《中国高教研究》2017年第11期。

能产生的危害是造成学生评教过程中师生之间共同存在的"逆选择"、"败德行为"。学生的"逆选择"主要是指在评教中学生对迎合学生需要、宽松对待学生但未提供多少知识效用的教师给予评教高分，对教学各环节都严格要求但又缺失"和蔼可亲"的教师给予评教低分；教师的"逆选择"主要是指教师并不依据学生评教结果作出教学改进。学生的"败德行为"主要表现在不认真、不客观公正评教甚至借评教报复、诋毁教师；教师的"败德行为"主要表现为教师为了得到学生好的评价，必须做出有利于自己的选择；由于自己的学生评教成绩一直很低，干脆在教学中采取措施为难学生。[①] 这种"逆选择"、"败德行为"或是增强了教师的负重心理，面对学生的错误行为选择视而不见，不批评、不指出，而慎独之时却又内心不安、自责；或是产生了厌教行为，对教学产生为难或抵触的行为，尽量少上课、或不上评教分数低的班级或科目的课程，逃避或远离教学。

三重异化叠加对学生成长成才、教师专业发展都产生极大危害，从负面触及了高等学校培养什么人、怎样培养人、为谁培养人这一根本问题。学生评教管理功能异化呼唤学生评教管理功能的价值回归。

第一节　回归立德树人

高校作为一个学术组织，以学术良知和学术诚信作为教师品格和德行的标准。高校教师通过学术层级晋升来获得学术资本，形成学术声望。学生评教结果的使用与教师最切身、最根本利益密不可分是导致管理功能异化的主要原因之一。教师在言传身教中无时无刻不在示范和传达着自己的价值选择和道德标准，教师获得学生评教分数的方式和行为，耳濡目染，必然影响学生获得与自身根本利益密不可分的事物的方式和行为；学生对于教师教学评价的方式和行动，同时折射着自己的价值选择和道德标准。不以客观事实为依据的非理性判断和评价风气一旦形成，再经过师生代际相传，就会加剧教育生态和学术生态的双重恶化，最终伤害的是大学学术诚实的基石，为学术不端行为的产生留下祸根，进而动摇立德树人和百年

---

① 周继良：《破译高校学生评教问题症结之新解——基于信息不对称理论的检视》，《教育科学》2010年第6期。

树人之根本。

以立德树人为根本的教育培养出来的一定不是精致的利己主义者。金耀基在《大学理念》中说：能够尊重客观证据，一以理性为导引之人，必不会"曲学阿世"。曲学阿世是学界之贼，自不应立足大学。"[1] 对高深知识追求的诚实不欺是师生共同的责任，也是大学的道德支柱。当尽可能去作出有利于自己的评判而非尊重客观证据成为学生求学前行路标的时候，就会偏离教育求真求善求美求成人成才的价值追求，游离立德树人的铸魂之道。

回归立德树人就是要将立德树人作为学生评价结果的使用和管理功能发挥的立足点和出发点，要从根本上思考在学生评教管理功能发挥的过程中，在师德和学生品德的塑造上将会产生的影响和能够发挥的作用，是否有利于高校教师成为"四有好老师"、做学生"四个引路人"；是否有利于教书与育人、育人与育才的相互统一；是否有利于大学担当培养社会主义建设者和接班人的社会职责；是否有利于大学成为社会良知和社会诚信的坐标、成为弘扬中国精神和传承中华优秀文化的灯塔。

教育是有目的培养人的活动，承载着传播知识、传播思想、传播真理，塑造灵魂、塑造生命、塑造新人的时代重任，承载着服务中华民族伟大复兴的重要使命。当教育提升到是国之大计、党之大计的地位时，有效地运用评价手段服务于教育立德树人之根本，要成为新时代高校教学评价的首要原则。将学生评教的管理功能与铸造心智和德性功能融合进来，是反思学生评教管理功能的本源意义所在。

第二节　回归教学相长

教育爱和敞开心扉的交流是师生双方教与学价值升华的一个不可缺少的要素。教师教学的改进和成长是建立在师生相互呼应、相互倾听和相互学习的场域中。彼此顾及、彼此提防、相互迎合、甚至相互报复的师生关系会在某些方面和某种程度上破坏或阻隔这种相互信任、彼此息息相通的互动场域，中断师生之间的心灵对话和精神默契，难以滋养教学相长的心

---

[1] 金耀基：《大学之理念》，生活·读书·新知三联书店2001年版，第17页。

灵空间。

　　发挥学生评教诊断教师教学不足、改进教学水平的管理功能，其前提至少要有两个：一是教师要知道自己教学过程中哪里出现了问题，二是要知道怎样去改进。一方面，没有一名青年教师从走上讲台的第一天就是一名教学名师，在不断地改进中不断成长是每一位教师从笨拙稚嫩地走上讲台到游刃自如地从容掌控的必由之路；另一方面，不同年级、同一年级不同学生使得同一名教师教授同一门课程出现的问题也不尽相同，甚至教师生命中的每一次授课面临的教学过程的实情实景都无法复制和难以完全再现，学生评教针对的问题不可能是一成不变的。课堂教学教师需要有准备的教学设计和预设问题的应对策略，更需要有丰厚的专业知识和教学能力在一些难以预测的教学情节中应对不经意发生的教学事件，教与学的魅力和奇妙之处就在于常教常新且学无止境。教学评价要给教师尤其是青年教师一个随着教龄年龄自我改进、自我完善、自我成熟的生命可能性的耐心等待和满怀期待。

　　所以，比一个最终评价的分数作为教师考核和晋升的绝对条件更为重要和更为关键的至少有以下三个方面，一是让教师有机会在教学过程中针对学生评教的意见做及时的课程调整或改善教学方式，尤其是对分数较低、学生提出意见建议较多的教师；二是逐一分析学生评教结果，深入挖掘评分背后有价值的教学信息，找出教师教学的优势和不足，同时为学生选择和学习该课程提供有用的信息服务；三是将单纯量化评价与质性评价相结合，将不以评分为目的的开放性问题列为必答题，以期更加有效和更有针对性地对教师教学活动提供诊断性反馈。

　　回归教学相长就是回到学生评教的目的与初衷。高校学生评教就是要赋予学生以评价教师教学效果的权利，使他们可以正当地表达自己关于教学活动的意见，从而促进教师改进教学方法、教学内容和教学组织形式等，以最大限度地满足学生的学习要求。[①] 教育是师生之间传承知识和经验的互动活动，教与学是一个充满活力和成长的场域，是一个通过师生爱与对话达至探索真理和自我认知的灵动之地。学生评教管理功能的发挥就是通过科学合理的方法和路径尽可能快、尽可能早、尽可能全面地将学生

---

① 王洪才：《论大学生评教中的文化冲突》，《华中师范大学学报》（人文社会科学版）2014年第3期。

评价的信息反馈给教师，能够让教师有时间、有条件、有的放矢地系统搜集学生意见，在关注学生自始至终的内在变化过程中及时地、不断地改进教学、提升教学水平；同时增强学生课程学习的参与感，让学生能够及时地、真实地感知教师教学的改进。进而将学生的评教信息作为师生知识同构的桥梁、作为教师促进学生情感和认知发展的手段，在良性师生关系的建构中实现教学相长。

第三节　回归尊师重教

尊师重教是中华民族传统美德。正如习近平总书记在2018年9月10日全国教育大会所强调：全党全社会要弘扬尊师重教的社会风尚，努力提高教师政治地位、社会地位、职业地位，让广大教师享有应有的社会声望，在教书育人岗位上为党和人民事业作出新的更大的贡献。

尊师与重教两者互为前提。《礼记·学记》说："凡学之道，严师为难。师严，然后道尊；道尊，然后民知敬学。"郑玄注："严，尊敬也。尊师重道焉。"从师求学受教之道，切实做到尊敬老师为最难。教师受到尊敬，他传授的真理才会受到尊重；真理得以尊重，尊重教师尊重知识的社会风尚才能蔚然形成。

教师是从文化资料到教育资料的提炼者和供给者，是教学活动的主导者和引领者，对教学活动具有控制权、决策权，在高深知识师生之间的代际传承中，教师占据问道有先后的知识优势和学术权威。一方面，教师有责任将学科知识体系、治学方法、学术品格传授给学生，激发学生的学习动力和专业志趣；在提升课程学习的高阶性、创新性、挑战度中让学生感知探索真理的艰险、追求真理的激情，引导学生敬畏学术，求真学问、练真本领，恪守学术良知、学术诚信和学术规范；在以德立身、以德立学、以德施教中塑造学生的健全人格和德性，激发学生树立远大理想和志向。另一方面，教师有责任也有权利对学生在教育教学过程中造成的失序等违规行为进行惩戒，对学生的不良行为进行规范、批评和教育；能够有勇气、有底气敢于对以高分诱惑、以低分威胁的不良学生行为说"不"，不因评教分数所困而对不学无术的学生考试放水；不因担心学生评教的约束和惩治而卑微地站在讲台、卑微地对学生的不良行为忍声吞气。

回归尊师重教,就是要使学生评教的管理功能有利于教师在学生人格塑造和学业成长上坚持学术水准、能够从严要求;就是有利于学生用心读书、刻苦学习,成为民族脊梁和国之栋梁;就是有利于为教师创造安心从教、热心从教、潜心从教的环境,至少能够让教师有尊严地站在讲台传道授业、有尊严地站在学生面前立德树人。

我们正在倡导和实行的淘汰水课、消除清考制度、本科学业淘汰机制,强调对大学生要合理"增负",所有这些制度的有效建立和运行都是以教师课程教学的高标准、严要求为基本保障,而这种保障的提供同样需要学生评教管理功能的有效发挥,为敢于对习惯于低标准、宽要求的学生说"不"的教师创设良好的教学生态文化环境。

有效的教学不仅取决于教师的所作所为,同样取决于学生的何作何为。学生对于评教标准的把握,不能仅以课程是否有趣好玩、自己是否可以轻松过关、教师是否给予高分为衡量标准,将判断教师教学的水准庸俗到、降低到判断教师迎合自己喜或乐、满足自己欲望的程度。教师要以学生为中心,是以学生发展为中心、以学生学习为中心、以学习效果为中心①,但教师不是相声演员,教室也不是来逗笑、哄玩的舞台,学习新知、探索未知本身就是一件艰难的事情,需要不畏艰险沿着陡峭山路向上攀登,伴随着的是沉潜与寂寞、殚精竭虑与至深无助,痛苦失败与艰难爬起,当然更有不屈前行中不期而遇的美好、及其创新带给生命的巅峰愉悦。

第四节 回归教育本真

教育目的是衡量教学实施效果的根本依据和标准,任何评价都是抵达目的的工具。学生评教结果的使用和管理功能的发挥,既要服务于此时此刻教育教学的功效,也要服务于教育培养人的长远性,以及灵魂塑造、人性成就、学识养成的复杂性;既要坚持以师德师风作为教师素质评价的第

---

① 赵炬明:《论新三中心:概念与历史——美国 SC 本科教学改革研究之一》,《高等工程教育研究》2016 年第 3 期。

一标准，又要尊重学术职业自身特性，将评教结果的使用从职称评定、薪酬晋升的天平上大幅度向为教师专业发展服务倾斜。

回归教育本真，就是尊重教育规律，使学生评教指标体系更符合教育目的。学生评教管理功能的有效发挥，依赖于学生评教指标体系的科学设计和进一步优化。而一个科学且符合教育目的的学生评教指标体系的设计是管理者、高教专家、教师、学生共同对话协商逐步达成价值共识的过程。既要符合高校教学质量保障体系的整体需要，又要注重不同学科专业、不同课程类型、不同年级学生之间评价指标的差异性；既要关注教师教学过程、教学工具的技术含量，关注学生此时此刻学业发展，也要关注教与学之间的爱和温度，尊重学生成长的感受和需求，更要关注学生一生德性和学品的养成。笔者在讲授师生关系时曾随堂做过一个调查，学生认为自己心目中的"好老师"，要具有良好的教育伦理道德意识，对学生认真负责；具有渊博的知识，为学生答疑解惑；能调动学生的积极性、主动性，引导启发学生；对待学生公平公正；多与学生沟通交流；遇到学生的特殊情况能够感同身受理解学生等。学生心目中"好老师"的标准包括了教学实施、教学方法与手段、教学效果，更强调了教师发自内心的爱和温暖、理解和公平。在人工智能教育时代，有温度的师生关系对于独生子女为主体的大学生来说更加可贵和更为需要。学生在评教时只有心有感触，才能更有效地表达自己的观点，教育方能更加有的放矢。只有走进学生心灵、触及学生灵魂的教育才能具有塑造学生生命的长度、厚度和力度，学生评教的评价指标要能够测量出教与学之间的温度。

回归教学本真，就是尊重教师的职业特征，就是要在教师评价中慎用和限用学生评教结果。帕克·帕尔默曾指出："优秀的教学来自对教师的认同和教师的正直……优秀教师建立的联系不是存在于他们的教学法中而是存在于他们的心中。"[①] 而人心难测，高校教师从事的是一种专业化程度很高的学术性职业，具有自由、自主、自律等特征。一个机械的、精确的评教分数难以涵盖教学活动本身的多样性和复杂性，更无法对教师的师德师风及其产生教学行为的影响因素作全方位的系统分析。"真正好的教学

---

① ［美］威尔伯特·J.麦肯齐：《麦肯齐大学教学概要——高等院校教师的策略、研究和理论》，徐辉译，浙江大学出版社2005年版，第129页。

不能降低到技术层面，真正好的教学来自教师的自身认同与完整。"① 在教师评价中慎用和限用学生评教结果，并不意味着学生评教结果不重要、不必要，而是要充分挖掘学生评教的教育功能，重新审视学生评教的价值本位，对学生评教管理功能进行再审视、再定位。

---

① ［美］帕克·帕尔默：《教学勇气：漫步教师心灵》，吴国珍等译，华东师范大学出版社2014版，第2页。

附录 1

正式调研问卷变量的测量题项

变量	维度	编号	题项
个人教育背景	专业知识	B01	您的老师们非常敬业
		B02	您所学的专业知识非常实用
	教学经验	B03	您获得了教学技能或方法的培训
		B04	期间,您参加了教学工作
		B05	您每个月与老师就如何教学进行沟通
	科研经验	B06	您的研究得到了导师的精心指导
		B07	您获得了科研技能或方法的培训
		B08	期间,您参与了科研工作
		B09	每个月与老师就如何搞科研沟通
		B10	老师们的科研能力非常强,让您在科研上受益匪浅
		B11	老师们和学生谈论自己的科研想法
学校的晋升政策	一般晋升政策	C101	贵校的晋升政策合理
		C102	如果晋升政策改变,您认为变化有科学根据
		C103	贵校的晋升标准都非常明确、客观
		C104	您熟悉学校的教师晋升的政策和标准
		C105	贵校的每位教师都有公平晋升的机会
		C106	贵校的教师科研表现出色就会得到晋升
		C107	贵校的教师教学表现出色就会得到晋升
	差异晋升政策	C108	贵校当前的晋升充分考虑了不同学科之间的差异性
		C109	贵校当前的晋升充分考虑了不同年龄的差异性
		C110	贵校当前的晋升充分考虑了不同岗位(教学、科研)的差异性

续表

变量	维度	编号	题项
教学工作评价	教学工作评价	C201	贵校对教师教学评价的标准合理
		C202	贵校对教师教学评价的标准客观
		C203	贵校对教师教学评价的标准尊重老师
		C204	贵校对教师教学评价的标准在不断改进
		C205	贵校对教师的教学评价促进了教学工作
		C206	贵校教师对教学评价政策提出改进建议
		C207	贵校对教师的教学评价促进了教师们的团结
		C208	贵校对教师教学评价的重大政策都会征求所有教师的意见
		C209	贵校教师对教学评价有关的政策，有决定权
科研工作评价	科研工作评价	C301	贵校对教师科研评价的标准合理
		C302	贵校对教师科研评价的标准客观
		C303	贵校对教师科研评价的标准尊重老师
		C304	贵校对教师科研评价的标准在不断改进
		C305	贵校对教师的科研评价促进了科研工作
		C306	贵校教师对科研评价政策提出改进建议
		C307	贵校对教师的科研评价促进了教师们的团结
		C308	贵校对教师科研评价的重大政策都会征求所有教师的意见
		C309	贵校教师对科研评价有关的政策，有决定权
学术环境评价	学术氛围	C401	贵校有许多学术积极的老师
		C402	贵校的教师之间有学术交流
		C403	贵校的教师之间有学术互助
		C404	您的科研团队合作愉快
		C405	您的专业每学期都有学术讲座
		C406	您的专业与国外有学术合作或交流
		C407	您的专业与国内有学术合作或交流
		C408	贵校领导为改善科研条件，愿意采纳教师意见
		C409	贵校改进晋升政策，鼓励教师们进行学术合作
		C410	贵校不断为科研改善条件
	学术不端惩罚	C411	贵校杜绝学术作弊行为，发现学术作弊，坚决处理
		C412	学术作弊的人，在贵校没有生存空间
		C413	贵校总的治学环境好

续表

变量	维度	编号	题项
工作环境评价	工作环境评价	C501	贵校每一个教师都有公平发展的机会
		C502	贵校致力于改善各方面工作环境
		C503	贵校为教师提供职业发展机会（例如出国进修等）
		C504	在贵校，努力做好本职工作，能够得到肯定和奖励
		C505	贵校在决策时能够考虑教师的切身利益
		C506	贵校不断调整政策，让政策向更合理方向发展
		C507	贵校的领导能够积极和教师员工沟通
		C508	贵校的领导注意解决员工的实际问题
		C509	贵校的办公室条件令人满意
		C510	贵校的实验设备条件令人满意
		C511	在贵校，图书馆查阅资料，非常便捷
		C512	总的来说，贵校的工作环境在不断改善
教师个人科研	科研能力	D101	您经常和业内人士交流，了解专业动态，关注专业热点
		D102	您对专业期刊的编辑选题有一定了解
		D103	您掌握了科研论文写作要点
		D104	您定期阅读专业顶级杂志上的文章
		D105	您注意看一些专业领域核心人物的文章
		D106	您每年给自己定指标完成一定量的科研文章
		D107	您写文章，给自己制定期限
	科研价值	D108	您相信只要肯花时间，自己也能发质量较高的 SCI 和 SSCI 文章
		D109	每次发表文章，您有成就感
		D110	不管如何忙和累，您对自己所做的科研有热情，感到有意义
		D111	您感到每次申报的科研课题都有意义
		D112	您喜欢自己的专业，对专业研究领域本身感兴趣
教师个人教学	教学能力	D201	帮助学生学业成长，您会感到自豪
		D202	您经常与学生沟通，了解他们的需求
		D203	您比较关心学生的学习
		D204	尽管辛苦，您却非常享受授课的过程
		D205	您平时尽量用简单明了的语言来解释明白教学内容

续表

变量	维度	编号	题项
教师个人教学	教学效果	D206	您经常运用实际例子教学，引起学生的兴趣
		D207	您经常采用不同方法强调和突出授课内容
		D208	您经常与其他老师沟通，学习他们的教学经验
		D209	一个学期下来，一个40人的班级，您知道所有学生的名字
		D210	学生能达到您的期望和要求
		D211	您对自己的教学效果整体上满意
		D212	学生们对您的教学整体上肯定
		D213	同事们对您的教学持肯定态度
教师流动原因	工作激励	E01	请从下面选择所有合适的答案：您曾经跳槽，或有跳槽想法，或准备跳槽，是因为：
			学校声誉
		E02	更高的工资
		E03	更好的福利
		E04	更好的学术环境
		E05	更好的生活环境
	家庭因素	E06	和父母团聚
		E07	和配偶孩子团聚
		E08	其他原因
教师满意度	政策满意度	F01	您对贵校支持教学的满意度
		F02	您对贵校支持科研的满意度
		F03	您对贵校政策的满意度
		F04	您对教学工作量的满意度
		F05	您对科研工作量的满意度
		F06	您对工资、福利和待遇的满意度
		F07	您对科研考核制度的满意度
		F08	您对教学质量考核制度的满意度
	工作环境满意度	F09	您对办公设备的满意度
		F10	您对办公场所的满意度
		F11	您对团队合作的满意度

附录2

题项的描述性统计

	最小值	最大值	平均值	标准差	方差	偏度	峰度
B01	1	5	4.07	0.785	0.616	-0.582	0.400
B02	1	5	3.81	0.820	0.673	-0.312	-0.049
B03	1	5	3.41	0.941	0.885	-0.300	-0.149
B04	1	5	3.35	1.090	1.187	-0.507	-0.466
B05	1	5	2.94	1.054	1.111	-0.068	-0.542
B06	1	5	3.83	0.848	0.719	-0.320	-0.361
B07	1	5	3.75	0.903	0.815	-0.365	-0.365
B08	1	5	3.90	0.875	0.765	-0.558	0.120
B09	1	5	3.64	0.951	0.904	-0.209	-0.675
B10	1	5	3.82	0.905	0.819	-0.430	-0.098
B11	1	5	3.81	0.876	0.767	-0.568	0.543
C101	1	5	2.98	1.026	1.052	-0.299	-0.304
C102	1	5	3.11	0.944	0.891	-0.270	-0.001
C103	1	5	3.05	1.007	1.013	-0.340	-0.371
C104	1	5	3.41	0.886	0.785	-0.234	0.027
C105	1	5	3.07	1.007	1.014	-0.310	-0.365
C106	1	5	3.52	1.011	1.023	-0.679	-0.028
C107	1	5	2.80	1.041	1.084	0.095	-0.490
C108	1	5	2.85	1.000	1.000	-0.092	-0.539
C109	1	5	2.75	0.962	0.926	-0.041	-0.327
C110	1	5	2.84	1.023	1.047	-0.088	-0.528
C201	1	5	3.02	0.944	0.890	-0.229	0.059
C202	1	5	3.03	0.898	0.806	-0.119	0.125

续表

	最小值	最大值	平均值	标准差	方差	偏度	峰度
C203	1	5	2.95	1.014	1.029	-0.159	-0.352
C204	1	5	3.24	0.883	0.779	-0.316	-0.220
C205	1	5	3.00	0.980	0.960	-0.220	-0.270
C206	1	5	3.15	0.896	0.802	-0.356	0.240
C207	1	5	2.86	0.920	0.847	-0.063	0.150
C208	1	5	2.78	1.036	1.074	-0.028	-0.549
C209	1	5	2.47	1.074	1.153	0.339	-0.532
C301	1	5	3.04	0.933	0.871	-0.445	-0.187
C302	1	5	3.14	0.913	0.833	-0.460	0.067
C303	1	5	3.04	0.933	0.870	-0.365	-0.090
C304	1	5	3.34	0.850	0.722	-0.549	0.622
C305	1	5	3.27	0.978	0.956	-0.557	0.103
C306	1	5	3.20	0.911	0.830	-0.467	0.365
C307	1	5	2.87	0.931	0.868	-0.017	-0.038
C308	1	5	2.86	1.030	1.061	-0.078	-0.482
C309	1	5	2.56	1.073	1.151	0.189	-0.670
C401	1	5	3.34	0.918	0.843	-0.349	0.248
C402	1	5	3.24	0.850	0.723	-0.227	0.455
C403	1	5	3.23	0.855	0.730	-0.182	0.439
C404	1	5	3.36	0.839	0.705	-0.315	0.527
C405	1	5	3.36	1.020	1.041	-0.467	-0.175
C406	1	5	2.93	1.073	1.151	-0.067	-0.599
C407	1	5	3.33	0.978	0.956	-0.310	-0.074
C408	1	5	2.99	0.995	0.990	-0.147	-0.261
C409	1	5	3.05	1.010	1.019	-0.283	-0.298
C410	1	5	3.18	0.910	0.827	-0.364	0.195
C411	1	5	3.54	0.934	0.872	-0.705	0.565
C412	1	5	3.36	0.957	0.917	-0.454	0.178
C413	1	5	3.35	0.849	0.721	-0.494	0.581
C501	1	5	3.16	0.907	0.823	-0.110	-0.059
C502	1	5	3.20	0.894	0.799	-0.230	0.054

附录 2 题项的描述性统计

续表

	最小值	最大值	平均值	标准差	方差	偏度	峰度
C503	1	5	3.45	0.864	0.747	-0.429	0.473
C504	1	5	3.21	0.917	0.840	-0.407	0.191
C505	1	5	3.08	0.912	0.831	-0.291	0.196
C506	1	5	3.33	0.856	0.733	-0.397	0.375
C507	1	5	3.08	0.968	0.937	-0.252	-0.068
C508	1	5	3.03	0.955	0.912	-0.250	0.084
C509	1	5	2.89	1.015	1.029	-0.075	-0.400
C510	1	5	2.88	0.996	0.992	-0.117	-0.313
C511	1	5	3.20	0.942	0.887	-0.400	0.275
C512	1	5	3.43	0.880	0.775	-0.612	0.721
D101	1	5	3.72	0.794	0.631	-0.103	-0.104
D102	1	5	3.54	0.744	0.554	-0.082	0.206
D103	1	5	3.67	0.721	0.520	-0.374	0.320
D104	1	5	3.50	0.829	0.687	-0.109	0.109
D105	1	5	3.59	0.801	0.641	-0.270	0.202
D106	1	5	3.34	0.879	0.773	-0.108	-0.106
D107	1	5	3.20	0.829	0.687	0.149	0.146
D108	1	5	3.49	0.993	0.986	-0.503	-0.200
D109	1	5	3.84	0.830	0.688	-0.487	0.318
D110	1	5	3.59	0.857	0.734	-0.277	0.030
D111	1	5	3.52	0.904	0.817	-0.298	-0.065
D112	1	5	3.94	0.740	0.548	-0.416	0.319
D201	1	5	4.28	0.730	0.534	-1.025	1.843
D202	1	5	4.04	0.731	0.534	-0.405	0.165
D203	1	5	4.08	0.699	0.488	-0.557	0.869
D204	1	5	4.00	0.777	0.604	-0.681	1.056
D205	2	5	4.07	0.642	0.412	-0.139	-0.314
D206	2	5	4.12	0.677	0.458	-0.277	-0.367
D207	2	5	4.08	0.683	0.467	-0.221	-0.446
D208	1	5	3.72	0.770	0.593	-0.016	-0.292
D209	1	5	3.21	0.957	0.917	-0.205	-0.034

续表

	最小值	最大值	平均值	标准差	方差	偏度	峰度
D210	1	5	3.46	0.761	0.580	0.063	0.117
D211	1	5	3.79	0.678	0.460	-0.256	0.458
D212	2	5	3.95	0.609	0.371	-0.141	0.199
D213	2	5	3.92	0.624	0.390	-0.254	0.408
E01	1	2	1.39	0.489	0.239	0.448	-1.811
E02	1	2	1.30	0.461	0.212	0.854	-1.278
E03	1	2	1.29	0.454	0.206	0.936	-1.130
E04	1	2	1.21	0.409	0.167	1.422	0.022
E05	1	2	1.24	0.429	0.184	1.209	-0.542
E06	1	2	1.55	0.498	0.248	-0.201	-1.972
E07	1	2	1.47	0.500	0.250	0.113	-2.000
E08	1	2	1.55	0.499	0.249	-0.188	-1.977
F01	1	5	3.05	0.954	0.910	-0.171	0.000
F02	1	5	3.18	0.919	0.844	-0.189	0.014
F03	1	5	2.98	0.989	0.978	-0.177	-0.129
F04	1	5	2.97	0.955	0.912	-0.030	-0.454
F05	1	5	3.01	0.896	0.804	-0.064	-0.108
F06	1	5	2.86	0.944	0.891	-0.149	-0.205
F07	1	5	2.89	0.900	0.810	-0.191	-0.199
F08	1	5	2.89	0.907	0.822	-0.256	-0.020
F09	1	5	2.89	1.003	1.005	-0.029	-0.438
F10	1	5	2.90	1.024	1.049	0.060	-0.352
F11	1	5	3.18	0.927	0.858	-0.247	-0.128

附录3

调查问卷

高校教师流动与评价问卷调查

尊敬的老师：

您好！感谢您参与此项调查。为了更好地激励教师从事教学和科研活动，建立有序竞争，形成合理的流动，我们希望获得您对市场驱动下教师流动与评价的影响因素及工作满意度的意见。本次调查不记名，我们只是统计相关的数据。请您根据实际想法选填问卷中的选项，为了保证分析的准确性，请您不要遗漏题目和选项，每题只选择一项您认为最符合实际的，在相应的选项上划"√"，特殊说明除外。

所有信息，由研究者统一保密保管。您的参与对改善和优化中国教师群体和个体的生存环境和学术环境意义重大，我们需要您的支持与合作！谢谢您在百忙之中参与此次调查。

真诚感谢！

《学术市场驱动下的大学教师流动和评价研究》课题组

2017年5月

A. 个人基本情况

   1. 您最高学历毕业的院校

   A. 原985院校　　B. 原211院校　　C. 一般本科院校　　D. 国外院校

   2. 您所在的学校

   A. 原985院校　　B. 原211院校　　C. 一般本科院校　　D. 其他

3. 您的年龄

A. 30 岁及以下   B. 31—35 岁   C. 36—40 岁   D. 41—45 岁   E. 46—50 岁   F. 51—55 岁   G. 56—60 岁   H. 61 岁及以上

4. 您的最高学位

A. 本科   B. 硕士   C. 博士

5. 您所在的学科

A. 哲学   B. 经济学   C. 法学   D. 教育学   E. 文学   F. 历史学   G. 理学   H. 工学   I. 农学   J. 医学   K. 管理学   L. 艺术学   M. 军事学

6. 您的职称是

（1）教　授：A. 二级   B. 三级   C. 四级

（2）副教授：A. 五级   B. 六级   C. 七级

（3）讲　师：A. 八级   B. 九级   C. 十级

（4）助　教：A. 十一级   B. 十二级   C. 十三级

7. 您的性别

A. 男   B. 女

8. 您是否在单位担任行政职务

A. 是   B. 否

9. 您的家庭构成

A. 未婚   B. 夫妻二人   C. 三/四口之家   D. 已婚与孩子、父母同住   E. 离异无需抚养孩子   F. 离异需抚养孩子

10. 您就职高校所处的区域

A. 东北（辽宁、吉林、黑龙江）   B. 华北（河北、山西、内蒙古、北京、天津）   C. 华东（山东、江苏、安徽、浙江、台湾、福建、江西、上海）   D. 华南（广东、广西、海南、香港、澳门）   E. 华中（河南、湖北、湖南）   F. 西北（新疆、陕西、宁夏、青海、甘肃）   G. 西南（云南、贵州、四川、西藏）

11. 您的主要工作重心

A. 主要是教学   B. 主要是研究   C. 两者兼有，但是倾向教学   D. 两者兼有，但是倾向研究

12. 您的主要工作兴趣

A. 主要是教学   B. 主要是研究   C. 两者兼有，但是倾向教学   D. 两者兼有，但是倾向研究

13. 您的全年工资、奖金、津贴，扣除个人所得税和五险一金以后的金额范围

A. 8 万元以下　B. 8—12 万元　C. 13—16 万元　D. 17—20 万元　E. 21—24 万元　F. 24 万元以上

14. 您从事讲学、写作、咨询、审稿、书画等劳务所得的收入范围

A. 2 万元以下　B. 2—4 万元　C. 4—6 万元　D. 6—10 万元　E. 10—15 万　F. 15 万元以上

15. 您的个人收入占个人家庭收入的百分比

A. 30% 以下　B. 30%—50%　C. 50%—80%　D. 80% 以上

16. 您对夫妻双方父母的经济支出占个人年收入的百分比

A. 10% 以下　B. 10%—20%　C. 20%—30%　D. 30% 以上

B. 个人教育背景（请描述您在研究生期间的教育状况，如果您没有博士或硕士学位，请跳到 C 部分）	非常不同意	不同意	一般	同意	非常同意
1. 您的老师们非常敬业	1	2	3	4	5
2. 您所学的专业知识非常实用	1	2	3	4	5
3. 您获得了教学技能或方法的培训	1	2	3	4	5
4. 期间，您参加了教学工作	1	2	3	4	5
5. 您每个月与老师就如何教学进行沟通	1	2	3	4	5
6. 老师们授课方法好，让您在以后教学上受益匪浅	1	2	3	4	5
7. 您的研究得到了导师的精心指导	1	2	3	4	5
8. 您获得了科研技能或方法的培训	1	2	3	4	5
9. 期间，您参与了科研工作	1	2	3	4	5
10. 每个月与老师就如何搞科研沟通	1	2	3	4	5
11. 老师们的科研能力非常强，让您在科研上受益匪浅	1	2	3	4	5
12. 老师们和学生谈论自己的科研想法	1	2	3	4	5
C. 对学校各个环境和政策的看法	非常不同意	不同意	一般	同意	非常同意
C1. 学校的晋升政策					
1. 贵校的晋升政策合理	1	2	3	4	5
2. 如果晋升政策改变，您认为变化有科学根据	1	2	3	4	5

C. 对学校各个环境和政策的看法 C1. 学校的晋升政策	非常不同意	不同意	一般	同意	非常同意
3. 贵校的晋升标准都非常明确、客观	1	2	3	4	5
4. 您熟悉学校的教师晋升的政策和标准	1	2	3	4	5
5. 贵校的每位教师都有公平晋升的机会	1	2	3	4	5
6. 贵校的教师科研表现出色就会得到晋升	1	2	3	4	5
7. 贵校的教师教学表现出色就会得到晋升	1	2	3	4	5
8. 贵校的教师晋升存在论资排辈的现象	1	2	3	4	5
9. 贵校的教师晋升存在人情关系等非学术性因素	1	2	3	4	5
10. 贵校当前的晋升充分考虑了不同学科之间的差异性	1	2	3	4	5
11. 贵校当前的晋升充分考虑了不同年龄的差异性	1	2	3	4	5
12. 贵校当前的晋升充分考虑了不同岗位（教学、科研）的差异性	1	2	3	4	5
13. 贵校当前的晋升造成了同事之间的紧张关系	1	2	3	4	5
14. 您会根据晋升的具体条件确定工作优先顺序和重点	1	2	3	4	5

15. 请对贵校的晋升政策，提出改进意见

C2. 教学工作评价	非常不同意	不同意	一般	同意	非常同意
1. 贵校对教师教学评价的标准合理	1	2	3	4	5
2. 贵校对教师教学评价的标准客观	1	2	3	4	5
3. 贵校对教师教学评价的标准尊重老师	1	2	3	4	5
4. 贵校对教师教学评价的标准在不断改进	1	2	3	4	5
5. 贵校对教师的教学评价促进了教学工作	1	2	3	4	5
6. 贵校教师对教学评价政策提出改进建议	1	2	3	4	5
7. 贵校对教师的教学评价促进了教师们的团结	1	2	3	4	5
8. 贵校对教师教学评价的重大政策都会征求所有教师的意见	1	2	3	4	5
9. 贵校教师对教学评价有关的政策，有决定权	1	2	3	4	5
10. 贵校教学评价对教师造成了较大压力	1	2	3	4	5

11. 教学工作评价主体（请在下表对应位置画"√"）

项目	谁在评价教学	最认同谁来评价教学
没人评价		
学生		
校内同行		
校外同行		
校院系行政领导		
教学督导		
校友		
自我评价		
中介组织		
其他		

12. 您对教学工作评价指标的重要性认识（请在下表对应位置画"√"）

指标和重要性	课时数	学生到课率	学生考试通过率	学生评教结果	同行专家评价结果	教改论文发表	课外指导学生时间	教学奖励	其他
非常重要									
重要									
一般									
不重要									
非常不重要									

13. 请对贵校的教学工作评价，提出改进意见

C3. 科研工作评价	非常不同意	不同意	一般	同意	非常同意
1. 贵校对教师科研评价的标准合理	1	2	3	4	5
2. 贵校对教师科研评价的标准客观	1	2	3	4	5
3. 贵校对教师科研评价的标准尊重老师	1	2	3	4	5
4. 贵校对教师科研评价的标准在不断改进	1	2	3	4	5
5. 贵校对教师的科研评价促进了科研工作	1	2	3	4	5
6. 贵校教师对科研评价政策提出改进建议	1	2	3	4	5
7. 贵校对教师的科研评价促进了教师们的团结	1	2	3	4	5

C3. 科研工作评价	非常不同意	不同意	一般	同意	非常同意
8. 贵校对教师科研评价的重大政策都会征求所有教师的意见	1	2	3	4	5
9. 贵校教师对科研评价有关的政策，有决定权	1	2	3	4	5
10. 贵校科研评价对教师造成了较大压力	1	2	3	4	5

11. 您对科研评价指标的重要性认识（请在下表对应位置划"√"）

指标和重要性	著作本数	著作字数	论文篇数	期刊级别	被引次数/影响因子	代表性成果的水平	科研项目级别	科研项目经费数	其他
非常重要									
重要									
一般									
不重要									
非常不重要									

12. 请对贵校的科研评价政策，提出改进意见

C4. 学术环境评价	完全不符合	不符合	一般	符合	非常符合
1. 贵校有许多学术积极的老师	1	2	3	4	5
2. 贵校的教师之间有学术交流	1	2	3	4	5
3. 贵校的教师之间有学术互助	1	2	3	4	5
4. 您的科研团队合作愉快	1	2	3	4	5
5. 您的专业每学期都有学术讲座	1	2	3	4	5
6. 您的专业与国外有学术合作或交流	1	2	3	4	5
7. 您的专业与国内有学术合作或交流	1	2	3	4	5
8. 贵校领导为改善科研条件，愿意采纳教师意见	1	2	3	4	5
9. 贵校改进晋升政策，鼓励教师们进行学术合作	1	2	3	4	5
10. 贵校不断为科研改善条件	1	2	3	4	5
11. 贵校杜绝学术作弊行为，发现学术作弊，坚决处理	1	2	3	4	5
12. 学术作弊的人，在贵校没有生存空间	1	2	3	4	5

C4. 学术环境评价	完全不符合	不符合	一般	符合	非常符合
13. 贵校总的治学环境好	1	2	3	4	5

14. 请对贵校的学术环境，提出改进意见

C5. 工作环境评价	完全不符合	不符合	一般	符合	完全符合
1. 这里每一个教师都有公平发展的机会	1	2	3	4	5
2. 贵校致力于改善各方面工作环境	1	2	3	4	5
3. 贵校为教师提供职业发展机会（例如出国进修等）	1	2	3	4	5
4. 在贵校，努力做好本职工作，能够得到肯定和奖励	1	2	3	4	5
5. 贵校在决策时能够考虑教师的切身利益	1	2	3	4	5
6. 贵校不断调整政策，让政策向更合理方向发展	1	2	3	4	5
7. 贵校的领导能够积极和教职员工沟通	1	2	3	4	5
8. 贵校的领导注意解决员工的实际问题	1	2	3	4	5
9. 贵校的办公室条件令人满意	1	2	3	4	5
10. 贵校的实验设备条件令人满意	1	2	3	4	5
11. 在贵校，图书馆查阅资料，非常便捷	1	2	3	4	5
12. 总的来说，贵校的工作环境在不断改善	1	2	3	4	5

13. 请对贵校的学术环境，提出改进意见

D. 个人科研与教学 / D1. 科研	非常不同意	不同意	一般	同意	非常同意
1. 您喜欢自己的专业，对专业研究领域本身感兴趣	1	2	3	4	5
2. 您找时间不断更新自己的专业知识，跟进专业前沿	1	2	3	4	5
3. 您经常和业内人士交流，了解专业动态，关注专业热点	1	2	3	4	5
4. 您对专业期刊的编辑选题有一定了解	1	2	3	4	5
5. 您掌握了科研论文写作要点	1	2	3	4	5
6. 您定期阅读专业顶级杂志上的文章	1	2	3	4	5

续表

D. 个人科研与教学 D1. 科研	非常不同意	不同意	一般	同意	非常同意
7. 您注意看一些专业领域核心人物的文章	1	2	3	4	5
8. 您每年给自己定指标完成一定量的科研文章	1	2	3	4	5
9. 您写文章，给自己制定期限	1	2	3	4	5
10. 您相信只要肯花时间，自己也能发质量较高的SCI和SSCI文章	1	2	3	4	5
11. 每次发表文章，您有成就感	1	2	3	4	5
12. 不管如何忙和累，您对自己所做的科研有热情，感到有意义	1	2	3	4	5
13. 您感到每次申报的科研课题都有意义	1	2	3	4	5
14. 您从事科研是为了科研收入和科研奖励	1	2	3	4	5
15. 科研考核和职称晋升压力使您不得不从事科研	1	2	3	4	5

D2. 教学	非常不同意	不同意	一般	同意	非常同意
1. 帮助学生学业成长，您会感到自豪	1	2	3	4	5
2. 您经常与学生沟通，了解他们的需求	1	2	3	4	5
3. 您比较关心学生的学习	1	2	3	4	5
4. 一个学期下来，一个40人的班级，您知道所有学生的名字	1	2	3	4	5
5. 尽管辛苦，您却非常享受授课的过程	1	2	3	4	5
6. 您平时尽量用简单明了的语言来解释明白教学内容	1	2	3	4	5
7. 您经常运用实际例子教学，引起学生的兴趣	1	2	3	4	5
8. 您经常采用不同方法强调和突出授课内容	1	2	3	4	5
9. 您经常与其他老师沟通，学习他们的教学经验	1	2	3	4	5
10. 学生能达到您的期望和要求	1	2	3	4	5
11. 您对自己的教学效果整体上满意	1	2	3	4	5
12. 学生们对您的教学整体上肯定	1	2	3	4	5
13. 同事们对您的教学持肯定态度	1	2	3	4	5
14. 您从事超负荷教学是为了教学收入和教学奖励	1	2	3	4	5
15. 教学考核和职称晋升压力使您不得不从事超负荷教学	1	2	3	4	5

D3. 您的学术成果数量（近来四年总计数据），请在方框内填写

D3-1 近四年来，您作为第一负责人承担过的科研项目

项目来源	项目数量（项）	项目经费（万元）
1. 国家级课题（国家自科基金、国家社科基金）		
2. 省部级课题（中央部委、省自科基金、省社科基金、省教育规划和教学研究课题）		
3. 厅、局等省政府部门和行业协会、学会委托的课题		
4. 校内课题		
5. 横向课题（企业或非政府组织委托的课题）		
6. 国际合作项目		

D3-2 近四年来，您作为独立或第一作者的学术成果

项目来源	数量	其中通过同行评议的数量
1. 出版专著（本）		
2. 出版编著、教材、译著（本）		
3. 发表在 SSCI \ SCI \ 全国中文核心期刊上的论文（篇）		
4. 发表在 CSSCI \ CSCI \ 全国中文核心期刊上的论文（篇）		
5. 提交省部级及以上政府部门的政策咨询报告（篇）		
6. 提交的发明专利（项）		
7. 其他（如电脑程序、影视或艺术作品等）		

D3-3 近四年来，您作为独立或第一责任人的获奖

获奖种类	次数	其中最高的获奖等级（填写一、二、三等奖）
1. 国家级科研获奖		
2. 省部级科研获奖		
3. 厅、局等省政府部门和行业协会、学会科研获奖		
4. 国家级教学获奖		
5. 省级教学获奖		
6. 校级（含教育类协会或学会）教学获奖		

E. 教师流动

1. 如果您在过去五年中，在现在的学校晋升了职务，请您在下列条件中挑出 5 个成功晋升的重要影响因素，按重要性排序，把其序号填在右面方框中，重要的在前。（1 教学水平；2 教学奖励等级；3 论文数量；4 论文质量；5 科研经费数量；6 科研奖励等级；7 科研项目等级；8 最高学历；9 海外经历）

2. 您认为教学、科研、服务在教师评价中权重的合理百分比分别是：（　）%、（　）%、（　）%

3. 请选择下面所有合适的答案：**您曾经跳槽，或有跳槽想法，或准备跳槽，是因为**

（0）没有想过跳槽	是	否
（1）更高的工资	是	否
（2）更高的职务	是	否
（3）更好的福利	是	否
（4）更好的学术环境	是	否
（5）和父母团聚	是	否
（6）和配偶孩子团聚	是	否
（7）学校声誉	是	否
（8）其他原因，请说明：		

4. 如果已经跳槽，您之前所在的单位是：
A. 985 院校　B. 211 院校　C. 一般本科院校　D. 国外院校　E. 其他单位　F. 没有跳槽

5. 您的高校教龄？请填写（　　）

6. 您任现在职称的年限？请填写（　　）

F. 满意度	非常不满意	不满意	一般	满意	非常满意
1. 您对贵校支持教学的满意度	1	2	3	4	5
2. 您对贵校支持科研的满意度	1	2	3	4	5
3. 您对贵校政策的满意度	1	2	3	4	5
4. 您对教学工作量的满意度	1	2	3	4	5
5. 您对科研工作量的满意度	1	2	3	4	5

续表

F. 满意度	非常不满意	不满意	一般	满意	非常满意
6. 您对工资、福利和待遇的满意度	1	2	3	4	5
7. 您对科研考核制度的满意度	1	2	3	4	5
8. 您对教学质量考核制度的满意度	1	2	3	4	5
9. 您对办公设备的满意度	1	2	3	4	5
10. 您对办公场所的满意度	1	2	3	4	5
11. 您对团队合作的满意度	1	2	3	4	5
12. 您对工作的整体满意度	1	2	3	4	5

再次感谢您的支持！

参考文献

一 中文著作

曹永国：《自我的回归——大学教师自我认同的逻辑》，福建教育出版社2019年版。

谷贤林：《美国研究型大学管理》，教育科学出版社2008年版。

何怀宏：《公平的正义——解读罗尔斯〈正义论〉》，山东人民出版社2002年版。

河连燮：《制度分析：理论与争议》，李秀峰等译，中国人民大学出版社2014年版。

金含芬主编：《学校教育管理系统分析》，陕西人民教育出版社1993年版。

金耀基：《大学之理念》，生活·读书·新知三联书店2001年版。

李函颖：《美国研究型大学教师晋升评价的正式规则与非正式规则》，山西教育出版社2017年版。

林健：《大学薪酬管理——从实践到理论》，清华大学出版社2010年版。

刘进：《大学教师流动与学术劳动力市场》，商务印书馆2015年版。

刘明：《学术评价制度批判》，长江文艺出版社2006年版。

罗检秋：《梁启超心语》，岳麓书社1999年版。

马彩凤：《区域人才流动的经济效应研究》，人民交通出版社股份有限公司2019年版。

马庆国：《管理统计：数据获取、统计原理、SPSS工具与应用研究》，科学出版社2002年版。

司晓宏：《面向现实的教育关怀》，安徽教育出版社2008年版。

宋旭红：《学术职业发展的内在逻辑》，华中科技大学出版社2008年版。

孙正聿：《哲学通论》，辽宁人民出版社1998年版。

谢延龙：《教师流动论》，南京师范大学出版社2016年版。

阎凤桥:《大学组织与治理》,同心出版社2006年版。

张新平:《教育组织范式论》,江苏教育出版社2001年版。

周光迅等:《哲学视野中的高等教育》,中国海洋大学出版社2006年版。

[法] 米歇尔·克罗齐耶、埃哈尔·费埃德伯格:《行动者与系统》,张月等译,上海人民出版社2007年版。

[加] 约翰·范德格拉夫等:《学术权力——七国高等教育管理体制比较》,王承绪等译,浙江教育出版社2001年版。

[美] D. P. 约翰逊:《社会学理论》,南开大学社会学系译,国际文化出版公司1988年版。

[美] E. 马克·汉森:《教育管理与组织行为》,邓大鸣译,X. 燕·麦希施密特校,上海教育出版社2005年版。

[美] R. K. 默顿:《科学社会学》,鲁旭东等译,商务印书馆2003年版。

[美] 爱德华·希尔斯:《学术的秩序——当代大学论文集》,李家永译,商务印书馆2007年版。

[美] 彼得·F. 德鲁克:《后资本主义社会》,傅振焜译,东方出版社2009年版。

[美] 伯顿·R. 克拉克:《高等教育系统——学术组织的跨国研究》,王承绪等译,杭州大学出版社1994年版。

[美] 达里尔·E. 楚宾、爱德华·J. 哈克特:《难有同行的科学:同行评议与美国科学政策》,谭文华等译,北京大学出版社2001年版。

[美] 菲利普·G. 阿特巴赫主编:《变革中的学术职业:比较的视角》,别敦荣主译,陈艺波校,中国海洋大学出版社2006年版。

[美] 哈里特·朱克曼:《科学界的精英——美国诺贝尔奖金获得者》,周叶谦等译,商务印书馆1979年版。

[美] 克拉克·克尔:《大学的功用》,陈学飞等译,赵宝恒校,江西教育出版社1993年版。

[美] 拉塞尔·雅各比:《最后的知识分子》,洪洁译,江苏人民出版社2002年版。

[美] 林塞·沃特斯:《希望的敌人:不发表则灭亡如何导致了学术的衰弱》,王小莹译,商务印书馆2011年版。

[美] 帕克·帕尔默:《教学勇气:漫步教师心灵》,吴国珍等译,杨秀玲

校，华东师范大学出版社2014年版。

［美］乔纳森·科尔、斯蒂芬·科尔：《科学界的社会分层》，赵佳芩等译，华夏出版社1989年版。

［美］乔治·T. 米尔科维奇、杰里·M. 纽曼：《薪酬管理》，成得礼译，中国人民大学出版社2008年版。

［美］赛夫·J. 马尔托奇奥：《战略薪酬管理》，杨东涛等译，社会科学文献出版社2002年版。

［美］梯利：《西方哲学史》，葛力译，商务印书馆1995年版。

［美］威尔伯特·J. 麦肯齐：《麦肯齐大学教学概要——高等院校教师的策略、研究和理论》，徐辉译，浙江大学出版社2005年版。

［美］约翰·S. 布鲁贝克：《高等教育哲学》，王承绪等译，浙江教育出版社2001年版。

［美］约翰·罗尔斯：《正义论》，何怀宏等译，中国社会科学出版社1988年版。

［英］厄尔·霍珀：《工业社会中教育与社会成层、社会流动的关系》，载张人杰：《国外教育社会学基本文选》，华东师范大学出版社1989年版。

［英］杰勒德·德兰迪：《知识社会中的大学》，黄建如译，北京大学出版社2010年版。

［英］罗素：《西方哲学史》（上册），商务印书馆1991年版。

［英］玛丽·亨克尔、布瑞达·里特：《国家、高等教育与市场》，谷贤林等译，朱旭东校，教育科学出版社2005年版。

［英］迈克尔·吉本斯、卡米耶·利摩日、黑尔佳·诺沃提尼、西蒙·施瓦茨曼、彼得·斯科特、马丁·特罗：《知识生产的新模式——当代社会科学与研究的动力学》，陈洪捷、沈文钦等译，北京大学出版社2011年版。

［英］迈克尔·欧克肖特：《人文学习之声》，孙磊译，上海译文出版社2012年版。

［英］托尼·比彻、保罗·特罗勒尔：《学术部落及其领地：知识探索与学科文化》，唐跃勒等译，北京大学出版社2008年版。

二 中文期刊

曹如军：《高校教师社会服务能力：内涵与生成逻辑》，《江苏高教》2013

年第 2 期。

曹如军:《试论大学教师评价的制度基础》,《大学教育科学》2011 年第 2 期。

曹卫东:《量化崇拜"难产"学术大师》,《人民论坛》2006 年第 21 期。

陈加洲、凌文铨、方俐洛:《组织中的心理契约》,《管理科学学报》2001 年第 2 期。

陈乐一、陈洁、魏紫:《薪酬理论及其对完善我国高校教师薪酬制度的启示》,《高教探索》2011 年第 2 期。

陈威燕、李强、王智宁:《高校教师工作绩效的影响因素研究》,《技术经济与管理研究》2015 年第 3 期。

陈玉芬:《高校教师流动行为理伦综述》,《复旦教育论坛》2013 年第 2 期。

程道品、黎雅婷、周景坤:《民族地区本科教师区分性绩效评价体系构建研究》,《教育教学论坛》2019 年第 34 期。

程德华:《高校教师考核评价研究述评》,《教育评论》2017 年第 9 期。

丁虎生:《大学组织的结构要素与结构形式》,《西北师大学报》(社会科学版)2012 年第 6 期。

付沙、周航军、肖叶枝、相文杰:《高校教师教学发展与评价体系探究》,《教育探索》2019 年第 4 期。

付瑶瑶、吴旦:《美国研究型大学学术人员薪酬管理制度的研究与借鉴》,《复旦教育论坛》2007 年第 5 期。

谷志远:《我国学术职业流动影响因素的实证研究——基于"学术职业的变革—中国大陆"问卷调查》,《清华大学教育研究》2010 年第 3 期。

郭名、王文姣、强光昊:《社会资本和心理资本对高校青年教师职业成功的影响效应》,《山西师大学报》(社会科学版)2019 年第 3 期。

郭书剑:《人才计划与学术劳动力市场分割》,《苏州大学学报》(教育科学版)2018 年第 3 期。

韩启德:《充分发挥学术共同体在完善学术评价体系方面的基础性作用》,《科技导报》2009 年第 18 期。

胡敏:《高校资源配置的府学关系及其"放管服"改革》,《苏州大学学报》(教育科学版)2017 年第 3 期。

黄厚明：《高校学位授予案件司法审查进路研究：基于两种法律性质定位的考察》，《高教探索》2017年第6期。

黄娉婷：《中美高校教师申诉制度的比较研究》，《广东行政学院学报》2018年第5期。

黄文武、唐青才、李雅娟：《大学知识生产的物化逻辑及其二重性》，《江苏高教》2018年第1期。

江珊、刘少雪：《高校人才资源竞争现状探析——以2007—2015年当选中国科学院院士职业流动为例》，《高等教育研究》2018年第5期。

蒋凯：《终身教职的价值与影响因素——基于美国八所高校的经验研究》，《教育研究》2016年第3期。

焦斌龙、焦志明：《中国人力资本存量估算：1978—2007》，《经济学家》2010年第9期。

焦师文：《坚持发展性评价方向，推进教师考核评价改革》，《中国高等教育》2014年第10期。

柯文进、姜金秋：《世界一流大学的薪酬体系特征及启示——以美国5所一流大学为例》，《中国高教研究》2014年第5期。

邝邦洪：《论高校领导的政绩观》，《高教探索》2004年第4期。

李兵帅：《地方本科高校教师队伍分类考核与评价的实证研究》，《湖北经济学院学报》（人文社会科学版）2019年第7期。

李婵娟、肖甦：《美国密歇根大学教师薪酬管理影响因素分析——"三角协调模式"的视角》，《比较教育研究》2019年第2期。

李静、林哲薇、牛毅：《"学术权力"和"行政权力"融合对学术资源配置的影响效应分析——基于国家社科基金立项项目的实证研究》，《科学管理研究》2017年第16期。

李俊、郭美玲：《地方高校青年教师教学发展的困境与对策》，《高教论坛》2019年第8期。

李志峰、易静：《美国学术职业流动的类型与特征》，《比较教育研究》2009年第2期。

李志锋：《高校长聘教职制度：实践困境与改进策略》，《清华大学教育研究》2017年第4期。

刘爱生：《美国欠发达地区高校出招留人》，《劳动保障世界》2018年第

5 期。

刘爱生：《美国欠发达地区公立研究型大学教师的"离"与"留"——以威斯康星大学麦迪逊分校为例》，《高校教育管理》2018 年第 1 期。

刘海洋：《劳动关系管理的新视角：关于工资压缩的文献综述》，《人力资源管理》2012 年第 8 期。

刘进、沈红：《大学教师流动影响因素研究的文献述评——语义、历史与当代考察》，《现代大学教育》2015 年第 3 期。

刘军仪、杨春梅：《人力资本视角下中美高校教师薪酬制度的比较研究》，《高教探索》2017 年第 7 期。

刘普：《我国学术不端问题的现状与治理路径——基于媒体报道的 64 起学术不端典型案例的分析》，《中国科学基金》2018 年第 6 期。

刘燕红、杨晓苏：《高校教师学术评价制度的异化研究》，《改革与开放》2018 年第 7 期。

刘叶：《建立学术导向的创业型大学》，《高等工程教育研究》2011 年第 1 期。

刘益东：《开放式评价与学术市场：彻底解放学者的创造力》，《北京师范大学学报》（社会科学版）2018 年第 1 期。

刘之远、沈红：《研究型大学长聘教职制度：争议、改革与借鉴》，《教育发展研究》2017 第 23 期。

罗党论、应千伟、李旭峰：《行政权力与学术资源配置"——基于中国百篇优秀博士论文评选的经验证据》，《世界经济文汇》2015 年第 3 期。

罗仲尤、刘樱：《美国公立大学教师薪酬制度的特点与启示——以加州大学为例》，《大学教育科学》2015 年第 7 期。

梅林：《关于近期学术现象及质量问题的省思》，《浙江学刊》2002 年第 5 期。

聂辉华：《契约理论的起源、发展和分歧》，《经济社会体制比较》2017 年第 1 期。

牛风蕊：《大学教师评价的内在逻辑、现实冲突及其调适》，《现代教育管理》2015 年第 7 期。

牛风蕊：《大学教师评价的制度同行：现状、根源及其消解》，《现代教育管理》2014 年第 6 期。

牛凤蕊、张紫薇：《美国世界一流大学教师薪酬的制度模式、特征及其协同机制》，《中国高教研究》2017年第6期。

潘金林：《〈卡尔·皮斯特报告〉及其对加州大学教师评价政策的影响》，《高等教育研究》2014年第7期。

钱程：《高校教师持续专业发展能力评价指标体系构建研究》，《黑龙江教育学院学报》2019年第1期。

沈红、林桢栋：《大学教师评价的主客体关系及其平衡》，《中国高教研究》2019年第6期。

沈红、刘盛：《大学教师评价制度的物化逻辑及其二重性》，《教育研究》2016年第3期。

沈红：《论大学教师评价的目的》，《高等教育研究》2012年第11期。

沈红、熊俊峰：《高校教师薪酬差异的人力资本解释》，《高等教育研究》2013年第9期。

沈红：《中国大学教师发展状况——基于"2014中国大学教师调查"的分析》，《高等教育研究》2016年第2期。

宋旭红：《学术型—应用型：我国普通本科高校分类之论》，《山东师范大学学报》（人文社会科学版）2019年第5期。

谭文华、曾国屏：《透视同行评议之黑箱——〈难有同行的科学：同行评议与美国科学政策〉评述》，《科学与社会》2012年第3期。

王保星：《目的·责任·道德：克尔的现代大学观》，《北京师范大学学报》（社会科学版）2004年第1期。

王杜春、方萌：《高校教师发展中心满意度评价与提升对策的研究》，《黑龙江高教研究》2019年第7期。

王洪才：《论大学生评教中的文化冲突》，《华中师范大学学报》（人文社会科学版）2014年第3期。

王建华：《高等教育适应论的省思》，《高等教育研究》2014年第8期。

王建华：《我们需要什么样的大学》，《高等教育研究》2014年第2期。

王建华：《知识社会视野中的大学》，《教育发展研究》2012年第3期。

王静、洪明：《美国教师工资和激励机制改革的历史发展》，《集美大学学报》（教育科学版）2007年第3期。

王平、宋子良：《同行评议制的固有缺点与局限性》，《科技管理研究》

1994年第4期。

王仁高、张水玲、张恩盈：《高校教师绩效分类评价体系研究——以青岛农业大学为例》，《青岛农业大学学报》（社会科学版）2019年第2期。

王泽龙：《大力倡导当代学术与学术评价的学术尊严》，《云梦学刊》2013年第4期。

温晓莉：《论知识经济社会微观公共权力的法律规制》，《法学》2001年第12期。

吴佩国：《构建区域教师成长共同体——探索教师专业成长的新途径》，《上海教育科研》2008年第6期。

夏言言、王光良：《地方综合高校难以"非升即走"的内因探析》，《高等农业教育》2016年第3期。

肖甦、李婵娟：《美国密歇根大学教师薪酬管理体系及发展特点》，《现代教育管理》2018年第5期。

肖薇、罗瑾琏：《男女高校教师职业成功感的影响机制比较研究》，《妇女研究论丛》2016年第4期。

邢建辉：《高校领导的政绩观与高校教学质量》，《中国高教研究》2010年第9期。

阎凤桥：《学术劳动力市场的特性与研究型大学的教师聘用制度》，《北京大学教育评论》2005年第3期。

杨建民、姜希、陈天柱：《高校领导班子树立正确政绩观的理论思考》，《乐山师范学院学报》2005年第1期。

洋龙：《平等与公平、正义、公正之比较》，《文史哲》2004年第4期。

由由：《高校教师流动意向的实证研究：工作环境感知与工作满意的视角》，《北大教育评论》2014年第2期。

于家杰：《可持续发展视角下的高校教师评价逻辑》，《当代教育科学》2019年第7期。

俞亚萍：《高校教师评价制度：问题检视、成因诊断与优化策略》，《黑龙江高教研究》2018年第10期。

曾荣光：《从教育质量到质量教育的议论》，《北京大学教育评论》2006年第1期。

张安富、刘兴凤：《高校工科教师绩效评价研究的AHP方法——兼论基于胜任力的绩效评价与职称评价》,《华北电力大学学报》(社会科学版) 2016 年第 6 期。

张兴峰:《教育功利化现象审视:工具理性的视角》,《教育发展研究》 2008 年第 21 期。

张瑶、阳春、刘东:《构建预聘制考核评价体系促进优秀人才发展》,《中国高校师资研究》2016 年第 1 期。

赵炬明:《论新三中心:概念与历史——美国 SC 本科教学改革研究之一》,《高等工程教育研究》2016 年第 3 期。

赵书山:《教师发展:从"交易型"管理走向"转化型"管理》,《高等教育研究》2003 年第 5 期。

赵鑫、王淑梅:《心理契约理论研究现状及展望》,《科学管理研究》2009 年第 12 期。

郑春生:《大学学术量化考核的导向作用》,《现代教育科学》2009 年第 2 期。

钟兴永、杨年保:《建立多元、开放、严肃、包容的学术评价体系——"学术评价与当代学术发展论坛"综述》,《湖南社会科学》2013 年第 5 期。

周川:《"大学教师自我认同"申论》,《湖南师范大学教育科学学报》 2019 年第 6 期。

周继良、龚放、秦雍:《高校学生评教的制度定位逻辑及其纠偏——基于学生评教制度文本的分析》,《中国高教研究》2017 年第 11 期。

周继良:《破译高校学生评教问题症结之新解——基于信息不对称理论的检视》,《教育科学》2010 年第 6 期。

周佑勇:《行政法的正当程序原则》,《中国社会科学》2004 年第 4 期。

朱德米、刘志威:《中美一流大学行政化程度的测量与比较》,《复旦教育论坛》2019 年第 3 期。

朱剑:《科研体制与学术评价之关系——从"学术乱象"根源问题说起》,《清华大学学报》(哲学社会科学版)2015 年 5 期。

朱锡庆:《诡异的出租车》,《长三角》2009 年第 8 期。

[美] John S. Levin、刘隽颖:《新自由主义背景下美国高校终身制教师学术身份的冲突与适应》,《苏州大学学报》(教育科学版)2018 年第

3 期。

［美］大卫·科伯：《高等教育市场化的底线》，《北京大学教育评论》2017 年第 4 期。

三 中文学位论文

戴建波：《地方高校教师流动的价值取向研究》，华中科技大学 2017 年博士学位论文。

戴娟：《程序正义视角下重大行政决策程序优化研究》，湘潭大学 2016 年硕士学位论文。

顾全：《美国公立研究型大学教师薪酬机制研究》，华东师范大学 2017 年博士学位论文。

金利：《地方本科高校教师教学能力发展研究》，西南大学 2014 年博士学位论文。

李娜：《美国大学教师集体谈判制度研究》，河南大学 2008 年硕士学位论文。

刘锐剑：《高校教师师徒关系及其对青年教师职业成功的影响研究》，北京交通大学 2018 年博士学位论文。

刘兴凤：《基于胜任力的高校工科教师绩效评价研究》，武汉理工大学 2016 年博士学位论文。

麻艳如：《内部劳动力市场视角下的高校教师激励机制研究》，首都经济贸易大学 2018 年博士学位论文。

牟威：《美国教师绩效薪酬制述评》，福建师范大学 2009 年硕士学位论文。

孙敬霞：《工科类地方本科高校教师发展研究》，华中科技大学 2016 年博士学位论文。

王丽丽：《高校教师科研绩效量化评价研究》，哈尔滨师范大学 2017 年博士学位论文。

王宁：《美国研究型大学教师流动问题探析》，北京师范大学 2008 年硕士学位论文。

吴静：《高校青年教师行为方式研究》，北京交通大学 2017 年博士学位论文。

阎方：《〈教师综合评价体系的建构〉（第一章至第三章）翻译实践报告》，

海南大学 2017 年硕士学位论文。

杨茂庆：《美国研究型大学的教师流动研究》，西南大学 2011 年博士学位论文。

钟晓华：《高校青年教师多维福利测度与政策支持研究》，华中科技大学 2016 年博士学位论文。

四　中文报纸

杨晨光：《全国人大代表热议我国高校如何转变行政化倾向》，《中国教育报》2010 年 3 月 9 日。

于扬清：《当前学术评价为何各方都不满意》，《科技日报》2018 年 4 月 20 日。

张觉：《学术评价应以公开促公正》，《中国社会科学报》2018 年 3 月 6 日。

周忠和：《同行评议成败在于细节》，《文汇报》2018 年 8 月 7 日。

五　英文著作

Daniel J. Julius & Nicholas DiGiovanni Jr., *ACADEMIC COLLECTIVE BARGAINING: On Campus Fifty Years*, Center for Studies in Higher Education, UC Berkeley, 2013.

E. L. Boyer, *Scholarship Reconsidered: Priorities of the Professoriate*, Princeton, NJ: Carnegie Foundation for the Advancement of Teaching, 1990.

Kathryn M. Moore and Marilyn J. Amey, *Making Sense of the Dollars: The Costs and Uses of Faculty Compensation*, Washington, DC: ASHE–ERIC Higher Education Report Series—Report Five, 1993.

Marison S. Beaumont, *Salary Systems in Public Higher Education*, New York: Praeger Publishers, 1985.

R. A. Arreola, *Developing a Comprehensive Faculty Evaluation System: A Handbook for College Faculty and Administrators on Designing and Operating a Comprehensive Faculty Evaluation System*, MA, Bolton: Anker Publishing Company, 2000.

Richard I. Miller, Chareles Finley and Candace Shedd Vancko, *Evaluating, Improving and Judging Faculty Performance in Two year Colleges*, Westport,

CT: Greenwood Publishing Group Inc, 2000.

Sunny Hyon, *Evaluation in Tenure and Promotion Letters. Constructing Faculty as Communicators, Stars, and Workers*, Oxford: University Press, 2011.

Theodore Caplow and Reece J. McGee, *The Academic Marketplace*, New York: Basic Books Inc., 1958.

Wilbert Ellis Moore, *The Professions: Roles and Rules*, New York: Russell Sage Foundation, 1970.

William A. Kaplin and Barbara A. Lee, *The Law of Higher Education*, San Francisco, CA: Jossey – Bass, 2006.

William A. Kaplin and Barbara A. Lee, *The Law of Higher Education*, San Francisco: John Wiley & Sons, Inc., 2007.

William Tierney & James Minor, *Challenges for Governance: A National Report*. Center for Higher Education Policy Analysis, University of Southern California, 2003.

W. P. Foster, *Paradigms and Promises: New Approaches to Educational Administration*, New York: Prometheus Books, 1986.

六 英文期刊

Alfred Manaster, "The California 'Step System'", *Academe*, Vol. 71, No. 4, 1985.

Arthur H. Winakor, "The Illinois Faculty Dollar", *The Journal of Higher Education*, Vol. 14, Issue 9, 1943.

Bagnato, Kristin, "Female Faculty Still Chasing Salary Equity", *Community College Week*, Vol. 17, Issue 20, 2005.

Barbara Guthrie – Morse, Larry L. Leslie & Teh – Wei Hu, "Assessing the Impact of Faculty Unions: The Financial Implications of Collective Bargaining", *Journal of Higher Education*, Vol. 52, No. 3, 1981.

Barbara H. Tuckman and Howard P. Tuckman, "The Structure of Salaries at American Universities", *The Journal of Higher Education*, Vol. 47, No. 1, 1976.

B. A. Rice and T. Stankus, "Publication Quality Indicators for Tenure or Promotion Decisions: What can the Librarian Ethically Report?", *College & Research Libraries*, Vol. 18, No. 2, 1983.

Barry T. Hirsch and Karen Leppel, "Sex Discrimination in Faculty Salaries: Evidence from a Historically Women's University", *The American Economic Review*, Vol. 72, No. 4, 1982.

B. H. Tuckman & H. P. Tuckman, "The Structure of Salaries at American Universities", *Journal of Higher Education*, Vol. 47, No. 1, 1976.

B. Latané, K. Williams & S. Harkins, "Many Hands Make Light the Work: The Causes and Consequences of Social Loafing", *Journal of Personality and Social Psychology*, Vol. 37, No. 6, 1979.

Charles D. DeLorme Jr., R. Carter Hill and Norman J. Wood, "Analysis of a Quantitative Method of Determining Faculty Salaries", *The Journal of Economic Education*, Vol. 11, No. 1, 1979.

Danell Q. Mohanty, Richard D. Dodder and Thomas A. Karman, "Faculty Salary Analyses by Region, Rank, and Discipline from 1977 – 1978 to 1983 – 1984", *Research in Higher Education*, Vol. 24, No. 3, 1986.

David A. Katz, "Faculty Salaries, Promotions, and Productivity at a Large University", *The American Economic Review*, Vol. 63, No. 3, 1973.

David R. Morgan and Richard C. Kearney, "Collective Bargaining and Faculty Compensation: A Comparative Analysis", *Sociology of Education*, Vol. 50, No. 1, 1977.

David W. Hedrick, Steven E. Henson, John J. Krieg, and Charles S. Wassell Jr., "Is There Really a Faculty Union Salary Premium?", *Industrial and Labor Relations Review*, Vol. 64, No. 3, 2011.

Dawn Thilmany, "Gender Based Differences of Performance and Pay Among Agricultural Economics Faculty", *Review of Agricultural Economics*, Vol. 22, No. 1, 2010.

Debra A. Barbezat, "Salary Differentials or Sex Discrimination? Evidence from the Academic Labor Market", *Population Research and Policy Review*, Vol. 6, No. 1, 1987.

Debra A. Barbezat, "The Effect of Collective Bargaining on Salaries in Higher

Education", *Industrial and Labor Relations Review*, Vol. 42, No. 3, 1989.

Derek Bok, "Reclaiming the Public Trust", *Change*, Vol. 24, Issue 4, 1992.

D. K. Ginther & K. J. Hayes, "Gender Differences in Salary and Promotion for Faculty in the Humanities 1977 – 1995", *Journal of Human Resources*, Vol. 38, No. 1, 2003.

Donna K. Ginther & Kathy J. Hayes, "Gender Differences in Salary and Promotion for Faculty in the Humanities 1977 – 95", *The Journal of Human Resources*, Vol. 38, No. 1, 2003.

Elchanan Cohn, "Factors Affecting Variations in Faculty Salaries and Compensation in Institutions of Higher Education", *The Journal of Higher Education*, Vol. 44, No. 2, 1973.

George Baker, Michael Gibbs, Bengt Holmstrom, "The Wage Policy of a Firm", *The Quarterly Journal of Economics*, Vol. 109, Issue 4, 1994.

George W. Angell, "Academic Collective Bargaining Information Service", Washington, DC. *Special Report*, Vol. 11, No. 1, 1974.

Gerald W. McLaughlin, John C. Smart and James R. Montgomery, "Factors Which Comprise Salary", *Research in Higher Education*, Vol. 8, No. 1, 1978.

G. T. M. Hult, D. J. Ketchen, M. Arrfelt, "Strategic Supply Chain Management: Improving Performance Through a Culture of Competitiveness and Knowledge Development", *Strategic Management Journal*, Vol. 28, No. 10, 2007.

James S. Fairweather, "Beyond the Rhetoric: Trends in the Relative Value of Teaching and Research in Faculty Salaries", *Journal of Higher Education*, Vol. 76, No. 4, 2005.

James V. Koch and John F. Chizmar, "The Influence of Teaching and Other Factors upon Absolute Salaries and Salary Increments at Illinois State University", *The Journal of Economic Education*, Vol. 5, No. 1, 1973.

J. C. Hearn & M. S. Anderson, "Conflict in Academic Departments: An Analysis of Disputes Over Faculty Promotion and Tenure", *Research in Higher Education*, Vol. 43, No. 3, 2002.

Jerald Greenberg, "Organizational Justice: Yesterday, Today, and Tomorrow", *Journal of Management*, Vol. 16, No. 2, 1990.

Joan L. Marshall, "The Effects of Collective Bargaining on Faculty Salaries in Higher Education", *Journal of Higher Education*, Vol. 50, No. 3, 1979.

John J. Siegfried and Kenneth J. White, "Teaching Ability as a Determinant of Faculty Salaries", *The Journal of Economic Education*, Vol. 9, No. 2, 1978.

John J. Siegfried and Kenneth J. White, "Teaching and Publishing as Determinants of Academic Salaries", *The Journal of Economic Education*, Vol. 4, No. 2, 1973.

John M. Krieg, Charles S. Wassell Jr., David W. Hedrick and Steven E. Henson, "Collective Bargaining and Faculty Job Satisfaction", *Industrial Relations: A Journal of Economy and Society*, Vol. 52, Issue 3, 2013.

John W. Curtis, "Inequities Persist for Women and Non–Tenure–Track Faculty: Economic Status of the Profession, 2004–05", *Academe*, Vol. 91, No. 2, 2005.

Joseph W. Garbarino and B. Aussieker, "Faculty Bargaining. Change and Conflict", *Journal of Higher Education*, Vol. 47, No. 3, 1975.

Kevin C. Duncan, Lisi Krall, Joel G. Maxcy and Mark J. Prus, "Faculty Productivity, Seniority, and Salary Compression", *Eastern Economic Journal*, No. 3, 2004.

Larry L. Leslie and Teh–Wei Hu, "The Financial Implications of Collective Bargaining", *Journal of Education Finance*, Vol. 3, No. 1, 1977.

Lloyd S. Woodburne, "The Evaluation of Faculty Services", *The Accounting Review*, Vol. 32, No. 2, 2004.

Marcia L. Bellas, "The Effects of Marital Status and Wives' Employment on the Salaries of Faculty Men: The (House) Wife Bonus", *Gender and Society*, Vol. 6, No. 4, 1992.

Marci Cox and Alexander W. Astin, "Sex Differentials in Faculty Salaries", *Research in Higher Education*, Vol. 7, No. 4, 1977.

Mark J. Browne and James S. Trieschmann, "Salary and Benefit Compensation at

American Research Universities", *The Journal of Risk and Insurance*, Vol. 58, No. 3, 1991.

Mary W. Gray, "The AAUP and Women", *Academe*, Vol. 101, No. 1, 2015.

Michael R. Ransom, "Seniority and Monopsony in the Academic Labor Market", *The American Economic Review*, Vol. 83, No. 1, 1993.

Nancy M. Gordon and Thomas E. Morton, "The Staff Salary Structure of a Large Urban University", *The Journal of Human Resources*, Vol. 11, No. 3, 1976.

R. Bruce McAfee & Myron Glassman, "The Case against Pay Inversion", *Sam Advanced Management Journal*, Vol. 70, No. 3, 2005.

R. G. Ehrenberg, H. Kasper & D. I. Rees, "Faculty Turnover in American College and Universities", *Economics of Education Review*, Vol. 10, No. 2, 1991.

Robert Birnhaum, "Unionization and Faculty Compensation: Part II", *Educational Record*, Vol. 57, No. 2, 1976.

S. Hyon, "Evaluation in Tenure and Promotion Letters: Constructing Faculty as Communicators, Stars, and Workers", *Applied Linguistics*, Vol. 32, No. 4, 2011.

Steven E. Henson, John M. Krieg, Charles S. Wassell and David W. Hedrick, "Collective Bargaining and Community College Faculty: What is the Wage Impact?", *Journal of Labor Research*, Vol. 33, No. 1, 2012.

Syed A. Rizvi, "Assessing the Effectiveness of the Promotion and Tenure Process", *Journal of Academic Administration in Higher Education*, Vol. 11, No. 2, 2015.

Teh-Wei Hu & Larry L. Leslie, "The Effects of Collective Bargaining on College Faculty Salaries and Compensation", *Applied Economics*, Vol. 14, Issue 3, 1982.

Terry Sutton and Peter Bergerson, "Faculty Compensation Systems Used in Higher Education", *ASHE-ERIC Higher Education Report*, Vol. 28, Issue 2, 2001.

Thomas L. Saaty and Vasudevan Ramanujam, "An Objective Approach to Faculty Promotion and Tenure by the Analytic Hierarchy Process", *Research in Higher Education*, Vol. 18, No. 3, 1983.

Timothy Reese Cain, "Special Issue: Campus Unions: Organized Faculty and Graduate Students in U. S. Higher Education", *ASHE Higher Education Report*, Vol. 43, No. 3, 2017.

W. F. Massy & A. Wilger, "Improving productivity: What Faculty Think about it—and its Effect on Quality", *Change*, Vol. 27, No. 4, 1995.

William W. Brown & Courtenay C. Stone, "Academic Unions in Higher Education: Impacts on Faculty Salary, Compensation and Promotions", *Economic Inquiry*, Vol. 15, Issue 3, 1977.

W. Lee Hansen, "Merit Pay in Structured and Unstructured Salary Systems", *Academe*, Vol. 74, No. 6, 1988.

Ying Zhou, James Fredericks Volkwein, "Examining the Influences on Faculty Departure Intentions: A Comparison of Tenured Versus Nontenured Faculty at Research Universities Using NSOPF: 99", *Research in Higher Education*, Vol. 45, No. 2, 2004.

Yoram Neumann, "Determinants of Faculty Salary in Prestigious versus Less - Prestigious Departments: A Comparative Study of Academic Disciplines", *Research in Higher Education*, Vol. 10, No. 3, 1979.

Yoram Neumann & Edith Finaly - Neumann, "The Reward - Support Framework and Faculty Commitment to Their University", *Research in Higher Education*, Vol. 31, No. 1, 1990.

七 英文学位论文

Christopher G. Herring - Ellis, *The Effect of Collective Bargaining on Policy Development at Institutions of Higher Education: A Comparative Analysis*, Ph. D. Dissertation, Capella University, 2014.

Jerome M. Staller, *The Impact of Collective Bargaining on Faculty at Two - Year Colleges*, Ph. D. Dissertation, Temple University, 1975.

Julee Tate Flood, *Judicial Influence on Academic Decision - Making: A Study of Tenure Denial Litigation Cases in which Higher Education Institutions Did Not*

Wholly Prevail, Ph. D. Dissertation, University of Tennessee, 2012.

Theodore Hudson Heidloff, *A Descriptive Analysis of Faculty Grievance at Five Michigan Universi Ties*, 1975 – 1985, Ph. D. Dissertation, Michigan State University, 1989.

八 英文电子文献

American Association of University Professors: *The AAUP and Women* (https://www.aaup.org/article/aaup – and – women#. W1Pm2lMdhmh).

American Association of University Professors: *The Annual Report on the Economic Status of the Profession*, 2017 – 18 (https://www.aaup.org/report/annual – report – economic – status – profession – 2017 – 18).

Borough of Manhattan Community College Faculty Handbook (https://www.bmcc.cuny.edu/wp – content/ uploads/ported/faculty – affairs/upload/budget – guidelines. pdf).

Freeman, R. B. *Should We Organize? The Effects of Faculty Unionism on Academic Compen sation*, National Bureau of Economic Research (https://www.nber.org/ papers / w03 01. pdf).

Harvard University: *Compensation* (https://hr.harvard.edu/compensation).

Harvard University Faculty Handbook (https://academic – appointments. fas. harvard. edu/ 4 – tenured – professors)

Harvard University: *Salary Ranges and Position Grades for Staff Jobs* (https://hr. Harv ard. edu/ salary – ranges).

Manual of the University Committee on Appointments, Promotions, and Tenure (UCAPT) (https://policy.usc.Edu/files/2017/04/170420_ UCAPT – Manual – 2017. pdf)

Massachussets Institute of Teachnology: *Pay Guidelines* (https://hr.mit.edu/managers/pay – guidelines).

New York University Faculty Handbook (http://www.nyu.edu/content/dam/nyu/provost/ documents/faculty Handbook/5. 15. 18 _ Faculty _ Handbook-CLEAN. pdf. 2018 – 05 – 15).

New York University Promotion and Tenure Guidelines (http://www.nyu.edu/

about/policies – guidelines – compliance/policies – and – guidelines/promotion – and – tenure – guidelines. html. 2017 – 05 – 01).

Northeastern University Faculty Handbook (https：//faculty. northeastern. edu/handbook/# Faculty% 20 Hand book &_ ga = 2. 32980542. 184446848. 1560132070 – 388580467. 1559524 029. 2014 – 06 – 06).

Standford University Faculty Handbook (https：//facultyhandbook. stanford. edu/sites/g/files/ sbiybj9611/f /hand book_ pdf_ 1_ 06_ 2020. pdf).

The Rensselaer Faculty Handbook (http：//www. rpi. edu/dept/provost/faculty handbook 1 – 06. pdf. 2016 – 08 – 15).

University of Southern California Faculty Handbook (https：//policy. usc. edu/files/2019/ 07/2019 – Faculty – Hand book – 1. pdf)

Yale University Faculty Handbook (https：//provost. yale. edu/sites/default/files/files/Faculty% 20Handbook _ 8 – 22 – 19. pdf)

九 英文会议论文

Lewis C. Solmon, "Grant Elements in Faculty Mobility: Some Initial Interpretation", *The American EconomiesAssociation Meeting*, New York: December 28, 1978.

后　　记

本书是国家社会科学基金项目教育学一般课题"学术市场驱动下的大学教师流动和评价研究"（课题批准号 BIA160118）的研究成果。课题从申请到研究历时四年多，从 2016 年的早春二月开始酝酿课题的申报，到 2016 年 7 月课题立项，再到书稿最终落笔，很多时光成为了我生命中最难忘、最珍贵的记忆。

布尔迪厄（Pierre Bourdieu）在一次讲演中曾言：从事学术研究的人，没有个人传记，只有职业生涯。从这个角度说，学术职业的学术生涯也即其人生轨迹，大学教师选择了学术职业也就意味着选择了一种生命存在的形态，选择了以求知和思考作为自己的生存目的和生命意义追求。这是 2009 年我博士论文《论学术职业发展的内在逻辑》中的一段话。重新把它放到本书的后记中，一是因为这一书稿是我学术职业研究领域的一个延续；一是因为此时此刻我的内心感悟和感慨。

四年多来，我的学术生涯和人生轨迹都发生了一些意想不到的变化。2017 年 12 月 31 日我终结了与山东交通学院的教师聘任关系，于 2018 年 1 月入职济南大学。从 2017 年岁末到 2018 年年初，及其以后两年多的日子里，就我本人而言，并没觉得人生轨迹发生了多大的变动，想来这种感觉应是源于大学教师对于大学—学科双重忠诚理论的现实阐释，对于我的学术生涯而言，只是换了一所高校继续前行而已；而与这种感觉连在一起的还有——我原来的研究团队一直坚定地与我奋斗在一起、同甘共苦地合作在一起。

课题开题时，山东财经大学原党委书记张体勤教授、山东交通学院院长鹿林教授、山东省教育科学研究院院长申培轩教授、山东交通学院副院长徐晓红研究员、山东师范大学经济学院包玉香教授等专家参加了开题评议会，他们为课题进一步理顺研究思路、深化研究内容提出了很多宝贵的意见。书稿落笔前，我再次重温了 2016 年 11 月 26 日的开题一刻——再次倾听了一遍开题时的录音材料。由衷地感慨和佩服专家们高屋建瓴的、真挚坦诚的指导意见，正是在这次重温中，团队打通了研究的最后壁垒，也为书稿画上了最后一个句号。

本书融合了近年来学术劳动力市场的最新研究成果，吸收了众多大学教师评价和流动研究的精髓，通过学习、借鉴、创新和发展，建立了我国大学教师流动和评价的理论，提出了符合国情的大学教师良性流动、有序竞争发展的运行机制。书稿分为四大部分共计十四章。第一章由宋旭红、马彩凤、盖芳鹏执笔；第二章、第四章、第五章由高源执笔；第三章由盖芳鹏执笔；第六章由邵雪、孟潘执笔；第七章由宋旭红、孟潘、邵雪执笔；第八章、第十三章、第十四章由宋旭红执笔；第九章由宫珂执笔；第十章、第十一章由马彩凤、姜月运执笔；第十二章由宋旭红、高源执笔。全书由宋旭红、马彩凤、高源、邵雪统稿。

郑重、诚挚地感谢研究团队中所有成员。特别感谢山东交通学院经济与管理学院的马彩凤教授，她从课题申请到结题自始自终的坚定信心、激情研究、倾力合作和无私奉献，都是鼓励我、支持我一路前行的重要动力和最好陪伴。一同感谢的还有山东交通学院的高源、姜月运、宫珂、盖芳鹏、张志文等；常州大学的王建慧、济南大学的邵雪、山东大学的孟潘等。本书的完成凝聚着他们共同的智慧和心血。

同时，真诚地感谢中国社会科学出版社对于本书出版所给予的大力支持，以及在本书的出版过程中有关人员付出的艰辛劳动，是他们与我们研究团队共同成就了此书。

最后，我将此书谨献给我的妈妈：孙美芬。妈妈出生于1938年1月18日，仙逝于2020年10月29日。

十几年学术职业研究，记载了我在问学求知路上的汗水和心血、探索过程中的艰辛和疲惫，还有为此拥有的心安和不安、欣慰和遗憾。随着要素市场化配置改革的不断深化，促进大学教师自主有序流动、提高学术要素配置效率、激发高等学校创造力和市场活力，必将成为推动高等教育发展质量变革、效率变革、动力变革的根本路径。路漫漫，我将继续求索、前行。

宋旭红

2020年11月